一本追本溯源、答疑解惑、博晓万物的工具书

细说趣说万事万物由来

白 虹 编著

中國華僑出版社

图书在版编目 (CIP) 数据

细说趣说万事万物由来 / 白虹编著 .—北京 : 中国华侨出版社，2014.8（2019.7 重印）
ISBN 978-7-5113-4852-4

Ⅰ . ①细… Ⅱ . ①白… Ⅲ . ①科学知识 — 普及读物 Ⅳ . ① Z228

中国版本图书馆 CIP 数据核字（2014）第 192682 号

细说趣说万事万物由来

编　　著：白　虹
责任编辑：白　豫
封面设计：韩立强
文字编辑：刘晓菲　徐胜华
美术编辑：刘欣梅
经　　销：新华书店
开　　本：720mm × 1020mm　1/16　印张：28　字数：620 千字
印　　刷：北京市松源印刷有限公司
版　　次：2015 年 4 月第 1 版　2019 年 7 月第 2 次印刷
书　　号：ISBN 978-7-5113-4852-4
定　　价：68.00 元

中国华侨出版社　北京市朝阳区静安里 26 号通成达大厦 3 层　邮编：100028
法律顾问：陈鹰律师事务所
发 行 部：（010）58815874　　传　　真：（010）58815857
网　　址：www.oveaschin.com　　E-mail：oveaschin@sina.com

前 言

树有根，水有源。大千世界里的一草一木、一事一物全都不是无中生有的。无论它年代多么久远，也不管它听上去多么复杂、看上去怎样神奇，总是可以追本溯源，发现其中蕴含着的科学道理或是趣闻逸事。正因为如此，探究世间万事万物的由来，其实就是在阅读一部人类文明的发展史，这其中既包含着人类对自然的探索与发现，也体现了人类最伟大的创造力。

关于万事万物的由来，由科学家讲解，会换算成一组组深奥的公式和数据；由历史学家解读，会变成一桩桩有据可考的事件；由文学家描述，则会成为一个个天马行空的传奇故事。但是如果集三方之力，各取所长，就是你手中这本《细说趣说万事万物由来》。

本书的主要特点，体现在以下几个方面。

一是讲解方式全面多样。书中既有科学、周详的“细说”，又有形象、生动的“趣说”，多角度探寻事物的本源。讲到黑洞、航空母舰这样严谨的天文现象和精密武器，会通过具体的数据、易于理解的理论来分析论证；而提到压岁钱、扑克牌这类千奇百怪的民俗民风和五花八门的娱乐活动，则会带出一个个妙趣横生的典故和传说。

二是所选内容涉及面广。书中所选的1000多种事物，几乎涵盖自然界和社会生活中的各个方面，大到整个宇宙的诞生、各个国家的由来，小到一个拉链的发明、一张明信片的产生，无论是你想知道的，还是你想不到的，无所不包，应有尽有。它是一部全面介绍世界万事万物由来的大型百科全书。

三是图文并茂的多元编排。通过历史遗址场景、文物照片、人物肖像、艺术作品、结构解析图、原理示意图等多种直观影像与文字的有机结合，图解天下万物的来龙去脉。使你的探索发现之旅多了一份艺术的美感和身临其境的真实。

《细说趣说万事万物由来》不仅是一本查阅方便、帮助你答疑解惑、博晓万物的工具书，更是一部能够以小见大、洞悉世界、开阔眼界的智慧书。了解万物本源，解密世间万象，除了能让你拥有收获知识的快乐体验，更多的是带给你智慧的启迪与创造的灵感。也许下一个收入本书的发现与发明就是你的杰作。

目 录

万事篇：刨根问底，探究万事的来龙去脉

中外节日：一种纪念，一种喜庆 2

除夕：昼夜交替，除旧换新 2

春节：农历新的一年开始 2

元宵节：帝王百姓，普天同庆 3

清明节与寒食节：纪念介之推 5

端午节：吃粽子，划龙舟 5

七夕：牛郎织女鹊桥会 7

中元节：普度孤魂野鬼 7

中秋节：仲秋之中庆丰收 8

重阳节：登高避瘟魔 9

腊八节：赤豆打鬼，祛疫迎祥 9

元旦：正月初一到1月1日的跨越 10

三八妇女节：世界妇女的节日 10

五一劳动节：无产阶级工人斗争的果实 11

五四青年节：中国革命青年运动的开端 12

六一儿童节：悼念利迪策村的儿童 12

教师节：桃李不言，下自成蹊 12

复活节：纪念耶稣的死而复生 13

愚人节：肆无忌惮的恶作剧 13

母亲节：纪念和赞扬全世界的母亲 14

父亲节：父亲也不容易 14

万圣节：设宴款待鬼魂 15

感恩节：投之以桃，报之以李 15

圣诞节：耶稣诞生的日子 16

植树节：绿化人类的家园 16

世界地球日：美国“地球日”的推广 17

中外习俗：文化、人情的沉淀 18

正月不理发：留头不留发，留发不留头 18

守岁：石头变金银 18

贴春联：桃符驱鬼避邪 19

关大门吃年饭：哄骗铁拐李 19

压岁钱：驱“祟”保子 20

“福”字倒贴：福到了！福到了！ 20

新娘蒙红盖头：掀起你的盖头来 21

喝交杯酒：剖瓢饮酒，合二为一 21

闹洞房：紫微星的指点 22

裹脚缠足：三寸金莲因帝王 22

元宵节观灯：张灯结彩，迷惑天帝 23

“二月二，龙抬头”：春归大地，睡龙苏醒 24

荡秋千：豪门贵族的游戏 24

吃长寿面：万寿无疆 25

抓周儿：一生的祝福 25

“男左女右”：盘古双目，左伏羲，右女娲 26

“上北下南”：坐北面南的帝王之位 26

披麻戴孝：善恶孝逆的乌鸦与猫头鹰 27

给亡人烧纸：尤秀才的死而复生 27

戴订婚戒指：“我愿意” 28

穿婚纱：真诚与纯洁的象征 28
度蜜月：甜甜蜜蜜，恩爱偕老 29
吹生日蜡烛：月亮女神的祝福 29
泰雅族的文面：刺青躲避死神 30
苏格兰男人穿裙子：民族独立的标志 30
送花圈：进入天堂的通行证 31
僰人悬棺：为何凿于万仞绝壁 31
木乃伊：古人的尸体保存术 32

礼仪礼节：有礼有节，规矩成方圆 33

礼炮 21 响：鸣炮致礼示尊重 33
下半旗志哀：纪念遇难的船长 33
跪拜礼：古人的“坐”原是“跪” 33
握手礼：友好的表示 34
脱帽礼：冷兵器时代的产物 34
鞠躬礼：祭祀礼节演化而来 34
喝酒碰杯：让耳朵分享喝酒之趣 35
干杯：驱除恶魔 35
女士优先：骑士风范 35
剪彩：新船下水典礼 36
戴黑纱：贫者的哀悼 36

历法节气：世上本没有时间，有了人便有了时间 .. 37

公元：耶稣诞生作为纪元 37
公历：古罗马的儒略历 37
农历：最适合农业的历法 38

万年历：都是“万年”的功绩 38
日历：编写《国史》的依据 39
挂历：讨债本演化而来 39
闰月：日积月累的结果 40
二十四节气：源于黄河流域 40
天干地支：皇帝之臣作甲子 40
星期：七星神轮流值班 41
标准时间：在那时间开始的地方 41
计时单位：开始了光阴的计算 42
午时三刻行刑：十恶不赦，鬼也做不成 .. 42
15 分钟为一刻：24 小时等于 100 刻 43
十五的月亮十六圆：月亮“晚点”了 43
十二生肖计时：各司其时 43
半夜三更：三更子时 44
夏时制：为了节约能源 45
教皇子午线：殖民地的争端 45
英语 12 个月的名称：众神齐聚首 46

词汇语言：一言一语皆妙趣 48

谚语：口头文学的一种 48
歇后语：郑五歇后体 48
朋克：狂放宣泄的表达 49
八卦：遮羞的马赛克 49
胡说：胡人之说 49
转基因：改良新品种 50
解手：不堪春解手，更为客停舟 50
上当：清河王，自上当，当得当铺空了档 .. 50
走后门：旧时钱怎么办 51
戴绿帽：红杏出墙夫不知 51
马大哈：到东北买猴儿五十只 52
马虎：虎头马身，害惨孩子 52
二百五：成事不足，败事有余 53
傻瓜：“沉默”误为“愚蠢” 53
东西：只装金木，不装水火 54
感冒：“感风簿” 54
靠山：还是靠近皇上吧 54
推敲：诗人的苦吟 55
毛病：毛病深知害，妨人不在占 55
拍拖：大船与小船的关系 56
倒霉：科举落榜就“倒楣” 56

革命：顺乎天而应乎人 56
债台：周赧王的借据 57
眼中钉：欲得天下宁，须拔眼中丁 57
座右铭：欹器的酒具 57
五魁首：皇帝的勉强第五名 58
露马脚：马大脚的脚 58
一问三不知：始中终三者，皆不能知 58
大千世界：三千大千世界 59
体无完肤：史上最疯狂的崇拜 59
五花八门：皆为行军阵法 59
不管三七二十一：三七之积大不祥 60
有钱能使鬼推磨：佛怜吾家贫，乃使鬼推磨 60
见钱眼开："财万贯"的布施 60
成也萧何，败也萧何：早知如此，何必当初 61
图穷匕见：最后的较量 62
临时抱佛脚：死刑犯的悔恨 62
司空见惯：司空见惯，断尽刺史肠 62
"PK"：实力的对决 63
"IN"与"OUT"：时尚与老土 63
月光族：富不过 30 天 63
SOHO 一族：对朝九晚五说"不" 64
"V"字手势：胜利的幽灵 64
"酷"：潇洒中带点冷漠 64
大虾：网络高手 65
三味：经史诸子读书味 65
敲竹杠：绍兴师爷磕烟灰 65
两面派：怀庆府的"两面牌" 66
跳槽：原本狎邪之词 66
吹牛皮：黄河边上去吹牛皮 67
无厘头：反智戏谑 67
抬杠：小丑的游戏 68
借光：互惠互利 68
黑马：半路杀出个程咬金 68
闭门羹：源自妓女的拒客之道 69
沙龙：客厅中的交际 69
黑客：横行网络的西部牛仔 69
草根：草根生长的地方就蕴藏黄金 70
江湖：不如相忘于江湖 70
鼻祖："鼻"子原来是"自"己 71

雷同：打雷时万物皆响应 71
替罪羊：赎罪的羔羊 71
穿小鞋："三寸金莲"惹的祸 72
黑名单：黑皮书的警示 72
鸿门宴：宴无好宴，会无好会 73
磨洋工：打磨洋人的建筑 73
木马计：打进敌人的心脏 74
不倒翁：真是个"扳不倒翁也" 74
戴高帽：没有谁会拒之门外 75
此地无银三百两：不打自招 75
拜倒在石榴裙下：杨贵妃的石榴裙 75
解铃还须系铃人：法灯悟禅 76
狗咬吕洞宾：苟杳吕洞宾，不知好人心 76
萧规曹随：无为是最好的为 77
罄竹难书：写不完的炀帝罪 77
将相和：强强联手国更强 78
两袖清风：于谦所带的"清风" 78
乘龙快婿：萧史弄玉乘龙凤 78
明镜高悬：秦镜辨善恶 79
空穴来风：地位不同，风也不同 79
一鼓作气：击鼓进军 80
破釜沉舟：最后的抉择 80

空城计：智慧的胆量 81
三教九流：高雅向世俗的演变 81
越俎代庖：各司其职，各负其责 82
捉襟见肘：曾子的贫困 82
一字千金：伟大的自信 83
一鸣惊人：隐语的效果 83
讳疾忌医：不承认不表示不存在 84
狗尾续貂：都是封官惹的祸 85
不为五斗米折腰：史上最有骨气的人 85
草木皆兵：最强的兵力 86
立木为信：信用的考验 86
窃符救赵：为了信义 87
司马昭之心：阴谋家的野心 88
黄袍加身：皇帝原来可以这样当 89
条条大道通罗马：出自古罗马皇帝之口 89
潘多拉的盒子：可怕的诱惑 90
达摩克利斯之剑：安逸背后的危险 90
斯芬克司谜语：谜底是人 91
橄榄枝与和平鸽：诺亚方舟的使命 91

职业称谓：三百六十行，行行有来由 92

七十二行：不用愁没工作 92
职业记者：以采集和卖新闻为生 92
节目主持人：主要持棒之人 92
空中小姐：护士的建议 93
经理：皇帝明德，经理宇内 93
商人：做买卖的商族人 93
时装模特：沃恩的妻子 94
大师傅：做饭算不算行当 94
导游：行军打仗术语 95
教师：传道授业解惑 95
大夫：医官中最高级 96
护士：天使之翼 96

人物称谓：平素称谓有讲究 97

太太：王室夫人的敬称 97
丈人：原为老人尊称 97
泰山：连升四级，泰山之力 97
东床：好女婿，真本色 98
连襟：人生意气合，相与襟袂连 98

足下：悲乎，足下 99
泰斗：仰之如泰山北斗 99
海外赤子：我爱你，中国 99
黎民、百姓：奴隶主与奴隶的区别 100
额娘：鹅娘！鹅娘！ 100
父母官：前有召父，后有杜母 100
贝勒：满族初期的最高爵位 101
陛下：宫殿下的台阶 101
成吉思汗：草原大帝 101
“太阳王”路易十四：芭蕾舞蹈痴迷者 102
“战争之父”汉尼拔：“罗马的噩梦” 103
“铁血宰相”俾斯麦：
“问题须靠铁和血来解决” 103
“沙漠之狐”隆美尔：“战争动物” 104

地理名称：大洲大洋，江河湖海 105

长江：古代单名“江” 105
黄河：母亲河 105
珠江：“海珠”之江 106
太平洋：麦哲伦的太平之洋 106
大西洋：大力士神阿特拉斯 106
印度洋：红色之海 106
亚洲：“太阳升起的地方” 107
欧洲：宙斯的情人欧罗巴 107
非洲：也门 Africus 酋长 108
多瑙河：多瑙伊万的悔恨 108
红海：漂浮在水面的蓝绿藻 108
黑海：黑色为北 109
爱琴海：儿子的疏忽 109
直布罗陀海峡：纪念一位将军 109
象牙海岸：殖民者的贸易 110

黄金海岸：黄金惹的祸 110
死海：万物不生 111
“好望角”：美好希望的海角 111
亚马孙河：高大的女人国 112
苏伊士运河：拿破仑的梦想 112

国家名称由来：有国才有家 113

中国：帝王之都 113
九州：大禹划定疆域 113
荷兰绰号“海上马车夫”：海上霸主 114
美国：亚美利哥发现的土地 114
英国：源于古罗马 115
加拿大：这是棚屋 115
枫叶之国：加拿大的国树 115
阿根廷：“世界的粮仓和肉库” 116
印度：起源于信度河 116
新加坡：梵语“狮城”之谐音 116
梵蒂冈：国中之国 117
澳大利亚：“南方的土地” 117
伊拉克：“耕耘的土地” 118
意大利：小牛生长的乐园 118
挪威：北方海盗 118
西班牙：野兔成群 119
俄罗斯：由罗斯部落发展而来 119

城市名称由来：人建一座城，给它一个名...120

香港：贩香的港口 120
澳门：两山对峙如“门”，上下海域为“澳”.. 120
重庆：双重喜庆 121
成都：一年成邑，三年成都 121
上海：以河命名的渔村 121
天津：天子渡津之地 121
宁波：海定则波宁 122
西安：安定西北 122
南京：六朝胜地、十代都会 122
北京：战国时燕国之都 123
山东：齐鲁大地 123
福建简称“闽”：蛇的图腾崇拜 123
旧金山：区别“新金山” 124
罗马：母狼乳婴 124
雅典：雅典娜的庇护 124
纽约：英国与荷兰的PK 125
东京：东方的京城 125
金边：奔夫人山 126
马德里：“妈妈快跑” 126

政治制度：触摸恢宏史篇中跳动的脉搏 . 127

中国主要朝代名称：城头变换大王旗 .. 127
禅让制度：真正的天下归心 127
家天下：权力的原始诱惑 128
合纵连横：外交的手腕 129
分封制：庶子的归宿 129
宗法制：父权社会的尊卑 130
三省六部制：封建中央官制 130
内阁：无宰相之名，有宰相之权 130
藩镇割据：都是节度使惹的祸 131
监狱：皋陶造狱 131
十恶不赦与五刑：罪与罚 131
东厂、西厂、锦衣卫：特务侦查机构 .. 132
二十四衙门：负责皇室私人生活 132
军机处：初名“军机房” 132
八旗制度：以旗统人，以旗统兵 133
王莽改新：托古改制 133
罗马元老院：国王的咨询顾问 134
印度种姓制度：贵贱等级世代相传 134
布尔什维克：拥护列宁的多数派 135

幕府：独特的日本国情 135
开明专制：法国启蒙学者的改革要求 135
君主制：君主掌握最高国家权力 136
英国内阁制：对议会负责 136
大棒政策：手持大棒口如蜜，走遍天涯不着急 136
弹劾：以公众的名义 137
非暴力不合作运动："圣雄甘地"的倡导 137

组织团体：为了共同的利益 138

国际联盟："一战"后的结果 138
联合国："二战"的产物 138
北约：冷战的产物 139
欧盟：欧洲统一的印记 139
不结盟运动：弱小者的对抗 140
七十七国集团：弱小者的联合 140
亚太经济合作组织：汉城倡议 140
石油输出国组织：对抗西方石油公司 141
世界贸易组织：关税与贸易总协定 141
世界银行：布雷顿森林会议的决议 141
国际奥林匹克委员会：
非营利性的体育组织 142
绿色和平组织：为了家园的绿色海洋 142
红十字会：救死扶伤的人文关怀 142
三K党：白色联盟 143
巴黎公社：第一个无产阶级政权组织 143

官衔职务：有了名，也就有了权力与职责 145

皇帝：德兼三皇，功高五帝 145
太上皇：帝王之父的尊号 145
国王：皇帝所诰封 146
沙皇：以恺撒为榜样 146
皇帝称号"恺撒"：罗马帝国的无冕之皇 146
元首：罗马帝国的首席元老 147
总统：起源于美国 148
首相：专制君主的首席大臣 148
主席：筵席中的讲究 148
法老：太阳神之子 149
宰相：一人之下，万人之上 149
仆射：虚名无实之官 150
三公九卿：实实在在的权力 150
将军：扩充军的统帅 150
节度使：持节都督 151
总督、巡抚：明清时地方军政大员 151
领事：商人仲裁领事 151
大使：特命全权大使 152
国务卿：国务院的行政首长 153

经济贸易：以money为纽带，互通有无 154

货币：从贝壳开始 154
最早的纸币：北宋的"交子" 154
纸币上的水印：意大利造纸匠的发明 155
港币：统一混乱的币种 155
欧元：共同的努力 155
美元符号$：美丽的传说 156
储蓄：未雨绸缪 156
信用卡：信用的筹码 156
自动取款机：一卡走天下 157
交易所：做生意见面的场所 157
税收：下之所纳于上 158
道琼斯指数：历史最为悠久的股票指数 158
日经指数：《日本经济新闻》股票价格指数 159
恒生指数：最常被引用的股票价格指数 159
股票：金钱的疯狂 159
期货：未来的交易 160
保险：一人为大家，大家为一人 160
公债券：国家对民众的信用 161
榷场：互市市场 161
买办：采买人员 161
钱庄：中国商人的信用 162
票号：中国近代银行的前身 162
银行：为了鉴别和兑换 162
江南织造：皇帝的亲信和耳目 163

广东十三行：拥有商业特权的官商团体 .. 163
屯田：政府组织的开荒 164
井田制：纵横交错的“井”字 164
初税亩：私有土地合法化的开始 164
北魏均田制：劳动者和土地的结合 165
两税法：对农民的变相盘剥 165
一条鞭法：张居正的改革 165
垄断：集中资本的威力 166
圈地运动：羊也吃人 166
工业革命：从棉纺织业开始 167
下海：“夏德海”的醉汉 167
海上贸易：海上丝绸之路 168

军事战争：为了和平的武装暴力 169

参谋：居辎车中，坐为计谋 169
虎符：调动军队的凭信 169
民兵：全民皆兵 169
骑兵：秦穆公的“畴骑” 170
禁军：历代皇帝的亲兵 170
海军：桨船的撞击战 171
空军：法国的气球兵团 171

空降兵：苏联首先大规模组建 171
特种部队：头戴贝雷帽的“豹部队” 172
湘军：曾国藩始创 172
淮军：李鸿章始创 173
北洋军阀：天津小站的新军 173
肩章：侠客义士护双肩的金属 173
军礼：以手遮眼，为了女王的尊严 174
军乐：在扩张中传播 174
军衔：军人身份与地位的标志 175
准尉：旗手的荣誉 175
少尉：法语“代表” 175
上尉：地位显赫的人 175
少校：营长的军衔 175
上校：校官中最高一级 176
将军：显贵的职务 176
元帅：宫廷管皇帝马厩的官员 176
举白旗：进行谈判先休战 176
师：法国首创 177
旅：一支战斗队 177
团：俄国部队的总称 177
营：方块队 177
遭遇“滑铁卢”：拿破仑时代结束 177
盖世太保：纳粹的国家秘密警察 178

著名品牌：因为卓越，所以鹤立鸡群 ... 179

同仁堂：康熙看病 179
全聚德：颠倒字号转风水 180
东来顺：紫气东来 180
稻香村：铁拐李睡过的稻草 180
六必居：明朝宰相严嵩的手迹 181
王致和：落榜的无奈 181
荣宝斋：以文会友，荣名为宝 181
瑞蚨祥：青蚨还钱 182
同升和：同心协力功成和 182
张小泉：交尾的菊花蛇 182
星巴克：小说《大白鲸》的人物名 183
肯德基：山德士上校的新方法 183
麦当劳：汽车时代的生意 183
索尼：拉丁字 Sonus 的演化 183
诺基亚：栖息在诺基亚河的小黑貂 184

微软：微型软件 184
英特尔：集成电子 184
苹果：纪念打工的苹果园 184
劳斯莱斯：地位和身份的象征 185
法拉利：世界赛车冠军的杰作 185
宝马：行天莫如龙，行地莫如马 185
柯达：一种事物突出的尖端 185
佳能：黎明的女神 186
派克笔：高质量书写工具的领导者 186
阿迪达斯：阿迪·达斯勒 186
迪士尼：漫画家的老鼠朋友 187
欧米茄：事物的伊始与终极 187
劳力士：伸开五指的手掌 187
皮尔·卡丹：创造欲的驱使 187
芭芭拉：女人的最柔情 188
夏奈尔：最了解女人 188
迪奥："上帝"和"金子"的组合 188
兰蔻：玫瑰花的象征 188
吉列剃须刀：商人的敏感 189
资生堂：至哉坤元，万物资生 189

思想理论：智慧博弈中撞击出的历史火花 190

百家争鸣：开启思想之源 190
乌托邦：乌有之乡 190
理想国：柏拉图的理想 191
文艺复兴运动：人为万物之本 191
印象派：巴黎记者杜撰 192
存在主义：个人的生存问题 192
人本主义：把人生物化的形而上学 193
实用主义："美国精神"的代表 193
空想社会主义：人人平等，个个幸福 193
无政府主义：人人自由平等 194
共产主义：原意为公有 194
社会主义：人的社会性 194
启蒙运动：理性时代的光明使者 195

神话传说：怪力乱神中，别有一番乐趣 196

八仙：积善扶贫，各显神通 196
济公："济癫僧" 196
女娲：造人补天 197
财神：冥神摇身变财神 197
城隍：地方的保护神 197
钟馗：不第武举，为帝王捉鬼 198
龙：四灵之首 198
凤凰："凤鸣岐山" 199
麒麟：麒麟现"盛世" 199

中外名著：哺育健康的灵魂 200

"四书五经"：朱熹功不可没 200
《周易》：文王拘而演周易 200
"春秋三传"：商周以来史界之革命 201
《史记》：第一部以人物为主体的纪传体通史 201
《汉书》：第一部纪传体断代史 202
《后汉书》：杰出的私修断代正史 202
二十五史：一部二十五史，从何谈起 202
楚辞：书楚语、作楚声 203
《古文观止》：观止矣！若有他乐！不敢请 203
"红学"：少一画三曲之学 203
《百家姓》：赵钱孙李，周吴郑王 204
《孙子兵法》：兵书之王 204
《三十六计》：古代谋略大全 205
《永乐大典》：中国最大的百科全书 205
《四库全书》：中华传统文化集大成 206
《荷马史诗》：鸿篇巨制 206
《伊索寓言》：力透纸背的寓言 206
《少年维特之烦恼》：失恋的结晶 207
《浮士德》：一部灵魂的发展史 207
《天方夜谭》：一千零一夜的传说 208

《巴黎圣母院》：美与丑的对比 209
《悲惨世界》：悲悯胸怀的呈现 209
《茶花女》：失落的妇人 210
《老人与海》：人不是为失败而活的 211
文字语言：横竖撇捺间，见大天地 212
普通话：交流的便捷 212
汉字：仓颉造字，鬼神泣 212
汉字的演变：从具体走向抽象 213
甲骨文：治病的“龙骨” 214
东巴文：文字起源的“活化石” 214
盲文：传送情报的“夜码” 214
楔形文字：苏美尔文明的独创 215
象形文字：古埃及“神圣的雕刻” 216
拉丁语：罗马帝国的官方语言 216
拉丁字母：ABC 的由来 217
阿拉伯数字：起源于印度 217
玛雅文明：不可思议的文明 217
印加文明：黄金帝国 218
阿兹特克文明：以墨西哥高原盆地为中心 219
新闻出版：秀才不出门，以此知天下 220
广播：看不见的空中帝国 220
美联社：世界上最大的通讯社 220
报纸：皇帝和地方之间的联系纽带 220
法新社：历史最长的新闻机构 221
新闻：北宋末年的小报 221
黄色新闻：“黄孩子”漫画 221
《纽约时报》：“灰色女士” 221
《华尔街日报》：风格以严肃见长 222
《泰晤士报》：英国历史最悠久的报纸 222
杂志：原来是仓库 223
《时代》周刊：世界“史库” 223
《读者文摘》：阅读的精华 223
图书：无图不成书 224
世界图书和版权日：三大文豪聚首天堂日 224
稿酬：不得一文何以润笔 225
教育学科：人类智慧由此延续 226
哲学：爱智慧 226
文学：原为官职名 226

算术：好奇的阿拉伯人 226
几何学：最早的“测地学” 227
学校：庠序之教 227
义务教育：为了《圣经》的普及 228
幼儿园：儿童的天地 229
考试：跳出寒门的法宝 229
学分制：教学的量化 229
科举制度：志行修谨，清平干济 230
学位：学生的跳远 231
学士、硕士、博士：古今大不同 231
师范：学高为师，身正为范 231
留学生：中日的交流 232
太学：世界上最早的高等学府 232
四大书院：兴起于士大夫无所学 232
清华大学：清咸丰皇帝所赐 232
北京大学：京师大学堂 233
哈佛大学：纪念哈佛的义举 233
牛津、剑桥：古老的城市，驰名的大学 234
函授教育：青年自修成才之路 234
远程教育：教与学在时空上的分离 235
医疗常识：维护健康的常识 236
医院：免费为百姓治病 236
药店：王安石批准创建 236
脉诊：望闻问切之“切” 236
食疗：药食同源 237
针灸拔罐：病好一半 237
刮痧：旧石器时代的无意发现 238
种痘术：对付天花的方式 239

病历：医神阿克勒庇斯的记录............239
麻醉术：笑气对人体的催眠............239
血型：以血液抗原形式表现的遗传性状..240
骨髓移植：治疗血液病的救星............240
剖腹术：医生和病人的胆量............241
狂犬病疫苗：科学纪录中最杰出的一页..241
试管婴儿：随体外授精技术的发展而来...242
克隆技术：无性繁殖............242

影视戏剧：真真假假，戏说生活..........243

电影：马的故事............243
摄影术：小孔成像原理............244
特技摄影：多次曝光摄影............244
电影广告片："大家都爱吸烟"............244
立体电影：身临其境的立体感............245
动画片：会动的卡通............245
卡通：充满奇幻色彩的神奇世界..........246
肥皂剧：为拍摄广告所制作的商业片..246
奥斯卡奖："我的舅舅奥斯卡"............246
好莱坞：冬青树之林............247
百老汇：美国娱乐业的中心............247
戛纳国际电影节：对抗意大利法西斯..248
威尼斯国际电影节：国际电影节之父..248
广播剧：首播莎士比亚的剧本............248
戏剧：祭祀性歌舞............249
京剧：四大徽班进京............250

京剧脸谱："心灵的画面"............250
生、旦、净、丑：反喻之意比之.........250
梨园：唐玄宗的爱好............251
跑龙套：举足轻重............251
黄梅戏：曲调悠扬，如行云流水.........252
木偶戏：让周穆王大惊失色............252
皮影戏：弄影还魂术............253
相声：先秦时的俳优............253
小品：佛教用语............254
双簧：大黄弹弦，小黄演唱............254
魔术：祭天、祈年的通灵............254
剧院：宗教仪式的一部分............255

体育运动：没有硝烟的和平战争..........256

体育：身体的教育............256
锦标：向道是龙君不信，果然衔得锦标归...256
奥运会：感谢神灵佑护............257
奥运"圣火"：普罗米修斯偷火种........257
奥运奖牌：胜利者的奖励............258
冬季奥运会：花样滑冰的吸引力..........258
亚运会：振亚洲雄风............259
世界杯足球赛：点燃激情世界的比赛..259
田径运动：生活技能的竞争............260
定向运动："寻宝游戏"............260
马拉松：纪念伟大的传令兵............261
跨栏跑：牧民的游戏............261
跳高：源于英国............261
跳远：原始的生活技能............262
铁人三项赛：谁是真正的铁人............262
篮球：奈史密斯球............262
足球：战国时的蹴鞠............263
羽毛球：英国贵族玩的游戏............263
网球：原来是掌击球............264
排球：优美的"空中飞球"............265
乒乓球：乒乓、乒乓............265
艺术体操：发展女子身体的柔韧性.....265
健美运动：古希腊的雕塑............266
滑雪：白色精灵的飞舞............266
柔道：源出少林之门............267
拳击：勇敢者的运动............267

娱乐活动：劳累工作的调节剂............. 268
龙舟竞渡：宁荒一年田，不输一年船.. 268
舞狮：乾隆梦中的五色圣兽 268
舞龙：龙王报恩.................................... 269
踢毽子：生命的蝴蝶.............................. 269
踩高跷：采食树上的野果 270
猜灯谜：观灯射虎.................................. 270
放风筝：又是一年三月三 271
武术：中国功夫...................................... 272
太极拳：易有太极，是生两仪............... 272
象棋：战国贵族的娱乐 272
扑克：缓解思乡之愁 273
桌球：由两球相撞演化而来 274

万物篇：追本溯源，了解万物背后的故事

生活设施：从居家，到公共场所 276
旅馆：早期的“驿站”.......................... 276
家庭旅馆：Bed and Breakfast 276
理发店三色柱：理发师的兼职——外科医师.. 277
百货店：乾隆改店名 277
跳蚤市场：专门卖便宜货的地方.......... 278
夜市：丰富的夜生活 278
酒吧：西部牛仔的乐园 279
茶馆：老妇人的茶摊 279
图书馆：知识的栖息地 279
自来水：水自流直入城中 280
电梯：角斗场的升降器 280
床：编织技术后时代............................ 281
厕所：文明的进步 281
墓地：纵有千年铁门槛，终须一个土馒头.. 282
消防车涂红色：给人以触目惊心之感.. 282
集中供热：养殖牡蛎的发明 283
日常用品：身边物，大来头 284
床罩：新娘子的灵机一动 284
蚊帐：齐桓公的“翠纱之帱”................ 284
椅子：身居高位者的宝座 285
锁：鲁班给锁装上了机关 285
钥匙：埃及人的发明 286
手表：女性的饰物................................ 286
眼镜：显示身份的高贵 286
名片：交往的前奏................................ 287
电风扇：今朝依旧数风流 287
针：石器时代的杰作 287

染发剂：美的追求................................ 288
沙发：源于贵族的半身不遂 288
镜子：女娲打磨的黑曜石 288
牙刷：杨柳枝一端咬软即成 289
牙膏：鸡初鸣，咸盥漱 289
牙签：柳嫩枝剔齿甚妙 289
肥皂：厨师的大意................................ 290
香水：匈牙利之水................................ 290
筷子：汉代的发明................................ 291
西餐具：富修养、懂文雅 291
菜单：厨师的备忘单............................ 291
伞：能移动的房屋................................ 292
剪刀：“U”字形的“交刀”.................. 292
保温瓶：“瑟莫斯”.............................. 293
高压锅：煮不熟的土豆 293
地图：苏美尔人的泥板地图 294
铅笔：能写字的石墨............................ 294
煤气：煤制气体燃料............................ 295
冰箱：意外的发现................................ 295
洗衣机：手洗时代的结束 296

电视：天涯咫尺 296
熨斗：象征北斗 297
暖气：地下火炉 298
空调：总统的病房 298
电池：和青蛙有关 298
吸尘器："吵死人的怪魔" 299
电灯：真空玻璃管中的碳化棉纱线 299
日光灯：水银灯的改进 300
打火机：燧石点火枪衍生而来 300
照相机：水银的蒸发 300
遥控器："懒骨头" 301

服装服饰：从遮羞到时尚的历程 302

旗袍：满族的民族服装 302
唐装：因"唐人"而名 302
中山装：因孙中山而流行 302
西装：原始衣着的完美组合 303
和服：大和民族的服装 303
牛仔裤：西部牛仔的最爱 304
喇叭裤：英国的海军服 304
衣裳：上衣为"衣"，下衣为"裳" 304
迷你裙：保守古板的英国人的创举 305
泳装：猥亵暴露罪 305
胸罩：系在胸前的餐巾 305
内衣：可当胸又可当背 306
领带：骑兵的围巾 306
腰带：服装的饰物 306
纽扣：龙袍上的 1.36 万颗金纽扣 307
拉链：可移动的扣子 307
耳环：耳朵的装饰 308
耳坠：走路不要左顾右盼 308
戒指：嫔妃用以记事 308
手镯：男性身份的象征 309
帽子：冠冕堂皇 309
皮鞋：孙膑刖刑 309
高跟鞋：防止妻子外出 310
旱冰鞋：冰河解冻的威胁 310
木屐：京都长者皆着木屐 311

大众食品：民以食为天 312

元宵：团团圆圆 312

饺子：祛寒娇耳汤 312
月饼：纪念闻仲的"太师饼" 313
点心：表"点点心意" 313
面条：经齿冷于雪 313
油条：炸的不是油条，是秦桧 314
豆腐：炼丹不成，反得豆腐 314
豆腐干：石头底下的豆腐 314
四菜一汤：朱元璋的榜样 315
盐：海水熬成盐 315
味精：日本的味之素 315
酱油：拌食韭叶 316
醋：21 日酉时 316
桂皮：油性大，味鲜美 316
北京烤鸭：南北朝的"炙鸭" 317
"狗不理"包子：狗子卖包子，一概不理 317
松花蛋：掉进桑树灰的鸭蛋 317
涮羊肉：宫廷佳肴 318
糖炒栗子：统一祖国的热望 318
冰糖葫芦：治愈贵妃的病 318
粥：稀饭的书面语 318
四喜丸子：四喜临门 319
麻婆豆腐：麻婆烧的豆腐 319
水煮鱼：不吃肉的朋友 319
叫化鸡：叫花子的发明 320
自助餐：海盗的发明 320
罐头：拿破仑的悬赏 320
面包：太阳底下的面团 321
比萨饼：马可·波罗的描述 321
巧克力：神赐之物制成的"苦水" 322
冰激凌：原是消暑用 322

酒水饮品：茶静酒闹，觥筹交错中品滋味 323
茶：原为治病 323
龙井茶：18棵御茶树 323
碧螺春："吓煞人香" 324
铁观音：七泡有余香 324
茅台酒：唐蒙饮酱使夜郎 325
竹叶青：色如竹叶 326
女儿红：谁说女子不如男 326
啤酒：祭祀女神 327
葡萄酒：国王藏起来的"毒药" 327
鸡尾酒：克里福德的最爱 327
白兰地："生命之水" 328
袋泡茶：成品原来是样品 328
咖啡：彻夜无眠的羊 329
酸奶：长寿的秘方 329
美术工艺：笔墨纸砚绘天上人间 330
中国画：一切非西洋画 330
壁画：褒赏功德 330
罗布林卡壁画："宝贝园林" 331
铁画：以锤代笔，以铁作墨 331
中国漫画：丰子恺与郑振铎 332
日本漫画："随意"画 332
油画：鸡蛋黄融合矿物原料为调料 332
楷书：正书 333
文房四宝：国家典掌文翰之处 333

毛笔：蒙恬造笔 334
墨汁：从河里捞起的松炭 334
徽墨：墨中之冠 335
纸：糟粕也有用 335
砚：从研磨器开始 335
端砚：群砚之首 336
刺绣："衣冠王朝" 336
剪纸：剪桐封弟 337
盆景：无声的诗，立体的画 337
景泰蓝：铜胎掐丝珐琅 338
涂鸦：乱涂乱写 338
颜料：不褪的色彩 339
印染：赤铁矿粉染麻布 339
维纳斯雕像：残缺之美 340
撒尿小孩铜像：一泡尿拯救一座城市 341
音乐舞蹈：吹拉弹唱奏天籁之音 342
五线谱：古罗的发明 342
简谱：思想家卢梭提出 342
多来咪发梭拉西：唱诗班的赞美诗 342
宫商角徵羽：神秘而朴实 343
古筝：伏羲氏所创 343
琵琶：游牧者的马上娱乐 344
二胡：马尾胡琴随汉车 345
笛子：从西域传入 345
唢呐：曲儿小，腔儿大 345
鼓：轰天震地 346
冬不拉：哈萨克族爱情之音 346
马头琴：心爱的小白马 346
钢琴：乐器之王 347
小提琴：乌龟壳的启示 347
吉他：魂牵梦萦的爱情之音 348
口琴：无名少女的杰作 348
铜鼓：敲打石油桶庆胜利 348
音乐指挥：用手在空中"画"出旋律 349
交响曲：所有的乐器一起响 350
摇滚乐：摇摆之乐 350
中国的十大古曲：阳春白雪 350
《蓝色多瑙河》：情感的激荡 351
《月光奏鸣曲》：听众的共鸣 351

街舞：霹雳舞和爵士舞的完美结合 352
华尔兹：农民舞蹈“兰得勒” 352
探戈：舞中之王 352
恰恰：起源于墨西哥 352
斗牛舞：起源于法国 353
拉丁舞：拉丁风情 353
芭蕾：纯粹的舞蹈 353
瑜伽：冥想而集中意识 354
肚皮舞：东方之舞 354

武器装备：杀伤敌人的器械和装置 355

弩：弩生于弓 355
手枪：意大利的“希欧皮” 355
机枪：自动射击的枪 356
步枪：后膛迅速装弹 356
火炮：古代的抛石机 357
火箭筒：反坦克武器家族成员 357
手榴弹：彝族的葫芦飞雷 357
鱼雷：水中导弹 358
原子弹：人类和平的致命杀手 358
导弹：现代化的威慑武器 359
氢弹：超级炸弹 359
细菌武器：良心的丧失 360
坦克：“陆地巡洋舰” 360
潜艇：充满危险的海龟 361
航空母舰：“飞机搭载舰” 362
无人机：没有驾驶员也能执行任务 362
降落伞：舜火中逃生 363
头盔：救命的铁锅 363
防毒面具：战争的产物 364

药物器械：维持生存的附加值 365

何首乌：人名叫成了药名 365
当归：当归不归，娇妻改嫁 365
枸杞子：狗子之妻杞氏 366
青霉素：葡萄球菌的克星 366
维生素：维持生命的元素 366
激素：“奋起活动” 367
胰岛素：狗的贡献 367
抗生素：抑制微生物生长繁殖 368
海洛因：原为救人谁想害人 368
尼古丁：纪念尼古丁 369
听诊器：跷跷板的启示 369
注射器：竹管灌肠器 370
血压计：测得动脉搏动 370
X 光机：纪念伦琴 371
CT：功能齐全的病情探测仪器 371
助听器：顺风耳 372

宇宙天文：于风云变幻中，察日月运行 373

宇宙：宇宙之卵的进化 373
地球：人类祖祖辈辈的家园 373
月球：人类迈向宇宙的第一步 375
日食：天狗吃太阳 375
月食：太阳、地球、月球在同一直线 .. 376
黑洞：有进无出 376
哈雷彗星：哈雷的大胆预言 377
水星命名：双蛇缠绕的手杖 377
金星命名：启明长庚 377
火星命名：战神玛尔斯 378
木星命名：宙斯的化身 378
土星命名：时间和命运之神的象征 378
天王星命名：天神乌拉诺斯 378
海王星命名：海神涅普顿 379
太阳风暴：太阳打“喷嚏” 379
光年：光 1 年所走的路程 379
人造卫星：
首次在近地轨道运行 92 个昼夜 380

探测观察：人体机能的延伸 381

天气预报：海战的教训 381

地动仪：张衡的发明 381
指南针：为了看风水 382
望远镜：孩子的两只镜片 382
显微镜：一个店员的发明 383
经纬仪：安有罗盘的刻度盘 383
气压计：托里拆利真空 384

邮政通讯：天涯海角若比邻 385

邮政：信差成为一种职业 385
邮箱：好望角的巨石 385
邮政编码：投递邮局的专用代号 385
鸿雁传书：苏武归汉 386
鸡毛信：十万火急 386
信鸽：宰相的“飞奴” 386
航空邮件：传达市长的敬意 387
邮票：付不起邮资的退信 387
书信：比文字还早 388
纸信封：女士书信的隐私 388
信封上的“缄”：原来是捆箱子的绳子 388
邮戳：在封泥上压印而成 389
首日封：新邮票与当日邮票的完美结合 389
圣诞卡：天南地北的问候 389
明信片：画家的结婚贺礼 390
电报：绘画爱好者的发明 390
电话：电报机试验中发现 391
电话簿——“黄页”：白纸缺货 391
传真机：游戏中的灵感 391
电子邮件@符号：“在”的代名词 392

交通运输：坐地日行八万里有了可能 393

汽车：牵引大炮的三轮车 393
出租车：富家子弟的报复 393
汽车牌照：“她是我唯一的心上人” 394
火车：能行走的蒸汽机 394
蒸汽时代：瓦特的突出贡献 394
飞机：遨游太空理想的实现 395
直升机：俄国西科斯基研制 395
黑匣子：破解飞行事故的秘密 395
交通信号灯：女性红绿装的启发 396
斑马线：古罗马时代的跳石 396

立交桥：安全通过交叉路口 396
运河：为了输送清水 397
铁路：原始的木材轨道 397
地铁：老鼠洞的启发 397
海底隧道：横跨海峡的交通运输 398
轮船：桨轮船 398
GPS：全球卫星定位系统 398

名胜古迹：每个人都最神往的游憩地 399

紫禁城：最高级别的禁区 399
天安门：受命于天，安邦治民 399
人民大会堂：人民自己的大礼堂 400
中国六大古都：历史的积淀 400
云冈石窟：悬崖上的艺术宝库 401
莫高窟：世界最大的佛教艺术宝库 401
龙门石窟：中国石窟艺术变革的里程碑 402
曲阜：东方圣城 403
周口店北京人遗址：“北京人”之家 403
平遥古城：中国古建筑的荟萃和宝库 404
避暑山庄：清代皇帝夏日避暑场所 404
圆明园：被焚毁的万园之园 405
万里长城：东方古龙 405
都江堰：独奇千古的“镇川之宝” 406
内外三关：南北六关卡 406
岳阳楼：鲁班的点拨 407
滕王阁：“江南三大名楼”之首 408
黄鹤楼：天高不算高，人心比天高 408
蓬莱阁：“八仙过海”之处 409
醉翁亭：为政风流，公事了亭中 409
灵隐寺：“仙灵所隐” 409

日月潭：如日如月 …… 410
喜马拉雅山："雪的家乡" …… 410
珠穆朗玛峰："圣母"之山 …… 410
黄山：天下第一奇山 …… 410
华山：华山自古一条路 …… 411
峨眉山：如螓首蛾眉，细而长，美而艳 …… 412
庐山：匡庐奇秀甲天下 …… 412
巫山十二峰：善良的十二仙女 …… 412
五台山：华北屋脊 …… 413
凡尔赛宫：举世无双的宫殿 …… 413
巴黎圣母院：著名的天主教堂 …… 413
埃菲尔铁塔："云中牧女" …… 414
比萨斜塔：倾斜之塔 …… 414
自由女神像：法国人的礼物 …… 414
狮身人面像：战神的化身 …… 415
金字塔：法老永久的住所 …… 415
巨石阵：史前石桌 …… 416
复活节岛石像：地球的肚脐 …… 416
古罗马角斗场：古罗马帝国的象征 …… 417

动物植物：一草一木一禽一兽皆生命 … 418

动物的驯养：与动物的亲密接触 …… 418
猫：古埃及"神圣女神"的化身 …… 418
大熊猫：原来是"猫熊" …… 419
警犬：警戒巡逻的战犬 …… 419
藏獒：东方神犬 …… 420
恐龙：恐怖的蜥蜴 …… 420
韭菜：寅时割了卯时来 …… 420
茄子：昆仑瓜 …… 421

香菇：吴三公的发现 …… 421
红薯：原产于拉丁美洲 …… 421
黄瓜：原名胡瓜 …… 422
香蕉：智慧之果 …… 422
哈密瓜：吐鲁番的葡萄，鄯善的哈密瓜 …… 422
葡萄："植物之神"赐给人类的礼物 …… 423
菠萝：原产巴西 …… 423
牡丹：雍容华贵，艳压群芳 …… 423
茉莉：人间第一香 …… 424
四大古梅：暗香浮动 …… 424
菩提树：菩提本无树，名镜亦非台 …… 424
枫叶变红：微妙的花青素 …… 425
烟草："还魂草" …… 425

万事篇

刨根问底，探究万事的来龙去脉

中外节日：一种纪念，一种喜庆

除夕：昼夜交替，除旧换新

农历一年最后一天的晚上，即春节前一天晚上，因常在阴历腊月三十，故又称该日为年三十。除是除旧布新。一年的最后一天叫“岁除”，那天晚上叫“除夕”。除夕人们往往通宵不眠，叫守岁。苏轼有《守岁》：“儿童强不睡，相守夜欢哗。”除夕是中国传统节日中最重大的节日之一。除夕这一天，家里家外不但要打扫得干干净净，还要贴门神、春联、年画，挂门笺，人们则换上带喜庆色彩和图案的新衣。

据《吕氏春秋·季冬记》记载，古人在新年的前一天用击鼓的方法来驱逐“疫疠之鬼”，这就是“除夕”节令的由来。据称，最早提及“除夕”这一名称的，是西晋周处撰著的《风土记》等史籍。

另外，除夕在台湾被称为“过年日”。这一天的午后，人们在厅堂神龛前上供牲体。到了晚上，合家焚香叩拜，然后对长者辞岁。接着是“围炉”，也就是吃丰盛的年夜饭。一家人围坐一桌，桌上摆满菜肴，桌下放置火盆，“围炉”为除夕带来热烈的气氛。远在他乡的游子，除非万不得已，再远、再忙也要赶回家团圆。年夜饭后，便高燃蜡炬来守岁。儿媳妇为了给长辈们添福寿，不能早睡。据说坐得越久，长辈的福寿越长，这是表示孝心。

春节：农历新的一年开始

农历的正月初一是春节，也叫阴历年，俗称过年，是中国最富有特色的传统节日。它标志着农历新的一年开始。

春节的历史很悠久，它起源于殷商时期年头岁尾的祭神祭祖活动，但古时的正月初一被称为“元旦”。隋代杜台卿在《五烛宝典》中说：“正月为端月，其一日为元日，亦云正朝，亦云元朔。”“元”的本义为“头”，后引申为“开始”，因为这一天是一年的头一天，春季的头一天，正月的头一天，所以称为“三元”；因为它是第一个朔日，所以又称“元朔”。宋代吴自牧在《梦粱录》中解释：“正月朔日，谓之元旦。”《说文解字》中对“旦”字的解释为：“从日见一上，一，地也。”表示太阳刚刚从地平线上升起，就是早晨的意思。因为它分别表示一年的第一个早晨，正月的第一个早晨，所以称“元旦”和“正旦”。

除上述称谓外，春节还称“开年”“开岁”“芳岁”“华岁”等，在诸多称谓中以称“元旦”最普遍，时间最长久。直到中国近代辛亥革命胜利后，南京临时政府为了顺应农时和便于统计，规定在民间使用夏历，在政府机关、厂矿、学校和团体中实行公历，以公历的元月一日为元旦，农历的正月初一称春节。

年画

年画是中华民族祈福迎新的一种民间工艺品，在春节的时候张贴。年画画面线条简单，色彩鲜明，气氛热烈愉快，多以神仙、历史故事、戏剧人物为题材。

另外，还有一种说法认为，春节和年的概念，最初的含意来自农业，古时人们把谷的生长周期称为“年”。甲骨文中“年”字是果实丰收的形象；金文中的“年”字则为预祝丰收喜庆的日子；《谷梁传》说：“五谷大熟为大年”;《说文·禾部》:“年，谷熟也。”人们在立春前后的正月初一这一天，欢聚庆祝，一起过年。

民间还有这样一种传说。中国古时候有一种叫“年”的怪兽，头长尖角，凶猛异常。“年”兽长年深居海底，每到除夕，便爬上岸来吞食牲畜伤害人命。因此每到腊月三十，村村寨寨的人们扶老携幼，逃往深山，以躲避“年”的伤害。

有一年的腊月三十，乡亲们都忙着收拾东西逃往深山。这时候，村东头来了一个白发老人，对一户老婆婆说只要让他在她家住一晚，他定能将“年”兽驱走。众人不信，老婆婆劝其还是上山躲避的好，老人坚持留下，众人见劝他不住，便纷纷上山躲避去了。

当“年”兽像往年一样准备闯进村肆虐的时候，突然传来白发老人燃响的爆竹声。“年”兽浑身战栗，再也不敢向前凑了。原来“年”兽最怕红色、火光和炸响。这时大门大开，只见院内一位身披红袍的老人哈哈大笑，“年”兽大惊失色，仓皇而逃。

第二天，当人们从深山回到村里时，发现村里安然无恙，这才恍然大悟，原来白发老人是帮助大家驱逐“年”兽的神仙。人们同时还发现了白发老人驱逐“年”兽的三件法宝。从此，每年的除夕，家家都贴红对联，燃放爆竹，户户灯火通明，守更待岁。这风俗越传越广，成了中国民间最隆重的传统节日“过年”。

元宵节：帝王百姓，普天同庆

正月十五元宵节，又称上元节、灯节，是中国的传统节日。

关于元宵节的起源，民间有许多传说。

一个传说是元宵节是汉文帝时为纪念“平吕”而设。汉高祖刘邦死后，吕后之子刘盈登基为汉惠帝。惠帝生性懦弱，优柔寡断，大权渐渐落在吕后手中。汉惠帝

闹元宵

正月是农历的元月，古人称夜为“宵”，所以称正月十五为元宵节。

病死后，吕后独揽朝政，把刘氏天下变成了吕氏天下。朝中老臣、刘氏宗室深感愤慨，但都惧怕吕后残暴而敢怒不敢言。

吕后病死后，诸吕惶惶不安，害怕遭到伤害和排挤。于是，在上将军吕禄家中秘密集合，共谋作乱之事，以便彻底夺取刘氏江山。

此事传至刘氏宗室齐王刘襄耳中，刘襄为保刘氏江山，决定起兵讨伐诸吕。随后，他与开国老臣周勃、陈平取得联系，设计除去了吕禄，“诸吕之乱”终于被彻底平定。

平乱之后，众臣拥立刘邦的第四个儿子刘恒登基，称汉文帝。文帝深感太平盛世来之不易，便把平息“诸吕之乱”的正月十五定为与民同乐日，京城里家家张灯结彩，以示庆祝。从此，正月十五便成了一个普天同庆的民间节日——“元宵节”。

另外，还有一则传说则与汉武帝时期的东方朔有关。有一天冬天，下了几天大雪，东方朔就到御花园去给武帝折梅花。刚进园门，就发现有个宫女泪流满面准备投井。东方朔慌忙上前搭救，并问明她要自杀的原因。原来，这个宫女名叫元宵，家里还有双亲及一个妹妹。自从她进宫以后，就再也无缘和家人见面。每年到了腊尽春来的时节，就比平常更加的思念家人，觉得不能在双亲跟前尽孝，不如一死了之。东方朔听了她的遭遇，深感同情，就向她保证，一定设法让她和家人团聚。

一天，东方朔出宫在长安街上摆了一个占卜摊。不少人都争着向他占卜求卦。不料，每个人所占所求都是“正月十六火焚身”的签语。一时之间，长安城里起了很大恐慌。人们纷纷求问解灾的办法。东方朔就说：“正月十三日傍晚，火神君会派一位赤衣神女下凡查访，她就是奉旨烧长安的使者。我把抄录的偈语给你们，可让当今天子想想办法。”说完，便扔下一张红帖，扬长而去。老百姓拿起红帖，赶紧送到皇宫去禀报皇上。

汉武帝接过来一看，只见上面写着：“长安在劫，火焚帝阙，十五天火，焰红宵夜。”他心中大惊，连忙请来了足智多谋的东方朔。东方朔假意地想了一想，就说：“听说火神君最爱吃汤圆，宫中的元宵不是经常给你做汤圆吗？十五晚上可让元宵做好汤圆，万岁焚香上供，传令京都家家都做汤圆，一齐敬奉火神君。再传谕臣民一起在十五晚上挂灯，满城点鞭炮、放烟火，好像满城大火，这样就可以瞒过玉帝了。此外，通知城外百姓，十五晚上进城观灯，杂在人群中消灾解难。”武帝听后，十分高兴，就传旨照东方朔的办法去做。

到了正月十五日，长安城里张灯结彩，游人熙来攘往，热闹非常。宫女元宵的父母也带着妹妹进城观灯。当他们看到写有“元宵”字样的大宫灯时，惊喜地高喊：“元宵！元宵！”元宵听到喊声，终于和家里的亲人团聚了。

如此热闹了一夜，长安城果然平安无事。汉武帝大喜，便下令以后每到正月十五都做汤圆供火神君，全城挂灯放烟火。因为元宵做的汤圆最好，人们就把汤圆叫元宵，这天叫做元宵节。

清明节与寒食节：纪念介之推

寒食节在清明节的前一天（也有的说是前两天），由于时间相近，人们便习惯地把两个节日当作一个节日。其由来,取意于春秋时期的晋文公悼念功臣介之推的故事。

晋公子重耳未继位之前，遭遇晋献公的追杀，被迫流亡国外。介之推与狐偃、赵衰等一批老臣，与重耳患难与共，吃尽了苦头。

流亡途中，有一次，重耳又累又饿，跟随他的大臣们找了半天也找不到一点吃的。此时，介之推走到僻静处，从自己的大腿上割下了一块肉，煮了一碗肉汤给重耳。当重耳得知肉的来历后，不禁流下了眼泪。

19 年后，重耳回到晋国，做了国君，也就是著名的五霸王之一晋文公。他重赏了有功之臣，唯独忘了介之推。很多人为介之推鸣不平，然而介之推却不申辩，背着母亲隐居深山。

晋文公听说后羞愧莫及，便派人四处寻找介之推母子。打听了很久，听说在绵山一带隐居，然而绵山山高路险，树木茂密，找寻两个人谈何容易。

有人献计,从三面火烧绵山,逼出介之推。大火烧遍绵山,却没见到介之推的身影。火熄后，人们发现介之推与母亲紧抱一棵大树，被活活烧死。

晋文公见状，恸哭不已，便下令厚葬介之推，并将此山易名为介山。为了他们纪念介之推，晋文公下令将这一天定为寒食节，家家户户禁烟火，吃三天寒食。

第二年，晋文公率众臣登山祭奠，并晓谕全国，把寒食节的后一天定为清明节。

端午节：吃粽子，划龙舟

每年农历五月初五是端午节，又名端午、午日、重午、地腊、中天等，是古老的传统节日，始于中国的春秋战国时期，至今已有 2000 多年历史。

端午节的由来与传说很多，其中主要的有：

1. 南朝梁吴均《续齐谐记》所写的吃粽子的起源和宗懔《荆楚岁时记》所写的龙舟竞渡的起源，都认为端午节是为了纪念伟大诗人屈原。

据《史记·屈原贾生列传》记载,屈原是春秋时期楚怀王的大臣。他倡导举贤授能、富国强兵,力主联齐抗秦,遭到贵族子兰等人的强烈反对。屈原遭谗去职,被赶出都城,流放到沅、湘流域。他在流放中，写下了忧国忧民的《离骚》《天问》《九歌》等不朽诗篇。公元前 278 年,秦军攻破楚国京都。屈原眼看自己的祖国被侵略,心如刀割,但是始终不忍舍弃自己的祖国，于五月五日，在写下了绝笔作《怀沙》之后，抱石投汨罗江身死。

观竞渡　清　《端阳故事图册》
赛龙舟是端午节的重要习俗。相传古时楚国人因不舍屈原投江死去，许多人划船追赶拯救。之后每年农历五月五日划龙舟以纪念。

传说屈原死后，楚国百姓哀恸异常，纷纷涌到汨罗江边去凭吊屈原。渔夫们划起船只，在江上来回打捞他的尸体。

有位渔夫拿出为屈原准备的饭团、鸡蛋等食物，“扑通、扑通”地丢进江里，说是让鱼龙虾蟹吃饱了，就不会去咬屈大夫的身体了。人们见后纷纷仿效。

一位老医师则拿来一坛雄黄酒倒进江里，说是要药晕蛟龙水兽，以免伤害屈大夫。后来为怕饭团为蛟龙所食，人们想出用楝树叶包饭，外缠彩丝，发展成粽子。

以后，在每年的五月初五，就有了龙舟竞渡、吃粽子、喝雄黄酒的风俗，以此来纪念爱国诗人屈原。

2. 纪念伍子胥。

伍子胥，名员，楚国人，父兄均为楚王所杀。后来子胥奔向吴国，助吴伐楚，五战而入楚都郢城。当时楚平王已死，子胥掘墓鞭尸三百，以报杀父兄之仇。吴王阖闾死后，其子夫差继位，吴军士气高昂，百战百胜，越国大败，越王勾践请和，夫差许之。子胥建议，应彻底消灭越国，夫差不听。吴国太宰受越国贿赂，谗言陷害子胥，夫差信之，赐子胥宝剑，子胥以此死。子胥本为忠良，视死如归，在死前对邻舍人说:“我死后，将我眼睛挖出悬挂在吴京之东门上，以看越国军队入城灭吴”，便自刎而死。夫差闻言大怒,令取子胥之尸体装在皮革里于五月五日投入大江。因此，相传端午节亦为纪念伍子胥之日。

3. 纪念东汉孝女曹娥救父投江。

曹娥是东汉上虞人，父亲溺于江中，数日不见尸体。当时孝女曹娥年仅 14 岁，昼夜沿江号哭。过了 17 天，在五月五日也投江，5 日后抱出父尸。就此传为神话，继而相传至县府知事，令度尚为之立碑，让他的弟子邯郸淳作诔辞颂扬。

孝女曹娥之墓在今浙江绍兴,后传曹娥碑为晋王义所书。后人为纪念曹娥的孝节，在曹娥投江之处兴建曹娥庙，她所居住的村镇改名为曹娥镇，曹娥殉父之处定名为曹娥江。

4. 认为端午节是龙的节日。这种看法是近代才有的，是闻一多先生在《端午考》与《端午的历史教育》中提出来的，现在学术界大多沿用此说。

5. 认为端午起源于夏、商、周时期的夏至节。《风土记》写道 :“俗重五月五日，与夏至同。”

6. 认为端午节起源于恶日。因历史上某些坏人生于五月五日，故有“不举五月子”（意为不把五月生的孩子抚养成人）之说，并由此导致端午的一些民间风俗都是为了镇妖避邪，这纯系封建迷信。

七夕：牛郎织女鹊桥会

我国农历七月初七是人们俗称的七夕，也有人称为“乞巧节”或“女儿节”。因是牛郎织女一年一度相会的日子，又称为中国情人节。

东晋葛洪的《西京杂记》有“汉彩女常以七月七日穿七孔针于汉代画像石上的牛宿、女宿图开襟楼，人俱习之”的记载，这便是我们于古代文献中所见到的最早的关于七夕的记载。

其实，关于七夕的起源还有一个传说。

相传牛郎父母早逝，又常受到哥嫂的虐待，只有一头老牛相伴。有一天老牛告诉他，美丽的仙女们要到人间沐浴，让他藏在芦苇中，拿走织女的衣裳。牛郎照做了，其他仙女穿好衣裳飞走了，唯独剩下织女。就这样，织女留在了人间，做了牛郎的妻子。婚后，牛郎织女男耕女织，相亲相爱，生活得十分幸福美满。织女还给牛郎生了一儿一女。后来，老牛要死的时候，叮嘱牛郎要把它的皮留下来，到急难时披上以求帮助。

织女和牛郎成亲的事被天庭的玉帝和王母娘娘知道后，他们勃然大怒，并命令天神下界抓回织女。天神趁牛郎不在家的时候，抓走了织女。牛郎回家不见织女，急忙披上牛皮，担了两个小孩追去。眼看就要追上，王母娘娘心中一急，拔下头上的金簪向银河一划，昔日清浅的银河一霎间变得浊浪滔天，牛郎再也过不去了。从此，牛郎织女只能泪眼盈盈，隔河相望。天长地久，玉皇大帝和王母娘娘也拗不过他们之间的真挚情感，准许他们每年七月七日相会一次。相传，每逢七月初七，人间的喜鹊就要飞上天去，在银河为牛郎织女搭鹊桥相会。七夕夜深人静之时，人们还能在葡萄架或其他的瓜果架下听到牛郎织女在天上的脉脉情话。

此外，七月初七之所以称为乞巧，是因为民间俗信这天牛郎织女会于天河，女孩们就在晚上以瓜果朝天拜，向女神乞巧。她们除了乞求针织女红的技巧，同时也乞求婚姻上的巧配。

中元节：普度孤魂野鬼

中国古代以一月、七月、十月之十五日分称上元、中元、下元。农历七月十五中元节，俗称“鬼节”，节日的庆祝活动从农历七月初一开始，直到七月三十日，长达一个月。

中元节源自道教。道教认为上元是天官赐福日，中元为地官赦罪日，下元为水官解厄日。他们相信，从农历七月初一起，阴间打开鬼门，放出孤魂野鬼到人间来接受奉祭。人间为了免受鬼神的干扰伤害，便在七月十五日设“中元普度”，供奉食品及焚烧冥纸以安抚那些无主孤魂。

佛教徒的中元节是纪念目莲的日子。根据《大藏经》的记载，目莲在阴间地府经历千辛万苦后，见到他死去的母亲刘氏四娘受一群饿鬼折磨，目莲用钵盆装菜饭给她吃，菜饭却被饿鬼夺走。目莲向佛祖求救，佛祖被目莲的孝心感动，授予《盂兰盆经》。目莲按照指示，于七月十五日用盂兰盆盛珍果素斋供奉母亲，挨饿的母亲终于得到食物。为了纪念目莲的孝心，佛教徒每年都会在此日举办“盂兰盆会”。

另外，还有一种说法认为，传说地藏菩萨，也就是人们常说的“阎王爷”，他的母亲去世后来到阴曹地府，被关在牢房里，少不得受十八层地狱的种种折磨。地藏菩萨是个孝顺的儿子，看到母亲受罪心中不忍，在七月十五这天竟徇私情，让看守牢房的小鬼偷偷把牢门打开放他母亲出来。谁知这一开牢门不要紧，牢房中的小鬼们蜂拥而出跑到人间为害百姓，所以就有了“七月半，鬼乱窜”之说。那些跑回家乡的鬼纷纷向家人索要钱财，以便回去用来生活和打通关节，希望早日托生。后来，人们把这一天就定为“鬼节”。

中秋节：仲秋之中庆丰收

制月饼迎中秋　清　选自《太平欢乐图册》

每年农历八月十五日是传统的中秋佳节。中秋之夜，明月当空，清辉洒满大地，人们把月圆当作团圆的象征，把八月十五作为亲人团聚的日子。因此，中秋节又被称为“团圆节”。

“中秋”一词，最早见于《周礼》。根据中国古代历法，农历八月十五日在一年秋季的八月中旬，故称“中秋”。此时，中秋还没有作为节日出现。汉代时有秋节，但是时间是立秋，而不是八月十五。直到唐朝初年，中秋节才成为固定的节日。《唐书·太宗记》记载有“八月十五中秋节”。中秋节的盛行始于宋朝，至明清时成为中国的主要节日之一。

中秋节起源于中国古代秋祀、拜月之俗。古代帝王有春天祭日、秋天祭月的礼制，后来贵族和文人学士也仿效起来，在中秋时节，对着天上的一轮皓月，祭拜观赏，寄托情怀。这种习俗传到民间，成为一个传统的活动。

另外，也和古代秋报拜土地神的遗俗有关。因为“庄稼成熟曰秋”，八月是秋季的第二个月，称为“仲秋”，这时正是各种农作物成熟的时节。为庆祝丰收，表达喜悦之情，于是便以八月十五这一天作为节日。又因为八月十五在“仲秋”之中，所以称“中秋节”。

重阳节：登高避瘟魔

农历九月初九，二九相重，称为重九。又因为在中国古代，六为阴数，九是阳数，因此，重九就叫重阳。

“重阳节”名称见于记载是在三国时期，据曹丕《九日与钟繇书》中载：“岁往月来，忽复九月九日。九为阳数，而日月并应，俗嘉其名，以为宜于长久，故以享宴高会。”到了唐代，重阳被正式定为民间的节日，此后历朝历代沿袭至今。

关于重阳节的起源，相传与道教有关。

很久以前，汝南县有个人名叫桓景，他和父母、妻子一家人过着安稳的日子。谁知天有不测风云，汝河两岸忽然流行起瘟疫，夺走了不少人的性命。桓景听说汝河里住了一个瘟魔，每年都会出来散布瘟疫，危害人间。为了替乡民除害，桓景决定前去拜访终南山中一个叫费长房的神仙。

费长房给了桓景一把降妖青龙剑，让他练习降妖的法门。有一天桓景正在练剑，费长房走过来对他说：“今年九月九，汝河瘟魔又要出来害人。你赶紧回乡为民除害，我给你茱萸叶子一包，菊花酒一瓶，让你家乡父老登高避祸。”说完，就用手招来一只仙鹤，把桓景载回汝南去了。

桓景回到家乡，九月九日那天，他就带着全村老少登上了附近的一座山。把茱萸叶子分给每人一片，让瘟魔不敢近前。又把菊花酒倒出来，每人喝了一口，以避瘟疫。安排妥当后，他就带着降妖青龙剑回到村中，等着斩杀瘟魔。

不久，瘟魔出水走上岸来。看见人群都在山上欢聚，便冲至山下，却被酒气及茱萸的香味吓得不敢上前。一回头，又看见桓景抽出宝剑，瘟魔斗他不过，转身就跑。桓景迅速抛出宝剑，把瘟魔钉死在地上。

从此，汝河两岸的百姓再也不受瘟疫的侵袭了。九月九日登高避祸的习俗，也就一代代传到现在。

腊八节：赤豆打鬼，祛疫迎祥

农历十二月初八是我国汉族传统的腊八节。腊八节的历史可以追溯到上古时代。大约从秦代开始，我国就把农历十二月定为“腊月”。汉代称冬至后第三个戌日为“腊日”。南北朝时，把这个节日改为腊月初八过，称为“腊八节”。从此，“腊八”就成为传统的节日了。

关于腊八节的起源，传说来自“赤豆打鬼”的风俗。上古五帝之一的颛顼，三个儿子死后变成恶鬼，专门出来惊吓孩子。古代人们普遍相信迷信，害怕鬼神，认为大人小孩中风得病、身体不好都是由于疫鬼作祟。这些恶鬼天不怕地不怕，单怕赤（红）豆，故有“赤豆打鬼”的说法。所以，在腊月初八这一天以红小豆、赤小豆熬粥，以祛疫迎祥。

另外，据《说文》说：“冬至后三戌日腊祭百神。”可见，冬至后第三个戌日曾是腊日。后由于佛教介入，腊日改在十二月初八，自此相沿成俗。所以也就有了和佛教有关的传说。

佛教的创始者释迦牟尼本是古印度北部迦毗罗卫国（今尼泊尔境内）净饭王的儿子，他见众生受生老病死等痛苦折磨，又不满当时婆罗门的神权统治，舍弃王位，出家修道。初无收获，后经六年苦行，于腊月八日，在菩提树下悟道成佛。在这六年苦行中，每日仅食一麻一米。后人不忘他所受的苦难，于每年腊月初八吃粥以作纪念。“腊八”就成了“佛祖成道纪念日”。“腊八”是佛教的盛大节日。随着佛教的传播，腊八节的习俗也就传播开了。

元旦：正月初一到1月1日的跨越

在公元前5000年左右，古埃及人已由游牧改为农耕，定居在尼罗河两岸，他们的农业收成与尼罗河是否泛滥有很大关系。

古埃及人从长期的观察中发现，尼罗河泛滥的时间是有规律的，他们就把这个时间每次都记录在竹竿上，从中得知两次泛滥时间之间大约相隔365天。

同时还发现，当尼罗河初涨的潮头来到今天开罗城附近的时候，也正好是太阳与天狼星同时从地平线上升起的时候。

于是，古埃及人便把这一天定为一年的开始。这便是元旦的由来。

那么中国为什么称每年公历的1月1日为“元旦”呢?

中国的元旦，据传说起于三皇五帝之一的颛顼，距今已有3000多年的历史。汉武帝太初元年时，司马迁创立了“太初历”，以正月初一为元旦。宋代吴自牧《梦粱录》说：“正月朔日，谓之元旦，俗呼为新年。一岁节序，此为之首。”当时的元旦指的是春节，一直沿用到辛亥革命。

中华民国建立，决定使用公历，把农历的正月初一叫作“春节”，把公历的1月1日叫作“元旦”。不过当时并未正式公布和命名。

1949年9月27日，中国人民政治协商会议第一届全体会议决议：“中华人民共和国纪年采用公元纪年法”，即我们所说的公历。

为了区别农历和公历两个新年，又鉴于农历二十四节气中的“立春”恰在农历新年的前后，因此便把农历正月初一改称为“春节”，公历1月1日定为“元旦”。至此，元旦才成为全国人民的欢乐节日。

三八妇女节：世界妇女的节日

3月8日是国际劳动妇女节，又称三八节、妇女节、三八国际妇女节，是世界各国妇女争取和平、平等、发展的节日。

1903年3月8日，美国芝加哥市的女工为了争取自由平等，愤起反对资产阶级的剥削、压迫和对妇女的歧视，举行了大罢工和示威游行。这一斗争得到了美国广大劳动妇女的热烈响应。

1910年，一些国家的先进妇女在丹麦首都哥本哈根举行第二次国际社会主义者妇女代表大会。大会根据主持会议的德国社会主义革命家蔡特金的建议，以增进世界劳动妇女的团结和支持妇女争取自由平等的斗争为目的，规定每年的3月8日为国际妇女节。

1913年，美国女权主义者的一次游行。

联合国从1975年开始庆祝国际妇女节，从此三八妇女节就成为全世界劳动妇女为争取和平、争取妇女权利、争取妇女解放而斗争的伟大节日。

五一劳动节：无产阶级工人斗争的果实

定于每年5月1日的国际劳动节亦称五一节，它是全世界无产阶级、劳动人民的共同节日。此节起源于美国芝加哥城的工人大罢工事件。

19世纪80年代是美国资本主义经济高速发展的时期，美国已成为世界上最发达的资本主义国家之一。但是，美国的工人却和其他国家的工人一样，工作繁重，工资很低，工时很长。

1882年，美国总统切斯特·阿瑟的一番讲话，激起广大工人的愤怒。阿瑟宣称："我不认为八小时工作制的法律是符合宪法的，而世界上没有任何力量能够使我实施一项不符合宪法的法律。"这实际是对八小时立法运动的否定，美国工人再次走上街头，进行了全国性的大规模斗争。

1886年5月1日，全美国几十万工人为争取八小时工作制举行罢工。这次罢工浪潮席卷了芝加哥、纽约、波士顿、匹兹堡和华盛顿等一系列城市，波及美国的各个生产部门。芝加哥是这场争取八小时工作制斗争最激烈的城市。

强大的罢工运动使美国政府胆战心惊，他们开始策划阴谋，调动警察进行镇压，在芝加哥引发了流血事件。

美国工人提出的八小时工作制的要求，不仅反映了世界各国工人的愿望，而且也受到了他们的重视和欢迎。1889年，各国社会主义者代表大会在巴黎召开。大会决定接受法国代表拉文的建议，把每年的5月1日作为全世界无产者的节日，以纪念芝加哥工人的英勇斗争。从此，这个伟大的国际性节日就诞生了。

中国人民庆祝劳动节的活动可追溯至1918年。这一年，一些革命的知识分子在上海、苏州、杭州、汉口等地向群众散发介绍"五一"的传单。1920年5月1日，北京、上海、广州、九江、唐山等各工业城市的工人群众浩浩荡荡地走向街头，举行了声势浩大的游行、集会，这就是中国历史上的第一个五一劳动节。1949年12月，中央人民政府政务院将5月1日定为法定的劳动节。

五四青年节：中国革命青年运动的开端

五四青年节是为纪念 1919 年 5 月 4 日中国学生爱国运动而设立的节日。

第一次世界大战以英、美、法等国的胜利和德、奥等国的失败而结束。1919 年 1 月，获胜的协约国在巴黎凡尔赛宫召开和平会议，中国作为战胜国参加会议。但是中国代表在会上提出废除外国在华特权、取消“二十一条”等正当要求均遭拒绝，而且会议决定日本接管德国在华的各种特权。对这丧权辱国的条约，中华民国代表居然准备签字承认。消息传至国内，举国震怒，群情激愤。以学生为先导的五四爱国运动就如火山爆发一般地开始了。

1919 年 5 月 4 日，北京 3000 余名学生在天安门前集会，要求“外争国权，内惩国贼”，呼吁各界人士行动起来，反对帝国主义的侵略行径，保卫中国的领土和主权，爆发了震惊中外的五四运动。这一运动得到工人和各阶层人士的声援和支持，上海、南京等地的工人纷纷举行罢工或示威。在全国人民的压力下，北洋政府被迫释放被捕学生，罢免曹汝霖等人的职务，并指令巴黎参加会议的代表拒绝在和约上签字。近代中国新民主主义革命由此拉开了序幕。

五四运动是中国革命青年运动的开端。为了纪念这一具有历史意义的日子，1939 年，陕甘宁边区青年组织规定，5 月 4 日为中国青年节。中华人民共和国成立以后，中央人民政府政务院于 1949 年 12 月正式宣布以 5 月 4 日为中国青年节。1950 年 4 月，共青团中央决定以 5 月 4 日作为青年团成立的纪念日。

六一儿童节：悼念利迪策村的儿童

儿童节，也叫六一国际儿童节，是全世界少年儿童的共同节日。每当此时，孩子们都兴高采烈地欢度着自己的节日。

六一儿童节源自“二战”的一个悲惨的故事。在“二战”期间，1942 年 6 月，捷克利迪策村 16 岁以上的男性公民和全部婴儿遭到德国法西斯的枪杀。他们还把妇女和 90 名儿童押往集中营，并烧毁了这个与世无争的村庄。为了悼念利迪策村和全世界所有在法西斯侵略战争中死难的儿童，也为了反对帝国主义战争贩子虐杀和毒害儿童，保障儿童的权利，1949 年 11 月，国际民主妇女联合会在莫斯科召开执委会，正式把每年的 6 月 1 日定为全世界少年儿童的节日，即国际儿童节。

教师节：桃李不言，下自成蹊

9 月 10 日是中国的教师节，每到这一天，全国都会开展各种尊师重教活动。

1931 年，教育家邰爽秋、程其保等在南京中央大学集会，发表要求“改善教师待遇，保障教师工作和增进教师修养”的宣言，并议定 6 月 6 日为教师节，也称双六节。不久，国民党政府先是同意 6 月 6 日为教师节，后又将教师节改为 8 月 27 日，这一天是孔子生日。

新中国成立以后，1950 年，周恩来总理认为教师是脑力劳动者，提议以五一劳动节同时作为教师节。但因劳动节是全国性的节日，活动内容很多，而教师节没有单独的活动，“五一”并未真正成为教师的节日。

1984 年 12 月 6 日，《北京晚报》刊出记者编写的文章《王梓坤校长建议开展尊师重教月活动》。12 月 15 日，北师大钟敬文、启功、王梓坤、陶大镛、朱智贤、黄济、赵擎寰等著名学者积极响应，联合提议设立单独的教师节。

1985 年 1 月 21 日，第六届全国人大常委会第九次会议作出决议，将每年的 9 月 10 日定为教师节。从此，教师节在中国正式实施。

复活节：纪念耶稣的死而复生

复活节在 3 月 21 日或该日后月圆以后第一个星期日，是纪念耶稣基督在十字架受刑死后复活的节日，西方信基督教的国家都过这个节。

《新约全书》记载，耶稣被钉死在十字架上后，第三天便复活。复活节由此而来。关于耶稣基督之死，按基督教教义，是为了赎世人的罪。因此，在欧美各国，复活节是仅次于圣诞节的重大节日。根据西方教会的传统，在春分节气（3 月 21 日）当日见到满月或过了春分见到第一个满月之后，遇到的第一个星期日即为复活节。东方教会则规定，如果满月恰好出现在这第一个星期日，则复活节再推迟一周。因此，节期大致在 3 月 22 日至 4 月 25 日之间。和圣诞节一样，随着社会的发展，复活节民俗节日的特征也越来越明显。

愚人节：肆无忌惮的恶作剧

愚人节又称万愚节，日期是每年的 4 月 1 日。

一般认为愚人节的起源和法国的立法改革有关。

16 世纪的法国，人们在 4 月 1 日这天过新年，大家互赠礼物，举行派对，庆祝新年。1582 年，法国国王查理九世决定采用一种新的历法——格高利历法，并将新年改在 1 月 1 日。在新历法的推行过程中，各地仍有一些人或是不愿意接受新历法，或是不知道新年日期的更改，仍然在 4 月 1 日这天过新年。其他的人便捉弄他们，赠送给他们假礼物，邀请他们参加假的庆祝晚会，骗他们白跑一趟，或使他们对某种根本不存在的事情信以为真。这些被捉弄的人被称为“四月愚人”。

从此，一些人便在每年的 4 月 1 日搞恶作剧，互相愚弄，渐渐地，便成为法国流行的风俗。18 世纪初，愚人节的习俗传到英国，后来，随着英国移民又传到了美国。时至今日，这一习俗已经成为国际性节日，在欧洲、北美许多国家都流行。

另外，也流传着另一种说法：愚人节是 15 世纪宗教革命之后开始出现的一个说谎节日。那时西班牙王腓力二世曾经建立一个异端裁判所，只要不是天主教徒就被视为异端，在每年4月1日处以极刑，也就是死刑。臣民们感到非常恐怖，于是每天以说谎取笑为乐，来冲淡对统治者的恐惧与憎恨。其后，沿用日久，演变为今日之“愚人节”。

母亲节：纪念和赞扬全世界的母亲

5月的第二个星期日是母亲节，这一天，世界各地都举行庆祝活动，以颂扬母爱的伟大。

古时母亲节起源于希腊，古希腊人在这一天向希腊神话中的众神之母赫拉致敬。在17世纪中叶，母亲节流传到英国，英国人把封斋期的第四个星期日作为母亲节。在这一天里，出门在外的年轻人将回到家中，并送给他们的母亲一些小礼物。

现代意义上的母亲节起源于美国，由安娜·贾薇丝发起，她终身未嫁，一直陪伴着自己的母亲。1876年，她的母亲安娜·查维斯夫人在礼拜堂讲授美国国殇纪念日的课程，讲到南北战争中捐躯的英雄故事后，她进行祈祷时说：“但愿在某处、某时，会有人创立一个母亲节，纪念和赞扬美国与全世界的母亲。”查维斯夫人为她的礼拜堂服务超过25年，当她在72岁逝世时，41岁的女儿安娜立志创立一个母亲节，来实现母亲多年前祈求的心愿。两年后，她和朋友开始写信给有威望的部长、商人、议员来寻求支持，以便让母亲节成为一个法定的节日。

1908年5月10日，第一个母亲节在西弗吉尼亚和宾夕法尼亚州举行。在这个节日里，康乃馨被选为献给母亲的花，并从此流传下来。

1914年5月7日，美国国会通过决议，规定每年5月的第二个星期日为母亲节，并在5月9日由威尔逊总统颁布施行。现在，母亲节已经在很多国家流传了。

父亲节：父亲也不容易

父亲节是表达对父亲敬意与爱意的节日，在世界各国广泛流传。

据说第一个提出这种建议的是华盛顿的约翰·布鲁斯·多德夫人。多德夫人的母亲早亡，其父独自一人承担起抚养教育孩子的重任，把他们全部培养成人。

1909年，多德夫人感念父亲养育之恩，准备为他举行庆祝活动，同时，想到所有的父亲对家庭和社会的贡献，于是给当地一家教会写信，建议把6月的第三个星期日定为父亲节。该教会将建议提交会员讨论，获得了通过。1910年6月，人们便在此庆祝了第一个父亲节。当时凡是父亲还健在的人都在胸前佩戴一朵红玫瑰花，以表达对父亲的敬意；而父亲已故去的人，则佩戴一朵白玫瑰花，以此表达对父亲的无限怀念和哀思。

直到1934年6月，美国国会才统一规定6月的第三个星期日为父亲节。现在越来越多的国家通过教堂仪式、送礼物来纪念父亲节。

另外，在中国，父亲节是每年的8月8日。中国的父亲节起源要追溯到民国时代。1945年的8月8日，上海一些爱国人士为颂扬和纪念在战争中为国捐躯的父亲们，发起了庆祝父亲节的活动，市民立即响应，热烈举行庆祝活动。“爸爸”谐音是8月8日，而且8月8日的两个8重叠在一起经过变形就是“父”。抗日战争胜利后，上海市各界名流士绅联名请上海市政府转呈中央政府，定8月8日为全国性的父亲节。

万圣节：设宴款待鬼魂

在每年的11月1日是西方传统的“鬼节”——万圣节。10月31日，有个所谓的“万圣节之夜”。

关于万圣节由来的最流行的版本认为，那是源于基督诞生前的古西欧国家，主要包括爱尔兰、苏格兰和威尔士。这几处的古西欧人叫德鲁伊特人。德鲁伊特人的新年在11月1日，新年前夜，德鲁伊特人让年轻人集队，戴着各种怪异面具，拎着刻好的萝卜灯（南瓜灯系后期习俗，古西欧最早没有南瓜），游走于村落间。这在当时是一种秋收的庆典。

古西欧时候的爱尔兰异教徒们相信，在万圣节前夜，鬼魂会群集于居家附近，并接受设宴款待。因而，在“宴会”结束后，村民们就自己扮成鬼魂精灵，游走村外，引导鬼魂离开，避邪免灾。与此同时，村民们也都注意在屋前院后摆放些水果及其他食品，款待鬼魂而不至于让它们伤害人类和动物或者掠夺其他收成。后来这习俗一直延续下来，逐渐演变成孩子们取笑不慷慨之家的玩笑。

感恩节：投之以桃，报之以李

感恩节是北美洲独有的节日，始于1621年。

据记载，17世纪初，英国的清教徒遭到迫害。1620年9月，102名清教徒登上“五月花”号帆船，于12月26日到达了北美洲的普利茅斯港，准备开始新的生活。然而，这些移民根本不适应当地环境，第一年冬天过后，只有50人幸存。第二年春天，当地印第安人送给他们很多必需品，并教会他们如何在这块土地上耕作。这一年秋天，移民们获得了大丰收。11月底，移民们请来印第安人共享玉米、南瓜、火鸡等制作成的佳肴，感谢他们的帮助，感谢上帝赐予了一个大丰收。自此，感恩节变成了他们直至后来美国的固定节日。

1863年，美国总统林肯将它定为国家假日，并且规定每年11月的第四个星期四为美国的感恩节。感恩节有4天假期。时值长假，很多人都会赶回家庆祝佳节，所以，美国感恩节的热闹程度绝不亚于中国的中秋节。

火鸡是感恩节的传统主菜，通常是把火鸡肚子里塞上各种调料和拌好的食品，然后整只烤出，由男主人用刀切成薄片分给大家。此外，感恩节的传统食品还有甜山芋、玉蜀黍、南瓜饼、红莓苔子果酱等。

圣诞节：耶稣诞生的日子

每年的 12 月 25 日，是基督教徒纪念耶稣诞生的日子，称为圣诞节。从 12 月 24 日至翌年 1 月 6 日为圣诞节节期，是西方国家一年中最盛大的节日。

“圣诞节”这个名称是“基督弥撒”的缩字。弥撒是教会的一种礼拜仪式。圣诞节是一个宗教节，人们把它当作耶稣的诞辰来庆祝，因而又名圣诞节。这一天，全世界所有的基督教会都举行特别的礼拜仪式。

据基督教的《马太福音》和《路迦福音》的说法，上帝决定让他的独生子耶稣基督投生人间，从罗马帝国手中和罪恶中拯救以色列。玛利亚已和木匠约瑟订婚，可是，在他们同居之前，约瑟发现玛利亚已怀孕。于是约瑟想悄悄地和她分手。这时，上帝的天使出现在他的梦中：“把玛利亚娶回家。她怀的孩子来自圣灵。她将生下个男孩子，你们给孩子起名叫耶稣，因为他将从罪恶中拯救人们。”当玛利亚临产的时候，罗马政府下了命令，全体人民务必到伯利恒申报户籍。约瑟和玛利亚只好遵命。他们到达伯利恒时，天色已晚，无奈两人未能找到旅馆借宿，只有一个马棚可以暂住。就在这时，耶稣降生了。

神秘的降诞
意大利著名画家波提切利的这幅杰作表现的是耶稣的诞生这一永恒的主题。画面中部的婴儿就是耶稣，右边双手合十的是圣母。

耶稣的诞生日大约是在 2000 年前，研究人员通过日历上的记载，按着假定日期把时间分为公元前和公元后。在公元后的前 300 年间，耶稣的生日是在不同的日子庆祝的。最后，在公元 354 年，教堂的领导人把 12 月 25 日定为耶稣基督的生日。

植树节：绿化人类的家园

中国最早在 1915 年规定每年的清明节为植树节，后于 1929 年把植树节改为每年的 3 月 12 日。3 月 12 日是孙中山先生逝世纪念日，孙中山先生生前十分重视林业建设。他任临时大总统的中华民国南京政府成立不久，就在 1912 年 5 月设立了农林部山林司，主管全国林业行政事务。1914 年 11 月，颁布了中国近代史上第一部《森林法》。

新中国成立后，于 1979 年第五届人大常委会第六次会议决定，仍以 3 月 12 日为全国植树节，规定每人每年植树 3 ~ 5 棵。

美国植树节最早由内布拉斯加州发起。19 世纪以前，内布拉斯加州是一片光秃秃的荒原，树木稀少，土地干燥，大风一起，黄沙满天，人民深受其苦。1872 年，美国著名农学家朱利叶斯·斯特林·莫尔顿提议在内布拉斯加州规定植树节，动员人民有计划地植树造林。州农业局通过决议采纳了这一提议，并由州长亲自规定今后每年 4 月的第三个星期三为植树节。这一决定作出后，当年就植树上百万棵。此后的 16 年间，又先后植树 6 亿棵，终于使内布拉斯加州 10 万公顷的荒野变成了茂密的森林。为了表彰莫尔顿，1885 年州议会正式规定以莫尔顿先生的生日 4 月 22 日为每年的植树节，并放假一天。

另外，古代犹太人把每年 1 月后半月的一天作为植树节；日本则把每年 4 月的 1 ~ 7 日称为“绿化周”；目前世界上已有四五十个国家规定了植树节。

世界地球日：美国“地球日”的推广

世界地球日即每年的 4 月 22 日，是一项世界性的环境保护运动，活动起源于美国。1969 年，在美国民主党参议员盖洛德·尼尔森和哈佛大学学生丹尼斯·海斯的倡议和组织下，选定 1970 年 4 月 22 日为第一个“地球日”。就在那年的 4 月 22 日，美国各地大约有 2000 万人参加了游行示威和演讲会，数十万群众参与了声势浩大的地球日活动，呼吁创造一个清洁、简单、和平的生活环境。作为现代环保运动的开端，地球日活动推动了多个国家环境法规的建立。

1990 年 4 月 22 日，全球 140 多个国家、2 亿多人同时在世界各地举行形式多样的环境保护宣传活动，呼吁改善全球整体环境。这项活动得到了联合国的肯定。2009 年 4 月 22 日，第 63 届联合国大会一致通过决议，决定将后每年的 4 月 22 日定为“世界地球日”。

中外习俗：文化、人情的沉淀

正月不理发：留头不留发，留发不留头

中国大多数地方多流传着“正月不理发”的习俗，据说“正月理发死舅舅”。那么，头发和舅舅有什么必然的关系呢？

清军入关后，为了体现“削平四周，留守中原”的治国主张，决定推行一种奇怪的发式：男人将头发从前部到脑顶剃去，再将四周的发际全部剃光，只留下中间集中的一块和一个长长的大辫子。

经历了无数次朝代更迭的汉人对于谁当皇上这样的事情并没有表现得太强烈，但是“身体发肤，受之父母，不敢毁伤，孝之始也”，清政府的政策遭到了中原的强烈抵抗。清政府便提出“留头不留发，留发不留头”。在清政府的高压下，一些文人士大夫就以“正月不剃头”来表达对明王朝的思念，实为“思旧”，为了掩人耳目，讹传为“死舅舅”。

守岁：石头变金银

除夕之夜守岁，又被称为“熬年”，是中国民间的传统风俗。古时候，守岁是为了驱除百鬼，而如今，则是人们表达辞旧迎新的一种方式。

在魏晋时期，就已经有关于守岁的记载了。关于这个习俗的由来，还有这样一个传说：老天爷每逢除夕就会向人间大散金银财宝，希望天下百姓能够生活富足。那一刻，世上所有的石头、砖瓦都会变成金灿灿的财宝。但是有一个条件，就是不可有贪婪之心，人们必须把捡到的财宝全部放在家中，直到第二天天亮才能开门。

李家庄有兄弟二人，哥哥爱财如命，吝啬鬼一个；弟弟诚恳勤劳，心地善良。这一年除夕之夜，兄弟二人便坐在屋里等着金银财宝从天而降。哥哥十分心急，心想：“我得想个点子可以不费力气就能多弄些金银回来。”于是他搬了许多石头放到自己的门前，等着“黄金时刻”的来临。三更时分，老天爷开始大散金银财宝。弟弟把金银放入箩筐里，背进屋子，关上了房门。而哥哥此时使出浑身力气把他预先堆好的大石头推到屋里，心想：“以后我就是天下最大的财主了！”可是天迟迟不亮，他着急得很，最后终于耐不住了，将家门打开。等他再回到屋里的时候，金银财宝全

都变回了大石头。弟弟等到天亮才打开门，于是一箩筐的财宝闪闪发光。

后来，老天爷得知像哥哥这样的贪财之人越来越多，大发雷霆，便从此不再向人间散金银财宝了。可是人们总是心存侥幸，年复一年地盼望着这一天再次到来。尽管天上再也没有下过“金银雨”，但这一天家家户户还是团聚在一起，点着蜡烛等待新一年的来临，这让全家都觉得很幸福。这样，守岁的习俗就流传了下来并沿袭至今。

贴春联：桃符驱鬼避邪

大年三十这天，家家户户都会贴春联、敬门神、挂年画，以此增加过年红红火火的气氛。

春联，也叫对联、门对、门贴，源于古代的桃符。桃符是挂在大门两旁的长方形的桃木板，上面写上“神荼”“郁垒”二神名，以驱鬼避邪。每逢春节，人们总要用新桃符替换旧桃符。王安石“千门万户曈曈日，总把新桃换旧符”的诗句，说的就是这件事。

写春联　清

《燕京岁时记·春联》载：“自入腊以后，即有文人墨客，在市肆檐下书写春联，以图润笔。……千门万户，焕然一春。”春节到了，家家户户都喜欢贴春联，给节日增添了浓郁的气息。

公元964年，后蜀主孟昶先是叫学士辛寅逊在桃板上题词，又嫌他写得不工稳，便自己动手写了“新年纳余庆，佳节号长春”。从此，题桃符便演变成写春联了。后来，由于纸张大量生产，人们逐渐用纸代替桃木板。这便是贴春联的开始。

春联普及盛行于明朝。据《簪云楼杂说》载：“春联之设，自明太祖始。帝都金陵，除夕忽传旨，公卿士庶门上须加春联一副。太祖微行出观，以为笑乐。”而且，他还为王公大臣们御书春联，赐给中山王徐达：“破虏平蛮，功贯古今人第一；出将入相，才兼文武世无双。”赐给陶安：“国朝谋略无双士，翰苑文章第一家。”由于皇帝身体力行，再加上文人墨客的喜爱、广大群众的传播，春节贴春联便作为风俗习惯流传下来。

关大门吃年饭：哄骗铁拐李

在中国江南一带，每年吃年饭的时候，家家户户都要关起大门，不能大声说话，不能敲击碗筷。吃完年饭，将桌上的碗筷收拾干净后，再打开大门，这叫做闭门生财，开门大吉。

相传，每年吃年饭的时候，玉帝就派铁拐李下凡察看，借以了解民间疾苦。铁拐李是个跛脚叫化仙，他常在人间吃年饭的时候，提着篮子跛着脚，沿街到各家乞讨。

讨完饭后，铁拐李把讨来的东西提给玉帝看，谁家穷，谁家富，一看就知道了。据此，玉帝便让富人一年遭几次灾，不要太富；穷的则让他发几次财，不要太穷了。

这事儿慢慢传到了人间，有一户人家，生活过得比别人都好，为了年年能过上好日子，便想出了应对之策。吃年饭时，他把大门关得紧紧的，家人谁也不准大声说话。等铁拐李来讨饭时，他家年饭已经吃过，打开大门后，桌上空空荡荡的，无以施舍给铁拐李。

铁拐李一看，这家也真够穷的了，连年饭都吃不起。于是，在他家门口放上几个元宝就走了。但没有不透风的墙，别家也看出了他家发财的原因，便都跟着学起来。

后来，铁拐李见家家都关着门吃年饭，便知自己下凡探察之事已被人们觉察，就不再到人间来讨饭察贫富了。但关起大门吃年饭的习惯，却从此流传下来。

压岁钱：驱“祟”保子

除夕的晚上，很多孩子都能够得到长辈给的压岁钱。为什么会有压岁钱呢？这里有一个传说故事。

传说古代有一个叫“祟”的小妖，黑身白手，他每年除夕夜里出来，专门摸熟睡小孩子的脑门。小孩被摸过后就会发高烧、说梦话，退烧后就会变成痴呆疯癫的傻子。大人们怕“祟”来伤害孩子，常常在除夕整夜亮灯不睡，这也叫作“守祟”。

有一户姓管的人家，夫妻老年得子，十分珍爱。在这年三十晚上，为了防止“祟”来侵扰，这对老夫妻不睡觉，一直逗着孩子玩，他们用红纸包了几枚铜钱，包了拆，拆了包。但随着夜渐渐深了，小孩子受不了，先睡着了。这对老夫妻便把包好的几枚铜钱放在他的枕边。老夫妻年岁大，也熬不住，一看都已是四更天了，想来那“祟”该不会来伤害他们的孩子了吧！可他们刚一睡着，一阵阴风吹过，黑矮的小妖“祟”就进了屋，就在他要用手摸孩子头的时候，突然孩子枕边发出一道金光，“祟”尖叫着逃跑了。

很快，这件事就传扬开来，大家纷纷效仿，在大年除夕夜里用红纸包上钱给孩子，“祟”就不敢再来侵扰了。因而人们把这种钱叫“压祟钱”，“祟”与“岁”发音相同，日久天长，就被称为“压岁钱”了。

中国最早的压岁钱起源于汉代，又叫“压胜钱”，并不在市面流通，而是铸成钱币形式的玩赏物。钱币正面一般铸有“万岁千秋”“去殃除凶”等吉祥话和龙凤、龟蛇、双鱼等吉祥图案。

“福”字倒贴：福到了！福到了！

春节，在许多家庭院落的门窗上，往往会看到一些倒贴着的大红“福”字。据《梦粱录》记载：“士庶家不论大小，俱洒扫门闾，去尘秽，净庭户，换门神，挂钟馗，钉桃符，贴春牌，祭祀祖宗。”“贴春牌”即写在红纸上的“福”字。

“福”字倒贴的习俗，起源于清代恭亲王府。那年正值春节前夕，大管家为讨主子欢心，写了几个斗大的“福”字，叫人贴于库房和王府大门上。

有一家丁因目不识丁，竟将大门上的“福”字贴倒了。为此，恭亲王福晋十分气恼，欲鞭罚惩戒。幸好大管家是个能说会道之人，他也怕福晋怪罪下来自己脱不了干系，慌忙跪倒陈述：“奴才常听人说，恭亲王寿高福大造化大，如今大福真的到（倒）了，乃吉祥之兆。”恭亲王福晋一听，心想：“怪不得过往行人都说恭亲王福到（倒）了，吉语说千遍，金银增万贯。没学问的奴才，还真想不出这种招式呢！”遂即赏大管家和家丁各50两银子。

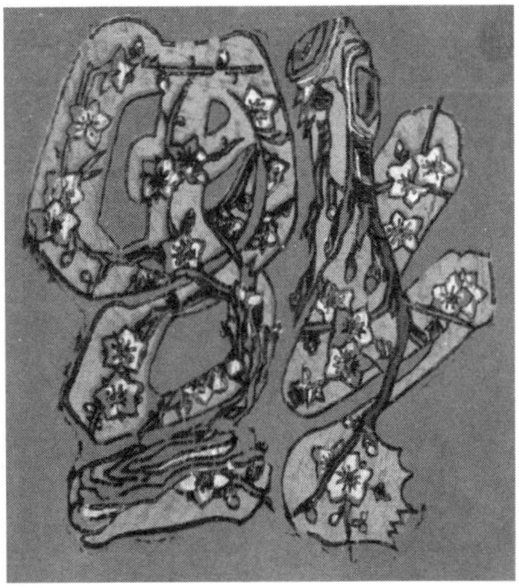

红梅“福”字

后来，倒贴“福”字之俗由达官府第传入巷陌人家，贴过后都愿过往行人或顽童们念叨几句“福到了！福到了！”以图吉利。

新娘蒙红盖头：掀起你的盖头来

古时候婚礼时，新娘头上都会蒙着一块别致的大红绸缎，被称为红盖头，这块盖头要入洞房时由新郎揭开。

最早的盖头约出现在南北朝时期，当时是妇女避风御寒使用的，仅仅盖住头顶。到唐朝初期，便演变成一种从头披到肩的帷帽，用以遮羞。据说唐明皇李隆基为了标新立异，有意突破旧习，指令宫女以“透额罗”罩头，也就是在唐初的帷帽上再盖一块薄纱遮住面额，作为一种装饰物。从后晋到元朝，盖头在民间流行，并成为新娘不可缺少的喜庆装饰。为了表示喜庆，新娘的盖头都选用红色的。

唐朝李冗的《独异志》上还载有这样一个传说。传说在宇宙初开时，天下只有女娲、伏羲兄妹二人。为了繁衍人类，兄妹俩要配为夫妻。但他俩又觉得害羞，于是到山顶向天祷告：“天若同意我兄妹二人为夫妻，就让几个云团聚合起来；若不让，就叫它们散开吧。”话音一落，几个云团便冉冉近移，聚合为一。于是，女娲就与伏羲成婚。女娲为了遮盖羞颜，乃结草为扇以障其面，后来执扇遮面就逐渐被红盖头代替了。

喝交杯酒：剖瓢饮酒，合二为一

提起交杯酒，大家都不陌生，因为这是婚礼时十分常见的节目。

据传，这一习俗源于先秦时期。《礼记》载：“新郎、新娘各执一片一剖为二的瓢饮酒，其意是象征一对新人自此合二为一，夫妻间享有平等的地位，婚后相亲相爱，和谐美满。”

到了唐代，除了沿用瓢当作酒器外，亦可以用杯替代。到了宋代，新婚夫妇喝交杯酒时用的是两个酒杯，先饮一半后再换杯共饮，饮完后则将酒杯一正一反掷于床下，以示婚后百年好合。清末的时候，交杯酒仪式已发展成为“合卺”“交杯”“攥金钱”三个部分。

今天的婚仪中，“安杯于床下”之礼已被革除，“攥金钱”则为“掷纸花”所代替，唯有“交杯酒”之礼仪仍然实行，为婚礼增添更多喜庆的气氛。

闹洞房：紫微星的指点

关于闹洞房习俗的由来，中国民间有源于驱邪避灾的说法。

相传，很早以前紫微星下凡，在路上遇到一个披麻戴孝的女子，尾随在一伙迎亲队伍之后。他看出这是魔鬼在伺机作恶，于是就跟踪到新郎家，只见那女子已经先到了，并且躲进洞房。当新郎、新娘拜完天地要进入洞房时，紫微星守着门不让进，说里面藏着魔鬼。众人请他指点除魔办法，他建议道：“魔鬼最怕人多，人多势众，魔鬼就不敢行凶作恶了。”于是，新郎请客人们在洞房里嬉戏说笑，用笑声驱走邪鬼。果然，到了五更时分，魔鬼终于逃走了。可见，闹洞房一开始即被蒙上了驱邪避灾的色彩。

洞房花烛

古时候人们结婚时，新房里一定会贴“囍”字，点红烛。

闹洞房驱邪的风俗南北各地均有。在长江中下游地区，新郎前一晚就须睡在洞房内，事先请两名女童手执红烛将新房内照一遍。天津人则请吹打班子在新房内吹打，以求吉利。更普遍的习俗是在新房内置长明灯。所谓“洞房花烛夜”说的就是这个意思。

由于这一习俗以新娘为主要逗趣对象，故又称闹新娘、耍新娘，旧时还称为戏妇。

裹脚缠足：三寸金莲因帝王

缠足是中国古代的一种陋习，即把女子的双脚用布帛缠裹起来，使其变成又小又尖的“三寸金莲”。

一般认为裹脚大约始于五代末或宋初。从地下发掘的文物和古文献知道，五代以前男女的鞋子是同一形制。五代南唐后主李煜在位期间，一味沉湎于声色、诗词、歌舞之中，整日与后妃们饮酒取乐。宫中有一位叫窅娘的嫔妃，原是官宦人家女儿，后因家势破败，沦为金陵歌伎。她生得苗条，善于歌舞，很受李煜的宠爱。李煜诏令筑金莲台，高六尺，饰以珍宝，网带璎珞，台中设置各色瑞莲。窅娘以帛缠足作新月状，著素袜舞于莲中，回旋有凌云之态。李煜看了，喜不自禁。此后，窅娘为了保持和提高这种舞蹈的绝技，以稳固受宠的地位，便常用白绫紧裹双足，久而久之，便把脚裹成了新月形，其舞姿也更为自然，美不胜收了。时人竞相仿效，五代之后逐渐形成风气，风靡整个社会。

民间女子纷纷仿效，逐渐成为“裹脚”习俗，成为一种病态的审美。“裹小脚一双，流眼泪一缸。”但是那时的妇女，为了自己女儿的婚姻、前途和命运，在女儿很小的时候就开始对其双脚进行摧残了。

小脚之所以称为金莲，应该从佛教文化中的莲花方面加以考察。莲花出淤泥而不染，在佛门中被视为清净高洁的象征。佛教传入中国后，莲花作为一种美好、高洁、珍贵、吉祥的象征也随之传入中国，并为中国百姓所接受。在中国人的吉祥话语和吉祥图案中，莲花占有相当的地位也说明了这一点。故而以莲花来称妇女小脚当属一种美称是无疑的。

为什么要在“莲”前加一个“金”字呢？这是中国人传统的语言习惯。中国人喜欢以“金”修饰贵重或美好事物，如“金口”“金睛”“金銮殿”等。在以小脚为贵的缠足时代，在“莲”字旁加一“金”字而成为“金莲”，当也属一种表示珍贵的美称。

元宵节观灯：张灯结彩，迷惑天帝

元宵节这天晚上，中国许多地方有观灯的风俗。据说，这种习俗始于汉代。汉明帝提倡佛法，敕令在元宵节点灯敬佛，这就开了元宵节放灯的先例。以后，京城和民间每年元宵节之夜都有放灯的活动。隋唐时，这个习俗为人们所重视，当时已发展成盛大的灯市。到宋元时期，京都灯市规模更为壮观，常常绵延数十里。

关于元宵节闹花灯，在民间还有一个传说。

很久以前，凶禽猛兽很多，四处伤害人和牲畜，人们就组织起来消灭它们。有一只神鸟因为迷路而降落人间，却意外地被猎人所射杀了。

元宵灯会

元宵观灯是中国旧俗。千灯万盏、火树银花的灯会盛景，引得达官贵戚、士庶工商、妇孺翁妪倾城出游竞观。这种习俗在民间至今仍保留着。

天帝知道后十分震怒，命令天兵于正月十五日到人间放火，烧尽人间的一切。天帝的女儿心地善良，不忍心看百姓无辜受难，悄悄地把这个消息告诉了人们。

众人听说后，吓得不知如何是好。此时，有一位长者建议在正月十四、十五、十六日这三天，家家都张灯结彩、点响爆竹，以迷惑天帝。

到了正月十五这天晚上，天帝往下一看，发觉人间一片红光，响声震天，连续三个夜晚都是如此，以为是大火在燃烧，心中大快。

人们就这样保住了自己的生命及财产。从此，每到正月十五，家家户户都悬挂灯笼、放烟火来纪念这个日子。

“二月二，龙抬头”：春归大地，睡龙苏醒

大约从唐朝开始，中国人就有了“二月二”的习俗。此时正值惊蛰前后，春归大地，万物复苏，蛰伏在泥土或洞穴中的昆虫蛇兽将从冬眠中醒来，传说中的龙也从沉睡中醒来，故名龙抬头。

民间传说，这一天，是天上主管云雨的龙王抬头的日子，从此以后，雨水会逐渐增多起来。因此，这天就叫春龙节，亦称青龙节、祭龙节、龙兴节等。中国北方广泛地流传着“二月二，龙抬头；大仓满，小仓流”的民谚。

另外，关于“二月二，龙抬头”还有一个传说。

相传，武则天称帝以后，玉帝便下令三年内不许向人间降雨。但司掌天河的龙王不忍百姓受灾，还是违抗旨意降雨。玉帝得知后，将龙王打下天宫，压在一座大山下面。山下还立了一块碑，上面写道：龙王降雨犯天规，当受人间千秋罪。要想重登灵霄阁，除非金豆开花时。

人们为了拯救龙王，到处寻找开花的金豆。到了第二年二月初二这一天，人们正在翻晒金黄的玉米种子，猛然想起，这玉米就像金豆，炒开了花，不就是金豆开花吗？于是家家户户爆玉米花，并在院里设案焚香，供上“开花的金豆”，专让龙王和玉帝看见。玉帝一看人间家家户户院里金豆花开放，只好传谕，诏龙王回到天庭，继续给人间兴云布雨。

从此以后，二月二这一天，人们不仅爆玉米花，而且还有其他风俗。明人沈榜的《宛署杂记》中云：“二月引龙，熏百虫。……乡民用灰自门外委婉布入宅厨，旋绕水缸，呼为引龙回。用面摊煎饼，熏床炕令百虫不生。”《明宫史》载：“初二日……各家用黍面枣糕，以油煎之，或以面和稀，摊为煎饼，名曰熏虫。”清人富察郭崇在《燕京岁时记》中也说：“二月二日……今人呼为龙抬头。是日食饼者谓之龙鳞，食面者谓之龙须面。闺中停止针线，恐伤龙目也。”

荡秋千：豪门贵族的游戏

如今在大大小小的公园里都会有秋千，但在古代，秋千仅仅局限于豪门贵族家的男女游戏之用。

秋千的起源，可追溯到几十万年前的上古时代。那时，我们的祖先为了谋生，不得不上树采摘野果或猎取野兽。在攀缘和奔跑中，他们往往抓住粗壮的蔓生植物，依靠藤条的摇荡摆动上树或跨越沟涧，这是秋千最原始的雏形。至于后来绳索悬挂

于木架、下拴踏板的秋千，春秋时期在中国北方就有了。《艺文类聚》中就有“北方山戎,寒食日用秋千为戏”的记载。当时拴秋千的绳索为结实起见,通常多以兽皮制成，故秋千两字的繁写体，均以“革”字为偏旁。

吃长寿面：万寿无疆

民间有生日吃寿面的习俗，这一习俗源于中国西汉时期。

相传汉武帝有一年过生日，御厨绞尽脑汁做了一桌面条，每人一碗请大家吃。汉武帝说：“我贵为天子，过生日怎么就吃面条？”坐在汉武帝身边的大臣东方朔灵机一动说：“万岁有所不知，上古时代的寿星彭祖之所以能活到800岁，就是因为他的脸面长。万岁请看这碗里的面，又细又长，比彭祖的脸面不知要长多少倍。今日御厨以面条为万岁贺岁，其意就是祝福万岁万寿无疆！”汉武帝当即转怒为喜。

渐渐地，这种做法又演化为过生日吃面条的习惯，称之为吃长寿面。这一习俗一直沿袭至今。

抓周儿：一生的祝福

小儿满周岁行“抓周儿”礼的风俗，在民间流传已久。宋朝吴自牧《梦粱录·育子》载：“其家罗列锦席于中堂，烧香秉烛，顿果儿饮食，及父祖诰敕、金银七宝玩具、文房书籍、道释经卷、秤尺刀剪、升斗戥子、彩缎花朵、官楮钱陌、女工针线、应用物件，并儿戏物，却置得周小儿于中座，观其先拈者何物，以为佳谶。”宋朝孟元老《东京梦华录·育子》谓此为“小孩之盛礼”。

清末民初，北京民间仍然盛行这种小儿“抓周儿”礼。虽然小儿周岁并不搭棚办酒席，也不下帖请客，但凡近亲们都不约而同地循例往贺，聚会一番。“抓周儿”的仪式一般都在中午吃长寿面之前进行。讲究一些的富户都要在床(炕)前陈设大案，上摆：印章，儒、释、道三教的经书，笔、墨、纸、砚，算盘，钱币，账册，首饰，花朵，胭脂，吃食，玩具；如是女孩“抓周儿”还要加摆：铲子、勺子（炊具）、剪子、尺子（缝纫用具）、绣线、花样子（刺绣用具），等等。一般人家限于经济条件，多予简化。由大人将小孩抱来，令其端坐，不予任何诱导，任其挑选，视其先抓何物，后抓何物，以此来推测其志趣、前途和将要从事的职业。

如果小孩先抓了印章，便意味着孩子长大以后，必承天恩祖德，官运亨通；如果先抓了文具，则谓长大以后必写得一手好文章，终能三元及第;如是小孩先抓算盘，则谓将来长大善于理财，必成陶朱事业。如是女孩先抓剪、尺之类的缝纫用具或铲子、勺子之类的炊事用具，则谓长大后善于料理家务。反之，小孩先抓了吃食、玩具，也不能当场就斥之为“好吃”“贪玩”，也要被说成“孩子长大之后，必有口道福儿，善于‘及时行乐’”。总之，这是长辈对小孩的一种祝愿。

“男左女右”：盘古双目，左伏羲，右女娲

在我们的日常生活中，男左女右，好像约定俗成地渗透到了我们社会生活的各个方面。上公共厕所，男左女右；戴婚戒，男左女右；照结婚照、夫妻二人出席某些礼仪场合等，往往都是男左女右。那么男左女右的风俗是怎么来的呢？

据传说，中华民族的始祖盘古氏去世之后，他的身体器官化为日月星辰、四极五岳、江河湖泊及万物生灵。《五运历年纪》中认为：中华民族的日月二神是盘古氏双眼所化，日神是盘古氏的左眼所化，即伏羲；月神是盘古氏的右眼所化，即女娲。民间传说的“男左女右”习俗，就是由此而来。

除此之外，“男左女右”还与古代人的哲学观关系紧密。中国的古代哲学认为，宇宙中物质和人事的两大对立面就是“阴阳”。自然界的事物有大小、长短、上下、左右等。古人将其归类为大、长、上、左为阳，小、短、下、右为阴。阳者为刚强，阴者为柔弱。男子性刚强，属阳于左；女子性温柔，属阴于右。中医诊脉，男子取气分脉于左手，女子取血分脉于右手；小儿患病观察手纹，也取“男左女右”。这种区分法早在2000多年前的战国时期就已经有了。

“上北下南”：坐北面南的帝王之位

中国古代宫殿都是坐北朝南的，帝王的座位设在北方，面向南方。因帝王是一朝之长，万人之上，所以帝王坐在北边，北就为“上”。而坐在南边的群臣则为卑下，南就称“下”了。后来又带进了人们的实际生活。

而地图中的“上北下南”则与希腊的克劳迪亚斯·托勒密有关。托勒密为地理学和绘制学的研究奠定了基础。他知道，通过从太阳、星星那里得来的测量数据，地球上的每个地方都能被精确地测得方位。他描绘了两件用来测量角度的工具，被用来观测星星的角度的仪器叫星盘（也叫星测仪）。它是一块圆形的铜板或木板，分割成若干角度，中心有一根可以转动的指针。当指针指向一颗星星时，它的投影会在表盘上读出星星的照射角度。托勒密还说，为了保证盘面的水平，星盘应放置在一个三角台座或基座上。托勒密描绘的第二个仪器是成角日晷仪。它是由一块方形的石头或木块，边上插一根立柱制成。它被用来测量太阳每天的高度，而不是每小时的高度。如果我们把这个仪器放置在某一固定位置，并且坚持一年中每天都对太阳高度进行记录，那么我们就能够准确地判断出这个地方的方位。

托勒密非常清楚，将球状的地球表面画到一张扁平的地图上意味着许多误差和扭曲，因此他创立了将球体图形投射到平面上的技术。

在《地理学》一书中，托勒密将整个世界画在27张地图上，其中欧洲画了10张，亚洲画了12张，非洲画了4张。托勒密画每张地图时，总是将地图正上方定为正北，这便是我们现在地图上所说的“上北下南”的由来。

披麻戴孝：善恶孝逆的乌鸦与猫头鹰

披麻戴孝指长辈去世，子孙身披麻布服，头上戴孝，表示哀悼。据民间说，这种习俗的由来有一段故事。

很久以前，一位老婆婆有两个儿子，他们成家以后都不孝敬老婆婆。老婆婆想教训他们一顿，尽到做儿子的责任，于是想出一个办法。

次日，老婆婆把两个儿子叫到床前说：“我死了也不要你们花一文钱，用破草席把我一卷扔在阴水洞里就行了。不过你们要从今日开始，天天看着屋后面槐树上的乌鸦和树林里的猫头鹰是怎样过日子的——一直到我闭了眼为止。”两个不孝子一听可以不花一文钱，马上就答应了。

原来，乌鸦与猫头鹰在喂养自己的孩子时都十分细心。可是，小家伙长大以后又是怎样对待生养自己的妈妈的呢？小乌鸦还不错，让老乌鸦待在巢里，衔来吃的填在她嘴里，等到小乌鸦老了，又有自己的孩子喂养她。反哺之情，就这样代代相传。而小猫头鹰却截然相反，妈妈老得不中用了，就把妈妈吃掉。令人伤心的是，小猫头鹰后来也被自己的孩子吃掉。这样反咬一口，一代吃一代。

兄弟俩越来越看不下去，开始善待老母亲。可是，天公不作美，老婆婆偏偏在这时过世了，兄弟俩追悔莫及。为了表示孝心，安葬那天，他们不是穿红戴绿，而是模仿乌鸦羽毛的颜色，穿一身黑色衣服；模仿猫头鹰毛色，披一件麻衣，并一路跪拜。

从此以后，这个风俗就逐渐流传开来。有的地方百姓比较穷，买不起整匹的黑布，于是就裁一条黑布戴在胳膊上。这些都是为了表示要谨记乌鸦与猫头鹰善恶孝逆的教训。

给亡人烧纸：尤秀才的死而复生

每逢清明或一些纪念日，人们去祭奠已故的亲人时，总要烧一些纸钱。这种给亡人烧纸钱习俗的由来，相传与一位秀才有关。

汉朝时期，有位名叫尤文一的秀才，苦读寒窗十几年，未能获取功名，便投在蔡伦的门下，学习造纸。尤秀才为人精明，不久蔡伦便把技术全部传授与他。

蔡伦死后，尤秀才继承蔡伦的造纸业，并且比蔡伦更胜一筹，造出的纸又多又好。但当时用纸的人很少，造出的纸卖不出去。为此，尤秀才茶饭不思，没几天，竟闭上眼睛死去了。

左邻右舍知道后，都过来帮助料理丧事。尤秀才的妻子哭着对大伙说：“家境不好，没有什么可以陪葬，就把这些纸烧给他做陪葬吧。”

于是，专门派一个人在尤秀才的灵前烧纸。到了第三天，尤秀才突然坐起来，嘴里还不停地叫着：“快烧纸，快烧纸。”

所有在场的人都被吓坏了。尤秀才却说：“我真的活了，是烧的这些纸把我救了。这烧的纸到阴曹地府就变成了钱。我用这些钱还了债，赎了罪，阎王老爷就把我放了回来。”

这件事传出后，一位有钱的老员外对尤秀才说："我用金银陪葬，不比纸值钱得多吗？"

尤秀才说:"金银只能在阳间使用，不能带到阴曹地府去。不信，打开棺材看一看，陪葬的金银保证分毫没动。"

员外听了点头称是，并买了尤秀才家大量的纸。于是，买纸的人一下子多起来，尤秀才的纸供不应求。

其实，这是尤秀才和妻子设下的一个计策，为了多卖一些纸，才上演了这出死而复生的戏。也就是这样，给死人烧纸的风俗便一直流传了下来。

戴订婚戒指："我愿意"

有关订婚、结婚戒指的由来，据说是古代抢婚演绎的结果。当时，男子抢来其他部落的妇女就给她戴上枷锁。经过多年的演变，枷锁变成了订婚、结婚戒指。男子给女子戴戒指表示她已归其所有。

另一个说法，世界上第一个把戒指当作订婚信物的人是奥地利王麦士米尼。1477年，麦士米尼在一次公开场合认识了一位叫作玛丽的公主，她的美丽容貌和优雅举止使麦士米尼为之倾倒。麦士米尼虽然知道玛丽早已许婚于当时的法国王储，但是为了赢得她的爱情，麦士米尼还是决定试试运气。他命人专门打造了一枚珍贵的钻石戒指，送给玛丽。面对这枚精雕细刻、闪闪发光的钻石戒指和麦士米尼的热烈追求，玛丽终于改变了初衷，与麦士米尼幸福地结合了。从此，以钻石戒指作为订婚信物，便成为西方的一种传统。

穿婚纱：真诚与纯洁的象征

图中的少女穿着洁白的婚纱，正在接受神甫的祝福。

穿婚纱的习俗可以追溯到公元前10世纪，当时两河流域就已盛行女子戴头纱。在古希腊，举行结婚仪式时不仅新娘要戴亚麻或毛织成的头纱，而且一对新人都要戴上花冠。到了罗马时代，不同宗教信仰的人要戴不同颜色的头纱以示区别。

婚礼虽是世界各国自古以来就存在的仪式，但新娘在婚礼上穿婚纱的历史却不到200年时间。新娘所穿的下摆拖地的白纱礼服原是天主教徒的典礼服。由于古代欧洲一些国家是政教合一的国体，人们结婚必须到教堂接受神甫或牧师的祈祷与祝福，这样才能算正式的合法婚姻，所以，新娘穿上白色的典礼服向神表示真诚与纯洁。

19 世纪以前，西方少女们出嫁时所穿的新娘礼服没有统一颜色规格，直到 1820 年前后，白色才逐渐成为婚礼上广为人用的礼服颜色。这是因为英国的维多利亚女王在婚礼上穿了一身洁白雅致的婚纱。从此，白色婚纱便成为一种正式的结婚礼服。

如今，有的人不懂婚纱的来历，自己别出心裁，把新娘的婚纱做成粉红或浅蓝的颜色，以示艳丽。其实，按西方的风俗，只有再婚妇女，婚纱才可以用粉红或湖蓝等颜色，以示与初婚区别。

度蜜月：甜甜蜜蜜，恩爱偕老

新婚夫妻柔情蜜意，如胶似漆，新婚后的一个月内被称为“蜜月”。那么“蜜月”是怎样来的呢？

“蜜月”一词产生于公元前 500 年的英国。当时的英国还处于较原始的蛮荒社会，在多顿族中流行抢婚，即任何一个多顿青年男子都可以抢一个自己中意的姑娘为妻。为了避免这种尴尬，不少男子一将妻子抢到手，就迫不及待地携新人外逃，过一段隐居生活后再回来。然而很多外逃夫妻游荡于荒山野岭之间，食宿都无着落，能够活着回到家乡的很少。

当时的英国野蜂窝随处可见，蜂蜜唾手可得，旅途中的人们纷纷吸吮蜜汁来充饥。这一发现逐渐被流传开来后，抢婚外逃进入山野的青年男女便纷纷以蜂蜜充当食物，终身厮守。

到了公元前 4 世纪左右，多顿人抢婚的风俗危及社会秩序，迫使多顿首领不得不作出规定：凡成婚 30 天以上者，不得卷入抢婚之列，并发给新婚对牌，以备查验。从此以后，外逃的新婚夫妇多在 30 天以后自动回到了家乡，过上平安的家庭生活。而他们在外面靠吸吮蜜汁为生的 30 天，久而久之就被人们称为“度蜜月”。

吹生日蜡烛：月亮女神的祝福

过生日吹蜡烛已为人们熟悉，这一习俗据说源于希腊。

在古希腊，人们都信奉月亮女神阿耳特弥斯。在她的一年一度的生日庆典上，人们总要在祭坛上供放蜂蜜饼和很多点亮的蜡烛，形成一片神圣的气氛。后来，古希腊人在庆祝他们的孩子的生日时，也总爱在餐桌上摆糕饼等物，并在上面又放上很多点亮的小蜡烛，并且加进一项新的活动——吹灭这些燃亮的蜡烛。他们相信燃亮着的蜡烛具有神秘的力量，如果这时让过生日的孩子在心中许下一个愿望，然后一口气吹灭所有蜡烛的话，那么这个孩子的美好愿望就一定能够实现。于是吹蜡烛成为生日宴上有着吉庆意义的小节目，以后逐渐发展成过生日吹蜡烛的习俗。

还有一种说法是，相传有位贵族生了一个儿子，在儿子生日那一天前来祝贺的人很多，把一位女神挤得无处可坐。女神生气了，指着一支正在燃烧的蜡烛说，让孩子的生命像这支蜡烛一样长，蜡烛燃尽时，生命就结束。幸好另一位女神过来把蜡烛吹灭了，让孩子的父母把蜡烛藏好别再点燃，这样孩子就永远活着。从此人们过生日都要吹灭蜡烛，以祈祷长寿。

泰雅族的文面：刺青躲避死神

中国台湾的原住民族中有一个泰雅族，传统上，泰雅族人在 5 ~ 15 岁必须完成文面礼俗。男子必须狩猎多次成功后，才可以在额头上及下巴刺青。女子则须学会织布才得刺脸纹，主要是传承妇女纺织的责任，所以完成文面以后，才能论婚嫁。当然，未曾文面的女子，就很难找到理想的配偶了。

关于文面的由来，泰雅族人有这样一个传说。

在远古的时候，有许多年轻的女子不知什么缘故突然地相继死亡。这个现象使得每一位泰雅族人都感到震惊与恐惧，但都想不出解救的方法。有一天晚上，部落中有一位少女梦见神明告诉她，如果想要避过死亡的灾祸，一定要在脸上刺青才行。第二天，她将神明在她梦中的指示告诉了全部落的人，但是由于谁都不晓得刺花纹的方法，因此仍然是一筹莫展。这时部落中一名非常聪明的男人，想出了一个办法，他用烧过的松炭在女人的衣服上画了模样，交给部落中所有的女人，然后用细针依照所画的模样刺在脸上再涂上黑烟，使它永远不会变色。

说也奇怪，自从泰雅族女人用针在脸上刺上花纹后，再也没有年轻少女不明原因地突然死去。自此以后，泰雅族女人刺花纹在脸上的风俗相袭成风，一直流传到现在。

文面逐渐成为女孩长大成人的一种象征，随后男人也跟着模仿刺纹在脸上和身体上，以证明自己成年。

苏格兰男人穿裙子：民族独立的标志

苏格兰方格裙起源于一种叫“基尔特”的古老服装。这是一种从腰部到膝盖的短裙，用花呢制作，布面有连续的大方格，而且方格要鲜明地展现出来。在苏格兰人看来，“基尔特”不仅是他们爱穿的民族服装，而且是苏格兰民族文化的标志。1707 年，苏格兰与英格兰合并后，“基尔特”作为苏格兰的民族服装被保留下来。苏格兰人穿着这种裙服表示他们对英格兰人统治的反抗和要求民族独立的强烈愿望。

1745 年，英国汉诺威王朝镇压了苏格兰人的武装起义后，下了英国历史上著名的“禁裙令”，禁止苏格兰人穿裙子，只能以英格兰的装束为标准，违背者将被处以监禁或放逐。苏格兰人为此展开了长达 30 多年的斗争，最后于 1782 年迫使汉诺威王朝取消了“禁裙令”，为自己赢得了穿裙的权利。

送花圈：进入天堂的通行证

送花圈的习俗是从欧美传过来的。按照北欧的传说，一个人临死时带上花圈，天使就会把他的灵魂带到天堂。原来，2000 多年前的古罗马法律《十二铜表法》中《神圣法》第七条说："假如有人或者亲身，或者由于自己的马或奴隶在竞赛中获胜而得到花圈，那么在他死时，无论在他家里或在战场，都不禁止把花圈置于死者身上。同样，也允许他的亲属带花圈参加葬礼。"

既然花圈是胜利者和勇敢者才能得到的奖赏，难怪天使会把有花圈的灵魂带上天了。因为好人升天堂，坏人下地狱，这是当时众人一致的看法。

僰人悬棺：为何凿于万仞绝壁

在中国四川南部的珙县境内，曾经生活着一支特立独行的少数民族：僰人。从春秋时期到明代万历年间长达 2000 年的时间里，他们一直在这片土地上耕作、生息、繁衍。在春秋时期，他们被称为"僰人野人"；在汉代，被称为"滇僰""僰僮"；明朝则呼为"都掌族"。然而在明神宗万历元年的"僰汉大战"之后，这个部落从此就神秘地销声匿迹了，除了高悬在离地高达百米的断壁悬崖上的 265 具棺材，他们没有给这个世界留下任何其他的信息。

这些高高在上的"僰人悬棺"总重超过千斤，都是用质地坚硬的整木雕凿而成。其外形主要有船形和长方形两种。有的选择最为险峻的天然或人工凿成的崖石安放，棺木还裸露在外面；有的在绝壁上凿孔，插入木梁，把棺木架在上面。悬棺离地面数十米到一百多米，在山风中凌空俯视地面，令人可望而不可即。这些悬棺已经在高高的空中悬挂了数百年，经历着风风雨雨的剥蚀，至今仍牢实地迎空展示着。

四川珙县悬崖峭壁上的悬棺

现存悬棺最集中的地方是宜宾地区珙县洛表乡的麻塘坝和曹营乡的苏麻湾两处景区。其中麻塘坝亦称僰人沟，距四川省珙县城 60 千米，南北狭长，东西两侧奇峰挺拔，险拔峻峭的岩穴之间现存有悬棺 160 多具。许多棺木半悬山崖，距地面一般高约 25 ~ 50 米，最高的有 100 多米。苏麻湾距麻塘坝 10 多千米，在陡峭的石灰岩壁上分布着 48 具悬棺，沿着浩浩荡荡的江水，人们在船上就可以看见这些奇特的悬棺。

僰人为何要把棺木高悬于千仞绝壁之上呢？专家们认为，按古僰人的意思，悬棺入云，是吸日月之精气。从科学上来说，西南地区的少数民族由于长期居住在山水之间，他们对山水产生无比崇敬的感情，死后葬在靠山临水的位置表明亡灵对山的依恋和寄托。至于把棺木放得很高，那是因为高处可以防潮保尸，并可以防止人兽的侵扰。

可是所有放置悬棺的地方，上至峰顶、下距空谷，都有数十米到一两百米，而且到处都是异常陡峭的石壁，没路可走。古人是怎样将这些悬棺放置到悬崖峭壁上去的呢？对此，人们多方猜测，代表性的解释有“栈道论”和“吊装论”，还有“洪水说”“隧道说”，“天外来客说”等，众说纷纭，悬棺因此被蒙上了一层异常神秘的色彩。

“栈道论”认为，悬棺是通过修栈道运到悬崖上的洞穴中的。古人可能就像今天造房子搭架子那样沿着悬崖向上搭，当搭到洞穴口时便可将棺一层层递上来，直至送入洞中，或者由山顶搭栈道向下直至洞口。证据是现在只要乘竹筏沿九曲而游还可以在两岸的岩壁缝隙处看到一些残存的木料，这就是安置船棺后为确保它的安全而将栈道拆除的遗物。但是存放船棺的悬崖多是单独成峰的，突兀峭拔，崖壁坚硬，由下而上搭架子能搭到数百米谈何容易，特别是在工程技术还极其落后的古代少数民族地区很难实现。“吊装论”认为悬索下柩可以解决千斤之物如何挂上悬崖的问题。1973 年 9 月，公安部门曾侦破了一起盗悬棺案。两名盗贼供认，他们买了数百千克粗铁丝制成软梯，上端紧绑在岩顶的大树根部，一人把风，一人顺梯而下至洞穴，再设法在崖壁上开辟一条栈道，随后盗棺而出。有些人因此认为僰人是反其道而行：先找到安葬洞口，在洞口前架设数米长的栈道，棺木在峰顶就地制成，装殓死者后吊坠而下至洞口，再由人推进洞去。但人们至今不能断定古人是用什么简陋的机械将悬棺放到洞穴里。因为山顶到涧谷一般均有一二百米，鞭长力微，即使百人在峰顶一起用力绞拉辘轳之类的简单机械来吊升岩底的棺木，吊到洞口时也不能放进穴内。

悬棺隐身在云雾缭绕的峭壁之上，充满了永恒的神秘色彩，它作为文化发展史中的一个奇迹，沉积了往日逝去的回忆。僰族人为何悬棺而葬？刀耕火种的年代如何置棺高岸？僰族人是怎样消失的？棺上的红色岩画又在讲述什么故事？这些谜还有待今人解答。

木乃伊：古人的尸体保存术

木乃伊是在人工或自然条件下长久保存的干尸。

“木乃伊”一词源自波斯语，原意为蜡，欧洲人用来指古埃及涂抹防腐香料保存至今的尸体，中国自明代以来将其音译为木乃伊。

古埃及宗教习俗极重视遗体保存，早在第二王朝时期便开始制作木乃伊。其方法为先将尸体内脏挖出，在腹腔填以乳香、桂皮等香料，缝合后把尸体浸入特制的防腐液中，经 70 天取出，再裹上麻布，填以香料，涂上树脂，遂成为完整的木乃伊遗体。埃及气候干燥，木乃伊干尸极易保存。

类似埃及木乃伊的干尸在其他民族的墓葬中亦有发现，著名的有北亚巴泽雷克冢墓中的木乃伊，南美安第斯山区古印第安文明遗址的木乃伊，例如在马丘比丘遗址墓穴壁龛中就曾发现木乃伊 173 具，另外中国新疆也发现有古代木乃伊。

礼仪礼节：有礼有节，规矩成方圆

礼炮 21 响：鸣炮致礼示尊重

鸣礼炮 21 响作为最高礼仪的习俗起源于英国。17 ~ 18 世纪，英国已成为“日不落”帝国，世界几乎每一块大陆都有它的殖民地。英国军舰驶过外国炮台或驶入外国港口时，蛮横地要求所在国向它们鸣炮致礼，以示对英国的尊重和臣服。作为回礼，英舰一般鸣礼炮 7 声。但是，英舰鸣一声礼炮，别国应报 3 声，这样 21 声礼炮的习俗就诞生了。后来，随着英国逐渐走下坡路，英舰也开始改为鸣 21 响礼炮，以示平等。

礼炮 21 响是最高规格，以下按单数逐级递减直到一响，用于较低的礼仪。

下半旗志哀：纪念遇难的船长

下半旗，是当今世界上通行的一种致哀方式。当一个国家发生重大灾难，或者重要人物逝世后，习惯上要把国旗升起后下降到离旗杆顶端一段距离（距杆顶 1/3 处），以表示对死者的哀悼。

用下半旗表示哀悼的做法，据说最早出现在 1612 年。一天，一艘名叫“哈兹·伊斯”号的英国船徐徐地驶进泰晤士河，它的桅杆上飘半旗，象征船员们对已故船长的敬意。该船长是在北美北部海岸探寻通向太平洋的水道时不幸去世的。以后许多船只沿用了这种哀悼方式。

随着时间的流逝，用下半旗表示哀悼的做法便流传到陆地上，后来它被官方承认，并为世界各国所采用。

跪拜礼：古人的“坐”原是“跪”

跪拜的由来要追溯至中国东汉时期。在东汉以前，还没有桌椅，人们无论吃饭、议事、看书，都是在地上铺上席子，然后坐在席子上。通常坐时要两膝着地，再将臀部坐于后脚跟上，脚掌向后向外。就其形式而言，古人的“坐”实际上就是我们现在的“跪”。在接待宾客中，每当“坐”着向客人致谢时，为表示尊敬，往往要伸直上半身，即古书上所说的“引身而坐”，使“坐”变成真正意义上的“跪”。然后俯身向下，有时要前额触地。就这样，逐渐成了日常生活中的跪拜礼。

汉代以后，渐渐有高座。凳椅逐渐用于生活中，人们不再“席地而坐”，因而使原来生活中的“跪坐”起了很大变化。跪拜礼虽然存在，却成为等级差别的标志，主要广泛应用于官场之中。在民间，如祭祀、祝寿等风俗中，也经常使用跪拜礼。后来，又增加打千（行礼时左膝前屈，右腿后弯，上体稍向前俯，右手下垂）、作揖（两手合抱，拱手为礼）、鞠躬（弯身行礼）等礼节。

握手礼：友好的表示

握手是我们日常生活中最常用到的礼节。有人认为它来源于原始社会。

早在远古时代，人们以狩猎为生，如果遇到素不相识的人，为了表示友好，就赶紧扔掉手里的打猎工具，并且摊开手掌让对方看看，示意手里没有藏武器。后来，这个动作被武士们学到了，他们为了表示友谊，不再互相争斗，就互相摸一下对方的手掌，表示手中没有武器。随着时代的变迁，这个动作就逐渐演变形成了现在的握手礼。

脱帽礼：冷兵器时代的产物

在电影里，我们经常可以看到，西方人无论是走在大街上，还是站在大厅里，遇到熟人，常常摘下帽子，或者举一举帽子表示尊敬。据说，脱帽礼来源于中世纪的欧洲。

中世纪的欧洲正处于冷兵器时代，由于作战时与敌短兵相接，肉搏而战，头部容易受到袭击，因而不得不戴上笨重的盔甲。士兵们到达安全地带就脱下头盔以减轻负担；同时，到别人家里去，来者为了表示自己不是敌人，就首先把头盔掀开，露出自己的面孔。还有一种说法，武士们和妇女谈话，必须把头盔举起。这种习惯发展到近代，就成了脱帽礼。

威尼斯商人马可·波罗一行到达中国时，向中国的皇帝行鞠躬礼。

鞠躬礼：祭祀礼节演化而来

在西方，古代强者征服弱者时，弱者为表示服从，须低下头或平伏在地上。以后的鞠躬礼摆脱了屈辱遵从之意，仅仅表示尊重和谦恭。

中国商代有一种祭天仪式“鞠祭”，祭品

（猪、牛、羊等）不切成块，而将整体弯蜷成圆的鞠躬形，再放到祭处奉祭，以此来表达祭祀者的恭敬与虔诚。这种习俗一直保持到现在，不少地方逢年过节，祭拜祖宗天地时，人们总把整鸡整鸭蜷成圆形，或把猪头猪尾放在一起，表示其头尾相接。这就是由鞠祭演变而来的。

人们在现实生活中，逐渐援引这种形式来表达自己对地位崇高的人、长辈等的崇敬，于是，弯一弯腰，象征性地表示愿把自己作为鞠祭的一个牺牲品而奉献给对方。这就是“鞠躬”的由来。

喝酒碰杯：让耳朵分享喝酒之趣

人们在喝酒之前习惯先碰一下杯，这个习惯是如何产生的呢？

一说是古希腊人创造的。传说古希腊人注意到这样一个事实，在喝酒时，人的很多器官都可以分享到喝酒的乐趣：鼻子可以嗅到酒的香气，眼睛可以看到酒的颜色，舌头可以辨别酒的味道，唯有耳朵被排除在这一享受之外。怎么办呢？聪明的希腊人终于想出一个办法：在喝酒之前，互相碰一下杯子，杯子发出的清脆响声就会传入耳中，这样，耳朵也能分享到喝酒的乐趣。

另一说碰杯起源于古罗马。古罗马崇尚武功，常常开展角力竞技。竞技前选手习惯饮酒，以示相互勉励之意。由于酒是事先准备好的，为了防止有些心术不正的人给对方暗放毒药，人们想出一种防范的办法。在角力前，双方各持自己的酒向对方的杯中倾注一下，这样，便逐渐发展为一种碰杯的礼仪。

干杯：驱除恶魔

在酒席上干杯会增添喜气和风趣，让整个酒席更加热闹。那么干杯起源于何时呢？

“干杯”一词起源于16世纪的爱尔兰，原意是烤面包。当时的爱尔兰酒徒，习惯把一片烤面包放入一杯威士忌酒或啤酒中，以改善酒味及去除酒的不纯性。到了18世纪，“干杯”这个词才有了今天的含义，并且发展成祝贺颂词。干杯时，人们往往还要互相碰杯，据说这与教堂敲钟是同一意思，为了驱除恶魔。

女士优先：骑士风范

“女士优先”的原则起源于欧洲中世纪的骑士之风，是传统的欧美礼节的基础，后来成为国际社会公认的重要礼仪原则。它主要适用于成年的异性进行社交活动之时。

“女士优先”的含义是：在一切社交场合，每一名成年男子，都有义务主动自觉地以自己的实际行动，去尊重妇女，照顾妇女，体谅妇女，关心妇女，保护妇女，并且还要想方设法、尽心竭力地去为妇女排忧解难。倘若因为男士的不慎，而使妇女陷于尴尬、困难的处境，便意味着男士的失职。人们一致公认，唯有如此这般的男子，才会被视为具有绅士风度。反之，则会被认作是粗汉莽夫。

国际社会强调“女士优先”的原则，主要原因并非因为妇女是弱者，需要同情、帮助和保护，而是认为妇女是人类的母亲，对妇女处处给予优待，是对母亲的尊敬和感恩。

剪彩：新船下水典礼

关于剪彩的由来有两种说法。

一说，剪彩起源于西欧。古代，西欧造船业比较发达，新船下水往往吸引成千上万的观众前来观看。为了防止人群拥向新船而发生意外事故，主持人在新船下水前，在离船体较远的地方，用绳索设置一道“防线”。等新船下水典礼就绪后，主持人就剪断绳索让观众参观。后来绳索改为彩带，人们就给它起了“剪彩”的名称。

另一种传说，剪彩起源于美国。1912 年，美国一家大百货商店将要开业，老板一大早就把店门打开，并在门前横系一条布带，一来图个吉利，二来可以吸引人们的目光。可是，在离开店前不久，老板的 10 岁小女儿牵着一条小哈巴狗从店里跑出来，无意中弄断了这条布带。顿时，在门外久等的顾客蜂拥而入，争相购买货物。

不久，老板又开了一家新店，他又让女儿有意把布带弄断，果然又财源广进。于是，人们认为弄断布带的做法是一个好兆头，于是纷纷仿效，用彩带代替布带，并用剪刀剪断彩带。沿袭下来，就成了今天盛行的剪彩仪式。

戴黑纱：贫者的哀悼

通常来说，人只要一死，追悼会的筹备工作即将开始。从丧家发出讣告之日开始，亡人的亲戚朋友收到讣告之后，就准备参加追悼会，到时每人都要在袖子上戴上一块黑纱，以此来表达对死者的悼念。对于死者的亲属来讲，佩戴黑纱又意味着对长辈死者表达的一种孝礼。这种戴黑纱礼节最初来源于英国。在英国古时，凡是贵族死后，其家人包括男仆女佣，全要穿上特制的丧服，以此表示哀悼。但是因为特制的丧服花销比较大，因此贫穷的仆佣置办不起，有人便想用一块黑纱裹在自己的手臂上，用来权当丧服，这样不但可以表达哀悼之情，而且又不妨碍干活做事，一举两得。以后这种简单的治丧礼节便传到了世界各地。

历法节气：世上本没有时间，有了人便有了时间

公元：耶稣诞生作为纪元

公元是“公历纪元”的简称，是国际通行的纪年体系。以传说中耶稣基督的诞生为公历元年，相当于我国西汉末期平帝的元始元年。

“公元”产生于基督教盛行的6世纪。当时，为了扩大教会的统治势力，僧侣们把任何事情都附在基督教上。公元525年，一个叫狄奥尼西的僧侣，为了预先推算7年后复活节的日期，提出了所谓耶稣诞生在狄奥克列颠纪元之前284年的说法，并主张以耶稣诞生作为纪元。这一主张得到了教会的大力支持。公元532年，教会把狄奥克列颠纪元之前的284年作为公元元年，并在教会中使用。到1582年，罗马教皇制定格里高利历时，继续采用了这种纪年法。

中国是辛亥革命后开始引入公历的，直到1949年以后，中国才完全使用公元纪年。

公历：古罗马的儒略历

儒略·恺撒像

公历是当今国际上通用的历法，又被称为太阳历、阳历。公历是以地球环绕太阳运转一周的时间作为一年的历法。关于公历的由来，主要有两种说法。

一种意见认为，公历最早的源头可以追溯到古埃及的太阳历。他们发现天狼星第一次同太阳一起升起的那天之后的五六十天，尼罗河就开始泛滥，于是他们就把这一天当作一年中的第一天。古埃及人最初将一年定为360天，后来改为365天，这是最早的太阳历。后来他们根据尼罗河水泛滥的规律，把一年分为3季，再分成12个月，每月30天，余下的5天作为节日。

另一种意见是公历起源于古罗马的儒略历。罗马共和时期，儒略·恺撒主政，建立了丰功伟绩。他死于7月，后继者将7月改为大月，从2月的30天中

抽取 1 天，变成了 29 天。7 月命名为 JULY，这就是所谓的儒略历。

儒略历测量地球绕太阳一周需 365.25 天，而公历为 365.2422 天，很明显，后者要比前者精确得多。于是，公历陆续为许多国家所接受，并流行于全世界。其实，中国南宋时的《统天历》中，就采用了一年 365.2422 天的算法。

农历：最适合农业的历法

农历又称夏历，又名旧历、中历，民间也有称为阴历的。相传起源于中国夏代，其科学性、实用性都很强，因此流传至今。它用严格的朔望周期来定月，又用设置闰月的办法使年平均长度与回归年相近，兼有阴历月和阳历年的性质，因此实质上是一种阴阳合历。夏历把日月合朔（太阳和月亮的黄经相等）的日期作为月首，即初一。朔望月平均约长 29.53059 日，所以有的月份是 30 日，称月大；有的月份是 29 日，称月小。夏历以 12 个月为一年，共 354 或 355 日，与回归年相差 11 日左右，所以隔 3 年安排一个闰月，再过两年又安排一个闰月，平均 19 年有 7 个闰月。月份的名称按照中气而定，含雨水的月份称为正月，含春分的月份叫二月等。不含中气的月份就定为闰月，用上个月的月份名称称“闰某月”。

农历既依据地球回归年所用时间，又依据月相变化而制定，而且以身边的气象与物候条件、农事活动为参照，实用性强，因而成为便于记忆的历法。在中国，农历历法尤其适用于中原的广大地区。

万年历：都是“万年”的功绩

相传，在古时候，有个名叫万年的青年，看到当时节令很乱，就有了想把节令定准的打算，但是苦于找不到计算时间的方法。一天，他上山砍柴累了，坐在树荫下休息，树影的移动启发了他，他设计了一个测日影计天时的日晷，测定一天的时间。后来，山崖上的滴泉启发了他的灵感，他又动手做了一个五层漏壶，来计算时间。天长日久，他发现每隔 360 多天，四季就轮回一次，天时的长短就重复一遍。

当时的国君叫祖乙，也常为天气风云的不测感到苦恼。万年知道后，就带着日晷和漏壶去见国君，对祖乙讲清了日月运行的道理。祖乙听后龙颜大悦，感到有道理。于是把万年留下，在天坛前修建日月阁，筑起日晷台和漏壶亭。并希望能测准日月规律，推算出准确的晨夕时间，创建历法，为天下的黎民百姓造福。

有一次，祖乙去了解万年测试历法的进展情况。当他登上天坛时，看见天坛边的石壁上刻着一首诗：

日出日落三百六，周而复始从头来。
草木枯荣分四时，一岁月有十二圆。

知道万年创建历法已成，祖乙亲自登上日月阁看望万年。万年指着天象，对祖乙说：“现在正是十二个月满，旧岁已完，新春复始，祈请国君定个节吧。”祖乙说：“春为岁首，就叫春节吧。”据说这就是春节的来历。

冬去春来，年复一年，万年经过长期观察，精心推算，制定出了准确的太阳历，当他把太阳历呈奉给继任的国君时，已是满面银须。国君深为感动，为纪念万年的功绩，便将太阳历命名为“万年历”，封万年为日月寿星。以后，人们在过年时挂上寿星图，据说就是为了纪念德高望重的万年。

日历：编写《国史》的依据

中国始有历法大约在4000年以前。根据甲骨文中的一页甲骨历，证明商代的历法已具有相当的水平，这一页甲骨历是全人类最古老的历书实物，这页甲骨历也就叫日历。

但真正日历的产生，大约在1200年前的唐顺宗永贞元年（805年），那时皇宫中就已经使用皇历。最初一天一页，记载国家、宫廷大事和皇帝的言行。皇历分为十二册，每册的页数和每月的天数一样，每一页都注明了天数和日期。发展到后来，就把月日、干支、节令等内容事先写在上面，下部空白处留待记事，和现在的台历相似。那时，服侍皇帝的太监在日历空白处记下皇帝的言行，到了月终，皇帝审查证明无误后，送交史官存档，这在当时叫日历。这些日历以后就作为史官编写《国史》的依据。

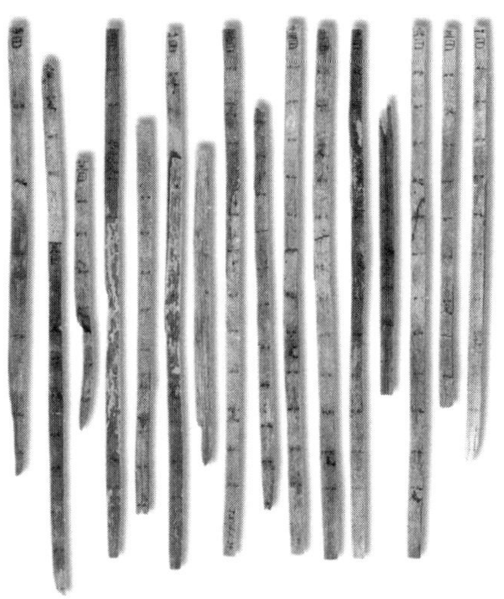

在纸张发明以前，中国人把要记录的内容都书写在竹简或木简上，并用丝线把它们连在一起。上图的竹简上详细记载着日期，构成了一套日历。

后来，朝廷许多高官觉得这样的日历不错，于是纷纷仿效，编制供自家使用的日历。又有人把历书上的干支、月令、节气及黄道吉日都印在日历上，并留下空白以备记事。

挂历：讨债本演化而来

现代家庭中使用挂历的越来越多，可是，很少有人知道挂历是从古时的讨债本演化而来的。

在古罗马时代，社会上有一种专门从事放债的人，按月去向债户收取利息。为了防止差错，他们往往使用一种特殊的小本子，以月为单位，按日期排列，何月何日什么人该还多少债，收多少利息，都一一记在小本子上，还附有记事栏，一览无余。后来，这一简便的方法逐渐为其他行业所借鉴，流行开来。

中国香港太古洋行的第二任华人买办莫藻泉上任后，创办了一家糖厂。1884 年，他推出一种类似海报广告式的月份牌，用来宣传太古糖厂的产品。凡购买太古糖者，赠送月份牌一份。

后来，许多厂商竞相印制免费赠送月份牌，并不断改进形式。

随着岁月的流逝，一些人把日历订在一起，一年一本，讨债本和月份牌逐渐演变为今天的挂历。

闰月：日积月累的结果

中国旧历农历纪年中，有闰月的一年称为闰月年（简称闰年）。一般年份为 12 个月，354 或 355 天，闰年则为 13 个月，383 或 384 天。农历作为阴阳历的一种，每月的天数依照月亏而定，一年的时间以 12 个月为基准；为了合上地球围绕太阳运行周期即回归年，每隔 2 ～ 4 年，增加一个月，增加的这个月为闰月，因此农历的闰年为 13 个月。

也就是说，公历两个节气的长度平均是 30.5 日，农历每月只有 29.5 日，相差一天。因此，每月的中气会比上个月晚 1 ～ 2 天。这样下去，总会有一个月只有节气，没有中气。没有中气的这个月被历法规定为“闰月”，称作“闰某月”。

二十四节气：源于黄河流域

二十四节气歌：“春雨惊春清谷天，夏满芒夏暑相连。秋处露秋寒霜降，冬雪雪冬小大寒。每月两节不变更，最多相差一两天，上半年来六廿一，下半年是八廿三。”可能是大家都熟悉的，那么，二十四节气是怎么来的呢?

二十四节气是中国劳动人民的智慧结晶，起源于黄河流域。远在春秋时代，就定出仲春、仲夏、仲秋和仲冬四个节气，以后不断地改进与完善，到秦汉年间，二十四节气已完全确立。公元前 104 年，由邓平等制定的《太初历》，正式把二十四节气订于历法，明确了二十四节气的天文位置。

二十四节气反映了太阳的周年运动，所以节气在现行的公历中日期基本固定，上半年在 6 日、21 日，下半年在 8 日、23 日，前后仅差 1 ～ 2 日。

天干地支：皇帝之臣作甲子

天干、地支相当于树干和树叶，它们是一个互相依存、互相配合的整体。中国古代以天为“主”，以地为“从”。“天”和“干”互联叫做“天干”，“地”和“支”互联叫做“地支”，合起来就是“天干地支”。

在中国古代的历法中，甲、乙、丙、丁、戊、己、庚、辛、壬、癸被称为“十天干”，子、丑、寅、卯、辰、巳、午、未、申、酉、戌、亥叫做“十二地支”。两者按固定的顺序互相配合，组成了干支纪法。从殷墟出土的甲骨文来看，天干地支在中国古代主要用于纪日，此外还曾用来纪月、纪年、纪时等。那么天干地支是怎么来的呢？

大约在战国末年，依据各国史官长期积累下来的材料编成的史书《世本》说：“容成作历，大挠作甲子”，“二人皆黄帝之臣，盖自黄帝以来，始用甲子纪日，每六十日而甲子一周”。看来干支是大挠创制的，大挠“采五行之情，占斗机所建，始作甲乙以名日，谓之干；作子丑以名月，谓之枝，有事于天则用日，有事于地则用月，阴阳之别，故有枝干名也”。

星期：七星神轮流值班

“星期”一词已被世界广泛接受和使用，成为人们日常纪时的最基本工具之一。发明星期为 7 天的人是古巴比伦人。“星期”这个时间单位是怎样产生的呢？

早在公元前 2000 年左右，两河流域的人就能区分恒星和行星。但限于当时的知识水平，他们认为地球是宇宙的中心，只有地球是不动的，其余星球全围绕地球运转。

古巴比伦人从月亮的盈亏，发现了大体合乎规律的太阳历：一年为 12 个月，6 个大月，每月 30 天；6 个小月，每月 29 天，全年共 354 天。他们同时根据月象的变化，将 7 天定为一周，故一星期又叫一周。他们还把一个月分为 4 周，每周 7 天。有意思的是，他们认为在这 7 天中，上苍每天派一个星神光临人间值班，称其为值班星，简称“值星”。因太阳神沙马什、月神辛、火星神奥尔伽、水星神纳布、木星神马尔都克、金星神伊什塔尔、土星神尼努尔达 7 星共值一周，故称为“星期”。

另一说是起源于《圣经》所说的“神在第七日休息”。在古犹太人看来，7 是个幸运的数字。据西方古典哲学家温斯坦莱的记载，在摩西统治以色列共和国时代所颁布的法律中有一项规定，7 天中要抽出 1 天作为人们的休息日，原因有三：一是让居民有友好往来的时间；二是让人和牲畜歇息一下；三是让教区牧师有机会宣讲法令和教义等。

标准时间：在那时间开始的地方

从前，每个地方各用各的时间，这在古代交通不发达、往来不多的情况下还可以。但到了近代，随着交通的发达，各地交往的频繁，就出现了诸多不便。

有这样一件争执案：1858 年 11 月 24 日，英国多塞特郡的时钟指在 10 时 6 分，该郡一位法官判决一名土地诉讼的人败诉，因为 10 时开庭时，他没有准时到庭。但是，两分钟后，那人到了庭，当即向法官指出，按照他家乡肯柏兰郡喀来耳镇火车站的时钟，他是准时到达的，因此，这件案子必须重审。

火车站与法庭的时间差异，促使英国统一时间。但直到 1880 年，英国国会才决议以格林尼治时间为全国的标准时间，那里天文台的格林尼治大钟从此便决定着整

旧格林尼治天文台一角

个英国的时间。大约从 1884 年起，格林尼治标准时间也为其他国家所承认。无怪乎现在人们都把英国的格林尼治天文台说成是“时间开始的地方”呢。

为了协调世界的时间，人们根据地球相对于转轴的波动、旋转速率以及极移效应对太阳时进行不断校正。国际时间局每年进行两次调整，并通过标准时间电台向世界各地发射标准时间信号，这样就可以把格林尼治时间产生的一秒钟误差调整过来。

计时单位：开始了光阴的计算

历史上，商代将一天分为若干不同的时段，甲骨文中可见的时段专名有：明（旦）、大采、大食、中日、小食、小采、昏（暮）等，这是一种把白昼均分为六个时段的方法。周代曾用土圭测日影计时，既然日影可以用长度单位计量，那么光阴之“阴”及时间的长短，用“分”“寸”表达就顺理成章了。

中国最早的漏壶是在壶中插入一标杆，称为箭。箭下用一只舟承托，浮在水面上。水流出壶时，箭下沉指示时刻，所以当时以箭为计时单位。《左传》说：“日之数十，故有十时，亦当十位。”说明古代曾将一天分成十时。《淮南子·天文训》中有一昼夜分成十五时的记载，而汉代的十二辰和百刻时制也相当流行。

百刻计时法最古老，使用的时间也最长。大约西周之前，古人就把一昼夜均分为一百刻（一刻等于 14.4 分）。汉代除使用百刻制外，还应用以太阳方位计时的方法。到隋唐时，太阳方位计时衍生为十二时辰计时，百刻制与十二时辰计时法并用。直到明末清初，西方机械钟表传入后，中国才改用一天二十四小时的计时法，但十二时辰仍沿用，每个时辰两小时。为和二十四小时计时法相一致，中国古老的百刻制演变为九十六刻制，一个时辰内分为八刻、一小时内分为四刻，这样一昼夜就为九十六刻，与世界通用的计时法相一致。

午时三刻行刑：十恶不赦，鬼也做不成

午时指现在的 11 点到 13 点。一个时辰分作八刻，从 11 点起计，每 15 分钟一个刻，11 点正为午起，11 点 15 分为午时一刻，45 分为午时三刻，12 点整为正午（午时四刻一般不这样说）。

古代阴阳家说的阳气最盛，与现代天文学的说法不同，并非是正午最盛，而是在午时三刻。古代行斩刑，也有分时辰开斩的，亦即斩刑有轻重。一般斩刑是正午开刀，

让其有鬼做；重犯或十恶不赦之犯，必选午时三刻开刀，不让其做鬼。皇城的午门阳气也最盛，不计时间，所以皇帝令推出午门斩首者也无鬼可做。

15 分钟为一刻：24 小时等于 100 刻

我们习惯称 15 分钟为一刻，你知道这是为什么吗？

古时候，人们用漏壶计时，即在漏水壶内竖一标杆，标杆上刻有等距离的刻度，壶内水因漏渐减，杆上的刻度也依次显露，从而知道时间，其单位自然就是“刻”了。古人把一昼夜均分为一百刻，后来为了与西方的二十四小时计时法保持一致，将百刻制改为九十六刻制，于是就直接取 15 分钟为一刻，相当于 1/4 小时。

十五的月亮十六圆：月亮“晚点”了

人们常说“十五的月亮十六圆”，为什么呢？这句话是怎么来的呢？

当月亮与太阳的经度相差 180° 时，从地球上看，月亮与太阳正好处在相对位置的时刻，才能看到圆月。但是，月亮围绕地球运行的轨道是一个椭圆，时近时远，由于万有引力的关系，近时走得快一些，远时走得慢一些。如果快了，就会准时到达圆月的位置；在十五圆的月，如果慢了，就会“晚点”，赶在十六或十七到达圆月的位置。

十二生肖计时：各司其时

用十二生肖计时，起于东汉年代。从文献记载来看，黄帝时代已有十二地支，它与十二星座关联紧密。最初的十二地支、十二星座都代表着每年 12 个不同的月令、节令，即在子、丑、寅、卯、辰、巳、午、未、申、酉、戌、亥 12 个地支符号上，各配一个相应的动物名称——子鼠、丑牛、寅虎、卯兔、辰龙、巳蛇、午马、未羊、申猴、酉鸡、戌狗、亥猪。

中国古代有所谓十二时辰的概念，就是把太阳绕地球运行的轨道附近的天空分成 12 等份，由东向西配以子、丑、寅、卯等十二地支，用来纪年。古时人们受动物图腾崇拜的影响，故总是习惯把各种自然现象同动物联系起来，因此在古代天文学上，就有巨蛇、蝎虎、飞马、孔雀、天猫等星座名称。人们用一些动物的名称来配合那抽象的十二地支，从而形成子鼠、丑牛、寅虎等十二生肖。

子时（夜里 11 点钟到 1 点钟）：据说老鼠是深夜里最活跃的动物，所以子时属鼠。

丑时（夜里 1 点钟到 3 点钟）：据说牛是最早耕地的家畜，所以丑时属牛。

寅时（夜里 3 点钟到 5 点钟）：“寅”字解释为害怕的意思，古人最怕的动物是老虎，所以寅时属虎。

卯时（早晨5点钟到7点钟）：据说此时为“太阴”（即月亮）的时间，传说月球中有玉兔，所以卯时属兔。

辰时（早晨7点钟到9点钟）：传说此时是群龙行雨的时候，所以辰时属龙。

巳时（上午9点钟到11点钟）：据说蛇最爱在此时利用青草作掩护，所以巳时属蛇。

午时（上午11点钟到下午1点钟）：午时阳气到顶，阴气始生，正是骏马驰骋的时候，所以午时属马。

未时（下午1点钟到3点钟）：传说羊在未时吃过的草，草根再生力很强，所以未时属羊。

申时（下午3点钟到5点钟）：天快晚了，猴要呻叫，所以申时属猴。

酉时（下午5点钟到7点钟）：此时正当日没月出之际，古有“太阳金鸡”的传说，所以酉时属鸡。

戌时（晚上7点钟到9点钟）：是夜的开始，由狗守夜，所以戌时属狗。

亥时（夜间9点钟到11点钟）：据说此时天地最混沌，而猪爱睡觉，混沌不清，所以亥时属猪。

关于十二生肖的记载，现有文献资料中，以《诗经》为最早。《诗经·小雅·吉日》里有“吉日庚午，即差我马”八个字，意思是庚午吉日时辰好，是跃马出猎的好日子，这是将午与马相对应的例子。可见在春秋前后，地支与十二种动物的对应关系已经确立并流传。1975年，在湖北云梦县睡虎地十一号墓出土的竹简，进一步证明十二生肖在春秋前后已存在。

另有一种说法是，十二生肖是古代华夏族的纪年法与少数民族纪年法融合的结果。据史籍记载，居于中原的华夏族从传说中的尧舜时代就开始使用甲、乙、丙、丁等12个天干符号与子、丑、寅、卯等12个地支符号相配而成的“干支纪年法”。而我国西北部的少数民族，因长期过着游牧生活，便创造了一种动物纪年的方法。后来，当匈奴单于呼韩邪归附汉朝，入居中原与汉族人一起生活时，中原地区与少数民族的文化相融合，由此产生了十二生肖。

半夜三更：三更子时

“半夜”大家都明白，那么“三更”是何时呢？

中国古代直至20世纪初，没有钟表之时，城乡都很流行夜间打鼓报时。大城市设有鼓楼，小镇或是乡村大宅院有更楼，每夜有值班更夫（巡视兼报时仆役），按时辰从更楼走出巡视一番，一路击鼓报时。

中国古代一昼夜分12个时辰，亦即两个小时一个时辰。白天人们可看太阳、日晷或计时的铜壶滴漏之类的东西判断时间，夜晚则不知时间了，于是由专人看着铜壶滴漏，按照时辰打鼓告诉民众。古人规定，逢戌时（约合现在晚上7点钟至9点钟）开始，叫做“起更”，也就是“一更”；二更是亥时，即合现在夜晚9点钟至11点钟；三更是子时，即夜间11点钟至凌晨1点钟……五更是最后一更，已到寅时，即黎明前的 3 点钟至 5 点钟了。

这样大家可以推算出，“半夜三更”说的确实是夜已至半。

夏时制：为了节约能源

夏时制也叫夏令时。人类在大约 100 年前就开始实行夏时制了。

1907 年，英国伦敦的企业家威廉·威利特撰写了一篇题为《论日光的浪费》的文章，呼吁人们早起早睡，以便充分利用自然光源，节约费用。为在英国开展一场“争取每年夏季将时针向前拨 80 分钟的运动”，他提供了一大笔宣传费用，并利用自己的企业进行夏时制试验，果然取得了可观的经济效益。

威廉认为，实行夏时制仅节约照明煤油一项，就相当于英国的全部国债。他的建议被提交英国议会表决，但受到大多数农场主的极力反对，他们认为，如果实行夏时制，会减少牛奶的产量。由于阻力太大，这个划时代的创意就这样流产了。

1915 年，正值第一次世界大战期间，德国采用了威廉·威利特的创见，获得了很大的利益。1916 年，法国开始实行夏时制。1917 年，美国也开始仿效。

1976 年，即世界首次石油危机之后的第三年，为了更多利用自然阳光，相应减少照明用电，从而节省能源，大部分欧洲国家纷纷实行了夏时制。从 2004 年 3 月 28 日起，法国及欧洲其他大部分国家开始实行一年一度的夏时制，为期 7 个月。

1986 年，中国开始正式推行夏时制。几年后，鉴于弊大于利，中国政府又下令取消了夏时制。

关于夏时制，历来存在不同的看法。反对者认为，时制的转换会导致儿童和老年人生物钟紊乱，给农业和户外作业带来不便，同时也会对运输业和公路安全造成不良影响。

教皇子午线：殖民地的争端

1492 年，哥伦布到达美洲后，西、葡两国为争夺殖民地、市场和掠夺财富，长期进行战争。为缓和两国日益尖锐的矛盾，由教皇亚历山大六世出面调解，并于 1493 年 5 月 4 日作出仲裁：在大西洋中部亚速尔群岛和佛得角群岛以西 100 里格（约 550 千米）的地方，从北极到南极划一条分界线，史称教皇子午线。

线西属于西班牙的势力范围，线东则属于葡萄牙的势力范围。根据这条分界线，大体上美洲及太平洋各岛属西半部，归西班牙；而亚洲、非洲则属东半部，归葡萄牙。葡萄牙国王若昂二世对此表示不满，要求重划。1494 年 6 月 7 日，西、葡两国签订了《托德西利亚斯条约》，将分界线再向西移 270 里格（约 1485 千米），巴西即根据这个条约被划入葡萄牙的势力范围。

这条由教皇作保规定的西、葡两国同意的分界线，开近代殖民列强瓜分世界、划分势力范围之先河。

英语 12 个月的名称：众神齐聚首

如今公历起源于古罗马历法，一年有 12 个月。这 12 个月的英语名称，都有各自的来历。

1 月：January

在罗马传说中，有一位名叫雅努斯的守护神，生有前后两副脸，一副回顾过去，一副要眺望未来。人们认为选择他的名字作为除旧迎新的第一个月月名，很有意义。英语 1 月 January 便是由这位守护神的拉丁文名字 January 演变而来的。

2 月：February

每年 2 月初，罗马人民都要杀牲饮酒，欢庆菲勃卢姆节。这一天，人们常用一种牛草制成的名叫 Februa 的鞭子，抽打不育的妇女，以求怀孕生子。这一天，人们还要忏悔自己过去一年的罪过，洗刷自己的灵魂，求得神明的饶恕，使自己成为一个贞洁的人。英语 2 月 February 便是由拉丁文 Februar-ius(即菲勃卢姆节)演变而来。

3 月：March

3 月原是罗马旧历法的 1 月，新年的开始。恺撒大帝改革历法后，原来的 1 月变成 3 月，但罗马人仍然把 3 月看作是一年的开始。另外，按照传统习惯，3 月是每年出征远战的季节。为了纪念战神玛尔斯，人们便把这位战神的拉丁名字作为 3 月的月名。英语 3 月 March 便是由这位战神的名字演变而来的。

4 月：April

罗马的 4 月，正是大地回春、鲜花初绽的美好季节。英文 4 月 April 便由拉丁文 April（即开花的日子）演变而来。

5 月：May

罗马神话中的女神玛雅，专门司管春天和生命。为了纪念这位女神，罗马人便用她的名字——拉丁文 Maius 命名 5 月。英文 5 月 May 便由这位女神的名字演变而来。

6 月：June

罗马神话中的朱诺，是众神之王，又是司管生育和保护妇女的神。古罗马对她十分崇敬，便把 6 月奉献给她，以她的名字——拉丁文 Junius 来命名 6 月。英语 6 月 June 便由这位女神的名字演变而来。也有学者认为，Junius 可能是古代拉丁家族中一个显赫贵族的姓氏。

7 月：July

罗马统治者恺撒大帝被刺死后，著名的罗马将军马克·安东尼建议将恺撒大帝诞生的 7 月，用恺撒的名字——拉丁文 Julius 命名。这一建议得到了元老院的通过，英语 7 月 July 由此演变而来。

8 月：August

恺撒死后，由他的甥孙屋大维继任罗马皇帝。为了和恺撒齐名，他也想用自己的名字来命名一个月份。他的生日在 9 月，但他选定 8 月。因为他登基后，罗马元老院在 8 月授予他 Augustus(奥古斯都)的尊号。于是，他决定用这个尊号来命名 8 月。

原来8月比7月少一天，为了和恺撒平起平坐，他又决定从2月中抽出一天加在8月上。从此，2月便少了一天。英语8月August便由这位皇帝的拉丁语尊号演变而来。

9月：September

老历法的7月，正是恺撒大帝改革历法后的9月，拉丁文Septem是“7”的意思。虽然历法改革了，但人们仍袭用旧名称来称呼9月。英语9月September便由此演变而来。

10月：October

英语10月来自拉丁文Octo，即“8”的意思。它和上面讲的9月一样，历法改了，称呼仍然沿用未变。

11月：November

罗马皇帝奥古斯都和恺撒都有了自己名字命名的月份，罗马市民和元老院要求当时的罗马皇帝梯比里乌斯用其名命名11月。但梯比里乌斯没有同意，他明智地对大家说，如果罗马每个皇帝都用自己的名字来命名月份，那么出现了第13个皇帝怎么办？于是，11月仍然保留着旧称Novem，即拉丁文“9”的意思。英语11月November便由此演变而来。

12月：December

罗马皇帝琉西乌斯要把一年中最后一个月用他情妇的Amagonius的名字来命名，但遭到元老院的反对。于是，12月仍然沿用旧名Decem即拉丁文“10”的意思。英语12月December，便由此演变而来。

词汇语言：一言一语皆妙趣

谚语：口头文学的一种

谚语往往通过一种现象，表明一个生活的道理，用在文章中，简洁而深刻。

谚语原是一种口头文学，在文字出现之前就产生了。《文心雕龙·书记篇》记载了几条，说是上古之世流传下来的，其中有一条是“唯忧用志”，意思是困难和挫折可以使人发愤。这可能是我国文字记录下来的最早的谚语之一。

在我国几千年的漫长历史中，多少朝代兴衰更迭，多少历史事件此起彼落，这些都是产生谚语的丰厚基础。例如三国之后，有关三国的谚语就多达数十条，而且不少是脍炙人口、家喻户晓的。比如，“三个臭皮匠，顶个诸葛亮”“万事俱备，只欠东风”“说曹操，曹操就到”等。除三国以外，中国好多历史事件和历史人物都在谚语中得到了反映，如“韩信点兵，多多益善”“项庄舞剑，意在沛公”等。

谚语有的可以有出处，能说出作者是谁，这部分谚语来自历史名人的诗词、文章、警句等。人们常用到的“醉翁之意不在酒”这句谚语，就来自欧阳修的《醉翁亭记》。但是，绝大多数谚语无法说出具体的作者，它们由广大人民群众在生活和实践中口耳相传、世代相沿而成。

歇后语：郑五歇后体

父亲给儿子磕头——岂有此礼（理），仙人放屁——不同凡响……这些歇后语，往往都是大家非常熟悉的。那么歇后语是怎么来的呢？

歇后语起源于唐诗的一种“歇后体”，为唐人郑綮所创。

《旧唐书·郑綮列传》载有这样一则趣闻：郑綮善写诗，诗里总带“刺”，诗的样式也有些怪，当时被人们称为“郑五歇后体”。这种本来登不得大雅之堂的怪诗体竟不胫而走，广为流传，以至连唐昭宗也经常听到下人的吟诵。这些诗有很多是讽刺时弊的，但唐昭宗非但不怪，反而觉得诗中大有“蕴蓄”，亲笔批“郑綮可礼部侍郎平章事”。后来，郑綮真的当了宰相。不过，他当了官以后就寡言少语，更不写什么带“刺”的歇后诗了，但歇后体却从此流传开来。

朋克：狂放宣泄的表达

PUNK 译作“朋克”，是兴起于 20 世纪 70 年代的一种反摇滚的音乐力量。在西方，PUNK 是一种俚语，有小流氓、废物、妓女、变童、低劣等意思。从最早由 Leg McNeil 于 1975 年创立《PUNK》杂志，之后由 Sex Pistols 将此音乐形成潮流。

面对经济危机、大量工人失业的英国，青少年对现实社会产生了强烈不满甚至绝望的心情。他们愤怒地抨击社会的各个方面，而且通过一种狂放宣泄的行为表达了他们的思想。这种情绪和思潮在文化艺术中得到了体现。1975 年，Virgin 唱片公司所签下的“Sex Pistols”是 PUNK 的起点。他们发表的专辑“God Save The Queen”的唱片封套大胆地把英女皇的嘴巴用“Sex Pistols”的封条封着。他们用这样的方式发泄满腔愤恨，无论对前途还是社会都是一种控诉。这就是 PUNK 的诞生。

八卦：遮羞的马赛克

“八卦”这个词，现在我们经常听到。那么“八卦”一词是怎么来的呢？

八卦,也称“经卦”。《周易》中八卦由三爻组成:用“-”代表阳,用“--”代表阴,用三个这样的符号,组成八种形式,叫做八卦。每一卦形代表一定的事物,乾代表天,坤代表地，坎代表水，离代表火，震代表雷，艮代表山，巽代表风，兑代表沼泽。

如果不把《周易》或类似的神秘主义理论及符号考虑在内，“八卦”最初应来源于粤语，指一种不无烦琐主义的生活态度，凡事都要卜卦，故“八卦”在粤语中的全称是“诸事八卦”。我们所说的“八卦新闻”就直接衍生于此。

此外还有这样一种说法，20 世纪 70 年代，香港报刊争相刊登美女裸照，因受制于法律和社会道德，不得不在裸照的“三点”位置贴上一个“八卦”图案，相当于后来的“马赛克”。“八卦新闻”遂由此而得名。

胡说：胡人之说

在日常生活中,人们常称无稽之谈为“胡说”,其实“胡说”的本义并不是这样的。

“胡说”一词始于东晋之后,当时,鲜卑、匈奴、羯、氐、羌先后统治中原地区（史称这一时期为“五胡乱华”）。

胡人即我国北方边远地区的少数民族，尽管文化较为落后，但军事力量很强。因西晋王朝腐朽，被他们打进中原，并赶走西晋统治者。胡人主宰中原，给中原地区带来了很大的混乱。由于以前汉族统治者说话、办事完全依孔子的学说作根据，非礼勿言，非礼勿行；而胡人却不来这一套，完全按自己的意愿行事，他们说话、办事没有任何礼法为根据。因而，汉人把乱说和没有根据的说话，称之为“胡说”；这样，把乱闹、没有原则的闹事叫做“胡闹”。在“乱”字之前加上一个“胡”字，称为“胡乱”。“胡乱”者，胡人之乱也；“胡说”者，胡人之说也。

后来，人们用“胡说”来泛指没有根据的言论。

转基因：改良新品种

运用科学手段从某生物中提取所需要的基因，将其转入另一种生物中，使与另一种生物的基因进行重组，从而产生特定的具有优良遗传性状的物质。利用转基因技术可以改变动植物性状，培育新品种。也可以利用其他生物体培育出人类所需要的生物制品，用于医药、食品等方面。

解手：不堪春解手，更为客停舟

上厕所也被说“解手”，那么“解手”是怎么来的呢?

“解手”一词,在古时是指朋友相逢高兴的“携手”,等于现代的握手。离别时称“解手”。宋秦观诗有：“不堪春解手，更为客停舟。”这是说春天朋友相逢，高兴得不能忍受离开,而更为朋友停舟不归,表现友情的真挚。可是到了明代,这个充满友情的词,就变成了另一种含义了。

明代洪武、永乐年间，许多省份有地广人稀、地狭人稠的现象。因此太祖、成祖多次下令，将人稠之地的人民移往人稀之地。但人有安土重迁之习性，谁也不愿离开土生土长的家乡，移往陌生之地，另行开疆创业。那时的山西洪洞、临汾、蒲绛等地人民，据令要移往河南、山东、河北、陕西等地。每次迁移，均以万户计，携家带眷，狼狈不堪，所以在未上路之前，每每有人逃亡。

押解官吏为了防范人民逃走，就把他们绳捆索绑，挽结串联，使其鱼贯而行。移民大小便时，就得请求官吏，把捆绑手臂的绳索解开，便后，再重新捆绑。时间一久，移民要求大小便时，便简单地呼叫：“我要解手！”从此这个词就沿用下来，不仅在移民地区使用，就是移民所经过的地方也都辗转流传，成了“上厕所”的代名词了。

上当：清河王，自上当，当得当铺空了档

人们常把受骗叫做“上当”，其实“上当”的原意是指到当铺去典当东西。

清朝末年，清河有一个大户人家姓王，世代经营当铺，家大业大，生意兴隆。生活富裕了，各房的族人便开始懒于经营了，就把资金存入当铺做入股的股东，把日常的典当事务全交给一个名叫寿苎的年轻人来主持。寿苎酷爱读书,喜欢校刻书籍,对生意却并不精通，处理典当业务非常随便。

王氏族人见此情景，都认为有机可乘，不约而同地从自己家中拿一些无用的东

西到当铺来典当。各人估定了高于物品本身的价格，要伙计如数付给。伙计不敢得罪股东老板，寿苎也心不在焉，不加阻拦。

就这样，没过两个月，典当的资本就被诈骗得差不多了，一家资金充足的当铺破产了。因此，当时流传这么一首民谣：清河王，自上当，当得当铺空了档。

后来，人们就把受骗叫“上当”。

走后门：旧时钱怎么办

用不正当的手段来谋求达到某种个人目的,叫“走后门”。关于“走后门”的由来，有个传说。

在北宋年间，宋哲宗死后，宋徽宗继位，以蔡京为相。蔡京拼命贬谪和排斥旧吏，并规定其子女不得出仕和入京，甚至连其诗文也不准流传，因此引起了人们的强烈不满。一次朝廷设宴，艺人们在宴间演出了这样一幕：

一个大官居中坐，传判各事。有个和尚要求离京出游，因其戒牒是哲宗年间的，即被令还俗；一个道士遗失度牒要求补发，因是哲宗年间出家的，立即被剥下道袍，复为百姓。这时，一个属官上前低声说：“今国库发下的俸钱一千贯，皆为旧时钱文，如何处置？”这个大官略作沉思，悄悄地说：“那就走后门，从后门搬进来吧。”

“走后门”一词因此而流传开来。

戴绿帽：红杏出墙夫不知

明朝刘辰的《国初事迹》中记载了明朝初年朱元璋对南京娼妓作的各种规定，其中有：娼妓家的男子必须“头戴绿巾，腰系红褡膊……”因此，俗称妻女卖淫和妻子有着“红杏出墙”之事的男人为“戴绿帽子”。

其实，在这之前就有关于“戴绿帽”的传说。

古时候，有一对夫妻。妻子生得娇艳可人、韵味十足，平时在家里做点针线活；丈夫是一个生意人，要经常到外地去做生意。两口子的日子过得也富裕。

在丈夫外出的日子里，妻子就不免枕冷襟寒、寂寞难耐。终于有一天，妻子忍不住跟街市一个卖布的好上了，在丈夫外出做生意的时候，他们就巫山云雨地在一起厮混。有一次，丈夫回家后三个月都没有外出，急得那个卖布的天天在他们家附近打转。

一天，丈夫骑着马到城外打猎去了，经过街市，那卖布的见了非常高兴，以为他又要外出做生意，当晚就迫不及待地钻进了妻子的卧室，准备幽会。谁知当晚丈夫回来了，几乎将他逮了个正着，那卖布的只好蜷缩在床底一整晚。这件事后，妻子就向那卖布的要了一块绿色的布料，做了一顶帽子给丈夫，还和那卖布的约定，当看见丈夫戴上绿帽子外出的时候，你就可以来了。

过了几天，丈夫又要外出做生意了，妻子赶紧拿出那顶绿帽子对丈夫说："外面的风沙大，戴上就不会弄脏头发。而且这颜色让你看起来很俊，以后你每次外出我都为你做一顶，就像我跟在你身边一样，你就不用牵挂我了。"丈夫听了很开心，以为自己真的很俊，于是高高兴兴戴上那顶绿帽子，骑着马得意扬扬穿过街市，到外地做生意去了。当晚，他妻子就和那卖布的睡在他的床上。

以后，那个卖布的凡见了那丈夫戴着绿帽子外出时，心里都不禁心花怒放："哈！你的绿帽子真是很俊，不过今晚该到我俊了。"

于是，"绿帽子"的说法就这样传下来了。

马大哈：到东北买猴儿五十只

"马大哈"是指马马虎虎、大大咧咧、草率办事之人。其实这个词是 20 世纪 50 年代由天津市的相声艺人创造的趣语。

50 年代那段《买猴子》的相声，曾风靡全国。故事说有个叫"马大哈"的人，不负责任，马虎出名。他出了个公告，本来要通知"到（天津市）东北角，买猴牌肥皂五十箱"，可是他却写成了"到东北买猴儿五十只"。

结果，马大哈的领导们也是官僚主义，看也不看内容就批准了。马大哈的同事和下属又盲从惯了，问也不问，纷纷出差执行任务，闹出了一连串令人捧腹不已的大笑话。先是跑遍了大半个中国去采购猴子，虽然觉得"采购单很离奇"，但是仍到处买猴子交货，最后把猴子都运回来了，群猴出笼大闹百货公司。

这段相声使"马大哈"一词由此诞生，迅速传遍全国。

马虎：虎头马身，害惨孩子

马虎是形容做事丢三落四、糊里糊涂。

相传，古时有个画家，喜欢画虎。一次，他刚画了一个虎头，有位朋友请他画匹马，画家顺手在虎头下面添上了马身。朋友问他："画的是马还是虎？"画家答曰："管它是什么，马马虎虎！"朋友生气地走了。

画家把这幅画挂在墙壁上。他的大孩子问道："爸爸，上面画的是什么呀？"画家漫不经心地答道："是马。"二孩子见了也问他，画家又随口说道："是虎。"两个孩子于是马虎不辨。

一天，大孩子遇上老虎，以为是马，想骑它，结果被虎吃掉；老二遇到一匹马，却当作是虎，于是放箭射死了马。

因此，人们便送给画家一个外号"马虎先生"。

二百五：成事不足，败事有余

关于“二百五”这个不太好听的名称的由来，有如下几个说法：

从前有一个秀才，为了考取功名，一生苦读数十载，但都不曾中举。到了晚年，老秀才终于心灰意冷、淡泊名利了，于是喜得贵子，膝下添得双丁。秀才回想一生成败，不由得感慨万千，于是给两个儿子起名：一个叫作成事，一个叫作败事。从此秀才在家闭门教子，日子过得和乐融融。一天，秀才吩咐妻子道：“我要去集市上逛逛，你在家督促二子写字，大的写三百，小的写二百。”秀才赶集回来之后询问二子在家用功如何，老婆回答道：“写是写了，不过成事不足，败事有余，两个都是二百五！”

另外一个传说是：苏秦是战国时的一个说客，他身佩六国相印，很是威风，但也结下了很多仇人，后来，他在齐国被杀害了。齐王很恼怒，要为苏秦报仇，可一时捉不到凶手。于是，他想了一条计策，让人把苏秦的头颅悬挂在城门上，旁边贴着一道榜文说：“苏秦是个内奸，杀了他黄金千两，望来领赏。”榜文一贴出，就有四个人声称是自己杀了苏秦。齐王说：“这可不许冒充呀！”四个人又都咬定说是自己干的。齐王说：“一千两黄金，你们四个人各分得多少？”四个齐声回答：“一人二百五。”齐王拍案大怒道：“来人，把这四个‘二百五’推出去斩了！”“二百五”一词就这样流传下来。

还有一种说法是和打牌有关。“二板”（四个点）和“幺五”（六个点）是牌九中的两张牌，这两张牌配在一起就是十个点，在推牌九这一赌博活动中被称为“毙十”。它在牌九里是最小的点，谁都比它大，它什么牌也“吃”不了，所以人们就用“二板五”这个词来戏称什么事也做不好的人。时间久了，就把“二板五”叫成了“二百五”。在香港，习惯上又称为“二五仔”。

更有一种说法和古代官员出巡的仪仗有关。唐朝的长安“市长”京兆尹权势很大，出巡时有庞大的仪仗队伍。在最前开路的小吏最初只有一人，官名叫喝道伍佰，他手里拿着一根长竿赶开路人。后来，喝道伍佰增为二人，但长安群众并没有称他们为两个伍佰，而是共称他俩为伍佰，于是每人就被称为“二百五”。又因为他们每人手中持一长竿，所以又称他们为二杆子。今天，“二百五”与“二杆子”都是莽撞、无礼、粗鲁之人的代名词。

傻瓜：“沉默”误为“愚蠢”

人们为什么习惯把愚蠢的人叫“傻瓜”，而不叫“傻果”“傻豆”或“傻菜”呢？原来“傻瓜”的“瓜”，并非“瓜果菜豆”的“瓜”。

在我国古代，区有一个叫“瓜州”的地方，聚居在那里的姓姜的人取族名为“瓜子族”。这一族人非常憨厚、勤恳，受雇于人时，耕种、推磨样样艰苦工作都干，而且干起活来不声不响。这样，人们便误认为他们愚蠢，进而便把这类的“愚蠢”之人叫作“瓜子”。

一位清代文士写的《仁恕堂笔记》中便说："甘州人谓不慧子曰‘瓜子’。"如今，甘肃至四川一带还习惯称不聪明的人为"瓜子"(即是瓜州的人)。"傻瓜"便是由"瓜子"演变而来的。

东西：只装金木，不装水火

"东西"一词是我们通常对一切物体的总称。关于"东西"的说法有这样一个故事：

有一次，朱熹去会他的朋友盛温和，正巧盛提篮上街买东西了。于是，朱熹便问他："难道不买南北？"盛温和答道："东方属木，西方属金，凡属金类、木类的我这个篮子就装得；南方属火，北方属水，火类、水类我这个篮子就装不得。所以只能买东西，不能买南北。"

古代通常把东西南北中分别与金木水火土相配，称为"五行"。东方属木，代表一切植物，如花草、树木等；西方属金，代表一切金属矿物，如金银铜铁等；南北中则是分属水、火、土。水、火、土是人们司空见惯的化学现象或物质，容易被古人忽视。而属木的植物和属金的金属矿物普遍受到人们重视，可以用来代表一切有用的物质。所以人们便把代表木和金的两个方面连在一起，"东西"一词由此而来。

感冒："感风簿"

"感冒"一词的直接源头不在医家，却在官场。

宋代最高学府是太学，隶属国子监，负责招收官民子弟学习经典。太学有严格的考核、升学制度和管理规定，凡是太学生有特殊情况需要在外寄宿的，都要在请假簿上登记。这个请假簿的封面上常按惯例写有"感风"二字，因此被称为"感风簿"。

"感风"一词与医学理论有关。宋时医理学家陈无择首先把导致百病的原因分为"内因""外因"和"不内外因"三大类。其中"外因"又分"六淫"，也称"六邪"，即风、寒、暑、湿、燥、火，这六种反常的气候变化往往会对人的身体产生不利影响。"感风"的意思是"感受到了风寒"，即受到了六淫之首的"风"的侵袭，身体不适，借此由在外寄宿。

清代官员办毕公事请假休息，例称请"感冒假"。"冒"——透出也。再后来，"感冒"被大众广泛认可，成为呼吸道感染的俗称。

靠山：还是靠近皇上吧

"靠山"这个俗语出自安禄山篡唐的故事。

唐玄宗李隆基非常宠信三镇节度使安禄山，要升他为宰相。右相杨国忠知道后，便向皇上进谏不要重用野心勃勃的安禄山。玄宗于是就不让张洎拟定提升安禄山的诏书了。

一次，张洎与在京任职的大诗人李白谈起了与安禄山交往的事。李白直言不讳地说："我看胡儿有谋反之心，他的野心很大，到时会连累你的。你万万不可靠山（指安禄山）！还是靠近皇上吧！"张洎听了好友李白的劝告。不久，安禄山果然起兵反唐，张洎却仍受到玄宗的重用。张洎深有感受地说："幸亏我没有靠山啊！"

"靠山"一词，从此流传下来。

推敲：诗人的苦吟

贾岛，唐代著名的诗人，写诗十分讲究雕章琢句，风格清僻，以写荒凉枯寂之景见长。世人称他为"苦吟诗人"。

据文献记载，贾岛一次赴京赶考途中，他骑着驴，一边走一边吟诗，忽然得了两句："鸟宿池边树，僧推月下门。"他觉得这两句不错，反复吟着。可又觉得下句中"推"字还不够好。于是，他又一边往前赶着路，一边考虑换成什么字好。他心里琢磨着，将"推"字换成"敲"字，那句则改为"僧敲月下门"。他这么琢磨着，嘴里不由得反复吟着"僧推……""僧敲……"，他的右手也不知不觉地随着表演起来：一会儿伸手推，一会儿又举手敲。他骑在驴上，摇着头，微闭着眼，就这么嘟嘟囔囔地研究他的诗句。那头驴也似乎懂得主人的心理，也慢条斯理地走着。

恰巧，任京兆尹兼吏部侍郎的韩愈从这条路经过。贾岛在驴背上一面吟，一面用手比画"推"或"敲"的动作。结果，随从仪仗前呼后拥地过来了，他已来不及回避。按当时的规定，高级官员经过，行人必须立即回避让路。可贾岛正迷在那诗句里，专注地琢磨用哪个字好，竟然没有发觉前面的队伍，等到走近身，回避晚了。韩愈的随从人员立即将贾岛拉下驴，扭住他，带到韩愈马前。韩愈问明事由，不但不恼，还与他一起研究诗句帮他确定了"敲"字。从此，两人还成了好朋友。

贾岛像

贾岛（779 ~ 843 年），其诗多描摹风物，抒写闲情，诗境平淡。

今天，我们把写文章时斟酌字句叫做"推敲"，就是从这个故事中概括来的。

毛病：毛病深知害，妨人不在占

"毛病"的意思是"缺点""问题"。但缺点、问题为什么称"毛病"呢？

原来，"毛病"本不是指人，而是指马。古人看马好不好，要看毛如何。徐咸《相马书》说："马旋毛者，善旋五，恶旋十四。所谓毛病最为害者也。"意思是说马身上的毛旋儿有好的，也有坏的。毛旋儿的位置生得不好，就是“毛病”，对主人会有妨害。王良“百一歌”也说：“毛病深知害，妨人不在占。”意思是说：要知道马的旋毛生得不好害处最大，不用占卜就知道它会妨害主人。

后来，“毛病”由专指马扩大到其他事物，凡是有缺点或有妨害、有损害的地方，都可称为毛病了。

拍拖：大船与小船的关系

男女恋爱被称为拍拖，这其中有什么说法吗？

“拍拖”原为珠江口一带航运俗语。珠江口航运发达，通常大船载货并拖小船一艘，主航道大拖小；近岸时，大船吃水深，难以靠岸，此时小船便卸货上岸，来回相依。

后以此形象比喻男女恋爱时的互相关心和难舍难分。

倒霉：科举落榜就“倒楣”

明朝时候，科举考试很难通过。从乡试开始，考生们就在自己家门前竖一根旗杆，考中了便挂上一面旗，旗上写着“捷”字，来光宗耀祖；如果考不上，就要“倒楣”——把原来竖起的旗杆放倒。后来，“倒楣”一词运用得更为广泛，凡人们遇到不顺心的事，都被称作“倒楣”。又经过长期的流传，“楣”字被更能代表沮丧心情的“霉”字替掉，“倒霉”一词的形式从此固定下来。

革命：顺乎天而应乎人

现代意义的“革命”一词，是孙中山先生首先倡议采用的。在这之前，从太平天国到兴中会，都把自己的行动称为“起义”或“光复”，而不用“革命”二字。

1895年10月，兴中会在广州发动第一次武装起义失败，孙中山偕陈少白、郑士良从香港乘“广岛丸”赴日本。船抵神户时，他们买了一份报来看。刚打开报纸，一条十分醒目的标题映入眼帘：“支那革命党首领孙逸仙抵日。”孙中山看过后，就对陈少白说：“‘革命’二字出于《易经》‘汤武革命，顺乎天而应乎人’一语，日人称吾党为革命党，意义甚佳。吾党以后即称革命党可也。”从此，“革命”一词便在革命党中广泛使用起来。

孙中山像

债台：周赧王的借据

战国时候，周王室日益衰微，名存实亡。末代天子周赧王软弱无能，虽然贵为天下之主，却不能左右各国诸侯，毫无实权。当时连年烽火，群雄争霸，周赧王十分惶恐。他刚得到消息，说秦军在围攻赵国都城邯郸的战役中，被魏国信陵君的援军打败了，正自高兴之际，又接到楚孝烈王联合各国一同出兵抗秦的倡议。周赧王没有看出楚国想自居为抗秦各国领袖的用心，便同意出兵。

但是，国库早已空虚，军费一时难以筹措，周赧王只好硬着头皮向豪门富户商借，并且立下借据，写明战后加利偿还。然而，天子令下，响应起兵的，除了倡议者楚国之外，只有一个燕国。拖了3个月，仍然不见别的诸侯派兵，只得偃旗息鼓，不了了之。这时候，借款给周王室的豪门富户们纷纷要赧王还债。

赧王拿不出钱，不敢见他们，于是躲在一座僻静的高台上。这座台，后来就被称为“债台”。人们便常常用“债台”形容欠债很多，难以偿还。

眼中钉：欲得天下宁，须拔眼中丁

人们常用“眼中钉”来形容极为仇视的人。提起这个词的来历，还有一段有趣的历史故事。

传说，北宋真宗年间，宰相丁谓和太监狼狈为奸，把持朝政。当时老宰相寇准尚在朝中，丁谓深知寇准为官公正，刚正不阿，生怕自己所做的坏事被他拿住把柄，引发后患，就千方百计地在皇上面前说他的坏话。后来寇准被排挤出了京城。

丁谓的所作所为，被老百姓看得清清楚楚，不久，出现了一首民谣。歌中唱道：“欲得天下宁，须拔眼中丁；欲得天下好，莫如召寇老。”歌中的“丁”，指的就是丁谓。

于是，“眼中丁”的说法逐渐流传开来。到后来，“丁”又演变成“钉”，成了现在的“眼中钉”。

座右铭：欹器的酒具

很多人喜欢抄一些名言警句，用来鞭策自己不断进步。我们把这些名言警句叫做“座右铭”。为什么叫座右铭呢？

座右铭最初并非是置于座右的铭文，而是一种称为欹器的酒具。欹器是一种奇特的盛酒器，空着的时候往一边斜，装了大半罐则稳稳当当地直立起来，装满了则一个跟头翻过去。这种欹器给人以不能自满，自满就要翻跟头的启迪。

春秋时期的齐桓公生前非常喜欢这种欹器，座位右边总是放着一个欹器，用以警戒自己，不要骄傲自满。齐桓公死后，国人为他建造庙堂时也没忘记将此器皿放入庙堂之中供人祭祖。

一次，孔子带着学生到庙里来朝拜，看到了一个倾斜的酒器，觉得很奇怪，于是就向庙里管香火的人打听。管香火的人告诉他，这是欹器。孔子知道欹器的来历，便给弟子讲述当年齐桓公置欹器于座右警戒自己的故事，说完，他就让学生取来水倒进欹器。果然一切正如孔子所说的一样。孔子又对学生说："读书也是一样，谦受益，满招损。你们一定要牢牢记住。"回到家里，孔子也请人做了个欹器放在座位的右侧，用来警戒。

以后，欹器被刻在金属上的文字所代替，但"座右铭"这个词却沿用下来。

五魁首：皇帝的勉强第五名

划拳时常会喊："一条龙，哥俩好，三星照，四喜财，五魁首，六六六……"，那么其中的"五魁首"有什么来由呢？

话说明代科举分五经取士，每经以第一名为经魁，故称"五经魁"，简称"五魁"。

相传，明朝永乐年间，成祖朱棣自恃才华，想显露一下自己，在一次科考中，改名扮成举子混入了考场。没想到发榜时才得了第五名，十分气恼。

朱棣一怒之下，便去质问主考官。主考官边答"连第五名还是勉强的哩！"边抬头看，啊！原来是当今皇帝，吓得魂不附体。朱棣怕传播出去丢面子，一句话没说扭头走了。主考官怕得罪皇帝，金榜已出不能更改，便在榜文上加了行注解："第五名为前四名之魁首。"

此事传到民间，后来喝酒划拳行令时，就将"五"称"五魁首"了。

露马脚：马大脚的脚

相传，布衣出身的朱元璋自小家境贫寒，与一位同样平民出身的马姑娘结了婚。这位马姑娘长着一双未经缠过的"天足"，这在当时是一大忌。朱元璋当了皇帝以后，将马氏封为明朝的第一位皇后。

深居后宫的马氏却为脚大而深感不安，在人前从不敢将脚伸出裙外。

一天，马氏忽然游兴大发，乘坐大轿走上金陵的街头。正巧一阵大风将轿帘掀起一角，马氏搁在踏板上的两只大脚赫然入目。于是一传十，十传百，顿时轰动了整个金陵。从此，"露马脚"一词也随之流传于后世。

一问三不知：始中终三者，皆不能知

一个人如果什么也不懂，常被斥为"一问三不知"。那么，这"三不知"从何而来？究竟指的是那"三不知"呢？

"一问三不知"的典故出自《左传·哀公二十七年》。

相传公元前468年，晋国的荀瑶率大军攻打郑国。齐国害怕晋国强大对自己造成威胁，便派名将陈成子带兵暗中援郑。一日，属下报告陈成子："有一个从晋军来的人说，晋军打算出动1000辆战车来袭击我军的营门，要全部消灭我军。"陈成子听了大怒："出发前国君有令，不要追赶零星的士卒，不要害怕大批的人马。晋军就是出动1000辆战车，我也不能避而不战。你刚才的话壮敌人威风、灭自己志气，回国后我要报告国君。"其部将自知失言，于是感慨地说："君子之谋也，始中终皆举之，而后人焉。今我三不知而入之，不亦难乎？"意思是说，聪明人谋划一件事情，对其开始、发展、结果三方面都要考虑到，然后才向上报告，而我对这三方面都不知道就向上急忙报告，肯定是自找麻烦。

《青溪暇笔》中也说："俗谓忙遽闩三不知，即始中终三者，皆不能知也。"由此可见：所谓"三不知"是指某人对某件事情的开始、经过和结果而言的。

大千世界：三千大千世界

"大千世界"源自佛教术语。佛教经典认为，人类居住的世界，中心在须弥山。须弥山是古印度传说中的一座山，在它周围四方有东胜神、南赡部、西牛货、北俱卢四个洲。人就住在南赡部洲。以须弥山为中心，以铁围山为外缘，就是一个"小世界"；一千个"小世界"合成"小千世界"；一千个"小千世界"合成"中千世界"；一千个"中千世界"合成"大千世界"；而它们统称为"三千大千世界"。随着佛教的传播，这一佛教术语也逐渐成为俗语，泛指广大纷繁的世界，从而也就有了人们常说的"大千世界，无奇不有"。

体无完肤：史上最疯狂的崇拜

"体无完肤"一词最早出现在段成式所著的《酉阳杂俎》中。葛清是唐朝人，他对白居易的诗作喜欢得如痴如醉。为了能常读白居易的诗句，他把自己的全身都刻满了白居易的名句，一共刺了30多幅精美的诗画。

段成式对葛清的做法颇为好奇，经常请葛清解开衣服，欣赏诗句，于是便写下了"体无完肤"一词，并沿用至今，不过词义已发生了变化。

五花八门：皆为行军阵法

"五花八门"比喻事物种类繁多，变幻莫测，令人眼花缭乱。其实在古时候，"五花八门"各有所指。

"五花八门"原指"五花阵"与"八门阵"，都是古代兵法中的阵法名称。后来一般比喻各行各业暗语。

“五花”为：金菊花——比喻卖茶的女人；木棉花——比喻上街为人治病的郎中；水仙花——比喻酒楼上的歌女；火棘花——比喻玩杂耍的；土牛花——比喻一些挑夫。

“八门”为：一门巾——算命占卦；二门皮——卖草药的；三门彩——变戏法的；四门挂——江湖卖艺的；五门评——说书评弹者；六门团——街头卖唱的；七门调——搭篷扎纸的；八门柳——高台唱戏的。

不管三七二十一：三七之积大不祥

相传早期的谶纬家、阴阳家们都认为三七相乘的积是不祥的数。

三国时期的陈琳在《神女赋》中写道“汉三七之建安，荆野蠢而作仇”，意思是说，东汉建立210年，到建安时期要遭厄运了。虽然实际上这段时间不足200年，但由此可以确知，人们已认为三七之积是不祥的。这一看法经过长期演变，人们逐渐总结出“不管三七二十一”这一口头语。

有钱能使鬼推磨：佛怜吾家贫，乃使鬼推磨

南朝宋代刘义庆《幽明录·新鬼》中描述了这样一个故事：一个新死的鬼来到阴间，由于不知道用什么办法谋食，身体瘦弱不堪。有一次，他遇到一个长得十分肥胖的鬼，仔细一看，原来是他的老朋友，已经死去20多年，是个老鬼了。新鬼向老鬼请教如何能吃饱，老鬼告诉他，只要经常到人间活人家里捣乱和做恶作剧，闹得人们恐惧不安，他们就会烧纸钱遣鬼神，供上鸡鸭鱼肉和水果，这样就不愁没有吃喝了。新鬼听罢，十分高兴。他来到一户穷苦人家，看见厨房里有一个大石磨，便把磨推得吱吱作响。主人听到动静，进来一看，只见石磨无人自转，说：“佛怜吾家贫，乃使鬼推磨。”结果新鬼忙了半天，仍是腹中空空如也。

这个故事是说新鬼上了当，但新鬼的本意是想兴妖作怪以觅食，只要给他一些好处，连鬼也愿意为人推磨的。后来人们便将这个故事概括成“有钱能使鬼推磨”。意思是只要有钱，连鬼神都能够驱使，形容金钱万能。

见钱眼开：“财万贯”的布施

相传，在南宋时，苏州有个姓柴的大富商，他腰缠万贯，非常有钱，人们都叫他“财万贯”。“财万贯”虽然有钱，却极其吝啬。

“财万贯”的外甥顾文秀想进京赶考，但是家中贫困，没有盘缠，只好到舅舅家去借。但他深知舅舅的脾气，所以悄悄地找到舅妈。舅妈不管钱财，只能把几件首饰给了他。“财万贯”知道这事后，就像剜了他的心，气得两眼一黑，什么都看不见了。

大财主眼瞎后，到处求医拜佛。听说灵隐寺的济公和尚佛法无边，他便去求济公医治。济公打趣地说："施主，眼不见，心不烦，还是什么都看不见好啊！""财万贯"一个劲地磕头，说："只求神僧医好我的眼睛，弟子情愿布施。"济公问："你能出多少？""财万贯"狠了狠心说："十两！"济公笑着说："亏你好意思说出口，真是枉为苏州首富了！""财万贯"心一横："一百两！"济公扭转身，不再搭理他。"财万贯"急得咬牙跺脚："一千两，总可以了吧！"济公说："那我试试吧！"济公假装念了几句咒语，又从身上搓了些泥丸给他吃，还不见好。济公说："看来施主的眼是无药可救了。"财主又苦苦哀求，济公说："好吧，你的眼睛只有新科状元才能治，咱们去找他吧！"

"财万贯"和济公找到状元府。原来，新科状元就是顾文秀。顾文秀听说舅舅来了，赶忙将二人迎人客厅，说："甥儿能中皇榜，全靠舅妈资助。"说罢，命家人捧上十个大元宝，说："甥儿还没有多少家产，这一千两银子先孝敬舅父，就算还盘缠钱吧。"

"财万贯"一听还他一千两银子，满心欢喜，只觉两眼一亮，面前是十个银光灿灿的元宝，他高兴地乱叫："银子！银子！十足的银子！"

济公冷笑一声："这一千两银子，就算你许诺的布施吧。"

"财万贯"心疼万分，但他害怕眼睛再瞎了，只好叹了一口气，把银子交给济公。从此，"见钱眼开"的成语便流传于世。

成也萧何，败也萧何：早知如此，何必当初

韩信是刘邦的大将，为汉朝大业的开创立下了汗马功劳。据《史记》记载，韩信起初在项羽手下当一个郎中小官，屡次向项羽献策，都未被采用。于是就从楚军逃亡至汉军，做了一名小小的治粟都尉。萧何几次与韩信谈话，发现他是一个奇才。汉军到达南郑时，很多将士都逃跑了。韩信见自己仍不受重用，便同大家一起逃跑了。萧何听说后未及禀明刘邦，连夜把韩信追了回来，并将他推荐给刘邦。于是，韩信从一名小军官，一下子被刘邦拜为统率全军的大将。在韩信的指挥下，汉军果然节节胜利。攻下齐后，韩信被立为齐王。最后终于打败了项羽，又被迁封楚王。

韩信任齐王时，谋士蒯通就鼓动韩信造反，背汉自立，韩信不忍。刘邦平定天下后，他便更加对韩信不放心了。有人告韩信谋反，刘邦就用计逮捕了韩信。后虽赦免，却由楚王降为淮阴侯。韩信由此也便开始怨恨刘邦，常称病不朝。后巨鹿守将陈豨造反，韩信已事先与之达成默契，愿为内应。刘邦亲自率兵前去平叛，韩信借病不从，却秘密聚集一些亡命之徒欲袭击吕后和太子。不幸事情泄露，吕后用萧何之计，假称皇上已平定陈豨，让群臣皆来拜贺，骗韩信入朝。韩信一来便被武士捆绑，吕后命在长乐宫前将他斩首。

韩信的成功，是由于萧何的大力推荐；韩信的败亡，也是萧何出的计谋。所以民间就由这个故事概括出"成也萧何，败也萧何"这一俗语。

图穷匕见：最后的较量

秦国是战国七雄中的强者，它不断蚕食他国，公元前 228 年向北进犯，已经俘虏了赵王，燕国危在旦夕。燕国的太子丹派荆轲做刺客，要杀死秦王，以解亡国威胁。

荆轲出发前，做了三项周密准备：由勇士秦舞阳陪同荆轲行刺；带上秦王一直想杀死的仇人的人头；再拿上燕国打算要献给秦王的最肥沃的燕地督亢地区地图。这后两项准备，当然是为了取信于秦王的安排，那卷地图更有特别功用，里面藏着刺杀秦王的锋利匕首，刀锋上还淬过了烈性毒药。

秦王接见荆轲时，见了仇人被斩人头，又听说燕国欲献大片土地，兴奋不已打开地图，地图全部展开时匕首露出来。荆轲一个箭步跑过去，拿起匕首又拉住秦王，但秦王挣脱而逃，衣袖都撕断了。围柱追逐一番之后，秦王才知抽剑砍伤荆轲，众大臣侍卫随后用乱刀将荆轲杀死了。

荆轲刺秦王石像图

“图穷匕见”现常比喻真相显露出来的意思。

临时抱佛脚：死刑犯的悔恨

古时候，在云南的南面有一个外族建立的小国家，这个国家的民众都是信仰释迦牟尼的佛教徒。

有一次，一个被判了死刑的罪犯在深夜逃跑了。那个罪犯逃了一天一夜后已精疲力竭，眼看追兵已近，他自知难以逃脱，便一头撞进了一座古庙。

这座庙宇里供着一座释迦牟尼的坐像。罪犯一见佛像，心里悔恨不已，抱着佛像的脚磕头。不一会儿，他的头也磕破了，弄得浑身上下都是鲜血。

该国国王笃信佛祖，听说这件事后，赦免了罪犯的死罪，让他入寺剃发当了和尚。

后来，当这个国家的一些和尚到中国传播佛教时，将这个故事和所产生的惯用语“临时抱佛脚”带入中国，成了我们的俗语。

司空见惯：司空见惯，断尽刺史肠

“司空见惯”的意思是指对某一事物见多了也就不足为奇。这个成语的由来，和唐朝著名诗人刘禹锡有关。

据说，唐朝大诗人刘禹锡在当刺史时，有位卸任的司空官（管理建筑工程的官吏）

李绅，因为久仰刘禹锡的盛名，所以邀请大诗人到家中赴宴。刘禹锡欣然接受了李绅的邀请。

宴会上，李司空叫来一名妙龄歌伎，只见这位歌伎高髻云环，宫样装束，十分艳丽。歌伎一边翩翩起舞，一边用轻柔、婉转的声音，一扬一抑地唱名曲《杜韦娘》。生平第一次遇此情景的刘禹锡，感触很深，诗兴也油然而生。大诗人当即赋诗一首，赠给李司空。诗云：

高髻云环宫样妆，春风一曲杜韦娘；

司空见惯浑闲事，断尽江南刺史肠。

这首诗的意思是，如此妖艳的歌伎，动人的曲调，奢华的场面，都是他从来没有见过的；而对李司空来说，却并不稀奇，是经常见惯了的东西。

“PK”：实力的对决

PK有两个含义：一个是指网络游戏中的玩家之间彼此对打，源于英文player killing的缩写；另一个含义是指足球里的罚点球，也就是penalty kick的缩写，引申为一对一单挑，只有一个人能赢。

“IN”与“OUT”：时尚与老土

“IN”是近年来颇为流行的一个词语，它是直接从英语中借用过来的，表示“时髦”“流行”“在内”的意思。“IN”是英语中表示“时髦”“流行”的意思中最为简短有力的一个，它跟通常的说法“fashion”的不同之处在于：它强调的是随时可见的、处处可觅的时髦；它更贴近生活、更口语化。当代青少年赞赏某一个人或某一件事时，往往就会使用“IN”这个词。如果一个人对你说：“你真IN”，那就是说：“你是在行的”或者“你是时尚的”。

与“IN”相反的词是“OUT”，意思是“不时髦”、“老外”（外行、不懂）、“老土”。如果有人语重心长地对你说“你OUT了”，那就是说：“你跟不上形势了，该换换脑筋了”。

月光族：富不过30天

“月光族”是指把每个月的收入全部消费光的一个群体，他们都有较为固定的收入，不愁下个月无钱花。“月光族”是相对于努力攒钱的储蓄族而言的。

“月光”们是信贷消费最坚定的支持者和实践者，是商家最喜欢的消费者。因为他们有强烈的消费欲望，会花钱；更重要的是他们有很强的赚钱能力，有钱可花。“富，富不过30天；穷，穷不了一个月”，这是对他们最生动的形容。

SOHO 一族：对朝九晚五说“不”

SOHO 是英文 Small Office Home Office 的缩写，意即小型的家庭办公室。它起源于 20 世纪 80 年代中后期。

美国有个名叫杰弗里·泽巴尔的作家在家工作 10 年，他为此专门建立了一个名为“go in soho”的网站，对在家上班族指导、提供资讯，致力于促进 SOHO 工作方式的推广。SOHO 一族一般只需一间斗室、一部电脑、一部传真机、打印机、扫描仪等（视每人的工作而定）就可以工作。

“V”字手势：胜利的幽灵

“V”形手势表示“Victory”，即胜利，这一点早已为人们所熟知，但是“V”字手势源于何时以及由此而引出的一些逸事，恐怕知道的人就不多了。

第二次世界大战期间，西欧沦陷，许多人纷纷流亡英国。当时有个名叫维克多·德拉维利的比利时人，利用电台，每天从英国向比利时进行短波广播，号召同胞们奋起抗击德寇占领军。1940 年的一天晚上，他在广播里号召人们到处书写“V”字，以表示对最后胜利的坚定信心。几天之间，在比利时首都布鲁塞尔和其他城市的建筑物上，大街小巷的墙壁上、树干和电线杆上、影剧院里，“V”字无处不在，甚至在德军重兵把守的兵营、岗楼和纳粹军官的住宅里，也出现了被视为不祥之物的“V”字，搅得德国法西斯占领军心神不宁。

后来，“V”字不胫而走，传入欧洲各沦陷国。由于它形式简单明了，很快流传开来。朋友们见面，伸出食指和中指，打个“V”字，代替其他一切招呼。用这种无言的方式，表达自己的心愿，成为当时的一种时尚。英国前首相丘吉尔十分喜爱打这一手势，于是“V”字更加出名。餐馆里，桌子上的刀叉被摆成“V”字，甚至钟表店里的时钟也被拨到 11 点 5 分的“V”字形。

“酷”：潇洒中带点冷漠

当对某一个人、某一种行为表示赞赏会说“酷”，如果赞赏到极点就会说“酷毙了”。那么，“酷”源自何处呢？

“酷”来自《罗马假日》这个影片。女主角剪了头发后，觉得十分凉爽，就摸着后脑勺说：“Cool！”电影播出后，许多女孩子都去剪了头发，并且学着女主角的样子摸着后脑勺说：“Cool！”

“Cool”本来是“冷”的意思，20 世纪 60 年代开始成为美国青少年的街头流行语。初期是指一种冷峻的、反主流的行为或态度，后来泛指可赞美的一切人和物。70 年代中期，这个词传入台湾，被台湾人译成“酷”，意思是“潇洒中带点冷漠”。90 年代，它传入大陆，迅速取代了意思相近的“潇洒”一词，成为最流行的夸赞语。

大虾：网络高手

网络上用以指网络高手。名称与金庸作品中的“大侠”有关，通常指洒脱、幽默、才能过人的网上乐于助人的人，也寓有因长期在电脑前不顾身体健康，弯腰拱背，形如大虾之意。

三味：经史诸子读书味

读过鲁迅的散文名著《从百草园到三味书屋》一文的人，都知道有个“三味书屋”。它在绍兴城内鲁迅故居的附近，是鲁迅先生少年时读书的地方。那么“三味”因何而来呢？

原来，“三味”取自“读经味如稻粱，读史味如肴馔，读诸子百家味如醯醢”的古语。其大意是：读四书五经之类味如吃米面，是食之本；读经典史记味如吃喝佳肴美酒；而读诸子百家学说之类的书，则味如酱醋，好比烹调中的佐料。

“三味书屋”的横匾是清代乾嘉年间的著名书法家梁山舟书写的。当时，匾的两旁还悬挂着这样一副木刻的对联：“至乐无声唯孝悌，太羹有味是读书。”

三味书屋

敲竹杠：绍兴师爷磕烟灰

“敲竹杠”的来源，有一种说法：四川山区，有钱人进山烧香时乘坐着一种用竹竿做的滑竿，滑竿由人抬着。走到半山腰，抬滑竿的人就敲着滑杠，要求加工钱，否则就不抬人，乘坐滑竿的只好加钱。

另外还有一种说法：

清末，沿海一带贩卖烟土成风。有个云南客商，经常以贩卖土布、山药为名，夹运烟土，往返于云贵与江浙之间。因为他想的办法巧妙，所以从未被关卡查获过。原来，他在毛竹刚生长时，就偷偷剖开嫩竹，藏进烟土，等毛竹长大后，便将毛竹做成竹杠、船篙。因此，竹杠外面天衣无缝，一点不露痕迹。

这一天，云南商船来到浙江绍兴码头。关卡检查官照例上船检查，从土布翻到药材，查不出一点烟土。正准备放行时，一个在关卡办事的绍兴师爷突然来到船上。他正吸着长管旱烟，一边吞云吐雾，一边走进船舱，提起长筒烟管，朝搁在船舱里的竹杠“笃、笃、笃”地敲了几下，准备把烟灰磕掉。谁知这“笃、笃、笃”一敲非同小可，吓得云南客商忙从船舱里钻了出来。他神色慌张，以为绍兴师爷看出了他窝藏禁物的秘密，敲敲竹杠，是打个暗号给他。

云南客商早有准备，忙从怀里掏出一包银子，假称“云南旱烟”悄悄地塞给这位绍兴师爷，并强装笑脸说：“这是包上等‘云南旱烟’，烟味醇厚，与别处旱烟不同。请师爷笑纳。”师爷用手一掂，分量沉重，知道里面是银子，心想，他既然重金相赠，船中一定藏有禁品，但一时又查不出来，不如做个人情，径自上岸而去。

后来，云南客船被别的关卡查获了，才知道烟土是暗藏在船上的竹杠中的。从此，“敲竹杠”一词便在民间流传开来。

两面派：怀庆府的“两面牌”

“两面派”这种人总是令人感到厌烦，但究竟什么样的人才是“两面派”呢？有人说，“两面派”总是口是心非，戴着面具做人，以求达到自己的目的。挑拨离间，把自己打扮成正人君子，其实是道貌岸然。

那么，“两面派”从何而来呢？

元朝末年，元军与朱元璋领导的起义军在黄河以北展开拉锯战。老百姓有苦说不出，谁来了都要在门板上贴上喜庆的标语以示热烈欢迎，来得勤换得也快。豫北怀庆府老百姓生活节俭，于是想出了一个一劳永逸的办法，在一块薄木板的两面都写上标语，一面写着欢迎元军“保境安民”的标语，另一面写上欢迎义军“驱除鞑虏，恢复中华”的标语。哪方来了，就翻出欢迎哪方的标语，既省钱又方便。但想不到这个方法后来竟惹出了大祸。一次，朱元璋的大将常遇春率军进驻怀庆府，进城后见家家大门上色彩缤纷的欢迎标语非常高兴。可是突然一阵狂风刮来，把大门上的木牌吹翻，反面欢迎元军的标语立刻映入眼帘。常遇春看到后大怒，下令将凡是挂两面牌的人都满门抄斩。

现在常说的“两面派”，就是从怀庆府“两面牌”演变而来的。

跳槽：原本狎邪之词

“跳槽”就是“换工作”“换单位”的意思。这个词有什么来源呢？

近人徐珂的《清稗类钞》中“跳槽”解释说：“原指妓女而言，谓其琵琶别抱也，譬以马之就饮食，移就别槽耳。后则以言狎客，谓其去此适彼。”这段话的意思是说：妓女和嫖客缠绵了一段时间之后，又发现了更有钱的嫖客，于是抛弃旧爱，另结新欢，这就如同一匹马从一个槽子换到另外一个槽子去吃草。可见，当时人们便把另攀高枝的做法称为“跳槽”。

明代冯梦龙编的民歌集《挂枝儿》里有一首《跳槽》，就有“你风流，我俊雅，和你同年少，两情深，罚下愿，再不去跳槽”之语。沈复的《浮生六记》中说同伴徐秀峰“今翠明红，俗谓之跳槽”，而他本人“则惟喜儿一人”。这都反映了“跳槽”一词最早是和妓女有关的。

也有人说“跳槽”是元、明间江淮地区的“行院隐语”：那时妓女被隐指为“马”，嫖妓隐指为“入马”，换了别的妓女，便是“跳槽”。然而这说法不大让人信服，因为“马”“入马”之类隐语并不单指行院人家。《水浒传》《喻世明言》等古典小说里提到“入马”，都是泛指与女子发生关系。

后来，“跳槽”这个充满狎邪意味的词语，被人们用来比喻人离开原来的职业或单位到别的单位或改变职业。

吹牛皮：黄河边上去吹牛皮

“吹牛皮”指“说大话，夸口”，是中国民间常用的一个俗语。那么，这一俗语是怎么来的呢？

据专家考证，“吹牛皮”一词起源于中国的黄河上游一带。黄河在流经青海、甘肃、宁夏、陕西等省区境内时，水流湍急，滩险浪恶，很难行舟。在桥梁交通不发达的古代，生活在黄河上游沿岸的人们为了解决渡河运输的难题，就想出一个办法：以皮筏代舟。

皮筏子是怎么做的呢？在屠宰时，先设法剥下羊或牛的整张毛皮，然后用盐水将整张毛皮脱毛，再以植物油涂抹其四肢和脖颈处，并将其浸水、暴晒，使之变得松软后用细绳将其缝扎成袋状，只留一小孔，待吹足气后将小孔封紧，然后再以木板条将数个皮袋串绑起来，皮筏即告做成。而在古代，人们没有打气筒和气泵之类的东西，要想给皮筏充气，办法只有一个——用嘴吹。羊皮袋体积小，可以用嘴直接吹起。但即便是羊皮袋，一般也只有体格非常健壮、肺活量很大的人才能吹得起。而牛皮袋由于体积过大，直接用嘴是吹不起来的。因此，在黄河上游一带，如果有人说他能吹起牛皮袋，就会被人们认为是在说大话；而那里的居民在不耐烦别人的夸口言行时，也往往会对其说：“你有本事就到黄河边上去吹牛皮好了！”久而久之，“吹牛皮”就逐渐成了“夸口、说大话”的代名词，并逐渐流传开来。

皮筏子

无厘头：反智戏谑

20 世纪 90 年代中期开始，由于港台影视的大量引进，特别是周星驰的影响，“无厘头”在中国大陆地区迅速传播开来。那么“无厘头”一词是怎么来的呢？

“无厘头”原来是广州的方言俚语，含有“无缘无故、莫名其妙”的意思。作为一种文化形态，它是在日常生活平淡无奇的细节、语言和动作中，猎取观众意料之外的、令人忍俊不禁的笑料。所以，也有人干脆就把它叫做“反智戏谑”。它是受美国影视影响，并由香港电视台带动起来的。

抬杠：小丑的游戏

中国北方以前有一种习俗，那就是所谓的“抬杠会”。在每年农历正月十五元宵节这一天，由身强力壮的人抬着竹杠，上面有轿子，一个伶牙俐齿的小丑坐在里面。他们抬着竹杠和轿子在人群里穿梭，围观的人则和那个小丑随机式地比赛斗嘴，甚至用自认花巧的话来对骂。这种“抬杠会”在满族进入中原后,成了中国人“抬杠”的起源。

另外还有一种说法，起源于东北的深山老林。很早以前，那里的人如果发生了争执，相持不下，就会把一根木杠子绑在树上，一人肩起一头往上扛；哪一方撑不住垮了，就算输了。

后来，“抬杠”是一种借着机灵巧诈的嘴上功夫指责别人，而同时也闪避别人指责的文化习惯。

借光：互惠互利

“借光”这个词由来已久。据《战国策·秦策》记载，战国时秦国将军甘茂曾对齐国使者苏代讲过这样一个故事：

一条江边住着不少人家，每晚，姑娘们都凑到一起做针线活儿。

其中有一位姑娘家境贫寒，买不起灯烛，其余的姑娘嫌弃她，说她爱占小便宜，都拒绝她来。这位姑娘说：“我虽然买不起灯烛，但是我每晚都比别人先来，把屋子打扫干净，把坐席铺设整齐，让大家一来就能舒适地做活，这对你们多少也有些方便。你们的灯反正是要点的,借给我一点光又有什么损失呢？”姑娘们觉得她的话有道理，便把她留下来了。

后来，人们就把凡是请求别人提供某种帮助和从别人那里分享某种荣誉称作“借光”。

黑马：半路杀出个程咬金

“黑马”在《现代汉语词典》的解释是：“比喻在比赛或选举等活动中出人意料获胜的竞争者。”国内外的报刊、电台在评论某个异军突起的胜者或爆出的冷门时，常常提到“黑马”。“黑马”被体育界用来喻指那些潜心努力、不畏强手而一举成名的后起之秀。可这词究竟典出何处呢？

19世纪，英国政治家杰明·狄斯雷斯在《年轻的公爵》这部小说中描写了一个精彩的赛马场面。比赛刚开始，两匹夺冠呼声最高的良种马一路领先，眼看其中一匹胜券在握，全场为之狂呼。不料在接近终点时，忽然有一匹不起眼的黑马从后面奋力追赶上来，风驰电掣地把两匹良种马抛在后面，领先抵达终点，夺得了冠军。从此，“黑马”一词不胫而走。

闭门羹：源自妓女的拒客之道

“闭门羹”是大家很熟悉的一个词。“吃闭门羹”，是当人们在求见别人或者向别人求助的时候，被对方拒绝后常常会说的一句话。然而，为什么把拒客说成是“闭门羹”呢？

“闭门羹”一语始见于唐代冯贽《云仙杂记》所引《常新录》的一段话：“史凤，宣城妓也。待客以等差……下列不相见，以闭门羹待之。”意思是说唐代宣城（今安徽）有一个叫史凤的妓女，才貌双全，追求者甚众。史凤不能一一接待，就以客人所作的诗文作为判断客人等级和接待的标准。凡是值得接待的客人，她才会邀请其登堂入室，尽兴而归。凡是粗俗浅薄、不值得一见的人，自己并不出面，只让下人在外面摆上一份羹招待之，吃完后走人，从而委婉地拒绝了这位客人的求见。于是“闭门羹”便从此而得名。

所谓羹，最初时系指肉类，后来以蔬菜为羹，再后对凡熬煮成有浓汁的食品皆以羹称之，如雪耳羹、水蛇羹、燕窝羹等。以羹待客，比直言相拒，要婉转、客气一些。

沙龙：客厅中的交际

在当代文化生活中，“沙龙”这个名词不时被提起。那么“沙龙”是缘何而来呢？

“沙龙”是法语 Salon 的音译，原意指客厅，曾经是近代西方文化史上的一道亮丽的风景线。它原为意大利语，17 世纪传入法国。当时，巴黎的名人（多半是名媛贵妇）常把客厅变成著名的社会交际场所。进出这里的人，多为小说家、诗人、画家、戏剧家、哲学家、音乐家和评论家等，他们志趣相投，欢聚一堂，或作诗绘画，或欣赏典雅的音乐，或就各种感兴趣的问题促膝长谈，无拘无束，各抒高见。后来，人们就把这种形式的聚会称为“沙龙”。

正宗的“沙龙”有以下特点：要定期举行；时间要在晚上；人数不能太多。现在，人们在写文章时就常借“沙龙”一词来表述某项活动，如文学沙龙、音乐沙龙等。

黑客：横行网络的西部牛仔

黑客是英文“Hacker”的译音，源于英语动词 hack，原意“劈砍”，经引申后用来称呼那些热爱探索计算机深层技术的电脑高手，就像美国西部牛仔一样，到处行侠仗义。

万维网的主服务器安放在瑞士日内瓦附近的欧洲核研究中心。互联网的出现，也使黑客应运而生。

最早的黑客出现在麻省理工学院校园里，他们是计算机的狂热爱好者，喜欢深入地探索计算机的奥妙，而不像一般人那样只是规规矩矩地去学习一般的计算机知识。他们在学习和工作之余，利用电脑玩自编的游戏、开玩笑或是搞恶作剧。那时的“黑客”，是带有褒义的词汇。

“黑客”们对互联网的发展起到了不可磨灭的作用。但后来随着计算机的普及，黑客队伍变得越来越复杂，部分人开始利用黑客技术窥探别人隐私，发泄私愤，破坏网络资源，谋求私利，甚至进行计算机犯罪等，黑客在人们心目中的形象变得复杂起来。

草根：草根生长的地方就蕴藏黄金

草根直译自英文 grass roots。“草根”的说法产生于 19 世纪美国寻金热流行期间，盛传有些山脉土壤表层、草根生长的地方就蕴藏黄金。

从广义上看，“草根”有两种含义。一种是指和政府或者决策者相对的势力，这层含义和意识形态联系紧密一些。我们平常说到的一些民间组织、非政府组织等一般都可以看作是“草根阶层”。有学者就把非政府、非官方组织称作草根性人民组织。另一种就是和主流的或者说是精英的文化、阶层相对应的弱势阶层活动力量。所以“草根化”也就是平民化、大众化。

草根有两个特点：一是顽强，代表一种“野火烧不尽，春风吹又生”的生命力；二是广泛，遍布每一个角落。草根具有强大的凝聚力，更具有强大的生命力、独立性和大众性。

江湖：不如相忘于江湖

“有人的地方，就是江湖。”“人在江湖，身不由己。”这是谁都知道的，那么你知道是从哪里来的吗？

“江湖”的称谓最早是由庄子提出的，出自《大宗师篇》，原句为“泉涸，鱼双与予处于陆，相濡以沫，不如相忘于江湖”。意思是：泉水干涸后，两条鱼未及时离开，受困于陆地的小洼。两条鱼动弹不得，互相以口沫滋润对方，使对方保持湿润。此时，两条鱼便缅怀起往日在江河湖水里自由自在，彼此不相识的生活。

后来又泛指四方各地。曹操的《让县自明本志令》说：“江湖未静，不可让位；至于邑土，可得而辞。”或者指民间，宋罗大经的《鹤林玉露》则说“今江湖间俗语，谓钱之薄恶者曰慳钱”。

“江湖”这个词也经常与朝廷（官方政府）相对，如《岳阳楼记》中就有“居庙堂之高则忧其民，处江湖之远则忧其君”。

鼻祖："鼻"子原来是"自"己

“鼻祖”一词意为最早的创始人，它的由来要从“鼻”字的演变说起。

“鼻”的本字原为“自”。甲骨文和金文中的“自”字都像人的鼻子的模样，“自”和“鼻”的读音是一样的。许慎《说文解字》云：“自，读若鼻。”“自”在古文中一般作为第一人称代词，即解为自己。既然“自”字做了人称代词了，那么要写“鼻子”的“鼻”时，又该用哪个字呢？于是又另造了一个形声字代替，在“自”字下加了一个声符“畀”，就出现了一个新字“鼻”。从此，“自”和“鼻”就有了不同的分工。

“自”的本义是“鼻子”，人们常常说到自己的时候指着鼻子。还可以引申为介词“从”“自”，再引申为动词“始”。《说文》里有“今以始生子为鼻子”的说法，就是把生的第一个儿子称“鼻子”。这里的“鼻”字的意思即“第一”“最初”或“开始”的意思。

雷同：打雷时万物皆响应

看电视剧时，我们经常看到“本剧故事纯属虚构，如有雷同，实属巧合”的字幕。在文艺评论中，“雷同”一词多用来批评那些缺乏新意、千人一面的作品。实际上，它是从古书中得来的。

中国古时有一种说法，打雷时万物都同时响应。《礼记·曲礼》说：“毋剿说，毋雷同。”汉代郑玄注：“雷之发声，物无不同时应者。人之言当各由己，不当然也。”意思是说，打雷时万物都有回声，但人应该用自己的心去判断其是非，不要取他人之说以为己语，像万物闻雷声惧怕而回应那样。因而，“雷同”还有“随声附和”之义。

替罪羊：赎罪的羔羊

现在，世界各地都习惯用“替罪羊”来比喻代人受过的人。这个词是怎么来的呢？

在基督教的《旧约》中说，上帝为了考验亚伯拉罕的忠诚，叫他带着他的独生子以撒到一个指定的地方，并把以撒杀了作燔祭，献给上帝。正当亚伯拉罕要拿刀杀他的儿子时，有个天使加以阻止，说：“现在我知道你是敬畏上帝的了，前面林子里有一只羊，你可用来祭献上帝。”于是，亚伯拉罕便把小树林中的那只山羊抓来杀了，代替他的儿子献给上帝。

在《新约》中又说，耶稣为救赎世人的罪恶，宁愿钉死在十字架上，作为“牺牲”（祭品）奉献天主，并嘱咐他的12门徒，在他死后也照样去做。因为这是仿效古犹太人在向主求恩免罪时，往往杀一只羔羊替代自己供作“牺牲”，所以教会通常又称耶稣为赎罪羔羊。

于是，我们平常说的“替罪羊”一词就产生了，意指代人受过的人。

穿小鞋：“三寸金莲”惹的祸

现在，一般把上级对下级或人与人之间进行打击报复，称为“穿小鞋”，这是为什么呢？

在封建时代，女人有缠足的习俗，以“三寸金莲”为美，依照脚的大小而衡量女人的俊丑。因此，在媒婆说媒时，必先请男方看女方的鞋样儿，以示女方脚的大小。如果男方同意了亲事，就留下此鞋样儿了，按此样尺寸做一双绣鞋连同订婚礼物一起送到女方家。成亲那天，新娘必须穿上这双绣鞋，以防脚大而受骗。

如果把这双绣花鞋故意做得很小，让新娘穿着难受，就是故意整治她。相传北宋时，有一个名叫巧玉的姑娘。她的后母要将她许配给一个又丑又哑的有钱人，巧玉坚决不从。后母也没有办法，便暗暗想法子整治她。

恰逢有一位媒婆把巧玉说给一位秀才，巧玉很中意。后母却在背地里剪了一双很小的鞋样子，让媒婆带给男方。巧玉出嫁那天，这双鞋怎么也穿不上，害得她上不了轿。她又羞又恼又急，一气之下便上吊自尽了。

人们对巧玉之死非常惋惜。后来，人们把“给人穿小鞋”引申到社会中，用来专指那些在背后使坏点子整人，或利用某种职权寻机置人于窘境的行为。

黑名单：黑皮书的警示

“黑名单”一词来源于英国的牛津和剑桥等大学。在中世纪，这些学校规定对于犯有不端行为的学生，将其姓名、行为列案记录在黑皮书上，谁的名字上了黑皮书，即使不是终生臭名昭著，也会使人在相当时间内名誉扫地。学生们对学校的这一规定十分害怕，常常小心谨慎，严防越轨行为的发生。

这个方法被当时一位英国商人借用以惩戒那些时常赊欠不还、不守合同、不讲信用的顾客。英国商人把这类顾客的名字开列在黑皮书上，后来又将一些破产者和即将破产的人的名字也排在黑皮书上。事情传开后，在社会上引起了轰动。先是商人们争相仿效，继而，各行各业都兴起了黑皮书，不少工厂老板把参加工会的人的名字列在“不予雇佣”栏下。于是，黑名单便在工厂主和商店老板之间秘密地传来传去。

1950 年 9 月，美国国会通过《麦卡伦法案》。同年 12 月，总统杜鲁门发布命令，宣布美国处于“全国紧急状态”，正式实行《麦卡伦法案》。他们编制了形形色色的黑名单，按名逮捕大批专制人士。黑名单的做法由此而流传下来了。

鸿门宴：宴无好宴，会无好会

公元前206年，项羽率领40万大军，攻进函谷关，直抵新丰、鸿门（今陕西临潼东北）驻扎下来。刘邦军队的驻地灞上离此仅40里。项羽决定次日攻打刘邦。项羽的叔父项伯是刘邦谋士张良的好友，项伯怕打起仗来张良会丧命，就连夜私自到刘邦军营找到张良，告诉他大战即将降临，让他赶快逃命。

张良不但没有自己逃命，反而把这一重要情报报告了刘邦。刘邦听了，恐惧地问："这可怎么办呢？"张良说："你可请项伯帮忙，让他在项王面前替你求情。"于是，刘邦摆上酒席，热情招待项伯。为了进一步结好项伯，刘邦还提出两人结为儿女亲家。项伯答应了，并对刘邦说："明天一大早你要亲自来给项王赔礼。"

第二天，刘邦带领张良、樊哙和100多随从到鸿门拜见项羽。鸿门宴上，虽不乏美酒佳肴，但却暗藏杀机。项羽的亚父范增一直主张杀掉刘邦，在酒宴上一再示意项羽发令，但项羽却犹豫不决，默然不应。范增召项庄舞剑为酒宴助兴，想趁机杀掉刘邦。项伯为保护刘邦，也拔剑起舞，掩护了刘邦。在危急关头，刘邦部下樊哙带剑拥盾闯入军门，怒目直视项羽。项羽见此人气度不凡，便问来者为何人，当得知为刘邦的参乘时，即命赐酒，樊哙立而饮之。项羽命赐猪腿后，又问能再饮酒吗。樊哙说，末臣死且不避，一杯酒还有什么值得推辞的。樊哙还乘机说了一通刘邦的好话，项羽无言以对，刘邦乘机一走了之。刘邦部下张良入门为刘邦推脱，说："主公不胜酒力，无法前来道别。现向大王献上白璧一双，并向大将军（亚父范增）献上玉斗一双，请收下。"不知深浅的项羽居然收下了白璧，气得范增拔剑将玉斗砍碎。

鸿门遗址

后人将鸿门宴喻指暗藏杀机。

磨洋工：打磨洋人的建筑

人们习惯于将消极怠工、只出工不出力的现象称为"磨洋工"。所谓"磨工"，是指建筑工程的一道工序，就是指对砖墙的表面进行打磨，使之平整、光滑，相当于现在的勾缝和打磨石类的装修。

1917～1921年，美国用清政府的"庚子赔款"在北京建造协和医院和协和医学院。由于这项工程是由外国人出资、设计，中国工人就称它为"洋工"。协和医院共有主楼14座，又是高层建筑，"磨工"工序十分浩繁。所以，参加建筑工程的许多工人就把这一工序称为"磨洋工"，出于对西方帝国主义者侵略中国的罪恶行径的一种不满的发泄。后来，"磨洋工"一词改变了原来的意思。

木马计：打进敌人的心脏

据《荷马史诗》记载，在公元前 12 世纪左右，古代希腊人联合起来对特洛伊人发动了一场旷日持久的战争。由于特洛伊城十分坚固，战争整整持续了 10 年，特洛伊城仍然纹丝不动地挺立着。

希腊人为特洛伊城久攻不下而焦虑。这时，希腊谋士奥德修斯想出了一个妙计。

首先，希腊人赶制出一匹大木马，在马的肚下开了一个口，希腊士兵从该口钻入马肚内隐藏，并将口盖伪装好。然后大批军队撤离到海上，只留下一名叫西农的士兵。特洛伊人抓到了西农，西农于是告诉特洛伊人说，希腊人造这匹木马是为了献给雅典娜女神，如果特洛伊人将木马拖进城内，就能得到雅典娜女神的庇护;反之，如果不要这匹木马，雅典娜就会使特洛伊城毁灭。特洛伊人听信了西农的话，马上在城墙上凿开一个大洞，连拖带拉将这匹大木马拉进了特洛伊城。殊不知，他们已将灾难亲手拉进了城里。

在荷马的故事中，希腊人使用木马计占领了特洛伊城：希腊军队假装撤离，只留下一个巨大的木马，里面藏着希腊战士。特洛伊人把木马拖到城中，中了希腊人的诡计。

夜幕降临，喝醉胜利庆功酒的特洛伊人渐渐进入了梦乡。只有一个人没有睡着，那就是西农。他朝木马跑去，朝木马内隐藏的希腊人发出了信号。立刻，武士们从马肚内涌出。

而此时撤到海上的希腊大军又乘夜色的掩护，悄悄回到了特洛伊城。他们从拉木马的城墙大洞口蜂拥而入，顿时里应外合，特洛伊城陷入一片火海和哀号中。10 年久攻不下的名城特洛伊，一夜之间因一匹木马而被攻克。这就是著名的特洛伊木马的故事。

“当心希腊人造的礼物”这一俗语在世界上许多国家流传着，它提醒人们警惕，防止被敌人的伪装蒙蔽，使敌人钻进自己的心脏。这句话就来自木马计。“特洛伊木马”现在已成为“挖心战”的同义词，比喻打进敌人心脏的战术。

不倒翁：真是个“扳不倒翁也”

“不倒翁”是人们十分熟悉的一种玩具，形状像老人，上轻下重，扳倒后能自动竖立起来，故又称“扳不倒儿”。清代史学家、文学家赵翼在《陔余丛考·卷三十三》中记载说：“儿童嬉戏，有不倒翁，糊纸做醉汉状，虚其中而实其底，虽按捺旋转不倒也。”

关于不倒翁的由来还有这样一段故事：

春秋时，楚国的卞和在荆山得一璞玉，此物从外表看与石无异，但却是一块美玉。他两次将宝物献与楚王，楚王总把它当顽石，以欺君罪砍掉他的双足。卞和见无人识宝，抱玉痛哭于楚山脚下。楚文王即位得知此事，将石割开，果然见玉，命制成玉璧，名曰“和氏璧”。楚文王被卞和不惜受刑坚持真理的精神感动，称他说：“此人真是个‘扳不倒翁也’！”所以，“不倒翁”喻指那些坚持真理、不屈不挠的人。

如今，“不倒翁”的含义又有了新的转注，指那些圆滑、看风使舵的人。前些年，池北偶先生曾为华君武先生的漫画《不倒翁倒了》题诗一首：“此翁就不倒，自在又逍遥。赔钱无所谓，补贴伸手要。厂长照样当，不愁乌纱帽。如今世道变，无法捞稻草。亏损得关门，靠山没处找。时来厄运到，不倒翁倒了。”此诗在对当今社会上新的“不倒翁”进行辛辣讽刺的同时，也道出了他们的最终结局。

戴高帽：没有谁会拒之门外

“戴高帽”一词源于唐代李延寿著《北史·熊安生传》中的一个故事。

北齐有一个叫宗道晖的人，平时喜欢戴一顶很高的帽子，脚穿一双很大的木屐。每当有上级官员到来，他都以这身打扮去谒见。见到官员时，他又总是向上仰着头，举着双手，然后跪拜，一直把头叩到木屐上，极尽阿谀奉承之能事。后来，人们把这种做法叫戴高帽，“戴高帽”一词也就诞生了。

此地无银三百两：不打自招

据说从前有个做小本生意的人叫张三，好不容易攒了300两银子，却又不知藏在哪里才安全。最后他把银子装进一个坛子里，埋入自家菜园。埋完后还不放心，他又往地上插了一个木牌，写着“此地无银三百两”。

第二天，邻家王二瞧见木牌，心里想：“张三也太傻了，这不分明是告诉别人这儿有银子吗？”王二三下五除二把银子刨了出来，偷回家去。但他心里却惶恐不安，想到自己是张三的邻居，张三丢了银子肯定第一个怀疑他。为了标榜自己的“清白”，王二也写了张字条，贴在张三的木牌上，上面写着“隔壁王二不曾偷”。

后来，人们就把不打自招的愚笨行为叫做“此地无银三百两”了。

拜倒在石榴裙下：杨贵妃的石榴裙

在现代社会中称“拜倒在石榴裙下”，多形容男子被女子美貌所折服。那么，“拜倒在石榴裙下”有什么来源呢？据说与杨贵妃有关。

传说杨贵妃非常喜爱石榴花，爱吃石榴，特别爱穿绣满石榴花的彩裙。唐天宝年间，唐明皇投其所好，在华清池西绣岭、王母祠等地广泛栽种石榴。每当榴花竞

贵妃出浴图　清　康涛

放之际，这位风流天子即设酒宴于炽红火热的石榴花丛中。杨贵妃饮酒后双腮绯红，唐明皇爱欣赏宠妃的妩媚醉态，常将贵妃被酒染之粉颈红云与石榴花相比谁红得艳丽。因唐明皇过分宠爱杨贵妃，不理朝政，大臣们不敢指责皇上，则迁怒于杨贵妃，对她拒不使礼。

一天，唐明皇设宴召群臣共饮，并邀杨贵妃献舞助兴。可贵妃端起酒杯送到明皇唇边，向皇上耳语道："这些臣子大多对臣妾侧目而视，不使礼，不恭敬，我不愿为他们献舞。"唐明皇闻之，感到宠妃受了委屈，立即下令，所有文官武将，见了贵妃一律使礼，拒不跪拜者，以欺君之罪严惩。众臣无奈，凡见到杨贵妃身着石榴裙走来，无不纷纷下跪使礼。

于是"拜倒在石榴裙下"的典故流传千年，至今成了崇拜女性的俗语。

解铃还须系铃人：法灯悟禅

人们用"解铃还须系铃人"这个谚语，来比喻一件事情出了问题，仍须由做此事的人自己去解决。这则谚语和佛教有关。

据明代瞿汝稷编佛家禅宗语录《指月录》记载:金陵清凉寺有一位泰钦法灯禅师，性格豪放，平时不太拘守佛门戒规。寺内一般和尚都瞧不起他，唯独法眼禅师对他颇为器重。

有一次，法眼在讲经说法时，询问寺内众和尚道："系在老虎颈项上的金铃，谁能够去把它解下来？"大家再三思考，都回答不出来。这时，法灯刚巧进来，法眼又向他提出这个问题。法灯不假思索地答道："只有那个把金铃系到虎颈上的人，才能够把金铃解下。"法眼听后，认为法灯颇能领悟佛教教义。

狗咬吕洞宾：苟杳吕洞宾，不知好人心

据传，苟杳与吕洞宾是同乡，苟杳少年家贫，吕洞宾与其拜为兄弟，经常周济他。后来干脆把他接到自己家中攻读四书五经，以求取功名利禄。一日，吕洞宾的一位林姓朋友来访，见苟杳一表人才，便想把妹妹许配给他，但吕洞宾并不同意这桩婚事。苟杳得知此事后，极力恳请吕洞宾为他做媒，吕洞宾略加思索后，要苟杳答应一个条件："林女须先陪我三天。"此事一般人难以答应，但苟杳却一口应承，并真的践了约。待三天期满，苟杳见新娘，新娘哭说："郎君为何三夜都是天黑才来，埋头读书至天明便去？偏让我独守空床！"苟杳顿时作声不得，良久悟及，原来是吕洞宾以此告诫自己莫因成婚而误了读书，于是发起奋来，终于考取功名做了官。

八年以后，吕洞宾家失火落难，吕洞宾便去找苟杳求助。不料苟杳将吕洞宾留在家中，天天设宴相待，都一个多月了，苟杳就是不答应资助之事。吕洞宾愤然离去。路上乞讨时，获一人同情，赠送银子，才解了途中之窘。至家，旧址上竟新屋屹立，妻子正披麻戴孝，抚棺守灵。细问，原来是苟杳派人建造新屋，并送来棺材，说吕洞宾已客死异乡。吕洞宾撬开棺盖，见内有金银，并附信一封。信云："苟杳不是负心郎，路送银，家盖房。你让我妻守空房，我让你妻哭断肠！"

至此，吕洞宾方恍然大悟，哭笑不得。

萧规曹随：无为是最好的为

刚即位的汉惠帝看到曹参一天到晚都请人喝酒聊天，好像根本就不用心为他治理国家似的。惠帝感到很纳闷，但又想不出个所以然来。

一次下朝后，汉惠帝把曹参留下，问他为什么会这样。曹参说："请陛下好好地想想，您跟先帝相比，谁更贤明英武呢？"惠帝立即说："我怎么敢和先帝相提并论呢？"曹参又问："陛下看我的德才跟萧何相国相比，谁强呢？"汉惠帝笑着说："我看你好像是不如萧相国。"

曹参接过惠帝的话说："陛下说得非常正确。既然您的贤能不如先帝，我的德才又比不上萧相国，那么先帝与萧相国在统一天下以后，陆续制定了许多明确而又完备的法令，在执行中又都是卓有成效的，难道我们还能制定出超过他们的法令规章来吗？"接着他又诚恳地对惠帝说："现在陛下是继承守业，而不是在创业。因此，我们这些做大臣的，就更应该遵照先帝遗愿，谨慎从事，恪守职责。对已经制定并执行过的法令规章，就更不应该乱加改动，而只能是遵照执行。我现在这样照章办事不是很好吗？"汉惠帝听了曹参的解释后说："我明白了，你不必再说了！"

曹参在朝廷任丞相三年，极力主张清静无为不扰民，遵照萧何制定好的法规治理国家，使西汉政治稳定、经济发展，人民生活水平日渐提高。他死后，百姓们编了一首歌谣称颂他说："萧何定法律，明白又整齐。曹参接任后，遵守不偏离。施政贵清静，百姓心欢喜。"史称"萧规曹随"。

罄竹难书：写不完的炀帝罪

李渊自从在太原起兵以后，自任为大将军，积极地向隋军进攻。为争取人心，大开粮仓，救济灾民，并且乘机招募义兵。然而，这些义兵都是乌合之众，没有经过检阅练习，所以带领起来十分辛苦。

此时，李密在现在的河南省东部拥有极大的力量，而且发表了一篇著名的檄文声讨隋炀帝，其中的名句有"罄南山之竹，书罪无穷；决东海之波，流恶难尽"。这句话的意思是，用完南山的竹子做简册，也写不完隋炀帝的罪状。现在成语"罄竹难书"

就由此而来。

自从这篇檄文一出，海内轰动，人人传阅，李密的声势如日中天，所以李渊就遣使通书来拉拢他。李密自以为力量雄厚，要求李渊率领步骑数千到河南来，当面缔结盟约，并想自任盟主。

李渊不敢得罪李密，于是，他就命令温大雅回了一封书信给李密，信上说："天生万民，必有司牧。当今能为司牧、作为天子者，除了你还有什么人？老夫年逾知命，没有这个野心了。愿意跟着老弟你，攀鳞附翼。"

李密见到信，看得眉开眼笑，乐不可支。从此，对李渊深信不疑。

将相和：强强联手国更强

完璧归赵拓片　东汉
讲述了《史记》中蔺相如与秦王斗智斗勇的故事。

"将相和"这个故事出自司马迁的《史记·廉颇蔺相如列传》，由"完璧归赵""渑池之会"和"负荆请罪"3个小故事组成。

战国时赵国舍人蔺相如奉命出使秦国，不辱使命，完璧归赵；又陪同赵王赴秦王设下的渑池会，使赵王免受暗算。为奖励蔺相如的汗马之功，赵王封蔺相如为丞相。老将廉颇居功自傲，对此不服，而屡次故意挑衅。蔺相如以国家大事为重，始终忍让。后廉颇终于醒悟，向蔺相如负荆请罪。从这以后，他们互相谅解，成了生死之交。他们共同辅国，赵国也更加强盛起来。

两袖清风：于谦所带的"清风"

古往今来，人们常常用"两袖清风"形容为官清廉者。那么为什么会这样形容呢？

相传明朝正统年间，宦官王振以权谋私，每逢朝会，各地官僚为了讨好他，多献以珠宝白银。巡抚于谦每次进京奏事，总是不带任何礼品。他的同僚劝他说："你虽然不献金宝、攀求权贵，也应该带一些著名的土特产如线香、蘑菇、手帕等物，送点人情呀！"于谦笑着举起两袖风趣地说："带有清风！""两袖清风"的成语从此便流传下来。

乘龙快婿：萧史弄玉乘龙凤

春秋时，秦穆公有一爱女名叫弄玉，她姿丽聪慧，善于吹笙。秦穆公拟代择佳婿，弄玉秉慷心为盟："不求王孙华贵，只祈善于吹笙，骈能唱和，方为眷属。"因而久求不遇。

忽一日，弄玉梦见有一个俊秀少年，骑彩凤自天门而降，对她说：“我是太华山主萧史，奉天帝谕旨，与你双栖凤鸾，桂香月圆，是为佳期。”弄玉早晨醒来后，将昨夜之梦告诉秦穆公。秦穆公遂遣使至太华山寻访，在明星岩下遇见一个吹箫的少年即是萧史，翩翩潇洒，精通音律，遂奉载回宫。

一日，月光莹莹，微风徐徐，萧史与弄玉风台和谐箫笙。萧史心明，遂谓弄玉：“我本天上仙子，奉天帝诏，与你结天地姻缘，但不能久居尘凡，今龙凤相迎，宜复天宫。”于是，萧史乘龙，弄玉乘凤，飘然逸去。

根据这个故事，后人就将理想佳婿称为“乘龙快婿”。

明镜高悬：秦镜辨善恶

古代官吏们升堂审理案件时，公堂正面总有一块匾额，上面写着“明镜高悬”四个大字。这四个字是怎么来的呢?

据西晋葛洪所著《西京杂记》记载：公元前206年，刘邦、项羽灭秦争霸。刘邦率军进入秦朝都城咸阳，在皇宫里，他看到无数的珍宝奇物，大开眼界。其中有一块方镜，长四尺，高六尺，明艳异常。人若在它前面照镜子，里面就出现倒着的人影；用手按着心，就能看见人的五脏六腑；如果有疾病，就能看出生病的部位。据说秦始皇常常用这块镜子来照手下的大臣和宫中的宫女、太监，如有异常，通通杀掉。

由于这块镜子出产在秦国，所以被称为秦镜。官吏借用这一典故来说明自己审案的公正和明察秋毫，并在公堂上挂起了“秦镜高悬”的匾额。后来，“秦镜高悬”又逐渐演变成更为通俗的“明镜高悬”了。

空穴来风：地位不同，风也不同

楚国的文人宋玉和景差跟随着楚襄王在兰台宫游玩，忽然吹来一阵凉爽的风。楚王不禁感叹道：“这风吹得我好畅快呀！这是我和百姓共同享受的吗？”

宋玉听了回答说：“这只是大王的风罢了，百姓哪里能够和您共同享受呢？”

楚王听后非常奇怪，不由惊讶地问：“风是天地间的大气，如今你却说风是我独有的，这其中的道理是什么？”

宋玉回答说：“我听老师说过，树分叉的地方，常有鸟来做窝；有空隙的地方，就有风吹来。由于地位不同，风自然就两样了。”

后来，人们根据它概括出“空穴来风”这个成语，比喻消息和传说不是完全没有原因的，现多用来比喻消息和传说毫无根据。

一鼓作气：击鼓进军

公元前 684 年，即鲁庄公十年，齐国发兵攻打鲁国，两国交战于长勺。

两军列队摆开阵势，齐军主动击鼓进军，鲁军却按兵不动。齐军擂鼓三遍，发起冲锋三次，鲁军仍坚守不动。齐军见鲁军不出击，以为鲁军胆怯，不敢出战，于是，齐军士气松懈下来。

就在这时，鲁军主将曹刿突然发令全面出击，鲁军像潮水般冲杀过去。齐军哪里抵挡得住，纷纷溃逃。鲁军见齐军败下阵去，个个跃跃欲试，想乘胜追击。曹刿忙止住士兵，他登上车前横木眺望齐军的旗帜，又下车察看齐军逃走后留下的车辙马迹，他断定齐军不是佯装败退，这才下令追击。鲁军将士奋勇追杀，大获全胜。

鲁军获胜后，鲁庄公问曹刿开始时为什么按兵不动，后来为什么又不马上追击，曹刿回答说："齐国强，鲁国弱，齐军刚刚出击时，士气正旺盛，此时，万万不可与之正面交战。作战时，第一通鼓，士气最足；到第二次击鼓时，士气就开始下降；第三通击鼓，士气就全没了。开始时，我们按兵不动，是养士气，待他们的士气消耗尽了，我们再击鼓进攻，士气正旺，所以我们战胜了他们。齐国是个大国，他们虽然败退，但并没有受到严重伤亡，我担心咱们上当受骗，怕他们有埋伏，所以在我察明后才下令追击。"听此一说，在场之人无不佩服曹刿的指挥经验。

曹子劫桓石像图

描绘了曹刿不惧危险，力斗齐桓公的场景。

破釜沉舟：最后的抉择

公元前 209 年，中国历史上爆发了陈胜、吴广领导的农民起义。陈胜、吴广牺牲后，刘邦和项羽率领的两支军队逐渐壮大起来。公元前 207 年，项羽的起义军与秦将章邯率领的秦军主力部队在巨鹿展开大战。项羽不畏强敌，引兵渡漳水。

楚军全部渡过漳河以后，项羽让士兵们饱饱地吃了一顿饭，每人再带三天干粮，然后传下命令：把渡河的船凿穿沉入河里，把做饭用的锅（古代称釜）砸个粉碎，把附近的房屋放把火统统烧毁。这就叫破釜沉舟。项羽用这办法来表示他有进无退、一定要夺取胜利的决心。

楚军士兵见主帅的决心这么大，谁也不打算再活着回去。在项羽的亲自指挥下，他们以一当十、以十当百，拼死地向秦军冲杀过去。经过连续九次冲锋，大败秦军。秦军的几个主将，有的被杀，有的当了俘虏，有的投了降。这一仗不但解了巨鹿之围，而且把秦军打得再也振作不起来。过了两年，秦朝就灭亡了。

空城计：智慧的胆量

诸葛亮塑像

诸葛亮出兵伐魏，首战告捷，顺利夺得安定、天水、南安等郡，士气旺盛，军威大振。但由于错用骄傲自负、言过其实的马谡，丢失咽喉之地——街亭。至此，对蜀军十分有利的形势急转直下，而处于十分被动的地位了。

情势紧急，诸葛亮考虑到魏军必定会抓住其有利的战机，向蜀军发动进攻，那将更为被动，于是他就决定即刻退兵。

于是，诸葛亮重新部署。令关兴、张苞到武功山一带虚张声势，设疑兵；命令新近收编的大将姜维率军先行，诸葛亮自己断后。命令下达后，姜维等人率军离开蜀营。诸葛亮还没来得及动身出城，魏将司马懿率大军已来到蜀营西城城下。当时，城中仅剩下老弱兵士几千人，还有几十名文官，战不能战，退不能退，形势十分危急。诸葛亮认真分析对方的特点及此时的心理状态后，果断地让兵士撤掉城头旗帜，将城门大开。安排几个兵士、百姓在城门前后往来做活计，而诸葛亮本人却坐在城楼上焚香抚琴。

司马懿到了城下，诸葛亮装作没看见，表现得镇定自若。司马懿在城下越看越觉可疑，他想这是诸葛亮有诈，城内必有埋伏，于是便下令退军。

但司马懿的儿子司马昭则不认为这样，他主张攻进城。司马懿却认定诸葛亮一生谨慎，不可能如此冒险，于是，他命令军队赶快撤离。

于是，魏军离开了西城。魏军走后，诸葛亮命令城中所有兵士、文官等迅速离开这座城。司马懿走到半路，觉着这事有点怪，想着想着，他忽然醒悟过来，掉转马头，又赶往西城。魏军返回西城时，早已不见诸葛亮的踪影。司马懿问城中百姓，得知当时城中确实无兵，不由心中暗暗佩服诸葛亮，坐在马上不禁仰天叹道：“吾不如孔明远矣。”

诸葛亮施空城计、弹琴退敌的故事，虽是人人皆知，却是子虚乌有之谈。诸葛亮首次伐魏时，司马懿还在千里之外对付吴国的东线南阳城，正与孙权对垒，恐其分身无术，难以背起军事史上的这一大黑锅。不过，出于对诸葛亮用兵策略和胆识的敬佩，演绎出这么一段故事，应该说是反映了人们对智慧和谋略的一种追求。

三教九流：高雅向世俗的演变

“三教九流”这词的意义曾经是颇为高雅的。“三教”的说法起自三国时代，指的是儒、释、道三种教派。儒，属孔子所创，并非宗教，而汉儒为了抬高孔子的地位，把儒家学说渲染得像宗教一样，就被人们看作宗教了。释，指东汉时传入中国的佛教，以其为印度释迦牟尼所创而简称为释。道，是东汉时创立的一种宗教，讲究炼丹修道，寻求长生不老之法。

“九流”的说法，最早见于《汉书·艺文志》，指的是春秋战国时代的儒、墨、道、法、杂、农、阴阳、纵横等学术流派。“九流”又分为“上九流”“中九流”“下九流”。“上九流”是：帝王、圣贤、隐士、童仙、文人、武士、农、工、商。“中九流”是：举子、医生、相命、丹青（卖画人）、书生、琴棋、僧、道、尼。“下九流”是:师爷、衙差、升秤（秤手）、媒婆、走卒、时妖（行拐骗之人及巫婆）、盗、窃、娼。

后来，人们把宗教、学术中的各种流派统称为“三教九流”。随着时间的推移，有时人们又把它作为贬义词，泛指那些在江湖上从事各种行当的人。

越俎代庖：各司其职，各负其责

在《庄子·逍遥游》中有这么一则故事：上古有个叫许由的贤人，他很有才能，颇受当时人们的尊敬和拥护。在尧让位给舜之前，尧就听说许由是一位很贤能的人。于是，他派人把许由找来，对许由说：“现在日月出来了，而蜡烛还在点燃着，还在闪着微弱的光。这微弱的光和日月的明亮的光比起来，真是微乎其微啊！天上已经下了及时雨，还要人去浇灌庄稼，这样做，岂不是徒劳吗？听说先生您很有才能，又受百姓尊敬，您要登位称帝一定会把天下治理得非常好，可我现在还占着这个帝位，心里很不安呀。请您答应，并允许我将帝位让给您，这将顺乎民心。”

听了此话，许由心里颇不宁静，他再三推辞，可尧仍坚持将天下让给他来治理。许由最后说道:“您在帝位，人民满意，您治理的天下，天下安定。而我还来代替您，这是为什么呢？您知道，小鸟在树林里筑巢，所需的不过是一枝而已；鼹鼠到河里去饮水，它所需的也不过是果腹而已。我的君主，请收回您的打算。我现在能为百姓做一点事就足矣，我要天下做什么呢？厨子即使不到厨房里去，主祭的人也不会越位去代替他烹饪；现在，您就是丢下天下不管，我也决不会代替您去治理天下。”

许由辞别了尧帝，为了表示自己决不继承尧的帝位的决心，他连夜出逃。据说，逃到箕山，在那里隐居起来，过着世外桃源般的生活。

这个典故原意是指人要各司其职，即使他人不尽职，也不能超越自己的职权去代替。现在常用以比喻超出自己的职责，越权做事或者完全包办代替。

捉襟见肘：曾子的贫困

曾子是春秋时期鲁国人，学识广博，但他的生活一直很清苦。据说，他在卫国居住时，生活十分困苦。他身上的一件袍子很破旧，是用乱麻做絮，没有像样的面料做袍面。腹中也常常无食，脸色浮肿，手与脚上长满了茧子。经常几日不生火做饭，十年也没有添置过一件新衣服。他戴的帽子，也是好几年没有换新的了。甚至在戴帽子时，稍一用力，帽带就会拉断。他穿的衣服如此破烂不堪，一拉衣襟，胳膊肘就露出来了。

后世常说，孔子有很多学生、弟子，“贤人七十二，弟子三千”，曾子就是贤人之一，颇受人们的尊敬。他的生活虽然潦倒不堪，但是他总保持着乐观的精神。

“捉襟见肘”这个成语的原意是衣服破烂，生活穷困，后来常用以比喻顾此失彼，穷于应付。

一字千金：伟大的自信

战国末期，秦国有一个大商人名叫吕不韦，他因在赵国经商时，曾资助过秦庄襄王（名子楚），还把他的妾赵姬送给子楚为妻。后来子楚当了大王以后，吕不韦也当上了相国。庄襄王在位三年便病死，由他十三岁的儿子政（赵姬所生）接替王位，这个政就是历史上有名的秦始皇。他尊称吕不韦为仲父，慢慢地行政大权全落在吕不韦和赵姬的手中。

当时养门客之风很盛，吕不韦养了三千门客，作为他的智囊团，替他想出各种各样的办法来巩固他的政权。这些门客中三教九流的人应有尽有，他们把自己的见解和心得，都提出来写在书面上，汇集起来，编成了一部 20 余万言的巨著——《吕氏春秋》。吕不韦就把这部书作为秦国统一天下的法典。当时吕不韦把这部书在秦国首都咸阳公布，悬赏说，如果有人能在书中增加一字或减一字者，就赏赐千金（相当于现在的一斤黄金）。

后来人们根据这个故事引申出“一字千金”的成语，用来形容一篇文章的每一个字和句的价值都很高，不可多得。

一鸣惊人：隐语的效果

战国时代，齐国有一个名叫淳于髡的人。他的口才很好，常常用一些有趣的隐语，来规劝君主，使君王不但不生气，而且乐于接受。当时齐国的齐威王本来是一个很有才智的君主，但是在他即位以后，却沉迷于酒色，不管国家大事，而把一切政事都交给大臣去办理，自己则不闻不问。因此，政治不上轨道，官吏们贪污失职，再加上各国的诸侯也都趁机来侵犯，使得齐国处于灭亡的边缘。

虽然齐国的一些爱国人士都很担心，但是他们都因为畏惧齐威王，不敢进行劝谏。为了国家的利益，淳于髡不得不设法在此时说服齐威王。于是，他就编了一段隐语。他对威王说：“大王，您是一个非常聪明有智慧的人，我有一件事不明白，希望得到您的指教。”

威王说：“什么事呀？”淳于髡见威王没有生气，而且面有喜色，他就大胆地说：

“我们国家里有一只大鸟，羽毛色彩艳丽，美丽极了。它栖在大王的宫廷里，几年不飞也不鸣，不知是何道理？”齐威王不愧是政治家，他立刻领悟到这是在用大鸟比喻自己毫无作为。

威王笑了笑，挺了挺身子说：“这个我知道。那大鸟是不高兴飞，如果它要飞，就能展翅飞翔，鹏程万里。那大鸟不鸣则已，一鸣一定会惊人。”

淳于髡听着，非常高兴，因为他知道自己的隐语起了作用，便笑着说：“大王的指教十分正确，如今满朝文武大臣和全国百姓都在期望着大鸟飞翔和鸣叫啊。”

这次谈话后，威王振作起来，他立刻找了正直的大臣商议国事。听到大臣们的话，他心里一惊，原来齐国已经到了内外交困的地步了，不能再如此下去了。

从此齐威王不再沉迷于饮酒作乐，而开始整顿国事。首先他召见全国的官吏，尽忠负责的，就给予奖励；而那些腐败无能的，则加以惩罚。结果全国上下，很快就振作起来，到处充满蓬勃的朝气。另外他也着手整顿军事，强大武力，奠定国家的威望。各国诸侯听到这个消息以后都很震惊，不但不敢再来侵犯，甚至还把原先侵占的土地，都归还给齐国。

后来，人们常用“一鸣惊人”比喻平时不声不响的人，突然做出惊人之举。

讳疾忌医：不承认不表示不存在

战国时有位名医叫扁鹊，看病时，只需诊脉，就能知道患者脏腑里的病。他医术高明，闻名于天下。

有一天，扁鹊见到了蔡桓公，临别时，扁鹊说：“您有病了，现在病还在皮肤里，若不及时医治，恐怕病情会加重的。”蔡桓公不高兴地说：“我根本没有病，也用不着治。”扁鹊没说什么就走了。

扁鹊走了以后，蔡桓公还对其左右大臣说：“当医生的就爱给人治病，没病也说你有病，只为显示自己医术高明。”

过了几天，扁鹊又见到蔡桓公。一见面，扁鹊就说：“您的病现在已经进入到肌肉里去了，应该赶快治疗。不然，病情会更严重的。”蔡桓公听了心里很不是滋味，只当没听见，理也没理他。

就这样又过了几天，扁鹊又来见蔡桓公。这回一看，果然病情又严重了，扁鹊担心地对蔡桓公说：“您的病现在已经进入到肠胃里了，再不治，就没法治了。”

几日过去了，扁鹊又来见蔡桓公。可这回，他刚见蔡桓公的面，什么也没说，回头转身就跑。蔡桓公及在场的人觉得奇怪，就派人去追，问到底是怎么回事。

扁鹊严肃地说道：“病在皮肤，热敷艾灸就能达到患部；病在肌肉，针刺可达到患部；病在肠胃，药力可以达到患部，这些都能治好。可病深入到骨髓致命的深处，病就无法医治了。我见桓公的病已深入到骨髓，所以我转身就跑。”

在场的人没说什么。几天后，蔡桓公病情发作，周身疼痛难忍。派人去请扁鹊，扁鹊早已逃到秦国去了。蔡桓公最终病亡了。

这个故事源于《韩非子·喻老》篇，也就是“讳疾忌医”这一成语的来源。这个成语常用来比喻人掩盖自己的过错，拒绝别人的批评和规劝。

狗尾续貂：都是封官惹的祸

据记载，司马懿的第九个儿子叫司马伦，也即晋武帝司马炎的叔叔。他被封为赵王，所以又称他为赵王伦。

晋武帝死后，其子司马衷即位，历史上称晋惠帝。赵王司马伦年虽老，但一心想当皇帝，于是就拉帮结派。他与一个名叫张林的大臣密谋策划，玩弄阴谋诡计，篡夺了皇位。

由于是靠这种手段当上皇帝的，司马伦整日忧心忡忡，害怕众人不服。为了笼络人心，扩大势力，巩固他的权位，就大肆地封官许愿晋爵，甚至连听差的奴役也给以爵位。像皇帝左右的侍中、散骑、常侍等一类高官，在当时的宫廷人事编制中一般只有 4 人，可司马伦当皇帝时竟达近百人，真是官职泛滥成灾。

当时凡宫内高级官员的官服都是统一式样，如帽子上都插着貂尾作装饰。不同官职，插的位置也有分别，侍中插在左面，常侍插在右面，以此显示高贵。

可是，当时司马伦封的高官太多了，貂是珍稀的动物，无处去找那么多的貂尾，于是有人出了高招，用狗尾替代。这样，不细看，还真分不出真假来。

本来，由于司马伦封官太多太滥，他们人浮于事，滥用职权，给百姓带来很大危害。后来，老百姓听说官员们头上的貂尾用狗尾代替，既可气又好笑，老百姓就编了歌谣讽刺这种现象：“……貂不足，狗尾续。”

这就是“狗尾续貂”这个成语的来源，原意是指官爵太滥，后来人们就用它比喻以坏续好，美丑不相称。多用来形象地揭示妄续他人文学作品，也有时用来表示自谦之意。

不为五斗米折腰：史上最有骨气的人

陶渊明又名陶潜，是中国最早的田园诗人。

公元 405 年秋，他为了养家糊口，来到离家乡不远的彭泽当县令。这年冬天，太守派出一名督邮，到彭泽县来督察。督邮品位很低，却有些权势，在太守面前说话好歹就凭他那张嘴。这次派来的督邮是个粗俗而又傲慢的人，他一到彭泽，就差县吏去叫县令来见他。陶渊明平时蔑视功名富贵，不肯趋炎附势，对这种假借上司名义发号施令的人很瞧不起，但也不得不去见一见，于是他马上动身。

不料县吏拦住陶渊明说：“大人，参见督邮要穿官服，并且束上大带，不然有失体统。督邮要乘机大做文章，会对大人不利的！”

这一下，陶渊明再也忍受不下去了。他长叹一声，道：“我不能为五斗米向乡里小人折腰！”

说罢，索性取出官印，把它封好，并且马上写了一封辞职信，随即离开只当了80多天县令的彭泽。

陶渊明不为五斗米折腰的故事，在人们的交谈中很快就传开来，受到人们的称赞。后来，人们从中概括出“不为五斗米折腰”的典故，用来表示清高、有骨气。

草木皆兵：最强的兵力

东晋时代，前秦王苻坚控制了北部中国。公元383年，苻坚率领步兵、骑兵90万，攻打江南的晋朝。晋军大将谢石、谢玄领兵8万前去抵抗。苻坚得知晋军兵力不足，就想以多胜少，抓住机会，迅速出击。

谁料，苻坚的先锋部队25万在寿春一带被晋军出奇击败，损失惨重，大将被杀，士兵死伤万余。秦军的锐气大挫，军心动摇，士兵惊恐万状，纷纷逃跑。此时，苻坚在寿春城上望见晋军队伍严整，士气高昂，再北望八公山，只见山上一草一木都像晋军的士兵一样。苻坚回过头对弟弟说：“这是多么强大的敌人啊！怎么能说晋军兵力不足呢？”他后悔自己过于轻敌了。

出师不利给苻坚心头蒙上了不祥的阴影，他令部队靠淝水北岸布阵，企图凭借地理优势扭转战局。这时晋军将领谢玄提出要求，要秦军稍往后退，让出一点地方，以便渡河作战。苻坚暗笑晋军将领不懂作战常识，想利用晋军忙于渡河难于作战之机，来个突然袭击，于是欣然接受了晋军的请求。

谁知，后退的军令一下，秦军一泻千里、溃不成军，而晋军则趁势渡河追击，把秦军杀得丢盔弃甲，尸横遍地。苻坚中箭而逃。

后来，人们用“草木皆兵”来形容神经过敏、疑神疑鬼的惊恐心理。

立木为信：信用的考验

卫国的贵族公孙鞅（就是后来的商鞅）在卫国之时得不到国君的重用。后来，听说秦国秦孝公即位后，求贤若渴，便来到秦国，对秦孝公说：“一个国家要富强，必须发展农业，奖励将士；治理国家，必须有赏有罚，赏罚分明，朝廷就会树立起威信，一切改革也就容易施行了。”商鞅的话非常符合秦孝公的想法，却遭到秦国的一些贵族和大臣的竭力反对。

两年后，秦孝公真正掌握了朝廷的实权，就任命商鞅为左庶长，让他全权实行改革。商鞅接到任务后，很担心老百姓对他不信任，不遵守新法令。他就派人在都城南门竖一根三丈高的木杆，并下令说：“谁能将这根木杆扛到北门，就赏他10两金子。”

不到一会儿，南门口就围上了一大堆人。尽管如此，他们都只是互相观望，并没有人上前扛木杆。商鞅看出百姓们不相信他的命令会兑现，就又将赏金加了40两。可是，赏金越高，人们越觉得不近情理，仍没人去扛。突然，人群中跑出一个人说：“我来试试。”说着就将木杆扛到了北门。商鞅立刻派人赏给了他50两金子。这件事一传开，轰动了整个秦国。从此，老百姓都知道左庶长是说话算数的。

商鞅看到百姓已经信任他了，就于公元前356年，把他起草的新法令颁布出去。新法令规定：民为什伍，有罪连坐；有军功受爵，私斗有罪；耕织得粟帛多的，免徭役；经商及怠惰而贫穷的，连妻子没为官奴婢；宗室无军功的，无名位。

秦国实行商鞅变法后，农业产量增加了，军事力量也强大了。不久，秦国进攻魏国，攻下了魏国的都城。

公元前350年，商鞅又推行第二次改革。普遍设县，置令、丞；废井田，开阡陌；统一度量衡；禁父子兄弟同室居住。

商鞅变法全面而彻底，客观地顺应了历史的发展。它使封建制在秦国确立，秦一跃成为强国，为后来一统六国奠定了坚实的基础，也为封建制度在中国生根壮大拓平了道路。

窃符救赵：为了信义

信陵君名叫魏无忌，是魏安釐王的同父异母弟弟，史称魏公子，他是战国四公子中最有贤名的一个。

信陵君门下有食客3000名，由于他待人真诚，大家都愿为他效力。有一次，他得知魏国都城大梁的东门有位70多岁的老人，名叫侯嬴，此人非常有才干，却只是一个看门的士卒。信陵君想和他交友，就派人给侯嬴送去很贵重的礼品，但侯嬴没有接受。于是，信陵君决定为他而大宴宾客。等宾客都到齐后，信陵君就亲自驾车去迎接侯嬴，并把左边的尊位空着留给侯嬴，但侯嬴却毫不客气地上来坐。当车经过闹市时，侯嬴对信陵君说：“我有一个朋友名叫朱亥，就在这儿的屠宰卖肉摊上，我要去看看他。”信陵君点了点头。侯嬴找到了朱亥，故意闲聊起来，边聊边观察信陵君。他见信陵君一直面带微笑，站在车下耐心等候，心里暗自佩服，决心要与信陵君交友，并为他做事。好半天了，侯嬴才回来上车。当到了宴会上时，信陵君又把侯嬴当作非常尊贵的客人一一介绍给大家，并请他坐上席。从此，侯嬴就在信陵君身边专门为他出谋划策。

公元前261年，秦国大举攻打赵国，包围了赵都邯郸，但一连三年都未攻下邯郸。可后来赵国也无力抵抗了，粮食都供应不上，眼看就要灭亡。赵国平原君的夫人是信陵君的姐姐，于是平原君多次派人向信陵君求救，希望派兵解救赵国。但秦国威胁说，谁要是支援赵国，秦攻下赵后就去攻打它。魏王虽然派将军晋鄙率兵10万救赵，但又害怕秦兵，于是命令晋鄙在边境按兵不动，观望观望再说。

信陵君见此状况，决心自己组织一批人到赵国与秦军拼死一战。可他去向侯嬴辞行时，侯嬴却冷淡地说：“公子自个儿去吧！我老了，不能跟随您！”信陵君带人走了几里路后，觉得侯嬴的言谈很不对劲。于是，他又带人回来，并直接去见侯嬴。侯嬴自信地说：“我知道公子要回来！公子是天下有名的贤人，想不到一时没办法，竟然带几个宾客就想去和秦军拼命，这岂不是拿鸡蛋碰石头，拿一块肉投进虎口吗？”

信陵君夷门访侯嬴图　清　吴历

信陵君一听，这话说到自己心里了，就跪拜在侯嬴面前请教。侯嬴这才说出他的计策："如姬是魏王的宠妃，而公子又曾替她报过杀父之仇。公子何不让如姬替你把魏王卧室内的调兵虎符偷出来，拿上它，扮成接替晋鄙的将军，到邺城夺过军队，再去救赵呢？"信陵君依计而行，得到了虎符。

当信陵君再次向侯嬴辞行时，侯嬴说："我虽然不能陪伴公子前行，但我将以死相送。估计公子到达了邺城之时，我将面向北边自杀，以送公子！"信陵君感动得落下了泪。他到了邺城，下令整编晋鄙的军队，得到精兵8万，在侯嬴之死的激励下，一举攻破秦军，救了赵国。这就是有名的"窃符救赵"。

司马昭之心：阴谋家的野心

司马懿死后，他的儿子司马师接替了他的职位。从此，魏国大权落在司马师和司马昭兄弟两人手里。大臣中若有谁反对他们，司马师就会将其除掉。魏少帝曹芳早就对司马师兄弟的霸道行径极为不满，一直想撤掉司马氏兄弟的兵权。但还没等曹芳动手，司马师已经逼着皇太后把曹芳废了，另立魏文帝曹丕的一个孙子曹髦继承了皇位。

魏国有些地方将领本来就看不惯司马氏的专权行为，司马师废去曹芳后，扬州刺史文钦和镇东将军毌丘俭起兵讨伐司马师。司马师亲自出兵，打败了文钦和毌丘俭。但是在回到许都之后，司马师也得病死了。

司马师一死，司马昭便做了大将军。他比司马师更为专横霸道。

魏帝曹髦实在忍无可忍了。有一天，他把尚书王经等三个大臣召进宫里，气愤地说："司马昭之心，路人皆知，我不能坐着等死。今天，我要同你们一起去诛杀他。"

年轻的曹髦根本就不懂得如何去对付司马昭。他带领了宫内的禁卫军和侍从太监，乱哄哄地从宫里杀了出来。曹髦自己拿了一口宝剑，站在车上指挥。

司马昭的心腹贾充领了一队兵士赶来，与禁卫军打了起来。曹髦上前大喝一声，挥剑杀过去。贾充的手下兵士见到皇帝亲自动手，都有点害怕，有的准备逃跑了。

贾充的手下有个叫成济的，问贾充："怎么办？"

贾充厉声说："司马公平时养着你们是干什么的！还用问吗？"

经贾充这么一说，成济胆壮起来了，拿起长矛就往曹髦身上刺去。曹髦来不及躲闪，被成济刺穿了胸膛，当时就死去了。

司马昭听说他手下人把皇帝杀了，也有点害怕了，连忙赶到朝堂上，召集大臣们商量。老臣陈泰说："只有杀了成济，才勉强可以向天下人交代。"

于是，司马昭就把杀害皇帝的罪责全都推在成济身上，给成济定了大逆不道三罪，并把他的一家老少全杀了。

之后，司马昭从曹操的后代中找了 15 岁的曹奂继承了皇位，他就是历史上的魏元帝。后来，人们用"司马昭之心，路人皆知"来说明阴谋家的野心非常明显，已为人所共知。

黄袍加身：皇帝原来可以这样当

公元 960 年，后周接到边境紧急战报：北汉国主和辽国联合出兵，进犯后周边境。周恭帝命殿前都点检赵匡胤前往应敌。赵匡胤立刻调兵遣将，和弟弟赵匡义、亲信谋士赵普一同带领大军从汴京出发。大军开出距京城 20 里的陈桥驿。

在陈桥驿宿营时，一些将领聚集在一起议论说："皇上年纪那么小，我们拼死拼活去打仗，他也不会知道我们的功劳，倒不如拥护赵点检做皇帝吧！"大伙都赞成这个意见。很快，这种意见就传遍了全营，将士们一齐拥到赵匡胤住的驿馆。

赵匡胤起床后，见外边集聚着很多将士，还没来得及问话，几个人把早已准备好的一件黄袍，披在他的身上，随后就跪地高呼"万岁！"。

汴京城里有石守信、王审琦等人做内应，没费多大劲儿就控制了京城。将领们把大臣范质、王溥叫到赵匡胤的住处。赵匡胤一见他们的面，就装出为难的样子说："世宗对我恩重如山，现在我被将士逼成这个样子，你们看怎么办才好？"范质等吞吞吐吐不知该怎么回答好。这时有个将领声色俱厉地喊道："今天大家一定要请点检当天子！"范质、王溥吓得赶快给赵匡胤下拜。

为此，周恭帝被迫让位，赵匡胤即位当皇帝，国号宋，定都东京（今河南开封），史称北宋。赵匡胤就是宋太祖。后周灭亡，经过 50 多年混战的五代时期结束。这一事件史上也称"陈桥兵变"。

条条大道通罗马：出自古罗马皇帝之口

"条条大路通罗马"是著名的英语谚语，出自罗马典故。古罗马原是意大利的一个小城邦。公元前 3 世纪，罗马统一了整个亚平宁半岛。公元前 1 世纪，罗马城成为地跨欧亚非三洲的罗马帝国的政治、经济和文化中心。罗马帝国为了加强其统治，修建了以罗马为中心，通向四面八方的大道。据史料记载，罗马人共筑硬面公路 8 万千米。这些大道促进了帝国的对外贸易和文化交流。从 8 世纪起，罗马成为西欧天主教的中心，各地教徒前往朝圣者络绎不绝。据说，当时从意大利半岛乃至欧洲的任何一条大道开始旅行，只要不停地走，最终都能抵达罗马。

相传"条条大路通罗马"这句话，最早出自罗马皇帝尤里安之口。他博学多才，集学者、作家和将军于一身。他在位期间允许宗教信仰自由，是君士坦丁之后唯一的非基督教徒帝王，因此教会称他为“叛教者”。

“条条大道通罗马”可喻采取多种方法或选择余地很多，与汉语成语“殊途同归”，或俗话“水流千里归大海”相似。

潘多拉的盒子：可怕的诱惑

天神普罗米修斯从天上盗火种送给人类，人类学会了使用火。主神宙斯十分恼火，决定要让灾难也降临人间。

他命令他的儿子火神赫淮斯托斯用泥土制作一个女人，名叫潘多拉，意为“被授予一切优点的人”。每个神都对她有所赋予以使她完美，阿佛洛狄忒送给她美貌，赫耳墨斯送给她利嘴灵舌，阿波罗送给她音乐的天赋。宙斯给潘多拉一个密封的盒子，里面装满了祸害、灾难和瘟疫，让她送给娶她的男人。宙斯将这位丽人遣送到人间，众神和凡人正在大地上休闲游荡，其乐融融。大家见了这无与伦比的漂亮女子都十分惊奇，称羡不已，因为人类从未有过这样的女人。

潘多拉立即去找“后觉者”厄庇墨透斯，他是普罗米修斯的弟弟，为人老实厚道。普罗米修斯深信宙斯对人类不怀好意，告诫弟弟厄庇墨透斯不要接受宙斯的赠礼。可厄庇墨透斯不听劝告，娶了美丽的潘多拉。潘多拉双手捧着她的礼物，这是一只密封的大礼盒。她刚走到厄庇墨透斯近前时，突然打开了盒盖（一说是由于潘多拉好奇而打开了盒子）。厄庇墨透斯还未来得及看清盒内装的是什么礼物，一股祸害人间的黑色烟雾从盒中迅疾飞出，犹如乌云一般弥漫了天空。黑色烟雾中尽是疾病、疯癫、灾难、罪恶、嫉妒、奸淫、偷窃、贪婪等各种各样的祸害，这些祸害飞速地散落到大地上。

而智慧女神雅典娜为了挽救人类命运而悄悄放在盒子底层的美好东西“希望”还没来得及飞出盒子，奸猾的潘多拉就把盒子关上了。后来，人们就常用“潘多拉的盒子”这一典故比喻灾祸的来源。

达摩克利斯之剑：安逸背后的危险

人们常用“达摩克利斯之剑”表示时刻存在的危险或到来的杀身之祸。

公元前 4 世纪，西西里东部的叙拉古王迪奥尼修斯打击了贵族势力，建立了雅典式的民主政权，但遭到了贵族的不满和反对，这使他感到虽然权力很大，但地位却不牢靠。有一次他向宠臣达摩克利斯谈了这个问题，并且用形象的办法向他表明自己的看法。

迪奥尼修斯为了满足一下宠臣达摩克利斯的贪欲，把宫殿交托给他，并赋予他有完全的权力来实现自己的任何欲望。这个追求虚荣、热衷势利的达摩克利斯在大庆宴会时，抬头看到在自己的座位上方天花板下，沉甸甸地倒悬着一把锋利的长剑，剑柄只用一根马鬃系着，眼看就要掉在头上，吓得他离席而逃。这时迪奥尼修斯便走出来说道：“（达摩克利斯头上）这把利剑就是每分钟都在威胁王上的危险象征，至于王上的幸福和安乐，只不过是外表的现象而已。”

因此，人们用“达摩克利斯之剑”借比安逸祥和背后所存在的杀机和危险。

斯芬克司谜语：谜底是人

在金字塔畔一块露出的巨大岩石上雕刻着一个匍匐的狮身人面石雕，据说它就是传说中的斯芬克司。关于它还有一个有趣的故事。

这个狮身人面怪盘踞在一条通往开罗的必经之路上，凡过路的人它都要提出一个谜语，凡是猜不出的，都做了它的美餐。但那条谜语非常奇特，没有人能够猜出，所以人们都不敢再走那条路了。要去开罗办急事的人都只好绕道千里而去，或者干脆不去。

有一天，一位年轻人听说了这件事，他决定去试一试。别人都劝他不要去，因为去无异于送死，但他抱着为民除害的坚定信念执意要去。

斯芬克司一见有人来了，非常地高兴，看来又有一餐美味！它照例出了那条谜语：“什么东西早上是四条腿，到了中午是两条腿，当太阳落山时又变为三条腿？”

“这个……”年轻人确实感到难猜。

“快点！”说着它就张开那血盆大口，恨不得一口把年轻人吞下。但它想这一顿是跑不了，还是看一看他有什么办法。

“是人。”

“什么！”它感到万分惊慌，但仍不死心，“那是为什么？”

“因为人刚生下来还不会行走，所以他两手着地爬着走，这不是四条腿吗？当人长大些学会了走路，不是两条腿吗？当人老年迈之时走路必须拄着拐杖，这不就是三条腿吗？”

斯芬克司被气得哑口无言，只得承认答对了。由于羞愧难当，它跳崖自尽了。从此这条路又恢复了往日的繁华。

狮身人面像——传说中的斯芬克司

橄榄枝与和平鸽：诺亚方舟的使命

据《圣经·创世记》载，上帝降洪水灭世时，诺亚制作方舟避难。洪水泛滥了150天后逐渐消退，方舟被搁浅于山巅。诺亚为了探测洪水究竟是否已经退却，放出了一只乌鸦，但乌鸦却没有飞回来报信。于是就又放出了一只鸽子，鸽子很快就飞回来报信。七天后再放出鸽子，飞回来的鸽子嘴里竟衔着一段新折下来的橄榄绿枝。诺亚由此断定洪水已退，这才从方舟里走了出来。后来，人们就把橄榄枝与鸽子当成了和平的象征，并把鸽子称为“和平鸽”。

职业称谓：三百六十行，行行有来由

七十二行：不用愁没工作

“七十二行”是人们比喻社会上的各行各业的说法。据宋代周煇撰《清波杂志》所载，中国唐代的行业为“三十六行”，即：宫粉行、肉肆行、成衣行、玉石行、丝绸行、珠宝行、纸行、鲜鱼行、海味行、文房用具行、竹木行、茶行、酒米行、铁器行、针线行、顾绣行、汤店行、药肆行、陶土行、扎作行、件作行、巫行、驿传行、棺木行、故旧行、皮革行、酱料行、网罟行、柴行、花纱行、彩舆行、杂耍行、鼓乐行、花果行等。

徐珂在其著作《清稗类钞·农商类》中说：“三十六行者，种种职业也。就其工而约计之，曰三十六行，倍之则为七十二行，十之则为三百六十行。”

由此说来，七十二行、三百六十行等说法并非行业的具体数字，不过是各行各业的概称而已。

职业记者：以采集和卖新闻为生

16 世纪的威尼斯是欧洲的经济中心，商业活动频繁，各国商人纷纷来到这里进行商业竞争。他们聚集在城里，迫切需要了解和掌握涉及切身利益的各类信息。

有些人投其所好，专门采集有关政治事件、物价、船舶起航等方面的消息，或手书成单篇新闻，或刊刻成报纸，然后公开出售。

人们根据他们工作的特点，分别称呼他们为报告记者、新闻记者、报纸记者。这些专以采集和卖新闻为生的人，就是世界上最早的职业记者。

节目主持人：主要持棒之人

“节目主持人”一词最早出现于 1952 年。

1952 年是美国第 34 届总统大选之年。美国哥伦比亚广播公司新闻节目负责人米克尔森挑选了具有丰富经验的沃尔特·克朗凯特报道这一年的美国两党代表大会。

米克尔森和制片人唐·休伊特认为，为了更好地报道这次大会，应让最有能力的记者在最后把所有的报道串接起来，然后高度概括一番。休伊特把他的这一设想比作体育运动中接力赛跑的最后一棒，他把接最后一棒的人叫作“节目主持人”，“主持人”就是主要持棒之人。于是，克朗凯特便成了世界上第一个节目主持人，这就是“节目主持人”这一称呼的来历。

空中小姐：护士的建议

“空中小姐”是人们对民航飞机上女服务员的泛称。1930 年 5 月以前，飞机上没有空中小姐，机上的乘客都是由副驾驶员负责兼职照料的。一天，在旧金山一家医院里，护士埃伦·丘奇小姐与波音航空公司驻旧金山董事史蒂夫·斯廷帕森聊天。当她听说驾驶员的工作十分繁忙，除了保证飞机安全飞行之外，还要照料机上的乘客，就插话说：“您不能雇用女乘务员吗？姑娘的天性，是可以胜任空中小姐工作的。”这位董事听了觉得很有道理，便采纳了这个建议。于是，在不到 10 天的时间里，史蒂夫挑选了包括丘奇小姐在内的 8 名护士，登上了民航飞机，成为世界上第一批“空中小姐”。

经理：皇帝明德，经理宇内

经理指企业中负责经营管理的人员。

“经理”一词最早见于《荀子·正名》：“道也者，治之经理也。”《史记》称李斯在山东芝罘刻石：“皇帝明德，经理宇内。”这里的意思是治理。《后汉书》称汉光武帝刘秀好学不倦，和大臣经常“讲论经理，夜分乃寐”。此处指经书的义理。中国古书始终将“经理”当复合词用。直到《辞海》把“经理”一词解释为“企业中负责经营管理的人”，“经理”才作为专用名词。

丝商

清代吴俊作。图中脚工正在将广益丝栈的蚕丝运到丝商处，进库前还要一一过秤。

商人：做买卖的商族人

贩卖商品从中获利的人叫作“商人”，“商”字缘何而来呢？

在原始社会后期，出现了以物易物的交换活动。到了夏代，在社会上便分离出一部分专门从事交换的人。公元前 1600 多年，黄河下游的商族首领王亥聪明多谋，很会做生意，经常率领很多奴隶，驾着牛车到黄河北岸去做买卖。

后来，到了商族后裔汤的时候，商族的手工业已相当发达，特别是纺织业，花色品种优于其他各族。汤为了削弱夏的国力，便组织妇女织布纺纱，换取夏的粮食和财富，把贸易作为政治斗争的武器，最后灭了夏代的统治者夏桀，建立了商朝。

自从武王伐纣，殷商灭亡，商族人地位十分低下。过惯了奢侈生活的商族贵族，便纷纷重操旧业，到处去做买卖。由于从事这些贩卖活动的人大都系商代遗民，所以被世人称为“商人”。这就是“商人”的由来。

时装模特：沃恩的妻子

西方开始用真人做时装模特儿，至今也不过150多年的历史。尤其是随着时装业的迅速发展，时装模特已形成了自己的行业。

时装模特的起源与意大利和法国有着密切的关系。

1573年，意大利修道士圣·马乐尔柯用木料和黏土制作了一个类似玩偶的人体模型，并用零碎的麻布加以装饰。这种早期的人体模型很快传入法国。后来，巴黎的一位女裁缝利用这种人体模型向顾客展示新式服装，收到了意想不到的效果，结果，其他女裁缝争相仿效。当时，人们称这种穿上时装的人体模型为“时装模特”。

真人时装模特发明者是英国时装设计大师沃恩。据说，他20岁时来到法国巴黎，在一个新式服装店当销售员。1846年，他为推销一种披肩服装，让店里漂亮的小姐玛丽·韦尔纳穿上招待顾客，结果取得成功，玛丽也成为他的妻子。

从1851年起，他为玛丽设计了许多服装，因而赢得了大量顾客。以后在巴黎又以“沃恩”为名开了一家自己的服装店，并雇了几个年轻女子专做招待顾客的工作，服装生意相当兴隆，使得许多服装商纷纷效仿。于是，女模特便很快在法国大量出现，并迅速遍及了欧洲。据说，这就是第一位时装模特的由来。

大师傅：做饭算不算行当

人们往往将做饭的称为大师傅，将做菜的称为二师傅。为什么会有这样的称呼呢？这里面有一则民间故事。

古时有个皇上，一次来到修建宫殿的工地上，就让各工匠说说自己的本领，谁的本事大，就封谁为师傅。众工匠都不服气，抢着表自己的功劳。皇上就干脆把他们都封为师傅。

工地上给工匠们做饭的是一对姐妹。姐姐见工匠们都有封号，便也凑过来讨封。没想到，那些被封为师傅的工匠们说：“做饭算什么行当？”姐姐很生气，就决定饿他们一次。

众工匠干完活，都跑到饭棚去吃饭，却见灶房里没动烟火，就来责问姐妹俩。

姐姐说："做饭不算个行当，那你们就自己做吧！"众工匠向皇上报告此事。皇上问："那这做饭的到底算不算个行当？"这些能工巧匠饿得肚子咕咕叫，连忙答道："做饭算行当，太算行当了！"

于是，皇上叫人把姐妹俩找来，准备封她们为师傅。姐姐摆摆手，指着工匠们对皇上说："他们都是师傅，却做不了饭；给我的封号，得比他们大！"皇上说："那就封你为大师傅吧。"姐姐乐了，指指帮助自己做菜的妹妹，问："她呢？"皇上顺口说："你是大师傅，那她就算二师傅吧。"妹妹一听，也很高兴。

就这样，做饭的就被称为大师傅，助厨的就被称为二师傅了。

导游：行军打仗术语

导游之称是由"向导"一词演化而来。

"向导"在中国古代是军队中的一种专用名词。《孙子兵法》中就有"不知山林险阻沮泽之形者，不能行军；不用向导者，不能得地利"之语。春秋时期，大政治家管仲从齐桓公北伐孤竹，春往冬返，由于没有熟悉地理的向导带路，在回国的路上迷失道路，不知所措。后来，管仲提出一个办法，说："老马之智可用也。"乃纵老马于军前，任其所至，随而从之，竟得道而归。实际上，这老马就是起了向导的作用。

在中国旅游行业中，20 世纪 80 年代以前，还是袭用"向导"这一称谓，也有把它称为"旅行干事"的；还有一个带点官气的名字，叫做"领队"。改革开放以来，由于旅游事业突飞猛进，方才确定了"导游"这一专门称谓。

教师：传道授业解惑

教师的称谓最早见于中国西周时期的金文中，称为"师氏"，简称"师"，即教国子的官员。"师"原来是商、周军队的组织单位。西周的统治者为培养善战的贵族弟子，开办了"国学"，有高级军官"师氏"任教。

"老师"最初指年老资深的学者，如《史记·孟子荀卿列传》："齐襄王时，而荀卿最为老师。"后来把教学生的人也称为"老师"，如金代元好问《示侄孙伯安》一诗："伯安入小学，颖悟非凡儿。属句有夙性，说字惊老师。"中国有悠久的尊师重道的传统，古代就有"人有三尊，君、父、师"的说法。《吕氏春秋·尊师》云："生则谨养，死则敬祭，此尊师之道也。"古人席地而坐，以西边为尊，故尊称家庭教师为"西席"和"西宾"。

汉代许慎在《说文解字》中说："师教人以道者之称也。"是说"师"就是人们对那些"教人们懂得道理的人"的称呼。由于"师"是传授知识的，而"教"又是传授知识的一种重要手段，从而把"教师"一词定为"传道授业解惑"者的美称。

大夫：医官中最高级

大夫是对医生的尊称。为什么称医生为“大夫”？

大夫在古代是一种官职，读作“ dà fū”，但不是医官。古代时，天子及诸侯都设立这种官职，分为上大夫、中大夫、下大夫三级。秦汉以来，有御史大夫、谏大夫、太中大夫、光禄大夫等名。到了宋朝，开始设置大夫以下的官阶。

医官中最高级是大夫，其次为郎，又称郎中，以下便是医效、祗侯等。后世之人，因为大夫是医官中最高的职位，所以把大夫作为医生的尊称。为了区别于官名，将称医生为“大夫”的“大” dài 读成，而不读 dà 。

护士：天使之翼

南丁格尔，第一所护士学校的校长，在 19 世纪极受尊敬的英雄式女性。

护士在医院出现的时间并不长。

19 世纪初，英国虽然设立了许多较大规模的医院，但还没有专门的护士，只是由仆役兼管一些护理工作。1836 年，德国有一位青年宗教人士开设了一所医院，并训练了一批年轻的姑娘专门负责病人的护理工作，这就是最早的护士。

在 1853 ~ 1856 年间，俄国与英国、法国、土耳其之间在克里米亚发生战争，双方伤亡惨重，大量的伤病员无人照顾。当时，英国有一位具有医学专业知识的女士名叫弗洛伦斯·南丁格尔，她自愿组织战地救护队，率领 38 名女救护队员负责伤病员的护理。在她的领导下，医院建立了管理制度，提高了护理质量，使伤病员死亡率迅速下降。1860 年，她又在英国的圣多马医院办起世界上第一所护士学校。每年的 5 月 12 日，是国际护士节。这就是为了纪念近代护理学科创始人南丁格尔而设立的。

不久，许多国家都相继开办了专门的护士学校。以后由于护士教育与技术水准的提高，各大医院都设有专科护士，也都有护士从事对病人的护理工作了。

人物称谓：平素称谓有讲究

太太：王室夫人的敬称

汉哀帝时，“太太”用于尊称老一辈的王室夫人。到后来，汉室又称皇太后为皇太太后。

明代时被称为太太要具备这样的条件：“凡士大夫妻，年来三十即呼太太”，即司眷属、中丞以上的官职才配称太太。

清朝的人则习惯叫家庭主妇为太太，不过大都是婢仆这样称呼女主人。

民国时期，太太的称呼使用极为频繁，至少是在有知识阶层之上。

中国对外开放以来，“太太”的称谓成为人们对朋友间已婚女子的敬称。

丈人：原为老人尊称

在家庭关系中，称妻子的父亲为“丈人”。然而魏晋以前，妻子的父亲被叫做“舅”或“妇翁”。而“丈人”是对上了岁数的男子的尊称。

据唐朝文学家柳宗元《祭杨凭詹事文》记载：“年月，子婿谨以清酌庶羞之奠，昭祭于丈人之灵。”宋朝的《猗觉寮杂记》和《鸡肋编》都据以为证，以为“丈人”的说法开始于此。

其实，“丈人”的称谓出现得还要早些。陈寿《三国志·蜀志·先主传》里提到“献帝舅车骑将军董承”，董承是献帝刘协的表叔，亲上加亲，女儿给刘协做了“贵人”。裴松之注释上边这句话时写道：“（董承）于献帝为丈人，盖古无丈人之名，故谓之舅也。”

泰山：连升四级，泰山之力

将妻子的父亲称为“泰山”，与泰山的“封禅”有关。

据唐段成式《酉阳杂俎》记载，唐玄宗李隆基到泰山封禅。丞相张说担任封禅使，顺便把他的女婿郑镒也带去了。按旧例，有幸随皇帝参加封禅者，丞相以下的官吏都可以升一级。郑镒本是九品官，张说利用职权，一下子把他连升四级。唐玄宗在宴会上看到郑镒突然穿上五品官穿的浅绯色官服，觉得奇怪，便去问他。郑镒支支吾吾，不好回答。这时，擅长讽刺的宫廷艺人黄幡绰插科打诨回答说："此泰山之力也！"后人因此称妻父为"泰山"。

因为泰山又称东岳，是五岳之长，所以又转而把妻父称作"岳""岳翁""岳父""岳丈"等。据文献记载，这种称谓大致始自宋代。妻母则称作"岳母"。在书面文献中，后来也有称作"泰水"的。

东床：好女婿，真本色

"东床"一词用于称呼女婿，始于晋朝。

《晋书·王羲之传》上有一个故事说，晋代有一名太尉郗鉴，有一天派门客去王导家为自己女儿择婿。

门客回来后报告说："我把王家的子弟一个个仔细看了，他们都长得出众，读书用功。我去的时候，正逢他们吃饭，这些年轻人一边吃饭，一边说笑，有的还摇头晃脑地吟诗。他们一听说我是奉太尉之命去选女婿的，大家都不出声了，立刻坐了下来，整整衣服，变得端端正正的了。其中只有坐在东床上的一个青年人，仍敞着衣襟，大吃大嚼，好像根本没有听到我是专为择婿而来的这番话似的。"

郗鉴听后说："这种不做作的人，想必正是一个好女婿。"经他亲自带领门客再次探听，得知那个青年叫王羲之，于是就把自己的女儿嫁给了他。这件事流传四方，后来有人便把"东床"用作女婿的代称，并一直沿用至今。

连襟：人生意气合，相与襟袂连

在中国民间，姐妹的丈夫互称"连襟"，又称"连袂"。这个俗称与杜甫有关。

杜甫晚年居于川东，结识了当地一位姓李的老头，论起来两家还是远房亲戚。两人很合得来，交往甚密。后来杜甫要出峡东，写了首《送李十五丈别》的诗，其中几句是："孤陋忝末亲，等级敢比肩？人生意气合，相与襟袂连。""襟袂连"形容彼此关系密切，只不过尚未达到后来指的那种关系。

把"连襟"一词移用姐妹丈夫间的称谓的人，是南宋的洪迈。当时，洪迈有个堂兄在泉州做幕宾，不很得意，其妻的姐夫在江淮一带做节度使，得知此事后，便写了一封荐书，荐洪迈的堂兄去京城供职。事成之后，洪迈的堂兄甚为感激，托洪迈替写了一份谢启，寄予妻子的姐夫，里边有这样几句："襟袂相连，夙愧末亲之孤陋；云泥悬望，分无通贵之哀怜。"这里的"襟袂相连"，就是用来形容姐妹的丈夫之间的密切关系了。后来，人们又将"襟袂相连"简化为"连襟"，成为姐妹的丈夫间专用称谓了。

足下：悲乎，足下

足下，常用于对平辈或是朋友之间的敬称。

春秋时期，晋公子重耳逃亡在外 19 年，后来又回晋国当了国君即晋文公。晋文公即位后，想封赏有功之人。当年跟随他出逃的介之推不愿接受封赏，带着老母隐居到绵山中。

晋文公到绵山找他，他躲着不出来。晋文公用烧山的办法想迫使他出来，不料介之推却抱着大树被烧死了。晋文公十分悲痛，于是命人砍下这棵大树制成木屐，穿在脚下。每当他想到介之推时就看看脚下的木屐说："悲乎，足下。""足下"一词由此而来。"足下"因一开始代表晋文公所尊重的人，所以逐渐演变成表示敬意的人称代词。

泰斗：仰之如泰山北斗

"泰斗"是"泰山北斗"的简称。人们常用"泰山北斗"比喻在德行和事业方面为众人所敬仰的人。

据《新唐书·韩愈传》记载：唐朝文学家韩愈善于写古文，死后他的文章广为流传，当时的学者"仰之如泰山、北斗"。起初，人们把韩愈比作"泰山、北斗"，是表示对这位文学家的推崇和景仰之情。后来，就用"泰山""北斗"来比喻在某一方面成就突出，在社会上有名望、有影响的人。如把印度的泰戈尔、俄国的托尔斯泰、中国的鲁迅等，称为文学泰斗。

海外赤子：我爱你，中国

中国旅居海外的同胞一般被称为"海外赤子"，这一称谓是怎么来的呢？

"赤子"本指婴儿。《尚书·康诰》："若保赤子，惟民其康乂。"孔颖达疏："子生赤色，故言赤子。"《孟子·离娄下》中有："大人者，不失其赤子之心者也。"在《汉书》中，"赤子"还引申为子民百姓。

在唐贞观年间，唐太宗殿试射箭比赛。大臣劝谏："人们张弓挟矢立在殿前，距离你这么近，万一有狂妄无知的人暗中发射，可对社稷极为不利呀！"唐太宗说："王者视四海为一家，封域之内，皆朕赤子，朕推心置其腹中，奈何宿卫之士亦加猜忌乎！"其意思是说，我把四海之内的人都看成是赤子，真心相待，哪能对宫中值宿的警卫都不信任呢？

此后，人们便从唐太宗这段话中引申出"海内赤子"一语。20 世纪 80 年代初期反映归国华侨参加祖国建设的电影《海外赤子》轰动一时，引起很大反响，其主题曲《我爱你，中国》更是广为流传。

黎民、百姓：奴隶主与奴隶的区别

据《山海经》记载，4000多年前，黄河流域的黄帝部落和炎帝部落结成联盟，打败了从南方进犯的黎族。来自黎族的俘虏成了黄、炎部落的奴隶，被称为“黎民”。

当时，许多部落都由氏族组成。而黄、炎部落联盟约有100个氏族，每个氏族又各有自己的姓氏。因而黄、炎部落联盟的氏族就被称作“百姓”。百姓与黎民，意味着奴隶主与奴隶的区别。

到了西周奴隶制时期，百姓成为贵族的通称，这时的黎民包括自由民、农奴、奴隶。“黎民”“百姓”的原意在不断的演化中消失了，后来只是泛指广大的普通群众。

额娘：鹅娘！鹅娘！

相传在中古时代某年暮春的一天，天宫中三位美丽的仙女化为天鹅来到长白山膜拜日月峰。不料来到布库里湖，就被清澈碧蓝的湖水迷住了，三只天鹅落入水中又变回三位仙女。正当她们在水中嬉戏时，天上忽然飞来了几只神鹊，在三位仙女头上盘绕，不肯离去。只见一只神鹊将衔在口中的一颗朱果吐在三仙女的衣裙上，便扶摇飞去，三仙女便轻轻地将朱果拾起含在口中，吃了下去。

待三位仙女整好衣裙欲返天宫之时，三仙女忽然感觉腹内鼓胀，行动不便了。她看着仍在隆起的肚腹，声泪俱下地向大仙女呼唤：“呀，姐姐！定是朱果作怪，让我成了这般模样。哎呀！我驾不得云了！”两位姐姐无奈只得将三妹留下，待生产之后再来接她重返天宫。

数月之后，三仙女终于诞下一男婴，此男婴一出生便能说话，乃神童也。三仙女轻拂着孩子的额头说道：“孩儿，你是我在布库里湖畔吞朱果而生，所以，你的名字叫布库里雍顺，你的姓是爱新觉罗氏。你是奉天旨来到人世的，降临到人间，是让你去平定战乱、抚育百姓的。”话音刚落，她就看到二位姐姐从天上来接她了，于是她就化为天鹅依依不舍地飞上了天宫。孩子看到妈妈变成了天鹅，急忙挥舞着小手，哭喊着：“鹅娘！鹅娘！”据说从那以后，当地人就称自己的母亲为额娘了。

父母官：前有召父，后有杜母

“父母官”是旧时中国百姓对州、县官的尊称。这一称呼是由何而来的呢？

《汉书·循史传》记载，西汉元帝时，南阳郡太守召信臣，字翁卿，九江寿春人。“其治视民如子”，劝民农桑，去末归本，为政勤勉有计谋，“好为民兴利”，尽力使百姓富起来。他亲自指导农耕，常出入于田间，住宿在民家，很少有安闲的时候。“百姓归之，户口增倍，盗贼狱讼衰止。”“吏民亲爱信臣”，尊他为“召父”。

至东汉光武帝时，南阳郡百姓又迎来一位太守杜诗。《后汉书·杜诗传》载，杜诗，字君公，担任郡功曹时，爱民如子，事事替百姓做主，由是全郡百姓家家粮丰衣足。百姓拿他与以前的召信臣相比，说“前有召父，后有杜母”。自此“父母官”这一尊称便广传后世。

宋初文学家王禹偁在《谪居感事》诗中有“万家呼父母”之句，并自注：“民间多呼县令为父母官。”这可能是“父母官”合写的较早的记录。

贝勒：满族初期的最高爵位

在关于清朝的影视剧中经常会听到贝勒的称谓，那么贝勒是什么意思，有什么起源呢？

“贝勒”本为部落之长的意思。《续资治通鉴·宋徽宗政和四年》：“女真（即后来的满族）……其部长曰贝勒。”“贝勒”后来演变成满族贵族的称号。在清代，“贝勒”同时又是封爵名。1616年，努尔哈赤建立后金，即汗位，封次子代善为大贝勒、侄子阿敏为二贝勒、五子莽古尔泰为三贝勒、八子皇太极为四贝勒，号称“四大贝勒”，同听国政。“贝勒”相当于后来的亲王。

1636年，后金改国号为“清”，参照汉族的王封制度定封爵，分为九等，贝勒位于亲王、郡王之下，降为三等。后来，清代的爵封制度变化过许多次，到光绪时分为十二等，但“贝勒”的身份仍在亲王、郡王之下。

陛下：宫殿下的台阶

皇帝或国王常被尊称为陛下，这是为何呢？陛，是指宫殿下的台阶。人臣奏事，必须请陛下的近臣转呈，不敢直接惊动皇帝，以示对皇帝的尊敬。

同样，对于居住在宫殿内的其他皇族，如太子、公主等，规称为殿下，以示尊崇（对皇后也可称陛下）。

陛下的称呼起于秦始皇。到了唐代，因为高级官员的官署往往称“阁”，如东阁、龙图阁等，所以又对高级官员尊称为“阁下”。

今天，这些称呼我们只在外事活动中采用。一般对外宾中的国王、王后称陛下，对王室成员称殿下，对总统、总理等贵宾称阁下。

成吉思汗：草原大帝

元太祖成吉思汗，本名铁木真，1162年出生于蒙古部孛儿只斤氏族，是中国古代蒙古族首领、杰出军事家和政治家。

1206年以前的蒙古一直处于分裂割据的局面，铁木真经过长期征战用武力统一各部落，蒙古才形成一个政治、经济、军事、文化统一的高度集权的大部落，并且

成吉思汗放鹰捕猎图

用蒙古作为统一名称。1206年，蒙古各部落首领在斡难河边开会，共同推铁木真做大汗（“汗”就是大帝的意思），并且给他加了一个称号叫“成吉思汗”。

“成吉思汗”有三种解释：

1. 据《史集·部族志》解释：蒙古语“成”的意思是“坚强”,“成吉思”是其复数。《通史简编》也认为“成”是“刚强”，“吉思”是“多数”。因此成吉思汗是“坚强的大汗”的意思。

2. “成吉思”蒙古语意思为“天赐”。成吉思汗即是上天赐予蒙古人的大汗。

3.《蒙古源流》和《蒙古世系谱》两书认为：在铁木真即位前三天，每天清晨都有一五色鸟鸣，声声如“成吉思”“成吉思”，似是一种吉祥的征兆。所以，“成吉思汗”的名字便由此而来。

“太阳王”路易十四：芭蕾舞蹈痴迷者

法兰西国王路易十四，史称路易大帝。他亲政的55年，是法国专制制度的极盛时期。在他的统治下，法国一度统治欧洲，伏尔泰曾把这个时期称为“路易十四的世纪”。

路易十四非常热爱舞蹈艺术。他从少年起就每天接受舞蹈训练，长达20年之久。他13岁起便在芭蕾舞剧《卡珊德拉假面舞会》中担任角色，32岁时他连续在26部大型芭蕾舞剧中担任主角。他一直是舞蹈艺术的热心赞助者和支持者。他1661年要求他的舞蹈教师波尚建立芭蕾基本动作规范，规定手臂和脚的基本部位和各种动作的式样。同年，在他的主持下，又建立了皇家舞蹈学院。他亲自批准了皇家舞蹈学院的章程和建院所需的经费，提供了充足的物质条件。由此而形成的芭蕾的基本技巧和训练体系历经几个世纪发展至今，仍是如今各个国家、各个派系芭蕾艺术的基础。他还要求他的朝臣们都要参加跳舞，并要求他们的舞蹈风格要高贵、典雅。

路易十四之所以重视舞蹈，是因为他认识到艺术可以用来提高他作为君王的威望。他也非常重视自己王者的风度。他认为扮演太阳或阿波罗之类的角色，可以在他身上激发起一种神圣的使命感。由于他曾扮演了芭蕾舞剧《夜》中太阳的角色，而被人们誉为“太阳王”。

“战争之父”汉尼拔：“罗马的噩梦”

汉尼拔·巴卡，北非古国迦太基名将。年少时随父亲哈米尔卡·巴卡进军西班牙，终身与罗马为敌，在军事上有卓越表现。当时的罗马人对他十分恐惧，把他称为“罗马的噩梦”。

汉尼拔不仅是一名天才的军事家，同时也是一个出色的外交家。他注意利用罗马和意大利各同盟者之间的矛盾，孤立和削弱罗马。与此同时，他还与地中海沿岸的罗马邻国结成反罗马联盟。

公元前 216 年 8 月，在著名的康奈城激战中，汉尼拔将指挥艺术发挥到了极致，通过精确的计算和完美的调度，他竟然用比敌人少一半的兵力包围了敌军。经过 12 个小时的激战，罗马军大败，损失 7 万余人，而汉尼拔只损失不到 6000 人，创造了古代军事史上以少胜多的辉煌战绩。

第二次布匿战争期间，汉尼拔率领军队从西班牙翻越比利牛斯山和阿尔卑斯山进入意大利北部，在特拉比亚战役（公元前 218 年）、特拉西梅诺湖战役（公元前 217 年）和坎尼战役（公元前 216 年）中击溃罗马人。

公元前 195 年，罗马人迫使汉尼拔被驱逐。汉尼拔出走东方，流亡到塞琉西王国。公元前 189 年，罗马打败安条克，并要求引渡汉尼拔，汉尼拔逃到小亚细亚北部的比提尼亚王国。即使如此，罗马人仍然不放心汉尼拔，一直争取把他引渡到罗马受审，致使汉尼拔在公元前 182 年服毒自尽。

“铁血宰相”俾斯麦：“问题须靠铁和血来解决”

俾斯麦是普鲁士德国容克资产阶级最著名的政治家和外交家，自上而下统一德国的代表人物。

俾斯麦生于普鲁士的一个容克贵族世家，这熔铸了他那个阶层特有的专横暴戾的习性。19 世纪 40 年代，俾斯麦的政治态度顽固保守，竭力维护容克阶级的旧有利益，声称德国统一乃是妄想。自 19 世纪 50 年代后，俾斯麦的政治态度发生了一些变化。他已经受到资产阶级思想的影响，并且意识到，德国的统一是无法阻止的，要挽救普鲁士君主政体和容克利益，只有掌握统一运动的领导权。

1862 年，俾斯麦出任普鲁士的宰相兼外交大臣。当时普鲁士政府和以资产阶级自由派为主的进步党在有关军费预算的问题上发生了尖锐的冲突（即宪法纠纷）。国王威廉一世虽然解散了议会，但是，新选出的议会中进步党仍占有不少的席位，并于 1862 年 9 月再次否决军费预算。容克的代表人物俾斯麦就是在这种情况下被普鲁士国王任命为首相兼外交大臣的。他一上台，便采取了强硬的立场，并在议会上对代表们说：“我们这里不是英国，我们这些大臣是国王的奴仆，而不是你们的奴仆。”9 月 30 日，他在议会预算委员会上宣布：“德国不能寄希望于普鲁士的自由主义，而要寄希望于它的武力。当前的重大问题不能靠演说和靠多数通过决议来解决，问题须靠铁和血来解决。”统一德国依靠“铁和血”，即凭借暴力，这是他统一德国的纲领和信条，他的“铁血宰相”的别称也由此而得名。

俾斯麦正是凭借这种暴力，大胆而又灵活地利用国际纠纷和有利时机，决定性地使德国通过了自上即下的道路统一起来。

“沙漠之狐”隆美尔：“战争动物”

隆美尔是德国装甲兵的战将，在第一次世界大战中是一位声名显赫的风云人物。隆美尔出生在德国南部海登姆市一个中学校长家庭。1910年中学毕业后从军，入但泽皇家军官候补学校学习。第一次世界大战期间任连长，先后获得3枚十字勋章。第一次世界大战后，因著有《步兵进攻》一书而引起希特勒的重视。1938年调任希特勒大本营，任卫队长。第二次世界大战爆发后，隆美尔作为德国最高统帅部的指挥官之一，受到希特勒的器重。1941年2月，希特勒任命隆美尔为“德国非洲军”军长，前往北非援救一败涂地的意大利军队。他到达北非的黎波里前线后，立即进行了一次侦察飞行，得出了“最好的防御就是进攻”的结论。于是他便改变“固守防线”的命令，指挥他的装甲部队冒着沙漠风暴勇猛穿插，全速前进。英军猝不及防，节节败退。德军直逼亚历山大和苏伊士。隆美尔因此名声大振，赢得了“沙漠之狐”的美名。

虽然隆美尔至死都在为第三帝国效劳，但他仍不失为一位战绩显赫的传奇式人物。在西方军界，除了英国人送给他“沙漠之狐”的美誉外，还有人称他为“战争动物”，称他指挥的装甲师为“魔鬼师”，甚至还有人称他为“20世纪的汉尼拔”。显然这些都是对于他出类拔萃的军事造诣和战术天才的肯定。

地理名称：大洲大洋，江河湖海

长江：古代单名“江”

长江发源于青海省西部的唐古拉山脉，流经青海、西藏、四川、云南、重庆、湖北、湖南、江西、安徽、江苏10省（市、区），在上海吴淞口附近注入东海，全长6300千米，是中国第一大河。

长江古名江，又称大江，六朝以后，通称“长江”。近代不少国家把整条长江称为扬子江。

长江各段名称和别名总计不下30种。一般常用的分段名称有：从江源至当曲口（藏语“曲”即“河”），称沱沱河，为长江正源；当曲口至青海省玉树市巴塘河口，称通天河；巴塘河口至四川省宜宾市岷江口，称金沙江；岷江口至长江入海口，通称长江。其中，宜宾至湖北省宜昌市，因长江大部分流经四川省境内，俗称川江；湖北省枝城至湖南省岳阳市城陵矶，因长江流经古荆州地区，俗称荆江；江苏省扬州、镇江附近及以下江段，因古有扬子津渡口，得名扬子江。

黄河：母亲河

黄河是中国的母亲河，发源于青海省巴颜喀拉山脉，流经青海、四川、甘肃、宁夏、内蒙古、陕西、山西、河南、山东9个省区。干流河道全长5464千米，是中国第二长河。

古代的黄河，河面宽阔，水量充沛，水流清澈，那时，它的名字并不叫黄河。中国最古老的字书《说文解字》中称黄河为“河”，最古老的地理书籍《山海经》中称黄河为“河水”，《水经注》中称“上河”，《汉书·西域传》中称“中国河”，《尚书》中称“九河”，《史记》中称“大河”。到了西汉，由于河水中的泥沙含量增多，有人称她为“浊河”或“黄河”，但未被普遍认可。直到唐宋时期，“黄河”这一名称才被广泛使用。

珠江："海珠"之江

珠江旧称粤江，是中国境内第三长河，按年流量为中国第二大河。原指广州到入海口的一段河道，后来逐渐成为西江、北江、东江和珠江三角洲诸河的总称。

广州市内段的江中旧有一沙洲名“海珠”，故称珠江。西江为珠江干流，上源南盘江出云南省沾益区马雄山，流经黔、桂两省区，到广东省磨刀门入南海；北江源出湘、赣两省南部；东江源出江西省南部。河口冲积成珠江三角洲，主要入海口有虎门、洪奇沥、磨刀门、崖门等处。

太平洋：麦哲伦的太平之洋

太平洋是世界上最大、最深及边缘海和岛屿最多的大洋。其名称的由来是有一段故事的。

1519年9月20日，麦哲伦率西班牙探险队从塞维利亚起航，经直布罗陀海峡沿大西洋经过南美洲南端时，进入一处海峡。海峡两岸岩石陡立，航道水流湍急，暗礁众多，经过38天的艰苦奋斗，船队顶着惊涛骇浪，终于闯过了这段艰苦航程，驶离海峡。这个海峡就是现在的麦哲伦海峡。离开海峡后，进入茫茫海洋，此时正值南半球的春末夏初季节，天气晴朗，海水舒缓平静，船队浩浩荡荡越过赤道，经关岛来到菲律宾群岛。在这漫长的航行中，再也没有遇到大风大浪，队员们高兴地说：“这里真是个太平之洋啊！”从此，麦哲伦就将这个大洋命名为太平洋。

大西洋：大力士神阿特拉斯

大西洋是世界第二大洋，古名阿特拉斯海，名称起源于希腊神话中的双肩负天的大力士神阿特拉斯。

“大西洋”名称在中国最早见于明朝的记载。利玛窦来华在晋谒明神宗时，自称是“大西洋人”，他把印度洋海域称为“小西洋”，把欧洲以西的海域称为“大西洋”。

在中国明朝年间，东西洋分界，大体以雷州半岛至加里曼丹一线为界，其西叫“西洋”，其东叫“东洋”。因此，中国习惯上把欧洲人称为“西洋人”，而把日本人称为“东洋人”。

随着明末对欧洲地理知识的增多，于是改称印度洋为“小西洋”，而把欧洲以西的海域称“大西洋”。

印度洋：红色之海

印度洋最先是以古波斯君主厄立特里亚命名为“厄立特里亚海”。厄立特里亚曾一度统一过强大的古波斯帝国与沿海的广大地区，为了纪念这位伟大的君主，就以他的名字作为海名了。最早见于古希腊历史学家希罗多德所著《历史》一书及其编绘的世界地图中。

“厄立特里亚”希腊文原意为红色，全名意为红海。

“印度洋”这一名称相对出现得较晚。1世纪后期的罗马地理学家彭波尼乌斯·梅拉可能是最早使用此名的人。10世纪时，伊本·豪卡勒编绘的世界地图上也使用了这个名字。近代正式使用印度洋一名则是在1515年左右，当时中欧地图学家舍纳尔编绘的地图上，把这片大洋标注为“东方的印度洋”，此处的“东方”一词是与大西洋相对而言的。到了16世纪末,另一名地图学家奥尔太利斯所绘制的世界地图集里，把“东方的”一词去掉了，简化为“印度洋”，这个名字一直沿袭下来了。

他们为什么把印度作为大洋的名字呢？原来在当时，由于历史条件的限制，人们还不能完全了解整个世界。那时在欧洲人眼中，印度是块富庶的宝地，一说到东方就是到印度，通往东方的航海之路也就是通往印度的航路。印度在欧洲人的心目中印象极深，于是他们就理所当然地把印度南部的广阔海面称为印度洋了。

亚洲：“太阳升起的地方”

亚洲是世界七大洲中面积最大、人口最多的一个洲。它的名字也最古老，全称是亚细亚洲，意思是“太阳升起的地方”。公元前2000年左右，地中海东岸出现了一个新民族——腓尼基人，他们具有非常卓越的航海本领。腓尼基人为了在海上进行大规模的频繁活动，首先必须明确方向。所以，他们把爱琴海以东的地区泛称为“Asu”，意即“日出地”；而把爱琴海以西的地方则泛称为“Ereb”，意为“日没地”。

腓尼基人用这个词来指代地名，本来是笼统的、泛指的。直到中世纪以后，才逐渐扩大指所有东方的土地。

“亚细亚”一词最早见诸汉语是从利玛窦《坤舆万国全图》开始,后来艾儒略的《职方外纪》卷一提到:“亚细亚者，天下一大洲也……”不过正史中首次著录，则是《明史·意大里亚传》，以后就一直沿用至今。

欧洲：宙斯的情人欧罗巴

欧洲的全称是欧罗巴洲，英文为Europe。关于欧洲这个名称的由来，有一个广泛流传的传说：

腓尼基国王的女儿欧罗巴非常漂亮，一天，欧罗巴在一群姑娘的陪伴下在大海边游玩。“万神之王”宙斯为年轻的欧罗巴的美貌深深地打动了。可是，他害怕妒忌成性的妻子赫拉发怒，同时又怕以自己的形象出现难以诱惑这纯洁的姑娘，于是他变成了一头公牛。它不是普普通通、背着轭具、拉着沉重大车的公牛，而是一头膘肥体壮、高贵而华丽的牛。牛角小巧玲珑，犹如精雕细刻的工艺品，晶莹闪亮，像珍贵的钻石。额前闪烁着一块新月形的银色胎记。它的毛皮是金黄色的，一双蓝色明亮的眼睛燃烧着情欲，流露出深深的情意。欧罗巴看到这匹可爱的公牛伏在自己身边，便跨上牛背。

宙斯一看欧罗巴中计，马上起立前行，躲开了人群，然后腾空而起，接着又跳入海中乘破浪前进，带欧罗巴来到远方的一块陆地共同生活。这块陆地以后也就以这位美丽的公主的名字命名，叫做欧罗巴了。

非洲：也门 Africus 酋长

非洲是阿非利加洲的简称，其英文名为 Africa。对于 Africa 一词的由来，流传着不少有趣的传说。

一种传说是，古时也门有位名叫 Africus 的酋长，于公元前 2000 年侵入北非，在那里建立了一座名叫 Afrikyah 的城市。后来人们便把这大片地方叫做阿非利加。

还有一种说法是，侵入迦太基地区的罗马征服者西皮翁的别名叫西皮翁·阿非利加。为了纪念这位征服者，罗马统治者就把这片地区叫做阿非利加。

到了 2 世纪，罗马帝国在非洲的疆域扩大到从直布罗陀海峡到埃及的整个东北部的广大地区，人们把居住在这里的罗马人或是本地人统统叫 African，意即阿非利加人。这片地方也被叫做阿非利加，以后又泛指非洲大陆。

多瑙河：多瑙伊万的悔恨

多瑙河女王——布达佩斯

由于多瑙河从布达佩斯横穿而过，所以多座桥梁横跨此河，将布达佩斯两岸连为一个整体。

多瑙河是欧洲第二长河，多瑙河之名来源于一个故事。

相传古代有位英雄叫多瑙伊万，他娶了女英雄娜塔莎为妻。在新婚的宴席上，多瑙伊万向人夸口，自诩武艺无敌，新娘笑他太傲慢，于是他就迫使新娘与之比射技。结果他输了，羞怒的多瑙伊万一箭就把妻子射死，后来悔悟，羞愧而自刎，其血流成涛涛长河，即成多瑙河。

红海：漂浮在水面的蓝绿藻

红海位于非洲北部和阿拉伯半岛之间，此名由来于海的颜色。原来，红海表层大量生活着一种浮游生物，叫蓝绿藻。这种生物死亡后变成红色，漂浮在海面上，使海面如同涂上一层红色。于是，人们把它取名为“红海”。

黑海：黑色为北

黑海位于欧洲东南部和小亚细亚之间，是一个内海。

首先使用“黑海”这个名称的，是居住在黑海南岸的希腊人、波斯人、土耳其人。他们以不同颜色作为东南西北的标志：黄色为东，红色为南，蓝色或绿色为西，黑色为北。由于黑海位于希腊、波斯、土耳其北部，所以人们就称它为黑海，而不是由于海水为黑色而得名。

爱琴海：儿子的疏忽

在远古时代，有位国王叫米诺斯，他统治着地中海上的一个岛屿——克里特岛。他的儿子在雅典的阿提刻被人阴谋杀害了。为了替儿子复仇，米诺斯向雅典人民发起了进攻。他把人身牛首恶魔米诺牛供养在城中的宫殿里，每隔 10 年要雅典人给米诺牛 7 对青年男女食用。

当时，雅典有位首领名叫爱琴，深得百姓爱戴，他性情软弱，不敢抗拒米诺斯的欺凌。然而，爱琴的儿子提修斯为人正义，他看到人们遭受这样的不幸而深深不安。于是，他请求父亲同意他前往克里特岛杀死米诺牛。爱琴同意了儿子的请求，他们相约胜利归来时船上挂白帆，如果失败了就挂黑帆。

当提修斯随 7 对贡品男女到达岛上时，米诺斯的女儿看上了才貌出众的提修斯。于是，公主与王子相爱了。米诺斯之女决心帮助提修斯杀死米诺牛。她为王子提供了一团线和一把宝剑。于是，在公主的指引下，提修斯以线为路标，闯进迷宫，杀死了米诺牛，并把作为贡品的 7 对青年男女救出。

之后，他就带着公主返回雅典。在返航时，由于心情太急切，竟忘了和父亲约定的返航标志，升起了黑帆。这时，日夜思念儿子的爱琴站在海边的悬崖上，看到归来船队挂的是黑帆，以为提修斯被米诺牛杀死了。他悲恸欲绝，跳海自杀了。后人为了纪念爱琴，就把他跳入的那片海从此叫做爱琴海。

直布罗陀海峡：纪念一位将军

直布罗陀海峡位于西班牙最南端与摩洛哥最北端之间，是地中海的出海口，具有非常重要的战略地位。直布罗陀海峡因北岸的直布罗陀港而得名。

直布罗陀港是纪念将军塔里克·伊本·齐亚德取得的一次胜利而命名的。8 世纪初，穆萨·伊本·努塞尔率领的军队入侵北非，一路所向无敌，一直打到今摩洛哥西海岸，并占领了重要港口丹吉尔，他任命其部将塔里克·伊本·齐亚德为丹吉尔总督。

公元 711 年，齐亚德又奉努塞尔之命，带领一支强大的军队乘船穿越海峡，直抵直布罗陀。登陆后，他们在那里修建了军事要塞。

为纪念这次渡海作战的胜利,阿拉伯人便把登陆的地方命名为“直布尔·塔里克”,阿拉伯语意为“塔里克山”,英文译名为“直布罗陀”。

此后,这个地方慢慢发展成为一个重要的港口,这个名字也就沿袭下来。

象牙海岸：殖民者的贸易

科特迪瓦 1986 年以前曾译作“象牙海岸”。西方殖民者入侵前,境内曾建立过一些小王国,如宫格王国、印德尼埃王国、阿西尼王国等。11 世纪,塞努弗人在北部建立的宫格城为当时非洲南北贸易中心之一。13 ~ 15 世纪,科北部曾隶属于马里帝国。15 世纪后半叶,葡、荷、法殖民者相继入侵,掠夺象牙和奴隶,沿海一带形成著名的象牙市场。1475 年,葡殖民者命名该地为科特迪瓦(意为象牙海岸)。1842 年,沦为法国保护地。1882 年,全境沦为法国殖民地。1893 年 10 月,法国政府通过法令,确定科特迪瓦为法国的自治殖民地。1895 年,被划入法属西非。1946 年,被划为法国的海外领地。1957 年,成为半自治共和国。1958 年 12 月,成为法兰西共同体内的自治共和国。1960 年 8 月 7 日,宣告独立,但仍留在法兰西共同体内。1961 年 4 月,脱离法兰西共同体。1986 年 1 月 1 日起,国名中文改译为“科特迪瓦”。

“象牙海岸”改名为“科特迪瓦”的原因是,它的国名在各种语言文字中向来都是意译,因而造成“象牙海岸”一词的开头字母在各种语言文字中都不同。由于国际机构实行以各个国家名字的第一个字母在字母表中的顺序排列,致使象牙海岸在许多情况下国名排列的位子变动不定。在征得联合国同意后,从 1986 年 1 月 1 日起,它的名字在各种语言文字中一律改为音译。

黄金海岸：黄金惹的祸

在非洲大陆的西部,有一个古老的国家叫做加纳。这个国家建立于 3 世纪,“加纳”是国王职位的名称,意思就是“军事首领”。国王所在的城市,也就取名叫“加纳”。这个地方盛产黄金,当时加纳到处都是黄金,所以人们又叫它“黄金国度”。

8 世纪时,索宁凯人的酋长卡雅做了国王。他十分能干,在他统治时期,加纳成为当时西部非洲的政治、经济、文化、宗教的中心。

当时,经常有一些阿拉伯商人冒着生命危险,穿过撒哈拉沙漠到西非来。他们带来的商品对于非洲人来说十分重要,同时他们也得到了自己最需要的东西——黄金。这使卡雅意识到,垄断这个贸易通道可图丰盛的贸易之利,于是组织了骑兵部队,来占领这个贸易通道。

经过许多年的战争,他终于达到了自己的目的。从此以后,凡是要到西非进行贸易的商人,都必须经过卡雅的同意,他从中征收了大量的税收,加纳国的势力也就日渐强大。

西非的三大黄金产地都在加纳王国的南部。在古加纳的北部和西北部，又有三大产盐中心。自古以来，北非和西南非的黄金和食盐贸易始终都在进行，只不过中间隔着撒哈拉沙漠，这种贸易难以发展和扩大。后来，在黄金、食盐贸易里使用了“沙漠之舟”骆驼这种运输工具，非洲贸易才飞速地发展起来。

古加纳王国有来自各个国家的商人。古加纳通过商人不仅卖出了食盐，还换回了象牙、衣物、念珠、玻璃制品、瓷器和椰枣等必需品和珍贵物品。通过这些贸易，古加纳王国积累了雄厚的财富。

加纳古国从 3 世纪一直延续到 13 世纪，共有上千年的历史。历史上古加纳的兴衰与黄金休戚相关，黄金是财富，但也是灾祸的来源。为了掠夺黄金，1471 年，葡萄牙殖民者首先登上了加纳海岸。他们在这里建立据点，掠夺黄金，控制加纳的贸易经济，把加纳的国名改为“黄金海岸”。

死海：万物不生

死海是西亚著名的大咸水湖，位于约旦同巴勒斯坦之间的西亚裂谷中。南北长 80 千米，东西宽 4.8 ～ 17.7 千米，面积 1049 平方千米。湖面低于地中海海面 392 米，平均深 300 米，最深 395 米，是世界陆地最低处。

死海有约旦河等注入，气候炎热，蒸发强烈，湖水盐度很高，水生植物及鱼类不能生存，沿岸草木也很少，故有“死海”之称。死海里氯化物储量在 420 亿吨以上，并有溴化镁，可提炼各种盐类，尤以钾盐和溴最有价值。

20 世纪 40 年代于死海西北岸洞穴中，发现 2000 年前古代书卷，称“死海古卷”，富考古价值。沿湖已建为游览地。

“好望角”：美好希望的海角

“好望角”的意思是“美好希望的海角”，它是位于非洲西南端的非常著名的岬角。但最初却称“风暴角”。因为它是世界航线上著名的风浪区，经常有船只在此遇上风暴而沉没。

1486 年，葡萄牙著名探险家巴陀罗姆·迪亚士奉葡萄牙王若奥二世之命，率探险队沿非洲西岸南航，寻找通往东方的航路。他首次到达非洲南端，在那里遇到了特大风暴，致使乘坐的三桅帆船在惊涛骇浪中几乎沉没，最后漂到无名岬岛靠岸，并被迫返航。于是，迪亚士就将其称作“风暴角”。

回国后，迪亚士向国王汇报了到达“风暴角”的情况，国王认为这样的命名会挫伤航海家探险的积极性，不利于进一步探寻通往印度的航路，所以他于 1487 年将“风暴角”改为“好望角”。现在，“好望角”的名字以其特殊的地理位置和历史典故流传世界。

亚马孙河：高大的女人国

1542年，西班牙人德奥雷利亚纳由秘鲁的纳波河顺流而下，最先乘船驶过了亚马孙大部分河道。他是皮萨罗率领的西班牙探险队队员，从厄瓜多尔出发，寻找黄金、香料和传说中的黄金国。但途中发生意外，皮萨罗率领部分队员几经艰辛，终于沿陆地返回厄瓜多尔。最后，只有德奥雷利亚纳和部分队员东航至亚马孙三角洲，辗转抵达加勒比海。

德奥雷利亚纳一行沿途屡历艰辛，经常受到土著袭击，曾遇到了一支土著部落，该部落的斗士都是高大的白种妇女，使人联想起古希腊亚马孙的女人王国。该王国位于黑海高加索一带，王国里的女战士骁勇善骑。于是，德奥雷利亚纳便把来船航行过的这条世界第二长河命名为亚马孙河。

苏伊士运河：拿破仑的梦想

埃及东北部有一条世界闻名的苏伊士运河，它全长172.5千米，贯通苏伊士，沟通了地中海和红海，进而把大西洋和印度洋连接了起来，因此具有十分重要的经济价值和战略地位。过去，从欧洲乘船到亚洲，必须绕道非洲南端的好望角。苏伊士运河使欧洲和亚洲之间的交通有了一条捷径，航程一下子缩短了8000～10000千米。

1798年，拿破仑的远征军入侵埃及。为了控制地中海与红海之间的战略门户，从而掌握欧洲和亚洲之间的贸易权利，拿破仑提出开凿一条穿越苏伊士海峡的运河。到达开罗后，他亲自带领专家对苏伊士地区进行了实地考察。由于随军技术人员认为地中海与红海的水位高低不同，难以修筑运河，再加上埃及人民强烈反对法军的占领，拿破仑试图开凿苏伊士运河的梦想终究未能实现。

过了半个多世纪后，1856年，法国人斐迪南·勒赛普斯从埃及总督那里取得了开凿苏伊士运河的特权。经过3年多的勘探设计，苏伊士运河于1859年正式动工开凿。当时，埃及总人口不到400万，而每月却有6万人被拉去开河。在开挖苏伊士运河的过程中，先后有12万多人丧生。为了纪念这些开拓者，埃及在地中海畔的塞德港建立起一座运河开掘者塑像，用以纪念那些建设者的不朽历史功勋。1869年，苏伊士运河完工通航，整个工程历时10年零8个月。

1869年11月的苏伊士运河通航典礼

国家名称由来：有国才有家

中国：帝王之都

“中国”一词在中国古典文献中出现得很早，运用得也很普遍。这一词最早出现于距今约3000年的西周初期。

在古代文献中，“中国”一词有五种不同的含义：一是专指帝王所在的国都，即首都；二是指天子直接统治的王国；三是指中原地区；四指国内内地；五指古代华夏族、汉族居住的地区或建立的国家。

秦朝以后，“中国”一词的含义有了改变。在汉代，人们常把汉族建立起来的中原王朝称为“中国”，兄弟民族建立起来的中原王朝也称“中国”。南北朝时期，北魏自称“中国”，把南朝却称作“岛夷”。辽与北宋，金与南宋，彼此都自称为“中国”，而不承认对方为“中国”。

严格地说，古代“中国”是个形容词，而不是一个专有名词。这就是说，中国古代各个王朝都没有把“中国”作为正式国名。直到辛亥革命以后，才把“中国”作为“中华民国”的简称。新中国成立后，我们也把“中国”作为“中华人民共和国”的简称。现在世界上只有一个中国，这就是中华人民共和国。

九州：大禹划定疆域

爱国诗人陆游的《示儿》一诗中写道：“死去元知万事空，但悲不见九州同”，这个“九州”，指的便是中国。

所谓的“九州”，也就是传说中的我国中部地区，相当于黄河和长江中下游地区。此说出自春秋战国时代而上达夏禹。《尚书·禹贡》开头即是：“禹敷土，随山刊水，奠高山、大川。”意思是夏代的开国君主禹治水后，跟着划定疆域。

九州计为冀、兖、青、徐、扬、荆、豫、梁、雍。《周礼·职方》所记有幽、并州，无徐、梁州。《尔雅·释地》所记有幽、营州，无青、梁州。《吕氏春秋·有始览》所记有幽州，无梁州。

九州又有“九有”“九囿”“九原”等别称。古人既分当时的中国为九州，天长日久，“九州”也就自然成为“中国”的代称，这在历代诗人的诗中有所见。如唐王昌龄“情乐动千门，皇风被九州”（《放歌行》）等句，就是其例。

“九州”虽然并非完全准确的行政区划，但对我国后世的政区划分影响甚大，特别是以“州”作为行政区域名称，自汉以后很多朝代都采用过。

荷兰绰号“海上马车夫”：海上霸主

荷兰原是西班牙属地尼德兰的一个省。1581年，荷兰共和国脱离西班牙而独立。这是世界上第一个资产阶级共和国。荷兰原先工商业发达，在资产阶级革命胜利后，资本主义的工商业更获得了迅速发展，很快就成为西欧强国。在整个17世纪，它在商业、海洋运输业、金融业各方面都占有绝对优势，成为海上霸主。它之所以被称为“海上马车夫”，是因为当时世界各国间贸易的往来主要靠海上交通，哪个国家的造船业发达，拥有的商船数量和吨位最多，它就能控制东西方贸易，称霸海洋，从事海外殖民掠夺。当时，船只就像陆上运输的马车一样，哪个国家掌握了海上的马车，它便是海上的马车夫。而17世纪的荷兰就正是这样的一个国家，被誉为“海上马车夫”也就当之无愧。

美国：亚美利哥发现的土地

美国的全名叫美利坚合众国，简称USA。但中国按英语的发音，把America译成“美利坚”或“亚美利加”，这是有原因的。

哥伦布发现美洲后误认为是印度，但到了1499年，一名葡萄牙人率船从海上到印度去，途中在南美洲的巴西登陆，船上有个名叫亚美利哥的意大利探险家。后来，这位探险家回到欧洲，把航行的见闻写成一篇报道。

在这篇报道中，他第一次提出，哥伦布发现的这块大陆，并不是印度，而是一片新大陆。这篇文章发表之后，在欧洲引起了很大的轰动。

因为它大大拓展了当时人所知世界的范围，地理学家们便用“亚美利加”的名字来命名这块新大陆，把它叫做“亚美利加”，意思是“亚美利哥发现的土地”（亚美利加是亚美利哥的拉丁语读音）。

由于这一名称悦耳好记，立即为大家所接受。这就是美洲和美国名称的由来。

白宫

美国总统官邸，位于美国首都华盛顿，是一座白色的2层楼房。1792年始建，从1800年以后成为历届总统的官邸。1902年美国总统罗斯福首先使用“白宫”一词，后成为美国政府的代表。

英国：源于古罗马

英国的全称是“大不列颠及北爱尔兰联合王国”。大不列颠是英国本土最大的岛屿，与爱尔兰岛和周围5500个小岛合称不列颠群岛。“不列颠”一词来源于古罗马，那时人们称该岛为“不列敦尼亚”。在中国，习惯称这个国家为“英吉利”，通称英国。这个名称来自“英格兰”一词。英格兰只是大不列颠岛上三个地区之一（三个地区即北部的苏格兰、南部的英格兰、西南的威尔士），它因日耳曼部族盎格鲁人得名。

泰晤士河畔的议会大夏——威斯敏斯特宫

加拿大：这是棚屋

加拿大位于北美洲北部，是世界上海岸线最长的国家。

传说在16世纪初，法国探险家卡蒂埃乘船横渡大洋驶抵加拿大。上岸之后，在印第安人的村庄里碰到了易洛魁部落的一个酋长。他上前询问酋长这是什么地方，也许是语言不通的缘故，这个酋长指了指周围的棚屋，高声说道：“加拿大！”意思是说“这是棚屋”。但卡蒂埃以为酋长说的是整个地区的名字，于是赶忙把字音记了下来，没想到“加拿大”竟然变成这个国家的国名。

加拿大曾被法、英殖民者称为“新法兰西”和“英属北美洲”，直到1867年加拿大成为英联邦的自治领土，才恢复了“加拿大”的旧称。

枫叶之国：加拿大的国树

世界各国都习惯称加拿大为“枫叶之国”。加拿大遍植枫树，每到深秋时节，漫山遍野火红的枫叶宛如一堆堆燃烧的篝火，因此享有“枫叶之国”的美称。枫树是加拿大的国树，枫叶是加拿大民族的象征。加拿大国旗的中间为白色正方形，内有一片11个角的红色枫树叶。那么“枫叶之国”缘由是什么呢？

加拿大地处寒温带和寒带，大部分领土在北纬47°以北。但东南部气候温凉，降水充沛，满山遍野生长着枫树。秋天，风萧萧，枫叶如朝霞，十分瑰丽。

加拿大人对枫叶怀有深厚的感情，视美丽的枫叶为国树，还因为加拿大人喜欢丹枫，除了其美丽之外，枫树的树液可用以熬制枫糖浆。

枫糖浆十分有利于健康，是儿童们最喜爱的一种食品。每年三四月是收割枫树糖液的季节，届时，加拿大人举行盛大的聚会，庆祝一年一度的“枫糖节”。

在加拿大人心目中，枫叶成了加拿大的象征。在加拿大人的日常生活中，枫叶图案比比皆是。因此，加拿大有了“枫叶之国”的称誉。

阿根廷：“世界的粮仓和肉库”

西班牙语中，阿根廷与拉普拉塔一词意义相同，均为“白银”。1527 年，西班牙探险家塞瓦斯蒂安·卡沃托率领一支远征队到达南美大陆后，从一个宽阔的河口溯流而上，深入内地。探险家们发现当地印第安人佩戴着很多银制的饰物，以为当地盛产白银，便将这条河命名为拉普拉塔河，把这一地区称为拉普拉塔区。西班牙殖民统治者后来又将拉普拉塔区改为省。1816 年 7 月 9 日，拉普拉塔省宣布独立，并将国名正式定为阿根廷。

“阿根廷”一词源于拉丁文，不仅是指具体意义上的白银，同时寓意“货币”“财富”。这块广袤的土地上虽不产白银，但有着肥沃的土壤、丰茂的草原、良好的气候，这使阿根廷成了“世界的粮仓和肉库”，财富滚滚而来。因此，把这个国家称为“阿根廷”，真是再恰当不过了。

印度：起源于信度河

印度是外国对它的称谓，事实上，印度称自己的国家为“婆罗多”，是由罗马文字译来的。印度属于南亚国家之一，“印度”国名起源于信度河。古代印度人称河流为“信度”，所以“印度”最初是指印度河流域，以后渐渐包括恒河流域及南亚次大陆。

印度闻名世界的泰姬陵

古波斯语用“印督”替代了“信度”，古希腊人又将“印督”转变为“印度伊”。据中国史书记载，最初将印度称为“身毒”，后又称为“天竺”“忻都”等。“印度”这个词最早见于唐玄奘《大唐西域记》：“译夫天竺之称，异议纠纷，归云身毒，或曰贤豆，今从正音，宜云印度。”

新加坡：梵语“狮城”之谐音

新加坡这个名称由来于“新加坡普拉”，即“狮城”的意思。据马来史籍记载，1150 年左右，苏门答腊的室利佛逝王国王子乘船到达此岛，看见一头“行动敏捷而美丽、艳红的身躯、漆黑的头发”的野兽，当地人告知为狮子，遂有“狮城”之称。“新加坡”是梵语“狮城”之谐音，由于当地居民受印度文化影响较深，喜欢用梵语作为地名，而狮子具有勇猛、雄健的特征，故以此作为地名是很自然的事。过去华侨多称其为“石叻”“息辣”，即马来语“海峡”的意思，也有因其小而将之称为星洲、星岛的。

梵蒂冈：国中之国

在今天意大利的罗马西北角，有一个面积小小的国中之国——梵蒂冈。它的疆界，东面以大教堂左侧的铁门为入境的国门，其余 3 面以围墙为界，铁门之外就是罗马城。这个世界上独一无二的城国是由教皇的宫殿、庭院、花园及一些寺院组成，总共占地 0.44 平方千米。

作为一个教皇国，它的形成经历了一个漫长的过程。六七世纪，罗马主教掌握了罗马城及周围地区的统治权后，格列高里一世成为第一位拥有强大势力的教皇。此后经过 8 世纪中叶法兰克王丕平“献土”，使教皇辖地进一步扩大。由于西欧封建割据与混战的局面十分严重，有统一组织的教会在经济、政治上相对强大起来。教皇利奥九世整顿了罗马教会的领导机构，使之成为管理教皇宗教和世俗权力的“罗马教廷”。教皇尼古拉二世制定了教皇选举法，排除了世俗权贵的干预，使教皇在政治上获得独立。12 世纪以后，罗马教会发展成西欧神权统治的国际中心，教皇的权势发展到最高峰，教皇国最终以独立的、体态完备的国家出现了。但是，随着时代的变迁，教会的势力日渐衰落，教皇国的土地也愈来愈小，以至变成现在这个样子。

澳大利亚：“南方的土地”

澳大利亚全称“澳大利亚联邦”，位于太平洋西南部与印度洋之间，由澳大利亚大陆和塔斯马尼亚等岛屿组成。早在 4 万多年前，土著居民便生息繁衍于澳大利亚这块土地上，现在澳大利亚土著居民总数是 41.3 万。

其国名源于拉丁文 Australis，意为“南方的土地”。大约在 150 年前，希腊地理学家就曾意识到南半球有一块土地，并将想象中的这块土地称作“未知的南方大陆”。

1531 年，法国制图学家奥龙斯·菲纳在他绘制的世界地图中，也设想南方有个大陆，称 Terra Australis，意即南方的陆地。

1605 年，荷兰人威廉·扬茨第一个到达澳大利亚西海岸，但他不知这就是南方大陆。17 世纪中叶，荷兰东印度公司的船只和人员多次到达澳大利亚的西部海岸，他们把西部海岸命名为新荷兰。1769 年，一位英国船长又把沿澳大利亚海岸航行过的东南部和东部海湾地区称为新南威尔士。

到 19 世纪初叶，另一船长马修·费林德发现从澳大利亚西海岸，到澳大利亚东南和东部海湾地区之间，有一条连续不断的南海岸线，这才意识到澳大利亚是一块大陆。他在 1814 年 7 月 17 日出版了《南方大陆之行》一书，建议这个大陆应该叫澳大利亚，其名称来自拉丁文 Australis（南方的）。

1817 年，麦阔里总督采纳了这个建议，从此澳大利亚才成为官方正式使用的名称。1901 年 1 月 1 日，正式组成“澳大利亚联邦”。

伊拉克："耕耘的土地"

在阿拉语中，伊拉克的含义是“陡崖”。伊拉克位于美索不达米亚平原上，但平原的西南边和阿拉伯沙漠交界的地方有石灰岩峭壁，达 7 米左右，其中很长一段和幼发拉底河平行。这些峭壁和平原形成鲜明的对比，于是人们便称这片地区为“伊拉克”，并成为国名。单就“伊拉克”一词本身来说，有“低地”“耕耘的土地”之意。由于这一地区的北部横亘着亚美尼亚高原，东部和西部分别为伊朗高原和阿拉伯高原环绕，形成宽仅 100 千米、长有 600 千米的细长的伊拉克低地，故获得这一称号。

意大利：小牛生长的乐园

意大利全称“意大利共和国”。关于意大利国名的由来主要有两种说法较为流行。

一种说法是，在远古的时候，意大利南部的卡拉布利亚区被人们习惯称作“威大利亚”（Vitalia）。“威大利亚”的意思是小牛生长的乐园。逐渐地，当地居民根据读音的习惯把字母“V”省略了，这样就成为 Italia，即“意大利亚”。

到公元前 5 世纪的时候，这个名字传遍了整个亚平宁半岛，并在某种程度上成为半岛的名称。

公元前 6 世纪，罗马共和国正式把亚平宁半岛命名为意大利亚。在英文中 Italia 作 Italy；中国译名是从英文转来的，所以写作“意大利”。

另一种说法是，意大利的名称是由一个古代部落名字演变而来的。古希腊人最早到达亚平宁半岛的普利亚地区附近后，把这里的维图利部落称为 Italoi。

后来罗马人统治时沿用了这个名称，并把它作为半岛上很多部落的共同称呼。因此，Italia（Italoi 的拉丁文写法）这个名称产生了。

19 世纪，撒丁王国艾曼努尔二世与其父王，奋起反抗外国势力的干涉，与拿破仑三世携起手，基本上实现了半岛的统一。

为给这个统一的国家选择一个合适的名称，艾曼努尔二世选中创建罗马共和国的意大利人的民族名，把它作为统一国家的名称。现在的意大利共和国沿用了这一称呼。

挪威：北方海盗

挪威位于斯堪的纳维亚半岛的西北部，西濒挪威海，海岸线长近 2 万千米。

在历史上，挪威人有着航海传统，尤其是造船技术十分先进。在北欧海盗猖獗时期（8 ~ 10 世纪），沿挪威南部西海岸北上的海路被称为“通往北方之路”，当时叫“诺尔维”，即挪威。

汉语中挪威两字按英语音译而来，按现代挪威语的发音，挪威应音译为“诺尔盖”，即北方海盗的意思。

西班牙：野兔成群

西班牙位于欧洲西南部伊比利亚半岛。古希腊人称 Liberia，古罗马人称 Hispania，其国名由来与这两个词很接近。

西班牙国名的来历，有两种说法。一种是取自 15 世纪末诞生在伊比利亚半岛上的伊斯帕尼亚王国的国名，另一种又缘于罗马统治时代的半岛地名希斯帕尼亚（Hispania）州。

古名希斯帕尼亚是一个腓尼基地名。腓尼基人和迦太基人曾在西班牙沿海一带建立过殖民地，他们把该地叫斯潘（Span 或 Szpam），意为“兔子”，因为这里野兔成群。

新地名伊斯帕尼亚的产生，是由于这一地区的拉丁语方言已不再发罗马地名希斯帕尼亚中的 H 音。而伊斯帕尼亚以后经讹传，又演变成现在的埃斯帕尼亚。英语和荷兰语则省掉罗马地名希斯帕尼亚语头的 Hi 音节，把它读作西班牙（Spain）。另一种说法是来源于希伯来—腓尼基语 Espana，意为埋藏，转义为矿藏、埋藏的财富。因为伊比利亚半岛盛产黄金、银、铜等，令腓尼基人羡慕不已，因而用“Espana”命名。

俄罗斯：由罗斯部落发展而来

现在俄罗斯的全称是俄罗斯联邦，它是 1991 年 12 月以后由原来的苏维埃社会主义国家联盟中“俄罗斯苏维埃社会主义联邦共和国”更名而来。据说在 6 世纪，居住在第聂伯河两岸的斯拉夫部落，在罗斯部落领导下联合了起来。这个部落因第聂伯河的支流罗斯河而得名。加入这个联盟的所有斯拉夫人逐渐地都被称为罗斯人。莫斯科大公伊万三世建立了一个中央集权的国家。伊万之子瓦西里三世继续扩张，完成了俄罗斯统一大业。彼得大帝时首次定国号为“俄罗斯帝国”。1917 年 10 月社会主义革命后加入了苏联。1991 年 12 月 21 日，苏联 11 个加盟共和国领导人在哈萨克斯坦首都阿拉木图决定，苏联在联合国安理会的席位由俄罗斯继承。12 月 25 日，俄罗斯苏维埃联邦社会主义共和国最高苏维埃决定，将国家正式名称改为“俄罗斯联邦”（简称俄罗斯）。1992 年 4 月 16 日，俄罗斯第 6 次人代会决定将国名改为“俄罗斯”，从而恢复了历史上的名称；17 日，最后决定使用两个同等地位的正式国名“俄罗斯联邦”和“俄罗斯”。

在中国元明朝时称俄罗斯族为“罗斯”或“罗刹国”。当时蒙古族人用蒙古语拼读俄文“ROCIA”时，在“R”前面加一个元音。因此，“ROCIA”就成了“OROCCIA”。清政府时，蒙古语的“OROCCIA”转译成汉语时，就成了“俄罗斯”。

城市名称由来：人建一座城，给它一个名

香港：贩香的港口

香港,顾名思义,就是芳香的海港。关于这一美丽名称的由来,历来有不同的说法。但一般认为最可靠的说法，则是这里过去曾是运香、贩香的港口，因而得名香港。

在明朝时，香港及广东东莞、宝安、深圳一带盛产莞香。此香香味奇特，颇受人们的喜爱，故而远销江浙，饮誉全国。由于当时贩香商人们一般都是在港岛北岸石排湾港将莞香船运往广州或江浙等省，所以人们将这个港口称为香港，意为贩香运香之港，将港口旁边的村庄称为香港村。

另有一种说法是，1841 年英国侵略军在港岛南部赤柱登陆后，由一名叫陈群的当地居民带路向北走。经过香港村时，英军询问该处地名，陈群用当地土话答称“香港”，英军即以陈群的地方口音 Hong Kong 记之，并用以称呼全岛。在 1842 年签订的《南京条约》中，香港作为全岛的名称被正式确定下来。1856 年签订《中英北京条约》和 1898 年签订《展拓香港界址专条》之后，香港又进而成为整个地区的称谓。

香港维多利亚港

澳门：两山对峙如“门”，上下海域为“澳”

据词典解释，澳是指海边弯弯曲曲可以停船的地方。珠江口一带这类海湾甚多，澳门是众澳中地理环境比较好的一个澳。

澳门之“门”又作何解释呢？原来澳门南面有四个岛，四岛分离对峙，海水纵横分割而成十字,古人将此水域称为“十字门”。于是将“门”与“澳”合起来而成“澳门”。

另有一种解释认为，澳门北有莲峰山，南有妈阁山，两山对峙如“门”，上下海域为“澳”，合二为一称“澳门”。

两种说法都有道理，得到公认。澳门还有一个名字叫“莲岛”，此名既优雅大方，又通俗形象，作为别称可谓恰到好处。

重庆：双重喜庆

公元前 11 世纪，武王伐纣后封给姬姓一个小国——巴国。巴国首府也就是现在的重庆。秦统一六国后，在此设置巴郡。汉朝时，因其城紧靠长江，便改名为江州。在隋朝，又因其靠近渝水（今嘉陵江），又改称渝州。重庆称“渝”即由此而来。

宋朝年间，渝州有个地方官赵谂准备谋反。宋徽宗斩杀赵谂，并改渝州为恭州，意思是想让这里的百姓以后都恭恭敬敬的。宋光宗继位之前，曾被封为恭王，1190 年又即位称帝。他认为，先封王后称帝，是“双重喜庆”，便将其封地改名为“重庆”。

成都：一年成邑，三年成都

成都是中国历史文化名城之一。据史书记载，大约在公元前 5 世纪中叶，古蜀国开明王朝九世时将都城从广都樊乡（今双流区）迁往成都，在此构筑城池。据《太平寰宇记》记载：“以周太王从梁山止岐山，一年成邑，三年成都，因之名曰成都。”五代时，后蜀皇帝孟昶偏爱芙蓉花，命百姓在城墙上种植芙蓉树。花开时节，成都“四十里为锦绣”，故成都又被称为芙蓉城，简称“蓉城”。

上海：以河命名的渔村

唐宋时期，上海旧城厢一带是个渔村，在它的东面有两条河注入东北方的华亭海（今高桥、长江口一带）。东面一条叫下海浦，西面靠近渔村的一条叫上海浦，渔村即以此为名，叫上海。

今上海的西部地区，在新石器时代即有先民在吴淞口下游一带居住，以渔猎为生，并创造了一种叫“扈”的捕鱼工具。这种工具适合于上海一带潮水涨落时进行捕鱼。后来，把这一带地方叫“沪”。

另外，上海一带在战国时是春申君黄歇的封邑。为了纪念他，把这里的一条河（今黄浦江龙华至松江河段）叫黄歇浦，又叫“黄浦”。

天津：天子渡津之地

明朝开国皇帝朱元璋登基后，将他的儿子们分封为王，驻守在全国各地。其四子朱棣被封为燕王，驻守于北平，就是现在的北京。朱元璋去世后，传位给他的长孙朱允炆。朱棣为与朱允炆争夺皇位，发动了中国历史上的“靖难之役”。

1399年，燕王朱棣率军南下，从天津三岔口渡河袭取沧州，于1402年攻入当时明朝首都南京，登上了天子宝座。朱棣登基后，对他争夺天下时经过的三岔河口十分赞赏，认为是块风水宝地，叫群臣献名。最后，朱棣选中“天津”二字，意为“天子渡津之地”，天津由此得名。

不久，朱棣迁都北京，天津便成了京城的门户，军事地位日益重要。明朝永乐二年（1404年），在天津设卫。“卫”是明朝的一种军事建制，天津共设三卫，驻军1.6万多人。于是，人们又把天津叫做天津卫。设卫就要筑城，天津作为一个完整意义的城市历史由此而开始。

宁波：海定则波宁

宁波本名明州，自唐代开埠以来，便一直是中国东南沿海上的通商大埠。宋元时，改明州为庆元。朱元璋建立明朝以后，认为“庆元”有庆贺元朝之意，于是又改为明州。可是到了后来，又认为“明州”的“明”与国号相同，需要避讳。因为明州紧靠定海县，于是便取“海定则波宁”之意，将明州改称宁波，一直沿用至今。

西安：安定西北

西安，在西周时称为“丰镐”。“丰镐”是周文王和武王修建的丰京和镐京的合称。西汉初年，刘邦定都关中，取当地长安乡之含义，立名“长安”，意即“长治久安”。

丝绸之路开通后，长安成为东方文明的中心，史称“西有罗马，东有长安”。隋朝时，因为隋文帝杨坚曾被周明帝封为“大兴都公”，因而将新都长安命名为“大兴城”。唐朝时，又恢复长安之名。元代，易名为“奉元城”。

明洪武二年（1369年），明政府改奉元城为西安府，取“安定西北”之意。西安之名从此沿用至今。

南京：六朝胜地、十代都会

南京自公元前472年越王勾践在此筑城以来，历来为兵家必争之地，是中国八大古都之一，历史文化名城之一。从三国的吴国开始近400年间，连续有六个朝代（吴、东晋、宋、齐、梁、陈）在此建都，后人称它为“六朝古都”。此外，南唐、明（洪武）、太平天国，以及国民党政府也曾建都于此，因此，历史上盛称为“六朝胜地、十代都会”。

正因如此，南京曾有过多个名称，如金陵、建业、建康、秣陵、白下、升州、江宁、集庆、应天、天京等，金陵、建康至今仍被人们作为南京的别称在使用。而南京这一名称的得来则是在明朝初年，1368年，明太祖朱元璋正式下诏确定以应天府为南京，大梁（开封）为北京，实行南北两京制。自此，南京这一名称被长期使用至今。

北京：战国时燕国之都

北京古代称蓟，春秋战国时是燕国国都，辽代称燕京，金代称中京，元代为大都，明代始改称北京。1928 年改称北平。1949 年 10 月 1 日，中华人民共和国政府恢复北京的名称。

古时，帝都称京师。北京的“北”字，是根据其地理位置而取的，故金陵为南京，长安（西安）为西京，汴梁（今开封）为东京；洛阳、辽阳也称过东京。

晚霞中的天坛祈年殿

山东：齐鲁大地

山东被称为“齐鲁”缘起于先秦齐、鲁两国，是齐、鲁两国的合称，原是国家概念。到战国末年，随着民族融合和人文同化的基本完成，齐、鲁两国文化也逐渐融合为一体。因为文化的一体，“齐鲁”形成一个统一的文化圈，由统一的文化圈形成了“齐鲁”的地域概念。这一地域与后来的山东省区范围大体相当，故成为山东的代称，山东也被称为“齐鲁大地”。

福建简称“闽”：蛇的图腾崇拜

《说文解字》称：闽是“东南越蛇种”，早期闽人多以蛇为图腾崇拜。“闽”在福建最早是族称，即为福建土著民族之称呼，后来也称为“越”。《史记·吴太伯世家》的“索隐”对“荆蛮”解释说：“蛮者，闽也，南蛮之名，亦称越。”因此，合称为“闽越”。

秦以前的福建，一般称“七闽”。《周礼》上有“五戎、六狄、七闽、八蛮”之说，那是因为福建土著民族在秦以前有“七国”即有七个部落的缘故。

称福建为“八闽”，是在汉人南迁以后的南宋，因为从北宋开始，福建有八个相当于府（郡）的行政单位。这八个相当于府的行政单位，历元、明、清几个朝代基本上无变化，所以八闽之称一直沿用下来。

这当中，从清初康熙年间开始，福建除了原有八个府的行政单位，还有台湾府也属于福建管辖。这样，福建曾有过九个府的年代，所以八闽的福建又有“九闽”之称。

直到清光绪十一年（1885年），台湾建立行省，与福建分治，于是九闽的福建又恢复八闽之称。

旧金山：区别“新金山”

旧金山即圣弗朗西斯科，是美国西海岸的最大贸易港和海军基地。华侨称它“金山”，也称三藩市、旧金山。19世纪中叶，中国人远渡重洋，大量涌入该城谋生，当金矿工人。华侨把这里叫“金山”，就是淘金的地方。其后于1851年，澳大利亚墨尔本相继发现金矿，华侨为了区别澳大利亚“金山”，遂将此城改称“旧金山”，而称墨尔本为“新金山”。

罗马：母狼乳婴

意大利首都罗马是欧洲最古老的城市之一，因其至今仍保留着众多古罗马的宏伟建筑和文艺复兴时代的雕刻作品，犹如一个历史博物馆，故有“博物馆之城”之美称。

相传希腊人攻占了特洛伊城，特洛伊王子一家逃至台伯尔河畔寻地安身。后来，特洛伊王子的后裔西尔维娅做了战神马尔斯的妻子，生下一对双胞兄弟罗马路斯和里穆斯。当时的国王得知后大发雷霆，派人杀死西尔维娅，还残忍地把两个无辜的幼儿放进篮筐中扔到波涛汹涌的台伯尔河，企图以此永绝后患。但幸运的是篮筐被冲到岸边。由于是神的后裔，所以一只母狼跑来用狼乳哺喂这两个婴儿。从此，兄弟二人就一直和狼群共同生活。直到有一天，一个好心的猎人发现了孪生兄弟，才把他们从狼群中救走，并抚养成人。兄弟俩长大后，变得和父亲战神马尔斯一样力大无穷、武艺惊人。他们通过神谕知道了身世后，便杀死了国王，为惨死的母亲报了仇。后来罗马路斯在母狼哺育他们的台伯尔河畔建城，并用自己的名字罗马来作城名；又因城建于七丘之上，故又称“七丘城”。其城徽是一只母狼领着两个男孩。

雅典：雅典娜的庇护

雅典是文明古国希腊的首都，也是古希腊最大的城市，一向被誉为欧洲文化的摇篮、人类历史上的一颗明珠。它自建城至今已有5000年的历史，早在公元前3000多年前，就有人在此居住。而其得名则来自智慧女神雅典娜。

据说，海神波塞冬与女神雅典娜同时选中了希腊阿提卡半岛南端一块富饶而美丽的地方做庇护地。两位神祇争执不下，互不相让，于是请求至高无上的众神之王宙斯仲裁。宙斯决定让他们自行表达对该地区的善意，由当地居民来抉择。波塞冬把战叉向地上一抛，霎时海浪翻滚，势不可当，用此表示要利用此地树立海上霸权。雅典娜把长矛向地上一掷，顷刻间，大地生机盎然，橄榄树硕果累累，以此表示让居民们丰衣足食、安居乐业。对海神和女神的许诺，居民们拒绝了霸权，接受了女神的庇护。从此，这个地区繁荣兴旺起来，发展成为文明的城市。为了牢记女神的庇护功绩，人们就取“雅典”为城市的名字。后来人们就把雅典视为“酷爱和平之城”。

纽约：英国与荷兰的 PK

1609 年，荷兰东印度公司的英国籍雇员亨利·哈得逊驾船来到了纽约湾，并从纽约湾继续北上，第一次深入那条河流，与两岸印第安人贸易。在此以后，欧洲人把这条河命名为哈得逊河。1624 年，一艘荷兰船“新尼德兰”号把 30 户荷兰人运到哈得逊河口。他们在这里开辟了一块殖民地，命名新尼德兰。在新尼德兰南边不远的地方有一个小岛叫做曼哈顿岛，1626 年，新尼德兰总督用约值 24 盾（荷兰货币单位）的纽扣、别针、眼镜等小玩意儿把该岛从印第安人手中买了下来，然后着手在岛上建立城堡，以自己的国都把它命名为新阿姆斯特丹——纽约的前身。1664 年，英国人与新阿姆斯特丹的荷兰人作战，结果荷兰人战败，被迫交出城堡。新阿姆斯特丹被英国人占领后，名字也改成了“新约克”（New York）——纽约。

俯视曼哈顿

这幅照片摄于 2001 年“9·11”事件前。

东京：东方的京城

东京，顾名思义，就是“东方的京城”。这是与日本的故都——京都相对而言的。东京在京都之东，所以称为东京。

古时的东京是武藏国国丰岛郡江良乡的一个村落——江户村。江户，按字面意为“江水入海的门户”。1457 年，以江户村为基础，建起江户城。

江户幕府执政时期，江户成为全国的政治中心，是事实上的首都，远在平安京的天皇则徒有其名。

1867 年，明治天皇迁都于江户，江户更名东京。明治四年升东京为东京府，从此东京的名称被固定下来。

金边：奔夫人山

柬埔寨的古都是举世闻名的吴哥，只是到了 1434 年，金边才被柬埔寨国王蓬黑阿・亚特选作新都。国王为何迁都金边？这期间有一段故事。

1372 年前后，在洞里萨河畔的一座山冈上住着一位富有的信奉佛教的寡妇，名叫奔夫人。在一个涨水季节的早晨，有一棵大树漂到奔夫人住处附近，遇到旋涡不能走脱。

奔夫人便召集乡邻，把树打捞到岸上。这时，发现这棵大树是个奇异的空心树，在树心里有四尊铜佛像和一尊石佛像。大家都认为这里是个圣地，连佛都想迁到此地居住。

于是，奔夫人就请了村民把这座山冈加高，成为一座高山，并且在山峰上修建了一座宝塔安放五尊佛像。此后，人们称这座山是奔夫人山，在汉语译音里就称为金边。

大约 60 年后，国王蓬黑阿・亚特有意把京都迁离靠边境太近、易受外族侵犯的吴哥，便派遣官员和高僧到各地寻找适于建新都的地方。到了金边，他们看到此地位于洞里萨河和湄公河汇流处，风景秀丽，土地肥沃，交通方便，地势适合定都。

后来又听当地居民讲述了奔夫人的故事，一致认为把京都迁到金边也符合佛的心意。于是，他们返回吴哥把耳闻目睹的情况写成奏章呈递国王。国王看了大喜，于是就迁都到了金边。

马德里：“妈妈快跑”

马德里是西班牙首都，马德里省首府，在西班牙中部。始见于 10 世纪的欧洲编年史。

其名称一说来源于拉丁文 materia，意为木材，因该地盛产木材。摩尔人入侵后，公元 932 年写作 Madarat。1083 年西班牙人夺回该地，拼写为 Madrid。

一说来源于凯尔特语，由修饰语 mago 或 mageto（大的）加地理通名 rito 或 rita 构成，意为宽广的渡口。

另说其来源于一民间传说。古代此地为一人烟稀少，熊迹出没的村落。一天，一个小孩在屋外遇到大熊向他追来，在危急关头他爬上一棵樱桃树躲避。正巧他的母亲来找，见他在树上，示意令其下来，但对树下那只大熊毫无觉察。躲在树上的小孩见此情景，惊呼：“Madre id !”（西班牙语意为“妈妈快跑！”）

政治制度：触摸恢宏史篇中跳动的脉搏

中国主要朝代名称：城头变换大王旗

夏：大禹原为夏后氏部落首领，因此，大禹的儿子启建立的奴隶制国家叫“夏”。

商（殷）：契是商部族的始祖，曾居于商（河南商丘），所以在灭夏后以“商”为国名。又因盘庚将都城迁到殷（河南安阳），所以商朝也叫殷朝。

周：因太王（古公亶父）居于岐山下的周原，所以武王克殷后，以“周”为国名。

秦：周孝王赐秦国的开国君主非子“嬴”姓，并封“秦”（甘肃天水）地，以后立国就以“秦”为国号。

汉：刘邦原被项羽封为汉王，后国号称“汉”。

三国：魏，曹操在汉献帝时封爵为魏王，他的儿子曹丕称帝后以“魏”为国号。蜀汉，刘备在成都称帝时，国号“汉”，因都城在蜀，故称“蜀汉”。吴，孙权建都建业（今南京），为古吴地，所以称“吴”。

晋：司马昭在魏国先封爵为晋公，后为晋王。他的儿子司马炎为帝，国号“晋”。

隋：杨坚原为后周之随王，后废周帝改“周”为“隋”。因讳“随”有走义，故省“辶”为“隋”。

唐：李渊的祖父在西魏时被封为唐国公，李渊称帝后建立了唐朝。

宋：赵匡胤在后周时，被封为宋州节度使。因发迹于宋州，所以国号称“宋”。

元：本无国号，称蒙古。世祖忽必烈始建国号叫“大元”，取《易》中“大哉乾元”之义。

明：出于明教，明教有明主出世的传说。

清：努尔哈赤建立政权后，国号大金。皇太极继位后，为了避免汉族对历史上金国侵略的民族仇恨，改“金”为“清”（清即金的音转）。

禅让制度：真正的天下归心

相传，尧把帝位让给舜而不传给儿子，舜把帝位让给大禹，大禹又准备把帝位让给伯益。所受让的人，需经过四岳的讨论、推举和政绩的考验后，才能践天子位。这就是古史传说的禅让制度，最早见于《尚书》的记载。

尧舜禅位图

《尚书》的《尧典》《舜典》《大禹谟》等篇说，尧在位70年，年老体衰时请四岳推举继承者。经过一番讨论，四岳推举了鲧。尧要他治理当时危害甚大的洪水。鲧治水不成被废，四岳重新推举舜，理由是舜有目盲的父亲和不善良的母亲，弟弟又很骄傲，而舜却相处得很好。尧就对他进行全面的考验，结果舜比人们想象的还要有才能，于是就践天子位。后来，大禹治水成功，舜把帝位传给了他。大禹又准备传位于伯益，结果天下民心归向大禹之子启，禅让制度遂遭破坏。

《论语》《墨子》《吕氏春秋》《韩非子》《史记》等，都肯定禅让制度的存在。但是，《孟子·万章》一方面否定尧让舜、舜让大禹，一方面又承认尧荐舜于天，舜荐大禹于天。

夏曾佑《中国古代史》认为禅让是一种选举制，属贵族政体，也是孔、孟、庄等托古改制之说。顾颉刚作《禅让传说起于墨家考》，明确提出墨家学派杜撰了禅让的传说。郭沫若《中国史稿》则说禅让制度反映了部落联盟议事会的情况。翦伯赞《中国史纲要》和范文澜《中国通史简编》也都主张禅让传说是原始社会军事民主主义特点的反映。

家天下：权力的原始诱惑

大禹品德高尚，治水有功，深得万民的拥护。舜去世后，大禹便正式成为部落联盟的领袖，这就是夏朝的开始。夏朝是中国历史上第一个朝代，大禹是夏朝的第一个国君。

大禹当上首领以后，立即独断专行地发动了征服南方三苗部落的战争。经过激烈的战斗，三苗部落被打败，许多人沦为夏军的俘虏。大禹把这些俘虏赏赐给各部落的首领做奴隶，他也借此加强了自己的统治。

大禹征服三苗后，开始巡视天下。在大禹巡视期间，绝大多数部落的首领都很尊敬他，但也有极少数的部落首领似乎对他不够毕恭毕敬。大禹觉得自己的权力还不够强大，就寻思要找机会教训这几个不知天高地厚的家伙，让他们对自己顶礼膜拜。

有一次，大禹突然跑到会稽山（今浙江绍兴）召集各部落首领会盟。有一个名叫防风氏的部落首领，因为有事耽搁来迟了，大禹便勃然大怒，当场把他处死。参加会盟的其他部落首领见了，都吓得战战兢兢。大禹看到大家害怕的样子，反而感到了一种前所未有的满足。

随着年岁的增长，大禹渐渐衰老了。他也越来越觉得自己好不容易得来的王权应该由自己的儿子来接管，而不能让别的什么人来继承。

大禹一连思考了好几天，最后，想到了一个两全其美的办法：他一面效仿尧、舜，指定曾经帮他治水、但体弱多病的皋陶为自己的接班人，一面让他的儿子启帮助处理国家大事，还经常让启代表自己与各部落的首领会面。

就这样，又过了几年，体弱多病的皋陶死了。而启却成长起来，他不但具备了处理国家大事的才能,还和大多数部落的首领建立了融洽的关系。大禹心里暗暗高兴，可是他表面上不动声色，又指定皋陶的儿子伯益为自己的接班人。

不久之后，大禹死了。按理应由伯益继承王位，然而，大多数部落的首领却拥戴启做了夏朝的第二个国王。

于是，夏启也就成为中国历史上由“禅让制”变为“世袭制”的第一人。从此，在中国历史上出现了以“子承父位”为特征的“家天下”制度。这一制度在中国实行了 4000 多年，直到 1911 年清王朝被推翻为止。

合纵连横：外交的手腕

合纵连横是战国时期纵横家所宣扬并推行的外交和军事政策。苏秦曾经联合“天下之士合纵相聚于赵而欲攻秦”(《战国策·秦策三》)，他游说六国诸侯，要六国联合起来西向抗秦。秦在西方，六国土地南北相连，故称合纵。与合纵政策针锋相对的是连横。张仪曾经游说六国，让六国共同侍奉秦国。秦在西方，六国在东方，东西相连，故称连横。

合纵连横的实质是战国时期的各大国为拉拢别国而进行的外交、军事斗争。合纵的目的在于联合许多弱国抵抗一个强国，以防止强国的兼并。连横的目的在于侍奉一个强国以为靠山，从而进攻另外一些弱国，以达到兼并和扩展土地的目的。

合纵连横的斗争适应了战国形势发展的需要，对各国政治产生了很大影响，其历史作用应当引起人们的重视。

分封制：庶子的归宿

周王朝有“传嫡不传庶，传长不传贤”，也就是说，只有嫡长子才是继承王位或爵位的唯一合法者，庶子即使比嫡长子年长或更有才能，也无权继承。庶子虽然不能继承王位，但他们可以得到次于王位的其他爵位。为此，周王朝依据宗法制度的基本原则，又创设了“分封制”。

在分封制下，周天子把土地、人口、财产分封给亲族和臣下，以确保王位与国家的长治久安。受封者则以服从调遣与缴纳贡赋为当然义务。西周前期，分封制在维护周王室统治上发挥了一定作用。但自春秋时期，周朝王室衰微，诸侯并起，“礼乐征伐自诸侯出”，周王“天下共主”的地位丧失，分封制被破坏，以致中国出现了持续 500 年的战乱时期。

秦始皇统一中国后，取消分封制，在全国推行单一的郡县制。其后西汉初年、西晋初年、明朝初年均沿用了分封制，结果无一不导致割据战乱。

宗法制：父权社会的尊卑

宗法制源于父权家长制家庭。随着社会发展，漫长的原始母系氏族社会逐渐被父系氏族社会取代，并最终确立了父权在家庭中的统治地位，太古先民“知母不知父”的历史终于画上了句号。

宗法制是与分封制相补充的政治制度，它依靠自然形成的血缘亲疏关系划定贵族的等级地位，从而防止贵族间对于权位和财产的争夺，稳固贵族阶级的内部秩序。宗法制度下，嫡长子即正妻所生长子，称为宗主，为族人共尊，是为大宗。众庶子即为小宗。爵位、封土均由嫡长子继承，余子另行分封。

分封制从政治结构方面建立了贵族间的等级秩序，宗法制则以血缘亲疏关系巩固了这个等级秩序。以后历史中，分封制虽然被郡县制取代，但宗法制却在中国长盛不衰，到封建社会末期，逐渐走向极端与反动，成为家长制与亲贵尊卑的代名词。

三省六部制：封建中央官制

三省六部制是中国封建社会历代沿袭的中央官制。始形成于东汉，至隋朝正式确立，唐朝时进一步完善。唐时三省指中书省、门下省、尚书省。六部指尚书省下属的吏部、户部、礼部、兵部、刑部、工部。中书省负责定旨出命，门下省掌封驳审议，中书、门下通过的诏敕，经皇帝裁定交尚书省执行，尚书省下六部分理政务。

三省长官共议国政，执宰相之职。三省六部制既便于集思广益，又能使其互相牵制，从而避免权臣专权的局面。这样，大大加强了皇帝集权，有效防止了大权旁落。

内阁：无宰相之名，有宰相之权

内阁是明朝废止丞相后设立的中央官署。

洪武十五年（1382 年），为解决废除丞相后政务繁忙之弊，明太祖朱元璋定置华盖殿、谨身殿、武英殿、文渊阁、东阁大学士，备皇帝顾问，时称“殿阁大学士”，为内阁前身。殿阁大学士品阶较低，且不能参与政务，仅是皇帝的秘书班子。明成祖时，正式启用内阁名号，并准许阁臣参与机务，参加讨论国家机密，但不置僚属，不得专制百官。

从明仁宗开始，阁臣权力渐重。明中叶以后，阁臣又取得“票拟”大权，已经影响皇帝决策了。内阁则成为事实上的全国行政中枢机构，虽无宰相之名，实有宰相之权。

藩镇割据：都是节度使惹的祸

唐代“安史之乱”后，部分节度使凭借自己手中的权力和中央政权相对抗。这种局面首先出现在唐代宗时期，叛乱的降将割据一方，他们不受中央政令的管辖，而且彼此间征战不已。

在唐中后期，藩镇势力与中央朝廷互有消长：当中央政权比较强大时，就会想方设法打击藩镇；中央政权比较弱小时，藩镇就会更跋扈一些。

监狱：皋陶造狱

监狱，是国家机器的重要组成部分，依法囚禁关押、惩罚罪犯的场所。监狱的起源，可以追溯到远古时代。监狱的雏形是原始人驯化野兽的岩穴。后来，不杀战俘，把俘虏关押在洞穴之中，强制他们投降归顺。

据史书《唐律疏议》记载：“皋陶造狱。”传说皋陶是舜帝时期的人物，曾被任命为刑法官，掌管刑法，发明建造监狱，历来被视为监狱的始创者和开山鼻祖。在中国古代监狱中，都挂有皋陶的画像，不仅狱卒要像敬神拜祖一样敬奉跪拜他，而且连被囚禁关押的犯人也如敬拜神明似的对他行三叩九拜之大礼。

“监狱”起初并不叫监狱。夏朝时期监狱叫“夏宫”，商朝时期监狱称为“圉”，周朝时期监狱名为“圜土”，秦朝时期监狱称为“囹圄”，直到汉朝监狱才开始叫“狱”。秦朝时，不仅京城有狱，地方也开始设狱。南北朝时期的北朝，又开始掘地为狱，发明了“地牢”。到明朝以后，又称监狱为“监”。“监”和“狱”逐渐合并为一体，统一称为“监狱”。

十恶不赦与五刑：罪与罚

“十恶不赦”意指罪恶深重，不可饶恕。这里的“十恶”，现在已是虚指罪恶，但在古代，它却是实指 10 种罪恶。

据《隋书·刑法志》记载，北齐河清三年（564 年），尚书令、赵郡王睿等奏上齐律十二篇，列出重罪 10 条：“一曰反逆，二曰大逆，三曰叛，四曰降，五曰恶逆，六曰不道，七曰不敬，八曰不孝，九曰不义，十曰内乱。”这是“十恶”的最初形式。隋唐在此基础上稍加改动，正式定名为“十恶”写进法典。

中国古代有五种残酷的刑罚，叫五刑。早期奴隶制五刑是指墨、劓、刖、宫、大辟；

封建制五刑指笞、杖、徒、流、死；清末变革法制，改五刑为死刑、无期徒刑、有期徒刑、拘役、罚金5种。

东厂、西厂、锦衣卫：特务侦查机构

东厂、西厂与锦衣卫合称“厂卫”，均是明朝的特务侦查机构，其中锦衣卫有别于东、西二厂，不由宦官统领，属外官机构。

东厂于永乐十八年（1420年）设立于北京东安门北；西厂系成化十三年（1477年）设于旧灰厂；锦衣卫原为内廷亲军，皇帝的卫队，洪武十五年（1382年）成立。东、西厂的头目多由司礼监太监或秉笔太监充任，锦衣卫长官以皇帝亲信心腹担任。

厂与卫的职权基本无差别，但由于锦衣卫属于外官，奏事需用奏疏，还有勋戚及其子弟参加，不如东、西厂太监亲近，故厂的势力总要大于卫。这样，锦衣卫侦察一切官民，厂则侦查官民和锦衣卫，而皇帝则直接领导与监督所有侦察机关，构成一套侦查特务体系。厂、卫可以不通过司法机构，直接奉诏行事，受理词状，任意逮捕吏民，用刑非常残酷。厂、卫爪牙遍布全国，气焰嚣张，明末尤甚。

二十四衙门：负责皇室私人生活

二十四衙门是明代宫廷内负责皇帝及其家族私人生活的宦官机构。

明朝宦官设置始于明初。洪武三十年（1397年）设有十二监二司七局，各监设太监、少监、监丞等。成祖迁都北京后，正式形成二十四衙门，包括十二监四司八局。十二监为司礼监、内官监、御用监、司设监、御马监、神宫监、尚膳监、尚宝监、印绶监、直殿监、尚衣监、都知监。四司为惜薪司、钟鼓司、宝钞司、混堂司。八局为兵仗局、银作局、浣衣局、巾帽局、针工局、内织染局、酒醋面局、司苑局。

二十四衙门各设掌印太监统领本衙之事。二十四衙门中，以司礼监最为显要，其在明代历史上因为可以代替皇帝誊写“朱批”而出尽风头。

军机处：初名“军机房”

军机处，亦称“军机房”“总理处”，是清朝中后期的中枢权力机关。

军机处的设立是清代中枢机构的重大变革，标志着清代君主集权发展到了顶点。军机处成立于雍正七年（1729年），初名“军机房”，乾隆后称“军机处”。军机处本为办理军机事务而设，但因它便于君主有效实施专制独裁，所以常设不废，而且其职权也愈来愈大。军机处的职官有军机大臣（俗称“大军机”）和军机章京（俗称“小军机”）。军机大臣由皇帝从满汉大学士、尚书、侍郎等官员内特选，有些也由军机章京升任。

军机处成立后，一切机密大政均归军机处办理，但实际上军机处完全等同于皇帝的私人秘书处。入职军机者，只能跪受笔录，传达谕旨，决策大权完全掌握在皇帝一人手中。军机大臣既无品级，也无俸禄。军机大臣之任命，并无制度上的规定可供遵循，完全出于皇帝的自由意志。军机大臣的职务也没有制度上的规定，一切都是皇帝临时交办的，所以说军机处是皇帝集权的最好工具。

八旗制度：以旗统人，以旗统兵

八旗制度是清代满族的一种社会组织形式。满族以射猎为业，每年到采捕季节，以氏族或村寨为单位，由有名望的人当首领，这种以血缘和地缘为单位进行集体狩猎的组织形式，称为牛录制。首领称为牛录额真（牛录意为大箭；额真，又称厄真，意为主）。

1601年，努尔哈赤改革牛录制，以旗帜作为标志，将本族及下属包衣奴隶分编为黄、白、红、蓝四旗。1615年，又将黄、白、蓝旗镶以红边，红旗镶以白边，增建镶黄、镶白、镶红、镶蓝四旗，合称“八旗”。每旗（满语称“固山”）下辖五参领（甲喇），每参领辖五佐领（牛录）。凡满族成员分隶各佐领，平时生产，战时从征。皇太极时，又把降附的蒙古人和汉人编为“八旗蒙古”和“八旗汉军”，与“八旗满洲”共同构成清代八旗的整体。满洲八旗中的正黄、正白、镶黄称为“上三旗”，是皇帝的亲军，由皇帝直接统帅；其他五旗称为“下五旗”，由满洲贵族统之。编入八旗的人户，称为“旗人”或“旗下人”。

八旗制度在建立初期，兼有军事、行政和生产三方面职能，是与当时满族社会经济基础相适应的，对推动满族社会经济的发展起了积极作用。入关后满族统治者利用八旗制度加强对人民的控制，其积极意义日趋缩小。作为一个军事组织，八旗军队与绿营兵同为清廷统治全国的工具，分驻首都及全国重要地方。在某些地区，八旗也作为行政机构，与州县系统并存。清亡后，八旗制度才全部瓦解。

王莽改新：托古改制

王莽是西汉末年外戚，后为新朝皇帝。

永始元年（公元前16年），王莽封新都侯，迁骑都尉、光禄大夫、侍中。绥和元年（公元前8年），王莽代替王根为大司马。哀帝死后，年幼的平帝继位，王政君以太皇太后临朝称制，王莽复任大司马，总揽朝政。

他拔擢亲信，树立党羽，竭力诛灭异己。元始元年（1年），进位太傅，号安汉公，后加称宰衡。元始五年（5年），王莽加九锡。平帝死后，他拥立两岁的孺子婴，自己仿效周公辅成王故事，以摄政名义居天子之位，朝会称假皇帝，臣民称摄皇帝，改元居摄。初始元年（8年），王莽自立为帝，改国号曰新，次年改元为始建国。

王莽为了缓和西汉末年日益加剧的社会矛盾，他附会《周礼》，打着复古改制的幌子实行变法。

变法的主要内容是：第一，把全国土地改为“王田”，不准买卖；第二，把奴婢称为“私属”，不准买卖；第三，评定物价，改革币制。这种复古改制倒行逆施，根本行不通，不但受到农民的反对，许多中小地主也不服。

王莽的改制未能挽救西汉末年的社会危机，反而使各种矛盾进一步激化，终于导致了赤眉、绿林为主的农民大起义。

公元 23 年 10 月，绿林军攻进长安，杀死了王莽。这样，新朝仅仅维持了 15 年就灭亡了。

罗马元老院：国王的咨询顾问

元老院是古代罗马政府机构中历史最悠久的组成单位。公元前 6 世纪，元老院议员（约有 300 名）由罗马国王委任，并随时向国王提供咨询。到公元前 5 世纪末，庶民首次担任长官职务后，开始进入元老院。

公元前 4 ~前 3 世纪，在连绵不断的战争时期，元老院对外交政策施加影响的力量增大了。在共和国最后两个世纪（公元前 2 ~前 1 世纪），通过一系列未成文的规定，元老院在外交政策、立法、财政、宗教等方面起着至关重要的作用。它还有权给长官们分派任务，延长他们的任职期，指定设立元老院委员会以协助长官管理被征服的土地。

在共和国最后几十年里，由于军事领袖崛起、元老院本身唯利是图、它的改革受阻以及它的重要成员的排外主义，元老院的威望和权力下降。公元前 27 年，屋大维恢复元老院的威望，并把它视为统治帝国的正式合作者。长官、主法官和法官的选举由公民议会负责转到元老院。然而，皇帝对选举起很大的作用，并随意委任元老院议员。元老院恢复它作为统治者咨询机构的本来面貌。公元 580 年，罗马元老院被取消。

印度种姓制度：贵贱等级世代相传

种姓制度是古印度教的产物，已经有几千年的历史。它将人按不同职业分成 4 个严格的等级，即婆罗门、刹帝利、吠舍和首陀罗。每个种姓又有许多不同的分支，不同种姓之间不能通婚。贵贱等级世代相传，终身不变。

在印度，属于低等级种姓的“贱人”基本没有仇富心理，他们相信今生的命运是前世的孽缘，所以今生要承受苦难，安于命运，来世以便解脱。尽管印度独立以后，废除了种姓制度，但是今天的印度社会仍然保留着种姓制度的残迹。

布尔什维克：拥护列宁的多数派

布尔什维克党是苏联共产党的前身，“布尔什维克”俄语意为多数派。

1903 年，在俄国社会民主工党第二次代表大会上，以列宁为首的马克思主义者同党内机会主义者围绕党纲、党章问题展开了激烈的斗争。后来，在选举党中央委员会和党的机关报《火星报》编辑部成员时，拥护列宁的人占多数，被称为布尔什维克，反对列宁的马尔托夫派占少数，被称为孟什维克。

1912 年 1 月，俄国社会民主工党第六次全俄代表会议把孟什维克驱逐出党以后，布尔什维克成为独立的新型政党。1918 年 3 月，布尔什维克党改名为俄国共产党，1925 年 12 月又改名为苏联共产党，简称联共（布）。

幕府：独特的日本国情

幕府本指将领的军帐，但在日本的特殊状况下，演变成一种具有独特国情的政权体制，成为凌驾于天皇之上的中央政府机构。其最高权力者为征夷大将军，亦称幕府将军，职位世袭。

将军从日本皇室夺取权力，在明治维新之前，将军取代天皇，成为日本的实际统治者，常以“挟天子以令诸侯”的方式维持对国家的统治。而实际上，幕府将军也多被篡权。

日本历史上共经历了镰仓幕府、室町幕府、江户幕府三个幕府统治时期。始于 1192 年，至 1867 年德川庆喜还政于明治天皇，幕府政治结束。幕府将军中，比较著名的有源赖朝、足利尊氏、德川家康。

开明专制：法国启蒙学者的改革要求

“开明专制”是 18 世纪下半叶欧洲一些国家封建专制君主执行的一种政策。当时，欧洲大陆诸国的封建制度日趋衰落，资本主义生产关系在封建社会内有所发展。各国封建君主为了巩固其专制统治，接过了法国启蒙学者要求改革的旗帜，宣称要进行自上而下的改革。他们利用伏尔泰希望有一个开明的君主，在哲学家的辅助下，改革社会生活的主张，把自己装扮成“开明”的君主，高喊“开明”的口号。“开明专制”便成了当时欧洲各国封建专制政府的特征，只有英国、波兰、法国例外。

在东欧，由于资产阶级势力薄弱，“开明专制”获得了典型的发展，其间各国所进行的改革客观上都促进了资本主义的发展。1789 年，法国大革命爆发后，欧洲大陆开始了资本主义和封建主义两个制度的生死搏斗，一切伪装都无济于事，“开明专制”时代连同其改革差不多一起消失了。

君主制：君主掌握最高国家权力

君主制是以君主为国家元首的政体形式。君主掌握最高国家权力，并且不经选举产生，没有任期。君主一般是世袭的，终身任职。

君主制有不同类型。无限君主制，君主拥有无限权力，是真正的君主专制，在古代东方国家中曾普遍实行。有限君主制，君主权力有限。有限君主制包括等级君主制和君主立宪制。现在世界上还有十几个君主制的国家，如沙特阿拉伯、科威特，非洲的摩洛哥，亚洲的尼泊尔、文莱、不丹等。欧洲的英国和瑞典虽然还是王国，但已经演变成了君主立宪国。

英国内阁制：对议会负责

1689 年，英国资产阶级和新贵族发动了推翻詹姆斯二世的统治、防止天主教复辟的政变，因为这场革命未有流血，史称“光荣革命”。

随后，斯图亚特家族的玛丽和丈夫威廉统治英国。他们死后无嗣，按照嗣位法王位由玛丽的妹妹安妮继承。1714 年，安妮去世，无嗣，英国王位由斯图亚特家族的远亲德意志汉诺威的乔治继承，即乔治一世。斯图亚特王朝结束，汉诺威王朝开始。

乔治一世不懂英语又不了解英国国情，本来就怕在内阁会议上出丑，便一反惯例，不再出席和主持内阁会议，而指定一名大臣来主持内阁会议。内阁进一步从向国王负责转到向议会负责。英国近代内阁制由此逐渐形成。

大棒政策：手持大棒口如蜜，走遍天涯不着急

大棒政策是美国总统西奥多·罗斯福提出和实行的武力威胁和战争讹诈的外交政策。他曾在一次演说中援引了一句非洲谚语“手持大棒口如蜜，走遍天涯不着急”，来说明他任内的外交政策，后发展成所谓“大棒加胡萝卜政策”。

20 世纪初，美国凭借其大为增强的军事、经济力量，积极推行向外扩张计划，加强了对拉丁美洲，特别是加勒比海地区的侵略。罗斯福根据马汉的制海权理论，主张以武力为后盾，迫使拉丁美洲国家“循规蹈矩”，听命于美国。在大棒政策的指导下，美国凭借武力，多次公开干涉拉丁美洲国家的内政。1903 年，罗斯福参与策划并出动海军支持巴拿马政变。1904 年，美国又出动军舰，迫使多米尼加共和国将一切关税交给美国管理。

美国推行大棒政策的地区，并不限于拉丁美洲。罗斯福一再出动武装力量，肆意干涉他国的做法，激起拉丁美洲各国的强烈反对，也引起本国广大人民群众的不满。

弹劾：以公众的名义

弹劾是对政府官吏的违法失职采取揭发和追究法律责任的行为。

1640 年 11 月 11 日，英国国会下院议员约翰·皮姆带领约 300 名议员来到上院，以下院和英国公众的名义，以叛国罪控告弹劾国王宠臣斯特拉夫伯爵，并促成其死刑，开创了议会弹劾国家官员的先例。1689 年以后，下院逐渐以法律形式确立了监督政府、弹劾管理官吏的职能。

后来，弹劾为西欧诸国采用。

非暴力不合作运动："圣雄甘地"的倡导

甘地，也称作"圣雄甘地"，是印度民族主义运动和国大党领袖。他既是印度的国父，也是印度最伟大的政治领袖。他带领国家迈向了独立，脱离了英国的殖民统治。他的"非暴力"的哲学思想，影响了全世界的民族主义者和那些争取和平变革的国际运动。

甘地一生为印度摆脱英国的殖民统治而奔走，他徒步旅行全国，到处发表反对殖民统治的谈话。1919 年 4 月 13 日，印度发生了"阿姆利则惨案"，反英斗争迅速高涨。1920 年 9 月，印度国大党在加尔各答特别会议上通过了甘地提出的"非暴力不合作计划"。在甘地的号召下，人民举行罢工、罢课、罢市和集会、游行。在斗争中，工农群众常常发生不同程度的暴力斗争。1922 年 2 月 12 日，国大党通过《巴多利决议》，谴责群众"越轨"行为，决定无限期停止"非暴力不合作运动"。3 月 10 日，甘地入狱，运动遭到残酷镇压。

1947 年 8 月，印度宣告独立，甘地在 1948 年 1 月 30 日遭到刺杀。甘地为争取印度独立献出了自己的一生，他被尊为"国父"，他的生日被视为印度民族的节日，他的逝世日被宣布为"殉难者纪念日"。

1930 年甘地领导示威游行，反对一项英国税收项目。甘地既是一位政治家，更是人们心目中的"圣雄"，他渴望改变人的心灵——不管是印度教徒，还是英国人。甘地一直采取非暴力的手段进行抗议，梦想着建立一个所有种族、宗教和阶级都能和睦共处的国家。

组织团体：为了共同的利益

国际联盟："一战"后的结果

国际联盟（简称国联）是第一次世界大战的产物，是第一个立誓共同防御侵略、以非暴力方式解决争端的世界范围内的国际组织，在世界历史上具有突出的地位。

在第一次世界大战期间，美国的一些资产阶级和平团体积极主张建立一个调解国际纠纷的机构。美国总统威尔逊非常赞成这个主张，并将此纳入他的"十四点原则"，力主建立国际联盟这样一个组织。

1919年1月18日，巴黎和会召开以后，威尔逊坚持首先讨论建立国际联盟的问题，并主张把《国联盟约》列为《对德和约》的必要组成部分。但是，在英法两国的操纵下，巴黎和会决定设立一个国联盟约起草委员会。

《国联盟约》经过26次修改之后，于1919年4月28日在巴黎和会上通过。1920年1月10日，国际联盟宣告正式成立，总部设在日内瓦。凡是在大战中对德奥集团宣战的国家和新成立的国家都是国际联盟的创始会员国。这样，国际联盟共有44个会员国，后来逐渐增加到63个国家。中国于1920年6月29日加入国际联盟。

国际联盟的宗旨是减少武器数目、平息国际纠纷及维持民众的生活水平。但国际联盟却不能有效阻止法西斯的侵略行为，第二次世界大战后被联合国取代。

联合国："二战"的产物

联合国总部大楼

"联合国"一词最早是美国总统罗斯福发明的。1942年1月1日，美、苏、中、英等26个国家为了建成统一战线，共同打败法西斯，聚会华盛顿，签署发表了一个共同宣言。根据当时美国总统罗斯福提议，称其为《联合国家宣言》，亦可译为《联合国宣言》。到了1944年8月，英、美、苏三国代表在华盛顿的敦巴顿橡树园举行会议，讨论起草关于建成战后国际组织的具体方案。在谈到国际组织的名称时，三国都同意沿用 1942 年“共同宣言”所用过的“联合国”一词，把未来的国际组织命名为“联合国”。这个提议最后获得了旧金山制宪会议批准。

1945 年，第二次世界大战结束后，中国、法国、苏联、英国、美国五国以及大多数签署国签署了《联合国宪章》，并同时规定联合国这一国际性组织于 1945 年 10 月 24 日正式成立。从此，10 月 24 日就成为联合国日。

北约：冷战的产物

北大西洋公约组织简称“北约”，是针对苏联和东欧社会主义国家的军事政治集团。

1949 年 4 月 4 日，美国、加拿大、英国、法国、比利时、荷兰、卢森堡、丹麦、挪威、冰岛、葡萄牙、意大利 12 国在华盛顿签订了《北大西洋公约》，由此宣布成立北大西洋公约组织，总部设在比利时首都布鲁塞尔。“公约”于 1949 年 8 月 24 日生效。

1952 年 2 月和 1955 年 5 月，土耳其、希腊、联邦德国加入北约；1982 年，西班牙也参加了北约，成员国增至 16 个。1999 年 3 月 12 日，波兰、捷克、匈牙利加入，北约东扩造成西方与俄罗斯关系紧张。2002 年 11 月，在布拉格峰会期间正式接纳保加利亚、罗马尼亚、斯洛伐克、斯洛文尼亚、爱沙尼亚、拉脱维亚、立陶宛 7 国为新成员，其中有 4 个国家为原华约成员，而波罗的海三国为苏联的加盟国。

曾任北约第一任军方总司令的艾森豪威尔在卸职后于 1953 年登上美国总统的宝座，并继续扩大美国对北约的控制。

欧盟：欧洲统一的印记

欧盟是由欧共体发展而来的，它的雏形是 1952 年由欧洲六国建立的“欧洲煤钢共同体”，其目的是消除欧洲各国在煤钢贸易中的关税壁垒，有利于各成员国间的煤钢货物的流通。

在 1957 年，又建立了“欧洲经济共同体”和“欧洲原子能共同体”。1965 年，三个机构合并为“欧洲共同体”（简称欧共体）。到 1973 年，欧共体成员扩大到 12 个国家，成为欧洲国家经济、政治利益的代言人。

“二战”以后，欧洲各国实力的下降，使它们意识到只有通过经济乃至政治上的联合，即从初级的经济联盟到高级的经济联盟，再过渡到政治的联盟才是保持欧洲国家的经济和政治地位的最好办法。因此，在 1993 年，欧盟正式建立并取代欧共体，欧洲国家迈出了走向统一的重要一步。

不结盟运动：弱小者的对抗

不结盟运动萌发于冷战年代。1956 年，南斯拉夫总统铁托、埃及总统纳赛尔和印度总理尼赫鲁举行会谈，针对当时东西方两大军事集团严重对抗殃及广大中、小国家的情况，提出了不结盟的主张。1961 年 9 月，在南斯拉夫、埃及、印度和印度尼西亚等国的倡议下，第一次不结盟国家首脑会议在南斯拉夫首都贝尔格莱德举行，25 个国家出席了会议，不结盟运动正式形成。

不结盟运动奉行独立、自主和非集团的宗旨和原则；支持各国人民维护民族独立、捍卫国家主权以及发展民族经济和民族文化的斗争；坚持反对帝国主义、新老殖民主义、种族文化及一切形式的外来统治和霸权主义；呼吁发展中国家加强团结；主张国际关系民主化和建立国际政治、经济新秩序。

七十七国集团：弱小者的联合

由于长期遭受帝国主义、殖民主义的控制、剥削和掠夺，许多发展中国家的民族经济十分落后，尤其是在国际交换中出口不断下降，债台高筑，贸易条件日益恶化，国际收支经常出现大量逆差，严重阻碍了这些国家民族经济的发展。广大发展中国家强烈要求团结起来，共同改变这种不合理的局面。1963 年，当第 18 届联合国大会讨论召开贸易与发展大会时，75 个发展中国家提出了一个《联合宣言》。1964 年，在首届联合国贸易与发展会议上，发展中国家再次共同发表《联合宣言》。这次宣言是由 77 个发展中国家或地区签字的，因而得名“七十七国集团”。后又有不少发展中国家陆续加入，但“七十七国集团”一名仍被沿用下来。

亚太经济合作组织：汉城倡议

1989 年 1 月，澳大利亚总理霍克访问韩国时提出“汉城倡议”，建议召开亚太国家部长级会议，以讨论加强经济合作问题。经与有关国家磋商，1989 年 11 月 5 ~ 7 日，澳、美、日、韩、新、加及东盟六国在澳大利亚首都堪培拉举行了亚太经济合作组织（APEC）首届部长级会议，APEC 成立。

与此同时，APEC 会标也开始启用，呈绿、蓝、白三色的地球状。会标不仅代表 APEC 这一重要的地区经济合作组织，也代表着亚太地区的希望和期待。会标的含义：地球表面太平洋部分的半球；体现亚太经合组织成员构成的地理分布；绿色和蓝色代表亚太人民期待着繁荣、健康和富庶的生活，白色代表着和平与稳定；边缘阴影部分代表亚太地区富有活力的发展前景；中间是白色的 APEC 4 个英文字母。

1991 年 11 月，在汉城（现称首尔）举行的 APEC 第三届部长级会议通过的《汉城宣言》正式确定该组织的宗旨和目标为："相互依存，共同利益，坚持开放性多边贸易体制和减少区域间贸易壁垒。" APEC 是亚太地区重要的政府间区域经济合作组织，是本区域国家和地区加强多边经济联系、交流与合作的重要组织之一。

石油输出国组织：对抗西方石油公司

1960 年 9 月 10 日，伊朗、伊拉克、科威特、沙特阿拉伯和委内瑞拉的代表在巴格达开会，决定联合起来共同对付西方石油公司，维护石油收入。14 日，五国宣告成立石油输出国组织（OPEC），简称"欧佩克"。随着成员的增加，欧佩克发展成为亚洲、非洲和拉丁美洲一些主要石油生产国的国际性石油组织。欧佩克总部设在维也纳。

欧佩克的宗旨是，协调和统一各成员国的石油政策，并确定以最适宜的手段来维护它们各自和共同的利益。

世界贸易组织：关税与贸易总协定

根据关税与贸易总协定乌拉圭回合多边贸易谈判所达成的一揽子协议，世界贸易组织（WTO）于 1995 年 1 月 1 日正式宣告成立。

第二次世界大战后，23 个参与建立国际贸易组织的国家进行谈判，相互削减并约束关税，达成了关税与贸易总协定，并于 1948 年 1 月 1 日起临时生效。

1986 年，关税与贸易总协定各成员国部长在乌拉圭埃斯特角城发起了新一轮谈判，谈判议程主要涉及 15 个方面的议题，其中包括农产品、纺织品与服装等敏感部门和服务贸易、知识产权、投资措施等新领域。1994 年 4 月 15 日，关税与贸易总协定缔约方在马拉喀什签署了乌拉圭回合一揽子协议。从 1995 年 1 月 1 日起，世界贸易组织正式取代关税与贸易总协定。

世界银行：布雷顿森林会议的决议

世界银行是根据 1944 年美国布雷顿森林会议上通过的《国际复兴开发银行协定》成立的。它是联合国下属的一个专门机构，是为经济发展提供融资的主要国际金融机构。世界银行是世界上最大的政府间金融机构之一，总部设在华盛顿。

目前世界银行将利用其资金、高素质的人才和广泛的知识基础，把帮助发展中国家走上稳定、持续、平衡发展之路作为其贷款政策的目标。

国际奥林匹克委员会：非营利性的体育组织

国际奥林匹克委员会（简称国际奥委会）于1894年6月23日成立，共有49个体育组织和12个国家的79名代表参加在巴黎举行的成立大会。国际奥委会总部设在瑞士洛桑。

国际奥委会是一个非政府性、非营利性和永久性的国际体育组织，是领导奥林匹克运动和决定有关奥林匹克运动问题的最高权力机关。国际奥委会与其成员国或地区，以及国际单项体育组织相互承认。

国际奥委会的宗旨是：鼓励组织和发展体育运动和体育竞赛；在奥林匹克思想指导下，鼓舞和领导体育运动，从而促进和加强各国运动员之间的友谊；保证按期举办奥运会。

绿色和平组织：为了家园的绿色海洋

绿色和平组织前身是1971年9月15日成立于加拿大的“不以举手表决委员会”，1979年改为现名，并迁至荷兰的阿姆斯特丹。

绿色和平组织是一个国际性环境保护组织。第二次世界大战结束后，伴随着科技的蓬勃发展，核试验、工业废弃物、垃圾等造成的环境污染严重地威胁着人类赖以生存的环境。这种情况引起了爱护环境人士的关注，各种与环境保护有关的党派、团体等随之产生。

1971年，一名工程师在加拿大发起并组织了绿色和平组织，宣称自己的使命是：“保护地球、环境及其各种生物的安全及持续性发展，并以行动作出积极的改变。”不论在科研还是科技发明方面，绿色和平组织都提倡有利于环境保护的解决办法。对于有违以上原则的行为，绿色和平组织都会尽力阻止。其宗旨是促进实现一个更为绿色、和平和可持续发展的未来。

红十字会：救死扶伤的人文关怀

19世纪中期，欧洲商业经济日益繁荣的各国，为了争夺市场不断兵戎相见。各国的陆军医疗部门无力单独解决战地伤病兵员的救护和治疗问题。有个名叫让·亨利·杜南的瑞士人，1859年6月25日在前往晋见法国皇帝拿破仑三世的途中，抵达意大利北部伦巴第地区。此时拿破仑三世正率法军和撒丁军一道与奥地利陆军为争夺伦巴第地区相继在马根塔和索尔弗利诺两地血战。索尔弗利诺之战，双方伤亡4万多人，大批伤兵被遗弃在战场上，状况十分凄惨。杜南目睹这一情景，出于对人的同情和怜悯，当即号召该地居民同他一道组织起来，抢救和看护被遗弃的伤兵。

事后,杜南将自己的亲身经历写成了《索尔弗利诺回忆》一书。在书的结尾他建议：

在各国成立伤兵救护组织；召开一次国际会议，研究制定一项保护伤兵和伤兵救护组织权益的国际公约。他的倡议获得了欧洲各国的热烈支持。1864 年，欧洲各国就交战双方伤兵救助问题举行了第一次日内瓦会议，拟出草案。草案在杜南建议的基础上，增加了设立野战医院和医疗救助的措施，并以“白底红十字”的瑞士国旗为参照，设计出“白底红十字”的标志，这就是红十字会的起源。

1880 年，“救护伤兵国际委员会”改称“红十字国际委员会”。此后，许多国家都成立了红十字会。1919 年，又诞生了各国红十字会联合组织——国际红十字会协会。

三 K 党：白色联盟

三 K 党（Ku Klux Klan）是美国历史上最悠久、最庞大的恐怖主义组织。Ku Klux 源于希腊语，意为“集会”；Klan 取自 claa，意为苏格兰民族（该组织几个创始人为苏格兰后裔）。因该组织名称中三个词起首字母都是 K，因而被称为“三 K 党”，又称白色联盟和无形帝国。

美国南北战争结束后，南部的奴隶主和庄园主为镇压黑人和维护奴隶制度，于 1866 年 5 月在田纳西州的普拉斯基城组成三 K 党。在 1869 年，三 K 党被政府解散。但是 1915 年，在佐治亚州亚特兰大城又重新建立了三 K 党，成员蔓延及全国。1928 年，三 K 党改名为“森林武士”，但一般仍称之为三 K 党。1944 年，该党形式上不作为一个全国性的组织存在。1949 年，美国南部 6 个州的头目集会，重新组成一个全国性的组织。1955 年，又组成几个三 K 党。

近十几年，该党因臭名昭著，力量大为减弱，活动较隐蔽，内部也不甚统一，分为 6 个派别。该党常与提倡种族歧视的一些法西斯组织交往，相互支持并成为美国反动势力推行种族主义的工具，经常对黑人和进步人士使用私刑、绑架和屠杀等恐怖行为。

巴黎公社：第一个无产阶级政权组织

巴黎公社是巴黎工人在 1871 年 3 月 18 日革命后建立的无产阶级政权，是世界历史上推翻资产阶级统治、实行无产阶级专政的第一次尝试。

1870 年 9 月 2 日，拿破仑三世在普法战争中战败投降。巴黎人民掀起 9 月 4 日革命，推翻第二帝国。胜利果实却落入资产阶级共和派右翼和帝制派奥尔良党人之手，成立了“国防政府”。1871 年 2 月 17 日，梯也尔出任法国政府首脑。28 日签订法德和约，法国割让阿尔萨斯、洛林大片领土给德国，并赔款 50 亿法郎。

梯也尔政府的丧权辱国行为激起人民群众的极大愤慨。巴黎民众纷纷要求成立公社，以监督政府。3 月 15 日，国民自卫军 251 个营队的代表选出中央委员会。

3 月 18 日晨，梯也尔政府出动军队袭击蒙马特尔和梭蒙高地，企图夺取国民自

1871 年 5 月 28 日，巴黎公社社员在拉雪兹公墓英勇就义。

卫军的 417 门大炮，逮捕国民自卫军中央委员会成员，从而触发武装起义。当晚国民自卫军控制巴黎所有政府机关和塞纳河上的桥梁。梯也尔政府成员及其军队、警察和官吏仓皇出逃凡尔赛。3 月 26 日，巴黎进行选举，3 月 28 日，正式成立巴黎公社。

但是，在巴黎开始的革命没有在全国取得胜利。里昂、圣艾蒂安、图卢兹、纳博讷、马赛、波尔多等城市的公社被凡尔赛政府军队摧毁了。梯也尔政府不久也调动 10 万大军扑向巴黎。

5 月份，公社战士与敌人进行了连续激战，公社战士死守阵地。28 日 16 时，公社战士坚守的最后一个街垒被攻克。英勇的巴黎人民的武装起义在经过不屈不挠的斗争后，被凡尔赛军血腥镇压。

据统计，公社战士共有 7.29 万人在作战中牺牲，2.98 万人被枪杀，6 万多人被投入监狱或被流放。

巴黎公社起义虽然失败了，但它的功绩不可磨灭。巴黎公社给无产阶级“具体地提出了社会主义革命的任务”。

官衔职务：有了名，也就有了权力与职责

皇帝：德兼三皇，功高五帝

中国古代最早所称的“皇帝”是对“三皇五帝”的统称。三皇指天皇、地皇和人皇，是传说中的三个古代帝王。“帝”原来指宇宙万物至高无上的主宰者——天帝，后来许多国家混战，各自称帝，出现西帝、东帝、中帝、北帝等，使天上的“帝”来到人间，成为超越“王”的人间尊号（也有说是部落时期的黄帝、炎帝、蚩尤等）。

公元前 221 年，秦王嬴政统率秦军灭掉战国七雄中的最后一个强国齐，实现全国统一，结束了中国历史上长期分裂割据的局面，建立起了第一个统一的中央集权的封建帝国。他自认为是“德兼三皇，功高五帝”，将“皇”“帝”两个人间最高的称呼结合起来，作为自己的帝号，从此统一天下的帝王就称为皇帝。

太上皇：帝王之父的尊号

“太上皇”这个名称在中国存在已有千余年的历史，是皇帝对未去世的已经退位的前任皇帝的尊称。

早在秦王嬴政统一中国、自封为始皇帝后，便追封自己的父亲秦庄襄王为“太上皇”，以表示他对死去先王的尊崇。这是太上皇称呼的最早应用，但并未形成制度。

汉高祖刘邦打下江山，做了皇帝，便衣锦还乡。当他去拜见自己的父亲太公时，太公挟着扫帚站在门口，倒退着将刘邦迎入家门。刘邦见此，感觉自己十分不孝，急问因何事竟至如此。太公说：“平头百姓不敬皇帝，可是要杀头的啊！”于是，刘邦发布诏书，把自己平定天下都归功于父亲的教训，并认为自己如今当了皇帝，而父亲却没有尊号，是不合适的，应该尊称父亲为“太上皇”。

大致说来，皇帝禅位而为太上皇，有以下几种情形：

其一，国事艰难，皇冠变为“愁帽”，甚者宝座摇摇欲坠，朝不保夕，于是主动摘愁帽、离危座。

其二，受到武力胁迫，不得不让出皇位。

其三，因身体抱恙，委实不能临朝理政。

其四，厌倦政务，欲求清闲。

其五，为了纵欲享乐。

国王：皇帝所诰封

在英语中，“国王”为“King”，“皇帝”为“Empire”，二者区别在哪里呢？以古代中国作类比，皇帝是大一统中国的第一号人物，分封到各地的皇亲国戚和功臣才称国王。也就是说，国王是皇帝诰封的。这个区分放在英国和其他一些欧洲国家也适用。

以英国为例，英国君主上面也有皇帝。是谁？罗马教皇。英王登基要向教皇行效忠礼，然后由教皇为其戴上王冠。英国君主的全称都标明其统治区域，如查理一世称“承上帝洪恩的大不列颠和爱尔兰国王，国教捍卫者”。

印度沦为殖民地后，1876年，维多利亚女王被加封为“印度女皇”。因为印度是异教区，教皇没有管理权，从此英王的称号中多了“皇帝”的头衔。但英王只是印度的皇帝，如爱德华七世全称是“承上帝洪恩的大不列颠及爱尔兰联合王国和所有海外自治领的国王，国教捍卫者，印度皇帝爱德华七世”。印度独立后，英王的“皇帝”头衔被取消。

沙皇：以恺撒为榜样

“沙皇”是俄国历代君主的统称，是权力与尊严的象征。“沙”有什么寓意？为什么会和“皇”连在一起？这得从恺撒大帝说起。

恺撒一生英勇善战，又首创大独裁者的形象，成为西方历代君主所崇拜的人物。“沙”是恺撒的俄文音译，俄国伊凡四世皇帝将恺撒作为榜样，建立大俄帝国，推行强权政治。他于1547年正式使用“沙皇”的称号。到了1721年，彼得一世觉得“沙”的寓意“太凶相毕露”，于是决定改称皇帝，但臣属们仍称他为沙皇，历代相沿。

1917年2月资产阶级革命后，沙皇制度被彻底推翻，“沙皇”的名称也被民众送进了历史博物馆。

皇帝称号“恺撒”：罗马帝国的无冕之皇

恺撒，古罗马统帅，政治家，出身贵族，少年时期受过良好的教育，并于此时期就渴望取得最高权力。

公元前77年，恺撒针对当时奴隶和平民都对罗马的寡头统治不满的矛盾，控告曾任马其顿总督的格涅乌斯·科尔涅利乌斯·多拉伯拉贪赃枉法，得到巨大名声。在西班牙任职期间，恺撒征服了一些部落，扩大了罗马人统治的地域，得到了元老院、骑士士兵和罗马平民的支持。

罗马贸易广场遗址

公元前 59 年，恺撒当选为执政官。然后，随着时局的变化，“三头同盟”的内部矛盾终于显露出来。敌视恺撒的势力在庞培的支持下要恺撒立即卸任。

此时，恺撒率领他的军队以迅雷不及掩耳之势向罗马突进，占领了罗马，庞培出逃。

恺撒夺得罗马政权后，对政敌实行宽大怀柔的政策，赢得了一部分元老贵族和骑士的好感。公元前 48 年 6 月，恺撒与庞培大战于法萨罗，最终恺撒消灭了庞培并进军埃及。接着，他又转战小亚细亚，平定了非洲、西班牙。恺撒回师罗马，受到空前隆重的欢迎。他被推举为终身独裁官。他的出身被神化，已经成为罗马世界至高无上的主宰者。

恺撒是罗马帝国的奠基者，故被一些历史学家视为罗马帝国的无冕之皇，有恺撒大帝之称，甚至有历史学家将其视为罗马帝国的第一位皇帝，以其就位终身独裁官的日子作为罗马帝国的诞生日。他的影响所及，以至后来有罗马君主以其名字“恺撒”作为皇帝称号。

元首：罗马帝国的首席元老

“元首”一词来源于拉丁文，是首席元老和国家第一公民的意思。然而，不同的历史时期赋予了它不同的内容。

罗马共和帝国时期，元首是指元老名单中的第一名，即首席元老。这一时期的元首只不过在执政官征询意见时，有权第一个发言而已。元首一般都是由检察官根据其财产、声势等，从元老院的成员中挑选出来的。

公元前 28 年，屋大维当选为执政官。他以执政官的身份对元老院进行了“清洗”。

清洗后的元老院增加了大批拥护屋大维的新贵，从此元老院成了屋大维的驯服工具。屋大维成为终身执政官、终身保民官、大祭司长及首席法官。接着，元老院又授予他“奥古斯都”（意思是“神圣的”和“至尊的”）及“元首”的称号。从此，元首和执政官合二为一，屋大维虽保留了共和国的形式，但是他独揽行政、军事、宗教和司法大权，成了名副其实的专制君主，罗马共和国名存实亡。

所以，后世的历史学家就把这种屋大维式的个人独裁统治，称为“奥古斯都的元首政治”，简称为“元首制”。元首制在公元前27年确立，这也就是罗马帝国开始的标志。

总统：起源于美国

总统是共和制国家的最高行政元首名称。总统制起源于美国。

1787年，刚获得独立的美利坚合众国13个州的代表55人，在费城独立厅召开制宪会议，制定了联邦宪法。宪法规定：国家行政大权赋予总统，总统任期4年，由各州选举的总统候选人选出；总统是最高的行政首长，又是武装部队的总司令；总统经参议院同意，有权任命部长、外交使节、最高法院法官以及政府其他官员；总统还有权批准或否决国会通过的法案。

1789年1月，根据宪法美国举行历史上第一次大选，选举独立战争的杰出领导华盛顿为美利坚合众国第一任总统，也是世界上第一位总统。

首相：专制君主的首席大臣

18世纪初，由于英王乔治一世对英国事务不感兴趣，也不懂英语，不能参与内阁讨论，于是，财政大臣罗伯特·沃波尔就负责起国家的政治事务。在罗伯特·沃波尔之前，英国君主自己行使首相的职责，根据自己的意愿选择与组织政府。从罗伯特·沃波尔之后，君主的影响力衰退，首相的职务逐渐由议会中多数党的领导人担任。

“首相”最初被用来形容专制君主的首席大臣，也用来指国王的走狗。像罗伯特·沃波尔、乔治·格林委拉和诺斯伯爵都强烈抗议自己被称为首相。1937年，议会通过《国王的大臣法》后，“首相”这个称号被正式定下来，同时首相兼任第一财政大臣的职务。但是很长一段时间内，人们习惯用第一财政大臣的称号胜于首相的称号。

主席：筵席中的讲究

古代没有桌椅，人们席地而坐。席地而坐也颇讲究，先铺上房间那么大小的席子叫“筵”，每个人坐的小垫子叫“席”。

古人进屋，先脱鞋，再走过筵，坐在席上。入席时，客人有客座，主人中的长辈独自坐在正位或主家席位，叫做主席。

这个称谓于是叫开，慢慢演变成现在的会议主持人，或是国家、团体、公司领导人的职位名衔了。

“主席”一词由中国人发明并流传到世界各地。不过，在西方较早时期有凳子和椅子,他们没有席地而坐的习俗,把“主席”翻译成外文,便是坐在主家席位,译为“椅上人”（Chairman）了。这也符合外国古代的习惯，他们古时宴请或开会，主持之人坐高背大椅，其他客人坐长凳，同中国的主席、客席吻合。

法老：太阳神之子

埃及法老埃赫那吞头像

法老是古埃及君主的尊称，是埃及语的希伯来文音译，在古王国时代仅指王宫，并不包含国王本身。

从新王国第十八王朝图特摩斯三世起，开始用于国王自身，并逐渐演变成对国王的一种尊称。第二十二王朝以后，“法老”成为国王的正式头衔。古埃及的国王在习惯上被通称为法老。法老作为奴隶制专制君主，掌握全国的军政、司法、宗教大权，其意志就是法律，是古埃及的最高统治者。

法老自称是太阳神之子，是神在地上的代理人和化身，令臣民将其当作神一样来敬仰与崇拜。

宰相：一人之下，万人之上

宰相是中国古代最高行政长官的通称。

宰、相连称始见于《韩非子·显学》：“故明主之吏，宰相必起于州部，猛将必发于卒伍。”宰是主宰之意，相是辅助之意。宰相的主要职责是辅佐皇帝，总揽政务。宰相的正式官名随着朝代的更替而不断变化，先后出现过丞相、相国、大司徒、中书令、尚书令、参知政事、内阁大学士、军机大臣，等等。

根据史料，早在商周时代就已经有太宰、尹、大师的官职，这些官职都起着辅佐天子管理国家的作用，但并不具备后来宰相的权势。到了春秋战国时代，相的名称开始出现。秦国最早设置丞相之职。秦国由于变法彻底，发展迅速，是战国时代的第一个设立郡县制的国家，并于秦武王二年（公元前 309 年）任命樗里疾、甘茂为左右丞相。由此产生了丞相之名。秦始皇统一六国后，宰相作为官制被确定下来。

在宋、元、明、清几个朝代，宰相的名称变化不一，但宰相的职责始终没有变化。1380 年，明太祖朱元璋宣布废除宰相，但当时的内阁大学士实际上就是明朝的宰相。清朝时期，权力集中于军机处，军机大臣实际上也就是宰相。

仆射：虚名无实之官

仆射是魏晋南北朝至宋尚书省的长官。仆射起源较早，《秦律》中已有仆射称谓。汉代仆射是个广泛的官号，但后来只有尚书仆射相承不改。故魏晋南北朝至宋时的仆射专指尚书仆射。尚书仆射为尚书令之副，初置一人，汉献帝时分置左右仆射。魏晋以后，仆射已处于副相地位。隋文帝时，尚书令虽置而常缺，于是尚书左仆射成为朝廷首相。唐初，仆射总领省事，与中书令、侍中同掌相权，以左仆射为首相，但屡遭排斥。玄宗开元时期，仆射虽名为丞相，实际已虚名无实。至唐代后期，仆射常为节度使、观察使的加官，从而成为虚职，不但不是宰相，连尚书省本省事务也不过问。五代至宋沿袭唐后期之制，但权力增大。南宋孝宗时改名为左右丞相。此后，便不再有仆射之名。

三公九卿：实实在在的权力

三公是中国古代朝廷中最尊贵的三个官职的合称，但具体说法不一。有以司马、司徒、司空为三公的，也有以太傅、太师、太保为三公的。秦时在中央设丞相、太尉、御史大夫三职辅佐皇帝，也被称为三公。汉时，三公名号多变，但多位高权重。至隋朝，三公完全变成虚衔或“优崇之位”。宋代以后，其虚衔性质不变，并渐渐演化成加官、赠官。

秦时在中央三公之下分设九卿之位执行具体政务，分别为：奉常、郎中令、卫尉、太仆、廷尉、典客、宗正、治粟内史、少府。后各朝九卿指代不一。

隋唐九卿为太常、光禄、卫尉、宗正、太仆、大理、鸿胪、司农、太府，但已无行政之权。南宋、金、元后，九卿多有省并。明、清遂改以吏、户、礼、兵、刑、工六部尚书，都御史、大理寺卿、通政司使为九卿。以前的九卿之官或有保留，但已成虚衔或加官、赠官。

将军：扩充军的统帅

汉代李广将军像

在春秋之前还没有将军这个称谓，掌管军事的官职叫司马。那时国家军队数量并不多，天子只有六军（每军 2500 人），诸侯最多不超过三军。各军的统帅叫卿，卿以下叫大夫（师），大夫以下叫士。

到了春秋时代，诸侯为了扩大势力范围，不断增加兵力，大国诸侯常常拥有三军以上的兵力，而在编制上诸侯只能有三军，只能设三卿。于是，就把扩充军的统帅称为“将军”，意即率领一军的意思。作战时军队得由一人统一指挥，因此，在将军中选拔出大将军或上将军来全盘指挥。

到了汉代，军队数量更多，单设一位大将军管不过来，于是又出现了骠骑将军、车骑将军、卫将军等级别。以后，各朝的将军虽不尽相同，但将军这一官阶仍然分成若干级别。

节度使：持节都督

节度使是唐代开始设置的地方军政最高长官，源于魏晋以来的持节都督。

东汉安帝时已有“诸军节度使”之名。唐贞观以后，为了加强防御力量和改变临时征调的困难，长驻专任节度使逐渐制度化，形成有固定驻地和较大兵力的军、镇。节度使成为固定职衔是从唐睿宗景云二年（711年）开始的。

开元、天宝后，节度使逐渐集军、民、财政于一身，又常以一人兼统二至三镇，多者达四镇，造成外重内轻之势，以致酿成安史之乱。唐末节度使更是拥兵自重，互相兼并，导致出现五代十国的局面。宋初，逐步削夺节度使之军、政、财权。后来，节度使成为加授的荣誉职衔，在元代废弃。

总督、巡抚：明清时地方军政大员

总督与巡抚均是中国明清时期地方军政大员，合称督抚。

总督又称总制，分专务和地方两种。专务总督以所辖专务为职。地方总督多因防边或镇压人民而设，以所辖地区军务为主。明正统六年（1441年），首次以总督军务入衔。成化年间，近于定制。总督在清代为地方最高级长官，位在巡抚之上。清初总督额数及辖区并不固定，乾隆以后成为定制，全国设有八个总督，另有漕运及东河、南河总督三员。光绪三十二年（1906年），东北建行省，改将军为总督，名曰东三省总督。

巡抚又称抚台，明洪武二十四年（1391年）始设，宣德五年（1430年）渐成制度。巡抚初设时，仅负责督理税粮、总理河道，后才偏重军事。明代巡抚虽非地方正式军政长官，但因出抚地方、节制三司（承宣布政使司、提刑按察使司、都指挥使司），实际掌握着地方军政大权。清代巡抚是一省最高军政长官，统领全省民政、司法、监察及军事大权。

总体讲，总督权力较巡抚大，辖区较巡抚广，级别较巡抚高。总督的作用是：以文臣钳制武臣；协调各省、各镇关系；统一事权，防止各省、各镇互不相属，互相推诿，体现了中央对地方军事控制权的加强。

领事：商人仲裁领事

领事是由一国政府派驻外国某一城市和地区的外交官员，主要任务是保护本国和它的侨民在该领事区的法律权利和经济利益，并管理侨民事务等。它是伴随着资本主义商品经济发展而产生的。

中世纪中叶，在意大利的沿海城市里，先后出现了资本主义生产方式。为了国与国、地区与地区之间的商品交换更加方便，许多商人常常往来于中东、西班牙等地，其中一些人干脆定居在那里经商。这些人在外地做生意，他们之间常常会发生商务纠纷，彼此争得面红耳赤。为了解决纠纷，他们互相充当仲裁或调停人。开始这种角色并不固定，后来就选举一个或几个专门的人充当专门的仲裁人，称作“商人仲裁领事”。世界上最早的领事便是于此时登上历史舞台的。

十字军东侵时，大批意大利工商业者涌入中东，并建立起固定的商栈。为了管理本国的商务、保护本国商人的利益，各国认为有必要由国家出面仲裁商务纠纷。这样，商人本国政府与商人经商的国家订立协议，由国家任命专门官吏承担原来“商人仲裁领事”的使命。

12 世纪末，意大利威尼斯共和国向耶路撒冷王国派驻了人类历史上第一个官方领事。此时的领事任务繁重，不仅负责商务、保护侨民特权和生命财产，而且还充当外交使节。

目前，领事主要促进本国与所在国之间的工商业、监督航务、保护侨民和公证。

大使：特命全权大使

苏武，汉武帝于公元前 100 年派往匈奴的使节。“苏武牧羊”的故事至今传为美谈。

大使是一国派驻他国最高级的外交代表，全称为“特命全权大使”。它的出现经历了数千年的演变过程。

根据历史记载，最早的外交代表可追溯到 4000 多年前的古埃及。那时候，古埃及王国派遣专门人员出使亚洲国家。这批专门人员被称为信使。

古希腊时，一些使节应运而生了，他们被称为“普列斯维斯”。这个词来自希腊语，意为长老。使节出使前，国家专门机构会向他们颁发训令。训令写在两块打过蜡的合成木板上，称为外交。现代意义上的外交即起源于此。

14 世纪，欧洲出现了资本主义萌芽，各国为了经济利益加强各自的联系。为了适应当时各国外交的需要，威尼斯共和国最早将驻外使节变为常驻代表。

到了 16 世纪末，常任驻外大使兴盛于一时。遇有重大外交任务，国家还要派特命大使出使执行。这种特命大使不但与本国政府有着特殊的联系，担负着重要的外交任务，而且所受的礼仪待遇也要高于其他国家的大使。这样，许多国家的普通大使要求本国也将自己冠以“特命”两字。根据新出现的情况，当时欧洲国家纷纷将他们的普通大使升格为特命大使。于是，某国驻别国特命全权大使正式在外交领域得以通行。直到今天，大使仍是驻外使节中地位最高者。

国务卿：国务院的行政首长

国务卿是国务院的行政首长。

美国国务卿设立于独立之初的 1789 年。在美国的三权分立中，总统代表最高行政权力，国会则代表立法权力。为防止在外交上出现“两权分立”、相互掣肘，当时的众议员麦迪逊于 1789 年 5 月 19 日提出议案，政府应设外交部和外交部长一职，因此国务卿相当于外交部长。国务卿由总统任命（经参议院同意），并对总统负责，是仅次于正、副总统的高级行政官员；是总统外交事务的主要顾问，内阁会议和国家安全委员会的首席委员。国务院设有副国务卿、政治事务副国务卿、协调安全援助计划副国务卿，以及副国务卿帮办、助理国务卿等官员。

梵蒂冈也设有国务卿，负责行政工作和对外关系，相当于总理一职。非洲的利比里亚共和国内阁也设有国务卿。

中华民国初年袁世凯任大总统时，把负责总统政府事务的官员亦称为国务卿，承大总统之命，监督政务，副署大总统发布的命令。有些国家把政府某一部门的领导人称为国务卿。

经济贸易：以 money 为纽带，互通有无

货币：从贝壳开始

货币是商品交换的媒介，是商品生产发展到一定阶段的必然产物。

货币通常以商品货币开始，到许多物品被当作交易媒介，如斐济群岛用鲸鱼的牙齿；早期法国人用兽皮；美国早期移民人用巧克力；印度一些原住民用杏仁、乌龟、贝壳、小刀，另计有食盐、烟草、干鱼、食米、衣物，等等。

中国货币的起源，从夏商起，骨贝、石贝、陶贝已经开始流通。有据可查的是商汤时期的“铜贝”，贝壳自装饰品发展为货币可以上溯到黄帝时期，中国货币自使用贝至今已有 4000 多年。

金属货币起源于殷商，中国先民已经掌握了冶炼金属技术。在一些殷商墓葬中曾出土青铜块，这些也许是最早的金属货币。

早期仿形货币是中国经过长时间的以物易物贸易阶段之后产生的，随着经济发展的不同，不同的部落使用的早期货币也不一样。现今出土的是一些有争议的青铜器，如斧、磬、鱼、网状器。

北宋四川印刷的纸币“交子” 唐代末期，四川就出现了一种代金证券，称“飞钱”。宋初，四川民间兴起印制发行纸币，称“交子”。

最早的纸币：北宋的“交子”

世界上最早的纸币出现于北宋，当时称为“交子”。

纸币的产生绝非偶然，这源于北宋造纸术与印刷术的发达兴旺。当时的四川就是造纸业和雕版印刷业的中心之一。

据史籍记载，交子最早出现在宋真宗大中祥符四年（1011 年），原由十几户富商发行。在此期间，交子的图案有“屋木人物”，用朱、墨两色，还有各私人铺户的押字，“各自隐秘题号”，以防伪冒。12 年后，即宋仁宗天圣元年（1023 年），由官府接收，特令在四川设置交子务，作为发行交子的机构。纸币先用木版印刷，后又改用铜版印刷。

交子的币面价值，最早限于 1 贯至 10 贯，在发放时临时书填，似近代的支票。宋仁宗宝元二年（1039 年），改为发

行 5 贯与 10 贯两种交子。宋神宗熙宁元年（1068 年），又改为发行 1 贯和 500 文两种交子。币面价值临时书填改为定额印刷，这是纸币史上的一个重大进步。

纸币上的水印：意大利造纸匠的发明

水印是纸币上的特殊标记。它是一种不借助色彩而使图案清楚地在纸上显示出来，且不消失的印刷方法。水印是在钞票印刷前制在纸上的。最初是意大利的一些造纸匠们在 13 世纪时创制成功的。他们把各种图案花纹刻在盛纸浆的抄纸帘上，由于花纹凸出和低凹的纹路不同，制出来的纸张上就明显地现出原来设计的图样，花纹低凹的地方，纸厚了点，花纹凸出的地方，纸薄了点。带水印的纸张就是这样制成的。水印是纸币防假的特征之一。目前世界各国国家银行发行的纸币，尤其是大面额纸币，都有各自设计的水印图案和花纹。

港币：统一混乱的币种

英国割占香港初期，通用银两，后来清朝废两为圆。在香港，清朝发行的银圆、铜仙、铜钱，还有英国英镑、印度卢比、墨西哥或西班牙的银圆等都可通用。1866 年，香港设厂自铸 1 元、5 毫、1 毫、5 仙四种金属港币。但铸币厂很快就因不堪亏损而关了门。

1914 年，香港当局统一币制，宣布除港币外，只许中国铜钱流通，其他外币都不许用。1935 年，宣布管制银币，发行钞票来收回银币，这以后就成了钞票世界。

香港流通的钞票，大多数是香港当局指定的银行来发行的，主要是汇丰银行，还有渣打银行与有利银行。由香港当局直接发行的钞票，是战后的 1 元钞及印单面 5 毫与 1 仙的小钞，但小钞很快就只供纳税与交水电费使用了。现行流通的港币中，虽以汇丰银行发行的为多，但早先发行港币钞票的，却是一间开业于 1845 年的东蕃汇理银行，当时的发行额是 5.6 万元。这间银行的寿命不长，到 1884 年就歇业了。它发行的 25 元面额的钞票，后来便成了收藏家眼中的稀世珍品。

欧元：共同的努力

1957 年 3 月 25 日，比利时、法国、联邦德国、意大利、卢森堡和荷兰六国签署《罗马条约》，建立欧洲经济共同体，扩大了共同市场这个概念。

1969 年 3 月，当时的欧共体六国领导人聚会荷兰海牙，提出建立欧洲货币联盟的构想，并委托时任卢森堡首相的皮埃尔·维尔纳就此提出具体建议。1971 年 3 月，被后人称为“维尔纳计划”的方案得以通过，欧洲单一货币建设迈出了第一步。

1979 年 3 月，在法国和德国的倡导和努力下，欧洲货币体系宣告建立，同时欧洲货币单位“埃居”诞生。

1992 年 9 月，欧盟各成员国于马斯特里赫特签署的《欧洲联盟条约》中作出实行单一货币的决定。该条约所附的议定书允许英国和丹麦游离于单一货币体系之外。

1995 年 12 月 15 ～ 16 日，在马德里召开的欧洲理事会上，15 个成员国的首脑一致决定，“Euro”被选为欧洲未来货币名称，汉译为“欧元”，取代欧洲货币单位“埃居”。并一致同意单一货币于 1999 年 1 月 1 日正式启动，2002 年 1 月 1 日开始进入流通领域。

美元符号＄：美丽的传说

“＄”通常被认为是代表美元，其实它是银圆的符号。

16 世纪初，西班牙铸造了一种大的银币，名为比索。“比索”是 8 枚“里亚尔”小币的意思。“比索”的图案，一面是皇冠、王徽狮子和城堡，另一面是两根柱子。这两根大柱子是西方神话中的大力士赫居里斯的柱子，它代表直布罗陀两岸的山岩。传说欧洲和非洲原来在这里相连，后来才被赫居里斯拉开的。古人为了纪念这段传说，在银币上设计了两根柱子缠绕着一条卷曲成“S”的图形，形成“＄”形。

现在，世界上有不少国家用“＄”作为本国货币的简写符号，但是还要加上代表本国的文字，如美元为 US ＄。

储蓄：未雨绸缪

在中国，“储蓄”一词最早见于《后汉书》：“左者急耕稼之业，致耒耜之勤，节用储蓄，以备凶灾。”这里的储蓄指的是积谷防饥，与今天说的储蓄金钱，内容虽然有所不同，但是就勤劳节约和未雨绸缪这两方面来说，其意义实际上是一致的。

说到储蓄金钱，中国古代有一种工具叫做“扑满”。它是用泥土做成的，只有入口，没有出口。钱币从入口投进去，待到积满之后，便把它敲碎，取出备用（“扑”是击破的意思，“满则扑之”，所以叫做“扑满”）。这种积钱的方式好在积零成整、积少成多，便于推广。因此，一直到现在还有人在使用它（即储蓄罐）。

开设专门办理储蓄的机构大致始于唐代，当时的柜坊仅替人保管钱币。明清时，大商人为了筹集资金，设立了钱庄、银号，接收存款，并付给存户一定的利息，此即储蓄业的开端。

信用卡：信用的筹码

信用卡于 1915 年起源于美国。

最早发行信用卡的机构并不是银行，而是一些百货商店、饮食业、娱乐业和汽油公司。美国的一些商店、饮食店为招徕顾客，推销商品，扩大营业额，有选择地在一定范围内发给顾客一种类似金属徽章的信用筹码，后来演变成为用塑料制成的卡片，作为客户购货消费的凭证。顾客可以在这些发行筹码的商店及其分号赊购商品，约期付款。这就是信用卡的雏形。

“大莱俱乐部”信用卡
它是饮食行业发行的信用卡，用途比较专一。

1952 年，美国加利福尼亚州的富兰克林国民银行作为金融机构首先发行了银行信用卡。1959 年，美国的美洲银行在加利福尼亚州发行了美洲银行卡。此后，许多银行加入了发卡银行的行列。到了 20 世纪 60 年代，银行信用卡很快受到社会各界的普遍欢迎，并得到迅速发展。信用卡不仅在美国，而且在英国、日本、加拿大以及欧洲各国也盛行起来。从 20 世纪 70 年代开始，新加坡、马来西亚、中国香港和台湾等国家和地区，也开始发行信用卡业务。

自动取款机：一卡走天下

自动取款机是银行为了方便客户取款，设立由客户凭卡和密码自助取款的装置，英文简称为 ATM。

自动取款机是由英国人谢泼德·巴伦发明的。1967 年 6 月 27 日，世界上第一台自动取款机在伦敦附近的巴克莱银行分行亮相，立即吸引了大批观众。当时被称为“德拉路自动兑现系统”。“德拉路自动兑现系统”接收经过放射性碳 14 浸泡过的支票，这是当时比较先进的加密手段。这些支票事先从银行里买出来，然后取款机把支票兑成现金。每张支票都有不同的化学记号，以分辨顾客身份，从正确的账户中提取现金。

最初顾客从自动取款机中一次只能取 10 英镑，因为当时 10 英镑已足够普通家庭维持一周。

交易所：做生意见面的场所

在中世纪和文艺复兴时期，商人们如果想做生意，就必须见面。由于道路状况较差又缺乏通信手段，商人们为了谈生意就必须商定一个固定的地点定期会见。这种定期会面对农民和手工业者来说是周末集市，而对商人来说就是交易会。会面大多选在宗教节日，且在一个重要的贸易地点举行。莱比锡、法兰克福以及纽伦堡都是当时十分著名的交易会城市。

其中，佛兰德的布鲁日对经济发展有过特殊的意义。早在 14 世纪，有一个叫范德·布尔斯的家族在布鲁日开了一间旅店，接待参加交易会的各地商人。在这家旅店里，人们可以聚会，可以收集情报，可以得到新商品信息，也可以知道哪些商人可靠和哪些不可靠。如果人们想开辟新的商务途径，就得去找“布尔斯”。

渐渐地，这个说法成了人们的口头禅，到了后来商人们即使在其他城市定期举行交易会，也称其为“布尔斯”，在德文中就是交易所的意思。1531年，安特卫普修建了第一座真正的交易所，向世界各国的商人开放，标志着交易所的正式诞生。

税收：下之所纳于上

在中国，税收在夏朝就已出现。《孟子·滕文公》说“夏后氏五十而贡”，说的就是夏代的租税制度。贡者，“下之所纳于上”也，就是地方官吏把从民间收缴上来的生产物进献给天子。

到了春秋初期，出现了“征”和“敛”的收税方法。“征”是诸侯或大夫向自己管辖的农民，根据其土地好坏征收一定数量的实物；“敛”是国家向农民随时任意征派杂税。

公元前594年，鲁国实行了按土地亩数征税的“初税亩”。其后，普及至各国。后来，捐税的种类随着手工业和商业的进一步发展而日益增多，征税的方式也不断改变。以唐朝为例，先后实行过均田制、租庸调制和两税法。不管哪种方式，都是剥削民众的苛征暴敛。

明代后期，实行了“一条鞭”的新税法。它是以州县为单位，把所有的田赋、劳役以及多种杂捐，统统折合成银两，归并成一个总数，然后按本州县田亩分摊，向土地所有者征收。清初，继续沿用“一条鞭法”。

1713年，清政府下令，依照康熙五十年（1711年）各地所报人丁数字，作为丁银的固定税额，后来又演变为将丁银并入田赋征收，丁银和田赋都按田亩征收。这种“地丁合一”是中国古代封建赋税制度的最后形式。

“赋”是税收制度的另一种形式。最初，赋是国家在战争时期征收的车马和军需，称作军赋。后来，赋与税逐渐合二为一，赋的含义也就扩大了。汉代对成年人和未成年人所征的人头税分别称为“算赋”“口赋”。明代中后期，赋税主要指田赋。除了赋税外，地方官吏还要把当地的土特产进献朝廷，俗称“进贡”。

道琼斯指数：历史最为悠久的股票指数

道琼斯指数是一种算术平均股价指数。道琼斯指数是世界上历史最为悠久的股票指数，它的全称为股票价格平均指数。通常人们所说的道琼斯指数是指道琼斯指数四组中的第一组，即道琼斯工业平均指数。

“道琼斯”这一名词实际上是两个与道琼斯指数有关的美国人的姓的组合。这两个美国人一个叫查尔斯·道，另一个叫爱德华·琼斯。道于1882年与琼斯合作成立了一家经济信息公司——道琼斯公司，专门搜集有关生意方面的信息，并定期向经纪人发售。

1897年，《华尔街日报》出版者道琼斯公司开始公布纽约股票交易所上市的30

种有代表性的工业公司股票的价格平均指数，即“道琼斯指数”。到今天，道琼斯指数在国际上服务已有 100 多年。道琼斯指数 1884 年开始编制，到 1938 年，组成这个平均指数的股票共有 65 种，并一直延续至今。道琼斯股票价格平均指数的计算方法是以 1928 年 10 月 1 日为基期。道琼斯股价平均数每日在《华尔街日报》上发表。

日经指数：《日本经济新闻》股票价格指数

日经指数全称为“日经股票价格平均数”，即《日本经济新闻》股票价格指数。它是 1950 年东京证券交易所模仿美国道琼斯股票价格平均数的方法，自己计算的股票价格指数。

该指数的前身为 1950 年 9 月开始编制的“东证修正平均股价”。1975 年 5 月 1 日，日本经济新闻社向美国道琼斯公司买进商标，采用修正的美国道琼斯公司股票价格平均数的计算方法计算，并将其所编制的股票价格指数定为“日本经济新闻社道琼斯股票平均价格指数”。1985 年 5 月 1 日在合同满 10 年时，经两家协商，将名称改为“日经股票价格平均数”，简称“日经指数”。

恒生指数：最常被引用的股票价格指数

恒生指数，由香港恒生银行全资附属的恒生指数服务有限公司编制，是以香港股票市场中的 33 家上市股票为成分股样本，以其发行量为权数的加权平均股价指数，是反映香港股市价幅趋势最有影响的一种股价指数。该指数于 1969 年 11 月 24 日首次公开发布，基期为 1964 年 7 月 31 日，基期指数定为 100。它是香港股票市场历史最悠久，也是最常被引用的股票价格指数。

恒生的 33 种“成分股”分四大类别：金融业（如东亚、恒生、上海汇丰银行等）4 种、公用事业（如中华电力、电灯集团、中华煤气公司等）5 种、地产业（如长江实业、恒基兆业、香港置地等）9 种、工商业（如国泰航空、嘉宏国际集团、牛奶国际控股公司等）15 种。该指数每天计算并公布 3 次。

股票：金钱的疯狂

股票至今已有约 400 年的历史。

在 17 世纪初，资本主义大工业的迅猛发展，使企业生产经营规模不断扩大，因此出现的资本短缺、资金不足便成为资本主义企业经营和发展的绊脚石。于是，股份制公司应运而生。它以股份公司的形态，由股东共同出资经营达到集资的目的，再将筹集资本的范围扩展至社会，于是产生了以股票这种表示投资者投资入股，并按出资额的大小享受一定的权益和承担一定责任的有价凭证，并向社会公开发行，以吸收和集中分散在社会上的资金。1602 年，在荷兰成立的东印度公司制定了世界上最早的股份有限公司制度。股份有限公司这种企业组织形态出现以后，很快被资本主义国家广泛利用，成为资本主义国家企业组织的重要形式之一。伴随着股份公司的诞生和发展，以股票形式集资入股的方式也得到发展，并且产生了买卖交易转让股票的需求。这样，便出现了股票市场。

据文献记载，早在 1611 年就有一些商人在荷兰的阿姆斯特丹进行荷兰东印度公司的股票买卖交易，形成了世界上第一个股票市场，即股票交易所。

期货：未来的交易

期货的英文为 Futures，是由“未来”一词演化而来，其含义是：交易双方不必在买卖发生的初期就交收实货，而是共同约定在未来的某一时候交收实货，因此中国人就称其为“期货”。

1848 年，美国 82 位商人发起组织了芝加哥期货交易所，最主要的目的是改进运输与储存条件，为会员提供信息，这是现代期货交易的雏形。1865 年，交易所推出第一张标准化合约，同时实行保证金制度（不超过合约价值的 10%），这是具有历史意义的制度创新。1882 年，交易所允许以对冲方式免除履约责任，增加了期货交易的流动性。

国际期货市场的发展，经历了由商品期货到金融期货，交易品种不断增加，交易规模不断扩大的过程。

20 世纪 70 年代以来，期货交易的品种结构发生了重大变化，金融期货发展迅速，期货选择权交易出现并得到了迅速发展。目前，国际期货市场上的大部分期货交易品种都引进了期权交易方式，其基本态势是商品期货保持相对稳定，金融期货后来居上，期货期权方兴未艾。

保险：一人为大家，大家为一人

现代意义上的保险，最初产生于海上运输的需要。

远在公元前 2000 年，航行在地中海的商人在遭遇海难时，为避免船只和货物同归于尽，便往往抛弃一部分货物，损失由各方分摊，形成“一人为大家，大家为一人”的共同海损分摊原则，成为海上保险的萌芽。

最早的保险单，是热那亚商人勒克维伦于 1347 年 10 月 23 日开立的承担“圣克维拉”号船从热那亚马乔卡的航程保险单。1676 年成立的汉堡火灾保险社是最早的专营保险的组织。18 世纪后，保险业迅速发展，保险种类增加。到了 19 世纪，保险进入现代时期，保险对象和范围不仅包括传统的财产损失和人身伤亡，而且扩展到生存保险、责任保险、信用保险和再保险等业务。

最早在中国出现的保险机构，是英国商人于 1805 年在广州开设的广州保险公司。

公债券：国家对民众的信用

1898 年，清朝廷准奏印造“昭信股票”100 万张，这是中国最早发行的公债。

太平天国起义后，清朝丁粮收入锐减而军用浩繁，入不敷出。为镇压太平天国运动，清朝创设了“厘金”，后又开捐钱买官之例，想以此来扩大财政收入。延至甲午大战后，大量的战争赔款使清朝廷元气大伤，内外虚空，理财之术亦穷。面对大厦将倾之危，遂有光绪庚辰科状元、翰林院侍读学士、南京人黄思永，参照外国筹募国内公债例，奏请发行公债，向商民募债应急。慈禧见奏折大加赞赏，于是下令发行公债。为维护皇室脸面，清朝廷不愿称债，将之定名为“昭信股票”，以示昭大信于民之意。昭信股票印发后交各省派销，由此得 1000 多万元。这是中国第一次发行公债。

后来有几位大臣为迎合慈禧心理，奏称：“人民爱戴朝廷，愿以昭信票银，悉数报效国家。”慈禧大喜，1000 多万债券就此一笔赖掉。中国历史上第一次发行的公债券——昭信股票，最终以失信于民而匿迹。

榷场：互市市场

辽、宋、西夏、金政权各在接界地点设置的互市市场。据《宋史·真宗纪》载：“（景德二年二月）置霸州、安肃军榷场。”另据《建炎以来系年要录》载：“（建炎元年九月）又欲于河阳置榷场，以通南贷。”场内贸易由官吏主持，除官营贸易外，商人须纳税、交牙钱、领得证明文件后方能交易。贸易物品，宋代以茶叶、香料、蝗织晶、药材、木棉、象牙为主，辽、金以毛皮、马、人参等为主。元灭宋前，双方在边境地区都设榷场贸易。管理方法也较前严格，如对榷场地点的选定、货物内容、交易的方法等都有限制。

榷场贸易是因各地区经济交流的需要而产生的，对于各政权统治者来说，它还有控制边境贸易、提供经济利益，以及安边绥远的作用。所以榷场的设置，常因各政权间政治关系的变化而兴废无常。

买办：采买人员

“买办”，从本质上讲是经纪人，是中国经纪人和经纪业发展史上的一个特殊的阶层。

“买办”一词是葡萄牙语 Compardor（“康白度”）的意译，原意是采买人员，中文翻译为“买办”。它原指欧洲人在印度雇用的当地管家。在中国，指外国资本家在旧中国设立的商行、公司、银行等所雇用的中国经理。

历史上对买办的认识褒贬不一，但从经纪史角度看，买办是中国近代史上的一种特殊经纪人。买办的活动一直延伸到新中国成立。

钱庄：中国商人的信用

钱庄是旧中国早期的一种信用机构，主要分布在上海、南京、杭州、宁波、福州等地。在北京、天津、沈阳、济南、广州等地的则称为银号，性质与钱庄相同。另一些地方，如汉口、重庆、成都、徐州等，则钱庄与银行并称。

早期的钱庄，大多为独资或合伙组织。规模较大的钱庄，除办理存款、贷款业务外，还可发庄票、银钱票，凭票兑换货币。而小钱庄则仅仅从事兑换业务，俗称“钱店”。

清末，银行逐渐兴起，替代了钱庄。解放后，钱庄多数停业。上海未停业的银行则与私营银行、信托公司一起，实行公私合营，组成公私合营银行。

票号：中国近代银行的前身

中国封建社会金融业的主要组成者之一，亦称票庄、汇票庄或汇兑庄。其起源时间传说不一，盛行于 19 世纪 20 年代之后。它是专营银两汇兑、吸收存款、放款的私人金融机构，是中国近代银行的前身。所谓的票号汇票，与现在银行推出的即兑汇票颇有几分相似。

早期票号以汇兑为专业，调拨地区之间资金，为埠际贸易服务。随着汇兑业务发展，票号利用闲置资金，也经营存放款业务，不过一般只放款给钱庄。票号原主要活动于黄河流域和华北各省，以北京为活动中心，稍后，上海、苏州、汉口也成为票号在长江以南的据点。19 世纪末 20 世纪初，中国通商银行、户部银行及交通银行等相继成立，各省又大多自设官银钱号，清政府的官款和京饷、协饷的存汇业务大部分为银行取代，票号业务衰落。1911 年辛亥革命爆发，一时间票号无力应付存户的提款和挤兑，而贷给官僚的大量款项又无法收回，因之，大多数票号便在短期内倒闭。所余几家资力较强的票号在支撑过程中，也先后改组为钱庄或银行，票号遂消亡。

银行：为了鉴别和兑换

11 世纪时，欧洲商业逐渐兴起，当时威尼斯和热那亚曾经是沟通欧亚的贸易要冲，四面八方的生意人云集于此，这里也流通着各国货币，为了鉴别和兑换就出现了钱币商。由于条件简陋，办事处只有一条长凳，所以商人们称它 Banco。

有趣的是，译成汉语时称为“银行”，这里有段故事。这个词传入中国的时候，中国货币的主要形式是白银。早在西方文明来到中国之前，中国就已经有了钱庄、银号等经营货币业务的商行。“银”字成了货币的代名词，而“行”来自商行。

最早提到“银行”一词的是清朝咸丰六年（1856 年），在香港出版的一本书中谈到了“银行钱票”。

中国开设的首家银行是“中国通商银行”（1897 年）。1904 年，清廷户部（即财政部）奏请成立“大清户部银行”，1908 年更名为“大清银行”，这是中国首家国家银行。1912 年，中国银行由孙中山先生批准并成立，这是中国历史最悠久的银行。

江南织造：皇帝的亲信和耳目

清代在江宁（南京）、苏州和杭州三处分别设立了专办宫廷御用和官用各类纺织品的织造局，即江南三织造局。明代在此三处的旧有织造局久经停废，清顺治二年（1645 年），江宁织造局恢复，其后两年，杭州局和苏州局重建。顺治八年（1651 年）确立了“买丝招匠”制的经营体制，成为有清一代江南三织造局的定制。织造局负责人名曰织造，实为皇帝的亲信和耳目，负责将江南的官风民情如实奏报朝廷。

清代江南织造通常分为两部分。织造衙门是织造官吏驻扎及管理织造行政事务的官署；织造局是经营管理生产的官局工场，生产组织各有一定的编制，但具有工场手工业生产组织形式的特点。

由于清朝廷长期大量搜刮缎匹，内务府和户部两处的缎匹库存达饱和状态。这样，从道光后期起，江宁局和苏州局的生产已经处于缩减和停顿的状态。光绪三十年（1904 年），清政府以物力艰难为由，裁撤了江宁织造局。苏州、杭州两织局则随着清亡而终结。

广东十三行：拥有商业特权的官商团体

广东十三行（又称广州十三行）是清朝闭关锁国时，设立于广东的专办对外贸易的洋行，实际是一个拥有商业特权的官商团体，创始于康熙二十五年（1686 年）。

广州十三行　油画

清乾隆时期实行闭关锁国政策，只开放广州十三行对外进行贸易。图为十三行贸易的情景。

“十三行”之名是沿袭明代的旧称，实际行数变化不定，开始是十三家，最多达几十家，其中以同文行、广利行、怡和行、义成行最为著名。

被招入十三行的洋行商人利用亲近政府之便垄断对外贸易，规定所有外国进口货物均由其承销，内地出口货物亦由其代购，并负责拟定进出口货物的价格。同时，他们又受清政府委托行使一定的外交权，负责向外商征收进口货税，并代政府经办一切同外商的交涉事宜，如代为传达政令、送交外交公文、转递外商的意见、禀帖等。这种公行带有官商的性质，是一种封建性的对外贸易的垄断机构。第一次鸦片战争后，十三行的贸易特权被取消，后在外国经济侵略中加速衰落。

屯田：政府组织的开荒

屯田亦称屯垦，是历代封建王朝组织劳动者在官地上进行开垦耕作的农业生产组织形式。主要采取军屯和民屯两种形式。

军屯即以军事组织形式由士兵及其家属进行垦种，民屯则以民户为主体进行有组织之屯垦，其中也有利用犯人者。此外，明代还有商屯。民屯、军屯均始于汉代。西汉文帝、武帝、宣帝时都组织过屯田，有民屯也有军屯。

东汉末，曹操组织的屯田为民屯，取得了显著效果。其后，历代多沿此制，唐以后又称营田，元、明、清一般仍称屯田。各代均设专门机构管理之，具体名称、制度或有不同。

井田制：纵横交错的“井”字

井田制是中国奴隶社会的土地国有制度，西周时盛行。那时，道路和渠道纵横交错，把土地分隔成方块，形状像“井”字，因此称作“井田”。井田属周王所有，分配给奴隶主使用。奴隶主不得买卖和转让井田，还要交一定的贡赋。奴隶主强迫奴隶集体耕种井田，无偿占有奴隶的劳动成果。

初税亩：私有土地合法化的开始

春秋时期鲁国在公元前 594 年实行的按亩征税的田赋制度，是承认私有土地合法化的开始。

春秋时期，由于牛耕和铁农具的普及和应用，农业生产力提高，大量的荒地被开垦后，隐瞒在私人手中，成为私有财产；同时，贵族之间通过转让、互相劫夺、赏赐等途径转化的私有土地也急剧增加。实行“初税亩”田赋制度之前，鲁国实行按井田征收田赋的制度，私田不向国家纳税，因此国家财政收入占全部农业产量的比重不断下降。鲁国实行初税亩，即履亩而税，按田亩征税，不分公田、私田，凡占有土地者均按土地面积纳税，税率为产量的 10%。初税亩的实行增加了财政收入，适应和促进了新生的封建土地占有关系。

北魏均田制：劳动者和土地的结合

中国古代北魏至唐中叶封建政府推行的土地分配制度。

魏太和九年（485 年），北魏实行均田制。均田制将土地分为露田、桑田两种。15 岁以上的男子受露田 40 亩、桑田 20 亩，妇人受露田 20 亩。露田加倍或两倍授给，以备轮种。桑田为永业田，不需还官，但须在 3 年内种植桑、榆、枣等树，而露田在身死或年过 70 岁后要还给官府。在不宜种桑的地方给麻田，男子 10 亩，妇人 5 亩。奴婢可与良人接受同样数额的田地。耕牛每头受露田 30 亩。

具体实行均田制时，原有的桑田所有权不变，但要用来抵消应受份额。已达到应受额者，不得再受；超过应受额部分，可以出卖；不足应受额部分，可以买足。凡土地不足之处，允许向荒地处迁移，土地富足的地方，可以借用国有荒田耕种。

均田制的实行，将游离的劳动者重新和土地结合起来，其结果是使社会秩序较为稳定，土地开垦面积有了很大提高，促进了北方农业生产的发展。

两税法：对农民的变相盘剥

唐后期实行的赋税制度。由于土地兼并严重，均田制和租庸调制无法继续实行。为了解决财政上的困难，780 年，唐德宗接受宰相杨炎的建议，实行两税法。它的主要内容是：(1)“以资产为宗”，即按土地、财产的多少来确定应纳税额。(2)“费改税”，把当时混乱繁杂的税种和各类收费合并统一起来，归并为户税与地税两种。(3)“以征收货币位为主”，两税法以征收钱币为主。规定除田亩税以谷物形式交纳外，其他一律折合成钱币交纳。(4)“统一征收时间”，两税法规定每年纳税时间分夏秋两季。两税法的实行，唐政府的收入增多了，但地主把赋税转嫁给农民，农民所受的剥削更重了。

一条鞭法：张居正的改革

明代中叶后赋役方面的一项重要改革。初名条编，又名类编法、总编法等。后“编”又为“鞭”，有时用“边”。

1581 年，张居正为均平赋役，在丈量土地的基础上，将一条鞭法推行于全国。其主要内容是：将原来按户丁派役的办法，改为按亩数、粮数派役，将部分力役摊于田赋（丁六粮四、丁四粮六或丁粮各半），“役归于地，计亩征收”；一切赋、役、杂税合并为一条，一概按亩征银；在法定意义上取消力役，如有需要，由政府“雇役”

代替；凡是赋役的催征、收纳与解运皆由官府承办，不用人民助理。

一条鞭法的推行，在实际上取消了力役，有利于商人、农民、雇工的谋生活动和商品经济的发展。

垄断：集中资本的威力

垄断，英语为 Monopoly（或者称卖者垄断），一般指唯一的卖者在一个或多个市场，通过一个或多个阶段，面对竞争性的消费者。

垄断是从资本主义的自由竞争中成长起来的。在以自由竞争为基本特征的资本主义发展阶段，资本主义企业为了攫取更多的剩余价值，必然会采取先进的生产技术和科学的管理方法，实行生产的专业化和协作，提高劳动生产率；在激烈的竞争中，大企业往往凭借自己在经济上的优势，不断排挤和吞并中小企业，使生产资料、劳动力和劳动产品的生产日益集中于自己手中。

同时，资本主义信用制度和股份公司的发展，突破了单个资本的局限，加速了资本集中的发展，从而也推动了生产集中的发展。生产和资本的集中发展到一定程度，则意味着企业数目减少，一个部门的大部分生产都集中在几个或几十个大企业手中，它们之间比较容易达成协议，共同操纵部门的生产和销售，从而使垄断的产生具有可能；由于少数大企业的存在，使中小企业处于受支配地位，少数大企业之间为了避免在竞争中两败俱伤，保证彼此都有利可图，也会谋求暂时的妥协，达成一定的协议，从而使垄断的产生具有必要性。

自由竞争引起生产集中，生产集中发展到一定程度必然走向垄断，是自由竞争的资本主义发展到垄断资本主义阶段的一般的、基本的规律。19 世纪末 20 世纪初，垄断已成为资本主义全部经济生活的基础。

到 19 世纪晚期，主要资本主义国家的生产和资本已高度集中，出现了垄断组织。美国和德国尤其突出。垄断资本家通过兼并或联合的方式组成垄断组织，控制某一个或几个部门商品的生产、价格和市场，赚取高额利润。垄断组织的形式有卡特尔、辛迪加、托拉斯等。

圈地运动：羊也吃人

15 世纪末叶至 19 世纪中叶，西欧新兴资产阶级和新封贵族使用暴力剥夺农民土地的过程称为圈地运动。所谓圈地，即用篱笆、栅栏、壕沟把强占的农民份地以及公有地圈占起来，变成私有的大牧场、大农场。大批丧失土地和家园的农民成为一无所有的雇佣劳动者。这是资本原始积累的最重要手段之一。

圈地运动在英、德、法、荷、丹等国都曾先后出现过，而以英国的圈地运动最为典型。英国圈地运动最早从工商业较发达的东南部农村开始。地主贵族最初圈占公有地，后来圈占小佃农的租地和公簿持有农的份地。在宗教改革中，国王把没收的教会领地赐给亲信宠臣，或卖给乡绅、土地投机家、市民、商人和工场主。他们变成新贵族，也大规模地圈占农民土地。根据1630年和1631年的调查报告，莱斯特郡在两年内圈地10万英亩，约占该郡土地的2%，大部分圈占地变成牧场，主要的圈占者是乡绅。1485～1550年，他们在莱斯特郡圈地的面积占圈地总面积的60%。大批农民被迫出卖土地，或远走他乡，或到处流浪，陷于极端悲惨的境地。莫尔在《乌托邦》中辛辣地指责这是“羊吃人”，所以圈地运动也被称为“羊吃人”的运动。

英格兰沿海的大亚茅斯周遭环绕着农田和牧场，这里是英国“圈地运动”的盛行地区。

工业革命：从棉纺织业开始

工业革命也叫“产业革命”，是资本主义生产从工场手工业向大机器工业阶段的过渡。它从18世纪60年代开始于英国，首先从棉纺织业开始，80年代因蒸汽机的发明和采用得到了进一步发展。继英国之后，法、美等国也在19世纪中期完成了工业革命。

工业革命是生产技术的变革，同时也是一场深刻的社会关系变革。从生产技术方面来说，它使机器代替手工劳动，工厂代替了手工工场；从社会关系来说，它使社会明显地分裂为两大对立的阶级——工业资产阶级和工业无产阶级。

工业革命极大地促进了社会生产力的发展，巩固了新兴的资本主义制度，引起了社会结构和东西方关系的变化，对世界历史进程产生了重大影响。

下海：“夏德海”的醉汉

人们一般把经商称为“下海”，为什么会有这种说法呢？

“下海”一词源于20世纪20年代在上海舞台上演出的戏曲《洛阳桥》。这部戏说的是清朝有个姓蔡的状元要为家乡建一座洛阳桥，当建桥过程中桥墩突然打不下去时，听到老百姓有“海龙王不同意，所以卡壳”的议论。于是他贴出一则布告：“兹为我乡建造‘洛阳桥’……今拟委派一位能下得海去的人与龙王面洽架桥事宜……”

两个衙役在酒馆里找到一个名叫“夏德海”的醉汉，谎称找到了“下得海”的人。几天后，夏德海被带到海边，灌醉后扔到了大海里。后来，人们就把稀里糊涂地或冒险地去干某种事概称为“下海”。后来，又有了引申，变成现在所流行的“下海”一词。

海上贸易：海上丝绸之路

古代海上贸易

腓尼基人在整个地中海地区买卖谷物、橄榄油、玻璃器皿、紫色布料、雪松木材及其他商品。

海上贸易在青铜器时代就已经出现。最初的贸易船只是用帆和桨联合驱动的，还不能像后来改进后的帆船一样进行远洋航行。

公元前 2000 ~ 前 1500 年间，爱琴海诸岛上贸易活动就十分活跃，这些地方包括克里特岛、希腊以及从地中海东部到今天的以色列、黎巴嫩和埃及沿海地区。

克里特岛的迈锡尼文化在公元前 1400 ~ 前 1200 年间繁荣起来，贸易得以很好地开展。这对青铜时代其他近东地区的技术、文化和克里特岛的宫廷文化往西欧边缘地区传播起到了十分关键的作用。

青铜时代的贸易活动在通往地中海的沿线地区加速了技术、发明和各类产品的传播。早期贸易曾经对今天的意大利南部和撒丁岛的少数沿海地区产生过影响，但西欧大部分地区在青铜时期发展缓慢，因为在这些地区，技术传播途径主要是模仿以及零散的陆路和内河贸易。迈锡尼海上贸易晚期，亚得里亚海上的贸易路线开始延伸到意大利波河河谷而与陆路贸易相融合。

在前期所建立的贸易前哨和贸易中心基础上，公元前 800 年以后，晚期的海上贸易随着希腊城市国家的兴起而进一步发展。

军事战争：为了和平的武装暴力

参谋：居辎车中，坐为计谋

“参谋”是现代军队中普遍设立的一种官职。

我国春秋以前的军队还没有专职参谋人员，一般是谋士和将军集于一身。战国以后，随着战争规模的不断扩大，专门替国君和主帅运筹帷幄的参谋人员就应运而生了。战国中期齐国的军师孙膑，是我国古代军队中最早的参谋长。据《史记·孙子吴起列传》：公元前 353 年，齐威王“以田忌为将，而孙子为师，居辎车中，坐为计谋”。所谓“师”，就是“军师”，用现代军队职务来说，就是“参谋”。

虽然从战国时期军队就有了参谋人员和机构，但“参谋”称谓的最早出现却在唐代。据《新唐书·职官志》记载，各节度使属员有“行军参谋，关豫军中机密”。从唐以后，“参谋”称谓沿用至今。

虎符：调动军队的凭信

“符”是一种古代信物，传说是周朝军事家姜子牙发明的，是我国古代君主或皇帝授予臣属兵权后调动军队的凭信物，多以青铜铸造，因其状呈虎形，故称“虎符”，也称“兵符”。据专家考证，虎符均由左右两半组成，各自的铭文完全相同，其右半由中央保存，左半则发给统领军队的将领。调动军队时，由君主或皇帝派出的使臣将符相合，方能调兵。目前发现的虎符都是秦国的，共三件：秦新郪虎符、秦杜虎符、秦阳陵虎符。

民兵：全民皆兵

民兵就是不脱离生产的群众性的武装。最早见于宋朝，宋《玉海·兵制》载：“庆历五年（1045 年），丁度为兵录五篇，宋祁为之序曰：凡军有四：一曰禁兵，殿前马步三司隶焉；二曰厢兵，诸州隶焉；三曰役兵，郡有司隶焉；四曰民兵，农之健而村者籍之。”也就是说，把健壮的农民列入兵籍，没有战事时从事生产，有战事则征召入伍，参加战斗。这里所说的“民兵”，与我们现在所说的“民兵”性质是不同的。

在第一、二次国内革命战争时期成立的梭镖队、赤卫队、农民自卫军等群众武装，都是“民兵”的雏形。到了抗战后期和第三次国内革命战争时期，才改为民兵和人民自卫军。毛泽东同志在 1945 年 1 月写的《游击区也能够进行生产》中说：“协助民兵，用武装掩护，月夜强种敌人堡垒底下的土地。”同年 4 月，在《论联合政府》中说：“乡村中不脱离生产的民兵发展到二百二十万人以上。”从此，“民兵”一词被正式提出并被沿用下来。

骑兵：秦穆公的“畴骑”

赵武灵王胡服骑射复原图

我国骑兵源于春秋战国之交，历史悠久。传统的看法是在战国赵武灵王“胡服骑射”以后才有了骑兵。事实上春秋时期，秦穆公的“畴骑”就是中国最早的骑兵。只不过当时是以车战兵为主，骑兵并不突出罢了。中国历史上骑兵的极盛时期是元朝，骑兵部队主要装备有弓箭、马刀、标枪、战斧等。

在外国，骑兵曾经是陆军的主要作战兵种。17 世纪 30 年代战争时，参战国军队中一般都有 40% ~ 50% 的人员是骑兵。“一战”时，德、法、俄国均编有骑兵集团军。“二战”时，苏军曾有 17 个骑兵军，80 多个骑兵师。

禁军：历代皇帝的亲兵

禁军有泛指与专指之分：泛指历代皇帝的亲兵，即侍卫宫中及扈从的军队；专指北宋正规军。北宋称正规军为禁军或禁兵，从各地招募，或从厢军、乡兵中选拔，由中央政府直接掌握，分隶三衙。除防守京师外，并分番调戍各地，使将不得专其兵。每发一兵，均需枢密院颁发兵符。

编制单位有军、指挥、都。士兵出自雇佣，且沿五代定制，文面刺字，社会地位低于一般人民。北宋中叶，单禁兵就已增至 80 余万人。王安石变法时裁减兵额，置将分领，军队战斗力有所提高。北宋末年，政治腐败，军队缺额极多，京师三衙所统实际仅存 3 万人。北宋亡，禁兵主力溃散。南宋时，各屯驻大军取代禁兵成为正规军，而各地尚存的禁兵则成为专供杂役、不从事战斗的部队。

海军：桨船的撞击战

海军是个古老的兵种，中国和地中海东部地域是世界海军的发祥地。它的历史可以追溯到公元前2000年以前，当时建造的兵船是桨船，以撞击战作为战斗的基本战法。到17世纪中叶，帆船舰队逐渐取代了桨船舰队，英国、法国、西班牙和荷兰开始建立常备海军。

18世纪后半期，资本主义国家争夺殖民地的战争和北美殖民地的独立战争都加速了海军的发展。20世纪初叶，一些大国海军开始建造潜艇和水上飞机，从此结束了水面舰艇是海军唯一兵种的时代，海军开始成为多兵种合成军种。

海军舰队
1588年7月28日的黎明前，作为“英西大海战”的一部分，英国人向停泊在弗兰德斯的西班牙舰队送出了火船。这迫使西班牙人割断他们的锚绳。在接下来的大规模海战中，因为暴风雪，阻止了英国舰队抓捕和摧毁16艘已经遭受严重破坏的西班牙战船。

空军：法国的气球兵团

空军是主要进行空中作战的军种，军队的组成部分。具有快速反应、高速机动、远程作战和猛烈突击的能力，既能协同其他军种作战，又能独立遂行战役、战略任务。那么空军起源于什么时候呢？

1793年，法国首次组织了一支空军，飞行装备是系绳气球。气球中充入燃烧木炭产生的烟和热空气，依赖热空气的浮力上升到空中，控制和返回地面都依赖绳索牵引。大气球下吊着一只大箩筐，空军士兵蹲于其中进行观察，这支部队称为气球兵团。当时荷兰和奥地利联军包围曼堡时，法军首次派出了空军支援地面作战，在阵地上升起了双人气球观察敌情。联军因自己的举动无法逃避法军的观测，只好立即撤退，曼堡之围迅速被解除。

接着法军又把气球送到沙勒罗瓦。当时，法军正在该地发动攻势，法军空军的气球突然升起时，对方吓得立即缴械投降，法军大获全胜。

从此，许多国家也先后建立了用绳子系在地面上的气球空军。人类发明飞机后，空军不断发展壮大。

空降兵：苏联首先大规模组建

空降兵最初有着许多不同的叫法，如“伞兵”“降落伞部队”“空军陆战队”等。空降兵是现代战争中进行空中机动和空降作战的一个兵种，是配合正面进攻部队高速度、大纵深向前推进的重要力量。

美国军队的空降兵

第一次世界大战结束以后，交战各国将部分轰炸机改造为运输机，并开辟了一些空中航线，实行航空运输，1919 年被称为“空中运输年”。到 20 世纪 30 年代，运输机得到了长足的发展。当时不少国家生产了专门的运输机，其中比较著名的有英国的 HP-42 运输机，德国的 JU-52 运输机，美国的 DC-3 运输机（即美空军的 C-47），苏联的 AHT-9 运输机等。

在此基础上，欧洲一些国家开始组建专门用于空降作战的兵种——空降兵。因此，空降兵在 20 世纪 30 年代诞生了。苏联是世界上第一个大规模组建空降兵的国家。

特种部队：头戴贝雷帽的“豹部队”

人们一般认为特种部队最早源于英国。

1940 年 5 月，德军占领荷兰和比利时，侵入法国，击败了英法军队。英国远征军和部分法军共 30 余万人，溃退到法国北部敦刻尔克地区，于 5 月 27 日到 6 月 4 日丢掉大量武器和军用物资，通过英吉利海峡向英国撤退。

为反击纳粹德国的疯狂进攻，英国首相丘吉尔下令“立即对整个德国占领区发动积极而又连续的反攻击”。1940 年 6 月 10 日，陆军参谋长的副官达托莱·克拉克受命组建了一支专门执行特种任务的部队。这支由海军和海军陆战队的精锐部队组成的部队头戴绿色贝雷帽，称为“豹部队”，取名为“哥曼德”。世界上第一支独立执行特种作战任务的新型部队应运而生。此后，各国逐渐重视，纷纷建立各自的特种部队。

特种部队与正规部队的主要区别在于，它不是活动在普通的战场上，而是在主战场之外，进行山地战、丛林战、滑雪战、游击战和其他特殊条件下的战斗。它的主要任务是搜集情报、秘密侦察、扰乱敌后、破坏设施、从事心理战和暗杀活动等。特种部队的士兵要求具有在特殊的超出常人所能忍受的野战条件下生存和战斗的能力。

湘军：曾国藩始创

湘军是晚清时对湖南地方军队的称呼，或称湘勇。太平天国运动兴起后，清朝正规军无法抵御，不得不利用地方武装，湘军就是在这时发展起来的。

曾国藩是湘军的创始者。他将湖南各地团练整合成湘军，形成了书生加山农独特的体制，成为镇压太平天国的主要军事力量。清朝政府虽然对地方汉族武装不信任，但不得不倚重于湘军。曾国藩同时也借助了安徽本土力量，发展了淮军，并培养了淮军首领李鸿章。湘军虽然消灭了太平天国，还参与镇压了各地的其他起义，挽救了清王朝，但是重权落入汉族重臣手中，客观上加快了清王朝的灭亡。

淮军：李鸿章始创

1861 年，太平天国向上海进军，曾国藩即命他的得力幕僚李鸿章招募淮勇，于 1862 年 3 月在安庆编成一军，称“淮勇”，又称“淮军”。其后，淮军乘英国轮船，闯过太平天国辖境，前往上海，与英国侵略军合作对抗太平军。

淮军成立时有 6500 人。淮军营制出自湘军，每营 500 人，有抬枪、小枪 120 余杆。因使用新式兵器需人较多，故每营人数连长夫在内增至七八百人不等。1877 年，又参照德国营制，建立克虏伯炮队。淮军虽承袭湘军制度，但训练用洋操，兵器是洋器，并聘有西洋军官为教习，这和当年湘军用土法土器与由书生自任教练者迥然有别，成为中国军队近代化的开端。但淮军并未改变勇营旧制，因而体制本身存在种种矛盾和弊端。淮军延聘西洋军官仅用于平时教练，战时调度仍由将弁。淮军的统领、营官、哨官都未习西法，作战时由他们妄行调度，军队平日所学全归无用。

北洋军阀：天津小站的新军

北洋军阀是清末和民国初年袁世凯建立的封建买办军阀集团。

1895 年，清政府命袁世凯在天津小站编组“新编陆军”，归北洋大臣李鸿章节制。1901 年，袁世凯因出卖维新派和镇压义和团运动，被任命直隶总督兼北洋大臣，所建新军称为北洋军。1905 年，北洋军六镇练成，形成北洋军阀武装政治集团。1912 年，袁世凯窃取中华民国临时大总统之职，建立控制中央和地方政权的北洋军阀。

1916 年，袁世凯病死，北洋军阀分化为直、皖、奉三系。直系首领为直隶人冯国璋，后为曹锟、吴佩孚，受英美支持。皖系首领为安徽人段祺瑞，奉系首领为奉天海城人张作霖，都以日本为后台。三系混战多年。1926 年，皖系军阀段祺瑞被冯玉祥驱赶下台。1925 ~ 1927 年，直系军阀吴佩孚被国民革命军击垮。

1928 年，张作霖被日本关东军炸死，张学良易帜。至此，北洋军阀的统治结束，北洋军的一些余部被并入国民党军队。

肩章：侠客义士护双肩的金属

肩章是现代军人军阶和荣誉的标志。

肩章最早是古代侠客义士用来保护双肩，以防冷兵器打击的金属板片。这种金属板片佩带在铠甲和锁子甲之间。

1763年，俄国军队把肩章戴在男式长衣的左肩上，作为隶属于某一团队的识别记号，同时还是一种用来绊住子弹带绳的装备。

从1810年以后，各种肩章便逐渐固定下了各自的颜色，用来戴在双肩上面，成了区别军衔高低和军兵种的标志。

军礼：以手遮眼，为了女王的尊严

在中国，军礼是古代“五礼”之一，即吉、凶、军、宾、嘉。《周礼·春官大宗伯》:“以军礼同邦国。”军礼有大师、大均、大田、大役、大封节礼，包括军制、赋税、劳役、封疆等仪制。

在国外，军礼可追溯到古罗马时代，当时骑兵已有了军礼的雏形。在骑士们相遇时，都要相互举起头上戴的面甲。到了11世纪，欧洲各国的骑士已不戴面甲，而演变成脱下头盔或帽子以示敬意。英国资产阶级革命后，军队正式把脱帽致礼改为用手接触帽檐敬礼。动作中手心是向外的，表示自己手中没有武器，同时两脚并拢呈立正姿势，显示其军人的气魄。这种军礼形式继而传到了全世界。我国军队的军礼举手接触帽檐致敬的这一形式亦是相仿的。

关于军礼的起源，有这样一个传说：英国女王为欢迎打败西班牙舰队凯旋的海军将士,举行了祝捷大会。在大会上,伊丽莎白一世亲自为有功的将士颁发奖品。当时，为了维护女王的尊严，特别规定将士领奖时，要用手挡眼，以免平视甚至俯视女王。这一动作逐渐演变成了今天的军礼。

另一种传说和欧洲中古时期的情场有关。那时的欧洲，勇敢的武士要得到美人的芳心，就免不了要在美人面前刀光剑影一番。比武之前，武士们必须顺序列队走过美人的面前。为了示意自己被美人的美丽所晕眩，都将手举起盖在眼前。渐渐地，这个动作演变成了当今的军礼。

军乐：在扩张中传播

现代概念的军乐，产生于14世纪的欧洲。

14世纪的奥斯曼帝国乌尔汗王第一个建立了军乐队。随着他的军队扩张到欧洲，军乐也就流传到了欧洲诸国。18世纪，波、德、奥、俄等国相继建立了军乐队。

在我国，直到清朝末期才引进欧洲的军乐。在“兴洋务，建新军”时，由袁世凯在天津小站操办“新军”，在军中建立了军乐队。

解放战争时期，解放军建立了军乐队。1952年7月10日，建立了中国人民解放军军乐团。

军乐多是随着步点节拍演奏的，因而节奏鲜明，乐器多以管乐器和击打乐器为主，旋律激昂、雄劲。

军衔：军人身份与地位的标志

军衔是表明一个军人的身份、地位、荣誉、权力和威望的等级标志。那么，军衔是怎样产生的呢？

我国从春秋时期就陆续出现了元帅、将军、校尉的军衔称号，比欧洲早了十几个世纪。

欧洲军衔最早起源于15世纪的意大利。当时构成军队主要成分的农民、自由民、市民、破产骑士，在战斗中立了战功，要求打破出身门第，按劳绩战功取得职位；来自非贵族的指挥官由于没有爵位可以表示自己的身份，没有一种属于个人级别来保障自己的荣誉、地位和待遇，也要求设立一种与职务相称的等级称号。

在这种情况下，军衔产生并为各国军队所采用和完善，形成了兵、军士、尉官、校官、将官、元帅为次序的分等设级的世界通行的军衔体制。

准尉：旗手的荣誉

1649年，俄军首次将旗手称为准尉。旗手一般从久经战阵的勇敢、健壮的军人中任命。1712年，彼得一世正式设准尉军衔，并把它定为步兵和骑兵的最低军衔。

少尉：法语“代表”

由法语“代表”一词演变而来。最初，人们用少尉来称呼军事长官的代表或公务人员。现在世界上大多数国家都设有少尉军衔，只有在罗马尼亚，少尉一衔是专为女军官设置的。

上尉：地位显赫的人

源于拉丁文“首领”。在德文中，“上尉”和“连长”至今仍是同一个词。“上尉”一词在德语中的意思是“地位显赫的人”。过去一般是对首领和司令官的称呼。

少校：营长的军衔

在拉丁语里是“职位较高”的意思。400多年前，西班牙军队最先把少校当作军衔使用。现在少校一般为营长的军衔。

美国陆军五星上将马歇尔

“马歇尔计划”的制定者，1953 年，被授予诺贝尔和平奖，是第一位获得该奖的职业军人。

上校：校官中最高一级

在法国古代的军队中，上校是“团长”的代名词。在意大利语中，上校又是“纵队”的意思。1631 年，在俄国军队中，上校代替了“督军”的称号。目前，在世界各国的军队中，上校是校官中最高一级的军衔（朝鲜除外）。

将军：显贵的职务

来源于拉丁语中“总的”“主要的”。将军开始是一种显贵的职务，它作为军衔，最先出现于 16 世纪的法国。随着战争规模和军队编制的不断扩大，将军一级也逐渐分为若干等。准将一般指挥旅，少将一般指挥师，中将一般指挥军，上将一般指挥集团军。

元帅：宫廷管皇帝马厩的官员

法语“元帅”一词是由德文“马”和“仆人”演变而来的。据说，早先元帅是宫廷里管理皇帝马厩的官员。在中世纪西欧国家的军队里，元帅主要负责军队行军和作战的队形、监督警卫及选择营地等。16 世纪，法国开始用元帅表示最高军衔。

举白旗：进行谈判先休战

两军对峙，战败的一方表示投降时，就要打出白旗；战胜的一方会停止使用武力允许投降。在战争中使用白旗起始于远古，但当时白色旗帜代表要求进行谈判先休战，并不表示投降。

当交战的一方打出白旗时，对方便知道另一方要求谈判，于是下令停止一切进攻活动。持白旗的一方则派出军使、号手、旗手和翻译到对方指挥部说明条件或意图。军使从展示白旗始到再回到本方为止享有不可侵犯的权利。谈判期间双方谁也不能向对方发动进攻。

随着时间的推移，人们逐渐把在战争中打出白旗转认为是投降。一直沿用到今天。

师：法国首创

师作为正规军的重要建制，创立于 1873 年法国军队。当时明确规定每个师下属两个步兵旅、一个骑兵旅和两个炮兵连。后来被俄国和其他各国军队所仿用。现在师有三二编制和五五编制，并且有重型师和轻型师之分。

旅：一支战斗队

旅的名称也来自法语，原意是“一支战斗队”。16 世纪，瑞典固定了旅的编制，并启用了旅的建制，但人数不固定。俄国彼得一世军事改革时，最先在步兵和骑兵里启用了旅的编制。

团：俄国部队的总称

团是俄语词。14 世纪前，团是俄国部队的总称，后来渐渐演变成军队下属的一个战斗队。组建正规军时，团便有了固定的编制，并为各国仿用。

营：方块队

译自英语，原意是“小或者少”。14 ~ 15 世纪时，营被称作方块队，并没有固定编制。15 世纪时，法国军队的营下属有 17 个连，400 名战斗员。俄国彼得一世军事改革时，组建了营的编制，并规定营下设 3 ~ 4 个连。后来，营的建制开始为欧洲各国启用。

遭遇“滑铁卢”：拿破仑时代结束

拿破仑·波拿巴出生于科西嘉岛的破落贵族家庭，是法国的皇帝、军事家，曾经占领过西欧和中欧的大部分领土，其杰出的军事才华令不少人为之赞叹。

当时，波旁王朝复辟后倒行逆施，法国人心浮动，在维也纳开会的反法联盟各国也因利益冲突而吵得一塌糊涂。拿破仑趁机于 1815 年 2 月 26 日秘密逃离囚禁他的厄尔巴岛，3 月 1 日，他成功地登上法国海岸。

3 月 20 日，拿破仑进入巴黎，受到士兵和农民的热烈欢迎。但他的这次执政只有 100 天左右，历史学家称之为“百日政变”或“百日王朝”。

3 月 25 日，英、俄、普、奥、荷、比等国拒绝了拿破仑的和谈要求，迅速结成第七次反法联盟。6 月，反法联盟集结了 70 万大军，准备进攻巴黎，而拿破仑最多也只能征集到18万人的军队。最后，拿破仑决定以攻为守，各个击破。

6月18日，拿破仑与英荷联军在滑铁卢会战。晚上8时，英荷联军和普军发起攻击，法军全线崩溃，拿破仑逃回巴黎，于22日再度退位。这次，他被流放到大西洋上的圣赫勒拿岛，最后囚死在那里。

滑铁卢之战彻底结束了拿破仑时代。此后，滑铁卢成为失败的代名词。

盖世太保：纳粹的国家秘密警察

盖世太保是法西斯德国国家秘密警察组织。“盖世太保”一词是根据德语Gestapo的读音形式创造的。

盖世太保成立于1933年，最初的头子是戈林，1936年与党卫军合并，成为国家保安警察部队的一部分，由希姆莱领导。该组织是德国法西斯党进行残暴统治的工具，希特勒曾利用它在德国国内和占领区进行过大规模的恐怖屠杀。组织内有秘密警察3万余名，渗透并控制着德国社会的各个领域和德占区，并拥有大量监狱和集中营，利用发布监护拘留令和押送集中营的特权，大肆迫害和残杀犹太人、共产党人、民主人士和无辜居民。它曾参与制造1938年的“布洛姆贝格事件”和“弗里奇事件”，导致德国国防部长布洛姆贝格和陆军总司令弗里奇去职；参与吞并奥地利和侵占捷克斯洛伐克；参与制造所谓波军士兵袭击德国格莱维茨广播电台，造成波兰进攻德国的假象的事件；组织实施对犹太人的所谓“最后解决”，在欧洲范围内制造全面恐怖。纳粹德国战败后被取缔。1946年，这个血债累累、恶贯满盈的组织被纽伦堡国际军事法庭宣判为犯罪组织。

1939年10月，德军攻陷波兰，图为纳粹头子希特勒正在检阅通过华沙街道的军队。

著名品牌：因为卓越，所以鹤立鸡群

同仁堂：康熙看病

同仁堂是中药行业著名的老字号。同仁堂中药铺的创始人乐尊育，是浙江绍兴人，明朝末年来京行医，住在大栅栏的一个客栈里。清康熙八年（1669 年）改串铃行医（走街串巷看点小病）为坐商兼行医，并将所住客栈取名为同仁堂，此为同仁堂之始。

传说同仁堂的名字和康熙有关。

康熙皇帝得了一种怪病，宫中御医把所有的名贵药材都用遍了，就是不见病情好转，他一怒之下停止了用药。

这天，康熙独自出宫微服夜游，来到一条街上，发现有一个小药铺。此时，已是夜阑人静，小药铺里却灯火通明，还听到那里传来琅琅的读书声。康熙心想，自古道：小药铺内有人参。我何不来这里看看？于是，康熙便上前敲门。

进屋后，康熙说明来历。郎中说：“好，你脱去上衣，让我看一看。”康熙脱去上衣，郎中只看了一眼便说：“你平日吃得太好了，火气上攻，因此起了红点子，以致发痒。”

康熙问：“此病能根治吗？”郎中很肯定地说：“不难。只要用些药就会好的。”他顺手抱起木架子上的一个罐子，铺开一个包袱，把罐子里的药全部倒出来，足有七八斤重，说：“这是大黄，你拿回家去，用这八斤大黄，煮水百斤，放入缸内，等水温适中，便入缸洗浴，少则三次，多则五次，即可痊愈。”

康熙回到宫中，按郎中所嘱，如法洗浴。果然，他下到浴缸中，就顿时觉得浑身清爽、舒服。连洗三遍之后，竟然全身不痒，身上的红点也没有了。

康熙十分高兴，第四天又微服来到小药铺。一打听原来郎中名叫赵桂堂。于是康熙想荐他进宫担任御医，但是赵桂堂行医为普惠天下百姓，不想进宫，只想建一个药堂。

康熙一听毫不犹豫地说：“若真要建药堂，就叫同仁堂吧，你看这个名字怎样？”说着从桌子上拿起笔来，顺手写了一张字条，又盖上印章，然后说：“赵兄，明天你到内务府衙门去一趟，那儿有我的一位朋友，说不定真能管事。”说完，告辞而去。

第二天，赵桂堂忍不住好奇地拿着字条找到内务府衙门，果真拿到了不少银子，而且知道了陌生人就是当朝的皇帝。就这样，“同仁堂”建起来了。

自雍正元年（1723 年）同仁堂正式供奉清皇宫御药房用药，历经八代皇帝，长达 188 年，这就造就了同仁堂人在制药过程中兢兢业业、精益求精的严细精神，其产品以“配方独特、选料上乘、工艺精湛、疗效显著”而享誉海内外。

全聚德：颠倒字号转风水

“全聚德”烤鸭店创建于清朝同治三年（1864 年），创办人杨全仁在北京以经营生鸡生鸭为生。1864 年,杨全仁买下了前门大街一家濒临倒闭的“德聚全”干鲜果铺，开始经营烤鸭和烤炉肉。开业前，一位风水先生围着新店转了两圈后站定说：“这是块风水宝地,前程不可限量,只是此店以前甚为倒运,要想冲其晦气,除非将‘德聚全’的旧字号倒过来，称作‘全聚德’，新字号才能上坦途。”

杨全仁一听正合心意，一来自己名字中占有一个“全”字，二来“聚德”意为聚拢德行，可以标榜店铺做买卖讲德行。于是请当时的书法家钱子龙书写了牌匾，闻名中外的老字号“全聚德”就这样诞生了。

东来顺：紫气东来

东来顺创建于 1903 年，以经营独具民族特色的涮羊肉驰名中外，素有“食之精粹”“国之瑰宝”的美誉。

光绪二十九年（1903 年），东来顺创始人丁德山来到刚刚开业的东安市场，在离北门不远的东边摆了个小饭摊。后来，他用积蓄下来的钱，在原摊位盖了个棚子，挂上了“东来顺粥摊”的招牌。东安市场在东华门外，属内城的东城；他住在东直门外二里庄，这一连串的“东”，搭上“旭日东升”“紫气东来”的大吉大利，他认为是他顺利立业的根源。他很看重“顺”，只要一切都顺，买卖必然“财源茂盛达三江”，因此起名为“东来顺”。后来，东来顺经过粥摊、粥棚，进场子进座，这才建成了清真饭馆。1914 年，新开张的东来顺增添了当时北京城时兴的“爆、烤、涮”羊肉，正式更名“东来顺羊肉馆”。

稻香村：铁拐李睡过的稻草

“稻香村”原是长江中下游地区食品店常见的字号，《清稗类钞》有云：“……稻香村所鬻，为糕饵及蜜饯花果盐渍园蔬食物，盛于苏。”为何食品店要取名“稻香村”，说法不一。一说缘于诗词，例如“一畦春韭熟，十里稻花香”“稻花香里说丰年，听取蛙声一片”“新城粳稻，五里闻香”。将“稻香”二字用作食品糕点铺的铺名，形色味兼具，的确妙得很。

另一种说法则颇有些神话的味道。相传数百年前，江浙一带有一家卖熟食的小店，生意清淡。一天晚上，店里忽然来了一个讨饭的瘸子。老板见他残疾可怜，就送了些东西给他吃，又见天色已晚，便在店内一个角落里铺上稻草，留他住宿。

第二天，瘸子不辞而别，老板便把他睡过的稻草拿去烧火，没想到煮出的肉香味扑鼻。于是他大肆宣扬，说瘸子是“八仙”之一的铁拐李下凡，还将店名改为“稻香村”。从此，他的生意逐渐兴旺，其字号也被人争相使用。

六必居：明朝宰相严嵩的手迹

“六必居”是北京著名的老字号之一，明朝嘉靖九年（1530 年）开业。“六必居”起初只是卖酒，因为在酿酒时必须具备“黍稻必齐，曲蘖必时，谌炽必诘，陶器必良，火齐必得，水泉必香”六条标准，故名“六必居”。

据说“六必居”三个大字，是明朝宰相严嵩的手迹。当时严嵩的家人常来此买酒，时间长了，六必居店主与这个家人混熟了，便请他代求严嵩题块匾。家人怕严嵩不写，便求严嵩夫人帮忙。夫人也怕被拒绝，就天天在严嵩面前反复练写“六必居”三个字。

一天，严嵩回家见夫人又在那里书写“六必居”三字，字写得歪歪扭扭，一气之下便拿起笔来，浓墨写下“六必居”三个字。严嵩的那位家人将它送到六必居，店家如获至宝，立即制成匾挂在店中。后来，六必居增添了酱菜作坊，并逐渐转为以经营酱菜为主的酱园。如今，它积几百年之经验，以独特的方法腌制酱菜，光泽出众，清脆适口，味鲜香甜，使得这一老字号闻名中外。

王致和：落榜的无奈

相传清朝康熙八年（1669 年），由安徽来京赶考的王致和榜上无名，无奈只得在京暂谋生计。王致和幼年曾学过做豆腐，于是便以做豆腐维持生计。有时卖剩下的豆腐很快发霉，无法食用，但又不甘心废弃。王致和就将这些豆腐切成小块，稍加晾晒，放在缸里用盐腌了起来。后来，王致和突然想起那些腌制的豆腐，赶忙打开缸盖，豆腐已呈青灰色，用口尝试，觉得臭味之余却蕴藏着一股浓郁的香气，送给邻里品尝，都称赞不已。

后来，王致和弃学经商，加工起臭豆腐，逐渐摸索出一套臭豆腐的生产工艺，生产规模不断扩大，质量更好，名声更高。

荣宝斋：以文会友，荣名为宝

荣宝斋是中国北京地区的一家闻名于海内外的专门经营书画的老字号店铺，已经有 300 多年的历史。

相传在清代初期，一位姓张的人家在北京西琉璃厂附近开设了一家店铺，取名“松竹斋”，专门刻印一些宫廷官员和士林需要的小型印刷品。后来因为店主人经营不善，营业亏损，在清朝光绪二十年（1894 年）时，店主人将店更名为“荣宝斋”，取“以文会友，荣名为宝”之意。店主用其字，取其意，表达了一种期望自己的店铺能够从此兴旺发达的祝愿。果然事遂人愿，荣宝斋日渐一日扬名于外，并且博得了儒士墨客的垂爱。

瑞蚨祥：青蚨还钱

瑞蚨祥是一家专营绸布、皮货等高档商品的老字号，创办于清朝光绪年间。瑞蚨祥创始人叫孟鸿升，是孟子的后裔，济南府章丘县旧军镇人。他以经营土布开始，后来经营规模逐渐扩大，增加了绫罗绸缎、皮货等高档商品。“瑞蚨祥”的名称据说是引用了“青蚨还钱”这一典故。“蚨”是远古时期的一种神虫，一母一子，孩子出门时，母亲将血抹在孩子身上，不管它飞到哪里都能飞回家，飞回母亲的怀抱。青蚨代表古代的铜钱。当年的老板为店取名瑞蚨祥，就是希望借祥瑞的吉祥意味，加上能带来金钱的青蚨，瑞蚨祥能财源滚滚。新中国成立后，天安门广场升起的第一面五星红旗的面料就是瑞蚨祥提供的。

同升和：同心协力功成和

1902 年，莫荫萱在天津办起了一家制帽作坊，因经营有方，规模不断扩大。1912 年，他在天津繁华的估衣街买了门面房，形成了前店后厂、自产自销的经营格局。20 世纪 30 年代，同升和帽店先后在津京等地开办了四家分店。根据市场要求，同升和又制帽又做鞋，遂把同升和帽店改为同升和鞋帽店。“同升和”名字的来历，据考证，它取自最初开业时，一位友人赠给莫荫萱的一副对联“同心协力功成和，升官冠戴财源多”，取其中“同升和”三个字，寓意为“同心协力，和气生财”。

张小泉：交尾的菊花蛇

“张小泉”是中国目前剪刀行业中唯一的中国驰名商标，成名于 1663 年。

传说浙江杭州有一个叫张小泉的人，祖孙三代都是以打铁为生。一天，张小泉到郊区附近收买废铜烂铁，在回家的路上，遇上两条正在交尾的菊花蛇。张小泉用小铁条在两条蛇的交颈处打了一下，那两条蛇未被打死，两条蛇尾松开向相反方向卷成两个圈，两条蛇头还在左右摆动。张小泉边看边琢磨，边走边想。回到家后，他把两条蛇当时的情景画成个图形，按图形打成个粗糙的铁器，把“蛇颈”部位锤扁，并安上一颗钉子，把两条“蛇尾”打成两个圈圈当把手，把两个“蛇头”尖磨得锋利，把它拿来剪东西，觉得省力好使。这就是张小泉剪刀的由来。

星巴克：小说《大白鲸》的人物名

对于爱喝咖啡的人来说，星巴克是一个耳熟能详的名字，它得名于19世纪美国文坛杰出大师赫尔曼·梅尔维尔的小说《大白鲸》中的人物名称，书中爱喝咖啡的大副就叫星巴克。星巴克1917年诞生于美国西雅图，现已成为世界一流的精制咖啡的零售商、烘烤商及一流品牌的拥有者。

肯德基：山德士上校的新方法

肯德基是世界最大的炸鸡快餐连锁企业，肯德基的标记KFC是英文Kentucky Fried Chicken（肯德基炸鸡）的缩写。

1930年，肯德基的创始人哈兰·山德士在家乡美国肯塔基州开了一家餐厅。在此期间，山德士潜心研究炸鸡的新方法，终于成功地发明了由11种香料和特有烹调技术合成的秘方，其独特的口味深受顾客的欢迎，餐厅生意日趋兴隆。肯塔基州为了表彰他为家乡作出的贡献，授予他“山德士上校”的荣誉称号。山德士上校一身西装、满头白发及山羊胡子的形象，已成为肯德基国际品牌的象征。

麦当劳：汽车时代的生意

1937年，麦当劳兄弟麦克·麦当劳和戴克·麦当劳在加利福尼亚州一条国道旁开了一家很普通的小吃店。当时正赶上美国开始进入汽车时代，店里的生意很好。经过10年的经营，他们决定引进自助服务和快速提供食品的方式，以特许加盟的方式进行推广。

麦当劳快餐店一角

尽管兄弟俩非常热心于这一模式的推广，却不热衷于加盟制度的管理和完善。真正使麦当劳在市场上快速发展起来的是麦当劳的一个加盟商——莱·克罗克先生。1961年，克罗克买入麦当劳商标权，开始全力投入麦当劳特许加盟发展模式的研究和开发。

索尼：拉丁字Sonus的演化

索尼被誉为“日本在全球创立的价值最高的品牌”。

日本索尼公司最初的全名为“东京通信工业公司”（1958年正式改名索尼公司）。其创始人盛田昭夫在去美国视察时，发现根本没有人知道他们的产品怎么发音。为此，盛田昭夫考虑，应该想出一个独特的品牌名称，让别人一眼就认出他们的产品。

盛田昭夫和他的同事研究后，认为新名字必须让全世界每个人都能认出来，让操不同语言的人都能读出来。有一天，他们翻到一个拉丁字 Sonus，意为“声音”，听起来很有音感，刚好同该公司从事的行业关系密切，于是他们开始在这个字上打转。这个拉丁字相关的其他字，不管是 Sonny 或者 Sunny，都有乐观、光明、积极的含义，这点非常符合他们的自我形象。美中不足的是，Sonny 读起来与日本字“输钱”谐音，有些“触霉头”。后来盛田昭夫灵机一动，去掉一个“n”，拼成“Sony”。这就是索尼的由来。

诺基亚：栖息在诺基亚河的小黑貂

诺基亚的历史可以追溯到 1865 年。当时，芬兰籍采矿工程师杰瑞崔克艾迪斯坦在芬兰西南部坦佩雷市坦默科斯基河沿岸设立了一座纸浆厂，后来发展成为全球移动通讯领导厂商之一。诺基亚（Nokia）一词源自古芬兰字“nois”，一种栖息在诺基亚河（Nokia River）两岸类似远古貂鼠的小型黑貂。作为地名，诺基亚的原意仅指诺基亚领地。诺基亚公司于 1865 年成立之后，当地人开始用诺基亚来指称当时正欣欣向荣的整个工业区，诺基亚公司也因此得名。

微软：微型软件

微软公司（Microsoft）是比尔·盖茨起的。这个名字是 Microcomputer Software 的缩写，意思为“微型计算机软件”；开始简写为 Micro.Soft，后来把中间的“.”去掉了，就成了现在的 Microsoft。

英特尔：集成电子

英特尔公司是全球最大的半导体芯片制造商，它成立于 1968 年。最初，创始人罗伯特·诺宜斯（Robert Noyce）和戈登·摩尔（Gordon Moore）想把他们的公司命名为“Moore Noyce”，可是这个名字已经被一家连锁旅馆注册了，因此就改成了 INTegrated ELectronics（集成电子）的缩写。

苹果：纪念打工的苹果园

20 世纪 70 年代初，微型电子计算机（微电脑）问世，吸引了一大批爱好电子技术的青少年。在美国西部加利福尼亚州的电子计算机大本营硅谷附近，有两位年轻的电子迷——一边在苹果园打工一边在大学读书的史蒂夫·乔布斯和爱好音乐的史蒂夫·沃兹奈克。1974 年，乔布斯和沃兹奈克把乔布斯父亲的一间废汽车库充当工作室，开始试制微电脑，后来这两个年轻人便办起了微电脑公司。为了纪念乔布斯曾在苹果园工作过，他们便把这种新型的微电脑命名为“苹果Ⅱ型”，而最初试制的微电脑则被称之为“苹果Ⅰ型”。这就是苹果电脑的由来。

劳斯莱斯：地位和身份的象征

劳斯莱斯汽车公司是由查理·劳斯和亨利·莱斯合作在 1904 年创建的。大众于 1998 年购买了英国的劳斯莱斯轿车有限公司。劳斯莱斯汽车公司年产量只有几千辆，连世界大汽车公司产量的零头都不够，但从另一角度看，却物以稀为贵。劳斯莱斯轿车之所以成为显示地位和身份的象征，是因为该公司要审查轿车购买者的身份及背景条件。

法拉利：世界赛车冠军的杰作

法拉利是世界上最知名的赛车和运动跑车的生产厂家。它创建于 1929 年，创始人是世界赛车冠军、划时代的汽车设计大师恩佐·法拉利。菲亚特公司拥有该公司 50%股权，但该公司独立于菲亚特公司运营。法拉利汽车大部分采用手工制造，因而产量很低，年产量只有 4000 辆左右。

宝马：行天莫如龙，行地莫如马

宝马是驰名世界的汽车企业，也被认为是高档汽车生产业的先导。宝马公司创建于 1916 年，总部设在慕尼黑。多年来，它由最初的一家飞机引擎生产厂发展成为今天以高级轿车为主导，并生产享誉全球的飞机引擎、越野车和摩托车的企业集团。宝马标志中间的蓝白相间图案，代表蓝天、白云和旋转不停的螺旋桨，喻示宝马公司渊源悠久的历史，象征该公司过去在航空发动机技术方面的领先地位，又象征公司一贯宗旨和目标：在广阔的时空中，以先进的精湛技术、最新的观念，满足顾客的最大愿望。

柯达：一种事物突出的尖端

伊斯曼柯达公司（Kodak），简称柯达公司，是世界上最大的影像产品及相关服务的生产商和供应商。

1888 年，“柯达”这个名字首先在美国工商管理部门进行了注册登记。从此，“柯达”这个商标就一直印在伊斯曼柯达公司的产品上，不但成为法定的，而且成为具有声望的商标。

美国伊斯曼公司的创造者乔治·伊斯曼当年曾经说："我喜欢 K 这个字母，它表示一种事物突出的部分或尖端。我用 5 个字母组成一个词，前后都有 K，中间任选其他 3 个字母，最后拼成 Kodak。"他认为，"Kodak"字母少，不易拼错，具有生气和个性等特点。

佳能：黎明的女神

佳能是全球领先的生产影像与信息产品的综合集团。佳能公司的创始人是位医学博士，取此名的灵感出自他抬头眺望天空而来。佳能原有一个十分英语化的名字 KWANON，意为一位仁慈佛教女神的名，公司以此命名其第一架 35 毫米测距式相机。

大约在 1936 年，公司用汉莎·佳能为品牌的相机正式上市了。从此，佳能成为举世闻名的相机品牌和公司的象征。目前使用的 EOS 不仅仅表示电子光学系统英文字首字母的缩写，也是一位在希腊被称作黎明的女神。

派克笔：高质量书写工具的领导者

派克笔是全球高质量书写工具的领导者。据说在第二次世界大战以前，美国有一位中学教员名叫派克，他因为经常帮学生修理墨水笔而萌生了自己设计一款品质优良的墨水笔的念头，后来派克创立了公司。第二次世界大战期间，派克为了适应军队的需要，试制出了一种颇受部队欢迎的"清水笔"。当他的儿子肯尼斯·派克继承父业之后，又推陈出新，设计生产了一种自来水笔，使用快干墨水。在派克制笔公司成立 51 周年时，小派克把这种自来水笔定名为"派克 51 型"。此时派克笔正式问世，并且很快流传到了世界各地。

阿迪达斯：阿迪·达斯勒

阿迪达斯（Adidas）是创始人阿迪·达斯勒（Adi Dassler）的姓名词头合并而成。阿迪·达斯勒本人不但是一位技术高超的制鞋家，同时也是一位喜好运动的运动员，他的梦想就是"为运动员设计制作出最合适的运动鞋"。在这个理念的指导下，他于 1920 年设计出第一双运动鞋。由于他不断的研发，使他所设计的运动鞋获得许多顶尖选手的喜爱，不仅在奥运会上大放异彩，并从此在运动场上立下金牌口碑。在各界的肯定下，阿迪·达斯勒于 1948 年创立了阿迪达斯品牌，并将他多年来制鞋经验中利用鞋侧三条线能使运动鞋更契合运动员脚型的发现融入设计的新鞋中。于是，阿迪达斯品牌第一双有三条线造型的运动鞋便在 1949 年呈现在世人面前。

迪士尼：漫画家的老鼠朋友

100 年前，在美国堪萨斯城一间破烂不堪的车库里，一个青年人正在画板上描绘着他漫画家的梦。一只老鼠常爬到桌子上偷食面包屑，他没有赶它走或置它于死地，而是和老鼠成了朋友。正是这个奇遇，日后带给这个青年人灵感，使他创造出给全世界都带来欢乐的米老鼠形象。

不久，这个青年人离开堪萨斯城来到洛杉矶，以自己的名字——沃尔特·迪士尼创办了沃尔特·迪士尼公司，米老鼠成为公司特有的象征和吉祥物，“迪士尼”也因此成了世界著名的品牌。

欧米茄：事物的伊始与终极

享誉全球的欧米茄手表诞生于瑞士，拥有超过 150 年的悠久历史。欧米茄 (Ω) 是希腊文的第二十四个，也是最后一个字母。它象征着事物的伊始与终极、第一与最后，代表了完美、极致、卓越、成就的非凡品质，诠释出欧米茄追寻卓越品质的经营理念和崇尚传统、勇于创新的精神风范。欧米茄拥有世界著名的四大系列产品：其超霸系列成为美国太空总署载人太空任务指定计时器；海马系列陪美籍探险家毕伯潜至 14 米深的海底；典雅的碟飞系列装配有同轴擒纵机芯；星座系列则网罗了各式时尚男女。

劳力士：伸开五指的手掌

劳力士公司的前身是 W&D 公司。德国人汉斯·威尔斯多夫与英国人戴维斯于 1905 年在伦敦合伙经营了一个出售钟表的公司。威尔斯多夫以其敏锐的目光发现手表将不可避免地成为计时产品的主流。1908 年，威尔斯多夫在瑞士的拉夏德芬注册了“劳力士”商标，“W&D”由此改为“劳力士”。劳力士表最初的标志为一只伸开五指的手掌，它表示该品牌的手表完全是靠手工精雕细刻的；以后才逐渐演变为皇冠的注册商标，以示其在手表领域中的霸主地位。1919 年，劳力士公司从英国迁到世界钟表中心瑞士日内瓦。

皮尔·卡丹：创造欲的驱使

皮尔·卡丹是 50 年来服装界成功的典范，也是一个闻名全球的品牌。1950 年，在创造欲的驱使下，皮尔·卡丹开始独立创业。从此，他凭借独特的创造力和高明的经营眼光，不断开拓设计领域，在五光十色、群芳斗艳的巴黎，很快打开了市场。注重裁剪的主体质感及整体结构，一直都是皮尔·卡丹品牌不变的风格。他在时装造型上的大胆创新，每次都让人们惊诧不已。大胆突破，始终是皮尔·卡丹设计思想的中心。

芭芭拉：女人的最柔情

芭芭拉是法国顶尖国际品牌之一。1974 年，芭芭拉占有法国 5% 的内衣市场。芭芭拉多年来不停致力于传统品质与流行尖端的坚持，始终为所有女人创造流行、舒适、品质三者兼具的贴身衣物，让女人散发最柔情的特质。由此，芭芭拉的每一样商品都足以让女人迷恋不已，成为法国内衣协会的第一推荐品牌。

夏奈尔：最了解女人

夏奈尔为创始人夏奈尔于1913年在法国巴黎创立。夏奈尔产品种类繁多,有服装、珠宝、化妆品、香水等，每一种产品都风行于世，特别是香水与时装。

夏奈尔是一个有 90 多年经历的著名品牌，夏奈尔时装永远有着高雅、简洁、精美的风格。善于突破传统，早在 20 世纪 40 年代就成功地将“五花大绑”的女装推向简单、舒适，这也许就是最早的现代休闲服。夏奈尔最了解女人，夏奈尔的产品种类繁多，在欧美上流女性社会中甚至流传着一句话“当你找不到合适的服装时，就穿夏奈尔时装”。

迪奥：“上帝”和“金子”的组合

迪奥一直是华丽女装的代名词。大 V 领的卡马莱晚礼裙，多层次兼可自由搭配的皮草等，均出自于天才设计大师迪奥之手，而做工更以精细见长。

迪奥的名字“Dior”在法语中是“上帝”和“金子”的组合。以他的名字命名的品牌 Christian Dior（简称 CD），自 1947 年创始以来，一直是华丽与高雅的代名词。不论是时装、化妆品或是其他产品，CD 在时尚殿堂一直雄踞顶端。

兰蔻：玫瑰花的象征

兰蔻（LANCOME）于 1935 年诞生于法国，它的创始人阿曼达·珀蒂让凭借着对香水的天才敏感嗅觉和执着不懈的冒险精神，以及他立志让法国品牌在当时已被美国品牌垄断的全球化妆品市场占领一席要位的抱负，为世界化妆品历史写下美的一页。

兰蔻之名源于法国中部卢瓦卡河畔的兰可思幕城堡（LANCOSME）。由于兰蔻城堡的周围种植了许多玫瑰，于是玫瑰花成为兰蔻品牌的象征。

吉列剃须刀：商人的敏感

吉列剃须刀是现在著名的品牌，是由美国的吉列发明的。

1895 年的一天，吉列在理发店刮胡须时被刮出了血。“要是有一种安全剃须刀就好了。”吉列以从商者特有的敏感意识到，如果发明一种新式的安全剃须刀，肯定有销路。

回到家后，吉利便一头钻进了试验室。在朋友们的帮助下，经过千百次试验，吉列终于制成了一种“T”字形的剃须刀。这种剃须刀的刀刃很薄、很锋利，但在刮胡须时，它能随着接触面变换角度，因而不会伤人。1901 年，吉列为自己发明的安全剃须刀申请了专利，同时开了世界上第一家经营这种剃须刀的公司。

早期吉列剃须刀广告宣传画

资生堂：至哉坤元，万物资生

资生堂创办于 1872 年，最初是设在东京最繁华的商业中心银座的一家西式药房，取名源自《易经》中的“至哉坤元，万物资生”，含义为孕育新生命，创造新价值。创办者福原有信汲取西方医学中的精华，生产具有东方特色的医疗用品。早期的产品大多为药品和卫生洗涤用品，如香皂等。1897 年，资生堂生产出肌肤用的第一瓶保养产品红色梦露，从此开始了化妆品事业的开发与研究。

思想理论：智慧博弈中撞击出的历史火花

百家争鸣：开启思想之源

从春秋末年到战国时期，是中国社会由奴隶社会向封建社会过渡的时期，从政治到经济都发生了剧烈的变化。这种变化带来了学术思想的空前活跃，不同阶段、不同阶层的各个学派展开了激烈的论争，形成了百家争鸣的局面。

据记载，至汉代（前206～220年）初期，以著作形式表述自己学术观点的有189家。汉代史学家将它们分门别类，归为10家，即儒家、道家、名家、法家、墨家、阴阳家、纵横家、杂家、农家和小说家。在这10家之中，杂家、农家、小说家所讨论的问题很少涉及哲学。在这10家之外，对《周易》的研究当时已经形成了一种独特的哲学，可以称为易家；对军事和兵法的研究当时也已形成了一种含有丰富哲学思想的学说，可以称为兵家。在这些学派中，尤以儒、墨、道、法4家影响最大。

乌托邦：乌有之乡

托马斯·莫尔所作的《乌托邦》书影

西方乌托邦思想虽可追溯得很远，但其独立的发展和炫目的繁荣还是在近代，是莫尔造出了“Utopia”这个词并开创了这一思想。

英国人托马斯·莫尔在其《乌托邦》一书正式刊行之前，曾在致朋友伊拉斯莫斯的信中谈到这本书，他开始还是直接用拉丁文“Nusquama”（乌有之乡）。后来，在1516年11月12日致伊拉斯莫斯信中，莫尔第一次把希腊语中的“ou”和“topos”缀合为一个新词“utopia”，其中“u”是拉丁文对“ou”的译法，表示否定和没有；“topia”是“topos”的变形，表示地方、地区。这看来还是“乌有之乡”的意思，然而，“u”和希腊语的另一个词“eu”（表示好、理想、完善、繁荣等肯定意义）也有一种联系。后来，在书正文的前面，莫尔虚拟了乌托邦一位诗人的诗句，诗中认为自己的国家合适的名称并不是“utopia”，而应称之为“eutopia”——“一个福祉之乡”。

莫尔本人的“乌托邦”是一个完全理想的共和国，在这个国家里所有的财产都是公有的，在战争时期它雇佣临近好战国家的雇佣兵，而不使用自己的公民。今天的“乌托邦”往往用来描写任何想象的、理想的社会形态，有时也被用来表示某些好的，但是无法实现的（或几乎无法实现的）建议。

理想国：柏拉图的理想

柏拉图不仅是古希腊哲学家，也是全部西方哲学乃至整个西方文化最伟大的哲学家和思想家之一。他出身雅典贵族，青年时师从苏格拉底。在阿加德米体育馆附近设立了一所学园，执教 40 年直至逝世。他的《理想国》向我们描绘了一幅理想的乌托邦的画面。

柏拉图认为，国家应当由哲学家来统治。柏拉图的理想国中的公民划分为卫国者、士兵和普通人民三个阶级。卫国者是少部分管理国家的精英，他们可以被继承，但是其他阶级的优秀儿童也可以被培养成卫国者，而卫国者中的后代也有可能被降到普通人民的阶级。卫国者的任务是监督法典的制定和执行情况。

为达到该目的，柏拉图有一整套完整的理论。他的理想国要求每一个人在社会上都有其特殊功能，以满足社会的整体需要。但是在这个国家中，女人和男人有着同样的权利，存在着完全的性平等。政府可以在为了公众利益时撒谎。每一个人应该去做自己分内的事而不应该打扰到别人。在今天看来，柏拉图描绘的理想国是一个可怕的极权主义国家，但是“理想国其实是用正确的方式管理国家的科学家的观点”，柏拉图本人并没有试图实现理想国中的国家机器。

文艺复兴运动：人为万物之本

文艺复兴是指发端于 14 世纪意大利的文化和思想发展潮流，以后逐渐扩展到德国、英国、法国和西班牙等国，于 16 世纪达到鼎盛。

文艺复兴最根本的指导思想就是人文主义，其核心是“人为万物之本”。复兴运动主张以个人作为衡量一切事物的标尺，这样，就发现了人的伟大，肯定了人的价值和创造力。复兴运动还提出了人要获得解放，个性就应该得到自由，就要重视现世生活，藐视关于来世或天堂的虚无缥缈的神话。复兴运动还反对中世纪消极的无所作为的人生态度，提倡积极的冒险奋斗精神。

文艺复兴时期的作品，集中体现了人文主义思想：主张个性解放，反对中世纪的禁欲主义和宗教观；提倡科学文化，反对蒙昧主义，摆脱教会对人们思想的束缚；肯定人权，反对神权，摒弃作为神学和经院哲学基础的一切权威和传统教条；拥护

雅典学院　拉斐尔　意大利

此壁画是文艺复兴时期代表作家拉斐尔为梵蒂冈教皇宫殿所绘。图中柏拉图和亚里士多德师徒正在门厅闲谈，其他不同地域和不同学派的著名学者在自由地讨论。

中央集权，反对封建割据，这是人文主义的主要思想。其中，代表性作品有：但丁的《神曲》、薄伽丘的《十日谈》、马基雅维利的《君主论》、拉伯雷的《巨人传》等。

人文主义歌颂世俗、蔑视天堂，标榜理性以取代神启，肯定“人”是现世生活的创造者和享受者，要求文学艺术表现人的思想感情，科学为人谋福利，教育要发展人的个性，要求把人的思想感情和智慧从神学的束缚中解放出来，提倡个性自由，因此在历史发展上起了很大的进步作用。

文艺复兴运动是欧洲历史上一次思想大解放，表达了资产阶级破除封建思想体系的精神桎梏、解放生产力、建立新的生产关系的要求；是使欧洲摆脱腐朽的封建宗教束缚，向全世界扩张的一个前奏曲；是“人类从来没有经历过的最伟大的、进步的变革”。它揭开了现代欧洲历史的序幕，被认为是中古时代和近代的分界，马克思主义史学家认为是封建主义时代和资本主义时代的分界。

印象派：巴黎记者杜撰

印象派又被称为“印象主义”，这个词是由巴黎一家报刊的记者杜撰出来的，因为他对 1874 年 4 月在巴黎市中心卡普辛大道 35 号举行独立画展的一批青年画家的作品十分不满，便从其中莫奈的一幅标题《印象·日出》杜撰出“印象派”这个名词。在众多的派别中，西洋油画中的印象派一直为西方人推崇。

印象派的代表作有莫奈的《印象·日出》、马奈的《草地上的午餐》和《奥林比亚》、雷诺阿的《在阳台上》、修拉的《在海滨浴场》及劳特累克的《红磨坊的莎尤克》等。

存在主义：个人的生存问题

存在主义崛起于 20 世纪 20 年代的德国，是 20 世纪上半叶最具代表性的西方哲学思潮。其代表人物有德国的海德格尔、亚斯贝尔斯，法国的萨特、马塞尔、加缪等。存在主义哲学认为哲学的基本问题是个人的生存问题，哲学研究的出发点是“存在”而非“本质”，因为“存在先于本质”。

存在主义的主要观点是：

1. 真正的知识通过直觉来源于个人的情感。

2. 真理不是人们的发现，而是个人选择的结果。

3. 知识的可靠性不能用一般概念加以衡量。

4. 做人就是谋求自由，也就是进行选择。

5. 人在他自己的选择中变成他自己，从而获得人的价值。

6. 因为人自由地进行选择，所以他从属于或生活于某一团体，而仍不失为一个个体的真正自我。

人本主义：把人生物化的形而上学

人本主义是德文 Anthropologismus 的意译，又译为人本学。通常指人本学唯物主义，是一种把人生物化的形而上学唯物主义学说。以 19 世纪德国的费尔巴哈和俄国的车尔尼雪夫斯基为代表。其主要哲学观点是：

1. 反对宗教神学和思辨哲学（如黑格尔），把自然和人看作是由某种神秘的、虚幻的和超自然的力量所支配的观点，要求恢复人和自然的真面目。

2. 人是自然的一部分，心灵不能脱离肉体而存在。

3. 人是生物学意义上的人，而不是社会学意义上的人。

实用主义："美国精神"的代表

实用主义是美国本土产生的历史最为悠久、影响最为广泛的哲学流派，是"美国精神"的代表，自 19 世纪 70 年代诞生以来，除了 20 世纪 30 ~ 50 年代其风头被分析哲学压下去之外，直到目前在美国仍占据主导地位。其代表人物是皮尔斯、詹姆斯和杜威。它的主要哲学观点是：

1. 客观经验与现实等同。

2. 任何事物都处于变化的过程中。

3. 事物变化并非向着预定的遥远目标，而是向着切近的目的，而它又将成为下一个切近目的的手段。

4. 目的是完成的手段，手段是未完成的目的。

空想社会主义：人人平等，个个幸福

18 世纪，欧洲产生了影响比较大的马克思科学社会主义的三个先驱：圣西门、傅立叶和欧文。他们被称为空想社会主义者的著名代表人物。

他们深刻揭露了资本主义的罪恶，对未来的理想社会提出许多美妙的天才设想。他们企图建立"人人平等，个个幸福"的新社会。这些思想对启发和提高工人觉悟起了重要的作用。但是空想社会主义只是一种不成熟的理论，反映了正在成长中的无产阶级最初的、还不明确的愿望。

他们不能揭示资本主义的根本矛盾和发展规律，不懂得阶级斗争，没有认识到无产阶级的历史使命，所以他们的社会主义只能是一种无法实现的空想。当无产阶级成长为独立的政治力量，就需要有一个建立在科学基础上的革命理论来代替它。

无政府主义：人人自由平等

无政府主义是一种社会政治思潮，其基本观点是否定一切权威和任何形式的国家政权，主张个人绝对自由，建立一个没有国家的、完全平等和绝对自由的社会。

无政府主义形成于19世纪40年代，其创始人是法国的蒲鲁东。他在1840年写的《什么是所有权》一书中倡导互助主义，主张通过建立人民银行和根据契约原则在生产者之间实行产品的等价交换，以达到消灭剥削和人人自由、平等的“无政府状态”。

俄国无政府主义者巴枯宁提出集产主义思想，主张全部生产资料归各个生产者的集体所有，实行产品按劳分配，还提出通过暴动立即消灭国家的口号。

20世纪初，无政府主义思想从欧洲和日本传入中国。中国早期最有影响的无政府主义者是刘师复。中国无政府主义的特点是没有形成自己的思想观点和行动纲领，而是以传播和宣传国外无政府主义代表人物的思想为自己活动的主要内容。

共产主义：原意为公有

“共产主义”一词最早出现于19世纪30年代的欧洲，原意为公有。它在刚诞生时，最初是表达了下层工人的革命思想，随后一些小资产阶级空想家也用以表达自己实现财产公有制的主张。40年代，马克思、恩格斯形成新世界观之后，就称自己的学说为共产主义，有时也称批判的共产主义，表明对以前的空想共产主义的批判，以示与之有所区别。

社会主义：人的社会性

“社会主义”这一名称出现于18世纪中叶的欧洲。原来是一个形容词,有“同伴”“同伙”“同志”“同盟”“善于社交”等意思。

18世纪中叶至19世纪初，最先由教会人士使用，其含义是指人的社会性。19世纪20年代至30年代，先由圣西门派、欧文派空想社会主义者使用，其含义是指要通过改良办法，建立一种与资本主义有所不同的新的社会制度。随后小资产阶级、资产阶级以至封建阶级的代表也按各阶级的利益和观点使用社会主义一词。19世纪40年代马克思主义诞生后，很少使用社会主义一词，70年代以后，社会主义成为共产主义的同义语。1917 年十月革命以后，马克思主义者认为，社会主义是共产主义的第一阶段。

启蒙运动：理性时代的光明使者

17 ~ 18 世纪，封建制度的最终没落和资本主义制度在更大范围内的确立已成为不可逆转的历史潮流。与此相适应，在意识形态领域内，欧洲资产阶级的启蒙运动蓬勃兴起。

这时候，商品生产者不仅需要买卖自由，而且还需要取得生产资料的自由，即需要一种无条件的、绝对的私有制。而在封建社会中，土地所有制是带有封建特权的贵族地主土地所有制。资产阶级不能容忍对生产资料的获得设置条件和进行干预，便提出个人的自由和平等以及私有财产神圣不可侵犯的要求。

为了推翻封建专制制度，资产阶级必须在思想战线上开展反对封建专制制度的斗争。这时期自然科学的发展，为启蒙思想家提供了锐利的理论和思想武器。如英国哲学家和科学家培根提出的“归纳法”、法国笛卡尔提出的新科学方法的两大原则即观察和思考等，对启发、引导人们用人的理性代替神的启示，用人的理性代替对神的盲目信仰，起到了巨大的积极作用。

启蒙运动高举理性的旗帜，否定宗教神权、专制王权和贵族特权；提出了天赋人权的观点和主权在民的政治学说。

自然法学理论可以说是各位启蒙思想家的社会政治思想的核心。

荷兰思想家雨果·格劳修斯（1583 ~ 1645 年）被认为是近代自然法理论的开创者。他首次从新兴资产阶级立场出发，用人的眼光、以人的理性为基础来考察国家、政治和法律，认为人具有自然权利。这些权利包括生命、躯体、自由和所有权等。在国家问题上，格劳修斯是社会契约论的主要倡导人之一。他认为，人类从前存在既无国家也无私有财产的自然状态。随着私有财产的出现，人们最终自愿订立契约、组成国家以保护自己的利益。在他看来，社会契约是一切现行国家形式的渊源。这种观点否定了君权神授的封建国家观念。斯宾诺萨对自然法理论也有独到见解。他是最早从理论上论证民主制度、论证人的权利和自由的思想家之一。他认为人的基本欲望就是自我保护，人天生就有生存权这一最高自然权利。而按契约建立起来的国家，其目的就是限制人们的欲望和无节制的冲动，迫使他们按理性的法则生活。斯宾诺萨谴责君主专制政体，认为民主制是国家的最好形式。

神话传说：怪力乱神中，别有一番乐趣

八仙：积善扶贫，各显神通

八仙是中国人熟知的神话人物

八仙都是道教神话人物，他们的传说从汉朝就有流传。现在公认的铁拐李等八仙大约形成于元代，但人物不尽相同。至明代吴元泰作《八仙出处东游记》，铁拐李、汉钟离、蓝采和、张果老、何仙姑、吕洞宾、韩湘子、曹国舅这八仙过海的故事日渐流传，八仙人物也在流传中稳定下来，到明朝中叶确定下来。

八仙各自的特点是：铁拐李容貌奇特，能借尸还魂，富有强烈的反抗精神；汉钟离能飞剑斩虎，点金济众，有治恶济善之德；蓝采和放荡不羁，周游天下，表现出争取自由的性格;张果老精通万法，变化莫测；何仙姑是八仙中唯一的女性，她坚贞不嫁，行动如飞，具有女性在婚姻恋爱问题上的新观念；吕洞宾文武皆通，身兼数艺；韩湘子排难去险，见义勇为；曹国舅刚正不阿，平易近人，也善济贫穷。

八仙的传说反映了人们对理想生活的追求。

济公："济癫僧"

在民间，济公深受人们的喜爱。在历史上，济公确实存在，他是南宋时期杭州灵隐寺的和尚道济禅师。

道济是浙江天台人，俗姓李，名心远。他出身显贵，为驸马之子。道济出家于杭州灵隐寺,后常住净慈寺,是一位禅宗僧人。他生活落魄,嗜好酒肉,言行类似癫狂,所以有人称他为"济癫僧"。

在民间传说中，济公玩世不恭，喜欢帮助弱者，时常和达官贵人开玩笑，弄得对方又气又恨，却又无可奈何。由于济公形象深得民间百姓的喜爱，因而出现了济公塑像。

女娲：造人补天

女娲人首蛇身，又称为女娲娘娘，传说中的人类始祖。她“炼石补天，捏土造人，立极造物，别男女，通婚姻，造笙簧”。神话中说伏羲和女娲是兄妹，同时也是夫妻。在中国的图腾上更有女娲和伏羲交合的图像。

根据传说，某一天她经过黄河河畔，想起盘古开天辟地，创造了山川湖海、飞禽走兽，改变了原本寂静的世界。但是，女娲总觉得这世界还是缺了点什么，但又一时想不起是什么。当她低头沉思，看到水里自己的倒影时，顿时恍然大悟：原来世界上还缺少了像自己这样的“人”。于是，女娲就参照自己的外貌用黄河的泥土捏制了泥人，再施加法力，泥人便变成了人类。根据《山海经》记载，女娲在肉身死后，她的肠化作了 10 个神人，到西方的大荒广粟之野守护去了。

财神：冥神摇身变财神

赵公明，又称玄坛真君、赵公元帅，是中国古代诸神中较重要的一位——财神。

在晋朝干宝的《搜神记》中，赵公明是一位人们避之唯恐不及的冥神，专门勾人魂魄。直到明朝，赵公明才摇身变为财神。《历代神仙通鉴》卷九说，赵公明原是终南山人，秦时避乱修行，功成后被玉帝封为“神霄副师”。他头戴铁盔，手执铁鞭，面色黝黑，身跨老虎，曾被封为“正一玄坛元帅”，为张天师守护仙炉，永镇龙虎山。谁想求财，他能帮忙调和。还有一种说法，说财神共有 4 个，即“正财神”赵玄坛、“偏财神”五路财神、“文财神”财帛星君、“武财神”关云长。

“正财神”赵玄坛：他就是赵公明，身跨老虎，人向他求财，甚是灵验。

“偏财神”五路财神：相传，五路财神姓伍，被杀后阴魂不散，常常显灵，帮穷苦人家得财，让为富不仁者破财。

“文财神”财帛星君：他的脸白发长，举止潇洒，手上捧着一个宝盒。“招财进宝”四个字就由此而来。

“武财神”关云长：自己不想发财而肯帮助别人发财，所以受到人们的敬重。

城隍：地方的保护神

城隍是保护城市的神，在冥界中是一种基层神仙。

周朝时，在除夕要祭祀八种神，其中就有“水”（即隍）和“庸”（即城）。在古代，人们称无水的城堑为隍。后来，城市规模逐渐具备，绝大多数城市都是靠近水的。于是，水神和庸神合二为一，成为专门守护城池的城隍神。

在上古时代，只有天子可以祭祀城隍，当时祭祀的方式只筑土坛，并无塑神像或建庙，且每年有春、秋二祭。清孙承泽撰的《春明梦余录》中说："芜湖城隍庙，建于吴赤乌二年（239 年）间……"是有关城隍庙中最早的记载。

清代赵翼所写的《陔余丛考》中说到："《北齐书》的《慕容俨传》有记：城中有神祠一所，俗号城隍神，公私每有祈祷。"可见在南北朝时期，民间就有了祭祀城隍爷的行为了。

到了唐代以后，城隍已渐变成冥神，并具人格化，祭祀城隍神更为普遍。并且人们把一些开明的官员称为"民之父母""里屏障"，这些官员死后，百姓仍希望他们留在城中以保一方平安，于是就把他们抬出来当城隍。

钟馗：不第武举，为帝王捉鬼

钟馗是人们根据"终葵"的谐音，虚构出来的人物。"终葵"本是古时一种家用器物，今称之棒槌。据说哪家若有人病了，人们就会以为有鬼在作祟，即用棒槌（终葵）去赶鬼。

据说在唐朝开元年间，唐明皇染上了恶疾，一个多月也不见好。一天夜里，他在梦中看见有一个小鬼进屋偷窃,忽然来了一个大鬼把它吃掉了。唐明皇问大鬼是谁，对方回答说是终南山的进士钟馗，因应试武举不第，触阶身亡，发誓要为皇帝除尽天下的妖孽。

唐明皇醒后，病也好了，便命画出钟馗的像，并印发钟馗捉鬼图。随后此法传入民间，钟馗便成了各家各户的守门神了。

龙：四灵之首

能带来幸运的龙

从古至今，龙是中国劳动人民美好愿望的寄托。单以舞龙来说，凡有喜庆佳节或神圣庆典，均以舞龙作为最热闹的助兴节目。

龙是古代传说中的动物。据考古学家研究，早在 5000 多年前，中国北方有个华夏族，势力非常强大。他们在蛇的图形上，添加了图腾的特征，如鳞甲类图腾、有角兽的图腾、有四只爪子的爬虫类图腾，还有多种猛兽的图腾，最终融合成一种不可一世的庞然大物，这就是"龙"的由来。

我们的祖先凭着丰富的想象力，赋予了龙鲜活的形象：蛇身、鹿角、鹰爪、马脸，浑身金灿灿，两须宛若飘带；它是“龙麟凤龟”四灵之首，是“龙龟象鹤”四寿之头；它被膜拜为神兽之冠。民间传说中，它是消灾降福的“龙王”；雕刻在宫殿上栩栩如生的龙象征着帝王至高无上的权力；在工艺图案中，它还是种精美的装饰。

凤凰：“凤鸣岐山”

凤凰是古代人民以幻想中的保护神而演化出来的鸟图腾形象。

传说黄帝后裔中的商族，以凤鸟作为自己的图腾。周武王伐纣，相传有“凤鸣岐山”的瑞兆。后来，凤族后代的商被龙族后代的周所吞并。经过周文化与商文化的融合，龙、凤被保留下来，并结下了不解之缘。在中国民间，人们一直还是将龙和凤凰作为吉祥喜庆的美好象征。

麒麟：麒麟现“盛世”

早在周代，就出现了麒麟的传说。当时，麒麟和凤、龙、龟，并称为“四灵”。汉代的麒麟形象与现在的鹿相似，头上有独角，角上长肉球。《毛诗正义》中说：“麟，麇身，马足，牛尾黄毛，圆蹄；角端有肉。”与龙、凤一样，麒麟也是综合化了的图腾。

实际上，麒麟这种怪兽并不存在，它只是人们幻想中的灵物而已。封建统治者为了满足政治上的需要，总是诡言麒麟出现，借此歌颂所谓的“盛世”。

中外名著：哺育健康的灵魂

“四书五经”：朱熹功不可没

四书是《论语》《孟子》《大学》《中庸》四部著作的总称,其中《大学》《中庸》是《礼记》中的两篇。因为它们分别出自早期儒家的四位代表性人物孔子、孟子、曾参、子思，所以称为“四子书”，简称即为“四书”。当然，“四书”这个说法一直到南宋才出现，南宋著名学者朱熹将它们编在一起，并撰写了《四书集注》为这四部著作作注。

先秦时，儒家本有六经：《诗经》《尚书》《仪礼》《乐经》《周易》《春秋》。秦始皇“焚书坑儒”，一把火烧下去，很多典籍就没有了，这其中就有《乐经》。

汉唐是“五经”时代，宋后是“四书”时代。后来的五经是指：《周易》《尚书》《诗经》《礼记》《左传》。也即《礼记》和《左传》取代了《仪礼》和《春秋》的位置，这两部新的著作都是后人对前人著作的注解。

《周易》：文王拘而演周易

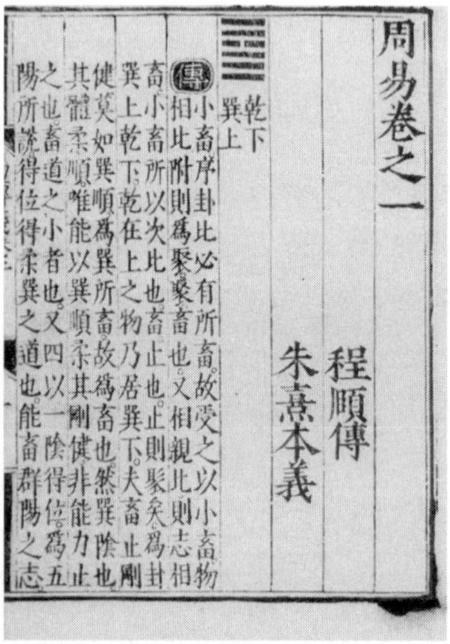
周易卷之一
程頤傳
朱熹本義
乾下
巽上
傳 小畜序卦比必有所畜故受之以小畜物
相比附則爲聚聚畜也又相親比則志相
畜小畜所以次比也畜止也止則聚矣爲卦
巽上乾下乾在上之物乃居巽下夫畜止剛
健莫如巽巽順爲巽所畜故爲畜也然巽陰也
其體柔順唯能以巽順柔其剛健非能力止
之也畜道之小者也又四以一陰得位爲五
陽所說得位得柔巽之道也能畜群陽之志

宋代程颐、朱熹注释的《周易》

《周易》也叫《易经》，至少从战国时代起，就被看作中国古代儒家学派的经典著作之一，后来被列为儒家经典之首。“周易”的“周”指周代，“易”是变化的意思。春秋时代，《周易》作为占筮书流行，不断有人对它进行解释和研究，其中包括孔子。到战国时,便出现了《易传》七种十篇,称为“十翼”。后来《易传》被编入《易经》,就成了我们今天所见到的《周易》。

关于其作者，《史记》载“文王拘而演周易”，故古人多依司马迁之说而认同《易经》乃周文王所著，今人则有不同观点。由于成书很早，文字含义随时代演变，《易经》的内容在春秋战国时便已不易读懂，为此古人专门撰写了《易传》以解读《易经》。今天我们所说的“周易”通常指《易经》和《易传》二者的结合。

“春秋三传”：商周以来史界之革命

《春秋》言辞隐晦，表达过于简约，给后人学习带来诸多不便。为了更好地表现《春秋》经文的内容大意，很多学者为其著文诠释，以补原书之不足。据《汉书·艺文志》记载，汉代传注《春秋》的有五传。后来《邹氏传》11卷、《夹氏传》11卷亡佚，只有《左氏传》《公羊传》《谷梁传》流传至今，被称为“春秋三传”。

《左氏传》原名《左氏春秋》，到东汉班固时才改称《春秋左氏传》。相传为鲁国史官左丘明所著，大约成书于战国初期。全书60卷，以《春秋》为纲，并仿照春秋体例，按照鲁国君主的次序，记载了自鲁隐公元年至鲁悼公十四年间春秋霸主递嬗的历史。保存了许多当时社会文化、自然科学等方面的珍贵史料，在史学上占有极其重要的地位，后代史家梁启超推崇《左传》的出现是“商周以来史界之革命”。

《公羊传》乃儒家经典之一，旧题《公羊寿撰》。重在阐发《春秋》经中之微言大义，而略于叙事，可谓训释之传。《公羊传》训释《春秋》，颇多牵强附会之处，但由于它所表述的“大同一统”思想，迎合了封建统治者加强中央集权的需要，故公羊学屡兴不绝。

《谷梁传》也是儒家经典之一，旧题《谷梁赤撰》。现代学者一般认为《谷梁传》比《公羊传》晚出，属今文经学，其宗旨亦在阐发《春秋》经中之微言大义，只有少量叙事，间或有长篇对话。可能由于师传不同，《谷梁传》所释之大意与《公羊传》略有出入，但在曲解经文为己所用上，二者倒是不谋而合。

《史记》：第一部以人物为主体的纪传体通史

纪传体是以“本纪”和“列传”为主体的史书写作体裁。“正史”的“二十五史”采用的就是纪传体。这种史学体裁始见于司马迁的《史记》。

“本纪”的内容是记述帝王生平事件，按时间顺序记载重大事件，排列在全书最前面。“列传”主要是人物传记。不论是《史记》，还是其他纪传体史书，“列传”都是全书中篇幅最多的。在“二十五史”中，一般把列传放在最后面。

在“本纪”“列传”之外，《史记》还有“表”“书”“世家”。“表”采用表格的形式，按一定的顺序谱列人物和事件。“书”专门记载典章制度，每一篇“书”犹如一部专史。“世家”主要用来记载子孙世袭的王侯封国历史。

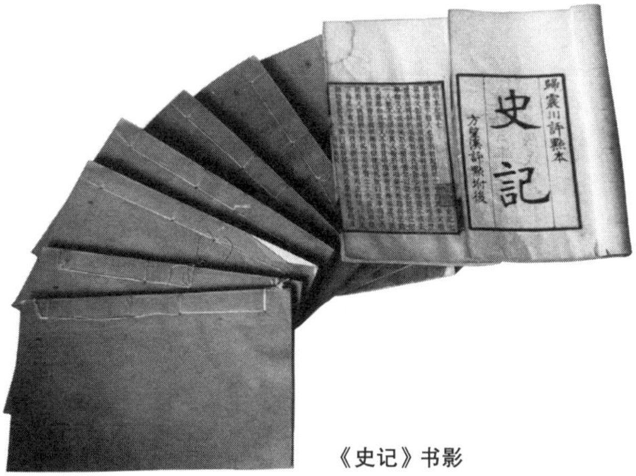

《史记》书影

《汉书》：第一部纪传体断代史

《汉书》又称《前汉书》，它是中国第一部纪传体断代史，由东汉班固撰，主要记述汉高祖元年(公元前206年)至王莽地皇四年(23年)近230年的史事，是继《史记》之后中国古代又一部重要的史书。它包括本纪12篇，表8篇，志10篇，列传70篇，共100篇，后人划分为120卷。

《汉书》的体例与《史记》相比，已经发生了变化。它把《史记》的"本纪"称"纪"，"列传"简称"传"，"书"改曰"志"，取消了"世家"，汉代勋臣世家一律编入传。这些变化被后来的一些史书沿袭下来。

《汉书》记载的时代与《史记》有交叉，汉武帝中期以前的西汉历史，两书都有记述。这一部分，《汉书》常常移用《史记》。《汉书》新增加了《刑法志》《五行志》《地理志》《艺文志》《百官公卿表》。

从思想内容上看，《汉书》不如《史记》。班固以儒家思想作为封建正统，喜用古字、古词，因而《汉书》比较难读。

《后汉书》：杰出的私修断代正史

《后汉书》由南朝宋范晔撰，主要记述汉光武帝起兵中兴汉室至汉献帝让位于曹丕共195年的史事，是一部杰出的私修断代正史。

《后汉书》共120卷，包括纪10卷、传80卷、志30卷。与《史记》和《汉书》相比，《后汉书》在体例上有一些变化，如设《皇后纪》，这在"二十四史"中是非常特殊的；新创党锢、宦者、文苑、独行、方术、逸民、列女七传，后世纪传体史书亦多有所效仿。

此书以"正一代得失"为宗旨，宣扬儒家正统思想，叙事简明扼要，描写生动，保存了东汉一代的诸多史料，具有很高的史学和文学价值。在唐代，《后汉书》与《史记》《汉书》并称"三史"，并行于世。后世文人更把"三史"加上《三国志》并称为"前四史"，作为中国史学的典范。

二十五史：一部二十五史，从何谈起

《三国志》及以前三部史书合称"前四史"。明朝时，以《元史》及以前诸史为正史，称"二十一史"。清朝乾隆年间，《明史》行世，与此前的正史合称"二十二史"，后又将《旧唐书》并入其中，从而得"二十三史"。后又有人将早已散佚的《旧五代史》依据《永乐大典》等辑录整理成书，经乾隆皇帝钦定，与"二十三史"合称"二十四史"，成为过去传统史学领域中的"正史"。

即：《史记》《汉书》《后汉书》《三国志》《晋书》《宋书》《南齐书》《梁书》《陈书》

《魏书》《北齐书》《周书》《隋书》《南史》《北史》《旧唐书》《新唐书》《旧五代史》《新五代史》《宋史》《辽史》《金史》《元史》《明史》。

民国年间，设清史馆，由赵尔巽统稿，写成《清史稿》，由此得“二十五史”。

楚辞：书楚语、作楚声

在汉代前期已经有“楚辞”名称。它的本义是指楚地的歌辞，之后才变成专称，特别指战国时期楚国屈原的作品为代表的新诗体。这类诗体具有很浓厚的地域文化色彩，篇中大量地引用楚地的风土特产与方言词汇，“皆书楚语、作楚声、纪楚地、名楚物”（黄伯思《东观余论》）。

楚辞和楚国的音乐民歌有血缘关系。“兮”就是楚地民歌习用的虚词；“乱”字收尾，也从乐曲出来；个别的作品还有“倡曰”（领唱）、“少歌”（小合唱），也都保留了音乐的痕迹。楚辞还受到楚国民间巫歌的影响，《招魂》的巫阳下招，是很好的说明。在此同时，和此有关且影响楚辞的便是楚国的方言。它们都有特殊的意义与声调。

屈原是楚辞的第一位，同样也是最主要的一位作家，楚辞这种新诗体也正是他在学习楚国民歌的基础之上所完成的。到汉成帝时，刘向收录屈原、宋玉等很多人的作品，书名就题作《楚辞》。自此以后，“楚辞”便成为一部总集的名称。

《古文观止》：观止矣！若有他乐！不敢请

《古文观止》是清初吴楚材、吴调侯两人编选的一部古文选本。这本书上起先秦，下至明代，共选辑文章222篇，而且选材十分广泛，兼顾到各种文章体裁的艺术风格。

“观止”二字最早出自《左传》：春秋时吴国季札在鲁国观乐，见舞《韶箾》，称赞说：“观止矣！若有他乐！吾不敢请已。”意思是说，这些音乐舞蹈妙极了！其他的不必看了。后来人们便用“观止”称赞所见事物尽善尽美，无以复加。

“古文观止”的意思是指这部书所选辑的古代文章都是最好的，其他文章都超不过这些文章水平。

“红学”：少一画三曲之学

自清乾隆以后，社会上不少人热衷于研究“经学”，埋头钻研《易》《诗》《书》《礼》《春秋》等几部经书。

当时有个叫朱子美的人，也是一个小有名气的学者。但他却对经学不感兴趣，而喜欢看小说，特别是《红楼梦》，他更是爱不释手，无比精熟。有一次，他的朋友问他：“你怎么不研究‘经学’？”他说：“我也在研究‘经学’，少‘一画三曲’而已。”友人不解，问他研究的经学少“一画三曲”是怎么回事。他笑着说：“我研究的‘经学’

少‘一画三曲’就是‘红学’呀！”

原来,“经”字在当时写作“經”,他研究的“经学”少“一画三曲”,自然便是“红学”了。

《百家姓》：赵钱孙李，周吴郑王

“赵钱孙李、周吴郑王、冯陈褚魏、蒋沈韩杨……”没有哪个中国人对《百家姓》不感到熟悉的。即使没读过书，也听说过百家姓，那么《百家姓》是怎么来的，为什么以“赵钱孙李”开头呢？

根据明清朝代有文字记载的学者的研究,《百家姓》早在宋朝以前就存在，在宋朝初期，由一位地处吴越地区（现今浙江省杭州市）不知名的儒家学者将其编辑、装订成册。南宋著名的爱国诗人陆游最早在他的诗《秋日小雨》注中提到《百家姓》。由此可以看出,《百家姓》早在宋朝就开始流传了。

宋朝的皇氏姓“赵”，五代十国时期吴越国的国王姓“钱”，宋朝的一位学者相信“孙”是宋朝皇族妻妾的姓氏，“李”是南唐的统治者李后主的姓氏。这就是《百家姓》的开场白“赵钱孙李”次序的由来。

《孙子兵法》：兵书之王

《孙子兵法》是世界上现存最古老的兵书,又名《孙子》《孙子兵书》《吴孙子兵法》《孙武兵法》《孙武兵书》等，为春秋末期的孙武所著。

《孙子》全书共 13 篇。《计》讲的是庙算,即出兵前在庙堂上比较敌我的各种条件，估算战事胜负的可能性，并制订作战计划。这是全书的纲领。《作战》主要是庙算后的战争动员。《谋攻》是以智谋攻城，即不专用武力，而是采用各种手段使守敌投降。《形》《势》讲决定战争胜负的两种基本因素：“形”指具有客观、稳定、易见等性质的因素，如战斗力的强弱、战争的物质准备;“势”指主观、易变、带有偶然性的因素，如兵力的配置、士气的勇怯。《虚实》讲的是如何通过分散集结、包围迂回，造成预定会战地点上的我强敌劣,最后以多胜少。《军争》讲的是如何“以迂为直”“以患为利”,夺取会战的先机之利。《九变》讲的是将军根据不同情况采取不同的战略战术。《行军》讲的是如何在行军中宿营和观察敌情。《地形》讲的是六种不同的作战地形及相应的战术要求。《九地》讲的是依“主客”形势和深入敌方的程度等划分的九种作战环境及相应的战术要求。《火攻》讲的是以火助攻。《用间》讲的是五种间谍的配合使用。书中的语言叙述简洁,内容也很有哲理性,后来的很多将领用兵都受到了该书的影响。

《孙子兵法》不但成为许多国家军事指挥员们在战场上角逐胜负的指南，而且已登上了一些国家的最高“殿堂”，成为他们战略决策的理论依据之一。另外，它在非军事领域也被广泛应用，其中所包含的智慧，真可谓“无穷如天地，不竭如江河”。

《三十六计》：古代谋略大全

《三十六计》是根据中国古代卓越的军事思想和丰富的斗争经验总结而成的兵书，是中国古代兵家计谋的总结和军事谋略学的宝贵遗产。

“三十六计”一语，先于著书之年，语源可考自南朝宋将檀道济。据《南齐书·王敬则传》:“檀公三十六策，走为上计，汝父子唯应走耳。”意为败局已定，无可挽回，唯有退却，方是上策。此语为后人沿用，及明末清初，引用此语的人更多。于是有心人采集群书，编撰成《三十六计》。但此书为何时何人所撰已难确考。

原书按计名排列，共分六套，即胜战计、敌战计、攻战计、混战计、并战计、败战计。前三套是处于优势所用之计，后三套是处于劣势所用之计。每套各包含六计，总共三十六计。其计名，有的来源于历史典故，如“围魏救赵”“假道伐虢”等；有的来源于古代军事术语，如“以逸待劳”“声东击西”等；有的来源于古代诗人的诗句，如“李代桃僵”“擒贼擒王”等；有的借用成语，如“金蝉脱壳”“指桑骂槐”等；还有出自其他方面的。其中每计名称后的解说，均系依据《易经》中的阴阳变化之理及古代兵家刚柔、攻防、彼己、虚实等对立关系相互转化的思想推演而成，含有朴素的军事辩证法的因素。解说后的按语，多引证宋代以前的战例和孙武、吴起、尉缭子等兵家的精辟语句。全书还有总说和跋。

古代战争画像砖

水上、陆地，刀光、剑影在狭小的空间里得到充分体现，反映了古代战争的一个侧面，“三十六计”即是在这种实战中提炼出来的。

《永乐大典》：中国最大的百科全书

《永乐大典》初名《文献大成》。明永乐元年（1403 年）七月，明成祖朱棣命解缙、姚广孝、王景、邹辑等人纂修大型类书，永乐六年（1408 年）冬全部完成，明成祖赐名《永乐大典》。它是中国古代编纂的一部大型类书，是中华民族珍贵的文化遗产，是中国古代最大的百科全书。

《永乐大典》收录古代重要典籍至七八千种之多，上至先秦，下达明初。收录的内容包括：经、史、子、集、释庄、道经、戏剧、平话、工技、农艺、医卜、文学等。所辑录书籍，一字不易，悉照原著整部、整篇或整段分别编入。全书体例“用韵以统字，用字以系事”，检索非常方便。全书 22877 卷，目录 60 卷，共 11095 册，3.7 亿字，不愧为一部规模宏大、内容极为丰富的鸿篇巨制。

《四库全书》：中华传统文化集大成

《四库全书》是清乾隆朝官修丛书。永瑢领衔编撰，总纂官纪昀。1773 年开旧库库馆，大批学者参与，1782 年编纂完成。全书分为经、史、子、集四部，共收书 3460 多种、79000 多卷、36000 多册。全书另有存目 6766 种，共缮写 7 部，分藏于文渊阁、文源阁、文溯阁、文津阁、文汇阁、文宗阁、文澜阁。另有副本一部存于北京翰林院。

全书内容丰富，包罗宏大，中国文、史、哲、理、工、医，几乎所有的学科都能够从中找到它的源头和血脉，几乎所有关于中国的新兴学科也都能从这里找到它生存和发展的泥土和营养，不愧为中国古代思想文化遗产的总汇，中国人乃至东方读书人安身立命梦寐以求的圭臬和后世维系统治弘扬大业的“传国之宝”。

《荷马史诗》：鸿篇巨制

公元前 11 世纪到公元前 9 世纪的希腊史称作“荷马时代”，因《荷马史诗》而得名。《荷马史诗》是这一时期唯一的文字史料。

《荷马史诗》相传是由盲诗人荷马写成，实际上它是许多民间行吟歌手的集体口头创作。史诗包括了迈锡尼文明以来许多世纪的口头传说，到公元前 6 世纪才写成文字。它作为史料，不仅反映了公元前 11 世纪到公元前 9 世纪的社会情况，而且反映了迈锡尼文明。

《荷马史诗》记载了古希腊先民在同异民族的战争中和同大自然的斗争中所创造的英雄业绩。它分为两部分：一是《伊利亚特》，叙述了古希腊人征服特洛伊人的经过；二是《奥德赛》，描写了参加特洛伊战争的希腊英雄奥德修斯在班师途中迷失道路、辗转漂流了 10 年重返故乡的经过及其沿途所见所闻。这两部分内容，每部都长达万行以上：《伊利亚特》共有 15693 行，《奥德赛》共有 12110 行，两部都分成 24 卷。

《荷马史诗》的内容非常丰富，无论从艺术技巧还是从历史、地理、考古学和民俗学方面都有许多值得探讨的东西。它在西方古典文学中一直享有最高的地位。从公元前 8、前 7 世纪起，就已经有许多希腊诗人模仿它，公认它是文学的楷模。2000 多年来，西方人一直认为它是古代最伟大的史诗。

《伊索寓言》：力透纸背的寓言

《伊索寓言》原书名为《埃塞波斯故事集成》，其故事流传于民间，到公元前 3 世纪成书。相传其中的故事是一名埃塞俄比亚国人奴隶所作，“伊索”即是“埃塞俄”的谐音。

《伊索寓言》绝大部分内容是关于做人的道德准则方面的，有宣扬诚实友谊之可贵的，有嘲讽和谴责出卖同胞、出卖祖国的行为的，还有关于父母教育孩子的寓言等。

《伊索寓言》文字简练，常用最少的文字，表现出十分深刻的含义，真用得上“力透纸背”的评语。

2000 多年以来，《伊索寓言》已流传到世界各地，为广大人民群众所喜爱，众多的政治家、作家、哲学家、艺术家都从中汲取营养，接受教益。如大哲学家苏格拉底被判死刑后，还在狱中把《伊索寓言》改成诗吟诵，以激励自己。《伊索寓言》已成为世界文学瑰宝。

《伊索寓言》插图

描绘了经典故事《鹿和狮子》中的情节。

《少年维特之烦恼》：失恋的结晶

《少年维特之烦恼》是德国 18 世纪伟大的文学家、思想家歌德的代表作，小说风行各国，掀起一股“少年维特热”。此书源于作者亲历。

歌德于 1772 年在法兰克福当律师，为了去德国最高法院实习，他来到威茨拉尔市。在一次舞会上，他认识了夏绿蒂小姐，此后他们经常见面，逐渐萌生了爱情。他为她的姿容所倾倒，向她表达了爱情。但他不知道，夏绿蒂早已与自己的好友、外交官克斯特纳尔订了婚。她温厚善良，既钟情于歌德，又不忍遗弃未婚夫。歌德要在朋友和爱情之间作出选择，为此十分痛苦。他一度因悲观而产生自杀的念头，但最终他理智地处理了这一问题，离开威茨拉尔回到家乡。

不久，他得知夏绿蒂结婚的消息。两个月后，他又听到在威茨拉尔的另一个朋友叶尔查林爱上一个有夫之妇，受到她丈夫的侮辱和舆论的指责而自杀的消息。凡此种种，再加上当时的时代烦恼，激发了歌德的创作灵感。于是，他便将自己的经历与叶尔查林的遭遇结合起来，创作出这部伟大的文学名著。

《浮士德》：一部灵魂的发展史

《浮士德》是德国大诗人歌德创作的一部不朽名著，第一部完成于 1808 年法军入侵的时候，第二部则完成于 1831 年 8 月 31 日，是时他已 83 岁高龄。本书以德国民间传说为题材，以文艺复兴以来的德国和欧洲社会为背景，写一个新兴资产阶级先进知识分子不满现实，竭力探索人生意义和社会理想的生活道路，是一部现实主义和浪漫主义结合得十分完好的诗剧。郭沫若称它是“一部灵魂的发展史”。

《浮士德》源于一个民间传说：中世纪有个叫浮士德的人，通星相，会魔法，懂医道，云游四方。1509 年，浮士德取得了海德堡大学神学学士学位，后被任命在克罗伊茨纳赫一所学校当教师。他给学生讲荷马时，能呼唤史诗中的人物在课堂里出现，因而触犯了教堂，被教堂视为“异端”而遭解雇。

后来，他只好以卜卦算命、施行巫术为生。浮士德晚年十分凄凉，曾因化学实验引起爆炸而两次受到法庭传讯。约 1540 年，浮士德死于一次实验引起的爆炸事故。

1587 年，法兰克福出版了一本叫《法力无边的浮士德博士》的通俗读物，作者把浮士德塑造成用灵魂换取快乐的享乐主义者。

1589 ~ 1592 年，英国戏剧家克利斯朵夫·马洛写出剧本《浮士德博士的悲剧》，把浮士德塑造成不信上帝、追求知识、热爱真理、用人力征服自然的人道主义学者的形象。此后，以浮士德为题材的作品越来越多。

歌德对浮士德的故事颇感兴趣，他凭自己多年社会生活的体验以及对人生和未来的深入思考，前后用了近 60 年的时间塑造了浮士德这个艺术形象，完成了这部名著。

《天方夜谭》：一千零一夜的传说

《天方夜谭》是古代阿拉伯文学的宝贵遗产。现在我们形容那些夸饰的议论和荒诞不经的说法之时就用“天方夜谭”一词。

相传古代东方某国王山鲁亚尔残暴成性，因为王后与人私通，便将王后与其情夫一并杀死了。从此以后，他每天娶一女子做王后，第二天早晨就将其杀死。国内已有许多女子惨遭杀害，老百姓苦不堪言，人心惶惶，生活不得安宁。许多未曾被害的女子，大多背井离乡逃亡。宰相的女儿山鲁佐德看着于心不忍，便立志拯救自己的姊妹们，于是自愿嫁给国王。

巴格达城

在这幅描绘巴格达城的图画中，用砖头建造的楼房在底格里斯河东岸拔地而起。作为阿拔斯王朝的首都，巴格达是当时的商业中心。它同时也是《天方夜谭》中的背景城市吗?

山鲁佐德进宫后，她了解到国王对听故事很感兴趣，便用讲故事的方法引起国王的兴趣。每当故事讲到最动人的地方，天已亮了，国王急于去上朝，就让她留到明天讲完故事，然后再杀掉。可是第二夜，她又把另一个故事讲到最精彩的地方停住了。这时，天又快亮了。国王真的被山鲁佐德的精美的语言、生动的讲述、精彩的故事情节所吸引，总想听她再接着往下讲。一夜又一夜，就这样，山鲁佐德一直讲了一千零一夜。最后，国王终于被她感化，放弃了残酷的行为。

山鲁佐德在这一千零一夜连续讲的故事里，内容丰富，其中有冒险故事、爱情故事、历史故事，有寓言、童话等。故事的背景也很广阔，有时在巴格达，有时在埃及，有时在法兰西，有时在中国。故事充满了瑰丽奇妙的想象，却又洋溢着现实生活的气息。故事的语言明白流畅，结构完整谨严，在叙述中穿插的一些抒情诗至今脍炙人口。

《天方夜谭》故事的真正来源，现已无从考查。大多认为是在印度与波斯民间故事的基础之上，逐渐吸收了其他国家、其他民族的民间故事，在 8 ~ 16 世纪这个漫长的时期内，经过不知多少人的手，不断地丰富内容，加工润色，凝聚了人们的智慧，逐渐定型的。

《天方夜谭》是中古时期阿拉伯文学的璀璨明珠，是人民口头创作的“最壮丽的纪念碑”。由于其内容丰富充实，艺术表现上也绚烂多彩，它不仅为阿拉伯人所喜爱，也为世界许多国家的人民喜闻乐见。

《巴黎圣母院》：美与丑的对比

在 19 世纪群星灿烂的法国文坛，雨果可以说是最璀璨的一颗明星。《巴黎圣母院》是他的第一部引起轰动效应的小说，它的文学价值和对社会的深刻意义，使它在经历了将近 2 个世纪的时间之后，还在今天被一遍遍地翻印、重版，从而来到我们的手中。这部小说是在书商的催逼之下，几经曲折写成的。故事围绕一名吉卜赛少女和由副主教养大的圣母院驼背敲钟人而展开。

雨果的《欧那尼》一剧上演，惹起了一场风波。大约半个月后，房东太太把他一家赶出了门，他们不得不搬到另外一个地方去住。新家还没有安顿下来，书商就找上门来，向雨果要新写的小说。原来雨果已经跟这个书商订了合同，为他写《巴黎圣母院》。可是，雨果这时候正全身心地搞剧本，尽管小说已经在酝酿之中，却还没有动手写，而合同已经到期了，怎么办呢？

雨果只好请求再延期 5 个月。他在书房里用绳子和 4 块木板，做成简易书架，摆好所需的资料，准备着手写作。可是，1830 年 7 月 27 日突然爆发了群众性的武装起义。巴黎的工人、学生、店员纷纷走上街头，构筑工事，和查理十世的保皇军队展开了激烈的战斗，最后占领了王宫，并把查理十世赶到国外，这就是法国历史上著名的“七月革命”。对这次人民起义，雨果非常兴奋，他把由事变激发出来的思想火花，一点一滴地记录下来，并且写出了热情的诗歌，欢呼人民的胜利。然而没有想到，在动乱当中，他丢了一个本子，里边是他的读书摘记，对《巴黎圣母院》的写作十分重要。不得已，他又推迟了写作时间，直到 1831 年 1 月，他才最终完成这部小说。

《悲惨世界》：悲悯胸怀的呈现

法国大文豪雨果的《悲惨世界》是一部被誉为“社会的史诗”的文学名著。

《悲惨世界》是以真实的事件为蓝本而创作的，当时一个贫苦农民因偷了一块面包被判 5 年苦役，出狱后又因黄色身份证而不能就业，这深深触动了雨果，他花了

《悲惨世界》人物：小珂赛特

17年的时间完成了这部巨著。在“作者序”中，雨果指明了创作目的：揭露因法律和习俗造成的压迫，暴露这个世界如何因贫困使男子潦倒、因饥饿使妇女堕落、因黑暗使儿童孱弱，企图使小说对社会问题的解决有所裨益。

1845年，雨果开始全神贯注地创作这部小说，初名为《受苦的人们》。作品于1848年2月接近脱稿，但欧洲大陆爆发的1848年革命使他被迫中断了写作。7月，王朝被推翻后，他被选为制宪议会的成员。然而，1851年，共和国总统路易·波拿巴发动政变做了皇帝，建立帝制，对共和主义者大肆进行镇压。雨果因发表反政变宣言只好流亡国外，定居在大西洋的杰西岛上，这时他才继续写小说。他在原稿的基础上充实了内容，深化了主题，于是《受苦的人们》扩展成为规模巨大的长篇小说——《悲惨世界》。

正如雨果本人所说：“只要是法律与习俗所造成的社会压迫还存在一天，在文明昌盛时期因人为因素使人间变成地狱，并使人类与生俱来的幸福遭受不可避免的灾祸；只要——贫困使男人潦倒、饥饿使女人堕落、黑暗使小孩孱弱——这三个问题尚未获得解决；只要在某些地区还可能发生社会的毒害，换言之，只要这世界上还有愚昧与悲惨，那么，像本书这样的作品，也许不会是没有用的吧！”

《茶花女》：失落的妇人

《茶花女》描述了巴黎著名交际花玛格丽特为青年阿尔芒的真挚爱情所感动，毅然离开社交生活，与阿尔芒同居乡间。阿尔芒之父责备玛格丽特毁了儿子的前程，玛格丽特被迫返回巴黎重操旧业。阿尔芒盛怒之下，在社交场合当众羞辱她。玛格丽特一病不起，含泪而死。阿尔芒读了玛格丽特的遗书，方知真相，追悔莫及。而这部名著所叙述的故事，正是作者的亲身经历。

小仲马曾与一个名叫甫丽赛丝的姑娘热恋，两人情投意合，缠绵缱绻。甫丽赛丝从小丧失双亲，生活孤苦，十四五岁时做洗衣工，因为被一个公爵看中，进入了上层社会。后来有一个年老的公爵遇到了她，见她的品貌和自己心爱的亡女极其相似，为了寄托情思，便认她为干女儿。1884年，甫丽赛丝结识了小仲马，两人情爱极笃。但是小仲马的爱情遭到其父亲大仲马的极力反对，大仲马认为儿子与妓女结婚，会断送前程，因而百般阻挠，设法让儿子到西班牙去。而孑然一身的甫丽赛丝却因此忧伤过度，终因肺病复发而死，他们的恋爱最后成了一出悲剧。

小仲马怀念死去的情侣，为了纪念她和自己的纯洁爱情，写成了《茶花女》这部以情动人的杰作。

《老人与海》：人不是为失败而活的

《老人与海》描写的是一位捕鱼的老人，在海上漂泊了几天，终于捕获了一条大鱼，但又被鲨鱼给吃光了。书中表现出一种孤独奋斗的悲怆人生，作者海明威因此而获得诺贝尔文学奖。

美国作家海明威自幼热爱大海，喜欢捕鱼。旅居古巴期间，他经常驾驶快艇出没于惊涛骇浪之中。有一次，他和大副弗翁蒂斯游弋在比那尔德里奥时，看见一个老人和一个孩子正在捕捞一条大马林鱼。马林鱼拼命挣脱，老人和孩子已累得精疲力竭，渐渐不支，眼看鱼就要溜走了。这时，海明威上前想助一臂之力，不料老人很倔强，不但一口拒绝，还出言不逊，讽刺了海明威一通。海明威非常尴尬，只得袖手旁观。离去前，他吩咐随从将一些食品留下，供老人和孩子充饥，自己则在一旁掏出笔记本，记下所见所闻，为日后创作积累素材。果然，这个倔强老人的形象触发了海明威的灵感，他终于以老人为原型，加上自己的捕鱼经历和想象，写出了世界著名小说《老人与海》。

文字语言：横竖撇捺间，见大天地

普通话：交流的便捷

普通话前身是古代北方官员的官话，因为北京做过多朝首都，官话也就更接近北京话。今天的南京方言不像其他苏南地区，也因为南京做过多朝首都，有点接近官话。

“普通话”一词，是朱文熊于1906年首次提出的。他在1906年写的《江苏新字母》一书中，把汉语分成三类，其中之一就是普通话。他还注明：普通话是“各省通用之话”。当时人们又称“普通话”为“蓝青官话”。这是因为元代以来，北京一直是全国政治、经济、文化的中心，各地赴京应考、做官、经商的人很多，他们也逐渐学会了北京话，但夹杂着地方口音，人们就用“蓝青”比喻它（“蓝青”比喻不纯粹）。开始，这种话只能在官场使用，所以称“官话”。后来，会说官话的人越来越多，称官话不合适了，于是民国初年改名为“国语”。

后来瞿秋白等也曾提出“普通话”的说法，并与茅盾就普通话的实际所指展开争论。经“五四”以来的白话文运动、大众语运动和国语运动，北京语音的地位得到确立并巩固下来。

新中国成立后，1955年举行的“全国文字改革会议”上，张奚若在大会主题报告中说明：汉民族共同语早已存在，现在定名为普通话，需进一步规范，确定标准。“这种事实上已经逐渐形成的汉民族共同语是什么呢？这就是以北方话为基础方言，以北京语音为标准音的普通话。”“为简便起见，这种民族共同语也可以就叫普通话。”

1956年2月6日，国务院发布的《关于推广普通话的指示》中，对普通话的含义作了增补和完善，正式确定普通话“以北京语音为标准音，以北方话为基础方言，以典范的现代白话文著作为语法规范”。“普通话”一词开始以明确的内涵被广泛应用。

汉字：仓颉造字，鬼神泣

关于汉字的起源说法众多，中国古书里都说文字是仓颉创造的。传说仓颉看见一名天神，长相奇特，面孔长得好像是一幅绘有文字的画，仓颉便描摹他的形象，创造了文字。还有一种传说，说仓颉观察了鸟兽在泥土上留下的印迹，他从中受到了启发，遂发明了文字。

仓颉造字图

《荀子·解蔽》记载："好书者众矣，而仓颉独传者壹也。"《吕氏春秋》记载："奚仲作车，仓颉作书。"鲁迅认为："……在社会里，仓颉也不是一个，有的在刀柄上刻一点图，有的在门户上画一些画，心心相印，口口相传，文字就多起来了，史官一采集，就可以敷衍记事了。中国文字的来由，恐怕逃不出这例子。"汉字的出现，标志着中国历史走进了由文字记载的时代，是历史长河中的一件大事，对后世也有着重要的影响。

从 1954 年秋至 1957 年夏，中国考古工作者在半坡遗址（今西安市东郊半坡村北）发现：早在 6000 年前，半坡人在长期的生活和生产实践中，就已经创造了具有文字性质的刻画符号和绘画、雕塑、装饰品等艺术作品。半坡人的刻画符号多保留在彩陶上，这可以看作是最原始的中国文字。

近年来，中国在山东莒县陵阳河大汶口文化晚期的一处遗址里发现了一批墓葬（距今已有 4500 多年），出土了大量的文物。在一些陶樽上都刻有图像文字，共发现了 10 多个单字。这些文字是按照实物的形状描绘出来的，所以称为"象形字"。字体的结构与甲骨文上的象形字十分相似，但比甲骨文要早 1000 多年。因此，"象形字"是中国最早的文字，它已具有文字的特征。

汉字的演变：从具体走向抽象

汉字是一种形体和意义紧密结合的表意文字。它逐渐从具体走向抽象、符号化，方块的形式逐步固定下来。从有文字实物的殷商开始，汉字的演变经历了甲骨文、金文、大篆、小篆、隶书、楷书、草书、行书、宋体等多个阶段。

甲骨文：目前所发现的最早的汉字形态，起源于殷商时期。

金文：刻铸在钟鼎等器物上的文字，商周时期出现。

大篆：又叫籀文，周代太史籀创造，春秋战国时期通行于秦国等地。

小篆：适应秦统一中国的形势而形成，由大篆简化而来。

隶书：形成于战国晚期，成熟于汉代，由小篆简化而来。

楷书：出现于东汉时期，六朝时进一步完善，唐代时成熟，由隶书简化而来。

草书：楷书的变体，产生于汉代。

行书：起源于汉代，是介于楷书与草书之间的一种字体。

宋体：宋代出现，兴起于印刷业的雕版匠之手。后代的书籍多采用这种字体。

甲骨文：治病的"龙骨"

19 世纪 80 年代初，河南省安阳小屯村的农民在耕作时，率先发现一些刻画着特殊符号的龟甲兽骨。一位药材老板用这些龟甲兽骨来治病，称它为"龙骨"。

大型涂朱红牛骨刻辞　商

商朝的甲骨文是占卜时刻在龟甲或兽骨上的象形文字，也称卜辞，河南安阳殷墟有大量出土。

1899 年，王懿荣从民间卖给药店的"龙骨"中发现了中国最早的文字——甲骨文，并开始收集整理，成为中国研究殷墟甲骨文的鼻祖。甲骨文是中国已经发现的具有严密结构系统的最成熟的一种文字，它记载了 3000 多年前中国社会的政治、经济、文化等各方面的资料。甲骨文的发现震惊中外，影响巨大，由此引起了对商都殷墟的发掘，诞生了中国近代考古学。

东巴文：文字起源的"活化石"

生活在中国云南省丽江地区的纳西族是一个有着深厚文化底蕴的民族，他们不仅善于吸收其他民族的优秀文化，而且还创造了自身独特的民族文化——东巴文化。

东巴文是一种十分原始的图画象形文字，从文字形态发展的角度看，它的历史比甲骨文还要悠久，属于文字起源的早期形态。

东巴文最早是写画在木头和石头上的符号图像，后来发明了纸，才把这些符号图像写在纸上，成为东巴文经典。由于东巴（智者）掌握这种文字，故称东巴文。

随着纳西族社会的发展和民族文化的相互影响，在明末清初，丽江的一些东巴人创造了格巴文。格巴是弟子的意思，格巴文即指东巴什罗后代弟子创造的文字，格巴文是对东巴文的改造和发展。纳西族创造了两种古文字，至今还在使用，这在世界文字发展史上堪称奇迹。东巴文是目前世界上唯一存活着的象形文字，是人类社会文字起源和发展的"活化石"。

盲文：传送情报的"夜码"

19 世纪 30 年代，在法国巴黎一所盲人学校里，老师把一个个用纸片剪成的字母粘在台板上。孩子们读书时，用手指一个一个摸过去，要摸好久才能读懂一句话。为此，布莱叶很想创造出一种专供盲人摸读和书写的文字。

一天，他无意中听说一位法国军官发明了一种"夜码"，能在夜间准确传送情报，就连忙跑去请教。原来，在战场上，为了防止暴露目标，夜间不能随便点灯。这位军官用钻子在厚纸上打出小洞，使纸的背面微微凸出。再用手摸纸背，就可分辨出"小洞"表示的暗语。布莱叶对这种靠手摸的"夜码"十分感兴趣。经过 5 年的努力，布莱叶终于创造出一种简单、实用的"点子盲文"。这种文字由打在厚纸上的 6 个点子组成，通过几组点子的不同排列，可以表示出所有 26 个拉丁字母。

1887 年，“点子盲文”获得国际公认。

中国最早使用的通用汉语盲文叫康熙盲字，俗称 408。它是一种代码性质的盲字，以两方盲符的排列组合组成 408 个号码，代表汉语的 408 个音节，每个音节按一定规律变换其图形可以表示四声。

20 世纪初，“心目克明”盲字开始流行于除东北以外的地区。它以南京音为标准，有 18 个声母、36 个韵母，声韵双拼为一个音节，再加上另一个盲符标调。

1953 年开始，全国普遍推广现行盲字，它是以普通话为基础、北京语音为标准的拼音盲字。它有 18 个声母、34 个韵母，声韵双拼为一个音节，用另一个盲符作调号。

1975 年，盲文工作者提出了盲文改革，历经十几年的研究和探索，确定了“汉语双拼盲文”方案。它是以两方盲符拼写汉语的一个实有音节，即带调音节，声方在左，韵方在右。声方有声母、半声母、介母和零声符；韵方有韵母、零韵符和调号。

楔形文字：苏美尔文明的独创

幼发拉底河和底格里斯河都发源于亚洲西部的亚美尼亚高原，公元前 4000 年左右，这里就有了最早的居民——苏美尔人。他们创造了灿烂的苏美尔文明，最能反映这种文明特征的是他们的文字——楔形文字。

最初，这种文字只是图画文字，后来逐渐发展成苏美尔语的表意文字，把一个或几个符号组合起来，表示一个新的含义。随着文字的推广和普及，苏美尔人干脆用一个符号表示一个声音，后来又加了一些限定性的部首符号，如人名前加一个“倒三角形”，表示是男人的名字。这样，这种文字体系就基本完备了。

人们需要使用文字来记录事情。最初的文字只是一些事物的图画。苏美尔人最早开始使用符号，就像我们今天的字母。他们用带尖的工具在黏土板上刻写。因为这些文字的形状像楔骨，所以我们称之为楔形文字。图中的黏土板上记录着苏美尔地区种植了什么庄稼。后来人们开始记录一些宗教故事。

苏美尔人用削成三角形尖头的芦苇秆或骨棒、木棒在潮湿的黏土制成的泥板上写字，字形自然形成楔形，所以这种文字被称为楔形文字。

为了长久地保存泥板，需要把它晾干后再进行烧制。这种烧制的泥板文书不怕被虫蛀，也不会腐烂，经得起火烧。唯一的缺点是，泥板很笨重，每块重约一千克，每看一块都要费力地搬来搬去。

楔形文字是苏美尔文明的独创，最能反映出苏美尔文明的特征。楔形文字对西亚许多民族语言文字的形成和发展产生了重要影响。西亚的巴比伦、亚述、赫梯等国都曾对楔形文字略加改造，来作为自己的书写工具，甚至腓尼基人创制出的字母也含有楔形文字的因素。楔形文字是世界上最早的文字，但由于它极为复杂难以普及，到 1 世纪时就完全消亡了。

象形文字：古埃及“神圣的雕刻”

大约公元前3500年，古埃及人为了记事的需要，便发明了最初的文字。这种文字是由原始的图画文字演变而来的，可见于当时埃及的一些陶器、印章、石片和骨片上，多是古埃及人用简单的笔画形象地描绘下来的图形和符号。这种图画文字逐渐得到改进，到公元前3100年左右，发展成了比较完备的象形文字。

象形文字的名称来源于古希腊文，是由“神圣”和“雕刻”两词组成，意为“神圣的雕刻”。象形文字之所以如此命名，是因为希腊人第一次看到这种文字时，它是被刻在神庙的墙壁上，以为这只是专门用在寺庙中的文字。

埃及象形文字产生之初，凡任何一种能画得出的物体都可用该物的图形表示，如画一圆圈中加一点表示“太阳”，画三条波浪线表示“水”，这就是表意符号。表意符号也可表示具体的动作，或表达出图形的引申义。对于一些难以用具体图形表达的抽象概念，则采用引申和表意相结合的办法。

随着象形文字的进一步发展，便有了表音符号。表音符号是由部分表意符号转化而来，它们原本是表意的，后用于表音，就失去了原来图形的含义，变成了纯粹的发音符号。

古埃及人习惯不写出元音，所以象形文字里只有辅音符号，没有元音符号。后来古埃及人又把表音符号和表意符号合在一起使用，创造了限定符号，即在表音符号后面加上一个纯属表意的图形符号，以表示这个词是属于哪个事物范畴的。埃及象形文字整句中字字相接，无间隔亦无标点，只要掌握限定符号固定于词尾这一规律，就可把句中的每个字区分得清清楚楚。把表意符号、表音符号和限定符号按照一定的语法进行组合，便使象形文字成为音、形、义俱全的文字体系。

最初，象形文字用于一切方面，随着时间的推移，象形文字几乎只限于纪念碑，偶尔也写在陶片上。最晚的一块象形文字石刻发现于阿斯旺附近的菲莱岛上，称菲莱铭文，制作于公元394年。

拉丁语：罗马帝国的官方语言

拉丁语与希腊语同为影响欧美学术与宗教最深的语言，属于印欧语系罗马语族。

拉丁语是2000多年前居住在亚平宁半岛罗马地区拉丁民族的语言，后来这个民族征服了欧洲大部分地区和中东的一部分，建立了罗马帝国，拉丁语就成为整个罗马帝国的官方语言。随着历史的发展和推进，罗马帝国解体了，形成了很多独立的国家，这些各自独立的国家在拉丁语基础上结合本地区的方言又组成了各国自己的语言，如法国、意大利、西班牙、葡萄牙、罗马尼亚等国的语言有很多近似之处，常称拉丁语系，就是这个原因。

拉丁字母：ABC 的由来

拉丁字母是由希腊字母演变而来的，在 24 个希腊字母中，拉丁字母吸收了 13 个。最初创造的拉丁字母只有 20 个，后来增加到 26 个，成为我们现在见到的“A、B、C、D……X、Y、Z”。拉丁语属印欧语系罗马语族，因而，拉丁字母也称罗马字母。

由于拉丁字母形体简单清楚，笔画匀称美观，便于认读书写，流传很广，成为世界上最通行的字母。据统计，目前世界上正在使用的近 200 种主要语言文字中，有一半以上部分或全部用拉丁字母，或以拉丁字母为基础。

阿拉伯数字：起源于印度

古代印度是人类文明的发源地之一。古代印度人在文学、哲学和自然科学等方面有独创性的贡献。

在文学方面，有不朽的史诗《摩诃婆罗多》和《罗摩衍那》。在哲学方面，创立了“因明学”，类似于今天的逻辑学。在自然科学方面，最杰出的贡献就是发明了目前世界通用的计数法，创造了包括“0”在内的 10 个数字符号。我们常说的阿拉伯数字实际上起源于印度，后来通过阿拉伯人传播到了西方。公元前 6 世纪，在古代印度还产生了佛教，后来先后传入中国、朝鲜、日本，产生了很大的影响。

玛雅文明：不可思议的文明

玛雅文明是世界上重要的古文明之一，更是美洲重大的古典文明。5000 年前玛雅人就出现在墨西哥及危地马拉的太平洋海岸，在美洲远古的石器时代就开始了他们的生产活动，所以和世界上的其他人类一样，他们的古代史经历了采集、渔猎向农耕过渡的发展阶段。玛雅文明的孕育、起源和发展是在今墨西哥的尤卡坦半岛、恰帕斯和塔帕斯科两州和中美洲的一些地方，包括今天的伯里兹、危地马拉的大部分地区、洪都拉斯西部地区和萨尔瓦的一些地方。这一地区的总面积达 32.4 万平方千米。

公元前 2000 年左右，玛雅人进入了定点群居时期，并从采集、渔猎时期进入了农耕时期。农业和定点群居孕育了玛雅文明，玛雅文明从此就开始了。

如今研究玛雅文明的学者有很多，对玛雅文明比较公认的历史分期是：从公元前 1500 年到公元 317 年为玛雅文明发展的前古典时期，从公元 317 年到公元 889 年为古典时期，从公元 889 年到 1697 年为后古典时期，也被叫做早期阶段、中期阶段和晚期阶段。

前古典文明出现在危地马拉的太平洋沿岸和高原地带。这时，玛雅文明的主要特点是在出现的城市广场上建立了许多大型的石碑，石碑上雕刻有历朝历代的统治者形象。因为在 1 ～ 2 世纪时出现了象形文字，所以石碑上就有了记述统治者历史的文字。此外，城市里还出现了大型石料建筑物（如金字塔和城市的卫城）。大型石铺广场和堤道反映了这时候的建筑已有了一定的规模和水平。前古典时期的文明中心在中美洲的纳克贝和埃尔米拉多尔。古典时期文明发展的中心在危地马拉一带的蒂卡尔、帕伦克、博南帕克和科潘等地。这时的文化特征主要反映在建筑、雕刻和绘画上，其中博南帕克壁画是世界有名的艺术宝库。位于中美洲的玛雅古典文明中心到 9 世纪时衰落了，原因却不为人知。此后，玛雅文明北移到了墨西哥的尤卡坦半岛，在那里进入了后古典文明时期。玛雅的后古典文明有奇钦・伊察、乌斯马尔和玛雅潘三大中心。

10 世纪后，势力强盛的托尔特克人后裔从墨西哥侵入尤卡坦半岛，影响了奇钦・伊察。玛雅文化与托尔特克文化相互融合并发展到了一个新的高度，使已经衰落的玛雅文化重新繁荣起来，玛雅历史进入了第二个发展时期。后古典文明除了继承南部玛雅文明的文化遗产外，主要是建立了许多比以前更大和更雄伟的神庙和大型金字塔，并且天文和历法也得到了较大的发展。

印加文明：黄金帝国

印加文明分布在南美洲安第斯地区的秘鲁、玻利维亚和厄瓜多尔等国的广大地区，形成于 13 世纪，15 世纪末是它的鼎盛时期。1532 年，西班牙殖民者侵入印加国，占领首都库斯科，1533 年杀害印加王阿塔瓦尔帕，宣布印加国灭亡。

印加王被称为“太阳之子”，国王在政治、宗教和军事上都拥有至高无上的权力，其下有贵族、祭司充任各级军政、宗教职务，组成严密的行政体系和统治机构。印加社会的基层结构是“艾柳”，相当于氏族公社。古代印加人有发达的农业，培育了玉米、马铃薯等 40 多种作物。印加人在深谷陡壁、气候干燥的安第斯山区修建了庞大的梯田系统和引水工程；用巨石建成雄伟的宫殿和城堡，石块之间结合紧密，以至刀片也难以插入。此外，在冶炼浇铸、纺织制陶、天文历法、外科医术、文学音乐等多个领域，印加人都取得了杰出的成就。印加人还创造了被称为“基普”的结绳记事法。

印加帝国都城遗址——马丘比丘

阿兹特克文明：以墨西哥高原盆地为中心

阿兹特克文明以墨西哥高原盆地为中心，它形成于14世纪初，1521年为西班牙人所毁灭。

阿兹特克人有比较发达的农业，主要作物有玉米、豆类、南瓜、马铃薯、棉花、龙舌兰等。阿兹特克人利用特斯科科湖等湖泊发展人工灌溉系统。他们使用太阳历与圣年历，一年为365天，每逢闰年补加一天。医学方面，他们懂得利用各种草药治病，并已使用土法麻醉。阿兹特克人的陶器和绘画均极精致，建筑和艺术也达到相当高的水平。

阿兹特克人实行集权统治，最高首领国王和贵族高居于民众之上，并拥有强大的军队，明显表现出阿兹特克社会已向阶级社会过渡。阿兹特克的国王由部落会议从特定的家族中推举，事实上是最高军事酋长，无世袭权，并可被部落会议罢黜。阿兹特克人的社会组织以氏族为基础，实行公社土地所有制，但已开始出现阶级划分，贵族、祭司、武士和商人构成社会的统治阶级。贵族拥有土地和自己的姓氏，子女可受到特殊教育。平民接受农、工和战技等专业教育，是军队的主体。最下层是奴隶，主要来自阿兹特克内部，少数来自外族的战俘。

新闻出版：秀才不出门，以此知天下

广播：看不见的空中帝国

世界上第一个做无线电广播的人，是在加拿大出生的芬斯顿。这位发明家经过6年的努力，终于在1906年圣诞节前夕试验成功。这天晚上20时左右，新英格兰海岸外船上，少数无线电电报员正在紧张地工作着，准备接收电码信号。突然从耳机中听到有人读《圣经》中的圣诞故事，接着又听到演奏小提琴和播放亨德尔的《舒缓曲》唱片，最后听到了亲切的祝福声。几分钟后，耳机中又传出了那听惯了的电码声。这就是世界上第一次无线电广播的情景。

1907年，美国物理学家福莱斯特发明了一种可以广播人声的无线电真空管——三极管。不久，三极管即被采用到工业生产上来，成为无线电收音机标准真空管。当时，福莱斯特在日记里激动地写道："我发明了一个看不见的空中帝国。"

美联社：世界上最大的通讯社

美联社于1848年成立于纽约，是世界上最大的通讯社。作为当今世界新闻资讯系统的中枢、世界上最古老和最庞大的新闻组织之一，它在世界各地一共设有240多个分社，每天为10亿多人提供新闻、照片、图表、音频和视频等方面的服务。在美国国内，美联社为5000多家电台、电视台和1700多家报纸提供新闻。

报纸：皇帝和地方之间的联系纽带

中国最早的报纸是"邸报"，创始于西汉初期，距今已有2100多年的历史了。

西汉的行政划分实行郡县制，全国设若干郡，郡下设县。各郡在京都长安分别驻有代表，其驻地称为"邸"，各郡代表的主要任务是做好皇帝和各郡长之间的联络工作，这样便产生了"邸报"，造纸术的发明，使邸报的发行进一步扩大。到了唐代，邸报的发行已扩展到全国，各地的朝野官吏是其主要读者。而且唐朝的邸报内容也较以前大为丰富，除刊登皇帝的起居、行动、诏令、会议外，还登载奏章、叙任、赏罚、辞令、朝觐、通报等内容。

国外报纸的出现，可追溯到古罗马帝国时期。古罗马帝国杰出的政治家和军事家恺撒大帝为了便于管理国家和进行征战，出版过一种“每日记闻”，借以颁布各项政令和战报，报道贵族院里的选举情况，刊登贵族院议会记录，另外还发布宗教生活和世俗生活等消息。

法新社：历史最长的新闻机构

法新社是目前世界上历史最长的新闻机构，它创建于1835年，其创建人查尔斯·路易斯·哈瓦斯被尊为全球新闻业之父。今天，法新社已经发展成为一个集电台、电视台、报社和公司于一身的综合性新闻机构，在世界各地设有分社。

新闻：北宋末年的小报

在中国新闻史上，“新闻”一词最早源于北宋末年出现的小报。

北宋末年，一些中下级政府官员和书铺主人秘密合作，将未经官方审查的邸报或不准备发表的消息，私自以“小报书之，飞报远近”。当时人们私下把这种小报叫做“新闻”。从此，新闻这个名词就与报纸联系起来了。

黄色新闻：“黄孩子”漫画

不健康的书、报刊、歌曲、光盘被称为“黄色”，为什么会有这样的称谓呢？

19世纪90年代，美国有两家大报，即《世界报》和《纽约新闻报》。它们的老板为了赚钱，就在各自的报纸上竞相登载低级趣味的连环画，以招徕读者。1895年，《世界报》的普利策和《纽约新闻报》的赫斯特纷纷在各自的报纸上刊登了“黄孩子”漫画的大幅广告，两人的较量使他们成为风行一时的人物，也使“黄孩子”成为《世界报》和《纽约新闻报》的象征。再加上当时报纸报道了充满刺激性新闻，于是人们将这种新闻和“黄孩子”的漫画联系起来称为“黄色新闻”。它们的报纸也被称为“黄色报纸”。

后来，人们将原意引申，把渲染色情、凶杀、犯罪的新闻，称为“黄色新闻”。

《纽约时报》：“灰色女士”

《纽约时报》(The New York Times)是一份在美国纽约出版的报纸，在全世界发行，有相当的影响力。它有时也被戏称为“灰色女士”(The Gray Lady)或简称为“时报”(The Times)。它最初的名字是《纽约每日时报》(The New-York Daily Times)，创始人是亨利·J. 雷蒙德和乔治·琼斯。他们当时打算发行一份比较严肃的报纸，来打破当时在纽约盛行的花花绿绿的新闻报道方式。

许多年后该报也在周日发行。今天周日版是《纽约时报》每周篇幅最大的一版，除新闻报道外其中还包括许多专栏如食品、旅游、艺术和其他文化专题。

在新闻报道方面《纽约时报》将自己看作是一份“报纸记录”，这个政策的结果是除纽约当地的新闻外，《纽约时报》很少首先报道一个事件。而假如它真的首先报道一个事件的话，那么这个报道的可靠性是非常高的，因此往往被世界上其他报纸和新闻社直接作为新闻来源。在美国大多数公共图书馆内都提供一份《纽约时报》索引，其内涵是《纽约时报》对时事的报道文章。

《华尔街日报》：风格以严肃见长

《华尔街日报》是美国实业界的政治经济日报。1889 年在美国纽约创刊，由道琼斯公司出版。

1882 年，一位名叫查尔斯·道的经济金融记者与同僚爱德华·琼斯成立了道琼斯公司，收集并定期向股票经纪人发售有关行情的消息。由于生意兴隆，又在这个基础上创办了《华尔街日报》。该报从 1889 年 7 月 8 日起，登载道琼斯公司发布的经济消息和股票指数，延续至今未中断过。

该报以刊登财政、金融和贸易新闻为主，但是重大国际动态也无一遗漏，并有自己的评论。它不直接采用通讯社的消息，而是在世界各大城市驻有自己的记者。1976 年，开始利用人造卫星转播稿子。它每周出版 5 期，一般是 40 余页，分 3 个部分，即要闻、市场消息、金融与投资。

《华尔街日报》的报道风格以严肃见长。在编辑上始终采用传统的黑、白、灰三种配色，直到 1991 年才在广告部分出现过少量的色彩。报纸上绝大部分为文字报道，图片新闻很少。《华尔街日报》始终是美国最高端的报纸，其读者群的平均家庭年收入是 15 万美元。

《泰晤士报》：英国历史最悠久的报纸

《泰晤士报》是英国历史最悠久的一家大报。约翰·沃特于 1785 年 1 月 1 日创刊该报，最初名为《每日环球记录报》，1788 年改名为《泰晤士报》。泰晤士即“TIMES”的音译，是“时报”的意思，与伦敦附近泰晤士河毫无关系。

《泰晤士报》的实际奠基者是约翰·沃特二世，他一反其父的做法，不再受领政府的政治津贴而去攻击某些皇亲国戚，他以承办商业广告来维持报社。他任用了不畏强暴、敢于抨击时弊的巴恩斯为主编，授以编辑全权，又物色一批能干的记者。

《泰晤士报》第一个采用机械式的印刷机印报，使报纸的消息传播速度超过皇家信使，因此在 18、19 世纪之交，其发行量远远超过其他所有日报的总和。

杂志：原来是仓库

如今，内容丰富、方便易携的杂志已经成为人们经常翻阅的读物。那么杂志是怎么来的呢？

“杂志”一词，源自法语“mgaasin”，本义是“仓库”。

早期英国的杂志内容，包括小品、诗、论文和其他各式各样体裁的文章，可以说是包罗万象。

“杂志”这个词第一次被用以称为刊物，是 1931 年在伦敦出版的《绅士杂志》，后来就正式被沿用为杂志的通称。在最初，杂志和报纸的形式差不多，极易混淆。后来，报纸逐渐趋向于刊载有时间性的新闻，杂志则专刊小说、游记和娱乐性文章，在内容的区别上越来越明显。在形式上，报纸的版面越来越大，开本为对折，而杂志则经装订、加封面，成了书的形式。此后，杂志和报纸在人们的观念中才具体地分开。

中国最早的杂志为德国汉学家郭实腊 1833 年 7 月在广州创办的《东西洋考每月统记传》。发行时间延续 5 年多，版式采用中国传统书本样式，刊期使用清代皇帝年号纪年。

《时代》周刊：世界“史库”

《时代》周刊是美国影响最大的新闻周刊，有世界“史库”之称。1923 年 3 月由亨利・R. 卢斯和布里顿 . 哈登创办。刊名最初为《事实》，后改用现名，由时代华纳公司在纽约出版。该刊的宗旨是要使“忙人”能够充分了解世界大事，并辟有多种栏目，如经济、教育、法律、批评、体育、宗教、医药、艺术、人物、书评和读者来信等。刊物大量使用图片和图表，是美国第一份用叙述体报道时事，打破报纸、广播对新闻垄断的大众性期刊，其编排广为国内外新闻杂志所效仿。读者主要是中产阶级和知识阶层。该刊拥有一批精明能干的撰稿人记者，还有一支庞大的研究人员队伍。覆盖面遍布全世界。

《时代》是美国三大时事性周刊之一，内容广泛，对国际问题发表主张和对国际重大事件进行跟踪报道，在美国颇有影响力。《时代》周刊也是世界知名的品牌，它在全球拥有广泛的读者，《时代》有美国国内版、国际版，以及欧洲、亚洲和拉丁美洲版，各版内容基本相同，占据着巨大的国际市场，成为宣传美国价值体系和生活方式的最好载体。

《读者文摘》：阅读的精华

《读者文摘》在美国是家喻户晓、影响深远的刊物，是德维特・华莱士和莉拉・华莱士夫妇在 1922 年 2 月创办的。

德维特因为家境贫寒，没有念完大学就走上社会，但他酷爱看书，凡接触到的各类出版物和印刷品，他都如饥似渴地阅读，连意大利的药品说明，他也要逐行读下去。

他有个习惯，就是凡阅读过的东西总要把要点记在常备的小纸条上，有时甚至把精彩的段落抄下来。在长期的实践中，他逐渐形成了一个想法：现有的报纸内容过于简单粗糙，印刷极差，而书籍又过于冗长烦琐，读起来浪费时间，如能克服上述缺点，将两者的精华部分经过最完美的压缩和聚合，那就可以成为读者乐于接受的期刊。

于是，华莱士夫妇把油印的数千份《读者文摘》试刊寄给教师、传教士、医护人员等，并附上信件和预订单，说明先预付 3 美元，若发现《读者文摘》不值一读，可退订。出乎他们的意料，有 500 名读者寄来了订费 1500 美元，这足够付两期《读者文摘》的印刷费用。于是丈夫跑图书馆编稿，妻子负责后勤事务，一本 64 页像书一样大小的刊物很快就正式诞生了。

图书：无图不成书

已知最早的印刷书籍是公元 868 年出现的中国佛教经典《金刚经》。书中的图案是用木版印刷在手工制成的纸张上的。图中表现的是众神膜拜菩提祖师的场景。

图书，顾名思义，即有图之书。书中有插图，这在古代早已有之。清人叶德辉在《书林清话》中说："古人以图书并称，凡有书必有图……《隋书经籍志·礼类》有《周宫礼图》十四卷。"可见，当时虽未发明印刷术，但已经开始在书籍中插入图画。

在甘肃敦煌石窟发现的《金刚经》是唐代咸通九年（868 年）所刊，卷首就有一幅十分精美的佛说法图。宋末以后，绘图书籍更为广泛，水平更高。如《三国演义》，附图达 240 幅之多，清代的《避暑山庄图咏》等书多为图文并重。这样，世代相传下来，书籍就被称为图书了。

世界图书和版权日：三大文豪聚首天堂日

4 月 23 日对于世界文学领域是一个特殊的日子，因为塞万提斯、莎士比亚和维加都在 1616 年的这一天去世。此外，4 月 23 日也是另一些著名作家出生或去世的日子，如莫里斯·德律恩、拉克斯内斯、佛拉吉米尔·纳博科夫、约瑟·普拉和曼努埃尔·梅希亚·巴列霍。因此，1995 年在巴黎召开的联合国教科文组织大会选择这一天，向全世界的书籍和作者表示敬意；鼓励每个人，尤其是年轻人，去发现阅读的快乐，并再度对那些为促进人类的社会和文化进步做出无以替代的贡献的人表示尊敬。

1995 年 11 月，联合国教科文组织第二十八次大会通过决议，宣布每年 4 月 23 日为世界图书和版权日。

稿酬：不得一文何以润笔

稿酬已成为现代知识产权的一个重要组成部分，并且成为专职写作者最重要的生活来源。但是稿酬并不是从来就有的，据说我国到了晋代才有了稿酬。

在西汉，已有过出钱请人写文章的事。汉武帝时，陈皇后阿娇被冷落遗弃，住在长门宫。她为了重新获得宠爱，便花了一大笔钱请当时文笔最好的司马相如写了一篇《长门赋》，想用这篇倾诉衷情的文赋打动汉武帝，重温昔日的恩爱。结果，“稿酬”支付了，文章也写了，汉武帝却没有因此而回心转意。

到南北朝时的北周末年，当郑译被封为沛国公，并获得了当时的最高勋位——上柱国以后，他想请擅长文辞的高颖写篇庆贺的文章。高颖半开玩笑地回答说:“笔干，写不得。”又说：“不得一文何以润笔？”从此，人们便用“润笔”一词指因写文章作字画而获得的报酬。

教育学科：人类智慧由此延续

哲学：爱智慧

“哲学”一词，是从古希腊语“爱智慧”翻译过来的。相传，古希腊的苏格拉底学识渊博，才智过人，大家都称他为“智者”。但是苏格拉底很谦虚，他说：“我不是什么‘智者’，而只是‘智慧的爱好者’”。从此，“爱智慧”就广为流传了。

在汉语中，“哲”字是“智慧”的意思，它和“学”字合在一起，就是“使人明智的学问”。

文学：原为官职名

西汉时期，学校的负责人不是叫校长，而是称“文学”，即负责人称为张文学、李文学等。

汉武帝为选拔人才，特设“贤良文学”科目，由各郡县每年举荐人才上京考试，被举考者便叫“贤良文学”。“贤良”是指品德端正、道德高尚之人，“文学”则指精通儒家经典的人。

魏晋后期，“文学”一词成为语言艺术的专用名词。史书上记载的曹丕“好文学，以著述为务”，即是现今所指的文学含义。

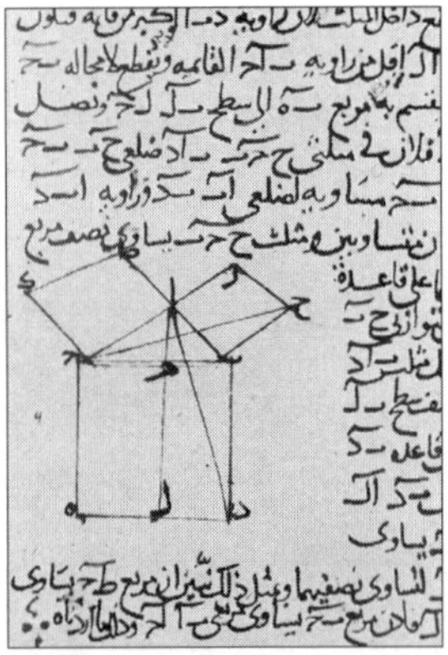

自约公元8世纪以来，阿拉伯语是主流的科学语言。而在那个时期，西欧大多数地区正经历着所谓的“黑暗时期”。阿拉伯学者保存、改进并且翻译了大批经典的古希腊知识，比如上图所示的毕达哥拉斯定理（即勾股定理）。

算术：好奇的阿拉伯人

3世纪时，亚历山大科学院的丢番图综合整理了当时人们在数字方面的经验知识，汇编成《算术》一书。他在书中提出了200多个难题，成为一本系统的数学著作，但在罗马帝国并未引起人们的重视。后来这本书传入阿拉伯帝国，引起了阿拉伯人巨大的兴趣，并对此书进行了研究。

1202年，生于比萨的意大利数学家莱昂纳多发表《算经》

一书，将阿拉伯笔算法引入西方。到了17世纪，经过阿拉伯人修正的丢番图的《算术》又传回西方。这部著作于1621年印刷出版，它标志着西方数学发展的新起点。在以后的十七八世纪，人们进行了一系列的研究，建立了古典算术。

而在中国，算术发展得很早。秦汉时即有算术专著《九章算术》，并且中国古人在勾股定理、π值计算方面都要领先于西方。

几何学：最早的“测地学”

几何学源于古代埃及。相传古代埃及的尼罗河流域每年洪水定期泛滥，冲毁两岸的庄稼、房屋，并且洪水带来大量泥沙。每当洪水退后，人们只好重新勘定划分田地，于是产生了最早的“测地学”。

据说，埃及人在实践中发现，画一个边长比例为3∶4∶5的三角形，与长度为5的边相对的角是直角，并且利用这个方法在地面上画出了直角。

后来，巴比伦人也知道了这个方法，并且发现，在三条边长的比例为5∶12∶13的三角形中，与长度是13的边相对的角是直角。

公元前5世纪，年轻的希腊人毕达哥拉斯发现了众所周知的毕达哥拉斯定理，也就是中国古时候所发现的勾股定理。

大约公元前300年，古希腊数学家阿基米德总结和整理了前人积累的测地学知识，创造性地编成了著名的几何学经典著作——《几何原本》。

这幅1495年的肖像画表现了意大利传道士卢卡·帕西欧利（左）站在一张桌前，桌子上放满了几何工具，包括圆规和一个15面体模型。他一边观察着一个玻璃多面体，一边图示欧几里得提出的某个定理。

1607年，中国科学家徐光启与意大利传教士利玛窦合作翻译了《几何原本》的前6卷。在翻译时，徐光启一连想了10多个音似的汉字，但都不大贴切。

一天散步时，他忽然想到一首古诗“河汉清且浅，相去复几许”。猛然间，他从“几许”想到“几何”，geometry的字头geo，音译为“几何”再贴切不过了。而汉文“几何”的意义是“多少”，与原来的音、义非常近似。于是“几何”开始在中国广泛应用，并成为数学中重要的内容。

学校：庠序之教

大约在公元前3000年已有“图书文字”和“象形文字”了。有了文字自然会有专门传授和学习的机构，当时称为“成均”，这就是学校的最初萌芽。

到了夏代，出现了正式以教为主的学校，称为“校”。还有“序”，又分“东序”“西序”。

圣迹图·孔子不仕退修诗书　明

此图描绘了孔子不仕而退修诗书、办私学、整理传授“六经”的情景。私学也是学校的一种早期形态。

前者为大学，在国都王宫之东，是贵族及其子弟入学之地;后者为小学，在国都西郊，是平民学习之所。商代生产力日益发展，因之学校又有增加，称为“学”与“瞽宗”。“学”以明人伦为主，“瞽宗”以习乐为宗。

西周是奴隶社会鼎盛时期，当时分为国学与乡学两种。国学专为贵族子弟而设，按学生入学年龄与教育程度分为大学、小学两级。乡学主要按照当时地方行政区域而定。因地方区域大小不同，又有塾、庠、序、校之别。一般情况下，塾中优秀者，可升入乡学而学于庠、序、校；庠、序、校中的优秀者可升入国学而学于大学。国学为中央直属学校，乡学是地方学校。

后来，人们专用塾称呼私人设立的学校，叫私塾。庠、序成了乡学之名。学则和校合并，成为教育机构的通称，一直沿用至今。

义务教育：为了《圣经》的普及

义务教育是根据法律规定，适龄儿童和青少年都要接受国家、社会、家庭必须予以保证的国民教育，其实质是国家依照法律的规定对适龄儿童和青少年实施的一定年限的强迫教育的制度。

义务教育起源于德国。宗教领袖马丁·路德是最早提出义务教育概念的人。改革胜利后,为使人们都有学习《圣经》的能力,马丁·路德颁布了义务教育法。1619年，德国魏玛公国公布的学校法令规定，父母应送其6 ~ 12岁的子女入学，这是最早的义务教育。在1763 ~ 1819年，德国基本完善了义务教育法规。

工业革命后，义务教育发挥着使人们掌握工业知识的任务，义务教育的时间也由最早的3 ~ 6个月，发展到6年，直至现在世界各国普遍采用的9年。

幼儿园：儿童的天地

幼儿园是英国空想社会主义者欧文所创办。当时，他对工人的处境十分关心，反对 10 岁以下的孩子进厂做工，并在苏格兰纽兰纳克为 1 ～ 6 岁儿童开设世界上第一所幼儿园（两岁以下的入托儿所），称为“幼儿学校”。

1837 年，德国教育家福禄培尔在勃兰根堡开办同样的学前教育机构，但直到 1840 年才正式命名为“幼儿园”，同时设有幼儿教师培训班。19 世纪后半期，资本主义国家纷纷效仿开办幼儿园。

中国幼儿园在清末光绪年间才出现,那时大多叫“蒙养院”。光绪二十九年（1903 年），清朝政府颁布的《奏定学堂章程》中还特地提到“蒙养院章程”的条文，规定年龄 3 ～ 7 岁的幼儿入学，以游戏为主要活动内容，辅以语言、图画和歌唱的教学。1912 年辛亥革命后一律改称“蒙养园”，而到 1922 年又改名为“幼稚园”，并沿用近 30 年。

新中国成立后，1951 年的《政务院关于改革学制的决定》中，规定学龄前儿童的教育机构为“幼儿园”，由此沿用至今。

考试：跳出寒门的法宝

早在 1300 多年前，中国就建立了通过逐级考试选拔人才的科举制度。之前，实行不经考试的推荐制度，叫做“九品中正制”。曹操当政时，提倡“唯才是举”。曹丕在公元 220 年采纳陈群的建议，让各郡推选有声望的人出任“中正”，将当地士人按才能分别评定为九等，政府按等选用，称为“九品官人法”。

到了齐王曹芳时，司马懿当政，于各州设大中正，任用世族豪门的人，选取原则以“家世”为重，因而有“上品无寒门，下品无士族”一说。

隋文帝废除了九品中正制，隋炀帝时开始设置进士科，通过考试选拔官吏，叫做分科取士，即科举制度。唐代武则天执政时，亲自主持殿试，并增设武举。

唐代以诗文取士，所以诗风很盛；宋代用经取士，所以理学很盛；明清两朝则用八股文取士。光绪三十一年（1905 年），科举制度被废除，开始推行学校教育。

学分制：教学的量化

目前高等学校的一种较普遍的管理制度就是学分制，它以学分为计算学生学习分量的单位,学生只有修满一定数量的学分才能毕业。学分制可以作为教学计划制订、课时分配、教师工作量安排等的依据。

学分制是在选课制发展的基础上产生的。18 世纪末，由于科学技术的迅速发展，高等学校的传统课程设置已不能满足科研和生产的需要。学校必须适应现实需要，既要保留基础科学课程，又要增设新科学技术课程，课程体系因此变得越来越大，使得学生在一定年限内，已不可能全部修完这些课程，只能就一定的专业或学科范围内修习其中部分的必修课程，因此产生了选课制。

德国最早实行选课制，而这种制度的改进则是在美国，美国从 18 世纪末到 19 世纪中叶逐步在大学中推行选课制。

到了 19 世纪末 20 世纪初，美国资本主义经济迅速发展，社会分工和专业分工越来越自由化，出现了多种多样的教学计划。这就需要一个能适应各种教学计划的计量单位来进行教学管理，于是产生了学分制。

科举制度：志行修谨，清平干济

以科举取人才始于隋朝。隋文帝杨坚统一天下后，为了获取人才，规定每州每年贡士三人，保荐贡士的标准是文章华美者。公元 599 年，隋文帝又以“志行修谨（有德）、清平干济（有才）”两科选拔人才。

科举制度到了隋炀帝杨广执政时，又进一步发展。公元 607 年，定十科举人，其中影响最大的是“文才秀美”一科，即进士科，提倡文人以诗赋获取功名。

开科取士的制度在唐朝被继承和完善起来。唐太宗李世民规定学士和乡贡要接受吏部考试，科目秀才、明经、进士、明法、明字、明算、一史、三史等，其中最为考生们热衷的是明经与进士两科。

隋唐兴科举取人才，这是中国封建社会用人制度的一大进步。此制度后来为西方社会所学习和改进，对推动西方大学制度改革做出了积极的贡献。

状元：殿试在唐代已有，至宋初才成为定制。唐武则天时，试贡举之士立于殿前，门下省长官奏状，名次最高者置于最前，因而称为状头，也称作状元。自宋代起，沿用旧称，以殿试第一甲第一名为状元。

榜眼：科举殿试一甲第二名称榜眼。北宋初期，殿试录取的一甲第二、三名都称榜眼，意思是指榜中双眼。明、清两代专指第二名。榜眼授翰林院编修。

探花：科举殿试一甲第三名称探花。唐代进士曲江杏园初宴，称“探花宴”，以同榜俊秀少年进士二三人为探花使，遇游名园，探采名花，探花之名始于此。宋代又称探花郎，南宋以后，才专指殿试一甲第三名。元、明、清三代沿袭不改。探花授翰林院编修。

进士：意即贡举的人员。唐代科目中以进士科最被人重视。明、清两代，始以进士为考中者的名称。凡是举人（乡试考中者）经过会试考中者为贡士，由贡士经过殿试录取者为进士。

举人：原指被推举之人，为历代对各地乡贡入京应试者的通称。明、清两代，为乡试考中者的专称，作为一种出身资格。中了举人叫“发解”“发达”，简称“发”，习惯上称为“老爷”。

秀才：又称“茂才”，本系优秀人才的通称。汉代以后，成为荐举人才的科目之一。南北朝时，最重此科。唐代初期，设秀才科，后来渐渐废去，仅作为对一般儒生的泛称。明太祖曾采取荐举的方法，举秀才数十人，任以知府等官。明、清两代，专门用来称府、州、县学的生员，习惯上也称为“相公”。

学位：学生的跳远

学位制度起源于中世纪的欧洲。1130 年，意大利的波伦那大学首次授予一位研究古罗马法的学者以博士学位，不久又出现了硕士的称号。

博士为学位的第一级，硕士为第二级。约 13 世纪初，法国巴黎大学才首创学士制，作为学位的最低一级。法国最初的学士称号是大学“录取学生”的同义词，但英国的学士学位是作为大学毕业成绩良好的一个凭证。

后来世界上很多国家都采用英国授予学士学位的方法，一直沿用至今。

学士、硕士、博士：古今大不同

学士、硕士和博士的称呼，在中国古已有之，但这并不是说中国古代就有学位制度。

学士：最早只是指在学校读书的弟子。魏晋以后，成了以文学、技艺供奉朝廷的官吏，品位也不高。唐太宗时设文学馆，学士的地位大大提高了。自宋至清，学士的品位一直很高。清朝的大学士官阶为正一品，是文官之首。

硕士：有时只是对博学多闻、德高望重者的一种尊称。

博士：在古代是一种官衔，主要职责是编纂著作或教授学生、培养人才。它的官阶品位并不高。

师范：学高为师，身正为范

“师”的名称，在夏、商、周时就有了。而“师”字最早出现在甲骨文中，甲骨文中有“文师”之称。以后，西汉的董仲舒用了“师”一词，司马迁用了“师表”一词，他们都着重在师的表率作用这一点上。西汉末年，扬雄在言论集《法言》中说：“师者，人之模范也。”他第一次将“师”和“范”联系起来看，明确强调了教师所负有塑造教育对象的重大责任。《后汉书·赵壹传》云：“君学成师范，缙绅归慕。”《文心雕龙·才略》云：“相如好书，师范屈宋。”“师范”已作为一个词组而出现了。

留学生：中日的交流

现在把留居国外的学生统称作“留学生”。其实这个名称最早是由日本人发明的，其由来要追溯到唐代。

唐王朝时，日本政府多次派遣唐使来中国吸取中国的文化。遣唐使因是外交使节，所以日本政府从第二次派遣唐使起，同时派遣“留学生”和“还学生”，“留学生”是当遣唐使回国后仍留在中国学习的学生，“还学生”则在遣唐使回国时一起回国。

后来，“留学生”这个词一直沿用下来。

太学：世界上最早的高等学府

2000 多年前，汉武帝尊孔崇儒，为了培养官吏，统一人们的思想，接受经学大师董仲舒的建议，“立太学以教于国”，挑选“明于古今温故知新，通达国体”的人为博士，负责传授学问。并于公元前 124 年在京城长安创办“太学”，设置经学博士 7 人和博士弟子 50 人。后来，太学生发展到 3000 多人。

可以说这是世界上第一个官方创办的以传授知识、研究学问为宗旨的高等学府，比欧洲在 12 世纪才兴办的大学要早 1000 多年。

四大书院：兴起于士大夫无所学

北宋承五代之乱，宋初又忙于军事征战和政治制度变革，统治者为谋求长治久安，注意以科举笼络士子，而忽视兴办学校教育。

开国初 80 余年没有兴办学校，出现士大夫无所学的情况，作为民间教育组织的书院于是兴起。一些富室、学者纷纷自行筹款，依山傍水，辟舍建院讲学。其中最著名的书院有江西庐山的白鹿洞书院、湖南长沙的岳麓书院、河南商丘的应天府书院和河南登封的嵩阳书院。它们被称为四大书院。

清华大学：清咸丰皇帝所赐

中外闻名的清华大学为什么以“清华”来命名呢？那是因为该大学所在地原为清代的皇家园林“清华园”，所以就以园名作为大学名了。

“清华园”之名乃清代咸丰皇帝所赐，其原址为康熙年间所修的熙春园的一部分。现在清华园的工字厅后面的匾额为“水木清华”四字，两旁有一副对联：槛外山光历春夏秋冬万千变幻都非凡境；窗中云影任东西南北去来澹荡洵是仙居。这“水木清华”四字典出晋代谢叔源的《游西池》诗：景昃鸣禽集，水木湛清华。“湛”为澄清之意，厅后面有水池，所以就用了上面的诗句题匾为“水木清华”。

到了1910年，在清华园内用庚子赔款建造了“清华学堂”，于1911年正式开课，这就是清华大学的前身。

北京大学：京师大学堂

北京大学西门

北京大学的前身是成立于1898年12月的京师大学堂，是清末发生的维新变法运动的产物。当时的京师大学堂既是中国的最高学府，也是中国最高的教育行政机关。1912年5月改名为北京大学，是第一所国立综合性大学。著名的教育家、启蒙思想家严复出任北京大学第一任校长。1916年12月，蔡元培先生出任校长，实行“兼容并包、思想自由”的治学理念，在学术和思想上将北大造就成中国首屈一指的大学。

哈佛大学：纪念哈佛的义举

哈佛大学坐落于美国马萨诸塞州剑桥。它创建于1636年，名称为剑桥学院。1637年，出生于伦敦的英国青年约翰·哈佛从英国剑桥大学毕业，到新建的学院内工作。他虽然只有29岁，并且患有肺病，但是由于工作积极，得到好评。1638年9月，哈佛的肺病发作，不久身亡。尽管那时的学校只有一名正式教师、一所木板房和几十名学生，但是哈佛希望学校能逐步发展壮大。因此，他立下遗嘱，将其全部藏书（约400本）和一半资产（大约780英镑）捐赠给这所学院。

哈佛的义举，引起很大反响。因为在当时，这样的事情实在是凤毛麟角。大家都刚刚移民来到新大陆，都在淘金创业，还没有人想到要为文化教育事业做一些事情。

当时的州政府和学校意识到，应该让哈佛的善举成为一种风尚。他们做出了一个决定：把学校的名称由剑桥学院改为哈佛大学！

哈佛大学是全美最古老的大学之一，它不但是美国政府制定国内外政治、军事、外交政策的思想库，而且在校内，各种学术流派和政治主张都十分活跃。

历史上，哈佛大学的毕业生中共有8位曾当选为美国总统。他们是约翰·亚当斯、约翰·昆西·亚当斯、拉瑟福德·海斯、西奥多·罗斯福、富兰克林·罗斯福（连任四届)、约翰·肯尼迪、乔治·沃克·布什和巴拉克·奥巴马。哈佛大学的教授中总共产生了 34 名诺贝尔奖得主。

牛津、剑桥：古老的城市，驰名的大学

牛津和剑桥是英格兰两座非常古老的城市，距英国首都伦敦不到 100 千米，两座城市因分别拥有牛津大学和剑桥大学而驰名于世。

牛津大学和剑桥大学均有 700 多年的悠久历史，出过许多著名的科学家、文学家和诗人，如牛顿、达尔文、弥尔顿、拜伦、雪莱等；也出过不少的政治家，英国首相希思和撒切尔夫人等，都曾在牛津大学就读。

早在公元前 43 年，古罗马士兵就驻扎在剑河边，后来还在剑河上建起了一座大桥。这样，河名和桥加在一起，就构成了剑桥这一地名。

牛津市的历史虽比剑桥稍晚，但 7 世纪已有人在那里居住。到公元 912 年，它已成为英格兰的一个要地。“津”意为渡口，泰晤士河和柴威尔河在此汇合，当时河水不深，用牛拉车即可涉水而过，牛津由此得名。

在学术方面，两校都源于英国上层社会，虽然齐名，但两校互不称臣；而在体育方面，两校间每年一度的牛津剑桥赛艇对抗赛正是他们证明各自强弱高低的最好写照。比赛从 1829 年开始至今，100 多年以来，除了战争期间，从未间断。

剑桥大学木桥

这项比赛的起源来自两个分别在牛津和剑桥大学读书的朋友，英国著名诗人威廉·华兹华斯的侄子查尔斯·华兹华斯一次突发奇想，在牛津向剑桥的学生查尔斯·梅里瓦勒写下挑战书，在泰晤士河上进行 8 人艇挑战赛。此后，比赛就都以挑战的形式进行，上一年的失败者成为下一年的挑战者。在过去的 155 次比赛中，剑桥以 79 场胜利保持着一定的优势。

函授教育：青年自修成才之路

函授教育起源于英国。1868 年，在大学推广运动中，有一文学会鼓励没有条件入学的青年自修，并在学习上给以指导，但尚未形成一套函授制度。1873 年，英国一些大学的教授合办了一所函授大学。19 世纪 90 年代，美国宾夕法尼亚州斯克兰市采取入股投资的企业组织形式，办了一所国际函授教育学校，这所学校在殖民地和半殖民地国家（包括中国的几个大城市）设有 90 所分校。此后，许多国家都先后创办了函授教育。

函授教育是一种用通信方式进行教学，以自学为主的教育形式。它的特点是分

散教学，通信辅导。在中国，第一所函授学校是 1914 年由商务印书馆创立的，设有国语、算术、商务、英文本科和专科 5 门课。全国解放后，函授教育得到重视和发展，最先举办函授教育的高等学校是中国人民大学和东北师范大学。

远程教育：教与学在时空上的分离

远程教育的起源可以追随到 19 世纪中叶的函授教育。远程教育是英文 Distance Education 的中译名。这一概念于 20 世纪 70 年代在国际教育界开始流行，在 80 年代初引入中国。远程教育通常指师生凭借媒体所进行的非面对面的教育。从本质上来说，远程教育是一种与传统的学校面授教育不同的教育形式，其本质特征是“教的行为与学的行为在时空上是分离的”。

医疗常识：维护健康的常识

医院：免费为百姓治病

西汉元始二年（2 年），黄河流域一带瘟疫流行，汉平帝下令，腾出一些房屋，设置医生、药物，免费给百姓治病。这可能是世界上最早的居民隔离医院。此后，唐朝开元二十二年（734 年），设有“患坊”，收容贫病的残废人和乞丐；还有“疠人坊”，专门隔离及医治麻风病人。

欧洲医院最早出现在法国的里昂，该地于 6 世纪建立医院；英国伦敦是在 7 世纪建立医院的。13 世纪以后，办医院的风气大盛，欧洲的许多城市都先后建立了医院。

药店：王安石批准创建

中医史上第一家官办的药店诞生于宋神宗熙宁九年（1076 年），是大名鼎鼎的改革家王安石批准创建的。当时，王安石基于变法派内部分裂，爱子王雱英年早逝，尤其是自己久病缠身，决定辞职而归隐山林。临别政坛，他命人在首都开封创设一家“太医局熟药所”，也叫“买药所”，可以说，它就是现代中药店的前身。

“太医局熟药所”成立后，大大方便了病人，也为政府赢得了丰厚的利润，受到了朝野的一致赞许。王安石变法虽然以失败告终，但“熟药所”的生意却一直保持着良好的发展势头。

脉诊：望闻问切之“切”

脉诊在中国由来已久，它是中国古代医学家长期医疗实践的结晶。《史记》中记载的春秋战国时期的名医扁鹊，便是以精于望、闻、问、切的方法，特别是以脉诊著称于世。

据历史记载，中国脉诊的由来源远流长，例如，传说中的上古医生僦贷季、鬼臾区等已经讨论了脉诊。到春秋战国时期，脉诊已经发展到较高水平。当时开始出现的重要医学著作《黄帝内经》和稍晚的《难经》中，都有许多关于脉诊的详细论述。

到了汉代，脉诊就更加普遍了。在东汉名医张仲景的《伤寒杂病论》中，可以看出脉诊已经广泛用于临床，并且有进一步的发展和提高。到了晋代，名医王叔和把前代有关脉学的知识和经验归纳总结，写成了《脉经》一书，成为中国现存最早的脉学专著。据不完全统计，清代以前的脉学著述已多达百余种。其中虽有重复，但是仍不同程度地反映了中国古代脉学的发展。

食疗：药食同源

食疗是利用食物来治疗和预防疾病的方法。在中国最早的医学分科的文献记载中，掌管饮食的医官叫做“食医”，被列为四种医中的一种。食医这一学科和食医的设置，《周礼》一书中也曾提到。

春秋时期的大教育家孔子也曾多次论及饮食与防病的关系，他说：“食而，鱼馁而肉败不食”,“色恶不食,失饪不食”。意思是说,经久变味的食物、腐败的鱼肉不能吃，食物变了颜色的不能吃，烹饪不得法的不能吃。《山海经》中也曾记述吃各种禽、兽、鱼、鸟、草木，除可令人不饥以外，还能治愈疠、疟、瘘、狂等症。《黄帝内经·素问·藏气法时论》则明确指出，在药物治疗疾病的同时，还应当配合饮食来扶正培本，才能收到更好的效果，说“毒物攻邪，五谷为养，五果为助，五畜为益，五菜为充，气味合而服之，以补精益气”。

到唐代，食疗已经成为一门专门的学问。一代名医孙思邈主张：“凡欲治疗，先以食疗，既食疗不愈，后乃用药尔。”他还写《食治》一卷，开食疗专著之端。孙思邈的弟子孟诜集唐以前食疗之大成，编成了一部《补养方》。后经其弟子张鼎增补，改名为《食疗本草》。

针灸拔罐：病好一半

针灸疗法是中国古老的传统疗法。如今，针灸疗法在中国得到广泛的应用，而且在世界不少国家的医学界也得到了承认和推广。针灸究竟是怎么来的呢?

相传在很久以前，人们以打野兽、采野果充饥。这些生硬的食物下肚不久，忽然有人感到腹部阵阵绞痛,头上冷汗涔涔。一会儿绞痛加剧,他们呻吟着,在地上打滚。远古的人们还不懂医药，有人就想这是病魔附身，在肚子里作怪。胆大的人举起碎石块，用棱角处向疼痛的腹部捶击——向病魔作一死战。不料，经过捶击后，绞痛减轻了。而那有棱角的石头，也成了他们崇拜的神物。从此，一有什么不适，他们就用石块的棱角捶击疼痛处。有的失败了，也有的成功了。天长日久，人们在实践中慢慢体会到，用尖硬的东西刺人体的部位解除病魔带来的痛苦，石块的棱角慢慢改成了石针，后来又改成骨针。这些针刺比用石块棱角捶击部位效果明显提高，针灸在人们与病魔的斗争中逐步形成了。

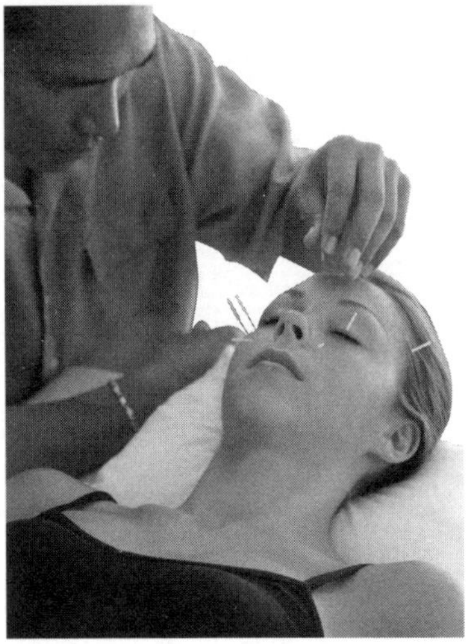

针灸

经过了不知多少人的经验积累，用针灸治病成为独特的医疗方法。针的材质也有所改变，逐渐发展到铜针、铁针、金针、银针。

历代医学家总结针灸实践经验，写出了大批针灸专著。《针灸甲乙经》是中国最早的针灸书籍之一，是东汉医学家皇甫谧于259年左右写成的。

拔罐法又名“火罐气”“吸筒疗法”，是一种以杯罐作工具，借热力排去其中的空气产生负压，使吸着于皮肤，造成郁血现象的一种疗法。

拔罐疗法古代典籍中亦称之为角法。这是因为中国远古时代医家是应用动物的角作为吸拔工具的。在1973年湖南长沙马王堆汉墓出土的帛书《五十二病方》中，就已经有关于角法治病的记述：“牡痔居窍旁，大者如枣，小者如核者，方以小角角之，如孰（熟）二斗米顷，而张角。”其中“以小角角之”，即指用小兽角吸拔。

据医史文献方面的专家考证，《五十二病方》大约成书于春秋战国时期，这就表明中国医家很早就已经采用拔罐这一治疗方法。

如今，拔罐法已经成为中医外科中重要的外治法之一。拔罐虽然用具简单，但是也要根据病情选择经络上的穴位或病区。

刮痧：旧石器时代的无意发现

刮痧是自古流传至今的中医疗法，在美丽和健康同样受重视的今天，这一古老的中医疗法演绎着健康和美丽兼备的动人乐章。

刮痧是集针灸、按摩、拔罐、点穴之优势，通过运用刮痧仪或水牛角等材料制成的刮痧板刺激人体的相关经络、穴位，达到活血化瘀、舒经通络、行气止痛、清热解毒、健脾和胃、强身健体之目的的一种传统疗法，能改善人体血液循环，促进新陈代谢，增强人体免疫功能，是一种治病防病的非药物、无损伤的自然健康疗法。

刮痧疗法的雏形可追溯到旧石器时代，人们患病时往往会本能地用手或石片抚摩、捶击体表某一部位，有时竟使疾病获得缓解。通过长期的发展与积累，逐步形成了砭石治病的方法。砭石是针刺术、刮痧法的萌芽阶段，刮痧疗法可以说是砭石疗法的延续、发展或另一种存在形式。

清代《痧胀玉衡》的序中所说：“先是乡人用粪秽感痧，例制用钱蘸油而刮，然行之大都为妇人，为名医所不及。”

刮痧最初适应证仅为痧证，痧证的记载较早见于宋代王荣《指述方瘴疟论》称之为“挑草子”。元代医学家危亦林的《世医得效方》对痧证的描述：“乙腹绞痛、冷汗出，胀闷欲绝，俗谓搅肠沙。”在明代医书中，多沿用了危氏的说法，但将“沙”

字变为了“痧”。

刮痧可依据患者的病变和体质，辨证循经选穴，实施不同手法，使被刮拭过的经络和腧穴的微循环得以改善，起到调气行血、疏经通络、活血化瘀、营养组织细胞的作用，从而改善和纠正了阻经滞络的气滞血瘀，使经络通畅。

种痘术：对付天花的方式

天花是由天花病毒所引起，是一种烈性疾病。正常人一旦接触患者，几乎无不遭受感染。即使侥幸不死，也免不了在脸上长满麻点，样子很难看。

种痘术最早在16世纪中叶由中国提出。明朝隆庆年间（1567 ~ 1572年），中国的中医在世界上率先找到了对付天花的方式,那就是人痘接种。在《张氏医通》(1695年）和《医宗金鉴》(1742年）两部医学著作中，记述了痘衣法和鼻苗法两种人痘接种方法。康熙帝大力提倡种痘术，并推行全国。不久，很多国家派人来中国学习。

病历：医神阿克勒庇斯的记录

病历的起源和欧洲的宗教有着密切的关系。

早在公元前6世纪，在古希腊阿戈利斯湾的东海岸伯罗奔尼撒半岛的一个村子里，竖立着一尊石像，这个石像就是传说中的医神阿克勒庇斯。这里几乎每天都有不少病人前来顶礼膜拜，祈祷自己的病情早日得到根治。为此，庙内的祭司们便专门腾出一间房子来，为这些虔诚的病人治病，并将每个病人的病情、症状、治疗结果一一记录在案，作为病人档案妥善保管起来。这就是世界上最早的病历。

在中国，最早的病历出现于公元前3世纪，当时称为“诊籍”。一位叫淳于意的著名医生每次给病人看病，总是将病人的姓名、住址、病状、处方、日期等详尽地记录，同时还认真记载了治愈和死亡的病例，作记忆资料。这就是中国病历的由来。

麻醉术：笑气对人体的催眠

麻醉是在手术或诊断性检查时为解除病人疼痛，并使肌组织适当松弛而采用的注射药物、服药、针刺等方法。麻醉术起源于中国，最早使用麻醉剂的是中国东汉时期的伟大医学家华佗，他发明了一种叫“麻沸散”的中草药麻醉剂。可惜“麻沸散”后来失传。

麻醉术

现代麻醉术源于美国，而且最先用于牙科领域。1844年，美国化学家考尔顿在研究了笑气（氧化亚氮）对人体的催眠作用后，带着笑气到各地演讲，并做笑气催眠的示范表演。在哈特福德城进行的一次表演中，出现了意外情况。表演者在吸入笑气后，由于开始的兴奋作用，突然从半昏睡中一跃而起，神志错乱地跳过围栏去追逐观众。在追逐中又不幸划破了腿部，伤口出血不止。一时间会场大乱，表演只得匆匆收场。但是表演者在追逐观众时腿部受伤而丝毫没有痛苦感觉的现象，却给在场观看表演的一位观众威尔士留下了深刻的印象。

威尔士是一位牙科医生，当时他正为如何减轻病人拔牙时的痛苦而绞尽脑汁。这场“催眠”表演,引发了他对氧化亚氮可能具有麻醉作用的假想。经过几次试验后，1845 年 1 月，威尔士在美国波士顿一家医院里公开演示在麻醉下进行无痛拔牙手术。由于麻醉不足，演示失败。

但是，了解他全部试验过程的青年助手、医学院牙科学生摩顿却仍然相信麻醉可以暂时消除疼痛。摩顿仔细分析了威尔士的整个试验过程，发现氧化亚氮虽然具有麻醉作用，但效力较小。后来采用乙醚进行麻醉，经多次试验，最终取得满意的效果。

血型：以血液抗原形式表现的遗传性状

血型最早起源于西医学，最初用于治疗疾病的研究。在 20 世纪初，由卡尔·兰德施泰纳发现并公布于世。兰德施泰纳博士在读到英国病理学者谢塔克的题为《肺炎患者的血球和血清混合后的血球凝聚》的论文时，开始对血型进行研究。

从 1901 年开始，他在 22 位健康人的身体上进行抽血实验，发现血清中的血球凝聚现象并非病理原因，而是由于生理结构引起的。此后对这项实验的整理成功地将这 22 人分成 A、B、C 三类血型，其中的 C 型就是后来的 O 型。后来又有两名研究者泰卡斯特和斯塔利在前人的基础上发现了第四种完全不同的血型，就是后来我们所说的 AB 型血型。就此形成完整的血型系统。

骨髓移植：治疗血液病的救星

早在 19 世纪末就有人试图用骨髓来治疗某些血液病，但效果都不理想。

1939 年，奥斯古最早实行了骨髓移植，虽然没能成功，但从此开始了用骨髓移植的方法治疗再生不良性贫血。1945 年 7 月，美国第一颗原子弹试爆成功之后，由于原子武器的射线损伤可导致骨髓功能衰竭，引起人们对骨髓移植的真正重视。研究人员发现同基因骨髓对动物的这种衰竭有治疗作用，并认定这种作用来自供体。

到 20 世纪 50 年代末，人们在继续进行动物试验的同时，开展了骨髓移植的临床试用，但成功率极低。

这种失败主要由对人的组织相容性抗原系统的认识不足，试用对象多为晚期病人，其他支持手段也不完备等原因造成。20 世纪 60 年代初，人们发明了在体外超冷冻条件下妥善保存骨髓的技术，为自体骨髓移植的发展创造了条件。

60 年代末，人类在组织相容性抗原系统（主要是 HLA 系统）方面的认识与鉴定方法上有了飞跃性的突破，大大促进了骨髓移植工作的开展。60 年代至 70 年代中期，异体骨髓移植技术发展较快，自体骨髓移植的进展相对缓慢。到 80 年代，自体骨髓移植的技术取得了很大进步。至今，异体骨髓移植仍在不断前进，骨髓移植已成为治疗某些致命性造血系统疾病的唯一有效方法。

剖腹术：医生和病人的胆量

剖腹术是通过切口除去腹内肿瘤或其他病患的外科医疗方法。医学史上有完整记录、第一个施行剖腹手术的是美国医生麦克杜威。

1809 年，一位叫克劳芙德的妇女因腹部逐渐增大已经难以生活，被迫求医于麦克杜威，麦克杜威决定为她施行手术治疗。在当时既无所谓医院，也无麻醉，更谈不到消毒和无菌技术，完成剖腹手术，其困难可想而知。

手术就在医生的家中进行。附近的市民认为麦克杜威这种治疗等于残害人命，一些市民甚至拿着铁锹、棍棒围住医生的住宅，医生家门前的大树上也挂上了绳索。手术中病人一旦死去，等待着医生的也只能是被人们用私刑处死。

医生和病人各自冒着自己的生命危险，在密切配合下开始了手术。医生先在病人的腹部切了一个小口，然后就通过这个小口，用今天看来已经不可思议的方法将一个巨大的卵巢肿瘤一块一块地切了出来。因为疼痛，并且手术中病人的肠子好几次从切口中脱出，于是只好停下手术，等病人安静下来再切，最后终于成功。

狂犬病疫苗：科学纪录中最杰出的一页

在疫苗没有研究出来以前，狂犬病的阴影一直笼罩着欧洲，是当时人们比较恐怖的病症。

法国的医生巴斯德最先探明了微生物发酵和微生物致病的原因，并找到了降伏令人生畏的狂犬病的办法。他的狂犬病疫苗的研究成果当时被誉为“科学纪录中最杰出的一页”。

俄国沙皇因他征服了狂犬病而奖赏了他，并为他建造了一幢房子，这就是现在的巴斯德研究院实验室。对于他在生命科学方面无与伦比的理论和实践，法国人民评价说：“巴斯德一人的发现，足以抵偿 1870 年法国付给德国的 50 亿法郎战争赔款。”

试管婴儿：随体外授精技术的发展而来

试管婴儿并非真在试管里产生的，它实质上是“体外受精”和“胚胎移植”的产物。试管婴儿技术又称体外受精技术，目前是世界上最广为采用的生殖辅助技术。

试管婴儿可以简单地理解成由实验室的试管代替了输卵管的功能。试管婴儿的研究有着漫长的历史。早在20世纪40年代，科学家们就开始在动物身上进行实验。但直到1978年，这项研究才首次应用在人体上。

试管婴儿最初由英国产科医生帕特里克·斯特普托和生理学家罗伯特·爱德华兹合作研究腹腔而成功。“试管婴儿”一诞生就引起了世界应用科学界的轰动，甚至被称为人类生殖技术的一大创举，也为提出治疗不孕不育症开辟了新的途径。

世界上第一个试管婴儿布朗·路易丝于1978年7月25日23时47分在英国的奥尔德姆市医院诞生。此后该项研究发展极为迅速，到1981年已扩展到10多个核心国家，现在世界各地的试管婴儿总数已达数万名。

在试管婴儿技术日臻完善的今天，医学科研人员正在向更高的领域进军。不少专家认为，不久的将来，生育问题将不再是困扰人类的一个问题，每个想当母亲的人都可以如愿以偿。

克隆技术：无性繁殖

所谓“克隆技术”，是英语 clone 的音译，原意是动植物无性繁殖系。

1997年2月25日，英国罗斯林研究所的动物胚胎学家威尔马特博士领导他的科研小组，经过7个月的培养，成功地采用无性繁殖技术，培育出一只威尔士高山克隆羊。这只羊与其基因母羊具有完全相同的内外特征，是一只纯粹的“复制品”。威尔马特给这只羊取名为“多利”。这一新闻一经披露，立刻成为人们的热点话题。对克隆技术的成功，人们褒贬不一。

复制多利的过程完全依照基因的分子克隆技术。分子克隆技术通常称为基因工程技术。利用它，人们可以根据需要，像工厂流水线制造产品一样，大量繁殖复制优质动物。所以，像大熊猫、金丝猴这样的稀有濒危动物也可以进行人工复制。此外，根据这项技术，科学家还要研究转基因动物乳房生物反应器，利用转基因动物，可以大量生产珍贵蛋白质以及含抗体和药用价值的动物乳供人饮用，让人类达到益寿延年的目的。

多利的诞生，引起了不少人的惧怕和担心，不少人对克隆技术的发展以及将来可能用于人类提出尖锐的批评。一位美国科学家警告说，威尔马特的工作应该永远不要公布，因为一旦技术被滥用，社会将会陷入无穷的罪恶中。

影视戏剧：真真假假，戏说生活

电影：马的故事

1872 年的一天，在美国加利福尼亚州一个酒店里，斯坦福与科恩发生了激烈的争执：马奔跑时蹄子是否都着地？争执的结果谁也说服不了谁，于是他们请来好友英国摄影师麦布里奇做裁判，让他来裁决孰对孰错。

麦布里奇在跑道的一边安置了 24 架照相机，排成一行，相机镜头都对准跑道。在跑道的另一边，他打了 24 个木桩，与对面的每架相机对应，并在每根木桩上系一根细绳，以牵动快门。

当马飞跑着经过这一区域时，依次绊断 24 根引线，24 架照相机的快门也就依次被拉动而拍下了 24 张照片。麦布里奇把这些照片按先后顺序剪接起来。由于每相邻的两张照片动作差别甚微，它们组成了一条连贯的照片带。大家根据这组照片，终于看出马在奔跑时总有一蹄着地，不会四蹄腾空，所以判定科恩赢了。故事似乎应该告一段落了，但人们却对这种别出心裁的判定方法产生了极大的兴趣。麦布里奇多次向人们展示那条录有奔马形象的照片带。一次，有人不经意间快速牵动那条照片带，结果眼前的景象令在座的每一位都十分惊讶：各张照片中那些静止的马叠成一匹运动的马，它竟然“活”起来了！

这件事启发了人们，此后，许多发明家开始研究制作电影摄影机。1895 年 12 月 28 日，法国人卢米埃尔兄弟在巴黎的“大咖啡馆”第一次用自己发明的放映摄影兼用机放映了《火车到站》影片，这部影片也成为电影正式诞生的标志。

电影

1895 年，卢米埃尔兄弟发明了电影。虽然 1928 年之前都是无声电影，但在两次世界大战之间，看电影还是和观看体育运动一起成为工薪阶层最主要的娱乐方式。好莱坞电影展现了一个更加富裕和迷人的世界，而电影院也更像是一个宫殿。

摄影术：小孔成像原理

摄影术起源于19世纪的欧洲。1839年，法国人达盖尔依据小孔成像的原理，运用化学方法，将形象永久地固定下来，这就是“达盖尔照相法”。

然而，人们岂能满足于静止的、精美的单幅照片？他们希望有一天能复制出生动的形象动作和自然空间的物质现实。1872年，摄影师爱德华·麦布里奇最先将“照相法”运用于连续拍摄，获得了“拍摄活动物体的方法及装置”的专利权。1882年，法国人马莱根据左轮手枪的间歇原理，研制出一种可以进行连续拍摄的“摄影枪”。此后他又发明了“软片式连续摄影机”。最终以一架摄影机取代了麦布里奇用一组照相机拍摄活动物体的方法。

特技摄影：多次曝光摄影

特技摄影，是法国著名电影大师梅里爱发明的。

自从电影诞生后，梅里爱就狂热地爱着电影摄影技术。1898年的一天，他在巴黎一条街上拍片。当他正在拍摄一辆行驶的公共汽车时，摄影机突然出了故障。这时，正好远处开来一辆灵车，梅里爱没注意到灵车的到来，只顾迅速排除故障后，又马上继续拍摄。可是，在放映这段影片时却发现了一串奇特的镜头——行驶着的公共汽车忽然变成了一辆灵车。

梅里爱从这个偶然的发现中得到了启示。于是，他开始研究与改装摄影机。经过反复的实验，他终于发明了“复摄法”，即将一个形象叠拍在另一个形象的上面，这就是目前“多次曝光摄影法”的前身。后来，梅里爱还创造出“变速摄影法”。

电影广告片：“大家都爱吸烟”

电影广告片诞生于19世纪末。

1897年，在法国、英国、美国都出现了电影广告片，其中英国的广告片《海军上将西加雷特》最为著名，流传至今。

有关资料上对这部广告片作了如下描述：“这个胶片上写着《海军上将西加雷特》，以很大的广告画式的垂幕作为背景。在它的前边，有4位扮装坐着的人，分别是山姆大叔、牧师、商人、印第安人。左边放着一个盛炭火盆的木箱，穿着漂亮衣服的年轻妇女出来了。她横穿画面，从坐着的男人们面前走过，把手上的香烟递给男人们，升起了长条旗。长条旗上写道：‘大家都爱吸烟。’”

这一年，美国纽约的克恩—韦布斯塔公司相继制作了宣传帕布斯特的米尔沃啤酒、海格威士忌、梅亚德巧克力的广告片。

1898年，在法国巴黎歌剧院附近的布尔巴尔·代吉塔林的路上，放映了乔尔休·

梅利埃公司蒙特尔尤·斯·波瓦摄制厂摄制的广告片。

起初广告片主要宣传的是酒和小商品，数量不多并且制作简单。后来随着现代商品经济的大发展和市场化程度的提高，广告片广泛用于各种商品宣传，不但数量越来越多，制作也越来越精美。

立体电影：身临其境的立体感

1922 年，美国帕费克特·皮克丘斯公司拍摄了世界上最早的立体电影《爱的力量》。观众在观看影片时戴上装有红色和绿色镜片的眼镜以获得身临其境的立体感。

这是用电脑及三维动画技术制作的动画片，它更逼真、形象。

1945 ~ 1946 年，在黑海沿岸，苏联拍摄的《鲁滨孙漂流记》是世界上第一部彩色有声立体电影。这部影片由安德烈耶夫斯基导演，1947 年 2 月在莫斯科首次放映。工作人员用了整整 5 个晚上的时间，才解决了技术上的最大困难，让一只真猫沿着细树枝向摄影机镜头走来。当时，对这部影片的评价是，超群的摄影效果让观众感到猫是从人的头顶上走过去，消失在电影厅的后面。

动画片：会动的卡通

国际动画组织（ASIFA）在 1980 年南斯拉夫萨格勒布（今克罗地亚首都）的会议中对“动画”一词给出以下定义：动画艺术是指除真实动作或方法外，使用各种技术创作活动影像，亦即是以人工的方式创造动态影像。

《奇怪的脸》是世界上首部动画片，是 1906 年由美国纽约比塔格拉夫公司委托詹姆斯·斯图瓦特·布拉克顿拍摄的。在这部电影中，底稿漫画有 8000 张。布拉克顿采用由画家出场作画，然后让画突然动起来的手法完成拍摄。影片中大部分是些简单的动作，譬如，男人的眼睛骨碌碌地转着、女人吹着香烟上的烟、狗推着轮子转着。之后，英国、法国相继出现了动画片，比如《描画的手》《幻景》等。

据有关资料记载：世界上第一部天然色动画电影是 1916 年美国纽约布雷伊·皮克丘亚兹公司拍摄的《托马斯·卡特首次登台》；世界上最早的长篇动画故事片是 1918 年 8 月 15 日在美国公演的《鲁西塔尼亚号的沉没》；世界上最早的有声动画片电影是 1928 年由迪士尼公司摄制的《汽船维利》。

卡通：充满奇幻色彩的神奇世界

动画片通常被理解为“会动的卡通”。“卡通”这个词是由意大利文“Cartone”音译来的，原意是一种“厚纸”，即把纸的意思延伸，用来表示正式画一幅大画之前的草稿。现在大家所认知的“卡通”是一种充满奇幻色彩的神奇世界的象征，而不仅仅是“草图”的意思。

卡通影片的原理和电影类似，都是利用人类肉眼的“视觉暂留”现象，以每秒播放 24 画格的方式来呈现出连续动态的效果。

肥皂剧：为拍摄广告所制作的商业片

最初的电视连续剧并不是我们现在所看的连续剧，而是为了拍摄广告所制作的商业片，有一个不太好听的名字——“肥皂剧”。至今我们还把一些冗长无味的适合家庭主妇看的电视连续剧称为“肥皂剧”。

自从电视闯入人们的生活以后，外国的一些肥皂厂商开始运用电视媒体声情并茂、视听结合的优势宣传、推销其产品。从前那些干巴巴的广告随着时间的推移而渐渐失效，甚至惹人厌烦。

针对这种情况，个别厂商独出心裁，与电视台协商，出重金聘请剧作家为其编写剧本，然后拍成电视连续剧，逐日在电视节目中播放。再将肥皂广告巧妙地插播于节目中，这样就使观众在观看电视连续剧的同时也看到了广告。“肥皂剧”因此而得名。

后来，电视台发现观众很喜欢看连续剧，就去掉了其中的广告成分，使之成为单纯的电视连续剧了。

据说 1930 年的《彩色的梦》是第一部长篇广播连续剧，创作人是被称为肥皂剧之母的艾尔娜·菲里普。1933 年开播的《海伦·特伦特的罗曼史》则是播出历史最长而又最有影响的一部连续剧，该剧一直播至 1960 年。还有《大胆的和美丽的》《年轻人和坐卧不宁的人》《我所有的孩子》《只活一次》《岁月》《另一个世界》《总医院》《当地球旋转时》《寻找明天》等都是历史上颇受欢迎的肥皂剧。

奥斯卡奖：“我的舅舅奥斯卡”

始于 1929 年的“奥斯卡奖”又被称为“学院奖”，因为它是美国电影艺术与科学学院颁发的。它的标志是一个高 34 厘米的镀金塑像：一个双手紧握着一柄长剑的魁梧的男性塑像。这尊金像是对那些在电影事业上做出巨大贡献及取得骄人成绩的电影从业人员们的一种赞赏和肯定。

关于“奥斯卡”这个名称的由来还有一个有趣的故事。

1931年的一天，美国电影艺术与科学学院图书馆管理员玛格丽特·赫丽克在校园里散步时，走过那座镀金塑像旁边，她觉得塑像好像很面熟，有种似曾相识的感觉。于是仔细端详起来，不一会儿，她便大声惊叫起来："啊！这塑像看上去多么像我的舅舅奥斯卡呀！"正巧，一位在学院里采访的新闻记者听到了玛格丽特·赫丽克的惊呼声，便在第二天的报道里介绍了镀金塑像，并写上了一句："艺术与科学学院的工作人员称呼他们的金塑像为'奥斯卡'。"

当金塑像成为电影奖的标志时，"奥斯卡"的名字也同时在世界各地传开，学院于是把这项电影奖正式命名为"奥斯卡奖"。

奥斯卡金像奖杯

好莱坞：冬青树之林

1886年，洛杉矶已成为一个拥有5万人口的发展中城市。哈维·威尔科克斯在该城市附近的一个山谷里买下了一片无花果果园，并给这片果园起了一个响亮的英国名字——好莱坞，它的英文意为"冬青树之林"。

1911年10月，一批从新泽西州来的电影工作者以每月30美元的价格租下了当地一家客栈。他们把马关进畜栏，把道具放进了仓库，把卧室改成了化妆间，并把有游廊的平房改成了办公室，就这样，他们创建了好莱坞的第一个电影制片厂——内斯特影片公司。

该公司很快就开始摄制影片，并把电影底片送往纽约复制。因此，电影观众们从影片中看到了好莱坞的锦绣风光。

好莱坞曾一度是世界电影之都。自1912年，环球影片公司在好莱坞建立后，随后出现了派拉蒙、20世纪福克斯、华纳兄弟、联美、哥伦比亚、雷电华电影业股份有限公司。到20世纪30年代，好莱坞便进入黄金时代，一直到50年代初期，好莱坞始终呈现一派兴旺景象。在世界电影史上，好莱坞有着不可磨灭的贡献。

百老汇：美国娱乐业的中心

百老汇音乐剧又称为"音乐喜剧"，它并不是纯粹的喜剧，有时剧情亦喜亦悲，百老汇大道也是借此成名，成为美国娱乐业的中心。在全盛期，该地区的剧院总数多达80家。早在1893年的时候，美国人每年在这一带的花销就已经高达600万美元了。

音乐剧起源于19世纪的英国，是由喜歌剧演变过来的。后来，英国的歌舞剧巡演到了美国，1866年，一部名为《黑钩子》的戏在纽约上演，引起了极大的轰动，连续演出 25 年之久。由于这部戏综合了闹剧、芭蕾舞和喜歌剧的特点，故被后人公认为有史以来第一部真正意义上摆脱了歌剧模式的音乐喜剧。正是这出戏，不仅带动了美国本土的剧作家及演员的创作势头，同时为现在人们俗称的“百老汇音乐剧”奠定了基础。

戛纳国际电影节：对抗意大利法西斯

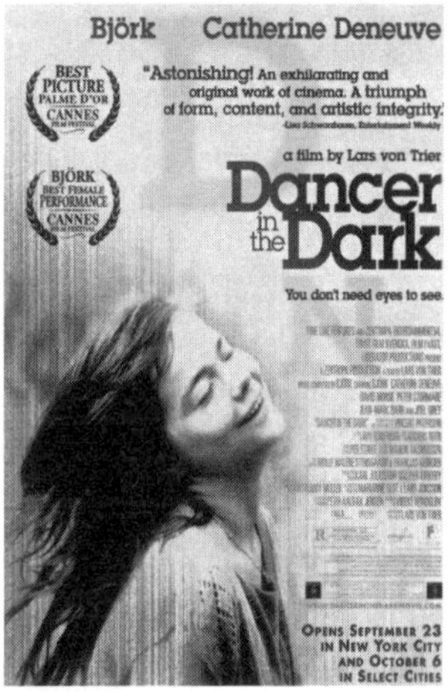

2000 年，丹麦电影《黑暗中的舞者》荣获第 53 届戛纳电影节金棕榈奖，图为该片海报。

戛纳国际电影节是世界最大、最重要的电影节之一。

1939 年，法国为了对抗当时受意大利法西斯政权控制的威尼斯国际电影节，决定创办法国自己的国际电影节，但由于“二战”的爆发而中断。1946 年 9 月 20 日，在法国南部旅游胜地戛纳举办了首届电影节。1951 年起，为了在时间上争取早于威尼斯国际电影节，改在 5 月举行。1956 年最高奖为“金鸭奖”，1957 年起改为“金棕榈奖”，分别授予最佳故事片和最佳短片，此外还有银狮奖、评委会特别奖、最佳导演奖等。

该节除设有比赛项目外，还有“导演 15 天”“评论周”“一瞥”“金摄影机奖”以及电影交易等多项活动。

该节的宗旨是：评选世界各国有艺术价值的优秀影片；鼓励各国电影工作者的合作与交往；促进商业性的发行放映。

威尼斯国际电影节：国际电影节之父

威尼斯国际电影节是世界上第一个国际电影节，被誉为“国际电影节之父”。1932 年 8 月 6 日在意大利名城威尼斯创办，主要目的在于提高电影艺术水平。最高奖项是金狮奖。

该电影节的宗旨是“电影为严肃的艺术服务”，每年都提出不同的口号，而评判标准很纯粹：艺术性。在六七十年代，威尼斯电影节发掘了一大批新兴的欧洲电影人。尽管它所选择的电影未必是该导演最好的一部作品，但却时时刻刻地在引领欧洲艺术电影的发展潮流。

中国自 1971 年开始选送影片参加威尼斯国际电影节。

广播剧：首播莎士比亚的剧本

1922 年 5 月 28 日，英国广播公司别开生面地在它的播音室里演播了根据莎士比亚原作改编的《第十二夜》，并向全国进行了转播，还请了许多评论家观看了这次演播。

1924 年 1 月，在《第十二夜》中担任角色的波里费埃，邀请 23 岁的剧作家理查德·休斯编写专门为广播电台播出用的剧本。经过商量，决定以威路斯矿塌方事件作为素材，创作一部在黑暗中发生的故事——人们只能听见声音看不见形象的剧作，并定名叫《危险》。理查德·休斯从听觉出发，运用声音构思剧情和安排人物。

《危险》播出后，引起了强烈的反响，报纸发表长篇评论，积极介绍这个剧目。此后，许多国家都相继播放了广播剧，于是这种艺术形式成为世界性的剧种。理查德·休斯也作为广播剧的开山鼻祖而载入史册。

戏剧：祭祀性歌舞

世界上有三种古老的戏剧文化：一是希腊悲剧和喜剧，二是印度梵剧，三是中国戏剧。戏剧的起源可以追溯到古代的祭祀性歌舞。

欧洲戏剧起源于古代希腊祭祀大典上的歌舞表演。古代希腊每年春冬两季都要举行祭祀酒神狄俄尼索斯的大典。春季的祭典上，有人装扮成酒神的伴侣羊人萨提洛斯，众人手舞足蹈，歌颂酒神的功绩，称为“酒神颂”。冬季的祭典上，众人扮成鸟兽狂欢游行，称之为“狂欢队伍之歌”。到公元前 6 世纪末，阿里翁在表演酒神颂时，将酒神的功绩编成诗句以唱歌的形式回答队长提出的问题。泰斯庇斯则开始在酒神颂的歌舞中加进一个演员，由他轮流饰演多个角色，并与队长对话，这是最初的戏剧因素。古希腊悲剧的创始人埃斯库罗斯把演员增至 2 人，增加了戏剧的因素，逐渐减少了歌舞叙事的因素，并使之在演出中居于主导地位。至此，戏剧作为一种独立的艺术样式已经成型。公元前 6 世纪，狂欢队伍之歌在希腊本部的墨加拉发展成滑稽戏，可以看作是喜剧的雏形。公元前 487 年，雅典在祭祀大典上正式上演喜剧。当时的喜剧只有 3 个演员，歌队的作用也不像在悲剧中那么重要，而且作用在希腊喜剧的发展过程中也越来越小。

东方民族戏剧的历史比欧洲戏剧要短。印度戏剧的萌芽要追溯至公元前 1 世纪以前，民间迎神赛会上的表演。到 2 世纪，出现第一部戏剧理论著作《舞论》，标志着戏剧艺术迈入成熟阶段。中国戏曲艺术的血缘，可以追溯到上古时代的歌舞、巫觋等多种成分。到周代宫廷的仪式性歌舞，已有模仿性的戏剧因素。上古时期祈神降福的巫觋以及后来的优伶可看作是戏曲演员的前身。到了唐代，古时的歌舞已发展成小型的歌舞戏，周秦以来的俳优表演已发展成参军戏。前者仍以歌舞为主，但已有对人物的模拟及较完整的故事情节，后者则以对人物的模拟和

古希腊的演员们在表演戏剧时会佩戴面具。图中是佩戴面具表演喜剧的演员的陶土像，人们通过喜剧讽刺当时的政治。演员在表演悲剧时会使用不同的面具。

简单的情节为主，也掺和了歌舞的成分。12世纪，宋代的永嘉杂剧又称“南戏”，标志着中国戏曲已经发展成一种独立的艺术样式。

京剧：四大徽班进京

京剧作为中国的“国粹”已有200年历史了，它以其高超的表演艺术和深厚的文化内涵著称于世。

京剧的前身是安徽的徽剧，俗称“皮黄戏”。清朝乾隆五十五年（1790年）起，原在南方演出的三庆、四喜、春台、和春四大徽班相继进入北京演出，他们把汉调、秦腔、昆曲的曲调及表演方式融入了徽剧，并将其演变成一种更为美妙的声腔，称为“京调”。清末民初，京班掌控着上海的全部戏院，于是“京调”正式被称为“京剧”。

京剧音乐属于板腔体，唱腔以徽调的二黄和汉调的西皮为主，称为“皮黄”。经过无数艺人的长期舞台实践，京剧在文学、表演、音乐、唱腔、锣鼓、化妆、脸谱等各个方面，形成了一套规范的程式。京剧在表演上歌舞并重，融合武术技巧，多用虚拟动作，节奏感强，技艺高超，唱腔悠扬委婉，念白也带有音乐性，形成了中国戏曲“唱念做打”有机结合的表演艺术体系。

20世纪初，京剧风行全国，根据地区和艺术风格不同，划分为“京派”与“海派”，各派群星灿烂，名角如云。在北京，先后涌现了“四大名旦”和“四大须生”等名角；在上海，出现了小生俞派、老生麒派、武生盖派等派系。

京剧脸谱：“心灵的画面”

中国传统戏曲的脸谱，是演员面部化妆的一种程式。一般应用于净、丑两个行当，其中各种人物大都有自己特定的谱式和色彩，用来突出人物的性格特征，具有“寓褒贬、别善恶”的艺术功能，使观众能观其外表，辨其善恶。因而，脸谱又被称为角色“心灵的画面”。

据史料记载，脸谱是由唐代乐舞大面（传统戏曲角色行当之一，是京剧和某些地方戏中净的别称）所戴面具和参军戏副净（等于现在京剧中的“架子花脸”，一般都表演性格粗犷莽撞的人物）的涂面逐渐演变而来的。

生、旦、净、丑：反喻之意比之

生、旦、净、丑是中国传统戏曲中的四个角色，他们是一台戏剧演出的四大台柱。生、旦、净、丑的取名和字的反喻之意有关。

“生”是在剧中扮演男子的角色，有老生、小生、武生之分。过去老生是各行当之首，也就是整出戏成败的关键，要求生角的演出必须老练娴熟、唱做俱佳，故反其意取名为“生”。

“旦”是在剧中扮演女性人物的角色，有青衣、花旦、老旦等之分。“旦”的本意是指旭日东升，也是阳气最盛的时候，旦角表演的是女性，女属阴，故反名之为“旦”。

“净”是在剧中扮演性格刚烈或粗暴的人物，通称花脸，有铜锤花脸、架子花脸、武花脸等之分。“净”本意是清洁干净，而剧中净角都是涂满油彩的大花脸，看起来很不干净，不干净的反面就是净，因而得名。

“丑”是在剧中扮演滑稽人物的角色，有文丑、武丑之分，在十二属相中，丑属牛，牛性笨，因此，丑就是笨的代名词。而演丑角的人，则要求活泼、伶俐、聪明，如果其笨如牛是不能代替的，故相反取名为“丑”。

丑角

净角

旦角

生角

梨园：唐玄宗的爱好

梨园是对中国戏曲界的称呼，旧时常将戏曲行当叫做“梨园行”，将戏曲艺人称为“梨园子弟”，一直沿用至今。

据传说，早年唐玄宗李隆基是个戏曲、音乐的爱好者，他自己不仅爱听、懂欣赏，还能唱上两口，玩玩乐器，指挥排练。他最爱大型歌舞，于是，主持选拔了3000名乐师，常亲自光临指导，将艺人集中于皇宫中的梨园演练。后来，人们把皇上提供的演练场地“梨园”称代戏曲音乐行当。

梨园界对戏曲还有“雅部”和“花部”之称，这是始于乾隆年间的叫法。“雅部”指当时被认为是雅乐的昆腔；“花部”指昆腔之外的地方戏曲。后来这两部通指戏曲了。

跑龙套：举足轻重

戏剧有所谓“跑龙套”，意即主角之外，有跟班、随从、助阵、串场等小角色。

龙套由所穿的龙套衣得名，这几个人代表了千军万马。龙套在舞台上的活动有一定程式，如升帐或坐堂分站两厢的叫“站门”；引导主人前行并开路的叫“圆场”；在上下场门附近斜列两行候主人上场或下轿的叫“斜门”；在双方交战从兵刃下穿过叫“钻烟笼”；分从两边上场叫“二龙出水”等。

龙套表演讲究“站如钉，走如风”。龙套在站堂助威时要像岩石一般，伫立不动；一旦动（跑）起来，犹如燕子掠过水面。舞台的气氛有时是靠龙套跑出来的，所以又叫“跑龙套”。龙套以头旗为主，二、三、四旗为副，要听头旗的指挥。他们常打着红门旗、飞虎旗、月华旗，演神话还打着风旗、水旗、火旗、云牌等，所以也有人称其为“打旗的”。

一出戏固然需要有男女主角、男女配角等主要角色，但若无“跑龙套”，也不能成就一场戏。

黄梅戏：曲调悠扬，如行云流水

发源于湖北黄梅的黄梅戏原称黄梅调或采茶调，起源于湖北黄梅一带的采茶歌。清朝道光年间在湖北、安徽、江西三省毗邻地区，形成以演唱“两小戏”“三小戏”为主的民间小戏。后来逐渐融入了青阳腔和徽剧的音乐和表演艺术以及民间音乐，形成了大戏。由于长期流行于以怀宁为中心的安庆地区，形成了以当地方言讲唱的独特风格，所以曾被称为“怀腔”。

黄梅戏以抒情见长，韵味丰富、曲调悠扬，如行云流水。它的唱腔分花腔和平词两大类：花腔以演小戏为主，富有浓厚的生活气息和民歌风味；平词是正本戏中最主要的唱腔，常用于大段叙述、抒情，听起来委婉悠扬。

木偶戏：让周穆王大惊失色

木偶戏叫“傀儡戏”，以前俗称“耍鼓儡子”，经常出现在城乡街头。木偶戏在中国具有悠久的历史。

传说，周穆王到昆仑（今甘肃省酒泉西南）打猎返回时，有一位工匠名叫偃师，邀请穆王与盛姬观赏他用木头和皮革制作的木偶人表演歌舞。表演结束后，木人忽然眼珠一转，向穆王左右招手。穆王大惊失色，欲将偃师斩首。偃师大惊，只好把木人拆卸了。

另据《事物纪原》记载：公元前200年左右，汉高祖刘邦率领的汉军在平城（今山西大同东北）被匈奴大军重重包围，匈奴带兵的主将是冒顿的妻子阏氏。当时汉军内无粮草，外无救兵，形势十分危急。刘邦的谋士陈平知道阏氏天性极为妒忌，于是派出能言善辩的使者带着许多金银财宝以及一幅美女图去见阏氏。他说：“这些财宝是送给您的礼物，另外还有一个美女，如图所示，她现在正在军中起舞，是我们送给冒顿的，希望您能笑纳。”阏氏向远处望去，果然有许多倩影在翩翩起舞。阏氏醋意大发，心想如果攻下城池，丈夫冒顿一定会纳美女为妾，到时候自己必然失宠。于是，便故意撤去一支队伍让刘邦带着大军轻松突围。其实，阏氏所看到的并不是真正的美女在跳舞，而是陈平事先制造了几个木偶美女，并用机关操纵使它们起舞于城墙上。

由此可见，中国制造木偶的历史由来已久。此后，这种戏传到了民间，成为人们十分喜爱的一种剧种。

皮影戏：弄影还魂术

关于皮影戏的起源，民间流传着许多美丽的传说：相传 2000 多年前的汉文帝时，一位美丽聪颖的宫娥巧手将桐叶剪成各种人形，在阳光的照耀下，映在窗子上的影子上下飞舞，逗得小太子开心地笑。还有一个传说，源自汉武帝一段凄美的爱情故事：汉武帝的爱妃李夫人年轻貌美，不幸早亡。武帝非常伤感，甚是思念。一位名叫李少翁的方士在宫中设置了一个"弄影还魂术"，使武帝在帷幕中影影绰绰看到了爱妃。

随着佛教的日益深入，唐五代时，俗讲僧"装屏设像"，用类似连环画的图像图解佛经，叫做"经变相"，后来僧人又用厚纸刻成纸人来做宣扬佛事的图像。道教也有一种宣传教义的说唱形式即"道情"，其伴奏乐器是渔鼓、简板。此时的图像仍不会动，当为皮影戏的雏形阶段。

潮州皮影戏来自北方（一说来自印度），从福建传入。南宋时期已有专业皮影戏班。潮州皮影的表演形式早期是在小舞台中置油灯一盏，台面用竹子扎一方框，裱上半透明白纸，如一"银幕"。表演时让牛皮制成的角色和道具投影在"银幕"上，艺人在台后操纵皮件，并奏乐唱曲。至清朝末年，皮影的角色和道具从平面样式发展成立体样式，以稻草束成躯干，头面采用泥塑，角色的手脚等活动部位装上便于艺人操纵的铁线，还穿上戏服。这种形式取消投影方式，直接面对观众，实际已经转变为铁线木偶，但名称仍是"皮影"。

甘肃皮影《天官赐福》

皮影戏开场或祝寿时演出的"吉祥戏"。赐福天官奉玉帝旨意下凡，偕禄、寿二星及财神同往福地降福。王灵官、赵灵官先上场，后由南极寿星献寿，送子张仙献麒麟子，财神赐黄金，五谷牛郎星赐丰年，天孙织女星献丝锦丰盈。赐福完毕，回奏玉帝。

相声：先秦时的俳优

相声是中国北方曲种，是一种源于民间的以语言为主要表演手段的喜剧性曲艺艺术。含有相声艺术因素的文学形式，可以追溯到先秦时的俳优，后来经过复杂曲折的发展历程，吸收了其他表演艺术的积极因素，如魏晋时的笑语、唐代参军戏以及宋金杂剧里滑稽含讽的表演等，到了明代隔壁戏与笑话艺术统称为"相声"。这两种艺术形式的普及与发展，为相声艺术的产生奠定了基础。兼备说、学、逗、唱艺术形式的相声形成于 18 世纪中叶（清乾隆时期）之前。咸丰年间，北京有一朱绍文先生（别号“穷不怕”）是最早说相声的人。

小品：佛教用语

“小品”一词最早始于晋代，本属于佛教用语。

《世语新说·文学》“殷中军读小品”句下刘孝标注：“释氏《辨空经》有详者焉，有略者焉。详者为大品，略者为小品。”鸠摩罗什翻译《摩诃般若波罗蜜经》，将较详的 27 卷本称作《大品般若》，较简略的 10 卷本称作《小品般若》。可见，“小品”与“大品”相对，指佛经的节本。因其篇幅短小，语言简约便于诵读和传播而受到人们的青睐。

20 世纪 80 年代初，喜剧小品这种艺术形式被搬上荧幕，它集取了话剧、相声、二人转、小戏等剧目的优点。

双簧：大黄弹弦，小黄演唱

双簧主要流行于北方各地，起源于清朝末年。

据说，慈禧太后当权时，常常把外面的著名戏剧、杂曲演员传到宫里为她演唱。唱单弦的艺人黄辅臣是众名角之一，慈禧太后很喜欢他演唱的滑稽戏。有一次，慈禧太后传黄辅臣速到内廷，恰逢黄辅臣喉咙痛，本不能去，但又不能抗旨，于是他带了儿子一起进宫。上场时，老黄弹弦子做面，小黄藏在椅子后面演唱做里。谁知给慈禧太后看穿了，黄辅臣父子吓得不敢抬头。不料慈禧太后见他父子俩的配合天衣无缝、妙趣横生，不但没有怪罪，反而开玩笑道：“你俩这叫双黄啊！”

从此，“双黄”（以后写成“双簧”）就成了一门独立的曲艺形式。在中央电视台的春节联欢晚会上，“双簧戏”曾作为中国的传统剧目，让观众一饱眼福。

魔术：祭天、祈年的通灵

魔术的雏形产生于古人祭天、祈年等游艺色彩较浓的习俗活动中。面对自然灾害，古人们束手无策，因此，他们相信天地相通。于是，出现了号称自己能来往于人和神之间的巫、觋及后来的方士。这些人为了使人相信他们能够通灵，大都有些验证的办法，这就是原始的魔术师。

魔术作为具体节目表演，出现于 2000 多年前。西汉元封三年（前 108 年），汉武帝举行百戏盛会。盛会上既有中国的传统魔术《鱼龙蔓延》等节目，又有罗马来的魔术师表演了《吐火》《吞刀》《自缚自解》等西域魔术。魏晋南北朝时，出现了《凤凰含书》《拔井》等多个魔术节目。隋炀帝时出现《黄龙变》，变来满地的水族。唐玄宗时流行的《入壶舞》，表演者从左面缸中钻进去又从右面缸中爬出来，这些都是令人拍案叫绝的魔术杰作。到了宋代,魔术分为“手法”“撮弄”等若干专业，与此同时还出现了专业魔术师们组成的民间社团——云机社。宋代著名魔术家杜七圣，擅长杀人复活的把戏，名噪一时，称为“七圣法”。

现代魔术效果令人目瞪口呆

各式魔术戏法节目在明清时期十分盛行，我国著名的《九连环》《仙人栽豆》《古彩戏法》等，均在世界魔坛上产生过巨大的影响。清代中叶以后，部分中国艺人留学国外，欧美和日本的魔术团体也不断来华演出，促进了中外魔术的交流。而今，中国魔术在传统习惯的基础上，借鉴了大量外国魔术的优点、特点，逐渐形成了中国魔术舞台上五花八门的节目。

剧院：宗教仪式的一部分

剧院发源于希腊，是宗教仪式的一部分。“剧院”一词就来自希腊文，意思是“可以观看表演的地方”。

当时，舞台就在酒神戴奥奈索斯祭坛的四周，通常建筑在山脚下，以便观众坐在斜坡上观看祭神的舞蹈。这种在山脚下建立的半圆形座位，就是希腊剧院的由来。公元前 500 年，雅典建立了一座剧院，它有一个圆形的前厢，专供表演之用。前厢的后方还有一座壮观的建筑物，供演出者更衣之用，同时还可以做演出时的背景。希腊的戏剧，很少使用背景，又因为演出时间都在白天，所以，也不使用人工灯光。

第一座永久性的石制剧院，是公元前 52 年在罗马建立的。罗马式剧院与希腊式剧院非常类似，不过建筑在平地上。罗马人首先在前厢中放满椅子，并且在有布隆起的舞台上表演。罗马改隶天主教后，几乎有 1000 年之久不曾建造剧院。

第一座现代化的剧院，大约于 1618 年或 1619 年在意大利巴尔马建成。这个剧院的舞台有一块布幕，布景时可以放下布幕，以免观众看到。

现在的剧院功能更加现代化，舞台可以旋转，可以上下升降，可以迅速推出各种布景，可以自由调节各种灯光效果，可以配放各种音乐等。

体育运动：没有硝烟的和平战争

体育：身体的教育

体育虽然有悠久的历史，然而“体育”一词却出现得较晚。在体育一词出现前，不同国家对体育这一活动过程的称谓各不相同。

体育的英文是 physical education，指的是以身体活动为手段的教育，直译为身体的教育，简称为体育。在古希腊，游戏、角力、体操等曾被列为教育内容。17 ~ 18 世纪，在西方的教育中也加进了打猎、游泳、爬山、赛跑、跳跃等项活动，只是尚无统一的名称。

18 世纪末，德国的古茨穆茨曾把这些活动分类、综合，统称为“体操”。1762 年，卢梭在法国出版了《爱弥尔》一书。他使用“体育”一词来描述对爱弥尔进行身体的养护、培养和训练等身体教育过程，“体育”一词同时也在世界各国流传开来。进入 19 世纪，一方面是德国形成了新的体操体系，并广泛传播于欧美各国；另一方面是相继出现了多种新的运动项目。在学校也逐渐开展了超出原来体操范围的更多的运动项目，建立起“体育是以身体活动为手段的教育”这一新概念。于是，在相当长的一段时间里，“体操”和“体育”两个词并存，相互混用。到 19 世纪，世界上教育发达国家都普遍使用了“体育”一词。

中国由于闭关自守，直到 19 世纪中叶，德国和瑞典的体操才传入中国，随后清政府在兴办的洋学堂中设置了“体操球”。1902 年左右，一些在日本留学的中国学生从日本传来了“体育”这一术语。随着西方文化不断涌入中国，学校体育的内容也从单一的体操向多元化发展，课堂上出现了篮球、田径、足球等。许多有识之士提出不能把学校体育课称体操课了，必须理清概念层次。1923 年，在《中小学课程纲要草案》中，正式把“体操课”改为“体育课”。

从此，“体育”一词成了标记学校中身体教育的专门术语。

锦标：向道是龙君不信，果然衔得锦标归

“锦标”现在用来称呼竞赛中的优胜者所得的奖品，如奖杯、奖牌、锦旗等。

“锦标”一词的由来，有一段故事。据五代人王定保《唐摭言》卷三记载，唐卢肇与同郡黄颇齐名，肇贫颇富，两人一同赶考，当地刺史在离亭只为黄颇饯行。第二年，

卢肇中了状元，衣锦还乡，刺史前往迎接，非常惭愧。刺史宴请卢肇看划船比赛，席间，肇即兴赋诗道：“向道是龙君不信，果然衔得锦标归。”语意双关，意为：“从前是龙，你不相信，如今真应了这句话，衔得锦旗而归。”字面上的“锦标”，指锦制的旗帜，古时常用锦标赠给竞渡的领先者。据此，“锦标”一词被沿用至今。

奥运会：感谢神灵佑护

关于古代奥运会最早的诞生，有不少的神话传说。其中，最为脍炙人口的神话传说是：海神之子伯罗普斯为娶公主希波达米亚，在赛马车中战胜了国王俄诺马依斯，因而得到了公主和王位。为了庆祝胜利和感谢神灵佑护，在奥林匹亚举行了竞技盛会。

公元前 776 年，希腊人规定每 4 年在奥林匹亚举办一次运动会。同年，第一届奥运会举行，多利亚人克洛斯在短跑比赛中取得冠军。他成为国际奥林匹克运动会荣获桂冠的第一个人。后来，奥运会成为显示民族精神的盛会，并规定比赛的优胜者获得月桂、野橄榄和棕榈编织的花环等。从公元前 776 年开始，到 394 年止，历经 1170 年，共举行了 293 届古代奥运会。394 年，奥运会被罗马皇帝禁止。

1875 ~ 1881 年，德国人库蒂乌斯在奥林匹克遗址发掘了出土文物，引起了全世界的兴趣。法国教育家皮埃尔·德·顾拜旦认为，恢复古希腊奥运会的传统，对促进国际体育运动的发展有着十分重大的意义。在他的倡导与积极奔走下，1894 年 6 月，在巴黎举行了首次国际体育大会。国际体育大会决定把世界性的综合体育运动会叫做奥林匹克运动会，并于 1896 年 4 月在希腊首都雅典举行第一届现代奥运会，每 4 年一次，轮流在各会员国举行。到 2008 年，已经举行了 29 届奥运会。

奥林匹亚古建筑遗址

奥运“圣火”：普罗米修斯偷火种

奥运会期间在主会场燃烧的火焰即是奥林匹克圣火，象征着光明、团结、友谊、和平、正义。

奥运圣火起源于古希腊神话传说。普罗米修斯为解救饥寒交迫的人类，瞒着宙斯偷取火种带到人间，火一到人间就再也收不回去。宙斯只好规定，在燃起圣火之前，必须向他祭祀。根据这个神话，古代奥运会在开幕前必须举行隆重的点火仪式，由祭司从圣坛上点燃奥林匹亚之火，所有运动员一齐向火炬奔跑，最先到达的 3 名运动员将高举火炬跑遍希腊，传谕世界和平，从此开始 4 年一度的奥运会。

现代奥运会恢复后，1912 年，顾拜旦提出了点燃奥运圣火的建议。1928 年的阿姆斯特丹奥运会上，奥运圣火首次出现。自 1936 年起，奥运圣火首先于奥运会的故乡希腊奥林匹亚被点燃，然后火炬以接力形式传到主办国，并于奥运会开幕前一天被送达举办城市，开幕式时进入会场，一般由东道国著名运动员点燃塔上焰火，直到闭幕时熄灭。

奥运奖牌：胜利者的奖励

古代奥运会的授奖仪式非常庄严隆重，发奖人把橄榄冠郑重地戴在冠军的头上，当时橄榄枝在希腊是和平的象征。这一习惯一直沿用了 1000 多年。后来，欧洲给竞技比赛的优胜者改赠用带叶子的桂树枝编成的“桂冠”。

1465 年，在瑞士苏黎世举行了一次游艺会，会上对三级跳远的优胜者颁发一枚金币当作奖品。从此人们便选择了金、银、铜三种金属，模拟钱币的样子做成奖章，分别授给冠军、亚军、季军。直到 1907 年，国际奥委会在荷兰海牙召开的执委会上，才正式做出了授予奥运会优胜者金牌、银牌和铜牌的决议，并在翌年举行的第四届伦敦奥运会上开始实施。

自 1924 年第八届巴黎奥运会起，国际奥委会进一步做出了补充决定：优胜者除授予奖牌外，还同时发给证书（奖状），并对金牌、银牌和铜牌的设计、制作做了具体的规定：一、二、三等奖的奖牌直径均不小于 60 毫米，厚度为 3 毫米，其中一等奖（金牌）和二等奖（银牌）的奖牌用银制作，其纯度（含银量）不低于 92.5%，一等奖牌（金牌）的表面至少镀 6 克纯金。以上这些规定从 1928 年的第九届阿姆斯特丹奥运会上开始实施至今。

冬季奥运会：花样滑冰的吸引力

1908 年，伦敦奥运会首次列入了花样滑冰比赛。1920 年，安特卫普奥运会除了花样滑冰外，还增加了冰球赛，这两个项目的比赛吸引了成千上万的冰上运动爱好者。1921 年，国际业余田径联合会布拉格会议期间，单独举办冬季奥运会的问题正式提上了议程，并提出了有关方案。

1922 年，国际奥委会巴黎会议决定在 1924 年夏季奥运会前举办这类比赛，但避开了“奥运会”的字眼，称为“第八届奥林匹克亚体育周”。1925 年，国际奥委会决定每 4 年与夏季奥运会同年举行，并将这次国际赛定名为第一届冬季奥运会，成为奥运会的一部分。后来，冬季奥运会改为与夏季奥运会隔两年举行。

亚运会：振亚洲雄风

亚运会是占世界人口半数以上的亚洲地区水平最高、规模最大的综合性运动会，是亚洲人民团结、友谊、和平、进步的象征。

亚运序曲首先是由远东运动会奏响的，它由基督教青年会人士、菲律宾体协会长布朗（美国人）发起。远东运动会是以中、日、菲三国为主的亚洲局部地区的综合性运动会，代表了20世纪30年代以前亚洲运动竞赛的水平。领导该运动会的组织——“远东奥林匹克协会”于1911年成立，后改称“远东体育会”。1921年获得国际奥委会的正式承认，成为全世界第一个与国际奥委会发生关系的区域性国际体育组织。

远东运动会于1913年2月在菲律宾马尼拉拉开序幕，以后轮流在中、日、菲三国的大城市主办，设有田径、游泳、篮球、排球、足球、棒球、网球7个项目，并设项目锦标赛和总锦标赛。远东运动会共举办了10届，前8届只有中、日、菲参加，第十届增加了印度尼西亚和越南。运动会的竞赛和组织得到了国际奥委会的指导而逐步规范化，对于近代体育运动竞赛制度和组织管理方法在亚洲的传播和发展起了积极的作用。

印度曾于第九届派团参加比赛，并带回了远东运动会的竞赛经验。在印度田联主席古·桑迪的倡议下，于1943年举办了历史上唯一的一届有印度、锡兰、阿富汗、巴勒斯坦参加的西亚运动会。

远东运动会和西亚运动会对亚洲近代早期运动竞赛的兴起与发展起到了特殊作用，共同构成了亚运会的基础和前身，后因日本侵华和第二次世界大战而解体。

第二次世界大战结束后，曾一度停顿的国际运动竞赛重又活跃起来。1948年伦敦奥运会期间，在印度代表古·桑迪的倡议下，先后举行了两次参加奥运会的亚洲代表会议，商讨成立亚洲体育组织和举办亚运会的事宜。1949年2月12～13日，在印度新德里正式成立了亚洲运动联合会（简称亚运联），通过了章程，决定在两届奥运会之间，每4年举办一届亚运会，项目一般不少于11项，田径、游泳为必设项目，亚运会由此诞生。

狂吻“大力神”杯的马拉多纳

世界杯足球赛：点燃激情世界的比赛

如今风靡全球的现代足球起源于英国，由于足球运动的发展，国际比赛也应运而生。1896年，第一届现代奥运会在希腊举行时，足球就列为正式比赛项目。丹麦以9∶0大胜希腊，成为奥运会第一个足球冠军。因为奥运会不允许职业运动员参加，到了1928年（第九届奥运会）足球比赛已无法持续。

1928年奥运会结束后，国际足联召开代表会议，一致通过决议，举办4年一次的世界足球锦标赛。这对于世界足球运动的进一步发展和提高起到了积极的推动作用。最初这个新的足球大赛叫做“世界足球锦标赛”。1956年，国际足联在卢森堡召开的会议上，决定更名为“雷米特杯赛”。这是为表彰前国际足联主席、法国人雷米特为足球运动所做出的成就。雷米特担任国际足联主席33年（1921 ~ 1954年），是世界足球锦标赛的发起者和组织者。后来，有人建议将两个名字联起来，称为“世界足球锦标赛——雷米特杯”。于是，在赫尔辛基会议上决定更名为“世界足球锦标赛——雷米特杯”，简称“世界杯”。

田径运动：生活技能的竞争

田径运动源于上古时代，它分田赛和径赛两大类，包括走、跑、跳跃、投掷和全能运动等项目，是各项运动的基础。当时，人们为了获得生活资料就必须进行走、跑、跳跃、投掷运动。由于这些活动和人们的生活密切相关，从而促进了这些技能的不断发展提高。后来，人们以祭神的形式举行田径比赛。

公元前776年，在希腊奥林匹亚举行首届古代奥林匹克运动会，当时被列为正式比赛的只有短跑，到公元前648年又增加了跳跃、投掷和全能运动等多项比赛。

1894年成立国际奥委会，从1896年恢复举行首届现代奥运会至今，田径仍是最主要的比赛项目。

定向运动：“寻宝游戏”

定向运动起源于瑞典，最初它只是一项军事活动。19世纪末20世纪初，欧洲北部斯堪的纳维亚半岛广阔而崎岖的土地上覆盖着一望无际的森林，散布着数不胜数的湖泊。城镇、村庄稀疏散落，人们的主要道路是那些隐现在林中湖畔的弯曲小路。

在这样的地理环境中生活，地图和指南针便显得尤为重要，否则，要想在莽莽林海中自由穿行是十分困难的。因此，那些经常在斯堪的纳维亚半岛山林中行动的军队，便成了开展定向运动的先驱。他们深知，如果不具备在山林辨别方向、选择道路和越野行进的能力，就不能完成保卫国家的重任。

1918年，瑞典一位名叫吉兰特的童子军领袖组织了一次叫做“寻宝游戏”的活动，引起人们的极大兴趣，这便是定向运动的雏形。

这个活动组织方法简便，不仅有利于提高野外判定方向和使用地图的能力，还能够培养和锻炼人的勇敢顽强精神，提高人的智力、体力水平。开展定向运动不但无需像其他体育项目那样在场地与器材上支付大量经费，而且娱乐性与实用性兼备，因此日益受到军队的重视，并且很快在民间流传开来。

马拉松：纪念伟大的传令兵

一提到长跑运动，一般我们便会想到“马拉松”这个名字。“马拉松”其实是一个平原的名字。

公元前 490 年，当时的波斯欲吞并希腊，希腊士兵奋勇抗敌，最后在马拉松平原击败波斯侵略者。传令兵菲力彼得斯抛掉盾牌跑了 40 多千米回到雅典，高呼他们胜利了之后便倒地牺牲了。

后来为了纪念马拉松战役及菲力彼得斯的英雄事迹，便于第一届的奥林匹克运动会举办了马拉松长跑比赛，把当年菲力彼得斯送信跑的里程——42.195 千米作为赛跑的距离。

跨栏跑：牧民的游戏

跨栏跑起源于英国，由牧羊人跨越羊圈栅栏的游戏演变而来。

17 ~ 18 世纪，英国一些地区畜牧业相当发达，牧民们经常需跨越畜栏，追赶逃跑的牲畜。节日里年轻牧民还常常进行跳越羊圈的游戏。他们把栅栏搬到平地上，设若干个高矮和羊圈相仿的障碍，看谁能跑在最前面，这就是跨栏跑运动的雏形。

到 18 世纪末，这项活动才正式成为体育运动项目。当时人们把它叫做障碍跑，属于男子运动项目，设置的障碍物是一般的栅栏，后来出现了埋在地上的木栏架，以后又改为像锯木材用的支架。但跨越这种障碍物，不但容易发生伤害事故，而且也妨碍跨栏跑技术的提高。

为了增加跨栏跑的安全系数，19 世纪初采用了可移动的“上”形栏架。1935 年比赛中又出现了 L 形栏架，栏板只要受 4 千克的冲撞力量，就会向前翻倒。L 形结构较为合理和安全，一直沿用至今。

跳高：源于英国

跳高是田径运动田赛跳部项目之一，分立定跳高和急行跳高两种。现在的一般比赛均为急行跳高。过竿技术有：跨越式即最原始、最简单的跳高姿势；剪式，亦称“东方式”；滚式及俯卧式和背越式等。

跳高运动源于英国，是从体操项目中派生出来的。1864 年，英国首先将跳高列入田赛比赛项目，英国人柯奈用跨越式跳过了 1.70 米的高度。男子跳高于 1896 年首届奥运会上被列为正式比赛项目，女子跳高于 1928 年开始正式列入奥运会项目。

剪式跳高源于美国。19 世纪末，美国东部各州运动员创造并采用了这一跳高姿势，故曾被称为“东方式”。又因跳时身体各部分成波浪式依次越过横竿，故也叫做“波浪式”。

滚式跳高也源于美国。20 世纪初，美国西部各州运动员创造并采用滚式跳高。

因跳时运动员形似滚过横竿，由此得名。又因美国运动员霍拉英首用此式创造 2.01 米世界纪录，故也叫做“霍拉英式”。

俯卧式跳高大约开始于 20 世纪 20 年代，40 年代时已被普遍采用。

背越式跳高源于美国。美国运动员福斯贝利首先用此式获第十九届奥运会跳高金牌，故亦称“福斯贝利式”。由于此式简单易学，所以出现后迅速流行。

跳远：原始的生活技能

跳远是田径运动项目之一，其起源无从可考。当人类还处于茹毛饮血的时代，跳远已成为一种生活技能。当原始人在林丛草莽中追逐猎物时，倘若遇到沟渠或障碍物，即可一跃而过。

跳远比赛源于古希腊。在古希腊的“五项运动”中已有跳远。世界上第一次正式的跳远比赛，是公元前 708 年在希腊的第十八届奥运会上。当时的设施非常简单，只是把地面刨松，然后在前面放一条类似“门槛”的木板，竞技者必须踏板而跳。这条“门槛”就是现在起跳板的前身。为避免落地时产生伤害事故，以后又发明了沙坑。古时跳远的成绩不用皮尺丈量，竞技者每跳一次后，在着地点画一条线，最后看谁跳得最远。评定名次时，不仅要看跳得远近，还要看姿势是否优美，只有两者兼备的竞技者才能获胜。1896 年首届现代奥运会上，跳远被列为正式比赛项目。

铁人三项赛：谁是真正的铁人

铁人三项是将游泳、自行车和长跑这三项运动合并在一起而创造的一项新型的体育运动。

铁人三项赛起源于美国。1974 年 2 月，一群体育爱好者聚集在美国夏威夷一家酒吧里，争论当地举办渡海游泳赛、环岛自行车赛和檀香山马拉松赛哪个项目最具挑战性、最能考验人的意志和体能。一名海军军官提出，谁能在一天内先在海里游 3.8 千米，然后骑自行车环岛行驶 180 千米，再跑完 40 多千米的马拉松全程，并且中途不得停留，谁就是真正的“铁人”。

最初这种比赛仅在美国夏威夷和加利福尼亚流行。2000 年，悉尼奥运会首次将铁人三项列为奥运会比赛项目，其标准赛程为 1.5 千米游泳、40 千米自行车和 10 千米长跑。

篮球：奈史密斯球

篮球起源于美国，是 1891 年由美国马塞诸塞州斯普林菲尔德市基督教青年会训练学校体育教师奈史密斯博士创造的。起初，他将两只桃篮分别钉在健身房内看台的栏杆上，桃篮上沿距地面 3.04 米，用足球作比赛工具，向篮投掷。投球入篮得 1

分，按得分多少决定比赛胜负。每次投球进篮后，要爬梯子将球取出再重新开始比赛。以后逐步将竹篮改为活底的铁篮，后又改为铁圈下面挂网。

到 1893 年，才形成近似现代的篮板、篮圈和篮网。最初的篮球比赛，对上场人数、场地大小、比赛时间都未严格限制，只需双方参加比赛的人数相等即可。比赛开始，双方队员分别站在两端线外，裁判员鸣哨并将球掷向球场中间，双方跑向场内抢球，开始比赛。持球者可以抱着球跑向篮下投篮，首先达到预定分数者为胜。1892 年，奈史密斯制定了 13 条比赛规则，主要规定是不准持球跑，不准有粗野动作，不准用拳击球，否则即判犯规，连续 3 次犯规判负 1 分；比赛时间规定为上、下半时，各 15 分钟；对场地大小也作了规定。上场比赛人数逐步缩减为每队 10 人、9 人、7 人，1893 年正式确定为每队上场 5 人。

1904 年，在第三届奥林匹克运动会上第一次进行了篮球表演赛。1908 年，美国制定了全国统一的篮球规则，并译成文字出版，发行于全球。这样，篮球运动逐渐传遍美洲、欧洲和亚洲，成为世界性运动项目。

足球：战国时的蹴鞠

国际足协确认并公开宣布了足球运动起源于中国。早在 2500 年前的战国时期，中国就已经有了足球游戏。《战国策》是最早提到足球活动的书，书中称足球为“鞠”。从汉代开始，足球改用熟皮制造，中间塞以毛发，成为圆球。到了唐代，开始将动物的膀胱放进皮球内作球胆，充气后使用，名为“气趣”，它与现代足球已十分相似。

宋太祖蹴鞠图

这幅画描绘了宋太祖赵匡胤、他的弟弟赵匡义和近臣赵普等一起蹴鞠玩乐的情景。

西方到了 12 世纪时才有足球游戏。16 世纪时，欧洲出现了用纸糊的足球门。尽管英国不是足球运动的起源国，但它却把这项运动发展得很好。1863 年，英国成立足球协会，改用在两根柱顶上各系一条绳子，限制了球门的高度。现在用的标准挂网球门是 1891 年才出现的。

羽毛球：英国贵族玩的游戏

羽毛球运动是由古代羽毛球游戏逐渐演变而来的。据载，原始的羽毛球游戏活动至少在 2000 年前就已流行于亚欧等国家了。不过不同的国家、地区和民族对这种游戏的叫法不同，原始的羽毛球游戏在中国叫“毽球”，在印度叫“普那”，但其形式和性质基本一致。据资料表明，现代羽毛球运动起源于印度，形成、发展于英国。19 世纪 60 年代，一批退役的英国军官把印度的“普那”——一种类似于现在羽毛球运动的游戏带回英国，并且加以改进，逐渐演变成为现代羽毛球运动。1870 年，英国出现了用羽毛、软木做的球和穿弦的球拍。

1873 年的一天，英国公爵鲍佛特在英格兰格拉斯哥郡的伯明顿庄园举办了一次家庭社交活动。当时由于天公不作美，大雨倾盆向下，庄园里到处积水，来访的客人们只得待在宫内。时间长了，人们感到十分无聊，这时他们中一位从印度退役回来的军官提议，在鲍佛特公爵庄园的大厅玩改进后的“普那”游戏。由于游戏饶有趣味，引人入胜，使在场的贵族们大开眼界。从此，伯明顿庄园的英文名称 Badminton 便成为现代羽毛球的名称，它的命名标志着现代羽毛球运动的开始。现代羽毛球运动起源于英国贵族所玩的游戏，所以人们又称羽毛球运动为贵族运动。随着羽毛球运动的广泛流行，从欧洲流传到美洲、大洋洲、亚洲和非洲，发展成为今天人们所熟悉和喜爱的羽毛球运动。

现代羽毛球运动于 20 世纪初开始传入中国。

网球：原来是掌击球

网球运动起源于法国。早在 12 ~ 13 世纪，法国的传教士经常在教堂的回廊里，用手掌击打一种类似小球的物体，以此来调剂刻板的教堂生活。渐渐地这种活动传入法国宫廷，并很快成为当时贵族的一种娱乐游戏。当时，他们把这种游戏叫做“掌球戏”。开始，他们是在室内进行这种游戏，后来移向室外，在一块开阔的空地上，将一条绳子架在中间，两边各站一人，双方用手来回击打一种裹着头发的布球。

14 世纪中叶，法国王储将这种游戏使用的球赠送给英皇亨利五世，这种游戏由此传入英国。这种球的表面使用埃及坦尼斯镇所产的最为著名的绒布——斜纹法兰绒，英国人将这种球称为“Tennis”即“网球”，并流传下来。直到现在，我们使用的球还保留着一层柔软的绒面。

15 世纪，这种游戏由用手掌击球改为用拍子打球，并很快出现了一种用羊皮制作拍面的椭圆形球拍。同时，场地中央的绳子也改为了网子。16 ~ 17 世纪，这种活动到达鼎盛时期，逐渐形成了一种比赛。在这之前，由于这种活动只是在法国和英国的宫廷中流行，所以网球运动又称为“宫廷网球”和“皇家网球”。

网球比赛的记分规则和其他的球类比赛不同，网球比赛的记分规则是赢一个球得 15 分，每局记分 0–15–30–40。这一规则起源于古代室内网球，而后者又来源于古代航海中确定方位和时间的一种重要仪器——六分仪。15°、30°、45°、60°（即 360° /6，谓之六分）是六分仪上的几个重要刻度，应用到网球比赛中，便是赢一球为 15 分、两球得 30 分、三球是 45 分、四球是 60 分。后来只是为了报分的方便和简洁，而将 45 改为 40。这一独特的记分规则流传至今仍被使用。

排球：优美的“空中飞球”

拦网

排球运动源于美国。1895 年，美国一位叫威廉斯·盖·摩尔根的体育工作人员，想把当时已广为流行的网球搬到室内，在室内篮球场上用手来打。但室内篮球场面积较小，网球容易出界，于是他对其进行了一些改进：一是把网球允许球落地后再回击的规则改为不许落地；二是把网球的体积扩大，用篮球胆充气来打。次年，有位博士将此球命名为“华利波”，意为“空中飞球”。

排球传入中国的时间，一说是 1905 年，一说是 1913 年。在 1925 年 3 月举行的广东省第九届运动会上，“华利波”被更名为“排球”，主要取其分排站立之意。在 1964 年东京举行的第十八届奥运会上，首次举行了排球比赛。

乒乓球：乒乓、乒乓

约在 1885 年，欧美的一些体育用品制造商人看到当时网球在上层社会极其盛行，就别出心裁地把网球搬进室内，在桌面上来回击打一种包有丝织物的橡胶球。故乒乓球在英美又叫“桌上网球”。

1890 年，一位叫吉布的英国工程师提议用赛璐珞制成空心球来代替橡胶球。5 年后，这种空心球出现在人们的生活中。由于球发出“乒乓”“乒乓”的声音，于是人们就把这种球命名为乒乓球。

艺术体操：发展女子身体的柔韧性

艺术体操又称“韵律体操”，是 19 世纪末 20 世纪初发源于欧洲的一种女子项目。

当时法国生理学家乔治·德迈尼、瑞士音乐教师台尔克罗兹、德国舞蹈教师拉班以及现代体操家博德和梅道等人，都主张以女子优美的自然体形为基础，在音乐伴奏下做出各种有节奏的艺术造型动作，从而发展女子身体的柔韧性，形成优美健康的身体形态，同时增强人体动作的艺术性和协调性。专门从事体育与医学研究的爱沙尼亚人艾德勒和他的学生库普，将动力性动作与放松的流线型动作结合起来，交替运用，创造了具有活力及独特节奏的女子体操。艺术体操就是在这个基础上，经过长期实践逐渐形成的，并于 20 世纪 50 年代正式定名。

艺术体操的主要项目有绳操、球操、圈操、带操、棒操五项，它吸收了芭蕾舞、现代舞、民间舞和杂技的精华，不但能够培养运动员的力量、灵巧、节奏感等素质，而且从心理和生理角度来看，更符合女子锻炼的要求，是深受现代女性欢迎的一项运动。

健美运动：古希腊的雕塑

早在古希腊时代，运动健将就用举重物来锻炼身体，并得到强壮健美的体形，这些健美的运动员被雕塑家“记录”下来并留存至今。这是健美运动的早期萌芽。现代的健美运动是以展示人体美为特征。

19 世纪晚期，德国人山道首创了通过各种姿态来展示人体美，为现代健美运动的发展奠定了基础，所以他被公认为“国际健美运动的创始人”“世界上第一位健美运动员”。

尤金·山道，1867 年 4 月 2 日出生在德国的康尼斯堡。山道童年时代体弱多病，常常被蛮横的同学欺辱。10 岁那年，山道跟随父亲到意大利的罗马旅游，他被美术馆中古希腊的雕塑深深吸引，并决心把自己的身体也“雕塑”得像古代的角斗士。最终他成功了。

20 世纪 20 年代，《肌肉发达法》《力的秘诀》等颇具影响的专著从理论上肯定了健美运动的作用。从 20 世纪 30 年代起，在一些欧美国家，健美表演逐渐变成一项竞技比赛——健美比赛，并扩展到世界各地。20 世纪 40 年代初，加拿大人本韦德兄弟周游 90 多个国家和地区，宣传推广健美运动。1946 年，国际健美联合会创立。该会负责议定和推行国际性健美比赛的组织、规则、裁判、奖励等事项。现在，已有 116 个国家参加了国际健美联合会。

滑雪：白色精灵的飞舞

早在几千年前，人类为了在恶劣的自然环境中生存，发明了可以代替行走的滑雪板，它的应用使得人们可以在浩瀚的森林中任意驰骋追寻猎物。滑雪运动起源并发展于斯堪的纳维亚国家。

1206 年挪威内战期间，国王派遣了两名腿上绑着桦树皮（称“桦木腿”）的滑手，携带着两岁的王子哈康逊突围成功。以后哈康逊成了新国王（哈康四世），每年都在他当年突围走的那条路上举办一次越野滑雪赛，来纪念这一事件。1572 年，荷兰与西班牙交战，一支舰队被封冻在江面上。荷兰兵滑行于冰雪覆盖的江面，将不会滑雪和滑冰的西班牙军队打得落花流水。

1924 年，第一届冬季奥运会举行北欧滑雪比赛，即越野滑雪、跳雪和两项全能赛（18 千米越野滑雪和跳雪）。目前，滑雪在世界上很盛行。

柔道：源出少林之门

柔道由中国拳术发展而来，其源出少林之门。在日本东京，古武道研究会曾立一碑，上书："拳法之传流，自明人陈元赟而起。"陈元赟是中国的一位武林高手，是他将中国的传统武术传到日本，开现代风行世界的柔道之先河。

陈元赟生于明万历十五年（1587年），祖籍杭州。因崇尚武艺，少年时代即在嵩山少林寺习武。经名僧指点，武术渐进，成为一名武林高手。天启元年（1621年），他东游扶桑，先后在名古屋、江户等地传授正宗华夏拳术，并广收徒弟。彼时，陈元赟的徒弟中有三浦、福野两人深得少林武术之真谛，自立门户后，遂称为"日本中古柔术之祖"，将中华武术发展成为日本柔术。

1951年，日、英、法诸国发起创立国际柔道联盟。1956年，在东京举行了第一届世界柔道锦标赛。

拳击：勇敢者的运动

拳击被称为"勇敢者的运动"。早在古希腊和罗马时代就有许多有关拳击的生动记载。一幅公元前1500年的希腊壁画中就有戴手套进行拳击的场面。在古代，战士拳击时，由于可以任意使用摔、打、踢、蹬等动作，直至将对手置于死地，所以它只是一种供奴隶主寻欢作乐的残杀游戏。最早的拳击规则是1729 ~ 1750年称霸英国拳坛的杰克·布荣顿于1743年制定的。

娱乐活动：劳累工作的调节剂

龙舟竞渡：宁荒一年田，不输一年船

龙舟竞渡又称“赛龙舟”“划龙船”“龙船赛会”等，是一种源远流长的群众性娱乐活动。其起因历来说法不一，主要有以下几种：

一说是为了纪念越王勾践操练水师，打败吴国。后人为了昭彰勾践这种坚忍不拔的精神，便效仿越国水师演练时的情景，于五月五日这一天划船竞渡，以示纪念。

二说是为了纪念伍子胥。传说伍子胥因遭谗言诽谤，被吴王夫差命人抛于钱塘江波涛之中，有曹娥驾舟去救。“五月五日，时迎伍君，逆涛而上，为水所淹。”后世遂划龙舟，作救伍子胥状。

三说是为了纪念楚大夫屈原。这种说法普遍被接受，其文字记载始见于南朝梁人撰写的《续齐谐记》：“楚大夫屈原遭谗不用，是日投汨罗江死，楚人哀之，乃以舟楫拯救。端阳竞渡，乃遗俗也。”

端午节赛龙舟

今天，赛龙舟作为一项有益的体育活动，几乎遍及大江南北、黄河上下。特别是在农村，人们对赛龙舟夺锦标更是十分重视，他们说：“宁愿荒废一年田，不愿输掉一年船。”

龙舟竞渡不仅在中国倍受欢迎，而且很早就传播到周边的地区和国家。现在，国际龙舟联合会有会员 30 余个，遍布世界五大洲。此外，龙舟采用了龙的形状来设计船的样式，不仅具有浓厚的文化韵味，同时也极富艺术美感。

舞狮：乾隆梦中的五色圣兽

关于舞狮的由来，众说纷纭，大致有如下几种说法：

1. 乾隆说

有一天，乾隆皇帝做梦梦到有只五色圣兽，他叫人把梦见的圣兽做出来，并叫两名舞者入内跳舞。此为乾隆说。

2. 年兽说

说在一个小村落里，每年都会出现一只怪兽，发出“年”的声音，人称为年兽。年兽不会害人，但会吃田，所以困扰农民。于是农民用竹子做出“怪兽”，再加三角布作兽身，里面有两个人。隔年，年兽再度出现，农民敲锣打鼓发出巨大的声音，“怪兽”舞蹈起来。年兽受到惊吓，逃入山中不见了。此为年兽说。

3. 佛山说

传说在广东省佛山地方的某个小村落，有只凶暴的狮子伤害村民。村里的武艺师傅听到此事后，教村民学武术拳法，终于制伏了狮子。村民为了纪念胜利，便依照狮子与武术家格斗的模样舞蹈，于是有了舞狮。

以上说法或多或少都带有杜撰色彩，但是以现实的眼光来看的话，似乎是佛山说较为可信。

舞龙：龙王报恩

舞龙最初是作为祭祀祖先、祈求甘雨的一种仪式，后来逐渐演变成一种文娱活动。舞龙起源于汉代，而且经久不衰。

关于舞龙的来历，民间有这样一个传说：有一天，龙王腰痛难忍，用尽龙宫中所有的药也不见效，于是只好变成老头来到凡间求医。大夫摸脉后甚觉奇异，问道：“你不是人吧？”龙王看瞒不过去，只好说出实情。于是大夫让他变回原形，从其腰间的鳞甲中捉出一条蜈蚣。经过吸毒、敷药，龙王完全康复了。为了答谢治疗之恩，龙王向大夫说：“只要照样子扎龙舞耍，就能风调雨顺，五谷丰登。”此后，每当旱灾时人们便舞龙求雨，并有春舞青龙、夏舞赤龙、秋舞白龙、冬舞黑龙的规矩。

踢毽子：生命的蝴蝶

踢毽子是中国民间的一项体育游戏，被人们誉为“生命的蝴蝶”。在古代，它是所谓“杂技”“杂戏”“博戏”“百戏”的一种。

据历史文献和出土文物证明，踢毽子始于中国汉代，盛行于六朝、隋、唐，至今已有 2000 多年的历史了。

宋代高承在《事物绝原》一书中，对踢毽子有较详细的记载：“今时小儿以铅锡为钱，装以鸡羽，呼为毽子，三四成群走踢，有里外廉、拖抢、耸膝、突肚、佛顶珠等各色。”

明、清时期，踢毽子进一步发展，至清末踢毽子已达到鼎盛时期，踢毽子的人越来越多。他们不仅用来锻炼身体，还把踢毽子和书画、下棋、放风筝、养花鸟、唱双簧等并提，一些人以会踢毽子为荣。民间踢毽爱好者更是用功苦练，每逢城乡庙会，各路能手便云集某地，观摩、比赛、培养新手，十分热闹。

中国河北省的承德市，素有“毽子之乡”的美称。在承德，几乎家家有毽子，人人会踢毽。春节期间，踢毽子活动开展得更加有声有色，男女老少，结伴出门，街头巷尾，毽羽飞舞。

踩高跷：采食树上的野果

高跷，是由表演者脚踩木跷表演。由于表演者高出一截，观众需要仰起头来或是站在高处观看，所以也有人把高跷称为“高瞧戏”。图为高跷演员正在表演自己的绝活。

踩高跷是一种盛行于民间的群众性技艺表演。据说，踩高跷这种形式源自古代人为采树上的野果为食，给自己的腿上绑两根长棍这一行为。

高跷本属中国古代百戏之一，早在春秋时就已出现。中国最早记载高跷的是《列子·说符》：“宋有兰子者，以技干宋元。宋元召而使见其技。以双枝长倍其身，属其胫，并趋并驰，弄七剑迭而跃之，五剑常在空中。元君大惊，立赐金帛。”从文中可知，早在公元前500多年，高跷就已流行。

猜灯谜：观灯射虎

猜灯谜是中国传统的娱乐形式，尤其是元宵佳节，处处是灯谜盛会。

灯谜是从古代游戏中发展过来的。早在春秋战国时代，宫廷和墨客中就出现了“隐语”“文义谜语”等文字游戏，这可以说是最早的灯谜。唐宋时代，制谜和猜谜的人多了起来。宋朝文学家王安石、苏轼等，都是制谜语的能手。王安石的“日”谜至今仍流传于民间，谜语说：“画时圆，写时方，冬时短，夏时长。”南宋时，每逢元宵佳节，文人墨客把谜语写在纱灯上，供人们猜测助兴。

当时人们还把灯谜叫做“谜虎”或“灯虎”，把猜谜叫“射虎”或“打虎”，说明猜谜像射老虎那样不容易。其中用文字作为谜面的叫“文虎”，用诗句作为谜面的叫“诗虎”，足见当时灯谜是多么深奥有趣了。

关于灯谜的由来，还有一则民间故事：据传，很早的时候，有个姓胡的财主，家财万贯，横行乡里，看人行事，皮笑肉不笑，人们都叫他“笑面虎”。这笑面虎只要看见比自己穿得好的人，便拼命巴结；对那些粗衣烂衫的穷人，他则恨不得嚼出油来。

那年春节将临，胡家门前一前一后来了两个人，前边那个叫李才，后边那个叫王少。李才衣帽整齐华丽，王少穿得破破烂烂。家丁一见李才，忙回房禀报，笑面虎慌忙迎出门来，一见来客衣帽华丽，就满脸堆笑，恭敬相让。李才说要“借银十两”，笑面虎忙取来银两。李才接过银两，扬长而去。笑面虎还没回过神来，王少忙上前喊道：“老爷，我借点粮。”笑面虎瞟了他一眼，见是衣着破烂的王少，就暴跳如雷地骂道：

“你这穷小子，给我滚！”王少还没来得及辩驳，就被家丁赶出了大门。回家的路上，王少越想越生气，猛然间心生一计，决定要斗斗这个笑面虎。

转眼间，春节已过，元宵将临，各家各户都忙着做花灯，王少也忙了一天。到了元宵灯节的晚上，各家各户街头房前都挂上了各式各样的花灯，王少也打出一顶花灯上了街。只见这花灯扎得又大又亮，更为特别的是上面还题着一首诗。王少来到笑面虎门前，把花灯挑得高高的，引得好多人围看。笑面虎正在门前观灯，一见此景，也忙挤到花灯前，见灯上题着四句诗，他认不全，念不通，就命身后的账房先生念给他听。账房先生摇头晃脑地念道：

头尖身细白如银，论秤没有半毫分。

眼睛长到屁股上，光认衣裳不认人。

笑面虎一听，只气得面红耳赤，怒眼圆睁，哇哇乱叫：“好小子，胆敢来骂老爷！”随即命家丁来抢花灯。王少忙挑起花灯，笑着说：“老爷，咋见得是骂你呢？”笑面虎气呼呼地说：“你那灯上是咋写的？”王少又朗声念了一遍。笑面虎恨声说：“这不是骂我是骂谁？”王少仍笑嘻嘻地说：“老爷是犯了猜疑。我这四句诗是个谜，谜底就是‘针’，你想想是不是？”笑面虎一想：可不哩！只气得干瞪眼，没话说，转身狼狈地溜走了。周围的人见了，只乐得哈哈大笑。

这事后来越传越远。第二年灯节，不少人都将谜语写在花灯上，供观灯的人猜测取乐，所以就叫“灯谜”。以后每逢元宵灯节，各地都举行灯谜活动，此习俗一直沿袭到现在。

放风筝：又是一年三月三

清明节前后，春风送暖，绿草如茵。每当这个时候，一些地方便会家家户户出门踏青放风筝。这既是一种艺术享受，又是一种陶冶性情的健康活动。

据史载，风筝在我国已有2000多年的历史。早在春秋战国时代，就有人用木、竹做风筝。所谓“削木为鹞,成而飞之,三日不下”，说的就是制作和放飞风筝的事。《韩非子·外储说》也有记载:“墨子为木鸢，三年而成，蜚（飞）一日而败。”从这些文字记载可知，当时的木鸢是用木料制作的靠滑翔的鸟形飞行器。到了汉朝，才出现了用竹制框架、以纸糊之、以绳牵之、放之空中的“纸鸢”。到五代时，李邺在风筝上拴上竹笛，微风吹动，嗡嗡然如筝之声，因而得名“风筝”。

十美放风筝

放风筝在中国由来已久，是深受人们喜爱的一种游戏，被形诸绘画的不在少数。这幅杨柳青年画表现了十位美女各执不同造型的风筝竞相放飞，很有生活气息。

关于风筝的由来，还有一段历

史传说，这就是韩信造风筝的故事。当年楚汉相争，刘邦的汉军把项羽的楚军围困于垓下。为了瓦解楚军的士气，韩信便制作了风筝，在风筝上拴一竹笛，一放入高空，便迎风作响。汉军又随着微声唱起楚歌，楚军听了更加思念故土及亲人，于是军心涣散，不战自败。

武术：中国功夫

中国武术源远流长、种类繁多。“武术”一词最早见于南朝。梁昭明太子萧统《文选》第二十卷中有《皇太子释尊会作诗一首》，诗中说：“国尚师立，家崇儒门……偃闭武术，阐扬文令。”这时的武术泛指军事技术。“武术”一词的普遍使用，则是辛亥革命前后的事情。1911 年，青岛出现了“武术传教所”。1919 年，山东教育界创办了“武术传习所”。1923 年 4 月，上海举办了“全国武术运动大会”。人们常说的十八般武艺，主要是指武术中常见的一些长短兵器，一般包括刀、枪、棍、剑、棒、戟、斧、锤、矛叉、鞭、锏、槊、镗、铲、环、拐、钺、戈。

太极拳：易有太极，是生两仪

“太极”一词源出《周易·系辞》:“易有太极，是生两仪。”含有至高、至极、绝对、唯一之意。太极拳,早期曾被称为“长拳”“棉圈”“十三势”“软手”。清朝乾隆年间，山西人王宗岳著《太极拳论》，才确定了太极拳的名称。

关于太极拳的创始人，众说不一，大致有唐朝许宣平、宋朝张三峰、明朝张三丰、清朝陈王廷和王宗岳等几种不同的说法。虽张三丰和王宗岳各著有《太极拳论》，但现在多数拳家亦以现传各式太极拳出自陈式太极拳，而持陈王廷创拳之说。追其溯源，总的来说，它是综合吸收了明代名家拳法，特别是吸取了戚继光的三十二势长拳，并结合了古代导引、吐纳气功之术和中医经络学说，以及古代朴素辩证唯物主义的阴阳五行学说，以道教、太极八卦等理论为太极拳的哲学基础，赋予了太极拳丰富的中国传统文化和传统哲学思想。这首先表现在太极拳始终处于运动之中，动作衔接紧密，劲断意不断，势断意相连，拳势如春蚕吐丝绵绵不断，如长江之水滔滔不绝。同时，太极拳运动也是对立统一的矛盾运动，在太极拳中存在着刚柔、虚实、动静、快慢、开合、屈伸等诸对既对立统一，又可相互转化的矛盾。

象棋：战国贵族的娱乐

象棋在中国的历史源远流长，由来已久。战国时期，已经有了关于象棋的正式记载。《楚辞·招魂》中有“蓖蔽象棋，有六博些；分曹并进，遒相迫些；成枭而牟，呼五白些”。《说苑》载：雍门子周以琴见孟尝君，说：“足下千乘之君也……燕则斗象棋而舞郑女。”

图中倚石席地对坐攻棋者二人，左边一人目光炯炯，右手举棋未定；右边一人聚精会神地注视着对方的攻势。他们身后各立两位侍者观战。图中棋盘与现代象棋棋盘有差异，是象棋发展过程中的一种。

显然，远在战国时代，象棋已在贵族阶层中十分流行。据上述情况及象棋的形制推断，象棋产生于周代建朝（前11世纪）前后的中国南部地区。

早期的象棋，棋制由棋、箸、局三种器具组成。两方行棋，每方六子，分别为：枭、卢、雉、犊、塞（二枚）。棋子皆用象牙雕刻而成。箸，相当于骰子，在棋之前先要投箸。局，是一种方形的棋盘。比赛时，“投六箸，行六棋”，斗巧斗智，相互进攻逼迫，而制对方于死地。春秋战国时的兵制，以五人为伍，设伍长一人，共六人。由此可见，早期的象棋是象征当时战斗的一种游戏。在这种棋制的基础上，后来又出现一种叫“塞”的棋戏，只行棋不投箸，去除了早期象棋中侥幸取胜的元素。

秦汉时期，塞戏又称为“格五”，颇为盛行。从湖北云梦西汉墓出土的塞戏棋盘和甘肃武威磨嘴子汉墓出土的彩绘木俑塞戏，皆与汉代边韶《塞赋》中对塞戏形制的描写相呼应。三国时期，象棋的形制不断变化，并已与印度有了传播关系。至南北朝时期的北周朝代，武帝制《象经》，王褒写《象戏·序》，庾信写《象戏经赋》，都是象棋形制第二次大改革完成的标志。隋唐时期，象棋活动逐渐普及，史籍上屡见记载，其中最重要的是《士礼居丛书》载《梁公九谏》中对武则天梦中下象棋的记叙和牛僧孺《玄怪录》中关于宝应元年（762年）岑顺梦见象棋的一段故事。结合如今能见到的北宋初期饰有“琴棋书画”四样图案，而以八格乘八格的明暗相间的棋盘来表示棋的苏州织锦，与河南开封出土的背面绘有图形的铜质棋子，可以看出：唐代的象棋形制，和早期的国际象棋十分相似。从那时诸多的诗文传奇中，都能看出当时象棋的流行情况。而象棋谱《樗薄象戏格》三卷则可能是唐代的著作。宋代是象棋广泛流行，形制大变革的时代。北宋时期，先后有司马光的《七国象戏》，尹洙的《象戏格》《棋势》，晁补之的《广象戏图》等著作问世，民间还流行“大象戏”。

经过数百年的实践，象棋于北宋末定型成近代模式：32枚棋子，有河界的棋盘，将在九宫之中，等等。

扑克：缓解思乡之愁

说起扑克的由来，还有一段小故事。相传早在楚汉争斗时期，大将军韩信为了缓解士兵的思乡之愁，发明了一种纸牌游戏。纸牌是用丝绸及纸裱成，图案是用木刻版印成的，因其只有树叶大小，故被称为“叶子牌”。据说这就是最早的扑克牌。

12 世纪时，马可·波罗将这种纸牌游戏带到了欧洲，立刻受到了西方人的极大欢迎。起初，它只是贵族们的奢侈品，但是因为它造价低廉，玩法多样，又容易学，很快便进入平常百姓的家中。

桌球：由两球相撞演化而来

桌球又名撞球，14 世纪时起源于欧洲，最先在法国流行。

17 世纪末，法国国王路易十四的御医要求他每天晚饭后做桌球运动。由于国王的带头，这项运动很快风行于法国上流社会。英国维多利亚女王时代，贵族宅邸均设有考究的桌球室，成为皇室与贵族阶层专用的消遣娱乐场所。早期的桌球上只有两个球，用黄铜和木材制成，还有用象牙制成的。后来，球类增多了，制球的材料也演变成今天的化学材料。

今天，在中国的城市和乡村，到处都可以看到桌球运动。

桌球玩法分为有袋撞球和无袋撞球(即开仑撞球)两种。有袋撞球又分为指定撞球、15 球循环、抢 8 和美式斯诺克几种。

指定撞球:比赛者先指定要将某一子球打进袋，再用母球撞击。每进一球得一分，总分为 150 分。开球时必须将两个以上的子球撞击到台球的任一边，或将子球打入袋中，才算合法开球。

15 球循环：依次将 1 ~ 15 号球击入袋中，球的序号即分值，先获得 61 分者胜。

抢 8：一个负责将 1 ~ 7 号球击入袋中，另一个负责 9 ~ 15 号球，打完各自分配得的球后，再将 8 号球击入袋中，便获胜。

美式斯诺克：子球共 21 个，其中有 15 个没有号码的 1 分红球及 6 个有号码、有分数的色球(黑色 7 分，粉红色 6 分，蓝色 5 分，棕色 4 分，绿色 3 分，黄色 2 分)。比赛时击入的第一个球必须是红球，接着击打某一色球。红球击入袋后不再取出，色球击入后马上取出放回原位。所有红球都进袋后，再依分值从低至高击打色球，此时色球击入袋后不再取出，最后得分高者胜。

开仑撞球:最受欢迎的为“三颗星撞球”。只需用到 3 个球:2 个子球(1 红、1 白)及 1 母球(白色,上有一黑点)。用母球连续撞击两个子球便得 1 分。击第一个子球后，母球必须碰撞台垫边三次以上，再与第二个子球相撞。先得 50 分者胜出。

万物篇

追本溯源，了解万物背后的故事

生活设施：从居家，到公共场所

旅馆：早期的“驿站”

根据历史记载，早在商朝就有“驿站”，当时是供官方传递文书和往来宾客居住的处所。西周初期，为了方便诸侯进贡和朝觐，在通往都城的道路上广修客舍，所谓“凡国野之道，十里有庐，庐有饮食”，“市有候馆……以待朝聘之官也”。来宾按爵位高低，分别受到不同的接待，这实际上是一种“官营”旅馆。

春秋战国时期，由于商业兴盛和交通发达，“民间”旅馆渐渐兴起。这些旅馆最初叫“客栈”或“旅店”，食宿不分，主要为商人服务。

西汉时期，旅馆的范围得到扩大。西汉首都长安，馆舍星罗棋布，不仅有供各地客商住的“郡邸”，还有供外宾居住的“蛮夷邸”。

据《旧唐书·太宗本纪》载：唐太宗即位后，恢复了地方官朝觐制度，为使官员住宿方便，下令建造“邸第三百余所”。当时，水陆驿道纵横交错，每隔30里就有一所驿站。全国共有驿站1639所，以首都长安为中心驿道，四通八达。

到了元代，旅馆已成为最兴旺的行业之一，甚至出现了皇家开办的旅馆。明清时，“驿”在京被称为“会同馆”。

家庭旅馆：Bed and Breakfast

商队旅馆是一种供客商使用的旅馆。它为商队的商人们提供食物和住处。伊朗王阿拔斯让他的百姓修建状况良好的道路、桥梁和商队旅馆，以支持贸易发展。

家庭旅馆源自欧洲，后盛行于美国。在西方国家，家庭旅馆的形式分为两种：一种叫“B&B”，即“Bed and Breakfast”，字面意思为“住宿和早餐”，由一个家庭空出几间房屋作为客房出租经营；另一种叫“Guest house”，即客人房，是将其房屋整套用来出租。2003年夏天，“家庭旅馆”这一概念正式被引入中国，目前在全国各地都有。

家庭旅馆是一种新兴的旅游短期居住方式，房屋设施都比较齐全，厨房、卫生间、客厅、餐厅、空调、电视等，所以家庭旅馆舒适程度是普通旅店没有办法比的。家庭旅馆的价格比宾馆低廉，交通都比较方便。独立空间，免受打扰，设施齐全，自由自在，让人感受到的是一种在家的温馨舒适。工作、游览之余，还能把自己真正融入当地，走进当地百姓的生活，与他们一道去买菜、做饭、逛街、游乐，不会有异乡人的感觉。哪怕只是短短的几天，你会发现，家庭旅馆给你的是一份家的自在、舒适和温馨。

理发店三色柱：理发师的兼职——外科医师

在理发店的门口，人们通常会看到一个旋转的多彩圆柱，其色彩一般以红蓝白三色居多。这一标志有什么含义呢？它是怎么来的呢？

在中世纪，西欧流行一种说法：人生病主要是因为体内各元素不平衡，只要引出多余的“元素”，就会恢复健康。而血液则被认为是最容易引出的一种“元素”，因而欧洲人认为“放血是康复之始”。但医师认为这是下等人做的事，不肯自己动手放血，而托理发师来做，于是理发师就成了业余外科医师。1540年，经英格兰国王批准，成立了理发师、外科医师联合会，并为此举行了庄严的仪式，国王亲自把批准书交给联合会主席维凯瑞。从此，理发师正式打出了外科医师的牌子，并选三色柱作为他们行医和理发的标志。三色柱中的红色代表动脉，蓝色代表静脉，白色代表纱布。1745年，英王乔治二世敕令成立皇家外科医学会，外科医师从此与理发师分家，但理发店门前的三色柱却一直沿用下来。

世界各国的理发店认为这种花柱很好看，也很醒目，就纷纷效仿。

百货店：乾隆改店名

百货店，顾名思义，就是商品杂货店。虽取名百货，但那只是一个概数，这一名称源自清朝乾隆皇帝的一个故事。

传说有一次，乾隆皇帝乔装成庄稼人，到一个江南小镇私访。小镇上人来人往，十分热闹。乾隆皇帝经过一家看起来很不起眼的店铺，但招牌却是“万货全”。乾隆心想，好大的口气，我倒要看看究竟是不是万货齐全。于是，他迈步就进了铺子。

店铺里货架上的货的确挺全。乾隆皇帝沿柜台逛了两圈，开口对伙计说：“我买把粪叉子。”伙计连忙拿了几把往柜台上一放：“请您随意挑选。”乾隆皇帝边摇头边说：“我要的是金粪叉子。”

伙计转身回到柜房告诉了掌柜。掌柜听了，连忙来到柜前，定睛一看，他感觉这个人一定是来找麻烦的，于是急忙笑着说：“这金粪叉子小店确实没有。”

乾隆皇帝说："你不是万货全吗？"掌柜一听明白了，让伙计赶紧把招牌摘了，对他说："那就请这位老爷给起个字号吧。"乾隆皇帝说："'万货全'没有我要买的东西，但百种货我看还是有的，那就叫'百货全'吧！"于是，这家"万货全"就改成了"百货全"，而一般的日用品商店也就改名为百货店了。

跳蚤市场：专门卖便宜货的地方

我们习惯称旧货市场为跳蚤市场，这是为什么呢？

跳蚤市场译成英文即"flea market"。有关"flea market"的来源，有两种说法：

一种说法是据语源学家克丽丝汀·安默儿说，"flea market"最初来源于纽约的Fly Market，Fly Market是纽约市曼哈顿地区的一个固定市场，这一市场从美国独立战争（1775年）之前一直延续到大约1816年。

Fly这个词来源于该市场的荷兰语名称Vly或Vlie，在荷兰语的意思是"山谷"，很巧的是，它在荷兰语中的发音正好和英语中的flea一样，所以就形成了英语中的"flea market"。

另一种说法是"flea market"起源于19世纪末的法国，Le Marcheaux Puces（法语，字面意思相当于英语中的market of the fleas）是巴黎专门卖便宜货的地方。

早期的法国人经常将自己的旧衣服、旧东西拿到街上卖，而那些旧的东西里时常会有跳蚤、虱子等小虫子。逐渐地，人们就将这样卖旧货的地方叫做"flea market"。而我们中国人呢？也就直译成了跳蚤市场。人们半开玩笑地说市场内的破烂商品里很可能到处都是跳蚤，该市场因此而得名。

夜市：丰富的夜生活

夜市由于其独特的氛围，深受百姓喜爱，成为人们休闲、购物的好去处。中国的夜市从很早以前就已出现。

西汉时，都城长安及洛阳、邯郸、成都等大城市，商业都已经很发达。不过，当时的官府对这些城市的夜市严加看管，开市和闭市都规定具体的时间。东汉时，兴起了"夜作"，这是夜市的萌芽。

到了唐代中期，随着农业、手工业的不断发展，商业出现了新的繁荣局面，单靠白天的市场交换商品显然已经不能满足需要，于是夜市正式出现。长安不论白天抑或夜晚，集市贸易都相当发达。

现在，中国很多城镇的夜市已经成为当地经济发展的重要组成部分，成为地方人文旅游景观。

酒吧：西部牛仔的乐园

酒吧，在英语里是 bar，原意是长条的木头或金属，像门把或栅栏之类的东西。它最早起源于美国西部大开发时期。

最初，在美国西部，牛仔和强盗们很喜欢聚在小酒馆里喝酒。由于他们都是骑马而来，所以酒馆老板就在馆子门前设了一根横木，用来拴马。

后来，汽车取代了马车，骑马的人逐渐减少，这些横木也多被拆除。有一位酒馆老板不愿意扔掉这根已成为酒馆象征的横木，便把它拆下来放在柜台下面，没想到却成了顾客们垫脚的好地方，受到顾客的喜爱。

其他酒馆也纷纷效仿。很快，柜台下放横木的做法便普及开来。由于横木在英语里念作“bar”，所以人们索性就把酒馆翻译成“酒吧”。

茶馆：老妇人的茶摊

茶馆又叫茶楼、茶肆、茶坊、茶寮、茶室等，它是以营业为目的、供客人饮茶的场所。中国的茶馆，由来已久。

在《广陵耆老传》中曾谈到一个神话故事：“晋元帝时，有老妪每旦独提一器茗，往市鬻之，市人竞买，自旦至夕，其器不减。”这与现今的茶摊十分相似。

南北朝时，又出现供喝茶住宿的茶寮，它可说是现今茶馆的雏形。而关于茶馆的最早文字记述，则是唐代封演的《封氏闻见记》，其中谈到自邹、齐、沧、棣，渐至京邑城市，多开店铺，煎茶卖之，不问道俗，投钱取饮。自唐开元以后，在许多城市已有煎茶卖茶的店铺，只要投钱即可自取随饮。

图书馆：知识的栖息地

图书馆，是收集、整理、收藏图书资料，供人阅览参考的机构。

世界上最早的图书馆大约在 8000 多年前就有了。美索不达米亚人曾用一种楔形棒在潮湿的泥书板上写字，当时写成的东西就叫做“楔形文字作品”。他们把书板烤干，将其中的珍本放进泥套里保存起来。人们发现数以千计的这种书板储存在宫殿、寺庙里，并且按照科目次序排列起来。这样的宫廷藏书机构就是最初的图书馆。

位于埃及北部的亚历山大图书馆收藏了许多经典时期的档案文献。

在古埃及，图书馆则建在神殿里，并由牧师管理。埃及人把东西写在莎草纸上，然后把纸卷放在带节的树枝上，放在箱子内或书架上。

古埃及最著名的一个图书馆，就是建于公元前 300 年左右的亚历山大图书馆，它拥有几十万册藏书，几乎收藏了所有的希腊著作和一部分东方典籍。

首先想到要建立公共图书馆的是古罗马的统治者恺撒，他提出建立一个公共图书馆的系统计划。因此，在恺撒之后，公共图书馆便成了罗马常设的设施之一。早在 4 世纪时，罗马就有 28 个图书馆了。

后来，图书馆变成了教堂和寺院的一部分。修道士们除了看书还抄书，因此多数的图书由于他们的努力而保存了下来。

在欧洲中世纪的末期，大教堂出现了，一些小的图书馆就造在教堂里面。这时候，高等学府也开始收集图书。

到了 1400 年，英国牛津大学开始筹建图书馆，它被命名为博德莱因图书馆。

在 1850 年，英国议会通过了准许建立公共图书馆的法令，正是从那时起，图书馆到处建立发展起来。

自来水：水自流直入城中

自从有了城镇，人类就开始了铺设自来水管道的尝试，不仅因为方便，也是为了水的洁净和安全。比起直接饮用江河湖泊里的天然水或地下井水，这是人类饮水史上的一次革命，被称为是第二代饮水。

据说，自来水是宋朝文学家苏轼发明的。

苏轼到岭南做客时，得知广州人民只能饮苦涩的水，便写信给广州太守，建议引山泉水入广州，为民造福。他提出的方案是："于岩下凿大石槽，引以五管大竹，续处以麻绳漆涂之。随地自高而下，水自流直入城中，谓'自来水'。"

为了使"自来水"工程尽早动工，顺利进行，他向太守推荐很有经验的罗游山道士邓守安为工程师，负责指挥该工程的施工建设。当"自来水"工程竣工时，广州一带人民欢天喜地，共饮甘泉。自此，苏轼与"自来水"成为人们的千古美谈。

电梯：角斗场的升降器

维尔纳·冯·西门子于 1880 年，在曼海姆建造了第一部电梯。

原始的"电梯"是人力升降器，现代电梯是用电力作为动力的升降器。据记载，早在古罗马尼禄王朝就有了升降器。尼禄是个暴君，常常让角斗士和野兽搏斗，他在高处观看作乐。考古学者在科洛西姆斗兽场发现一个壁坑，看来这里曾经安装过升降器，用它从地下把角斗士和野兽运送到角斗场去。据另一位历史学家说，这种升降器是用绳子吊拉着木板往上升，要用 16 个奴隶来启动，发明这种升降器的是一名古罗马远征军战士，名字已无从可考。

世界上第一批载客升降器建造于18世纪中期的俄国莫斯科近郊的库斯沃庄园内。在1793年，库利宾在科宫安装了一架升降器，这是当时最时髦的玩意儿。1880年，德国制成的第一部电梯，是用电动机带动钢索系统的乘坐箱，这种电梯在中国旧式建筑中还能见到。

19世纪末，汉堡制造了一部罐笼式电梯，它是由几个乘坐箱组成，各个乘坐箱向一个方向运动，不停止运行，到了哪层楼乘客就自动进出。由于它的速度很慢，每秒钟只升高25 ~ 30厘米，所以乘客可以从容地离开或搭乘。

现代电梯越造越精巧。有的国家还制成了用压缩空气开动的电梯，它的乘坐箱下面装一条可以伸缩的管子，好似收音机上的拉杆天线，大功率的夺气机把空气挤出。除了直升直降的电梯外，还有阶梯形滚动电梯。城市里还有电动人行道。

床：编织技术后时代

原始社会，人们生活十分简单，那时还没有床。睡觉时人们便将植物枝叶或兽皮垫于身下，掌握了编织技术后就出现了席子，随后便有了床。商代甲骨文中已有像床形的字，说明床最早起源于中国商代。但从实物来看，最早的床是在信阳长台关一座大型楚墓中发现的，床上刻绘着精致的花纹，周围有栏杆，下有6个矮足，高仅19厘米。

春秋以来，床往往兼做其他家具。人们写字、读书、饮食都在床上放置案几。晋代著名画家顾恺之的《女史箴图》中所画的床，高度已和现在的床差不多。另外还出现一种四足的高床。但那时候床仍未成为睡卧的专用家具。

唐代出现桌椅后，人们生活饮食等都是坐椅就桌，不再在床上活动。床逐渐演变成一种睡卧的专用家具。

19世纪20年代出现了弹簧床。19世纪后期，金属床开始出现。

厕所：文明的进步

厕所在中国古代称“溷藩”，或称“圊”“轩”；又因古时农家厕所只用茅草遮蔽，故称为“茅厕”。古人管上厕所叫“如厕”，又名“出恭”。

在《晋书·王敦传》中有关于豪华厕所的记载：“石崇以奢系于物，厕上常有十余婢侍列，皆有容色，置甲煎粉沉香汁。有如厕者，皆易新衣而出。”

1903年，慈禧太后以谒见西陵为名，试行新造的芦汉铁路。芦汉督办盛宣怀是个马屁精，特地准备一辆花车，车内床侧有一门，门内有一被称作“如意桶”的马桶。桶底贮黄沙，上注水银，粪落水银中，无迹无味。外施宫饰绒缎，成一绣墩，可谓奢侈至极。

16世纪前后的欧洲似乎还未普遍设厕所，莫里哀喜剧里描写的巴黎人拿起便壶随便往外倒，毫不顾及路上的行人。1596年，抽水马桶被英国人哈林顿发明。从此以后，厕所开始逐渐推广。

墓地：纵有千年铁门槛，终须一个土馒头

俗话说“纵有千年铁门槛，终须一个土馒头”，坟墓是人的肉体的最终归宿。那么墓地是怎么来的呢？

最早的墓地可以追溯到石器时代。在欧洲发现了公元前4500年左右的墓地。考古学家发现，当时的墓地常位于海边、湖畔和河畔，可能是专属于某一部族的肥沃地域的标志。

在石器时代，有些墓地只埋葬20具尸体，而有一些则多达179具尸体。通过检验骸骨，可以发现当时的死亡原因主要是关节炎、软骨病、龋齿等常见病。当然也不乏因谋杀而死亡者，或者因狩猎事故或斗殴而死亡者，更有因战争而死亡者。

墓穴中的随葬品，显示了多种多样的葬礼习俗以及社会现象。猎人和他们的猎狗葬到一起，穿孔麋鹿牙、熊牙、海狸牙垂饰，似乎可以说明当时的狩猎水平。另外，有些儿童也有随葬品，这表明在当时已经出现了阶级的差异，因为墓穴里的随葬品不可能是儿童活着时自己得到的，而是继承的财产。

消防车涂红色：给人以触目惊心之感

阳光是由红、橙、黄、绿、青、蓝、紫7种色光组成的，它们的波长和偏转角各不相同。阳光照射在物体上，各种物体对各种波长不同的光的吸收和反射的能力不同，形成了各种颜色。简言之，某种物体如果能反射阳光中的某一种或几种光，而吸收其余的光，那么，物体就呈现出被反射出来的单色或复色光的颜色。在可见光中，红色光的光波最长，而且偏转角最小，容易穿过水层、雨点、灰尘和雾珠。橙色和黄色光也不怕阻碍，能穿透上述物体。

消防车涂成红色不仅是为了让人看见有触目惊心之感，而且还为了在大雾迷漫的天气里，尘土飞扬的环境中，或是狂风暴雨时，使人们很远就能看见它，为它让路，以便尽快完成灭火抢险任务。

19世纪的消防车在车身的很多部位已涂上了醒目的红色。

集中供热：养殖牡蛎的发明

集中供热是指以热水或蒸汽作为热媒，由一个或多个热源通过热网向城市、镇或其中某些区域热用户供应热能的方式。目前已成为现代化城镇的重要基础设施之一，是城镇公共事业的重要组成部分。那么，集中供热起源于何时呢?

根据史料考古记载，在中国汉代就已经有集中供热系统，通常是在火炉的上方建一个供睡眠用的火炕。那个时期的陶制居室模型反映了这种建筑方法。

在欧洲，古希腊已经有了集中供热系统，在公元前1世纪的罗马才达到了一个较高的发展水平。罗马人的供热系统是用几根柱子支撑着的火炕，在系统的中央部位点一个火炉，所产生的热量被导入地板下方的供热通道。炕式装置可以为家庭、公共浴池、公用建筑供热。

据说，炕式装置是大约公元前100年由一位名叫凯伊乌斯·色吉乌斯·奥勒塔的农民发明的。他在养殖牡蛎的时候，把鱼和牡蛎放在一个大水槽中保温，水槽建在立柱上，在水槽下面为水槽供热。根据这个原理，人们把这种供热系统用到了家庭供暖上。

随着罗马帝国的日益衰落，集中供热技术被废弃，直到19世纪才在欧洲重新兴起。当时燃煤锅炉和蒸汽系统已经问世。19世纪30年代，开始使用管道热水供应系统。

日常用品：身边物，大来头

床罩：新娘子的灵机一动

床罩的历史可以追溯到14世纪的法国。据记载，这个伟大的发明者是一个普通的法国高卢妇女迪迪。

迪迪与马夫路易恋爱了3个月后，正式举行了婚礼。不幸的是，婚礼后的早晨，年轻的妻子发现丈夫有遗尿的毛病——他将婚床上的被褥尿湿了。这时，祝贺婚礼的客人们已在门外，他们大声笑闹，捶打木门，迪迪已没有更换床褥的时间。

迪迪望着神情沮丧的路易，忽然灵机一动，从衣橱里取出一张床单，迅速铺在潮湿的被褥上，然后开门迎客。客人们向新郎新娘祝福，并参观他们的新居。突然，一位客人手指床单，惊奇地叫道：

"多奇怪的布置，这是洁白的'床罩'！它一定是巴黎上流设计的最新玩意儿吧？"

新娘微微一笑，不发表意见。

客人们发出啧啧的赞叹声："哦！这多么时髦，多么漂亮！"

很快，这种铺床方法在法国各地流传起来。3年后，法国宫廷正式采用了这种方法，并按那个客人所说的那样，将铺在被褥上的床单命名为"床罩"，并且把它载入了《宫廷起居事典》。

蚊帐：齐桓公的"翠纱之帱"

夏秋季节，蚊子肆虐，古人很早就诉说着他们的烦恼。2000多年前，《庄子·天运篇》说："蚊虻噆肤，则通昔不寐矣。"晋人傅选还特地写了一篇《蚊赋》，内称蚊子"餐肤体以疗饥，妨农功于南亩，废女工于杼机"，因此蚊帐的发明也就很早了。

中国古代防蚊之具主要是帐幔，它最早的名称是"帱"。春秋时期，齐桓公的"翠纱之帱"使饥蚊营营不得入内，这个记载在《春秋》《国语》等先秦史料中皆不见，仅保存于南朝梁元帝萧绎撰写的《金楼子·立言篇九》中。

制作蚊帐的材料，富豪人家多用丝绸绫罗为材料，故称"丝罗帐"。一般平民用粗布缝制。历代帝后卧床则用银鼠皮、黑貂皮来制作蚊帐。这些用名贵兽皮做的蚊帐，冬天特别暖和，但由于密不透风，"如入暗室，晓夜不能辨"，所以皮帐前往往开一个大圆孔，另用透明纱缝上，以便通光线。所以古时的蚊帐不仅有遮蔽、防虫等作用，还可用来取暖。

据清代《老老恒言》记载，江西还出产一种纸帐："大以丈许，名皮纸，密不透气，冬得其暖。"苏东坡咏:"困眠得就纸帐暖。"刘克庄也有"纸帐铁擎风雪夜"的诗句。

椅子：身居高位者的宝座

椅子的历史由来已久。在开罗国家博物馆的一间大厅里，陈设着的图坦卡蒙法老的宝座。宝座是用雪松制成的，外镶嵌着一层黄金，靠背上有法老的浮雕像，座位是凹面的，椅腿呈狮爪形，富丽堂皇。

古希腊和古罗马人还制造出了青铜和大理石扶手椅以及角形交叉支脚椅。诸如此类椅子，随着古希腊、古罗马文明的毁灭，渐渐地都被遗忘了。

在中世纪，欧洲家具生产并没有继承古希腊、古罗马的传统。当时甚至在王宫里，人们也只是坐在制作简易的长凳、条凳、板凳上。到 10 ～ 12 世纪盛行罗马式样时期，除了板凳与高靠背扶手椅外，还出现了带镶板的椅子。

但只有国王、公爵、贵族等身居高位的人物才能坐上扶手椅和宝座。封建主的椅子被视为权力的象征，有的人甚至给自己的坐椅加锁，为的是使他人不能玷污他们的座位。

在唐代著名仕女画家张萱的《捣练图》中，一名宫女正坐在凳椅上仔细地穿针引线。

锁：鲁班给锁装上了机关

锁早在 3000 多年前就出现在中国的历史舞台上。但那时的锁没有机关，只是做成老虎等凶猛动物的样子，想借此把小偷吓走，只能说是一种象征性的锁。

据说第一个给锁装上机关的人是鲁班。从出土文物及史料所反映的情况看，古代的锁是靠两片板状弹簧的弹力工作。直到现在，这种弹簧仍在应用。

在国外，古希腊人曾发明了一种极为可靠的锁，但因钥匙较大，要扛在肩上，所以并未推广使用。古代印度人则制成了另一种鸟形的"迷锁"，钥匙孔藏在可以抖动的翅膀里。现代锁的兴起，始于 18 世纪英国人发明的"焊钓锁"。我们如今广泛使用的弹子锁，是美国人小尼鲁斯・耶鲁于 1860 年发明的。

钥匙：埃及人的发明

钥匙的发明比锁要晚些，世界上最早使用钥匙的是古埃及人。他们的锁是把一个木制门闩插入一个槽中，槽沟顶部有一个木制栓。门闩插入槽沟后，木制栓便会插入门闩的孔。这样一来，门闩便很牢固，必须用钥匙才能打开。

由于埃及人的锁只能用在有门闩的那一面，开关门都十分麻烦，于是，希腊人在此基础上，又研究出一种可以从另一面打开的锁。希腊人所制的钥匙，是一根类似于农夫用的小镰刀弯木棒。另有一种钥匙长达 3 尺，必须扛在肩上才能搬动，相当沉重。

古代最精巧的锁匠非罗马人莫数，他们对制造钥匙的标准相当有研究，很早就已经懂得把钥匙末端的钉子切割成各种不同的形状。

手表：女性的饰物

目前关于手表的最早记录是拿破仑之妻、皇后 J. 约瑟芬在 1806 年为王妃特制的一块手表,这是一块注重装饰、被制成手镯状的手表。当时,男人世界里用来象征身份、地位的是怀表，手表则被视作是女性的饰物。

从 1885 年开始，德国海军向瑞士的钟表商定制了大量的手表，手表的实用性逐渐获得世人的肯定，普及开来。

另外还有一种说法是这样的：

第一次世界大战期间，一位军官为了看表方便，把表绑扎固定在手腕上，举起手腕便可看清时间，这样可以很方便地掌握时间。

1918 年，瑞士的一位钟表匠扎纳・沙奴，听了那个把表绑在手腕上的故事，从中受到启发。经过仔细的研究，他开始制造一种体积较小的表，并在表的两边设计有针孔，安装皮表带或金属表带，使表固定在手腕上。这样，手表就诞生了。

眼镜：显示身份的高贵

眼镜已不是什么稀罕之物，眼镜起源于何时呢？

眼镜的原理是透镜，最早的透镜是在伊拉克的尼尼书遗址发现的。它是用水晶石制作的，直径 1.5 英寸，焦距 4.5 英寸。由此可以知道古巴比伦人已经发现某些透明宝石具有放大的作用。但是，可以肯定他们和古希伯来人以及古埃及人都不知道如何使用眼镜。

眼镜可能是在 13 世纪末期在中国和欧洲同时出现的。马可・波罗大约在 1260 年记载：“中国的老年人看小字时戴着眼镜。”14 世纪曾有记载说，中国的一个绅士用一匹马换了一副眼镜。

中国古老的眼镜镜片很大，呈椭圆形，通常用水晶石、石英、黄玉或紫晶制成，镜片镶嵌在乌龟壳做的镜框里。

由于眼镜框是用象征神圣的动物——乌龟的壳做的，镜片是宝石做的，所以眼镜被视作贵重物品。最初人们配戴眼镜是为了表示吉祥或者表示身份高贵，而不是为了改善视力。

眼镜在13世纪由两位意大利医生传入欧洲，直到14世纪中叶才被广泛使用。当初欧洲人也把眼镜看作区分人们身份高低的装饰品。

欧洲早期的眼镜是由各种宝石做的单一放大镜，使用时拿在手里，就像现在人们读书时用的放大镜。16世纪初，供近视眼用的凹透镜才问世。

名片：交往的前奏

名片于西汉史籍时称为“谒”。《释名·释书契》载：“谒，诣告也。书其姓名于上以告所至诣者也。”东汉时，谒又叫“名刺”。

至唐代，木简名刺改为名纸。唐代长安新科进士以红笺名纸互换，以便交流。元代易名刺为“拜帖”，明清时又称“名帖”“片子”。除自报姓名、籍贯，还书写了官职。

清朝正式有“名片”称呼，并且开始向小型化发展。特别是在官场，官小使用较大的名片以示谦恭，官大使用较小的名片以示地位。

电风扇：今朝依旧数风流

机械风扇的雏形起源于1830年。美国人詹姆斯·拜伦从钟表的结构中受到启示，发明了一种可以固定在天花板上，用发条驱动的机械风扇。这种风扇转动扇叶带来的徐徐凉风使人感到欣喜，但它得爬上梯子去上发条，这就是机械风扇的起源。

1872年，法国人约瑟夫研制出一种靠发条涡轮启动、用齿轮链条装置传动的机械风扇。这种风扇比拜伦发明的机械风扇更加精致，使用也很方便。

1880年，美国发明家舒乐第一次将叶片直接装在电动机上，这就是世界上最早的电风扇。

针：石器时代的杰作

远古时期，我们的祖先就学会用鱼骨针、石针来缝制兽皮与树叶等简单衣服了。以后随着铁器和金属制造技术的发展，人们逐渐学会了使用金属针缝制衣服，形状也大大改进了，而且一直沿用至今。

古埃及的废墟中发现过石针，罗马时代用的是铁针和铜针。我们现在所用的钢针，大家认为是由中国人发明的，传入欧洲时已是中古时代。欧洲第一家制造钢针的工厂是 14 世纪在德国汉堡设立的。在伊丽莎白一世时代，由一个名字叫格鲁斯的德国人把造针术带到了英国，从而使英国成了世界上主要的产针国家。

染发剂：美的追求

进入现代社会，人们为了追求美，将头发染成各种颜色，这样就促进了染发剂的产生。

1909 年，法国化学家欧仁·舒勒第一次对染发剂进行了总结性试验，发明了法国无害染发剂。当时有一家名叫奥利亚尔的公司，它所生产染发剂的主要成分是对苯二胺，专业人员称这家公司的产品为“对”型染发剂。

沙发：源于贵族的半身不遂

“沙发”是英文 sofa 的译音，指一种内有弹簧衬垫的靠椅。这种家具据说是印度发明的。

说起沙发的发明，还有着一段典故。从前印度有个贵族，因脑血栓导致半身不遂。一个木匠独出心裁，在木架椅上钉上布料，内以棉花之类作软垫，使病人坐卧得非常舒服。久而久之，这种舒服耐用的沙发就风行全世界。

沙发出现在中国还是 20 世纪初的事情。当时，上海最早出现了这种沙发。20 年代初，广州也有人仿制。当时上海制造的沙发专供汽车、轮船作坐垫用，广州制造的沙发却是供家庭使用的。解放后，随着现代工业的蓬勃发展，沙发的花样日益增多，并成为寻常百姓之家的普通家具。

镜子：女娲打磨的黑曜石

银背鎏金鸟兽菱花镜　唐

据传说，女娲补天时得到一种黑曜石，经打磨而成为石镜，这便是最早的镜子。从石镜到第二代的金属镜，前后历时 3000 多年。

1956 年 12 月，日本本洲中部冈山市的一个古墓里发现 13 面中国古代铜镜，估计有 1800 多年的历史。这些古镜呈圆形，有花纹，都是用青铜制成的。由此可以推测，隋唐时期中国就已经有了金属镜子。史书有载，唐太宗有赞魏徵语，意思是说铜镜可以正衣冠，而魏徵可以正言行之句，同样证明了当时金属镜子的存在。

古时候，除了用青铜制造的镜子以外，还有用银子制造的银镜和用钢制造的钢镜。但是，这些金属镜子一受潮就会发生化学反应，效果变得极差。人们为了防止它们的表面同空气和水分接触,人们就用玻璃作为原料，于是便有了现在的镜子。

牙刷：杨柳枝一端咬软即成

在中国史籍上有关牙刷的记载已有2000多年。在汉朝，将杨柳枝一端咬软或打扁制成的刷子，可以说是中国最早的牙刷。到了后周末年，中国出现了用马尾制成的植毛牙刷。1953年，中国考古工作者在内蒙古喀喇沁旗大营子村发掘出两把象牙柄马尾牙刷，其形状、大小及植毛方式与现代一般牙刷极为相似。经鉴定，这是959年辽国驸马卫国王的殉葬品，是中国发现最早的并保存完好的牙刷。

元朝时，中国用牙刷刷牙的习惯已逐渐养成，并开始普及。“早晚刷牙”的口号也是在那时提出的。文人郭钰当时写有一首咏牙刷的诗：“南州牙刷寄来日，去垢涤烦一金值。”到了明朝，中国牙刷日益多样化，刷牙习惯更加普及了。这时欧洲才有人发明牙刷，要比中国晚700多年。

牙膏：鸡初鸣，咸盥漱

牙膏起源于古中国。早在公元前3000年，中国就已有了保护牙齿、清洁口腔的记载。《礼记》上就有“鸡初鸣，咸盥漱”的记载。中国最早使用的漱口剂有酒、醋、盐水、茶及温水等。酒、醋、盐水等有解毒杀菌的作用，茶中含有氟和维生素，可以防蛀，保持口腔清洁。

五代时期出现了复方配制的洁牙剂，以后又逐渐发展到采用香药去秽。就是在牙齿清洁剂中加入清热解毒的中药如金银花、野菊花、蒲公英、藿香、佩兰等，不仅能保持口腔清洁，还有治疗口腔疾病的作用。

2000多年前,古罗马人用含有碳酸钙的浮石粉刷牙。19世纪中叶,在当时的市场上，普遍出现了以白垩土为主体的牙粉。19世纪末，市场上出现了管装牙膏。这种牙膏使用方便，但不爽口。第二次世界大战结束后，牙膏厂商制成用碳酸氢钙代替白垩土，以十二烷基硫酸钠取代肥皂的牙膏，在味道、香气两方面取得比较令人满意的效果。

后来，牙膏不断得到更新，功效越来越齐全，能去除齿垢，达到清洁口腔和防治多种牙病的目的。

牙签：柳嫩枝剔齿甚妙

牙签是一根小木片，用来在饭后清除牙齿缝中的食物。

牙签的准确历史至今无定论，但考古学家曾在史前人的牙齿中发现类似使用牙签的凹痕。在美国,第一个使用牙签的是一家在麻州波士顿的海鲜餐厅“联合牡蛎屋”，这家餐厅也是美国最老的餐厅。

另外也有传说，牙签是印度人发明的，随着佛教传入中国。中国较早的牙签名称叫剔齿签。明李时珍《本草纲目》记载：“柳枝去风消肿止痛，其嫩枝为牙杖，剔齿甚妙。”到清代，还出现了带有各种图案装饰的银制牙签。此外，还有用动物牙齿制的牙签。

肥皂：厨师的大意

肥皂的历史可追溯到5000多年前的埃及。一位厨师在为国王办宴席时，不慎失手将一盆油翻泼到炭灰里。慌忙中，他赶紧用手将混有油脂的炭灰捧出去扔掉。而当他回来洗手时，却意外发现手洗得比往日要干净得多。这时，他就好奇地又抓了一些扔掉的炭灰，让其他厨师来洗手，发现确实干净很多，众人惊叹不已。后来此事传到了国王那里，就吩咐照样仿制。于是，人类最早的“肥皂”就在这次偶然失手的启发下诞生了。

公元70年，罗马学者普林尼第一个用羊油和草木灰制成块状的肥皂，后来，这一制造肥皂的方法在欧洲各地传开。到19世纪后半叶，英国女王伊丽莎白一世还专门下令，在希里斯吐勒建造一座用煮化的羊脂混以面碱和垩土来制造肥皂的工厂。

直到1791年，法国化学家卢布兰采用电解法从食盐中获得氢氧化钠后，才真正制造出以油脂和氢氧化钠为原料的肥皂，沿用至今。

香水：匈牙利之水

手拿香水瓶的大流士一世的仆人

香水的英文为Perfume，源自拉丁文中的Parfumare，即经过烟熏之喻义。

在古埃及、印度及中国的古老文献中都对香水的由来有所记载。公元前2000年，西亚的亚述人最先掌握了用草药制造香脂的原始技术；在古埃及和中国，人们也早已学会用芳香扑鼻的香料来实现对美的追求。古罗马人喜欢各个地方都涂上有香味的液体，古希腊妇女在宗教仪式上也要洒泼香水。13世纪英国伊丽莎白女王时期，一瓶添加乙醇的“匈牙利之水”正式成为香水。

15世纪以后，意大利人对香水十分钟爱，并使用了浓烈的动物脂香味，这种用法很快流行到英、法等国。到了1709年，意大利的约翰·玛利亚·法丽纳在德国科隆用紫苏花油、摩香草、迷迭香、豆蔻、薰衣草、酒精和柠檬汁配制成了一种奇香无比的液体，即著名的“科隆水”。

而后，追求时尚的法国人对香水表现出了异乎寻常的热情。法王路易十四嗜香水成癖，他甚至号召妇女们每天用不同的香水。香水成为上流名媛不可或缺的时尚用品。

19 世纪下半叶起，人们以挥发性溶剂取代了早期的蒸馏法，尤其是人工合成香料在法国的诞生，打破了天然香型的局限性，由此加速了香水工业的发展。

筷子：汉代的发明

中国人就餐时习惯用筷子夹取食物，如同西方人用餐时惯用刀叉一样，因此，筷子是我们中华民族古老文明的象征之一。

据说，在距今两三千年的周、秦时代，人们吃饭时是用手抓送食物入口的。到了汉朝，人们才开始使用筷子。当时，人们称筷子为“箸”，因“箸”与“住”同音，“住”有停住的意思，而民间忌讳“住”字，因此，反其意而称“箸”为“快”。又考虑到箸多用竹制成，人们便在“快”字上加一个“竹”字头，于是“筷”字便诞生了。

西餐具：富修养、懂文雅

西餐中惯用刀、匙，这是西方国家的传统餐具，但它们的历史并不长，只有 300 年左右。

可以说，刀子是所有餐具的始祖，因为刀子是原始人的燧石武器。在远古时代，这种石器的“袖珍版”是用制作石矛和石斧剩下的石头碎片制成的。大约在 2500 年前，人类就学会了制造铁刀。据考证，发现于 1886 年的奥地利附近的哈利塔特村中的一座古墓，提供了 2000 年前有关人类的信息：古埃及人使用刀子，并将刀制成弯形，刀刃向外。按照古罗马人的观念，会使用刀子进餐说明富修养、懂文雅。中世纪时，到别人家做客要自带刀子，从 15 世纪开始才演变为主人为客人准备刀子和匙子。

匙子与石刀一样也诞生于新石器时代。金属的匙子出现要晚得多，最初它仅仅是作为一种纯粹为隆重仪式而存在的。13 世纪后，锡制匙子逐渐变成了进餐工具。1650 年，匙子正式登上餐桌，那时是因仿效法国餐桌上的文明而流行起来的。

菜单：厨师的备忘单

去餐馆吃饭都会有菜单，那么菜单是怎么来的呢？

起初菜单是厨师为了备忘而写的单子，英文为 menu，这和法国的厨师有关。在 16 世纪初期，即使是法国宫廷菜肴也是很粗劣的。据说 1533 年，作为法国国王昂里二世的王妃卡得五努的陪嫁，从佛罗伦萨带来了厨师，从此法国宫廷菜肴才逐步得到改善。法国厨师为了记住这些意大利菜肴的烹制方法及材料，将它们记录下来，这就是菜单的雏形。而这些记录真正成为向人们提供的菜单，已是 16 世纪中叶的事情了。

1594年，布伦斯维克侯爵在私人宅第举行晚宴，每送上一道菜，侯爵都要看看桌上的单子。当客人们知道他看的是今天的菜单时，十分欣赏这种创举。之后，大家争相效仿，凡在举行宴会时，都要预先制作菜单。到这时，菜单便真正出现了。

伞：能移动的房屋

伞据传是鲁班的妻子云氏发明的。

最早称伞为“盖”。《孔子家语》中说：“孔子之郯，遭程子于途，倾盖而语。”

唐朝李延寿写的《南史》和《北史》才正式为伞定名。古时的伞，是达官显宦的装饰品和士大夫权势的标志。帝王将相出巡时，长柄扇、“万民伞”左簇右拥，乘坐的车舆上张着伞，表示“荫庇百姓”。官位、职务不同，“罗伞”的大小、颜色都存在着严格的区分。这一惯例一直传到明朝。

做伞

伞是由鲁班发明的，但也有人认为，伞是由鲁班的妻子为关心终日在外劳作的丈夫而发明的。不管怎样，伞都为人们的日常出行提供了便利。此图反映的正是清代人做伞的一系列工艺。

纸伞是汉朝以后出现的，唐朝时传入日本，16世纪才传入欧洲。

1957年，北京师范大学老焱若教授设计出折叠伞，并与北京一家机械加工厂中孚工厂达成协议，由该厂承制并销售。折叠伞因其携带方便而深受广大群众欢迎，没过多久，便在全国各地流行开来。

剪刀：“U”字形的“交刀”

剪刀是人们日常生活中离不开的用品，它的形成和完善经历了2000多年的历史。

在公元前3世纪，埃及人已经开始用青铜制造剪刀了。在孔翁坡神殿的墙上刻有剪刀和一些医学用具。考古学家认为交叉型的剪刀在1世纪出现。

在古代，剪刀又称“交刀”。因为它中间没有轴眼，没有支轴，只是将一根铁条的两端锤打成薄刀状，剪刀的支点在最后部，像个“U”字形。人们使用时依靠熟铁的弹性，一按一张。现在纺织女工和织地毯的工人用的剪刀，还保留着这种样子。考古工作者在河南洛阳西汉古墓中发现的剪刀，也是这个样子。

那么剪刀究竟什么时候改制成现在这个式样呢？在洛阳北宋熙宁五年（1072年）的古墓中，曾挖掘出一些历史文物，其中就有类似现在的剪刀，在刀与把的中间，打了轴眼，装上支轴，将支点移在刀和把之间。这种剪刀利用了杠杆原理，使用起来既方便又省劲。

清朝的张思家采用优质钢材，把好钢镶嵌在剪刀刃口锻打，首创了“剪刀镶钢”

工艺，使剪刀质量得到进一步提高。张思家的儿子张小泉又不断革新改进，使剪刀式样、品种、规格、锋利度更上一层楼。现如今，以“张小泉”为商标的剪刀风行海内外，极受欢迎。

保温瓶：“瑟莫斯”

保温瓶也称热水瓶，是英国科学家杜瓦最先发明的。

1900 年，杜瓦第一次在 -240° C 的低温下，使压缩氢气变成液体——液态氢。这种液态氢自然是需要一个容器，但一般的玻璃，热水注进去，一会儿就冷了；冰块装进去，一会儿就化了。因此，要保存这些极冷的液态氢必须要有一个能长时间保温的容器。但是那时候世界上还没有现在这样的保温瓶，他只好让一套制冷设备不断地运转着。为了保存这些液态氢，不得不花费很大的精力，真是既不经济又不方便。

于是，杜瓦就开始研制一种能保持温度的瓶子来储存液态氢。

因为周围环境的温度比热水温度低，却又比冰块的温度高，热水和冰块会与外界空气产生对流，直到瓶里的温度与外界相同为止，所以普通的玻璃瓶无法保温。如果用一个塞子把瓶口堵住，虽然堵住了空气对流的通道，但瓶子本身又有传热的性质，热传导又导致温度的变化、热量的流失。为此，杜瓦就采用真空的办法，即做成双层瓶子，把隔层中的空气抽掉，切断传导。可是还有一种影响保温的因素，即热的辐射。为了解决双层瓶子的保温作用，杜瓦在真空的隔层里又涂了一层银或反射涂料，把热辐射挡回去，传热的三条通道即对流、传导、辐射都被截住了，瓶内胆能较长时间保持温度。此后杜瓦就用他制造的这种瓶子来储存液态氢。

然而，发现保温瓶更多使用价值的是德国玻璃制造工人赖因霍尔德·伯格。他在 1903 年获得了保温瓶的专利，并且制定了把它投入市场的计划。伯格甚至举办了一次给他的保温瓶起个好名字的比赛。他挑选的获胜名字是“瑟莫斯”（即热水瓶），在希腊语中即“热”的意思。伯格的产品非常成功,很快他就将保温瓶运往世界各地。

高压锅：煮不熟的土豆

300 多年以前，法国青年医生帕平因故被迫逃往国外。他沿着阿尔卑斯山艰难跋涉，打算去瑞士避难。帕平一路上风餐露宿，以土豆果腹，用山泉水解渴。

有一天，帕平走到一座山峰附近，他觉得饿了，于是埋锅造饭，又煮起土豆来。水滚开了几次，土豆依然不熟。为了填饱肚子，他只得将没熟的土豆硬吃下去。这件事给他留下了极深的印象。

几年后，帕平的生活有了转机，他来到英国一家科研单位工作。阿尔卑斯山上的往事，他仍记忆犹新。他找来了许多参考书，查算了山的高度。一连串的问题在帕平脑子里翻腾：物理学上的什么定律能够解释这个现象？水的沸点与大气压有什么关系？随后，他又设想：如果用人工的办法让气压加大，水的沸点就会高于

100℃，煮东西所花的时间或许会更少。可是，如何才能增加气压？

帕平自己动手做了一个密闭容器，他要利用加热的方法，不断增加容器内的水蒸气，并令它们不散失，这样一来，容器内的气压增大，水的沸点也越来越高。然而，当他目不转睛盯着加热容器的时候，容器内却发出咚咚的声响。帕平吓了一跳，只好暂停试验。

两年后，帕平按自己的新想法绘制了一张密闭锅图纸，请技师帮着做。另外帕平又在锅体和锅盖之间加了一个橡皮垫，锅盖上方还钻了一个孔，由此，解决了锅边漏气和锅内发声的问题。帕平把土豆放入锅内，点火，冒气，10 多分钟之后，土豆就煮烂了。然而，他仍不满足，煮鸡行不行？煮排骨行不行？

1681 年，帕平造出了世界上第一个压力锅——当时叫做“帕平锅”。他邀请英国皇家学会的会员们来参加午餐会，实际上是对压力锅进行“鉴定”。帕平当着众多科学家的面，把几只欢蹦乱跳的鸡宰了，塞进压力锅里，然后架到火炉上。那些满腹经纶的专家一杯茶还没有喝完，一盘盘热气腾腾、香味扑鼻的清蒸鸡，已经摆在他们的桌上了。在座的科学家们立刻被帕平折服了。从此，帕平和高压锅一起，名扬四方。

地图：苏美尔人的泥板地图

早在原始社会后期，人类就用简单的线条在地上或墙上画出狩猎、播种、危险、友邻的位置等内容来，这就是原始地图的雏形。现存最古老的地图是公元前 27 世纪苏美尔人刻制的泥板地图，以及公元前 25 世纪巴比伦人刻于陶片上的地图。

中国目前发现的最早的平面地图产生于 2300 年前，是在周朝中山国都遗址附近出土的铜板地图。图中，古代制图的某些要素，像分率、准望（即比例、方位）等都已出现。

唐贞元年间，贾耽设计、监制了巨幅的《海内华夷图》，开始以不同颜色绘制不同地域。明朝末期，意大利传教士利玛窦来到中国，在广东刻印成《坤舆万国全图》。出于对中国的敬意，他把中国置于地图中央。这幅地图对中国古代地图的绘制产生了较大影响——它使中国原有的经纬概念充实、明确和系统化。

希腊出土的刻有地图的陶瓷残片

1718 年，官方监制的《康熙皇舆全览图》制成，这是当时中国最权威的地图。

铅笔：能写字的石墨

俗话说：好记性不如烂笔头。那么铅笔起源于哪里呢？

1564 年，在英国的一个叫巴罗代尔的地方，人们发现了一种黑色的矿物——石墨。由于石墨能像铅一样在纸上留下痕迹，这痕迹比铅的痕迹要黑得多，因此，人们称石墨为“黑铅”。

那时巴罗代尔一带的牧羊人常用石墨在羊身上画上记号。受此启发，人们又将石墨块切成小条，用于写字绘画。不久，英王乔治二世索性将巴罗代尔石墨矿收为皇室所有，把它定为皇家的专用品。用石墨条写字既会弄脏手，又容易折断。1761 年，德国化学家法伯首先解决了这个问题。他用水冲洗石墨，使石墨变成石墨粉，然后同硫黄、锑、松香混合，再将这种混合物制成条，这比纯石墨条的韧性大得多，也不大容易弄脏手。这就是最早的铅笔。

直到 18 世纪末，世界上只有英、德两国能够生产这种铅笔。拿破仑发动了对邻国的战争后，英、德两国切断了对法国的铅笔供应。因此，拿破仑命令法国的化学家孔德在自己的国土上找到石墨矿，然后造出铅笔。但法国的石墨矿质量差，且储量少，孔德便在石墨中掺入黏土，放入窑里烧烤，制成了当时世界上既好又耐用的铅笔芯。在石墨中掺入的黏土比例不同，生产出的铅笔芯的硬度也就不同，颜色深浅也不同。这就是今天我们看到铅笔上标有的 H（硬性铅笔）、B（软性铅笔）、HB（软硬适中的铅笔）的由来。

给铅笔套上木杆外套的任务是美国的工匠门罗来完成的。他先造出了一种能切出木条的机械，然后在木条上刻上细槽，将铅笔芯放入槽内，再将两条木条对好、黏合，笔芯被紧紧地嵌在中间，这就是我们今天使用的铅笔。

煤气：煤制气体燃料

煤气又叫“瓦斯”，这是译自外文的称呼。

煤气是土名，这是因为早期的气体燃料是用煤制成的。煤气在国外最早用于点灯照明，这是 19 世纪初在伦敦街道上出现的新鲜事。到 19 世纪末，由于电力在照明上的广泛应用，煤气才开始了向工业供应热能和向家庭供应燃料的生涯。

煤气主要有三大类：人工煤气、液化石油气和天然气。《后汉书·郡国志》记载：“火井欲出其火，先以家火投之，须臾隆隆如雷声，灿然通天，光耀十里，以竹筒盛之，按其光而无炭也。取井水还，煮井水，一斛水得四五斗盐。”这里叙述的是在 2000 多年前的西汉时代，四川邛崃地区利用天然气煮盐的情景。3000 多年前，《周易》载“泽中有火”“上火下泽”。这是最早的煤气记载。足见我们的祖先在那时就发现了天然气，而且对天然气的利用也是最早的。

冰箱：意外的发现

在英国工作的美国人雅可比·帕金斯的一个发现导致了冰箱的发明。1834 年，他发现当某些液体蒸发时，会有一种冷却效应。帕金斯雇用了一群技工来制造一个可证实这个想法的工作模型。果然，这个装置在某个晚上真的产生了一些冰。技工们兴奋地奔向帕金斯的住房，向他传达这一结果。

已经步入晚年的帕金斯并没有在市场上出售自己的发明物。出售发明物的人是生活在澳大利亚的一个苏格兰印刷工——约翰·哈里森。

哈里森很可能是在并不了解帕金斯成果的情况下发现了冷却效应。他用醚来清洗金属印刷铅字，某一天注意到了物质的冷却效应。到1862年，他的第一批冰箱就上市了。哈里森还在维多利亚州本狄哥一家啤酒厂里设置了第一个制冷车间。

1879年，德国工程师卡尔·冯·林德制造出了第一台家用冰箱。但在20世纪20年代电动冰箱发明出来以前，冰箱并没有在家庭中普及。

洗衣机：手洗时代的结束

从古到今，洗衣服都是一项难于逃避的家务劳动，对于许多人而言，它并不像田园诗描绘的那样充满乐趣，手搓、棒击、冲刷、甩打……这些不断重复的简单的体力劳动，留给人的感受常常是：辛苦劳累。

1867年，世界上出现第一台洗衣机。虽然是十分粗糙的手动装置，却说明“手洗时代”受到了前所未有的挑战。

1874年，美国人比尔·布莱克斯顿发明了木制洗衣机。其主体为一个木桶，桶中心装有6个拨爪。摇动手柄使拨爪转动，拖着衣服在木桶皂液中游动，在水流冲刷下达到洗涤的目的。

1880年，蒸汽洗衣机问世，大大提高了洗衣效能。

到了1920年，美国的玛依塔格公司研制成功第一个铸铝筒体洗衣机。

20世纪30年代中期，美国本德克斯航空公司的一家分公司研制出第一台自动洗衣机。机器的洗涤、漂清和甩干都在一个机构里完成，并且有以自动定时器控制的不同洗涤循环，使用起来十分方便，深受家庭主妇欢迎。它已经同现代的洗衣机很接近了。

随着工业化的加速，世界各国也加快了洗衣机研制的步伐。首先由英国研制并推出了一种喷流式洗衣机，它是靠筒体一侧的运转波轮产生的强烈涡流，使衣物和洗涤液一起在筒内不断翻滚，洗净衣物。1955年，在引进英国喷流式洗衣机的基础之上，日本研制出独具风格、并流行至今的波轮式洗衣机。

电视：天涯咫尺

电视是集体创造的结晶。如旋转盘机械扫描像素的传送电信号方法，是德国科学家保罗·尼普科夫于1884年设计成功的。阴极射线管和电子扫描的电视显像管，是德国科学家布劳恩1897年发明的。被世人称为“电视之父”的英国科学家约翰·洛吉·贝尔德集全世之大成，集中进行了电视研究，直到荧光屏上出现图像。

1906年，苏格兰青年贝尔德建立了一个简陋的实验室，立志要制造一台电视。经过10多年的艰苦努力，1925年，他终于利用旧无线电器材、旧糖盒、自行车灯透镜和旧电线等废旧材料，造出了世界上最原始的电视摄影机和接收机。在试验中，荧光屏上显示了图像。1926 年 1 月 27 日，贝尔德在英国伦敦皇家学会向 40 名科学家表演了他的发明。他在一间屋内放电视，科学家们在另一间屋内观看，荧光屏上出现一个人在抽烟和说话的画面。这次表演后来被国际公认为第一次公开播放电视的日子。

贝尔德正在调整早期的电视接收装置。在图中央位置就是尼普科夫盘，随着圆盘转动，圆盘上螺旋形的一系列孔能有效地扫描图像。

最初的电视发射距离只有 3 米，图像也模糊不清。因为缺少资金，贝尔德亲自拜访了一位当地的店铺老板，并与他商定，每天在店铺里放电视以吸引顾客，老板则每星期付给他酬金 25 英镑。贝尔德把所得的钱全部用于购买材料、改进设备，继续进行电视的研究和试验。1929 年，他的研究取得了重大进展。他在伦敦用无线电波把电视图像送到纽约，纽约人在荧光屏上看到了伦敦。当时，这一新闻曾轰动整个世界。从此以后，电视很快在世界各国发展起来。

熨斗：象征北斗

中国熨斗的问世，是在公元前 17 世纪商周时代。晋人皇甫谧的《帝王世纪》记载：“纣欲重刑，乃先为大熨斗，以火热之。”这说明商代有了熨斗，却是一种刑具。

熨衣服的熨斗，在中国汉代时已进入家庭。汉魏时期的熨斗，用青铜铸成，外形呈圆腹、宽口沿，有长柄。有的熨斗上还镂有“熨斗直衣”的铭文。

熨斗这个名称的来历，一是取象征北斗之意，二是熨斗的外形如同古代一种烹调用具“鐎斗”。熨衣前，把烧红的木炭放在熨斗里，待底部热得烫手了再使用。所以，熨斗又叫“火斗”。也有把熨斗叫做“北斗”“金斗”的。“金斗”是采用鎏金工艺精制的熨斗，并没有进入寻常百姓之家。

唐代画家张萱所画的《捣练图》中，有一幅“熨练画”。那是一位女子，手持的熨斗是扁圆形，底部平滑，斗的上沿往外卷曲，斗内装满火炭，另有一柄。晋代《东宫旧事》记载，皇太子纳妃有“金涂熨斗三枚”的记载。唐朝诗人杜甫在《白丝行》一诗中也有“美人细意熨平贴，裁缝灭尽针线迹”的诗句。

约 16 世纪，荷兰裁缝使用空心的盒型大熨斗，把烧红的铁板从背后的门放入熨斗加热。18 世纪最常用的是铁铸的实心熨斗，人们总是交替使用两个熨斗：一个熨衣服，一个放在炭火上加热。

电熨斗源于美国，查德森把电能转为热能，研制成电熨斗。1932 年，出现了可调温的电熨斗。1953 年，喷雾蒸汽式电熨斗问世。

暖气：地下火炉

在原始社会时期，人类就已经懂得怎样利用火和太阳的热能来取暖御寒，加热食物。根据现在掌握的资料，人类能够较合理地利用热能取暖是古罗马时期的事。古罗马的公共浴室和富人的房子都装有地下火炉，这就是地面暖气的雏形。18 世纪末期，英国发明家詹姆斯·瓦特在他的伯明翰市郊的工厂安装了第一套水蒸气取暖设备。

1851 年，在英国定居的迈耶·阿姆谢尔·德·罗思柴尔德男爵在他的别墅安装了暖气和现代化自来水管道系统。1899 年，美国出现了组合式散热器。1900 年，法国的夏佩公司也开始采用这种暖气散热器，并使暖气在外观和应用上更加成熟，成为空调时代来临之前的主要取暖工具。

空调：总统的病房

空调是由美国工程师多西发明的。

1881 年 7 月，美国总统格菲尔德在华盛顿车站遭到枪击，人们把他送进医院实施抢救。手术后，格菲尔德需要在医院休养一段时间。可是，病房里温度很高，让他得不到正常的休息。

有关部门把解决这个难题的任务交给了一个叫多西的矿山工程师。多西根据空气膨胀吸热的原理，在医院里装了一台空气压缩机，使病房的温度从 30℃下降到 25℃以下。这就是世界上第一台空调。

1911 年，美国人威利斯·卡里尔获得了发明空调的专利。他从 1902 年开始，一直在纽约市布鲁克林区一家印刷厂研究空气湿度的调节。1904 年，他设计出带有至今仍在使用的喷水过滤装置的空调。1911 年，他绘制出供设计空调设备时计算使用的空气温度曲线图。

1926 年，美国人舒茨和谢尔曼开始研制自主式家用空调设备。1931 年，申请了窗式空调专利。

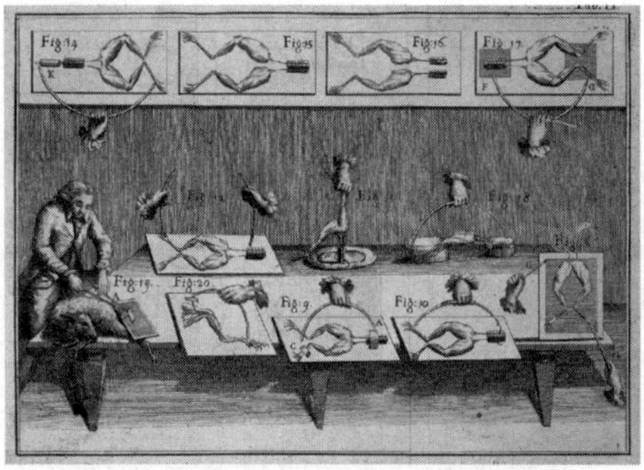

1771 年，伽伐尼使用青蛙、绵羊等动物进行相关的电实验。

电池：和青蛙有关

1780 年的一天，意大利解剖学家伽伐尼在做青蛙解剖时，两手分别拿着不同的金属器械，无意中同时碰在青蛙的大腿上，青蛙腿部的肌肉立刻抽搐了一下，仿佛受到电流的刺激，而只用一种金属器械去触动青蛙，却并无此种反应。伽伐尼认为，出现这种现象是因为动物躯体内部产生的一种电，他称之为“生物电”。伽伐尼于1791年将此实验结果写成论文，公布于学术界。

伽伐尼的发现引起了物理学家们的极大兴趣，他们竞相重复伽伐尼的实验，试图找到一种产生电流的方法。1799年，意大利物理学家伏特把一块锌板和一块银板浸在盐水里，发现连接两块金属的导线中有电流通过。于是，他就把许多锌片与银片之间垫上浸透盐水的绒布或纸片，平叠起来，用手触摸两端时，会感到强烈的电流刺激。伏特用这种方法成功地制成了世界上第一个电池——“伏特电堆”。最原始的电池就这样产生了。

吸尘器：“吵死人的怪魔”

早在19世纪英国的维多利亚女王时代，就出现了一种运用折叠风箱（俗称皮老虎）的原理来吸尘的机器。它由两个人操作，风箱将机内空气吸出以后，形成相对真空，软管吸嘴就将地面灰尘吸进风箱。然而，这种机器有较大的弊病，一旦重复操作，往往又会重新吹出灰尘来，弄得乌烟瘴气，效果不大理想。

1901年，一种号称经过改进后的“新产品”——列车车厢清洁机在伦敦的圣潘克拉斯车站进行操作表演。它虽然能吸一些尘，但更多的时候是适得其反，鼓起滚滚灰尘，几乎把围观者吓跑。

此时，一个名叫休伯特·布思的旁观者，却从表演中受到启发。他连忙跑回家里，趴在地板上，用手帕蒙住嘴巴，向着地面使劲地吸着。当家人以为他精神失常时，他却喜出望外地宣布大功告成。布思得出了结论：对灰尘宜“吸”不宜“吹”；滤布可以把灰尘阻隔，又能使空气通过。

然而，布思发明的第一台吸尘机体积太大，噪声难以消除，被称为“吵死人的怪魔”，多次受到警察们的干涉。1905年，布思发明了用电动泵产生吸力的真空吸尘机，世界上第一台吸尘器终于问世。

电灯：真空玻璃管中的碳化棉纱线

灯是人类征服黑夜的一大发明。19世纪前，人们用油灯、蜡烛等来照明，这虽已冲破黑夜，但仍未能把人类从黑夜的限制中彻底解放出来。只有电灯发明出来以后，才使世界大放光明，那么电灯是怎么来的呢？

1876年10月19日，美国发明家爱迪生将一节碳化的棉纱线置于抽成真空的玻璃管里，接通电源后足足燃烧了45小时，并发出耀眼的光芒，这就是世界上第一只电灯泡。

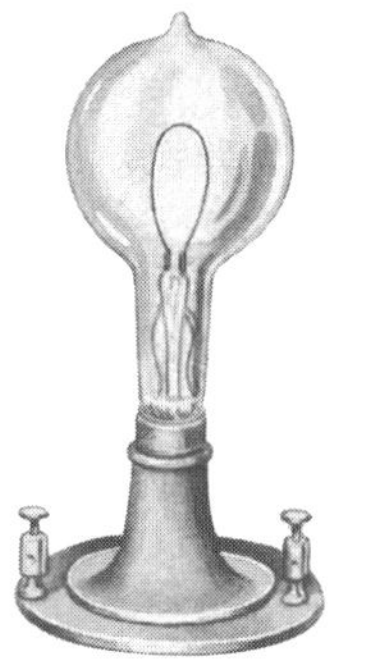
爱迪生发明的电灯泡

1880年，爱迪生在纽约的大街上安装了第一盏电灯。1881年10月15日，巴黎剧院使用了白炽电灯。1882年，美国各地建成

150多座小电站，向工厂、机关和居民提供照明用电。

1906年，人们开始用钨丝充作灯丝，大大提高了电灯的亮度和寿命。1913年，出现钨丝氮气灯泡；1918年，又用氩气代替氮气。从1934年起，灯泡中的普通钨丝改为旋形钨丝，这就是目前普遍使用的白炽灯泡。

日光灯：水银灯的改进

美国科学家爱迪生发明白炽灯后，得到了广泛的应用。“白炽灯靠电流加热，使热能转换为光能，这太浪费电能了，能不能开辟一条电能利用的新途径呢？”美国科学家赫维特产生了新的设想。

1902年，赫维特发明了水银灯。可是水银灯有很多缺点：不但辐射出大量紫外线，危害人体，而且光线太亮、太刺眼。所以，它得不到广泛的应用。

许多科学家都注意水银灯，想用某个方法将它加以改进。在研究过程中，科学家们达成如下共识：只要在水银灯管内壁涂上荧光物质，那么，当水银灯辐射的紫外线照到荧光物质上时，大量有害的紫外线就会被激发变成可见光。但是，由于水银灯的启动装置不好，所以科学家们在实际操作过程中屡屡失败。

1938年，美国通用电子公司研究人员伊曼突破了启动装置的设计与制作大关，制作了与水银灯截然不同的荧光灯。

这种荧光灯比白炽灯更亮，电能利用率高，而且省电。因此，它一诞生很快进入了普通百姓的家庭。由于荧光灯的成分类似于日光，所以人们也管它叫“日光灯”。

打火机：燧石点火枪衍生而来

为了克服火柴易断易受潮的缺点，人们设计制造了一种更新的取火工具——打火机。最原始的打火机是从燧石点火枪衍生出来的。1823年，德国化学家德贝莱发明了世界上第一台打火机。原理是利用锌和硫酸发生化学反应生成氢气，氢气喷到铂棉上自动起火。由于这种打火机缺点很多，未能得到推广使用。后来我们使用的打火机，是利用打火石与转轮的摩擦而产生火花，点燃汽油灯芯而着火的，使用起来十分方便，很受人们的青睐。现代的电子打火机，以石油液化气取代汽油作为燃料，用电子陶瓷取代火石作为引燃物，用起来方便快捷。

照相机：水银的蒸发

照相机亦称摄影机，由镜头、暗箱、快门以及测距、取景、测光等装置构成，是用以拍摄照片的器械，照相机源于欧洲。18世纪，法国有一种行业，在画人像前点一支蜡烛，背后墙上放一张白纸，画家用铅笔把烛光投射到纸上的人影勾画出轮廓，再用铅笔涂实而成一张“照片”。1820 年，一位名叫维丘德的英国人，把硝酸银涂在纸片上，利用硝酸银感光作用制成了印相纸，在阳光下可把人的影子照下来，但印相纸一见光就会失去效果。1839 年，法国人达盖尔开始从事照相技术研究。一次，他无意中把银匙放在曾用碘处理过的金属板上。过了一阵，他发现银匙的影子印到了板上。他又专门磨制了金属板并在上面涂碘，用镜头进行拍摄，果然拍下了影子。达盖尔总是把曝光的底片放到箱子里。一天，他到药器箱中找药品，发现曝过光的底片竟然影像清楚。他断定箱子中的某种药品具有显影作用。经过仔细的研究和分析，发现是水银蒸发造成底片显像。恰在此时，一个名叫哈谢尔夫的人发现了定影作用。随后，达盖尔以自己发明的底片和显影技术，结合哈谢尔发明的定影技术和维丘德发明的印相纸，制造出世界上第一台照相机。

遥控器：“懒骨头”

电视机刚发明出来的时候，人们开关电视机或者选择频道，都依靠手动的方式，十分不方便。美国一家电子公司的阿尔德勒博士为解决开关电视机和选择频道不便的问题，发明了一种远距离有线“遥控装置”，并称之为“懒骨头”。但他后来发现，有线遥控也不是很方便。于是他利用自己的丰富知识，尝试研制以光来操控电视机的遥控器。后来，阿尔德勒又相继推出了用无线电遥控和依靠声音来遥控的遥控器。遥控器问世后，受到人们的热烈欢迎。1956 年，阿尔德勒经过多次实验，选定了超声波作为遥控媒介，制成了超声波遥控器，解决了遥控器易受干扰的问题。20 世纪 80 年代后，随着集成电路技术和红外线技术的发展，一种新型的红外线遥控器诞生了。红外线遥控器基本不受外界的任何干扰，遥控范围又局限在一间屋子里，所以受到人们的广泛欢迎。

服装服饰：从遮羞到时尚的历程

旗袍：满族的民族服装

旗袍在中国服装史上有着独特而浓郁的民族风味，始于清代。清兵入关后，原来设立的红、蓝、黄、白四正旗，又增添了镶黄、镶红、镶蓝、镶白四种，以此来区分、统驭所属军民，称为“八旗”。八旗所属臣民的妇女习惯穿长袍，当时只是筒子，是满族妇女的民族服装，旗袍之名由此而得。后来妇女们缀以绣花、领巾、袖口镶花边，右开大襟，两侧开衩。据说这样便于骑马和上山下河劳动。

唐装：因“唐人”而名

唐装的称谓，其实源于海外。盛唐时期，中国声誉远及海外，海外各国都称中国人为“唐人”。《明史·外国真腊传》言：“唐人者，诸番（外国人）呼华人之称也。凡海外诸国尽然。”外国人称“华人街”为“唐人街”，顺其自然便把中式服装叫做“唐装”。

中山装：因孙中山而流行

中山装是中国现代服装中的一个大类品种。其上衣的左右上下各有一个带盖子和扣子的口袋，下身是西裤，它是在辛亥革命这一社会剧变中诞生的，以伟大的革命先行者孙中山做临时大总统时穿用而流行于世，故称中山装。在 1929 年制定国民党宪法时，曾规定一定等级的文官宣誓就职时一律穿中山装，以表示遵奉先生之法。

据说孙中山先生于 1902 年到越南河内筹组兴中会时，偶入广东人黄隆生开设的洋服店，为了节省开支，并能体现中国国情，而授意黄隆生设计一种美观、简易而又实用的中国服装。黄隆生参考了西欧和日本服装式样，并结合当时南洋华侨中流行的“企领”文装上衣和学生装而设计缝制成后来的“中山装”。

西装：原始衣着的完美组合

西装最早起源于欧洲，它是欧洲人穿的传统服装。西装的上衣原是渔民的穿着，由于他们终年在海上谋生，穿敞领少扣的衣服在海上捕鱼更加方便；燕尾服也是西装的一款，原是中世纪欧洲车夫的装束，为了骑马方便，就在上装的后面开了一条衩；西装硬领是由古代军人防护咽喉中箭的甲胄演变而来的；领带据说是古代住在深山老林里的日耳曼人为了防止披在身上的御寒兽皮掉下来，就用草绳扎在脖子上，这是最早的领带；西装衣袖沿上的三颗纽扣，传说与拿破仑有关；西装裤原是西欧水手服的样式，它便于水手将裤腿捋起来干活。后来随着社会的发展，这些原始的衣着逐渐演变成现在的西装。

这是早期的西服样式。早期西服种类较复杂，不仅分不同场合，还分不同时间，如晨服、午间服、下午服、晚服等。

中国第一套国产西装诞生于清末，是“红帮裁缝”为知名民主革命家徐锡麟制作的。

徐锡麟于 1903 年在日本大阪结识了在日本学习西装工艺的宁波裁缝王睿谟。

第二年，徐锡麟回国，在上海王睿谟开设的王荣泰西服店定制西服。王睿谟花了三天三夜时间，全部用手工一针一线缝制出中国第一套国产西装。虽然在当时，其工艺未必比得上西方国家的制作水平，但已充分显示出“红帮裁缝”的高超工艺，令“红帮裁缝”成为中国西装跻身于世界民族之林的先行者。

和服：大和民族的服装

和服是日本的民族服装，极富日本传统文化特色，千百年来与日本人的生活息息相关。直到现在，逢年过节或在婚礼、葬礼、毕业典礼及庆祝会等隆重场合上，和服仍是日本人的首选。日本人口中 90% 以上都属于“大和”民族，故取其名。

和服的起源可追溯到 3 世纪左右。据《魏志・倭人传》中记载：“用布一幅，中穿一洞，头贯其中，无须量体裁衣。”这就是和服的雏形。大和时代，倭王曾三次派遣使节前往中国，带回大批汉织、吴织以及擅长纺织、缝纫技术的工匠，而东渡扶桑的中国移民中也大多是文人和手工艺者，他们将中国的服饰风格传入日本。

718 年，日本遣唐使团来到中国，唐王热情接见他们，并赠予大量朝服。这批服饰光鲜亮丽，在日本大受欢迎，当时日本朝中的文武百官均羡慕不已。次年，天皇下令，日本举国上下全穿模仿隋唐式样的服装。

到了 14 世纪的室町时代，带有唐装特色的服装逐渐演变并最终定型，在其后 600 多年中再没有较大的变动。至于腰包则是日本妇女受到基督教传教士穿长袍系腰带的影响，而创造出来的，起初腰包在前面，后来移到了后面。在1868年明治维新以前，日本人都穿和服，但在明治维新之后，上层社会中的男士开始流行穿西服，也就是俗称的“洋服”。

牛仔裤：西部牛仔的最爱

“再穿也穿不坏”的牛仔裤迅速成为建筑工人、电影明星、农民和艺术家共同的宠儿。这是一幅早期的牛仔裤广告。一位受害者被绑在木架上，高速旋转的锯轮正在逼近，即便如此，身穿牛仔裤的演员也毫无惧色。

深受年轻人喜爱的牛仔裤，起源于美国。

美国历史上的牛仔堪称“马背英雄”，他们是美国在向西部开拓过程中一支富有冒险精神和吃苦耐劳精神的尖兵。19世纪50年代末，有一个普鲁士裔美国人叫利维·施特劳斯的淘金者来到旧金山。他曾经是个布商，看到淘金工穿着的棉布裤极易磨破，便用厚实的帆布裁做低腰、直筒、臀围紧小的裤子出售，大受淘金工的欢迎，由此成为牛仔们的服饰。

喇叭裤：英国的海军服

喇叭裤最初是法国巴黎服装设计师们参照英国的海军服设计制作的。它的特点是裤裆浅、臀部紧、膝部窄、裤脚宽大。它的造型在膝部以上着重于暴露人体线条，膝部以下夸张。由于它的形式奇特，一度吸引了西方不少好猎奇的青年。20世纪60年代末，开始在巴黎流行，但不到3年，它就在西方世界衰落了。到70年代，它基本上退出了时装舞台。

衣裳：上衣为“衣”，下衣为“裳”

最初的衣服应是树叶与兽皮连在一起的“围裙”。后来传说黄帝创上衣下裳，即是上下连在一起的服饰，故后人称上衣为“衣”，下衣为“裳”。

到有文字记载的时代，中国的服装样式早已形成。如殷商时上衣下裳连在一起的“深衣式”服装。到春秋战国时，这种上衣下裳开始变化，女子的“裳”（裙）已比男子的“裳”长了一些，就是说这一时期男女还都穿裙子。

《诗经》中多处提及有“麻”（衣领）的新式服装，以及“袍”（一种行军者日以当衣，夜以做被的长式衣服）、“裼”、“裘”等儿童褓衣和皮衣。可见，当时人们的衣着已十分可观了。

迷你裙：保守古板的英国人的创举

每当夏天，“迷你裙”就会风靡大江南北。“迷你裙”是怎么来的呢?

“迷你裙”的创始人是一位英国人，名叫玛莉·昆特，而英国人的服装在世界上一向被视为保守、古板、怪异的。

“迷你裙”的出现，有它的历史条件。早在十八九世纪，欧洲的妇女们都是戴着饰物繁多的大帽子，穿着花边堆叠、绉裥累累的长衣裙，去打高尔夫球和网球的。1910 年，有一位英国妇女大胆地穿上了男西装式的女上衣及平跟鞋出现在球场上，成了轰动一时的创举。正在此时，玛莉·昆特设计的“迷你裙”在英国问世了。她把当时只求简便而忽视女性魅力的呆板服装彻底改观，获得极大的成功。此后，不论是在网球场上还是在大街小巷上，到处可以看见轻松活泼、俏丽潇洒的“迷你裙”。法国女郎纷纷仿效，这种既轻便、舒适，又具女性美的短裙，迅速在世界传播开了。

泳装：猥亵暴露罪

在游泳馆游泳，是不可能不穿泳装的。然而有谁知道，第一个穿泳装的人竟然被认为是触犯法律而被定为犯罪。

1907 年，澳大利亚女游泳员安妮特·凯勒曼在波士顿海滩上第一次穿上了泳装。由于她穿的泳装裸露肩膀、大腿和手臂，被法庭控告犯了公众场合猥亵暴露罪。

到了 20 世纪中叶，不少作家在《伦敦时报》发表文章，畅谈游泳和泳装的问题。后来游泳作为一项体育项目日益兴起，游泳俱乐部也很快遍及整个英国，泳装才渐渐被人们接受。

胸罩：系在胸前的餐巾

胸衣最早产生于罗马时期。在 16 世纪，还有用铁、木头制的紧身胸衣。随着纺织技术的发展，16 世纪末期，人们才开始使用鲸髦、钢丝、藤条等制作紧身衣。

19 世纪中叶，女性对紧身胸衣忍无可忍，要求解放腰肢。也许所有的女人都应该感谢玛丽·菲尔普斯·雅各布——第一位获得胸罩专利和成批缝制胸罩的美国女人。

在 1914 年的一天，玛丽和她的法国女仆在纽约上流社会的舞会上跳舞跳热了，感到穿着紧身衣跳舞实在不舒服，便拆下紧身衣，但随手用两块餐巾系在胸前，顿时舞会上许多女人纷纷效仿起来。事后不认识的人托朋友向她索要，还有一个人写信来索要她的发明。不久玛丽花了 50 美元请了设计专家画出了产品图样，取名为胸罩，并开始了生产。

第一次世界大战促使了胸罩的普及。农村妇女不得不代替男子从事生产，城市工厂则招收大批女工，女性感到戴上胸罩便于劳动，胸罩就这样逐渐普及起来。

内衣：可当胸又可当背

内衣的英译可译为 Lingerie，之所以如此，全因古时候的内衣是由薄的亚麻布所制，而麻的法文是 Linge，所以便有 Lingerie。早在中国上古时期，就已织成最早的麻布，但那时内衣却与外衣无甚区别，只是原始的遮体、保暖之用。

东晋十六国时期，出现了一种内衣——“两当”。这种衣服是由北方游牧民族传入中原的。“两当”有前后两片，“既可当胸又可当背”。

唐朝经济繁荣，人民生活安定，当时的女子喜穿“半露胸式裙装”。她们将裙子高束在胸上，胸下围一条宽带，肩、颈、后背无带。穿时由后及前，胸前有一排扣子系合，或用其他带子系紧。

明代女子受外来文化的影响，已深谙如何凸显曲线美之道。当时的内衣——主腰，与背心类似。开襟、两襟各缀有三条襻带，肩部有档，档上有带，腰侧还各有系带，将所有襻带系紧后形成明显的收腰。

清代的兜肚一般为菱形，兜肚只有前片，后背袒露，上有系带套于颈间，腰部另有两根带子，束在背后。系带的材料不一。兜肚上有各类精美刺绣。

在西方，内衣出现得也较早。古罗马时代，产生了胸衣。到了 16 世纪，还有铁、木头制的紧身胸衣。16 世纪末期，人们开始使用鲸髦、钢丝、藤条等来制作紧身衣。后来，紧身胸衣已变得简化，而且内衣制造得越发精美，蕾丝、丝绸、薄纱已得到充分运用。当时，人们对内衣的塑身要求已逐渐淡化，内衣制作放松了对腰部的束缚。随着弹性织物在服装中的广泛应用，内衣变得越来越舒服易穿。

领带：骑兵的围巾

领带起源于古代居住在深山老林里的日耳曼人。他们披着兽皮取暖御寒，为了不使兽皮掉下来，便用草绳扎在脖子上。

17 世纪中叶，欧洲真正出现了“领带”。法国军队中一支罗地亚骑兵凯旋，他们身着威武的制服，脖领上系着一条围巾，颜色各式各样，骑在马上显得十分精神、威风。巴黎一些爱赶时髦的子弟看了备感兴趣，竞相仿效，也在自己的衣领上系上一条围巾。第二天，有位大臣上朝，在脖领上系了一条白色围巾，还在前面打了一个漂亮的领结。路易十四国王见了大加赞赏，当众宣布以领结为高贵的标志，并下令上流人士都要如此打扮。

这样，系领带、打领结的习惯便流传下来了。

腰带：服装的饰物

中国早期的服装多不用纽扣，只在衣襟处缝上几根小带，用以系结，这种小带的名称叫“衿”。为了不使衣服散开，人们又在腰部系上一根大带，这种大带就叫腰带，它与今天人们用来系束裤裙的带子名称虽同，但作用并不一样。

古人对腰带十分重视，不论穿着官服、便服，腰间都要束上一带。天长日久，腰带便成了服装中必不可少的一种饰物，尤其在礼见时，更是缺它不可。

古代腰带名目繁多,形制也十分复杂。但总的来看,可分成两类,一类以皮革为之,古称“鞶革”，或称“鞶带”；一类以丝帛制成，古称“大带”，或称“丝绦”。也有将这两种腰带统称为大带的。汉、隋时出现了蝴蝶结，唐代有了玉带。大画家周昉的仕女图上的仕女常系着一条腰带，在腰间缠绕数圈，并在前面打个结，生动地再现了当时女性的束腰之美。

纽扣：龙袍上的1.36万颗金纽扣

纽扣的历史悠久，早在公元前4000年波斯人就已将小石块加工制成纽扣了。古埃及第六王朝（公元前2350～前2200年）时，埃及人已用金或银制造纽扣，他们将纽扣缀在领圈的四周作为装饰。古希腊人用纽扣来系结长达膝盖的紧身衣，古罗马人用纽扣代替了饰针。

查理五世之女玛格丽特，她身上的金属纽扣以装饰性为主。

14世纪，罗马妇女穿的紧身衬衣上，不仅胸前缀上满满的纽扣，连衣袖上、后腰部也缀满纽扣。当时在法国，纽扣不仅是装饰品，而且是贫富贵贱的标志。达官贵妇用的是用金、银或象牙制成的纽扣，而社会地位不高的一般商人、小官吏只能用铜扣，贫寒人士大多用骨扣或木扣。当时法国国王的一件龙袍上竟缀有1.36万颗熠熠生辉的金纽扣。到了16世纪，纽扣就十分普及了。

中国古代人们大都穿对襟衣服，用绦条绑结，后来在腰间束带。直至元明之后，才出现用纽扣代替条带。

拉链：可移动的扣子

1893年，一个叫贾德森的美国工程师研制了一个“滑动锁紧装置”，并获得了专利，这是拉链的雏形。这项装置的出现，曾对在高筒靴上使用的扣纽扣钩造成了影响。但这一发明并没有很快流行起来，主要原因是这种早期的锁紧装置质量不过关，容易在不恰当的时间和地点松开，使人难堪。

1913年，瑞典人桑德巴克改进了这种粗糙的锁紧装置，使其变成了一种可靠的商品。他采用的办法是把金属锁齿附在一个灵活的轴上。这种拉链的工作原理是：每一个齿都是一个小型的钩，能与挨着而相对的另一条带子上的一个小齿下面的孔眼匹配。这种拉链很牢固，只有滑动器滑动使齿张开时才能拉开。

拉链最先用于军装。第一次世界大战中，美国军队首次订购了大批的拉链给士兵做服装。拉链在民间的推广则比较晚，直到 1930 年才被妇女们接受，用来代替服装的纽扣。

1926 年，一位叫弗朗科的小说家在推广拉链样品的一次工商界的午餐会上说："一拉，它就开了！再一拉，它就关了！""拉链"这个词由此得名。

如今，拉链的品种不断增多，其应用也不仅限于日用品，进入科研、医疗、军事诸多领域，还被人们誉为 20 世纪科技界的 10 大发明之一。

耳环：耳朵的装饰

在中国古代，早在 50 万年前周口店的北京猿人已经有了用石头、兽牙或贝壳制成的耳饰。古代把耳饰叫做"珥""瑱""珰"。在《左传》中也提到用一条五彩的带子横在冕上，两端下垂，紧系黄线，线上悬着玉"瑱"，用来塞耳。在汉代的出土文物中，发现不少石制的臼形耳珰，也有一些是用玉、水晶、玛瑙制成的。

在东方，男女均有戴耳环者；在西方（包括古代以色列和埃及）通常耳环是女性专用的饰物。希腊和罗马人，只限于女性戴用耳环；男性戴耳环者，在古典文学中，常称之为纯东方（即中东）的特色。

耳坠：走路不要左顾右盼

关于耳坠有一个美丽的传说。

传说很早以前，有夫妻二人，他们 40 多岁才生下一个女孩。老两口欢天喜地，把女孩当作掌上明珠，非常宠爱。

姑娘从小娇生惯养，被惯出一个坏毛病——走路时总是左顾右盼。姑娘的名声也因此变得越来越坏。因此，姑娘大了，却没有一个小伙子肯娶她。

老两口非常着急，想来想去，终于琢磨出一个好办法：在姑娘两耳下各系一短绳，绳下端系一贝壳。只要姑娘晃动头部，贝壳就会碰到姑娘的脸，而刮脸又是表示"羞"的意思。所以，姑娘立刻就会意识到别人在羞她，这样就能克服走路左顾右盼的毛病。结果，这种"耳坠"真的纠正了姑娘的坏毛病。

后来不少有类似毛病的人纷纷仿效，于是，耳坠便在社会上普及起来了。后来人们慢慢地将它改制成为工艺品，戴在耳朵上，为女性增添美丽。

戒指：嫔妃用以记事

戒指也叫指环，一般是用金、银或其他贵重材料制成，戴在手指上。

据说，戒指起源于古时的中国宫廷。女性戴戒指是用以记事，"戒"指一种"禁戒""戒止"的标志。当时皇帝有三宫、六院、七十二嫔妃，在后宫被皇帝看上者，宦官就记下她陪伴君王的日期，并在她右手上戴一枚银戒指作为记号。当后妃妊娠，告知宦官，就给戴一枚金戒指在左手上，以示戒身。

在古希腊，人们把戒指作为装饰品。在古罗马，戒指是社会地位的重要象征。罗马共和国初期，只有身居高位的人才能佩戴金戒指。到公元前 3 世纪，戴戒指的特权扩大到骑士阶层。罗马帝国时期，除奴隶外都可以戴金戒指。罗马天主教会授予教皇的戒指形体巨大，甚至可用作印章。

金戒指　埃及

戒指为双面，一面镶有宝石，一面为雕刻的图案。

手镯：男性身份的象征

手镯又称“手环”“手钏”，是一种套在手腕上的环形装饰品，可用金、银、翡翠、玛瑙等多种材料制成。

手镯起源于母系社会向父系社会过渡时期的“抢婚制”。据文献记载，在古代不论男女都戴手镯，对女性来说是已婚的象征，男性则用来表示身份。在古代社会，手镯被认为有避邪作用，到了今天，则主要是作为装饰了。

帽子：冠冕堂皇

最初的帽子是作为一种装饰品。帽子在中国很早就发明了，成语“冠冕堂皇”的“冠”“冕”，指的就是帽子。“冠”只有狭窄的冠梁，遮住头顶的一部分，两旁用丝带在领下打结固定。古代的男子 20 岁开始戴冠，戴冠时要举行“冠礼”，表示成年的开始。在汉朝，冠分多种，供不同身份的人在不同的场合下使用。“冕”出现比“冠”更早，这种“冕”前低后高，表示恭敬，前面用丝线垂面，使目不斜视，两旁用丝线遮耳，表示不听谗言。这种“冕”是帝王专用的，皇子继承皇位，才能加“冕”。古代劳动人民则戴头巾。头巾本来是劳动时擦汗的布，后被当作帽子裹在头上。

皮鞋：孙膑刖刑

在原始社会，我们的祖先将兽皮包在脚上，然后用骨针穿皮线缝扎。这就是皮鞋的雏形。但这种“原始皮鞋”还不是真正的皮鞋，没有鞋底与鞋帮之分。

世界上第一双真正的皮鞋，产生于中国的战国时期。中国军事家孙膑因被庞涓所害，膝盖受到刖刑，变成残废。为此，孙膑在原始皮鞋的基础上，将较硬的皮革裁成底和帮两部分，缝成高筒皮靴。孙膑穿上它，依靠靴底和靴帮的支撑力，乘车指挥作战，战胜强敌。后来，一些制鞋匠将孙膑的画像挂在家中，以纪念这一发明。

关于皮鞋还有另外一个传说。

很久很久以前,人类还赤着脚走路。有一位阿拉伯的国王到某个偏远的乡间旅行,因为路面崎岖不平,有很多碎石头,刺得他的脚又痛又麻。回到王宫后,他下了一道命令,要将国内所有道路都铺上一层牛皮,他认为这样做,不只是为了自己,还可造福他的人民,让大家走路时都能不再受刺痛之苦。

但即使杀尽国内所有的牛,也筹措不到足够的皮革,虽然根本做不到,甚至还相当愚蠢,但因为是国王的命令,大家也只能摇头叹息。

一位聪明的仆人大胆向国王提议:"国王!为什么您要劳师动众,牺牲那么多头牛,花费那么多金钱呢?您为何不用两片牛皮包住您的脚呢?"国王听了很惊讶但也马上领悟,于是立刻收回成命,采纳了这个建议。据说这就是皮鞋的由来。

高跟鞋:防止妻子外出

高跟鞋

15世纪时,一个威尼斯商人担心他不在家的时候,漂亮的妻子会到处乱跑,招蜂引蝶。于是,他给妻子定做了一双后跟很高的鞋,以为这样一来,妻子就难于在外行走了。可是,他妻子穿上这双鞋后,不仅没有感到有什么不舒服,反而觉得十分好玩,并决意穿上这双鞋四处游玩。行人见了都觉得她的鞋太美了,于是争相效仿,"高跟鞋"很快就流行开了。

旱冰鞋:冰河解冻的威胁

旱冰鞋的起源很具有趣味性。据说早在1100年,猎人们为了在冬天也能打猎,将骨头装在长皮鞋底下,算是旱冰鞋的最早模式。

在18世纪,一位住在荷兰的男子滑冰运动员经常在结冰的路面上溜冰。当冰开始融化时,冰面就支撑不住溜冰人的重量。他想解决这个问题,就将四个木轴安装在一双旧皮鞋上,试着在地面上滑行,没想到竟然成功了。他制作的鞋,就是世界上第一双旱冰鞋。

1706年,比利时一位名叫约瑟夫·默林的技工制造了一双旱冰鞋。由于没有煞车装置,这种鞋使用起来很不方便。1815年,法国人加尔森制造了一种轮式旱冰鞋。1819年,法国人首次出售木制、金属制和象牙制旱冰鞋。

1863年,美国人詹姆斯·普利姆普顿设计出一种新式旱冰鞋。这种旱冰鞋是在每只鞋底上镶四把小冰刀,在冰上滑行。如果冰雪开始融化,鞋底就换上镶有活动底座的两对小轮,以利于在坚实的地面上滑行。

现在人们所见的四轮花样旱冰鞋是用皮革制成,高腰、硬帮、高跟、硬底。男式的为黑色，女式的为白色。鞋底托用金属制成，镶有四个小滑轮，前面有制动器，可用以调节与地面距离的高度，前后小轮均可左右扭转。轮与托是用胶垫连接，并用螺钉固定在滑轮上。

木屐：京都长者皆着木屐

木屐，古作“屐”，俗称大头鞋，是古人穿的一种木底鞋的通称，大受中国古代人的欢迎。

木屐早在春秋战国时期就已出现。据记载，晋文公多次请隐居于绵山上的功臣介之推出仕不至，便企图使用“火攻法”将他逼出。不料，介之推却抱住一棵大树并被烧死。晋文公很悲痛，就用那株树的木料制成一双木屐，每天穿着并不时叹曰：“悲夫，足下。”以此表示对介之推的怀念。后被市井人所模仿，并相沿成习。《后汉书·五行志》载：“延熹中，京都长者皆着木屐。”后来木屐逐渐流传到南方。

从浙江省宁波市磁城湖遗址出土的两件木屐可以证明，早在新石器时代晚期，长江下游地区的良渚先民就已经发明了木屐。这两件木屐距今已有 4000 多年的历史，可谓世界上最早的木屐了。

大众食品：民以食为天

元宵：团团圆圆

元宵，又叫“汤圆”“水圆”“汤团”等。宋人陈元靓写的《岁时广记》称它为“元子”；《乾淳岁时记》称它为“乳糖元子”；《大明一统赋》称它为“糖元”；《武林旧事》称它为“团子”。尽管各地元宵样式繁多，风味各异，但都有团圆的寓意，深受人们的喜爱。

元宵始于宋朝，那时民间流行着一种元宵节吃的新奇食品，其做法是用各种果饵做馅，外面用糯米粉搓成球，煮熟后吃起来香甜可口，饶有风味。因为这种糯米球煮在锅里又浮又沉，所以元宵最早又叫“浮元子”。

1912年，袁世凯篡夺革命成果，他一心想当皇帝，又恐遭到人民反对，终日忐忑不安。由于“元”和“袁”、“宵”和“消”同音，“袁消”有“袁世凯被消灭”之嫌，所以，在1913年元宵节前，袁世凯下令将元宵改为汤圆。袁世凯垮台后，大部分地区又恢复了元宵的名称。

饺子：祛寒娇耳汤

饺子史称“娇耳”，据说是由中国医圣张仲景发明的。

东汉末年，各地灾害严重，很多人身患疾病。张仲景在长沙为官时，常为百姓除疾医病。有一年当地瘟疫盛行，他在衙门口架起大锅，舍药救人，深得长沙人民的爱戴。张仲景告老还乡后，经过家乡白河岸边时，见很多穷人饥寒交迫，耳朵都冻烂了，心里十分难过，决心救治他们。张仲景回到家，尽管求医的人很多，但他仍惦记着那些冻烂耳朵的穷百姓。他仿照在长沙的办法，叫弟子在南阳东关的一块空地上搭起医棚，架起大锅，在冬至那天向穷人舍药治伤。

此药方叫“祛寒娇耳汤”，即将羊肉、辣椒和一些祛寒药材入锅煮熬，煮好后再把这些东西捞出来切碎，用面皮包成耳朵状的“娇耳”，下锅煮熟后分给乞药的病人食用。每人两只娇耳，一碗汤。人们喝下祛寒汤后浑身发热，血液通畅，两耳变暖。食用数日后，病人的烂耳朵就好了。

张仲景舍药一直持续到大年三十。大年初一，人们庆祝新年，也庆祝烂耳康复，就仿照娇耳的样子做过年的食物。人们称这种食物为“娇耳”“饺子”或“扁食”，在冬至和大年初一吃，以纪念张仲景舍药医人的日子。

月饼：纪念闻仲的“太师饼”

月饼，又称胡饼、宫饼、小饼、月团、团圆饼等，是古代中秋祭拜月神的供品，在中国有着悠久的历史。

据史料记载，早在商周时期，江浙一带就有一种纪念太师闻仲的边薄心厚的“太师饼”，此乃中国月饼的“始祖”。汉代张骞从西域引进芝麻、胡桃，丰富了月饼的馅料，继而出现了以胡桃仁为馅的圆形饼，名曰“胡饼”。唐代，民间已有从事生产的饼师，京城长安也开始出现糕饼铺。据说，有一年中秋之夜，唐玄宗和杨贵妃赏月吃胡饼时，唐玄宗嫌“胡饼”之名不雅，杨贵妃见皓月当空，十分陶醉，随口而出“月饼”。从此，“月饼”的名称便流传开来。

点心：表“点点心意”

“点心”这个名称由来已久。相传南宋梁红玉击鼓退金兵时，为了慰劳日夜奋勇杀敌的将士们，下令让厨师烘制民间喜爱的美味糕点，派人送往前线，以表“点点心意”。此后，“点心”的名称就流传下来，并一直沿用至今。

其实，“点心”在史料中的记载比这个民间传说还要早。例如，宋人吴曾撰的《能致斋漫录》中，有如下的一段描述：“俗例以早餐小食为点心，自唐代之时，已有此语。按唐人郑傪为江淮留后，家备夫人晨馔，夫人顾其弟曰：‘治汝未毕，我未及餐，尔且可点心。’”吴曾与梁红玉是同一时代的人，他的书成于宋高宗绍兴二十四年至二十七年间（1154 ~ 1157 年），书中记载的唐人郑傪一事很有说服力，应当可信。可见，“点心”一名早在 1000 多年前便已出现，比传说的要早 200 年以上。

面条：经齿冷于雪

中国的面条起源于汉代。那时面食统称为饼，因面条要在汤中煮熟，所以又叫汤饼。早期的面条有片状和条状两种。到了魏晋南北朝时，面条的种类渐渐增多，著名的有《齐民要术》中收录的“水引”“馎饦”。“水引”是将筷子般粗的面条压成“韭叶”形状；“馎饦”则是极薄的“滑美殊常”的面片。

面条是中国人民的主食之一

隋唐及五代时期，面条的品种更多。有一种叫“冷淘”的过水凉面，风味独特，诗圣杜甫十分欣赏，称其“经齿冷于雪”。还有一种劲道十足的面条,有“湿面条可以系鞋带”的说法,被人称为“健康七妙”之一。

油条：炸的不是油条，是秦桧

南宋年间，岳飞被卖国宰相秦桧和他的老婆王氏害死了的消息传开后，百姓们个个不服气，酒楼茶馆、街头巷尾都在讨论这件事。

那时，在众安桥河下，有两个吃食摊：一家卖芝麻葱烧饼，老板叫王二；一家卖油炸糯米团，老板叫李四。这一天，两人议论起此事，很是激愤，就做了两个面人扔到油锅里，表示对秦桧夫妻的愤恨，并称这是“油炸桧”。

老百姓当初吃“油炸桧”是为了解恨，但一尝味道不错，价钱也便宜，于是逐渐成为家喻户晓的食品了。

豆腐：炼丹不成，反得豆腐

豆腐被誉为“国菜”。说起豆腐的起源,明李诩《戒庵老人漫笔》及清初《天禄识余》曾记载,豆腐为汉淮南王刘安所造,名曰“黎祁”,亦称“犁祁”。宋代大诗人陆游在《山庖》中有诗句：“诗压犁祁软胜酥。”

淮南王刘安系汉高祖的孙子，所谓“一人得道，鸡犬升天”就是他的逸事。此人不问政事，好修炼，企求长生不老，招来一批术士，以黄豆为原料欲炼仙丹，不料炼丹不成，反得豆腐。因此，后人便将豆腐的发明权挂到他的身上了。

豆腐干：石头底下的豆腐

豆腐干味道醇香，存放时间长，是民间的一大佳肴。关于豆腐干的由来，有一段曲折的故事。

战国时期，魏国将军庞涓嫉妒同学孙膑的军事才华，用巧计陷害孙膑，借魏王之刀砍掉了孙膑的膝盖骨。残废后的孙膑假装疯癫，以便早日脱离庞涓的魔掌。有个卖豆腐的少年小福，富于正义感，每天偷偷送给孙膑几块豆腐。孙膑怕被庞涓的人发现，就把吃剩的豆腐压在石头底下。不久，孙膑发现压在石头底下的豆腐变成了豆腐干，味道十分鲜美。

后来，孙膑被齐王救回齐国。他对齐王说，用石头压成的豆腐干特别好吃。于是齐王就派人把小福找来，开了个“玉堂号”豆腐店，专门做豆腐干。由于制作豆腐干的费用较低，这种食品很快流传到全国各地。

据历史记载，自北宋以来，豆腐干以“自仙镇玉堂号”最有名气，皇上设宴都要用他们制作的豆腐干。清朝末年，八国联军进攻北京，慈禧太后向西逃跑，路过开封，特意带走十盒豆腐干。当慈禧一行来到西安时，豆腐干仍散发出醇香，于是被称为“千里香”。

豆腐干以优质大豆为主要原料，加以佐料配制而成，因而质柔而筋道。制成豆腐干要经过九煮八晒一见阳，然后挤压而成。

四菜一汤：朱元璋的榜样

四菜一汤相传为明太祖朱元璋首倡。

1368 年，朱元璋当上皇帝后遇上天灾，各地粮食歉收，百姓生活十分困苦，可一些达官贵人却穷奢极欲，过着花天酒地的生活。生身贫苦、讨过饭的朱元璋对此非常恼火，决心予以整治。一天，适逢皇后的生日庆典，朱元璋趁众位大臣前来贺寿之机，有意摆出粗菜淡饭宴客，以此警醒文武百官。当十多桌席位的人坐齐以后，朱元璋便令宫女上菜。第一道菜是炒萝卜，萝卜，百味药也，民谚有“萝卜上市，药铺关门”之说。第二道菜是炒韭菜，韭菜生命力旺盛，四季常青，象征国家长治久安。再则是两大碗青菜，以此寓意为官清廉，两袖清风。最后一道极普通的葱花豆腐汤。宴后朱元璋当众宣布：“今后众卿请客，最多只能‘四菜一汤’，这次皇后的寿席就是榜样。谁若违犯，严惩不贷。”从此，“四菜一汤”的规矩便从宫内传到民间。

盐：海水熬成盐

盐是人们日常生活中不可缺少的调味品之一，它的由来可追溯至 2800 年之前神农氏与黄帝之间。《世本》记：“黄帝时，诸侯有夙沙氏，始以海水煮乳，煎成盐。其色有青、黄、白、黑、紫五样。”有关夙沙氏，汉宋衷有注，但《世本》散佚，后人引则各异。宋《路史》引宋衷注为：“夙沙氏，炎帝之诸侯。”《太平御览》引宋衷注为：“宿沙卫，齐灵公臣。齐滨海，故卫为渔盐之利。”宿（夙）沙是传说中人，但说明中国最早的盐是用海水煮出来的。“盐”古字本象是在器皿中煮卤，天生者卤，煮成者盐。

味精：日本的味之素

日本东京大学有一位教授名叫池田菊苗，是一位化学家。1908 年盛夏的一个晚上，池田回到家里，与妻子一道用餐。忽然，他停止了进餐，将目光停在了黄瓜汤上。“今天这碗汤怎么这样鲜！汤里除了海带和黄瓜，没有别的东西了吗？”池田问妻子。“是呀！”妻子回答。“这海带里面一定有什么奥妙！”池田自言自语地说道。

从这天起，池田在东京大学的化学实验室里仔细地研究海带的化学成分。半年以后，他从海带里提取出一种叫谷氨酸钠的物质，正是谷氨酸钠大大提高了菜肴的鲜味。于是，池田用谷氨酸钠制成了一种鲜味剂，给它取名为“味之素”。

20 世纪初，味之素的广告在中国随处可见。有一个叫吴蕴初的工程师对这种能产生鲜味的粉末十分感兴趣，于是买了一瓶回去研究。

经过化验，他得出粉末的主要成分是谷氨酸钠，于是决定造出中国的味之素来。他反复试验，一年之后，终于提炼出10克白粉似的结晶来，品尝后觉得味道与味之素一样鲜。吴蕴初想：最香的香水叫香精，最甜的味道称糖精，那么，最鲜的东西，不妨取名为“味精”。就这样，便有了“味精”一词。

酱油：拌食韭叶

酱油是把豆、麦煮熟，使其发酵然后加盐而酿制成的液体调味品。

中国历史上最早使用“酱油”名称是在宋朝，林洪著《山家清供》中有“韭叶嫩者，用姜丝、酱油、滴醋拌食”的记述。在距今2000多年前的西汉时，中国就已经比较普遍地酿制和食用酱油了，那时候世界上其他国家还没有酱油。但考虑到酱油和酱的制造工艺是极其相近的，而中国在周朝时就已发明了酱，所以酱油的发明也应远在汉代之前。酱存放时间久了，其表面会出现一层汁。人们品尝这种酱汁后，发现它的味道很好。由此便改进了制酱工艺，特意酿制酱汁，这就是最早的酱油的诞生过程。

公元755年后，酱油生产技术随鉴真大师传至日本，后又相继传入朝鲜、越南、泰国、马来西亚、菲律宾等国。

醋：21日酉时

醋的历史由来已久。传说在古代的中兴国，即今山西省运城市，有个叫杜康的人发明了酒，并把酿酒的技术传授给了他的儿子黑塔。后来，黑塔带领族群移居现江苏省镇江，把酿酒技术也就带到了那里。酿酒中，他们觉得把酿酒后的酒糟扔掉很可惜，就存放起来，浸泡于缸里。到了21日的酉时，黑塔揭起缸盖，一股从来没有闻过的香气扑鼻而来。黑塔忍不住尝了一口，酸甜兼备，味道很美，便贮藏起来作为“调味浆”。这种调味浆叫什么名字呢？黑塔把“二十一日”加“酉”字来命名这种酸甜的液体叫“醋”。据说，直到现在，镇江恒顺酱醋厂酿制一批醋的期限仍是21天。

桂皮：油性大，味鲜美

桂皮是肉桂树的树皮，有名的香料。上好的桂皮皮细肉厚，颜色乌黑或呈茶褐色，断面呈紫红色，油性大，味道鲜美。肉桂多产于广西中部、南部和东南部的平南、容县、防城等县市，其中以平南肉桂质量最好，称“陈桂”。桂皮也是重要的中药，自古以来与北方的人参、鹿茸齐名。广西桂皮900多年前就已远销欧洲，如今桂皮成为广西重要的出口商品。国外把桂皮称为“西桂”。

北京烤鸭：南北朝的“炙鸭”

关于烤鸭的形成,可追溯至南北朝时期,当时的《食珍录》中即有“炙鸭”字样出现。南宋时，“炙鸭”已为临安（杭州）“市食”中的名品。

后来，据《元史》记载，元破临安后，元将伯颜曾将临安城里的百工技艺带入大都（北京），烤鸭技术也随之传到北京，烤鸭便成为元朝宫廷御膳奇珍之一。随后，烤鸭成为明、清宫廷的美味。明代时，烤鸭还是宫中元宵佳节必不可少的佳肴。据说清代乾隆皇帝以及慈禧太后，都特别爱吃烤鸭。从此，便将其定名为“北京烤鸭”。后来，随着社会的发展，北京烤鸭逐渐由皇宫传至民间。

“狗不理”包子：狗子卖包子，一概不理

上百年来，“狗不理”包子作为津门三绝之首，声名远播。

可是，这么鲜美可口的包子为何偏偏要叫“狗不理”呢？原来，在清朝光绪年间，天津城边侯家后一带有一个专卖包子的小摊，小摊掌柜的名叫高贵友，小名“狗子”。因他的包子味好，买的人多，他一个人连做带卖应接不暇，就想了个快速售货的点子，在摊头放一摞粗瓷碗。谁要买包子就把钱放在碗里，再把碗给他，他看钱给包子，自始至终一言不发。于是人们笑称：“狗子卖包子，一概不理！”传来传去，就传成“狗不理”包子了。

松花蛋：掉进桑树灰的鸭蛋

松花蛋不仅味道鲜美,而且有一定的药用价值。王士雄《随息居饮食谱》中说:“皮蛋，味辛、涩、甘、咸，能泻热、醒酒、去大肠火，治泻痢，能散能敛。”中医认为松花蛋性凉，可治眼疼、牙疼、高血压、耳鸣眩晕等疾病。

松花蛋，俗称“皮蛋”，又称“松花皮蛋”，有400多年的历史，起源于中国南方。关于它的起源，有个有趣的传说：

话说江南有个江河交叉、湖塘密集的三江口,在河埠头住有夫妻二人,男人姓厉。夫妻俩都年过半百,靠摆茶摊过日子,来喝茶的都是一些穷苦的渔夫。可是这年雨大,江河湖泊一片汪洋。打鱼的少了，老两口度日更加艰难。

有一个养鸭老汉将一对母鸭送给他们，他们就靠这对鸭子维持生活。鸭子一天下两蛋，非常准时。可是好景不长，鸭蛋竟然拾不到了，夫妻俩十分烦闷。

十几天后，他们收拾茶具，还像往常一样，把剩茶倒入屋外的桑树灰堆里。忽然看见桑树灰里露出了圆滚滚的东西来，拾起一看，正是他们要找的鸭蛋。原来鸭子把蛋下到桑树灰里。

可是这蛋在桑树灰里埋了这么些天，又天天浇剩茶叶，是否已经坏了呢？他们

磕开一个蛋，只见蛋清已经变成黄褐色，像水晶一样，蛋黄也变成绿莹莹的实心蛋。一尝，这蛋有一种特别的香味，这就是松花蛋。

涮羊肉：宫廷佳肴

据说，涮羊肉起源于元代。700多年前，元世祖忽必烈率领军队作战的途中，想吃草原美味——清炖羊肉，不料敌情突发。厨师灵机一动将羊肉切成薄片，下锅烫熟就捞了出来，放了点调料就送上去了。忽必烈饥不择食，吃罢迎敌并大获全胜，后命令厨师如法炮制，并建议增添调料，大臣们吃后啧啧称赞。后来忽必烈赐名为涮羊肉，并流传下来。涮羊肉原本是宫廷佳肴，不是普通百姓能吃到的。直到清光绪年间，北京“东来顺”羊肉馆的掌柜买通了太监，偷出了涮羊肉的作料配方，才使涮羊肉渐渐进入寻常百姓的餐桌上。

糖炒栗子：统一祖国的热望

糖炒栗子是京津一带别具风味的名品，也是具有悠久历史的美味。

南宋时，陆游的《老学庵笔记》中有这样一个动人的故事。他说：“故都（指北宋的汴京，即今开封）李和炒菜，名闻四方，他人百计效之，终不可及。”接着写道：“绍兴中，陈福公及钱上阁，出使虏庭，至燕山，忽有两人持炒栗各十裹来献……自赞曰：‘李和儿也。’挥涕而去。”据此可以推知，汴京的炒菜专家李和在外族入侵时家业破落，他的儿子带着炒栗子的绝技流落燕山。他以献给故国使者的栗子，表达自己对统一祖国的热望。

冰糖葫芦：治愈贵妃的病

据说南宋绍熙年间，宋光宗最宠爱的黄贵妃病了。她面色苍白，体虚无力，食欲不振，御医用了许多名药，都未奏效。宋光宗张榜招医，一位江湖郎中揭榜进宫。他为贵妃诊脉后说：“只要将山楂与红糖煎熬，每饭前吃5～10枚，半月后病准会好。”果然不出半月，黄贵妃的病便痊愈了。后来这酸脆香甜的蘸糖山楂很快传到了民间，并且渐渐演变为今天的冰糖葫芦。

粥：稀饭的书面语

“粥”是稀饭的书面语。“粥”的历史在中国可谓源远流长，由来甚古。

古时的“粥”与今天的“粥”稍有不同，古时的粥用米熬成，稠的叫“干”，稀的才叫“粥”，这也是有人将“粥”称为“稀饭”的缘故。根据饮食的不同原因和目的，古人食粥可分为三种：贫农食粥、赈灾食粥、养生食粥。发展到今天，食粥已不再具有上述原因，而逐渐演变为人们调节饮食的一种风味食品了。制作技艺也愈加精湛，如花生猪骨粥、八宝粥等。

四喜丸子：四喜临门

据传，四喜丸子创制于唐朝年间。有一年朝廷开科考试，各地学子纷纷涌至京城，其中就有张九龄。发榜当日，衣着寒酸的张九龄居然中得头榜，人们深感意外。皇帝因赏识其有才智，便将他招为驸马。当时正值张九龄家乡遭水灾，父母背井离乡，杳无音讯。举行婚礼那天，张九龄正巧得知父母的下落，便派人接至京城。喜上加喜，张九龄高兴之余，便叫厨师烹制一道吉祥的菜肴，以示庆贺。菜端上来一看，是四个炸透蒸熟并浇以汤汁的大丸子。张九龄询问其意，聪明的厨师答道："此菜为'四圆'。一喜，老爷头榜题名；二喜，成家完婚；三喜，做了乘龙快婿；四喜，合家团圆。"张九龄听后开怀大笑，连连称许，又说道："'四圆'不如'四喜'响亮好听，干脆叫它'四喜丸'吧。"自此以后，逢有结婚等重大喜庆之事，宴席上必备此菜。

麻婆豆腐：麻婆烧的豆腐

麻婆豆腐是一道用豆腐为主料制作而成的四川名菜。

相传在清朝同治年间，在四川成都北门外的郊区有个叫万福桥的集市，客商云集。附近有一个叫陈盛德的与他的妻子在这个集市以卖便饭和茶水为生，因他妻子的脸上星星点点有几颗麻子，人们便习惯地称她麻婆。麻婆会做一手好菜，特别是她做的豆腐，远近闻名。

后来，她在这个集市附近专门开了家豆腐店。那里时常有不少挑油工路经此地，便在此用餐。麻婆就用他们油篓中的剩油炒制牛肉粘子（牛肉沫），并与豆腐、豆豉茸、豆瓣酱、干辣椒面合烹，然后撒下些花椒面，味道特别鲜美，十分受人欢迎。后来，人们与卖豆腐的人家混熟了，索性称之为"麻婆豆腐"。

水煮鱼：不吃肉的朋友

"水煮鱼"是川菜中的一道名菜，关于它的由来主要有两种说法：

一说水煮鱼是由辛勤的渔民创造出来的。居住在洞庭湖边的人们都知道，一到冬天，很多渔民都要入湖打鱼，要在船上吃午饭。当时的条件很差，小小的渔船上，只能放少量的餐具和调料，因此鱼就变成了唯一的主菜。

还有一种说法，是说水煮鱼起源于重庆渝北地区，距今只有二十几年的历史。这道菜的创始人出生于川菜世家，并且在 1983 年重庆地区的一次厨艺大赛中以一道水煮肉片技压群雄，夺得大奖。某日，他的一位挚友来他家祝贺他获奖。这个朋友自小生活在嘉陵江边，每次来都会拎上几条活蹦乱跳的鱼，这次当然也不例外。师傅想让他的朋友来分享一下他的得奖菜品，可是他的朋友不吃大肉，这可让他犯愁了。正在这时，朋友带来的鲜鱼令他眼前一亮，于是萌生了“水煮鱼”的点子。第一盆“水煮鱼”就这样诞生了！令人惊喜的是，鲜美的鱼肉加上川味的麻辣，令这道菜口味独特，分外鲜美。后来，“水煮鱼”渐渐成为一道家喻户晓的美味佳肴。

叫化鸡：叫花子的发明

相传在明末清初时期，江苏常熟的虞山一带有个叫花子，平时到处行乞。一位好心肠的老太太送给他一只老母鸡，他高兴得手舞足蹈。但他是个叫花子，除了手中的破碗，别无所有，怎样才能把这只鸡做熟呢？他想了好久，也没有想出个好办法来。突然，他灵机一动，计上心来。于是他就近找了一户人家，向主人借了把刀，将鸡宰杀，除去内脏，到山上挖了些黄泥涂于鸡的表面，取来枯树枝叶点起火，将包好的鸡放在火堆中焖烧。待泥烧干，他估计鸡也熟了，就用棍子敲去泥壳，鸡毛也随泥脱落，顿时香气四溢。

叫花子十分惊喜，遂抱起鸡狼吞虎咽地吃起来。正当叫花子吃得起劲时，大诗人钱谦益散步路过此处，闻到鸡的香味，并老远看到叫花子吃鸡的情景，便差人前往打听叫花子是如何做出这样美味的鸡的。差人打听了一番，并取了一小块鸡肉给钱谦益，他品尝后，觉得味道确实很不平常。回到家中，他令家厨按叫花子所说的方法制作，并在鸡肚子里加进肉丁、火腿、虾仁及香料等各种调味品，用荷叶包着，涂上黄泥，在火中烘烤，并取名“叫化鸡”。

自助餐：海盗的发明

自助餐起源于 8 ～ 11 世纪北欧的斯堪的纳维亚半岛。

当时，海盗们每次抢来财物，就由海盗首领出面，大宴群盗，庆祝胜利，但他们却不熟悉也不习惯吃西餐的烦冗礼仪。他们灵机一动，发明了自己到餐台上自选、自取食品及饮料的吃法。

以后的饭馆经营者将这种吃饭方式予以规范化，并丰富了吃食的内容，就演变成今日的自助餐。直到现在，很多西方自助餐厅还冠以“海盗餐厅”的响亮名字。

罐头：拿破仑的悬赏

罐头的由来与法国皇帝拿破仑有关。

法国皇帝拿破仑率领部队，征讨四方时，由于战线太长，大批食品运到前线后就会腐烂变质。于是他悬赏 1.2 万法郎，希望有人能发明防止食品变质的技术和装备。

有个叫尼古拉·阿佩尔的人，曾在酸菜厂、酒厂、糖果店和饭馆当过工人，后来当了厨师。他偶然发现，密封在玻璃容器里的食品如果适当加热，就不易变质。他深受启发，便响应政府的悬赏，对食品保藏的方法进行细致的研究。经过 10 年的艰苦研究，终于在 1804 年获得成功，制成玻璃罐头。

1806 年，世界上第一批罐头食品送上法国的军舰，请军人们品尝。舰长与驻军司令一致反映，罐头食品味道鲜美，为以前的干、腌食品所不及。1809 年，法国政府“长期贮藏陆海军粮研究委员会”向阿佩尔颁发了 1.2 万法郎奖金。1812 年，阿佩尔在巴黎市郊建立了世界上第一家罐头工厂——“阿佩尔之家”。

面包：太阳底下的面团

发酵面包的发源地是古埃及，其制作方法一直保密。据说当初埃及人把面粉用水和盐混合在一起做面团，并不是发酵面包。直到一次，有个人将和好的面团放在太阳下忘了拿回来。当他回去取时，面团已经发起来了。从那时起，人们由此受到启发便在炉子上烘烤出松软的面包。

英国猪油点心面包水果味浓郁，非常美味。

第一批公共面包师产生在古罗马。到 19 世纪，人们发明了可大大减轻面包师劳动量的特别烤炉。

比萨饼：马可·波罗的描述

比萨源于意大利的 PIZZA，根据字典的解释，是混合不同香料、番茄及芝士烘焙而成。比萨的起源说法不一：

一说早在公元 997 年，古罗马帝国一位女王来到那波里，当地人为了表示欢迎，将掺有番茄酱和菠菜的面团，置于火上烘焙至金黄，味道甚美，就有了比萨。

另一说比萨并非始于意大利，而是源于中国：当年意大利旅行家马可·波罗在中国旅行时对一种北方流行的葱油馅饼十分中意，回到意大利后他一直想再次品尝。某天，他与朋友在家中聚会。马可·波罗将其中一位来自那不勒斯的厨师叫到身边，“如此这般”地描绘起中国北方的葱油馅饼来。那位厨师立刻按马可·波罗所描绘的方法制作起来，但忙了半天，却无法将馅料放入面团中，马可·波罗便提议将馅料放在面饼上吃。这位厨师回到那不勒斯后又做了几次，并配上那不勒斯的乳酪和佐料，大受食客欢迎。从此“比萨”流传开来。

巧克力：神赐之物制成的“苦水”

巧克力又叫朱古力，它是由可可制成的。可可最早产于美洲的尼加拉瓜，后来传入墨西哥。墨西哥阿兹特克人将可可豆碾碎煮成汁，待它冷却后加入各种香料，再用胡椒调味后饮用。墨西哥语中称之为“巧克拉尔”，意为“苦水”。可可树在墨西哥语中为“可可阿杜尔”，意为“神赐之物”。阿兹特克人认为，饮用这种用神赐之物制成的“苦水”，会使人身体健壮，远离灾病。

西班牙的一些探险家由于讨厌胡椒味，就在煮“苦水”时，将可可豆粉与砂糖各放一半，制成一种新饮料，并称之为“巧克拉特”，在英语中又变为“巧克力突”。我们使用的“巧克力”三字，就是从英文音译过来的。

冰激凌：原是消暑用

早在3000多年前，聪明的中国人就已经利用天然冰在夏天消暑。周朝的时候，朝廷里有专门负责取冰、用冰的官员——“凌人”。

唐朝时，京城长安出现了专门靠冰发财的商人。一本叫《杜阳杂俎》的书里，详细记载了当时制造冷饮的方法。元世祖忽必烈时开始了冰激凌的生产。为了保守制作工艺的秘密，王室以外的人禁止制造冰激凌。马可·波罗千方百计得到了制作方法，并将它带回意大利，随后传到英、法等国。14世纪初期，欧洲也出现了冰激凌。

酒水饮品：茶静酒闹，觥筹交错中品滋味

茶：原为治病

中国是世界上种茶、制茶、饮茶最早的国家。最初茶被称为“苦荼”，作为一种中药材用于治病，后来经长期实践经验积累，人们逐渐认识到茶不仅可入药，而且是一种气味芳香、提神解渴的上好饮料。于是，种茶、饮茶渐成为习惯。

到三国时期，江南一带饮茶已蔚然成风。魏晋南北朝时，茶被用来待客。唐朝时开始出现茶馆，但饮茶方法烦琐，也出现了第一部论茶专著——陆羽的《茶经》，陆羽因此被誉为“茶圣”。到宋元时期，制茶技艺明显提高，名茶品种已有数十种之多。饮茶方法也开始革新，渐与今人饮茶方法接近。发展到今天，中国的制茶、饮茶技艺已经形成了一种独具风格的茶文化，中国茶道也风靡全球。

龙井茶：18 棵御茶树

西湖龙井茶至今已有 1200 多年历史，明代列为上品，清顺治列为贡品。清乾隆游览杭州西湖时，盛赞龙井茶，并把狮峰山下胡公庙前的 18 棵茶树封为“御茶”。

传说乾隆皇帝下江南时，来到杭州龙井狮峰山下，看见乡女采茶，心中一乐，也学着采了起来。刚采了一把，忽然太监来报：“太后有病，请皇上急速回京。”乾隆皇帝听说后，随手将一把茶叶向袋内一放，日夜兼程赶回京城。

龙井茶及茶汤——绿茶代表

其实太后只因山珍海味吃多了，一时肝火上升，双眼红肿，胃里不适，并没有大病。此时见乾隆来到，只觉一股清香传来，便问带了什么好东西。乾隆也觉得奇怪，哪来的清香呢？他随手一摸，原来是杭州狮峰山的一把茶叶，几天过后已经干了，浓郁的香气就是它散出来的。太后便想尝尝茶叶的味道，宫

女将茶泡好，茶送到太后面前，果然清香扑鼻，太后喝了一口，双眼顿时舒适多了，喝完了茶，红肿消了，胃不胀了。太后高兴地说："杭州龙井的茶叶，真是灵丹妙药。"乾隆见太后这么高兴，立即传令下去，将杭州龙井狮峰山下胡公庙前那18棵茶树封为御茶，每年采摘新茶，专门进贡太后。至今，杭州龙井村胡公庙前还保存着这18棵御茶。

碧螺春："吓煞人香"

洞庭碧螺春是中国名茶的珍品，以形美、色艳、香浓、味醇"四绝"闻名于中外。

碧螺春始种于唐朝中叶，至今已有1000多年的历史。关于碧螺春名字的由来，在民间有许多传说。

清代王应奎在《柳南随笔》中记载，很久以前，一个名叫碧螺的渔家姑娘上山砍柴，走到半山腰，闻到一股出奇的香味。她循香而去，只见悬崖石缝里长着几棵油绿闪亮的野茶树，随风吹拂，一股奇异的香味扑鼻而来。姑娘奇怪起来，于是冒着危险，爬上悬崖，越接近茶树香味越浓，她采了一些嫩茶叶塞在怀里，哪知嫩茶叶得了人身上的热气，香得更加厉害了。碧螺姑娘连声嚷道："吓煞人哉！吓煞人哉！"于是，她拔了一棵茶树苗带下山。

碧螺姑娘把野茶树苗种在一只破缸里。一天，一阵风把叶子吹落在没盖的水壶里，姑娘正口渴，拿起水壶便喝，顿觉喉咙清凉，满口芳香，疲劳也消除了。"奇怪，今天的水怎么特别好喝？"姑娘一看，原来壶里有许多茶叶，她满心欢喜，便把它移栽到了洞庭山上的一个破庵里。

几年后，庵里长满了茶树，香味吸引了周围的邻居，碧螺姑娘把叶子采下来送给大家，邻居们喝了这泡茶叶的水个个称赞，问这是什么茶，碧螺姑娘随口说道："吓煞人香！"于是众人争传，"吓煞人香"便成了茶名。

清康熙三十八年（1699年），康熙皇帝南巡到太湖，认为"吓煞人香"这个名字不雅，便赐名为"碧螺春"，从此沿用至今。

铁观音：七泡有余香

铁观音盛产于福建省安溪县，素有"茶中之王""绿叶镶红边，七泡有余香"之誉。

铁观音名字的由来有一段美丽的传说。据说，在清乾隆年间，安溪茶农魏荫笃信佛教，每日清晨必以清茶一杯献于观音像前。一日他在山上采茶时，忽见一块六尺见方的长形岩石夹缝中生长一株茶树，椭圆形的叶子，叶面发出幽光，叶缘镶着红边，是株难得的野生茶树。于是将其移植于自己的后院，细心栽培，结果生长良好，于雨前采摘，焙制成茶，冲泡后满室生香，芳香馥郁，非同凡茶。魏荫疑是观音所赐予，且其色黑如铁，较一般茶重一半，因此名为"铁观音"。

茅台酒：唐蒙饮酱使夜郎

茅台酒是中国的国酒，是与苏格兰威士忌、法国白兰地齐名的三大蒸馏名酒之一。它产于贵州省茅台镇，也就是过去的茅台村。它的悠久历史可以追溯到2000年前甚至更早。

传说在远古的大禹时代，居住于赤水河畔的土著居民就已经非常善于酿酒。据《遵义府志》记载："蒟酱，酒之始也。"由此可见，茅台在早期被称为"蒟酱酒"。据《史记》记载，汉武帝建元六年（前135年），受命出使南越的唐蒙品尝到了当地产的蒟酱酒。之后，他曾专程绕道取蒟酱酒再返回长安献给汉武帝，武帝饮而"甘美之"，并留下了"唐蒙饮酱而使夜郎"的传说。

随着时光流转，蒟酱酒的名字开始频频地出现于各类历史文献和相关记载中。《仁怀厅志》中有古诗曰："尤物移人付酒杯，荔枝滩上瘴烟开。汉家蒟酱知何物，赚得唐蒙鳛部来。"元代的宋伯仁更是在《酒小史》中记载了"南粤唐蒙蒟酱酒"的历史典故。

唐宋时期以后，"蒟酱酒"已更名为"咂酒"，渐渐成为历代封建王朝的指定贡酒，并且开始经由南丝绸之路远销海外。而绘制于明代的茅台村《邬氏族谱》上已标有酿酒作坊。一直到1704年的时候，"偈盛烧房"终于将其产酒正式定名为茅台酒。

另外还一种说法。

明万历二十八年（1600年），明王朝平息播州土司杨应龙之乱，遵义境内农业遭受崩溃性的破坏。而蜂拥而至的前后共20多万官兵，酗饮欢宴，播州白酒的消费量陡增。

相对集中在茅台村的酒作坊主便被迫采用对整地窖酒醅进行多轮次发酵蒸馏取酒，其间掺入部分新原料的办法，以便充分利用酒醅中的淀粉含量，节省来源不足的高粱、小麦。于是在茅台村酒作坊中产生出了一套"多轮次掺沙发酵蒸烤"茅台酒生产基础工艺。此后这里的各代酒师又相继创造了"堆积工艺"，使多轮次间掺入的新原料得以充分发酵；有的酒师又把第一次蒸馏得到的质量较差的酒液泼回酒醅使之在再次发酵中增香。于是又产生了茅台酒生产的"回沙工艺"。之后，又有了高温制曲、大量用曲、端午踩曲、重阳下沙、陈酿及其他环节的技术。

①将酿酒原料蒸煮，加上酒曲(人工培植的酵母)。

②将煮好的酒料放在大口罐中，待其发酵。

③酿成酒，用漏斗装进储酒器内。

中国古代酿酒工序图

大约发端于明万历二十八年（1600 年）前后的茅台酒生产工艺，到清乾隆初年，历经 100 多年初步臻于完备，并产生了一个独树一帜的白酒酒体，声名远扬。

竹叶青：色如竹叶

竹叶青与汾酒同一产地，它以汾酒为原料，另以冰糖、白糖、竹叶、陈皮等 12 种中药材为辅料，酒味美甘润，驰名中外。

传说山西酒行每年都要举行一次酒会，请众人品尝各种新酒，以便排列名次。这年，酒会又要开了，一家酒坊老板让两个伙计抬上一坛新酒先去，说自己随后就到。这两个伙计抬到半路汗水淋漓，正遇一片竹林，便进去歇凉。由于口渴难忍，便偷偷开坛将酒喝了一半才继续往前抬。可是酒少了一半不行，因此当他们走到另一片竹林，见石根下有一湾水时，便用水把酒坛灌满。出乎意料，在酒会上，大家一品尝都说是好酒，评比结果，名列第一。酒坊老板发现此酒比自己酿的酒好得多，便追问那两个伙计，伙计说了实话。酒坊老板知道那竹泉是酿酒的好水，便在那里开了一口井，将酒坊迁过去。从此，便酿出一种绿晶晶、青澄澄的好酒。因其色如竹叶，就把它叫“竹叶青”了。

女儿红：谁说女子不如男

著名的绍兴“花雕酒”又名“女儿红”“女儿酒”。中国晋代上虞人稽含《南方草木状》记载：“女儿酒为旧时富家生女、嫁女必备之物。”说起这个名字，还有一个故事。

从前，绍兴有个裁缝师傅，取了妻子就想要儿子。一天，发现他的妻子怀孕了，他高兴极了，兴冲冲地酿了几坛酒，准备得子时款待亲朋好友。不料，他妻子生了个女儿。当时，社会上的人都重男轻女，裁缝师傅也不例外，他气恼万分，就将几坛酒埋在后院桂花树底下了。

光阴似箭，女儿长大成人，生得聪明伶俐，居然把裁缝的手艺学得非常精通，还习得一手好绣花，裁缝店的生意也因此越来越旺。裁缝一看，生个女儿还真不错嘛！于是决定把她嫁给自己最得意的徒弟，高高兴兴地给女儿办婚事。成亲之日摆酒请客，裁缝师傅喝酒喝得很高兴，忽然想起了十几年前埋在桂花树底下的几坛酒，便挖出来请客，结果，一打开酒坛，香气扑鼻，色浓味醇，极为好喝。于是，大家就把这种酒叫为“女儿红”，又称“女儿酒”。

此后，隔壁邻居、远远近近的人家生了女儿时，就酿酒埋藏，嫁女时就掘酒请客，形成了风俗。后来，连生男孩子时，也依照着酿酒、埋酒，盼儿子中状元时庆贺饮用，所以，这酒又叫“状元红”。“女儿红”“状元红”都是经过长期储藏的陈年老酒。这酒实在太香太好喝了，因此，人们都把这种酒当名贵的礼品来赠送了。

啤酒：祭祀女神

大约5000年前，古人用麦芽煮粥喝，喝不完便倒掉，那粥在屋外经自然发酵，居然成了芬芳的液体。人们由此受到启发，有意识地制成这种液体，一喝即刻感到有一股使人陶醉的香气，这便是人类与啤酒的历史渊源。早在公元前3000年，波斯一带的闪米特人不仅会制啤酒，而且把做法刻在黏土板上献给农耕神女。巴黎卢浮宫博物馆内“蓝色纪念碑”上就记录着公元前3世纪巴比伦的苏美尔人以啤酒祭祀女神的事迹。但那时啤酒中并无满杯的泡沫，15世纪后酿造啤酒时才加入酒花，19世纪发明冷冻机，开始对啤酒进行低温后熟处理，这一发明终于使得啤酒出现了泡沫。

葡萄酒：国王藏起来的“毒药”

人类造葡萄酒的历史，几乎与人类开始耕耘一样久远。古生物爱好者已发现有大量的葡萄种子、葡萄皮和梗曾被史前人类压碎过的证据。无人知道葡萄酒是从何时开始。有一种传说是可能的：一位居住在峭壁洞穴的人，采集了野葡萄，利用其甜汁，来作为他狩猎归来解渴的饮料。一天他捡起被他遗弃的容器，发现一件令人惊讶而欣喜的事：那些葡萄汁已经变成了另一种不同的饮料了，最使他高兴的是，葡萄汁竟然发过酵而变成了酒。

另外一个传说与此类似，不过是个美丽的爱情故事。从前有一位波斯国王很爱吃葡萄，为了怕别人偷享他的最爱，他把葡萄藏在密封容器中，外面写上毒药两个字。有一位妃子因失宠而不想活，偷偷把一罐“毒药”打开，发现里面是一些冒泡的液体，果然很像毒药，于是她喝了几口，结果不但没死，反而带来一股安乐陶醉的感觉。她把这伟大发现呈报国王后，再度获得他的宠爱，从此两人过着有葡萄酒的恩爱生活。

鸡尾酒：克里福德的最爱

鸡尾酒，口感新奇，色彩缤纷，可是说到它的起源时，就说法不一了。许久以来，在民间流传着这样几个精彩的故事：

19世纪时，美国人克里福德在哈德逊河边经营一间酒店。他有三样自以为豪的宝贝，即一只能争好斗的大公鸡，一些珍藏多年的美酒以及美若天仙的女儿。有个年轻船员叫阿普鲁恩，他爱上了克里福德的宝贝女儿，克里福德说：“等你当上了船长，我就把女儿嫁给你。”几年后，阿普鲁恩果真当上了船长，于是再次来提亲。克里福德很高兴地拿出了珍藏的美酒，并在精心调制后把雄鸡尾巴上的漂亮羽毛插入酒杯以作修饰。因此，这种被称为鸡尾酒的新品种逐渐流行开来。

另有一个也是大家熟知的传说：很久以前，一艘英国船只驶入了墨西哥尤卡坦半岛的坎佩切港，停靠后水手们来到一家酒吧喝酒。水手们看到酒吧的酒保手拿一根漂亮的鸡尾形无皮树枝正在调制一种混合饮料，好奇心促使水手们向酒保询问这种饮料的名字。酒保却以为他们在问树枝的名称，便随口答道“考拉德·嘎窑”，就是西班牙语中的“公鸡尾”。于是弄巧成拙，鸡尾酒的名称就这样流传下来。

白兰地："生命之水"

白兰地是英文 Brandy 的音译，它源于拉丁语 Aguavitae，意思是“生命之水”。用它作为酒的命名有几种传说：

第一种传说是：大约在 15 世纪时，荷兰有个船长往家乡运送葡萄酒，因路途遥远，船载重量有限，他用将葡萄酒蒸馏浓缩后使液体减少一半的方法，原打算到达目的地后再兑水，这样就可多运一倍的酒。出乎意料的是，经过浓缩后的葡萄酒味道更为醇美。当地人把这种经过蒸锅浓缩后的葡萄酒叫白兰地，荷兰语的意思是：再浓缩过的葡萄酒。16 世纪前后，荷兰就开始用葡萄酒再蒸馏的办法生产白兰地了。

第二种传说是：15 世纪在意大利有个卫士叫霍夫曼，他把自制的葡萄酒储存在木桶里。有一年发生战争，他赶快把酒桶藏入地窖内，战争中卫士被敌军击毙，酒就无人知晓了。10 年后，有人无意中发现了地窖中的这桶酒，由于陈年已久，酒蒸发了许多，剩下一半左右为金色、酒味醇厚的酒。人们知道这是卫士的储存后，为了纪念死去的卫士，为酒取名“白兰地”，意思是“生命之水”。

当今法国生产的白兰地最负盛名，夏德朗省用当地产的葡萄酒酿制而成的科涅克白兰地被公认为最佳品种。

袋泡茶：成品原来是样品

“袋泡茶”是用纱布或过滤纸制成小袋，内装碎茶末，将其丢进开水里浸泡着喝。

袋泡茶起源于美国。1908 年，美国纽约有一位名叫苏里万的商人，为扩大销售量，用小丝袋装满茶叶，作为样品寄给买主。人们收到样品后，往往将茶叶和丝袋一道放在杯子里浸泡。大家认为茶叶装在小丝袋里使用很方便，纷纷向苏里万订货。然而交货后，客户又大失所望——茶叶依然是散装的，并没有那种方便的小丝袋，便纷纷抱怨。

苏里万是一个聪明人，从这件事得到了启示，很快用一种薄纱布代替丝绸制成小袋，加工成一种新型小袋装茶叶，很受消费者欢迎。世界上第一批袋泡茶就这样产生了！

咖啡：彻夜无眠的羊

说起咖啡的源头，比较为人们津津乐道的说法是传说中牧羊人的故事。

牧羊人的故事源于黎巴嫩语言学家法斯特·奈洛尼，他在1671年写的《不知睡眠的修道院》中有这么一段记载：在埃塞俄比亚的高原上，有个名叫卡尔代的牧羊人，赶着羊到新草原去放牧，突然发现自己的羊群蹦蹦跳跳，又跑又叫，表现得兴奋异常，即使入夜也无法睡觉。这可把卡尔代吓坏了，以为是什么大祸临头，于是就跑到阿比西尼亚修道院求救。经过修道院院长和修士的调查后，发现是山羊吃了矮树丛上的红色果实，才显得特别兴奋，于是将它采摘回去，煮成汤汁饮用，果然一夜无法入眠。于是院长把这种汤分派给做晚礼拜打瞌睡的僧侣饮用，效果非常好，这样这种提神的药就被流传开来。据说这就是咖啡的前身。

酸奶：长寿的秘方

酸奶含有丰富的营养，饮后易于被人体吸收。这种食品最早为保加利亚人制成。

很久以前，生活在保加利亚的色雷斯人过着游牧生活，他们身上常常背着灌满了羊奶的皮囊，带着羊群在大草原上放牧。由于外部的气温，加上人的体温等作用，皮囊中的羊奶常常变酸，而且变成渣状。当他们要喝时，常把皮囊中的奶倒入煮过的奶中，煮过的奶也会变酸。这就是最早的酸奶，色雷斯人很喜欢喝这种奶。

20世纪初期，俄国科学家伊·缅奇尼科夫专门研究人类长寿问题时，来到了保加利亚进行调查，发现每千名死者中有14名是百岁以上去世的，这些高龄人生前都爱喝酸奶。缅奇尼科夫断定这些高龄人都是喝了酸奶的结果。缅奇尼科夫化验后发现，酸奶中有一种能有效消灭大肠内的腐败细菌的杆菌，并将它命名为“保加利亚乳酸杆菌”。这一消息为西班牙商人伊萨克·卡拉索得知，他便立即开了一家制作酸奶的工厂。第二次世界大战后，伊萨克·卡拉索又到美国建立了一家酸奶工厂，美国人很喜欢喝这种营养价值高的酸奶。不久，酸奶便风靡世界。

美术工艺：笔墨纸砚绘天上人间

中国画：一切非西洋画

如果从战国帛画算起，中国的绘画至少有 2300 年以上的历史。但把中国的绘画叫做“中国画”，则是近几百年内的事。这个词的产生是在“西洋画”出现之后，泛指一切非西洋画的中国绘画。“国画”一词晚于“中国画”，20 世纪 20 年代使用。

中国的绘画，最早叫“丹青”，但到了五代、北宋时期，由于绘画的发展，又改叫“图画”。自从苏东坡提出“诗画结合”的主张后，有些人又把它称为“无声诗”，其意思是说，画是一种不能吟咏的诗歌。到了清代，又有人把国画称为“绘事”。新中国建立后，继续使用“国画”一词，曾一度把国画改名为“彩墨画”，但遭到一些人的反对。

1957 年，经周恩来总理建议，才改称“中国画”，这是为了避免形成只此一家，别的都不是国画的误解。

壁画：褒赏功德

西夏王供养像

中国的壁画，由来已久。相传在周朝时，往往把对人的褒赏功德用图画绘于壁上的形式来传达。汉宣帝时曾画功臣 11 人的图像于麒麟阁，东汉光武帝时画 28 将肖像于凌烟阁。汉代以后，佛教盛行，庙宇林立，于是壁画便同宗教结合在一起了。魏晋六朝、隋唐各代，产生了像敦煌莫高窟这样的旷世杰作，是中国壁画发展的鼎盛时期。

中国的壁画杰作，除了少数留在岩洞石窟的作品，大部分绘于宫廷建筑墙壁上的壁画已随着建筑物的毁灭而消失了。还有少部分壁画在墓室中，埋于地下，幸得保存。

罗布林卡壁画："宝贝园林"

罗布林卡意为"宝贝园林"，里面展示了西藏自治区独有的历史、人文、自然等风貌，尤其是各殿堂的壁画，堪称 18 ~ 20 世纪西藏自治区壁画之精华，集中体现了西藏自治区绘画艺术画派中"卫赤"的特征。"卫赤"是以拉萨为主的西藏自治区中部地区绘画风格，这种风格是以 15 世纪门唐画派为基础而发展起来的一种绘画技艺，其特点是注重景物的描绘，线条工整流畅，色调变化丰富、活泼鲜亮，画风严谨细腻，堪称藏族绘画艺术宝库中的奇葩。

西藏自治区的绘画艺术可追溯到史前，寺院壁画艺术的起源和发展，应与佛教的传入和发展同步。罗布林卡壁画与大多数藏传佛教寺庙一样分为宗教和非宗教两种题材。罗布林卡内年代最久的壁画虽然不过 200 余年，但却荟萃了自 18 世纪以来西藏众多名家作品之精华。除将图案绘制于墙壁上，还在殿堂的梁、柱，甚至在所有藏柜、藏桌之上绘有佛传、八大药师佛、清朝婴戏图、奇花异草、灵禽益兽等图案，可谓一处壁画王国。

铁画：以锤代笔，以铁作墨

铁画又被称作"铁花""铁艺"。艺人们以锤代笔，以铁作墨，锻铁成画，形成了独特的艺术网络和立体美感，被举为"中华一绝"。明朝文震亨《长物志》记载，铁画是"利用废铁锥造铁花，宋真宗时肇始于河东路（今山西省），在当时已知用无烟煤炼铁，素以盛产铁制品著名"。辛亥革命后，皖南芜湖仿造铁画。现在，芜湖铁画早已成为闻名中外的手工艺品。关于铁画的由来，有这样一个动人的传说。

相传清朝康熙年间，年幼的汤天池随母亲逃荒来到安徽芜湖，在江边吉祥寺落脚，以乞讨为生。汤天池 12 岁时，母亲把他送到一家铁匠铺当学徒工。在铁匠铺里，天池起早贪黑，苦干 3 年，但是还没有学到真本事，就被老板辞退了。为了担起生活的重任，他决心自己做点打铁的小生意。寺里住着一个写字绘画的老先生，每天泼墨作画。一日，汤天池对老先生说："先生，我想请您教我作画，行吗？"老先生上下打量了一番天池，把笔往桌上一放，冷冷地说："你学画画？真是不自量力！"

汤天池听后十分生气，他决心要用铁打出字画来。白天，他上山看劲松、观青竹，到乡村看妇女剪纸绣花，到木匠铺看木匠雕龙刻凤；晚上，他在棚子里用铁打青松、劲竹，锤花铸朵，锻龙焊凤。3 年过去了，汤天池终于打成一幅古松图。他到处虚心请人评画。寺里老和尚说："千年古松风吹雨打，身上要有疤节。"剪纸的村妇说："松枝要有曲有直。"木匠说："松叶要有密有疏。"

他听取众人的意见，认真修整了古松图，使古松的形态栩栩如生。一位老大爷见天池打画时手被炽热的铁料烫得焦黄，就对他说："汤铁匠，这画是用你的铁手和铁打成的，就叫它铁画吧。""铁画"之名由此传播开来。至今，铁画艺术仍广泛运用于建筑、装饰等领域。

中国漫画：丰子恺与郑振铎

在中国，早期的漫画被称为讽画、讽刺画、讽喻画、讽字谐画等，而真正以“漫画”为名登上中国画史舞台是近100年的事。

古代的急就画、即兴画都含有漫画的成分。清初有人画了一幅这样的画：几个盲人各持圭璧书画等古玩张着口一副正在争论的样子，名曰：“群盲评古图”。清末陈师曾在《太平洋报》上发表简笔画,笔画虽简,乐趣却无穷。这些其实都是漫画，但当时还没有漫画这个名称。直到“子恺漫画”出炉才有了“漫画”这个名称。当时，前辈画家丰子恺创作了一些具有独特风格的画，著名刊物《文学周报》的主编郑振铎热切地向丰子恺索稿，并刊登在《文学周报》上。丰子恺后来回忆说:“‘漫画’二字，的确是在我的画上开始用起的，它也不是我自称的，却是别人代起的……编者代为定名《子恺漫画》。这定名的人,即主编者郑振铎。这是1925年上半年的事。”可以说，“漫画”这个名称是与丰子恺分不开的，而这定名的功绩却属于郑振铎。

日本漫画：“随意”画

“漫画”这个叫法始于日本，据说包含着“随意”画的意思。日本漫画界一直把12世纪的鸟羽僧正觉犹当作祖师爷，他所画的《鸟兽戏画》被日本政府列为四大国宝绘卷。12世纪，绘卷戏画流行,《信贵山缘起》《地狱草纸》《饿鬼草纸》《病草纸》《天狗草纸》《绘师草纸》之类的作品形成日本独特的绘画形式。室町时代,《福富草纸》《百鬼夜行图》等杰作就是当时流行的创作。

17世纪江户时代初期，京都、大阪的绘师画了一些身材修长的鸟羽绘，引领了下一波浮世绘的画风。“鸟羽绘”是以鸟羽僧正觉犹的名字为头衔，可见承袭祖师爷的企图。

1760年，日本伟大的浮世绘师葛饰北斋诞生。他的《北斋漫画》闻名世界，甚至对欧洲绘画界造成一股震撼。一般印象中,他是“漫画”一词用在画作上的第一人。事实上在1769年,风俗画名家英一蝶就出版了《漫画图考群蝶画英》一书,早有“漫画”一词。之后，北尾政演在《四时交加》绘本上的序文又提到“漫画”一词。

油画：鸡蛋黄融合矿物原料为调料

油画起源于欧洲，至今已有600多年的历史了。早期的油画以鸡蛋黄融合矿物原料为调料作画，然后将薄而透明的油层敷于画面上，形成如瓷器色釉一般的效果。这就是早期的油画作品,其画面均匀,有光泽,看不见笔触,工细严谨,富有装饰趣味。

到了15世纪，被称为欧洲油画创始人的尼德兰画家凡·爱克兄弟在总结前人作画经验的基础上，创造出亚麻油与核桃油相互融合的理想调料，用之不但颜色易于调和，便于运笔，而且可以层层敷设，画面透明鲜亮，富有真实感。同时，用这两种油调色作画，画面干燥时间不快不慢，颜色干透后附着力强，色彩既有光泽又不易褪去。从此,新材料和新技法很快传遍全欧洲，成为欧洲各国绘画的主要形式。

中国油画是在欧洲油画技法传入的基础上发展起来的。1902年成立的南京两江优级师范学堂最早设立了西画专科，聘任外国教员讲授油画。同期，清朝政府还派遣留学生到外国学习油画。1887年，李铁夫留学英、美，受教于印象主义画家。1904年，李叔同等赴日学画。此外,陆续有自费留学欧洲的画家。20世纪20年代后期，留学生陆续回国，积极从事油画事业，并开办各种画会、美术社，出版画册，介绍西方油画作品。这样，油画直接从欧洲、间接从日本传入中国，成为当时中国画坛的新秀。

蒙娜丽莎　达·芬奇　意大利

楷书：正书

楷书形成于汉末、魏晋，全盛于隋唐，也称作“真书”“正书”。它吸收隶书结构匀称明晰的优点，把隶书笔画的波折改为平直，把隶书形体的扁平改为方正，书写时比隶书更方便，一直沿用至今。我们现在看到的魏晋时的楷书，离篆隶不远，形体古朴自然，但无严谨的法度约束。隋代以后，楷书注意法度，结构整齐、方正，书法家层出不穷，以颜真卿、柳公权等人成就最高。宋元明清的书法家都以唐以前楷书为规范，近代以至当代学书者更是如此。

文房四宝：国家典掌文翰之处

在中国历史文化长河中,很早就有“文房”之称,笔、墨、纸、砚被誉为“文房四宝”。

“文房”之名起源于南北朝。当时所谓“文房”,是指国家典掌文翰之处。唐宋以后，文房则专指文人书房而言。

南唐后主李煜喜好文学，收藏甚丰，今见其所藏的书画皆押有“建业文房之印”。北宋雍熙三年（986年），翰林学士苏易简以笔墨纸砚“为学所资，不可斯须而阙”，撰《文房四谱》五卷，分笔谱二卷，砚、纸、墨各一卷。各卷分述：叙事、制造、杂说、辞赋诸事，博收约取，内容详赡。南宋初，叶梦得撰《避署录话》谓“世言徽州有文房四宝”，故《文房四谱》又称《文房四宝谱》，以笔、墨、纸、砚为文房所宝用。

四宝品类繁多，丰富多彩，名品名师，见诸载籍。长期以来，浙江湖州之湖笔，广东肇庆（隋唐时为端州）之端砚，安徽泾县（旧属宣城郡）之宣纸，歙县（旧为徽州府治）之徽墨，至今仍负盛名。因此，自古以来人们习惯地把湖笔、端砚、宣纸、徽墨说成是“四宝”代表。

毛笔：蒙恬造笔

2000多年以前的中国，已经出现了毛笔。

《史记》记载：“秦始皇命太子扶苏与蒙恬筑长城以御北方匈奴，蒙恬取山中之兔毛以造笔。”《文房四谱》上也记载：“昔日蒙恬造笔，以拓木为管，鹿毛为柱，兔毛为被，此乃谓苍毫也。”《博物志》云：“秦之蒙恬取狐狸毛为柱，兔毫为被以书。”因此，我们通常称蒙恬为毛笔的始祖。其实毛笔的发明权不能归功于蒙恬一人。

西周以前虽然至今尚未见到毛笔的实物，但从原始社会时期的彩陶花纹、商代的甲骨文上可觅到些许用笔的迹象。东周的竹木简、缣帛上已广泛使用毛笔来书写。

在湖北省随州市擂鼓墩曾侯乙墓中，出土了春秋时期的毛笔，是目前发现最早的笔。其后，湖南省长沙市左家公山出土的战国笔，湖北省云梦县睡虎地、甘肃省天水市放马滩出土的秦笔，及长沙马王堆、湖北省江陵县凤凰山、甘肃省武威市、敦煌市悬泉置和马圈湾、内蒙古自治区古居延地区的汉笔，武威的西晋笔等，记载着中国毛笔的一段发展历史。

墨汁：从河里捞起的松炭

墨汁是中国古代书写、作画的必需品。关于墨汁的起源有这样一个传说。

传说在周朝时，有一个擅长诗画的人，名叫刑夷。一天，刑夷在河里洗手时，看见河面上漂着一件黑乎乎的东西。他怀着好奇心捞起来一看，原来是一块尚未燃尽的松炭，便又随手丢进了河里。刑夷突然发现，自己一双刚刚洗干净的手染上了一道黑黑的颜色。“松炭既能染色，是否可以用来写字呢？”刑夷不禁思忖道。他赶紧追到下游，重新把那块松炭捞了起来。

刑夷把松炭带回家，用砖头将它捣碎，研成粉末。

“你干什么呀？快吃饭吧！”妻子王氏说着，把一碗麦粥端到刑夷面前。

刑夷朝麦粥望了一眼，灵机一动，捧起黑粉末，“哗”地撒在麦粥碗中。

“哎呀，你疯啦！”王氏惊讶地说。

刑夷笑了笑，没有回答，他拿起筷子，朝碗里蘸了几下，朝墙上划了几下，墙上出现了一道道黑色的痕迹。

“哈哈，我找到写诗作画的材料啦！”刑夷高兴地叫了起来。从此刑夷便用松炭粉末调成的液体写诗作画，这种液体就是中国最原始的墨汁。

徽墨：墨中之冠

东汉年间，出现了较大规模的制墨作坊，制造出正式的墨。五代时，易水墨工奚超和儿子奚廷圭搬迁到歙州（今歙县），对制墨技术进行了改良，精制了“丰肌腻理，光泽如漆”的贡墨，并受到南唐后主李煜的常识，赐姓李氏，从此名满天下。宋代，安徽歙州被改名为徽州，因此便有徽墨之称。宋、明两代的徽墨基本分松烟、油烟两种，在那段时期流派纷相出现，名工也相继出现。清代制墨的数量和质量又超过了历代水平，并且向“精鉴墨”（即专供鉴赏的墨）和“家藏墨”（多用于收藏或馈赠）的状态发展。清代以曹素功、汪近圣、汪节庵、胡开文四家为代表，他们所制的墨不仅质量精绝，而且还极具艺术价值，使徽墨之名流传至今，闻名中外，成为墨中之冠。

纸：糟粕也有用

纸起源于中国，是西汉时期发明的。到了东汉和帝时，蔡伦又对造纸进行了重大改进。

到了 3 世纪时，造纸技术有了很大进步，并且发现植物纤维可用作造纸原料。这种造纸的基本原理和原料应用一直延续到了今天。

早期的纸作为商品先从中国传到朝鲜和日本，后来又由商人们经过新疆维吾尔自治区一带，传到阿拉伯国家，最后传到了欧洲。8 世纪时，伊拉克首府巴格达和叙利亚首府大马士革开始有了造纸厂。9 世纪时，造纸术传到了埃及。

最初人们对纸还持怀疑态度。例如有的国王下令，重要文件不能写在纸上，而只能写在羊皮书上。到了 15 世纪，德国人古登堡开始使用活字印刷术时，纸——这一用以记录文字的工具，已经在欧洲深深扎下了根。

砚：从研磨器开始

砚台的起源最早是从研磨器开始的。在中国原始社会，人们已经开始使用研磨器，用以磨制工具或研磨粮食作物。后来，为了便于书写，需要将墨色及颜料研磨至细，于是便出现了专门研墨的砚台。

考古学家曾在陕西省临潼县姜寨一处原始社会的遗址中，发现了一套原始人用以陶器彩绘的工具，其中有一方石砚，砚有盖，砚面微凹，凹处并有一根石质磨杵，砚旁留存数块黑色颜料。很显然，这是先民们借助磨杵研磨颜料的早期砚的形制。由于这处遗址归属于母系氏族时期的仰韶文化，故这方砚台的实际寿龄已超过了 5000 个春秋。

1975 年，在湖北云梦县睡虎地的秦墓中，发现了石砚和研石各一件，是由鹅卵石加工制成的。这时的砚与后世的砚相差不大。

汉代由于纸的发明，使制研工艺得到较大发展，研台上甚至出现了雕刻纹饰。从此以后，砚台步入传统的书画艺术行列，品种日益增多，至魏晋时期就有瓷砚、铜砚、银砚、漆砚、铁砚等。唐代，有端石、歙石等精制宝砚。宋代雕砚工艺有进一步发展，宋人把端砚、歙砚、洮砚以及红丝石砚列为四大名砚。后因红丝石停采，于是澄泥砚便被列为四大名砚之一。明清时期，特别是清朝，由于皇帝的喜爱和推崇，砚的雕琢更加精巧。

端砚：群砚之首

砚，又叫砚台。砚的材料很多，有早期的自然砾石，后来又有玉、瓷、陶、瓦、竹、木，还有添砚，等等。在两晋南北朝又有了铁砚、铜砚。

在唐代，砚就有鲁、洮、歙、端四大名砚的说法。山东的鲁砚、甘肃的洮砚名极一时，后来的安徽婺源今属江西的歙砚和肇庆的端砚都先后跃居首位。特别是端砚 1000 多年来一直是砚中的佳品。端砚因为产自端州（今肇庆）而得名，其石出在肇庆东郊，在高要县东南，烂柯山西麓沿端溪水一带，其中最好的石质应该是水岩老坑。那石浸在水中，温润如玉。

端砚石质优良、幼嫩、细腻、滋润，发墨一毫不损，呵气研墨，而且外观雕刻精美，被世人称为“群砚之首”。

刺绣：“衣冠王朝”

中国是世界文明古国，也是世界上最早生产纺织品的国家之一，被世人誉为“衣冠王朝”。

中国的刺绣可追溯至 3000 多年前。传说古代苏州有一位才貌双全的姑娘，正在赶制一件自己的新嫁妆，可惜不小心在衣襟上戳了一个洞。她急中生智用彩绒绣了一朵小花，与其说是掩盖瑕疵，不如说是锦上添花。聪明的苏州人从中受到了启发，从此就喜欢上穿有绣花的衣裳了。

根据西汉刘向所撰的《说苑》记载，早在春秋时期，吴人就开始把刺绣工艺应用于美化生活。到了三国时期，苏绣已发展到较高水平。据说三国时期的赵夫人利用自己既能画又能绣的特长，为孙权作了一幅“画绣”，此绣被时人称为“针绝”，于是赵夫人便成为“画绣”的鼻祖。

刺绣作为一个地域广泛的手工艺品，各个国家、各个民族通过长期的积累和发展，都独具风格。在中国有苏绣、湘绣、粤绣和蜀绣这四大名绣。

苏绣已经有 2000 多年的历史。苏绣自古以精细、素雅著称，构图简练，主题突出，其技巧特点概括为“平、齐、细、密、匀、顺、和、光”8 个字。最细的将一根丝线搿成 48 股，一般人用肉眼无法看清。双面绣是在绣品的正反两面绣图案，两面的形象、针法相同，针脚藏而不露。

湘绣创始于楚国，清代时成为长沙城乡的主要手式工艺。它是在湖南民间刺绣的基础上，吸收苏绣和粤绣的优点而发展起来。它以彩色散丝作绣线，除运用齐针、接针、打粉针等针法外，独创“掺针”法。掺针针脚参差自如，使不同色的线相互掺和，逐渐变化，色彩丰富饱满，色调和谐。湘绣的图案借鉴了中国画的长处，所绣多为山水、人物、花鸟、翎毛、走兽，生动逼真，长于绣狮、虎题材。

粤绣在唐代已经很发达。艺人以孔雀羽毛扭为绒缕，绣制服饰，金翠夺目，用马尾缠绒，作为勒线，绣制轮廓，增强了表现力。粤绣构图饱满，繁而不乱，装饰性强，色彩浓郁鲜艳，绣制平整光滑，金银垫绣富于立体感，富丽堂皇。粤绣题材广泛，以百鸟朝阳、龙凤、博古类最多。

蜀绣集中于四川成都，在晋代被称蜀中之宝。蜀绣以软缎和彩丝为主要原料，用晕针、切针、拉针、沙针、汕针等100种针法，充分发挥了手绣的特长，具有浓厚的地方风格。蜀绣题材多为花鸟、走兽、山水、虫鱼、人物，品种除纯欣赏品绣屏以外，还有被面、枕套、靠垫、桌布、头巾、手帕等。

剪纸：剪桐封弟

剪纸是具有独特艺术风格的民间艺术，它用手工刻制，再点染以明快鲜丽的色彩而成。劳动人民把它作为年节的装饰，贴在纸窗上，所以又叫做“窗花”。

剪纸的历史源远流长。《史记》中“剪桐封弟”的故事，叙说了西周初期，成王将梧桐叶剪成玉圭图样，送给其弟姬虞，封他为唐国（今山西西南部）的诸侯。据说，这是中国最早的剪纸记载。南朝梁代宗懔《荆楚岁时记》云：“正月七日，为人日。以七种菜为羹，剪彩为人，或镂金箔为人，以贴屏风，亦置头之鬓。”足见南北朝时，剪纸已成为民间美化生活的主要活动之一。

民间剪纸艺人在儿童的观看下娴熟地操刀

盆景：无声的诗，立体的画

盆景被誉为“无声的诗，立体的画”。据考证，“盆景”一词见于明代万历年间屠隆著《考槃余事·盆玩笺》，书中写道：“盆景以几案可置者为佳，其次则列之庭榭中物也。”历史上曾称盆玩、盆树、盆岛、些子景等。

盆景起始于新石器时期，形成于汉代，兴盛于唐代。新石器时期以草木盆栽为主，汉代木本盆栽出现有树石盆景缶景，夏商的玉雕、石玩对汉代树石盆景缶景的形成影响深远。唐代是封建社会的繁盛时期，文化艺术辉煌发达，盆景随之突飞猛进，其历程经过了由草木盆栽转化到木本盆栽，由原始盆栽转化到艺术盆栽，由以生产为目的转向以观赏为主，以及由一般艺术盆栽升华到高级盆景这几个阶段。原始盆景经过了唐宋的意境飞跃、元代的体量飞跃和明清的理论飞跃才发展至今。1977 年，在中国浙江余姚河姆渡新石器时期遗址，距今约 7000 年的第四文化层中出土的两块刻画，整个画面是草本万年青盆栽，布局统一均衡，比例协调，充满生机。它是中国发现最早的盆栽，是比较原始的盆景雏形。

景泰蓝：铜胎掐丝珐琅

掐丝珐琅缠枝莲纹兽耳三环尊　元

景泰蓝的学名为铜胎掐丝珐琅，简称掐丝珐琅。而掐丝珐琅的发源地是波斯，旧称“大食窑”。在中国，景泰蓝是北京一种特有的传统工艺品。

景泰蓝始于元朝末年，在明景泰年间得到充分发展。当时多用晶莹夺目的蓝色釉料，所以景泰蓝成为珐琅的俗称。数百年前，皇宫失火，宫中的一些金银珠宝等在熊熊大火中竟烧成一种五颜六色的结晶体。人们从中得到了启示，把高温烧制的彩釉进行加工制造，最后制成景泰蓝。从元明两代发展到清朝，其制作工艺大有提高，已经发展成为一种独特的手工艺品。

“景泰蓝”这个称谓最先见于清宫造办处档案。清雍正六年（1728 年）《各作成做活计清档》记载：“五月初五日，据圆明园来贴内称，本月四日，怡亲王郎中海望呈进活计内，奉旨……珐琅葫芦式马褂瓶花纹群仙祝寿，花篮春盛亦俗气。今年珐琅海棠式盆太小，孔雀翎不好，另做。其仿景泰蓝珐琅瓶花不好。钦此。”这一记载，把仿景泰蓝时期的珐琅制品称作“景泰蓝珐琅”，这是目前所见“景泰蓝”称谓的最早文字记录。

涂鸦：乱涂乱写

涂鸦（graffita）的意大利文之意是乱写，而“graffiti”（graffita 的复数形式）则是指在墙壁上乱涂、乱写出的图像或画。涂鸦是一种近于书写的行为，文字占的比重很大，形象的符号或标志、图形也是常见的内容，但多半的形象是以类似书写的方式，扼要地表明意图，不刻意地去描绘。

涂鸦首先出现在 20 世纪 60 年代的美国。20 世纪 60 年代到 80 年代的纽约是一个充满热忱又讲求快速步调的城市，社会的贫富差距悬殊，一群被视为社会问题的失业、辍学的西裔或黑人青年就生活在这种社会压力下的次文化社会边缘。他们在反种族歧视、反战、反性压抑、反权利压抑的运动思想潮流中，触及生存环境所带来的种族问题、贫穷、就业的束缚，形成一股地域性的反文化社会行为。这些行为包括了街头篮球、街头涂鸦、街舞、RAP 的饶舌歌曲等活动。其中，涂鸦就起源于濒临毁灭的纽约社会边缘，由一群敢与美国政府当局挑战的青年将世俗文化的碎片重新建筑起来。80 年代后期便不再是单纯的反文化社会的行为，而加入了艺术的东西在里面，使其更容易被人们接受，更加合法。

1970 年，当罐装喷漆可以随处买到以后，从地下铁的火车车厢到月台上、街道的墙面，一直到厕所的墙壁，到处可以看到各式各样、色彩鲜艳、个性鲜明的涂鸦。早期的涂鸦创作以文字为主。后来,这些涂鸦艺术的原始本质却被整个资本体系收编，由反文化艺术变为一个真正的艺术分支。经过这么多年的发展，涂鸦文化已经散布到世界上的许多如纽约、柏林、伦敦、哥本哈根等大城市，并慢慢被人们接受，而且逐渐成为一种艺术，而并非最初美国街头的反叛与黑人青年地域性的反文化行为。

颜料：不褪的色彩

颜料由颜料物质与液体混合而成，干涸后色彩不褪。

法国的拉斯科岩洞和西班牙阿尔塔米拉的壁画可追溯到 1.5 万年前。非洲和美洲的早期土著居民也用颜料装饰宗教场所或居室。这说明从矿石和植物当中提取颜料的方法，发明于人类最初的文明之前。

到公元前 1000 年，埃及人用金合欢树液，欧洲人称之为阿拉伯树胶来固色。另外用蜂蜡、动物脂肪和鸡蛋清也可以固色，而新几内亚的塞皮克河部落只是用泥土做颜料胚。

颜料有矿物和自然有机物两种来源。矿物常用来制造“土色”油彩,如棕色、红色、赭色。赭色来自氧化铁，而且能随加热和煅烧程度的改变从橘红色变成土黄色。由氧化铁制成的棕土锰含量较高，因此呈棕色。蓝色来自亚美尼亚的天青石。在欧洲，这种颜色由于来自海外，所以叫做海蓝色。铜可以用来制作一系列绿色。18 世纪，德国用蓝色铁矿石制造的一种金属颜料，叫做普鲁士蓝。有机染料来自昆虫、贝类、各种木炭以及树皮、植物茎、叶等。深红和鲜红就是用植物制作的两种颜料。

17 世纪时，荷兰油画家使用了一种较稠的油膏样油彩。颜料与阿拉伯树胶混合后用水稀释，就成为水彩。白色加到淡彩里就成为树胶水彩。树胶水彩被广泛用来为手稿或书作插图。

印染：赤铁矿粉染麻布

印染工艺和各种染料就像绘画的颜料一样，都是在古代埃及、中国、印度发明的。最早的染料蓝色产自木蓝和茜草。

早在六七千年前的新石器时代，中国就能够用赤铁矿粉末将麻布染成红色。居住在青海柴达木盆地诺木洪地区的原始部落，能把毛线染成黄、红、褐、蓝等色，织出带有色彩条纹的毛布。

商周时期，染色技术不断提高。宫廷手工作坊中设有专职的官吏“染人”来“掌染草”，管理染色生产，染出的颜色也不断增加。到汉代，染色技术达到了相当高的水平。古代染色用的染料，大都是天然矿物或植物染料为主。古代原色青、赤、黄、白、黑，称为“五色”，将原色混合可以得到“间色”（多次色）。

在欧洲，13世纪时，一种从青苔提炼出来的紫色染料在意大利北部问世。美洲大陆被发现以后，胭脂虫洋红、美洲黑栎和洋苏木树又提供了新的颜色。胭脂虫洋红是从一种小虫身上得到的，当地居民用这种颜色来制作一种鲜艳的红粉，方法是把捕获的雌虫晒干后碾碎。人们用胭脂虫洋红为黑樱桃酒着上红色。

18世纪时，在氯漂白剂发明以前，漂白布匹经常用海藻。最早的人工染料是由英国化学家威廉·亨利·珀金发明的，当他在用煤焦油做实验以提取人工奎宁时，从石脑油中发现苯胺染料，后来被一名法国纺织厂商命名为苯胺紫染料，并很快流行。到19世纪90年代，这种染料被普遍采用，以后10年竟因此被称为“紫色的十年”。珀金可以说是现代合成印染业的开山鼻祖。

维纳斯雕像：残缺之美

断臂的维纳斯

说起卢浮宫，就一定会提起卢浮宫的“镇馆之宝”——维纳斯雕像。

这个古希腊文化后期的作品是在1820年一个名为米洛的小岛上被发现的。岛上有个名叫岳尔戈斯的农民，在一个洞穴的沙堆中发现一座美女雕像并将其收藏了起来。同年4月18日，法国海军实习军官伍蒂埃在米洛岛遇见了这个农民，并且决定将雕像买下运回法国。经过讨价还价，农民同意卖出雕像。但是，一位英国人却想在伍蒂埃筹钱的时候抢先买下雕像。而当英法两国的军舰先后来到米洛岛时，这座雕像已成为当地庙宇总管的囊中之物。法国人岂肯看着即将到手的“鸭子”就这样被别人拿走，于是在与这位总管经过一番争夺之后，最终以8000银币的价格买下了这件稀世之宝。经过考证，雕像是维纳斯的形象，为公元前4世纪希腊雕塑家的作品。

著名雕塑维纳斯女神像据说出土时两臂俱全，由于当时法国“拉歇弗莱特”号船长居维尔与希腊商人以及英国方面为争购雕像展开了武力争夺，混战中雕像的双臂被砸断了，因而现在的雕像称为“断臂的维纳斯”。虽然雕像双臂没有了，但艺术家们仍称赞其为“残缺的美”。

撒尿小孩铜像：一泡尿拯救一座城市

在比利时首都布鲁塞尔有一座铜像，这座铜像亦称“布鲁塞尔第一公民”塑像。它坐落在市中心广场附近的埃杜弗小巷，1619 年由雕塑大师捷罗姆·杜克思诺塑造。像高 0.5 米左右，孩子头发微卷，鼻子上翘，嘴角挂着微笑，光着身体，叉腰挺肚，形象逼真。布鲁塞尔居民十分喜爱这座铜像，亲切地称它为“第一公民”，并把它看作该市的象征和幸福的标志。

撒尿小孩铜像源于比利时的一个民间故事。

据说，古代西班牙入侵者撤离布鲁塞尔时，欲用炸药将这座城市夷为平地。幸亏一个勇敢的小孩夜出撒尿，把导火线浇湿，拯救了城市，而小孩却中箭身亡。为纪念这个勇敢的小孩，人们铸造了此像。

“撒尿小孩”平时“撒”的是自来水，狂欢节时“撒”的是啤酒。

“撒尿小孩”作为布鲁塞尔市的标志性雕塑，已经有 300 多年的历史了。在多数人的印象里，“撒尿小孩”一直是赤身裸体的，其实不然。

据说，在 17 世纪末，法国和西属荷兰展开了争夺比利时的战争。法国国王路易十四为了解救被困的法国军队，下令轰炸布鲁塞尔，可是这次被拿破仑称为“非常野蛮但毫无用处的轰炸”没有救得了法国军队，却毁了布鲁塞尔。1698 年 5 月，当时“低地国家”的统治者——巴伐利亚皇帝为庆祝布鲁塞尔市的重建举行了盛大的庆祝活动。这位外来的统治者为笼络布鲁塞尔的民心，在举行庆祝活动当天，他将一件蓝色大衣献给了“撒尿小孩”。这件大衣就是“撒尿小孩”于廉拥有的第一件衣服。此后，赠送衣服的做法被保留了下来。

音乐舞蹈：吹拉弹唱奏天籁之音

五线谱：古罗的发明

五线谱的前身德语四线谱圣歌集

五线谱是一种国际上通用的记谱法，几乎所有的国家都使用它。

远在10世纪时，一位名为古罗的法国音乐家开始用四条横线表示音的高低，又把当时流行的一种表示音的长短的符号放在四条横线里，来记载乐曲，发明了最初的五线谱。这在当时是一个很了不起的发明，在整个欧洲音乐界引起了不小的轰动。罗马教皇听说此事，把古罗召至罗马，给了他一笔重赏，并让他把罗马教堂所收藏的乐谱一律改为“古罗式记谱法”，也叫“四线谱记谱法”。

到了12世纪，有人把表示音的高低的四条横线改成五条横线，但这样的五线谱仍不完善，如小节线、拍号等符号，还没有出现。直到16世纪，五线谱才逐渐完善，和我们现在使用的差不多。

简谱：思想家卢梭提出

简谱也叫数字谱，是由五线谱演变而来的。简谱起源于18世纪的法国，由大思想家卢梭最先提出。卢梭认为，虽然五线谱比较科学，但视谱和书写不大方便，没受过专业知识培训的人很难使用。为了便于群众性音乐活动的开展，必须有一种既简单又方便的记谱法。卢梭确定了简谱的构成原则，后来经过嘉林（数学教师）、巴黎（律师）、谢维（医生）三个人加以完善最终形成，因此简谱也叫“谢维谱”。

多来咪发梭拉西：唱诗班的赞美诗

“多来咪发梭拉西”是舶来品，在中国古代，记述音乐是采用宫商角徵羽五音记法。

11世纪的欧洲，教会里唱赞美诗只有“一、二、三、四、五、六”这六个音。后来，意大利僧侣音乐家归多把圣乐的一首赞美诗每行歌词的第一音节依次排列起来，恰好是“六声音阶”，因此，他就用每行歌词的第一个音节“乌来咪发梭拉”来代表六声音阶。不久，七声音阶问世，才把原来弃掉的那些赞美诗最后一句“圣约翰”几个字的第一音节拼起来，成为第七个唱名“七”，发音为“西”。17 世纪时，意大利音乐家布隆契认为第一音名“乌”不响亮，建议换用“多”音，他的意见被许多音乐家采纳，于是“多来咪发梭拉西”就正式成为今天的唱法。

宫商角徵羽：神秘而朴实

宫商角徵羽是中国五声音阶中五个不同音的名称，类似现在简谱中的一、二、三、四、五、六。最早的“宫商角徵羽”的名称见于距今 2600 余年的春秋时期，在《管子・地员篇》中，有采用数学运算方法获得“宫商角徵羽”五个音的科学办法，这就是中国音乐史上著名的“三分损益法”。那么，“宫商角徵羽”这五个名称又是从哪里来的呢？这就有多种说法了。

有的研究者说：它来自古代的天文学，即是从二十八个星宿的名称而来的，如“宫”来自二十八星宿环绕的中心——中宫，其他四音来自不同的星宿名称，这是“天文说”；而有的研究者说：它来自古人驯养的畜禽，说“牛马雉猪羊”五个字在古代的读音和“宫商角徵羽”近似，这是“畜禽说”；有的研究者说：它们来源于古代氏族的图腾，这是“图腾说”；而在古代的音乐著作《乐记》中的说法则为：宫为君，商为臣，角为民，徵为事，羽为物，说宫音代表国君，商音代表万民……这是“君臣说”。

不论是“天文说”“畜禽说”“图腾说”或“君臣说”，各种说法都有一定的道理，都给音乐涂上了一层或神秘、或朴素、或带有封建主义伦理观念的色彩，表达了中国先民的不同音乐观念。

古筝：伏羲氏所创

筝是中国古老的拨弹乐器之一，形成于秦朝，盛行于隋唐，随着历史的变迁，流传到全国及亚洲不少地区，史称秦筝。

相传，早在 2000 多年前，秦国就已经有筝了。那么筝又是怎么来的呢？这儿可有一段有趣的传说：

当时，秦国有一种乐器叫瑟。有个叫宛无义的人，弹瑟的技艺非常高，他的两个女儿也非常喜欢弹瑟。有一天，姐妹俩都争着到父亲那里学习弹瑟。姐姐跑得快，先把瑟拿到了手里，爱撒娇的妹妹哪里肯让，赶忙跑过去，双手抱住了姐姐手中的瑟。两人你拉我扯，互不相让。忽然，“咔嚓”一声，瑟被掰成了两半。

宛无义闻声急忙赶过来，不由得愣住了，只见姐姐手中的一半是十三弦，妹妹手中的一半是十二弦。他又急又气，忙把两个女儿手中的瑟拿过来，唉声叹气地左摸摸，右看看，用手指把弦一拨，让他吃惊的是，半边瑟竟发出了更好听的声音。

宛无义早忘了责备女儿，他把半边瑟分别做了些修缮，结果这半边瑟比原来好弹，声音也更好听了！他欣喜万分，就把这“二女相争，引破为二”的瑟，叫做“筝”。从此以后，筝就在秦国流传开了。

其实，对筝的起源，说法不一，从各种资料来判断，关于古筝的来源可分为几类：一为蒙恬所造；二为瑟所简化；还有由简单乐器所演变的说法。

对于筝为蒙恬所造一说，许多人抱着怀疑的态度。在《旧唐书·音乐志》中提到：“筝本秦声也，相传为蒙恬所造，非也。制与瑟同而弦少。案京房造五音准如瑟，十三弦，此乃筝也。瑟，相传为伏羲氏所创，是一种远古时期就出现的乐器。”《杜氏通典》上记载：“瑟世本云，庖牺作，五下弦，黄帝使素女鼓瑟，哀不自胜，乃破为二十五弦，具二均声。”一般认为瑟慢慢流传各地与各时期后，再经由蒙恬或京房加以改良命名为筝。

也有学者提出不同的看法，认为古筝是源自古代游牧民族一种便于携带、尺寸不大、弦数不多的简单乐器，而非由汉族的既大又复杂的瑟演变而来。就大小来讲，筝只有三尺多，而瑟却有六尺多，那是因为汉族过的是固定农业生活，使用大型的乐器并不会不方便，北方或西方的游牧民族却不然，小巧的乐器反而较适合他们。就制作材料来讲，筝字从竹，可能原为大型竹子所制，瑟则为梧桐木所制，材料完全不同（虽后来的筝也为梧桐木所制，不过被认为是改良的结果）。就发声来讲，筝声高急激昂，瑟音却是雍容柔和，为两种不同的发声领域。综观这三点，说明筝是由游牧民族所用的乐器演化而成，而非由瑟演化改良的并不为过。不过经过历史的演变，在秦亡后，秦筝逐渐被改良，从形状、材料，甚至声音都变得近似瑟，所以筝被称为小瑟也是可以接受的。

琵琶：游牧者的马上娱乐

琵琶又称“批把”，最早见于史载的是汉代刘熙《释名·释乐器》：“批把本出于胡中，马上所鼓也。推手前曰批，引手却曰把，象其鼓时，因以为名也。”

琵琶由历史上的直项琵琶及曲项琵琶演变而来。据史料记载，直项琵琶在中国出现得较早，秦汉时期的“秦汉子”就是直柄圆形共鸣箱的直项琵琶（共鸣箱两面蒙皮），它是由秦末的弦鼗发展而来的。“阮咸”或“阮”是直柄木制圆形共鸣箱，四弦十二柱，竖抱用手弹奏的琵琶。晋代阮咸善奏此乐器，故以其名相称，即今天的阮。

南北朝时，通过丝绸之路与西域进行文化交流，曲项琵琶由波斯经新疆维吾尔自治区传入中国。曲项琵琶为四弦、四相（无柱）梨形，横抱用拨子弹奏。它盛行于北朝，并在6世纪上半叶传到南方长江流域一带。

在隋唐乐队中，曲项琵琶已成为主要乐器，对盛唐歌舞艺术的发展起了重要作用。从敦煌壁画和云冈石刻中，仍能见到它在当时乐队中的地位。

二胡：马尾胡琴随汉车

二胡又名胡琴或南胡，由胡琴发展而成，是中国民族乐器中历史悠久、流行普遍并具有代表性的拉弦乐器。

早在唐朝，其前身以竹片为弓，称为嵇琴，有“竹引嵇琴人，花邀载酒过”的记载。宋朝的《乐书》称之为奚琴，有“奚琴本胡乐也”的记载。而我们从宋代所绘的画卷里便可以看到，当时的奚琴与今天的二胡构造已经基本一致了。沈括在《梦溪笔谈》中所说的“马尾胡琴随汉车，曲中犹自怨单于”，是以马尾为弓的胡琴。

明清时，随着民间音乐和地方戏曲的发展，胡琴在各种不同的音乐风格中，逐渐形成了二胡、板胡、京胡、坠胡、粤胡等拉弦乐器。“五四”时期，杰出的作曲家、演奏家和革新家刘天华先生设计了新规格的二胡，固定了定弦法则，首次创作出 12 首二胡独奏曲和 47 首练习曲等作品，把处于民间状态的二胡趋于规范化，并使之进入高等学府的课堂，开创了二胡演奏艺术发展的新阶段。

笛子：从西域传入

笛子这一乐器的来历，尽管有很多说法，但是其中比较有代表性的说法是汉朝时张骞通西域后，从新疆、中亚细亚一带传入中国。

笛子在外国起源同样很古老，最值得我们关注的是 14 ~ 15 世纪期间，西班牙殖民者将秘鲁等地的固有文化做了最彻底的摧毁。在这以前，秘鲁本地的印第安人建立了“印加王国”。印加人有着高度发达的文化，考古学家在出土的印加文物中发现，印加人拥有各式各样的乐器其中就有很多笛子，而且还是由不同材料（如兽骨和陶土）精工制造的。从地理环境看，这些笛子和其他乐器都是印加人的创造，不大可能由另外什么地方传来。由此看来笛子确实是一个极古老的民间乐器。

唢呐：曲儿小，腔儿大

唢呐又名喇叭，在中国台湾民间称为鼓吹，在西晋时期开凿的新疆克孜尔石窟寺第三十八窟的壁画中就已经出现了演奏唢呐的绘画，在北魏时期开凿的云冈石窟中也有唢呐的雕刻形象。

明代王磐《朝天子》词曰：“喇叭，唢呐，曲儿小，腔儿大，官船来往乱如麻，全仗你抬身价。”对其在当时的艺术表现功能描绘得十分生动。

据山东嘉祥史料记载，从现存于武氏祠和于 1977 年出土的汉画像石印证，早在 1800 多年前，山东西南一带就有了比较完整的鼓吹乐队。唢呐不但用于独奏，也用于戏曲、歌舞伴奏，在古时民间的婚丧喜庆是少不了它的，在现在的国乐团、民族乐队中它也是很重要的乐器。

鼓：轰天震地

在乐器家族里，鼓可以说是最古老的乐器之一。在世界各地，几乎每个民族、部落都有本民族特色的鼓乐。远在上古时代，我们勤劳的祖先在会说话唱歌的同时，就开始用鼓来表达自己的思想感情了。

据传说，我们的祖先发现枯树干和实心树干能发出完全不同的声音，并且发现中空物里有音量增大的共鸣作用，于是便用空心树干蒙以兽皮和蟒皮做成了木鼓，供娱乐时敲打。到了汉朝，不仅有大小、形状、质地、装饰不同的鼓，而且民间出现了舞鼓乐。

五铢钱纹铜鼓　汉

在古代，鼓不仅是乐器，而且还是军中必备之物。鼓还有特殊作用：有一种铜鼓，古代人把它作为一个地区或一个部落的政权与经济实力的象征，族长或酋长像保护身家性命那样保护这种铜鼓。此外，在寺庙中有“晨钟暮鼓”，鼓还可以作为报时的工具。

冬不拉：哈萨克族爱情之音

冬不拉是哈萨克族的弦乐器。关于冬不拉的由来，民间流传着这样一个浪漫的爱情故事。

从前，草原上有一个叫康木巴尔的青年，爱上了一位美丽勤劳的姑娘。当他向这位姑娘求婚时，姑娘想考考这位青年的才智，于是指着她身边的一棵古松树说：“假如你能让松树替你求婚，我就答应嫁给你。”这下可难住了这位草原青年，他绞尽脑汁思考到太阳下山也没想出办法。康木巴尔决定先填饱肚子养好精神后再想办法。他杀了一只羊，把羊肠挂在这棵古松树上，架起篝火烤羊肉，吃饱后就入睡了。

睡梦中，一阵美妙悦耳的声音唤醒了康木巴尔，他发现这优美的音乐是从古松树上发出来的。这古松树上有一个洞，微风一吹，风干了的羊肠轻轻抖动，便发出悠扬悦耳的声音。

康木巴尔如梦初醒。他锯下一块松树木，在上面也挖了一个洞，再绷上两根干羊肠，用手一拨，果然发出悦耳的声音。到了约定的日子，康木巴尔轻轻弹拨着这把自制的乐器，用这美妙的琴声向美丽的姑娘表达他真挚的感情，一对恋人终于结成幸福的伴侣。从此，这种乐器便在哈萨克人中盛行起来。

马头琴：心爱的小白马

马头琴是蒙古族的乐器，距今已有 1300 多年的历史。它产生于东胡的奚部，因此被叫做“奚琴”或“奚胡”。北宋欧阳修有“奚琴本出奚人乐”的诗句,其中的“奚琴”就是马头琴。清代称之为“潮尔”。

马头琴的由来还有这样一段故事：赛马会上，王爷因嫉恨赛手苏和的小白马赢得了冠军，所以害死了小白马。苏和十分想念心爱的小白马，于是用木头依照小白马的样子雕出了马头琴杆，用马尾作琴弦，制作了马头琴。粗犷深沉的琴声杂糅着他失去小白马后的哀思之情以及对王爷的愤恨。苏和的遭遇得到了牧民们的怜悯，一人唱万人和，马头琴很快就在草原上盛行起来。随着历史和文化的传承，蒙古族同胞对马头琴愈加热爱。

钢琴：乐器之王

钢琴被称作“乐器之王”，它是由古钢琴和羽管键琴发展演变而来的。

18 世纪初期，意大利的乐器制造家巴托洛梅奥·克里斯托弗利发明了钢琴。他在羽管键琴的基础上加以改进，将皮革包裹在木槌上，发明了键盘机械槌击式钢琴，从而奠定了现代钢琴的基础。这一改进弥补了古钢琴和羽管键琴几乎无法调节音量的严重缺陷，弹奏者可以通过敲击琴键力度的变化来随意改变音量的大小，其音量也比古钢琴和羽管键琴大得多，因而大大地增强了钢琴的表现力。

1821 年，塞巴斯蒂安·埃拉尔将击弦机械机构改进为复震奏机械，使弹奏者能够以更快的速度重复敲击键盘，弹奏出复杂的乐曲。

1825 年，阿尔菲斯·巴考克首次采用铸铁弦架，增加了其对琴弦拉紧后产生巨大张力的承载能力，使紧张的琴弦不致因为弦架变形而发生松弛。这一改进为钢琴的音准稳定和使用寿命的提高创造了良好的条件。

1850 年，支撑结构、弦列的交叉排列和复震奏式击弦机三要素相结合，由此确立了现代钢琴结构最理想的基本形式。

经过 300 多年的发展和改进，现代钢琴在品种和性能等方面已经得到了不断的丰富和完善。

小提琴：乌龟壳的启示

有着西洋乐器中“皇后”之称的小提琴，音色优美，表现力丰富。有关它的起源，也是众说纷纭，有说是起源于印度，也有说是起源于西欧，等等。

人们在 1550 年的一幅壁画上找到了一把有 3 条弦的小提琴，这是至今能见到的最早的小提琴的样子。一直到 17 世纪，意大利克雷蒙那的制作大师阿玛蒂才将小提琴定形为今天人们使用的形状、尺寸，并使用 4 条琴弦。

初有小提琴时，人们还不太知道这是什么乐器，经常有人称小提琴是“歪脖琴”。

意大利作曲家、小提琴家维瓦尔第（1678 ~ 1741 年），他对协奏曲形式和巴洛克晚期器乐风格均有决定性影响。

关于小提琴有这样一个传说。1000多年前，埃及有个音乐家名叫莫可里。在一个盛夏的早晨，他在尼罗河边悠闲地散步。偶然间，他的脚踢到一个什么东西，发出一声悦耳的响声。他拾起来一看，原来是一个乌龟壳。莫可里拿着乌龟壳兴冲冲地回到家里，再三端详，反复思索，多次试验，终于根据乌龟壳内空气受震动而发出声音的原理，制造出世界上第一把小提琴。

吉他：魂牵梦索的爱情之音

“吉他”是英文“guitar”的译音，因为它有六根琴弦，故又称为“六弦琴”。

据说，吉他的远祖应该是公元前1400年前生活在小亚细亚和叙利亚北部的古赫梯人城门遗址上的“赫梯吉他”。这是考古学家找到的最古老的类似现代吉他的乐器。吉他最早出现在13世纪的西班牙，到16世纪时还只有5根弦。18世纪，由法国人加上了第6根弦，琴身也变为了8字形。19世纪后，是吉他发展的黄金时代。

有关吉他的起源，曾有过一个美丽而神奇的传说：阿波罗正追逐着一位美丽的少女，他不断讨好地向她喊道：“别累着！别累着！我保证不会追你！”最后，他还是追上了这位少女，并把她抱在自己的怀里。少女拼命地向她的父亲呼救，父亲立刻把她变成了一棵月桂树。于是，阿波罗就用这棵树的木头做了第一把吉他，并将这把吉他做成了宛如女人身躯的优美曲线外形。难怪吉他这种乐器具有一种特别的韵味：时而热情奔放，时而柔和甜美，时而又缠绵悱恻，令人魂牵梦萦，心醉神迷。

口琴：无名少女的杰作

1821年的一天，德国一个农家女孩在家门口玩耍。她拿着妈妈的木梳玩个不停，玩腻了，便想出了一个新花样：找来两片纸，一上一下贴在木梳上，然后把它放在嘴边吹着玩，谁知竟“呜哩呜哩”地吹出声音来了。她高兴极了，一个劲地吹。这时，刚好有个名叫布希曼的音乐家路过这里，被这声音吸引住了。于是，他来到了小女孩身边，仔细观看了她的“杰作”。回家后，他仿照女孩的木梳，按中国古代的笙及罗马的笛之发音原理，用象牙雕成一支药丸筒式的口琴，世界上第一支口琴的雏形就这样问世了。以后，他不断改进，终于制成了口琴。不久，他还开设了口琴工厂，很快口琴便风靡欧洲，传遍世界。

铜鼓：敲打石油桶庆胜利

铜鼓是现代乐器中不可缺少的一部分。它声音洪亮激越，热情奔放。铜鼓乐诞生于第二次世界大战后的特立尼达和多巴哥。

第二次世界大战结束的喜讯一传到位于拉丁美洲的岛国特立尼达和多巴哥，人们载歌载舞，兴高采烈地涌上街头，他们敲打着所有带响的东西。

由于当地盛产石油，汽油桶特别多，于是体积庞大、发音洪亮的汽油桶就成了人们敲击的对象。后来，有人发觉，油桶的不同位置可以发出不同的声音，略加改动便能击打出一些简单的旋律。这一发现奠定了铜鼓的地位。以后不断改进、完善，现在已可以按交响乐队的正规编制组成二管、三管、四管的大型乐队。

早期的铜鼓制作简单，外表粗陋，很难登上大雅之堂。经过人们的不断改进，铜鼓逐渐成为一种主要伴奏乐器。铜鼓乐很有力度，节奏感强，表演形式热情奔放，极富艺术感染力。它的音域宽广，音响丰富，能够演奏出类似于弦音、木管、铜管及管风琴等乐器的音乐效果。从黑人的民间祭祀歌谣到典雅庄重的交响乐，甚至复杂、对位严格的赋格曲、卡农曲等，它均能够胜任。

所以，铜鼓在其发明的短短几十年间便由民间乐器跨入音乐殿堂，同管弦乐队分庭抗礼了。

音乐指挥：用手在空中“画”出旋律

在记谱法尚未发明的时代，欧洲的音乐都是口头传授的。在祭祀舞蹈进行中，领头的歌手成了最早的指挥，他为了向众歌手提示旋律的进行方向，便用手在空中“画”出旋律线来。指挥的功能主要是给大家指出旋律的由低音到高音，或由高音到低音的过程。

指挥演出的小约翰·施特劳斯

希腊时代的指挥，有的人用脚，也有的人用头；有的人喜欢用单手指挥，也有的人惯用双手指挥；有人将手绢系在木棒上指挥，也有人在风琴旁边钉上一块铁板敲着指挥。

专职的指挥大约出现在19世纪前，那时指挥合唱队的人手里拿着一卷谱纸，依照歌曲的旋律而挥动。这卷谱纸当时被称为“梭法”。指挥乐队的人则大多数使用铁质手杖敲击地板。

1867年，法国音乐家卢在利在为法王路易十四的演奏中，由于他指挥时忘乎所以，竟误将铁杖击伤脚背，不治而死。于是，人们便淘汰了这种可怕的指挥方式。直到1894年，德国作曲家威伯首先创用了指挥棒，被音乐界大为赏识，逐步推广开来，一直沿用至今。

后来，指挥超越了简单的“划拍子”的原始阶段跨进了比较严谨和缜密的新阶段。

交响曲：所有的乐器一起响

交响曲，也称交响乐，其含义源自于希腊文“一起响”。据载，中世纪时，这个词也曾表示是两个以上音的和谐结合。16 ~ 18 世纪上半叶，又演变成将一切多声部的声乐曲结合都泛指为交响曲。18 世纪中叶，意大利歌剧演出盛行，剧中的序曲特别是其快 – 慢 – 快的结构为促进交响曲的发展奠定了基础。18 世纪中后期，交响曲逐渐从歌剧中独立出来而变为自成一格的器乐演奏形式。在当时的意大利涌现了不少有三个乐章的交响曲：快板、慢板和小步舞曲。出生于奥地利的作曲家海顿被人们誉为“交响曲之父”。他一生致力于这类体裁的创作，曾写下了 120 余部交响曲，并逐步把四个乐章的交响曲作为规范形式固定下来。

贝多芬是交响曲王国里的“泰斗”，在人们心中，他的名字几乎成了交响曲的化身。他的 9 部交响曲写成于欧洲资产阶级革命风起云涌之际，倾注了时代的先进思想和战斗热情，感情奔放，结构宏大，具有深刻的哲理性，直至今日仍被誉为“犹如是九座大山矗立于天地之间”。此时，四乐章交响曲的格式已基本稳定和成熟，通常是：第一乐章——快板，奏鸣曲式；第二乐章——慢板；第三乐章——快板，舞曲或谐谑曲；第四乐章——快板，回旋曲式。

摇滚乐：摇摆之乐

摇滚乐又称摇摆舞音乐或摇摆乐、滚石乐，是由一种称为“布鲁斯”的爵士乐演变而来的，它源于美国，是当今西方世界极其盛行的流行音乐。

20 世纪 30 年代至 50 年代，“布鲁斯”仅流行于黑人地区。美国的一些黑人乐师在演奏时，将黑人教堂音乐、西部乡土音乐及民间音乐的演奏技巧和风格融入其中，综合而成了摇滚乐。这种音乐节奏强烈，音响丰富，是一种非常活跃的两拍节奏的音乐，其演奏乐器和歌唱方面也有异于其他传统的流行音乐。

摇滚乐以一套独特的演奏技巧，以别出心裁的方式运用人声，达到了新的表现水平。它还以电子乐器取代了以往的器乐队，并把最早期的各种爵士乐风格的魅力同现代电子乐器结合在一起，形成了一种有强大吸引力的音乐风格。由于它在创作过程中糅合了其他许多音乐的因素，所以摇滚乐的种类相当多，如迷幻摇滚乐、乡村摇滚乐、民歌摇滚乐、拉加摇滚乐和爵士摇滚乐等。

中国的十大古曲：阳春白雪

高山流水：传说先秦的琴师伯牙一次在荒山野地弹琴，一个叫钟子期的樵夫竟能领会到这是描绘“巍巍乎志在高山”和“洋洋乎志在流水”。后来钟子期死了，伯牙痛失知音，终身不再抚琴。

梅花三弄：通过梅花的洁白芳芬和耐寒等，来赞颂具有高尚节操的人。曲中泛音曲调在不同的徵位上重复了三次，所以称为“三弄”。

广陵散：汉魏时期相和楚调之一。嵇康因反对司马氏专政而遭到杀害，临刑前从容弹奏此曲以寄托。

雁落平沙：通过时隐时现的雁鸣，描写雁群稳降前在空中盘旋顾盼的景象。

夕阳箫鼓：这是一首抒情曲，旋律优美流畅。1925 年前后，上海大同乐社根据此曲改编成丝竹曲乐《春江花月夜》。

十面埋伏：乐曲描写公元前 202 年楚汉战争在垓下最后决战的情景。汉军用十面埋伏的阵法击败楚军，项羽自刎于乌江，刘邦取得胜利。

渔樵问答：乐曲表现渔樵在青山绿水之间自得其乐的情趣。

胡笳十八拍：根据同名诗谱写的乐曲，所反映的主题是“文姬归汉”。

汉宫秋月：意在表现古代受压迫宫女的幽怨悲泣情绪，唤起人们对她们不幸遭遇的同情。

阳春白雪：相传这是春秋时期晋国的师旷或齐国的刘涓子所作。

《蓝色多瑙河》：情感的激荡

《蓝色多瑙河》是奥地利人约翰·施特劳斯创作的一首乐曲。他是奥地利古典音乐家，有“圆舞曲之王”的称号。这首曲子来源于施特劳斯的一段矛盾的感情。

施特劳斯的妻子非常善良，既聪明又漂亮。后来，他在维也纳认识了一位著名的女歌唱家，两人经常在一起合作，渐渐地相互之间产生了爱慕之情。

有一天，他们打算离开维也纳乘船沿着多瑙河去外地演出。临走之前，他的妻子特意去拜访了这位女歌唱家，说她担心丈夫去外地生活起居不安定，委托女歌唱家照料好她的丈夫。女歌唱家被施特劳斯的妻子对丈夫拥有真诚的爱所打动，便劝施特劳斯打消去外地演出的念头，留在妻子身边。

两人长谈以后，施特劳斯望着心爱的人乘坐的小船慢慢地远去、消失。他独自坐在多瑙河岸边回忆，向往、兴奋、悲伤，于是有感而发，创作出一曲闻名世界、经久不衰的乐曲《蓝色多瑙河》。

《月光奏鸣曲》：听众的共鸣

贝多芬像

《月光奏鸣曲》并不是贝多芬自己取的名字，他当时给这个 14 号作品取的标题是《幻想风的奏鸣曲》，但是今天很少人知道这件事。

在 19 世纪，德国诗人兼批评家雷尔斯塔听了贝多芬的这首乐曲后，掩饰不住内心的激动心情，热情称颂作品的第一乐章使他联想起瑞士苜蓿湖及那湖面上水波荡漾的月光。因为“月光”二字引起了听众普遍的共鸣，所以用“月光”来概括这首乐曲的音乐形象就迅速传播开来。

出版商为了赚钱，满足听众的心理爱好，在出版的乐谱上正式印上了《月光奏鸣曲》的标题。从那以后，这个名字便流传下来。

贝多芬对听众为自己的乐曲改名并不反对，更愿让听众按自己的理解去自由想象。就这样，《月光奏鸣曲》的曲名得以流传至今，并因其不可磨灭的光辉而载入音乐史册。

街舞：霹雳舞和爵士舞的完美结合

街舞出现于1992年初期，它没有那些大幅度的动作和脚步移动，更没有霹雳舞中那些在地上类似体操的动作。它的独有风格在于注重身体的协调性，重视身体上半身的律动及增加了许多头部、手部的动作。这就是街舞，它是美国黑人嘻哈文化的组成部分。它最早起源于美国纽约，是霹雳舞和爵士舞发展到90年代的产物。这些流行的街舞多半发源于美国纽约的布鲁克林区，一些黑人或是墨西哥人的孩子们成天在街上以跳舞为乐，形成各种派系，也很自然地在他们所跳的舞蹈上发展出别样的形式和风格。

华尔兹：农民舞蹈“兰得勒”

华尔兹是英文waltz的音译，起源于奥地利北部的农民舞蹈“兰得勒”，通常被称为“圆舞”。17世纪末在维也纳宫廷里开始出现，后来演变成“维也纳华尔兹”。维也纳华尔兹在风格上华丽高雅，情绪上活泼流畅，节奏多为3/4拍。

华尔兹深受西方人宠爱自有其原因，华尔兹的旋律流畅和谐，舞姿优美，舞步舒展，犹如波涛起伏，飘然欲仙，令人陶醉。直到今天，华尔兹舞在交谊舞中的地位仍然没有动摇。

探戈：舞中之王

探戈的步伐刚劲有力，进退成直线，节奏顿挫有致，被称为舞中之王。大约1880年，探戈由阿根廷布宜诺斯艾利斯下层居民跳的米隆加舞演变而来。到了20世纪初期，探戈才开始被社会公众认可。1915年，这种舞风靡欧洲上层社会。早期的探戈活泼欢快，到大约1920年，音乐和歌词都变得忧郁感伤，舞步也由原先的充满活力变为平稳的交际舞步。如今探戈已成为阿根廷的标志之一，和足球、烤肉列为本国人民的三大爱好。

恰恰：起源于墨西哥

恰恰起源于墨西哥，音乐为4/4拍，速度每分钟31小节左右。恰恰音乐有趣，节奏感强，舞态花俏，舞步利落紧凑，在全世界广为流行。

斗牛舞：起源于法国

斗牛舞起源于法国，发展于西班牙，它的音乐为2/4拍，速度每分钟62小节左右。斗牛舞音乐雄壮，舞态豪放，步伐强悍振奋，是人们对它情有独钟的原因。

拉丁舞：拉丁风情

拉丁舞分为拉丁国标舞和拉丁舞，拉丁国标舞是规范、严格、标准的，它是在拉丁舞的基础上发展规范形成的竞技专业舞蹈。

拉丁舞又称拉丁风情舞或自由社交舞，它是拉丁国标舞的起源。拉丁舞是大众民间舞蹈，随意、休闲、放松是它的特点，有较大的自由发挥空间，它是拉美人民在漫长的历史长河中形成的具有鲜明特点的激情、浪漫而又富有活力的艺术表现形式，深受拉美人民的喜爱。

总的来说拉丁舞包括萨尔萨、梅伦格、空比亚、巴恰达、恰恰、桑巴、伦巴等。而其中最出名也为大多数人所喜爱的萨尔萨起源于古巴，古巴萨尔萨来源于曼波，曼波是20世纪40～60年代非常流行的舞蹈，恰恰是它的一个变种。古巴风格萨尔萨源于街头，人们伴着音乐翩翩起舞，自由派对，空气中弥漫着欢乐和喜悦。

芭蕾：纯粹的舞蹈

“芭蕾”一词是法文“Battlet”的译音，意即“舞剧”。它起源于15世纪的意大利。当时，舞蹈表演常常穿插在宴会中间，祝酒时出来表演的是奥林匹斯山的斟酒女神；端来海味时，表演海神之舞……

1496年，法国国王查理八世去那不勒斯要求王位，一路上他被意大利舞蹈的华美演出惊呆了。于是，他将这种叫做“芭莉”或“芭莱蒂”的舞蹈带回国内。

在此之前，法国有一种被称为“假面舞会”的宫廷舞蹈，类似后来的芭蕾。随着意大利舞蹈进入法国，使宫廷舞蹈不断发展。1581年，意大利编导波洛瓦叶创作出《皇后喜剧芭蕾》(取材于荷马史诗《奥德赛》)，这是第一部完整的宫廷芭蕾，在巴黎卢浮宫附近的小波旁厅首演。至此，意大利“芭莉”的种子在法国大地上破土而出。1661年，路易十四创办了世界上第一所舞蹈学校——皇家芭蕾舞学院。

一名年轻舞蹈演员练习站立姿势。

1681年，第一批专业的芭蕾女演员登上舞台。起初，女演员穿的是拖到地板上的长裙，动作拘束，所以舞剧以男角为主。后来，女明星卡玛尔戈大胆地把舞裙缩短到脚踝之上，显示了她快速击打双腿的功夫。从 18 世纪中叶始，女演员以弹跳的高度和旋转的速度使观众折服。从此，芭蕾就经常“女主男辅”了。

瑜伽：冥想而集中意识

当今流行于世界的瑜伽，起源于印度，是东方最古老的强身术之一。它产生于公元前，是人类智慧的结晶。传说古印度高达 8000 米的圣母山上，有人修成圣人，他们将修炼秘密传授给追求者，因而沿传至今。

“瑜伽”一词源于梵文音译，有结合、联系之意，这也是瑜伽的宗旨和目的，是为达到冥想而集中意识之义。其实瑜伽是为指明人类本能从较低到较高的“结合”，用同样方式也可从较高到较低“结合”或同自我“结合”。这也意味着与最高的宇宙万物之灵相同化，使自己从痛苦和灾难中获得解脱。

“瑜伽”一词原意是驾驭牛马，也代表设想帮助达到最高目的的某些实践或是修炼。在古圣贤帕坦珈利所著的《瑜伽经》中，将瑜伽准确的定义为“对心作用的控制”。在印度，瑜伽的历史源远流长，它与古印度婆罗门体系有着密切的关系。人们相信通过瑜伽可以摆脱轮回的痛苦，内在的自我将与宇宙的无上我合一；通过瑜伽将产生轮回的种子烧毁，心的主体被证悟，一切障碍都将不存在。在印度现在很难说清瑜伽与印度教的关系，在寺庙中、经典中、生活中，两者的关系都彼此相互融合。

肚皮舞：东方之舞

肚皮舞是一种带有阿拉伯风情的舞蹈形式，起源于中东地区，并在中东和巴基斯坦、印度、伊朗等其他受阿拉伯文化影响的地区取得长足发展，19 世纪末传入欧美地区，至今已遍布世界各地，成为一种较为知名的国际性舞蹈。

肚皮舞原名为“Raks Sharki”，意指东方之舞，因此又称“东方舞蹈”。一般认为，肚皮舞是中东、中亚、埃及的传统舞蹈。土耳其称肚皮舞为郭碧卡当司（Gobek dans）。1893 年，在芝加哥举办的世界博览会上，来自埃及的肚皮舞团令美国人大开眼界。

肚皮舞所表现的扭胯、摆肩等动作能显示女性曲线的妩媚和健美，体现女性的勤劳、喜悦和欢乐。肚皮舞多为体态丰腴、臀部发达的女子独舞。当舞乐声起，便有一位妙龄女郎身披白纱，手持金属镲，身佩响环、项链等饰物，胸部高耸，半遮半裸。女郎张开双手，舒展腰身，扭动胯臀和双乳，动作欢快明朗。随着音乐旋律的加快，腰、胯、臀的扭摆加速，此刻女郎从上至下颤动腰、臀和胸部肌肉。技艺高超者还可随意颤动腰、腹的某一块肌肉，配合手的动作和双脚移动，尽情地表现女性美，给人以优美欢乐的感受。

武器装备：杀伤敌人的器械和装置

弩：弩生于弓

关于弩的起源，文献中说法不一。由于古代弓弩是用竹、木、筋等材料制作，故很难考证何时发明。

1952 年，在湖南长沙南郊扫把塘的战国楚墓中发掘出的弩，是至今发现年代最早的弩。弩不但制造精巧，而且弩的扳机是铜铸造的。据《吴越春秋·句践阴谋外传》载："弩生于弓，弓生于弹，弹起古之孝子。""横弓着臂，施机设枢，加之以力。"这就是弩。

另外，少数民族用弩历史悠久，也留下许许多多传说。云南怒江傈傈族使用的弩弓是用岩桑制成的，用弩历史追溯到明代。独龙族的弩用楸木或亚缘青木制成，质坚而轻，遭雨水浸淋而不变形。弩弓长 80 厘米，弩机是用兽骨制成，弩箭包用两块带毛的生熊皮缝合而成，上口有一搭盖，用一皮带缝上以便佩带，斜套于肩上。独龙人入山行猎时，要祭山神"仁木大"，以酒和面兽若干作祭品。祈毕，将面兽抛在山坡上，众人用弩射击，预卜未来收获。

手枪：意大利的"希欧皮"

作为火器的枪，其历史至今已近 1000 年了。在相当长的历史时期，枪曾在人类战争中发挥过举足轻重的作用。最古老的枪是竹筒火枪。到了 19 世纪末和 20 世纪初，各式各样的手枪便出现了，特别是在第一次世界大战爆发前，枪是最主要的武器之一。

手枪的名称来源说法不一，有的说是从捷克文"pistal"演变而来。1419 年，胡斯信徒在反对两吉斯蒙德的战争中使用了一种短枪，称为"pisk"，因为射击时枪管发出的尖叫声像"哨声"，手枪因此得名。还有的说手枪是由骑兵使用，不用时放入枪套内，故手枪因此得名。

最早的手枪是火门手枪。有史料记载的第一支火门手枪是意大利人在 14 世纪中叶发明的，当时被称为"希欧皮"，即手枪的意思。到 15 世纪发展为火绳手枪，但随后即被燧石手枪所取代。19 世纪出现击发手枪后，1835 年，美国人科尔特把它改进成转轮手枪，并发明了左轮手枪，取得了英国专利。19 世纪 50 年代，转轮手枪改用了双动击发发射装置，并逐渐改用定装式枪弹。而自动手枪则出现于 19 世纪末期。1892 年，奥地利首先研制出 8 毫米舍恩伯手枪，同年德国制造出 7.65 毫米的博查特手枪，1896 年德国又制造出 7.63 毫米的毛瑟手枪。此后手枪的发展与更新异常迅速，并涌现了许多型号。由于自动手枪比转轮手枪初速大、装弹快、容弹量多、射速高，因而自 20 世纪初以来，各国大多采用自动手枪。但左轮手枪由于能有效处理瞎火子弹，因而仍受欢迎。

机枪：自动射击的枪

机枪是装有枪架、能自动连续发射的枪，分轻、重、高射等几种。随着历史的发展，它成为陆军极为重要的一种武器装备。

明末戴梓发明了一种机枪，名叫“连珠火铳”。铳背是弹匣，可贮存 28 发火药铅丸。铳机有两个，相互衔接，扣动一机，弹药自落于筒中，同时解脱另一机而击发。它的形状很像琵琶，能够连续射击 28 发子弹。

近代机枪是由英国人海勒姆·马克沁发明的。马克沁出生在美国，后来移居伦敦。那时欧洲各国制造出来的步枪都很笨重，是否能够利用火药气体的力量，制造出一种自动射击的枪呢？马克沁对这个问题产生了浓厚的兴趣。

从此，马克沁就开始研究自动武器。他首先改变了供弹方式，造出一条长长的弹带。但是，有了方便的弹带，怎样才能使枪自动地完成发射、抽壳、抛壳和供弹等一系列程序呢？

1884 年，机枪试验成功，消息很快传遍欧洲。此后，马克沁不断将机枪的性能予以改进，并且到别的国家进行实验和表演。在“一战”中，尤其是在西线战斗中，机枪显示出了强大的威力，成为防守中几乎不可逾越的屏障。

步枪：后膛迅速装弹

自从火器出现以后，各种后膛枪的发明不断出现。最迫切需要解决的问题是防止爆炸时伤害开枪人。最终的解决办法是使用一个独立的雷管，把炸药和弹头密封在一起。自从 1800 年发现了镭汞（一种敏感的炸药，能用来起爆火药）以来，各种各样的新想法层出不穷。苏格兰牧师福赛思和一位风景画家分别发明了撞击引爆和铜雷管，瑞士工程师鲍利又发明了一种独立的弹药筒。不久，在鲍利手下工作的普鲁士军械工人冯·德雷泽发明了长撞针，并制成了“德雷泽枪”。

事实上，德雷泽枪由于口径大和枪机漏气，不如当时的另一种罗兰兹前膛枪受欢迎。但是在实战中，能在后膛迅速装弹使德雷泽枪成了一种优越的武器。直接从这种枪发展起来的机柄式步枪成了标准设计，成为至今还广泛使用的步兵武器。随着军事技术的发展，步枪被装上了夜视镜，具备了夜战能力，加上小口径步枪、无壳子弹的出现，使步枪性能越来越优良。

火炮：古代的抛石机

火炮作为一种大口径管形火器，在战争史上一直是威力巨大的兵器。

现代火炮的祖先，应该说是中国古代的抛石机。旧时，人们把抛石机、火药球、大口径管形火器和震天雷之类，统称为炮。抛石机诞生于公元前250年。最初，人们用抛石机来抛投石块，火药发明后，又用它来抛投火药球。管形火器出现后，用火药在管内燃烧产生的气压将弹体喷射出去。经过以后不断的改进和完善，才发展成为现代的火炮。

隋唐以后，抛石机发展成为重要的攻守城池的武器。一直到明代，抛石机还被用于战争。在欧洲，抛石机出现于中世纪初期，一直使用到15世纪。

火箭筒：反坦克武器家族成员

火箭筒是反坦克武器家族的主要种类。它主要发射火箭破甲弹，也可发射火箭榴弹或其他火箭弹，除了在近距离能打击坦克、装甲车辆外，还可用于摧毁工事及杀伤有生目标。

火箭筒最早出现于第二次世界大战期间。当时有两种类型：一种是1942年美国装备的60毫米M1式火箭型火箭筒；另一种是1943年德国装备的“铁拳”无坐力炮型火箭筒。这两种火箭筒在战争中都发挥了突出作用。

由于火箭筒重量轻、造价低、使用方便、易于大量生产和装备，自第二次世界大战以来，得到了广泛使用。为了进一步提高破甲威力，火箭筒的口径逐渐加大。同时为了提高命中率，出现了测距、瞄准、计算提前量三合一的瞄准具，在弹药爆炸力方面也取得极大进展。在现代战争中，火箭筒仍是步兵反坦克作战的重要装备。

手榴弹：彝族的葫芦飞雷

手榴弹是一种用手投掷的弹药，因17、18世纪欧洲的榴弹外形和碎片有些类似石榴和石榴子，故得此名。尽管现代手榴弹的外形有的是柱形，有的还带有手柄，其内部也很少装有石榴子样弹丸，但仍沿用了手榴弹的名称。

手榴弹是现代战争中在迫近白刃格斗前使用的有力武器，起源于中国。中国云南哀牢山彝族创造的葫芦飞雷，可看作是世界上最早的手榴弹。它是把火药和铅块、铁矿石碴或铁锅碎片等物，放入掏尽籽实的干葫芦里，在葫芦颈部塞入火草作为引火物。使用葫芦飞雷时，先把葫芦放在网兜中，点燃火草后，马上抛掷出去。

等葫芦抛达目标，正好火草燃及火药，从而发生爆炸，使铅块、铁矿石碴、铁锅碎片等四处飞溅。葫芦飞雷分兜抛短颈葫芦飞雷和手投长颈葫芦飞雷，后者即手榴弹的前身。

15 世纪，欧洲出现了装黑火药的手榴弹，当时主要用于要塞防御和监狱。17 世纪中叶，欧洲一些国家在精锐部队中配备了野战用手榴弹，并把经过专门训练使用这种弹药的士兵称为掷弹兵。第一次世界大战中，由于堑战壕的兴起，手榴弹得到了广泛应用。当时较为典型的手榴弹有德国的木柄手榴弹和英国的菠萝形米尔斯式手榴弹等。这些手榴弹亦为后来手榴弹的发展奠定了基础。

鱼雷：水中导弹

鱼雷是海战中在水中使用的武器。现在的鱼雷发射后可自己控制航行方向和深度，遇到舰船，只要一接触就可以爆炸。它具有航行速度快、航程远、隐蔽性好、命中率高和破坏性大的特点，可以说是“水中导弹”。

最早的鱼雷是 1866 年英国工程师怀特黑德制成的，其直径为 0.35 米，长为 3.58 米，重达 136 千克，利用压缩空气驱动活塞发动机带动旋浆推进，航速达 6 节，航程为 640 米。

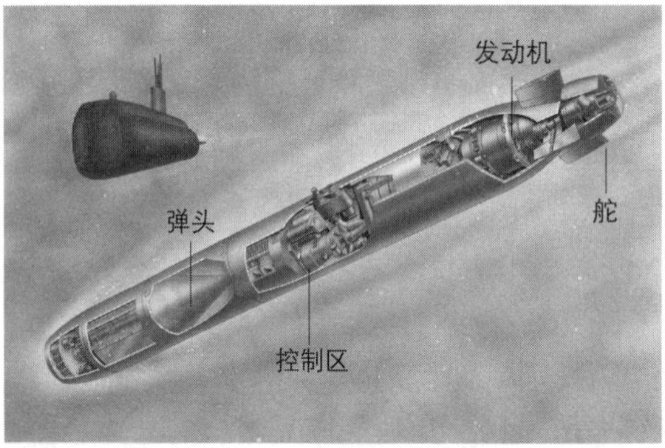

鱼雷

鱼雷主要由弹头、控制区、发动机和舵等 4 部分组成。现代鱼雷装有线导系统以及与反坦克导弹弹头一样的弹头。当鱼雷弹头爆炸的时候，可以深深穿入船体。

最早把鱼雷用于实战的是俄国人。在 1877 ~ 1878 年的俄土战争中，俄国海军第一次使用鱼雷击沉了土耳其军舰。其后百余年里，鱼雷得到了不断改进。鱼雷的发展从无控制到有控制；从程序控制到声导、线导和复合制导；从压缩空气动力到热动力、电动力；从常规装药到核装药；航程从 640 米到 5 万米。由于鱼雷在水中爆炸，着重破坏的是舰船的要害部位，因而对水面舰只有着巨大威胁。第二次世界大战期间，仅被鱼雷击沉的航空母舰就达 15 艘之多。

原子弹：人类和平的致命杀手

原子弹是一种利用核裂变原理制成的核武器。它是利用铀或钚等易变重原子核裂变链式反应，瞬时释放巨大能量所形成的核爆炸效应毁伤敌目标的核武器，对人类和平存在巨大的威胁。

1939年发现核裂变现象到1945年美国制成原子弹，只花了6年时间。1941年12月6日（日本偷袭珍珠港的前一天），罗斯福才批准美国科学研究发展局全力研制原子弹。1942年8月，美国制订了研制原子弹的“曼哈顿计划”。1943年7月，美国成立原子弹研究所。1945年7月16日，在新墨西哥州的阿拉莫可德沙漠中进行了世界上第一颗原子弹的爆炸试验。1945年第一颗投入战争的原子弹爆炸于日本广岛，时间为1945年8月6日。1945年8月9日，第二颗原子弹在长崎爆炸。这两颗原子弹的爆炸直接导致了日本于9月2日投降。

第二次世界大战结束后，世界其他一些国家也开始了原子弹的研制工作。1949年，苏联研制成功了原子弹；英国、法国分别于1952年和1960年爆炸了自己研制的原子弹。1964年，中国也拥有了原子弹。

导弹：现代化的威慑武器

导弹是20世纪40年代开始出现的武器，其起源于第二次世界大战期间德国研制的V-2飞弹。由于德国寄希望于秘密武器制胜，所以从战前的1932年起，就开始秘密研制战略性导弹，并于1942年成功地发射试验性的对地导弹，但这种导弹无法实际运用。1944年，德国制造出V-1诱导飞弹。这种飞弹的外形像无人驾驶飞机，由弹内磁性罗盘和一种特制装置操纵，以冲压式喷气发动机作动力，用发射架发射，射程241千米，航速每小时达563千米。

1944年9月，德国纳粹向英国发射人类战争史上第一颗战略导弹V-2飞弹，给英国以巨大心理威慑。它是现在的远程导弹和宇宙火箭的先驱。

德国战败，美国和苏联掠走了德国的导弹研制材料和科学家，在此基础上研制了宇宙火箭和战略导弹，并在世界上长期居于领先地位。

氢弹：超级炸弹

“二战”结束后，围绕核武器研制，美国和苏联展开了竞赛。

1949年8月，苏联试验了核爆炸装置。得知这一情况，美国总统作出决定，立即研制“超级炸弹”。

美国人爱德华·特勒一直是氢弹的积极倡导者。他和他的助手乌拉姆发现，原子弹爆炸时最初是以X射线的方式放射出大部分能量的，因而应该利用X射线的能量，赶在爆炸波炸开整个装置之前触发热核燃烧。他们认为，在裂变材料和聚变材料的外面，包上一层厚厚的泡沫塑料，这样，当点燃初级裂变装置后，发出的强X射线会透射到泡沫塑料上，在一刹那间汽化为等离子体，产生的爆炸力比高爆炸药还大几千倍，形成极大的内爆。这是一个新的思路，只不过还不够完美。

很快，特勒又想到了一种更复杂、但更有效的设计：外面是一个铀-238的筒，它可以把初级裂变产生的 X 射线散照到塑料层，塑料层包住更靠里的铀 -238 反射层，最里面是包围钚棒的聚变材料。当初级裂变开始后，X 射线照射塑料层所引发的极强内爆，透过外层使钚棒被压缩而产生裂变，产生的快中子和已聚变的快中子会进一步引发铀 -238 层的裂变，这完全可以保证将聚变进行到底。

1952 年 11 月，在美国埃尼威托克岛，爆炸了重达 65 吨的热核装置——“麦克”，产生的能量达到 1040 万吨 TNT（三硝基甲苯）。不过，它无法在空中运载和投放，还不算是一颗真正的氢弹。

1954 年春，美国爆炸了第一颗大型氢弹，当量为 1500 万吨 TNT。重要的是，用固态氘化锂代替了液态氘（重氢）和氚（超重氢），体积和重量已大大减小了。

氢弹的诞生，加强了核打击的力量。

细菌武器：良心的丧失

细菌武器由来已久。据史料记载，1347 年，围攻意大利热那亚要塞的鞑靼人，曾把自己队伍中死于鼠疫的尸体投入要塞，从而把鼠疫传染给对方防守人员。1763 年，英国进攻加拿大时，曾把带有天花病毒的衣物送给印第安人领袖，结果使天花病在他们中广泛流行，削弱了印第安人的战斗力。这些都可以看作细菌武器的雏形。

真正的细菌武器出现在 20 世纪初。第一次世界大战中，德国间谍用马鼻疽杆菌感染了协约国的 4500 头骡子。

战争快结束时，德国用飞机在罗马尼亚上空投掷了染有病菌的食物。日军在侵华战争期间大量制造细菌武器，在哈尔滨、长春等地都设有制造厂，研制细菌武器者达 6000 人以上。

从目前的动态看，未来战争中细菌武器仍有大量使用的可能。

坦克：“陆地巡洋舰”

1916 年 9 月 15 日，英国和德国军队在索姆河上进行着大规模的战斗，双方都坚守着自己的阵地，谁也没有突破对方阵地。

突然，从英军阵地上传来隆隆的巨大响声，一群碉堡似的钢铁怪物冲出阵地，向德军阵地压去。德军士兵见到这些怪物，拼命朝它射击，用炮轰击，可是那怪物刀枪不入，还打机枪打炮，一边还击一边照样隆隆压来。

德国士兵一看这巨大怪物就要把自己碾成肉饼，吓得抱头鼠窜，只好躲在战壕里求上帝保佑。这些钢铁怪物轻而易举地进入德国的纵深，给德军带来极大的威胁。这巨大的活动钢铁堡垒，就是英国首次发明并投入战场的“陆地巡洋舰”——坦克。

为什么叫坦克呢？据说英国人为了保密，在将这批坦克运往前线时，所有包装箱上都写“水桶”的名称，英文“桶”翻译成中文就是“坦克”，后来人们都把“陆

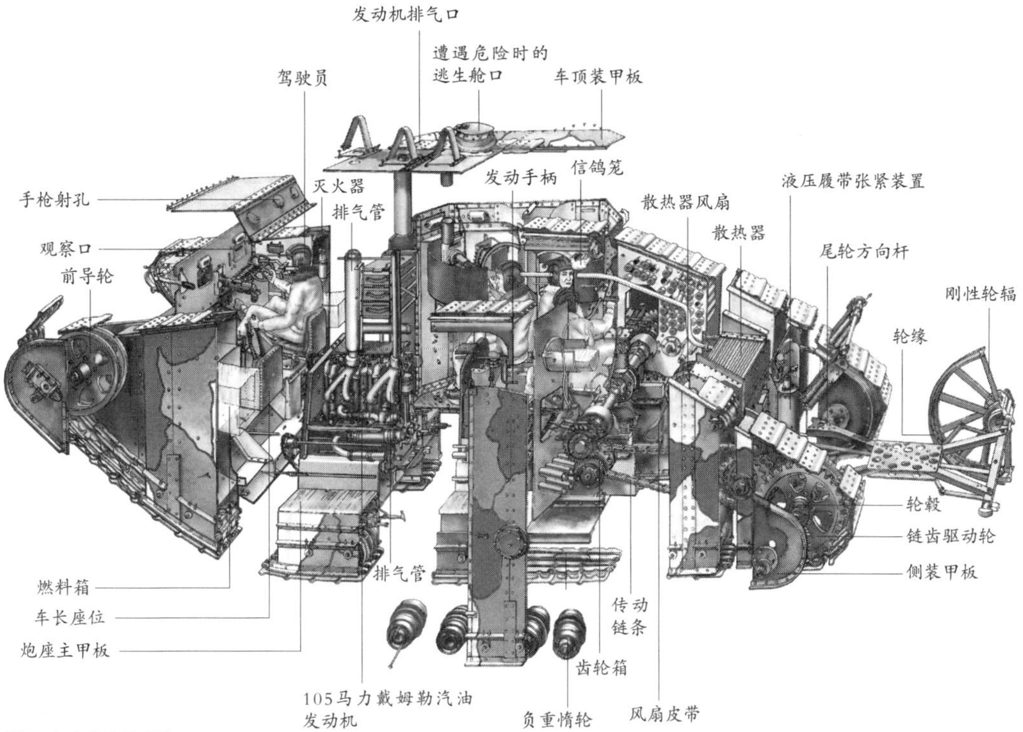

Ⅰ型坦克内部剖析图

坦克首次应用于战场是第一次世界大战期间，由英国工程师秘密研制而成，起初起名为“水柜”，英语意为“TANK”，发音“坦克”，坦克称呼由此而来。图为著名的Ⅰ型坦克内部剖析图。

地巡洋舰”称为坦克。

英国人发明的坦克，为什么被称为“陆地巡洋舰”呢？据说有这样两个原因。当时英国在世界称雄是靠海军，海军最漂亮最有威力的是巡洋舰。坦克一问世，就好比威力强大的巡洋舰，因此就叫“陆地巡洋舰”。另一个原因是当时坦克上应用的炮和机枪都是从巡洋舰上拆下来装到坦克上的，由海洋走向陆地，因此把坦克称为“陆地巡洋舰”也不是没有道理。

潜艇：充满危险的海龟

潜艇是一种特殊的军用舰艇，它可在水面和水下航行，主要是用鱼雷、火炮和导弹攻击敌船以及岸上目标，还用来侦察敌情。

17世纪20年代，荷兰物理学家科尼利斯·德雷尔制作了一条特别的潜水船。它是木制的，船体外还蒙上了一层涂油的牛皮，下潜深度为4～5米，船内装有羊皮囊作为水柜。羊皮囊内灌进了水，船就下潜；把羊皮囊内的水挤压出去，船就上浮到水面。这算是世界上最早的潜艇雏形了。在18世纪美国独立战争中，英国战舰在美国的海面和港口横冲直撞，激起了美国人的义愤。戴维特·布斯涅尔下决心建造一条水下战舰，从水下去攻击英国的战舰。很快，他设计建造了一条名叫“海龟”的小艇。它有一个木制的外壳，形状很像一个尖头向下的鹅蛋。艇底有一个小水柜，艇内有一个小水泵。向水柜灌水，小艇就潜入水中；用水泵把水柜的水抽出来，小艇就浮出水面。艇上还装有一个手摇螺旋桨，可使小艇在水下前进。艇外挂有一个大炸药桶。进攻时，小艇开到敌舰的正下方，把炸药桶挂在敌舰的船底，然后启动定时爆炸装置。当小艇离开后，炸药桶自动爆炸，这样就可以摧毁敌舰。这条“海龟”便是世界上最早的潜艇了。

“荷兰号”是史上第一艘实用型潜水艇，具有双重推进装置，当漂浮在水面上时，采用汽油内燃机驱动推进器前行，而处于水下后则使用电动马达驱动另一个推进器推动船体前进。

航空母舰：“飞机搭载舰”

航空母舰作为海军中最大的舰艇，已走过了近百年的发展历程。

1910 年 11 月的一天，停泊在美国东海岸的巡洋舰“伯明翰”号准备进行一次大胆的试验——世界上第一架飞机在军舰上起飞。当飞机滑完 26 米长的跑道后，便离开了舰身。两个月后，又成功进行了飞机在军舰上降落的试验。试验证明，飞机能在军舰上起落，因而能在海上作战。

1918 年，英国海军改造了一艘巡洋舰，使之可供飞机在舰上同时起降。该舰叫“飞机搭载舰”，是最早出现的用旧军舰改装成的航空母舰，它能装载 20 架飞机。不久，英国又把一艘正在建造的客轮“卡吉士”号，改装成航空母舰“百眼巨人”号。它具有全通式飞行甲板，即起飞和降落是连在一起的，飞行跑道更长，飞机的起飞和降落也方便多了。

无人机：没有驾驶员也能执行任务

顾名思义，无人机就是没有驾驶员驾驶的飞机，它的机型比较小。大型无人机与一般的小飞机大小类似，小型无人机几乎与一个大航空模型无异。

无人机的由来要追溯至 20 世纪初。1917 年，美国陆军已经开始设计无人机了。1934 年，英国海军最先使用无人机来做靶机。

1944 年 6 月 13 日，德国无人轰炸机 V — 1 首次空袭了英国的伦敦。它的外形与普通飞机十分相似，在立尾的上方有一台脉冲式喷气发动机。它的飞行速度为每小时 640 千米，飞行高度 900 米，机载炸药 1000 千克。机上还装有定高器、程序控制器、自动驾驶仪和导航计算机。

1950 年后，各国的防空武器迅猛发展。防空导弹的出现，大大加强了空中的火力，给侦察机造成巨大威胁，因此各国必须向无人侦察机方向发展。20 世纪 60 ~ 70 年代初，美国军方选中擅长制造靶机的瑞安航空公司，经过研究和设计，瑞安 –147 无人机系列横空出世。这些无人机既能投放，也能回收，使用率很高。通常是由有人驾驶的飞机把无人机带上天，在适当的地方投放起飞。还有的是用火箭助推，把无人机送上预定空域，这种做法已经成为现代战场上常见的起飞方法。

如今，无人机已经成为航空事业中十分重要的一部分。

降落伞：舜火中逃生

降落伞是利用空气阻力，使人或物从空中缓慢向下降落的一种器具。从飞行中的航空器上安全降落到地面，完全借助于降落伞。它是从杂技表演开始发展起来的，随着人类航空事业的发展，后来用作空中救生，进而用于空降作战。

正如国外的一些军事书刊中所写："像火药一样，降落伞也是从中国传来的。"

早在《史记·五帝本纪》中，就有降落伞原理应用的记载。史学家司马迁写道："使舜上涂廪，瞽叟从下纵火焚廪。舜乃以两笠自扞而下，去得不死。"这叙述的故事是，在上古时代，有个叫舜的人，有次上到粮仓顶部，瞽叟从下面点起了大火，舜利用两个斗笠从上面跳下，没有被烧死。这是人类最早应用降落伞原理的记载。相传 1308 年前后，在元朝一位皇帝的登基大典中，有这样一个节目：杂技艺人用纸质巨伞，从很高的墙上飞跃而下。由于利用了空气阻力的原理，艺人飘然落地，安全无恙。这可以说是最早的跳伞实践了。

18 世纪 30 年代，随着气球的问世，为了保障浮空人员的安全，杂技场上的降落伞开始进入航空领域。据国外资料介绍，当时有人制成一种绸质硬骨架的降落伞，以半张开状态放置在气球吊篮的外面，伞衣底下带有伞绳，系在人的身上，如果气球失事，即乘降落伞落地。这可能是最早用于航空活动的降落伞。

飞机问世后，为了飞行人员在飞机失事时救生，降落伞又有了进一步改进。1911 年，出现了能够将伞衣、伞绳等折叠包装起来放置在机舱内，适于飞行人员使用的降落伞，并于 1914 年开始装备给轰炸机的空勤人员。以后，随着运输机的出现，降落伞得到进一步改进，逐步为军队广泛使用，从而产生了空降兵这一新的兵种，带来了空降作战这一新的作战样式。

头盔：救命的铁锅

头盔的由来，可以追溯到远古时代。原始人为追捕野兽和格斗，用椰子壳、犰狳壳以及大乌龟壳来保护自己的头部。我国最早的头盔实物是 3000 多年前商代的青铜胄，正面铸有兽面纹，左右和后边可遮住人的耳朵和颈部。

第一代制式头盔诞生于第一次世界大战中。1914 年的一天，法军一名炊事兵在遭到德军炮击时把铁锅顶在头上，因此只受了轻伤，而其他人都死于猛烈的炮火。法国亚得里安将军得知此事后深受启发，他要求部队研制金属制成的头盔。后来，人们把这种头盔称为“亚得里安钢盔”。

据统计，在第二次世界大战中，美军由于装备了头盔，使 7 万人免于死亡。从此，各国军队受到启发，纷纷装备了头盔。

防毒面具：战争的产物

防毒面具是战争的产物，是用来防止化学中毒的。

1899 年，在海牙国际和平会议上，有人提议反对在军事冲突中使用毒气，认为把它作为一种战争武器是非法的。但包括美国在内的大多数代表却不以为然，结果这个提议被否决。这在军事史上，可以说是开了一个坏头。16 年以后，人们果真第一次见到毒气武器在战场上使用。

1915 年，在比利时于普内斯附近，德军对英法联军发起大规模进攻，他们凭借毒气占了上风。几天后，以英法为首的协约国军队返回战场，官兵们用经过化学处理的棉布块把嘴巴和鼻子捂起来。最原始的防毒用具就这样诞生了。

伴随战争规模的扩大，化学毒气的使用也随之增加，这就需要研制出比棉布块更具有保护作用的东西。最初的防毒面具颇为笨重，严重影响了士兵的作战效率。

在二战中，使用的防毒面具比以前的轻，戴起来比较方便，戴上面具后的视野也更宽、更清楚。

到了 20 世纪 60 年代，美国军方获得了很大的突破，陆军、海军和潜艇部队一律装备了 M–17 型防毒面具。它既无胶皮管，外部也没有过滤罐，却能防止毒气、化学烟雾剂、细菌和放射性。空气通过软性材料做成的垫子得到过滤，软垫封在若干个腔内，腔模铸在防毒面具的面罩上。

目前，防毒面具的使用已不仅仅局限于军事，在工业上，特别是在矿山和化工厂应用较广，消防人员、营救人员以及防暴警察，往往也使用防毒面具。

药物器械：维持生存的附加值

何首乌：人名叫成了药名

中药材何首乌原名“交藤”，是一种蓼科、宿根、爬藤植物。其块茎为何首乌，其藤茎叫“夜交藤”，也能入药。关于何首乌名字的由来有一个传说。

一位顺州南县人士名字叫何首乌。一天夜里酒醉后，他睡卧山野间，朦胧中见两株藤本植物，相距 3 尺多，苗蔓忽然相交在一起，久而始解，解后又交。他见此情景，甚为惊异。天亮了，他就连根掘回，将所挖之根捣为细末，每早空腹时，以酒送服一钱，日日常服不辍。一年后，他原来所患诸病痊愈；原已花白的头发，变得乌黑油亮；原已苍老的容颜，变得光彩焕发。遂娶妻成家，10 年内生了好几个男孩。他家将此药当作传家宝一代一代传下去。

有一个郁姓之人，与何首乌是同乡关系，甚为亲密，偷偷打听到此药方，也坚持服用，竟也成了一个老寿星！别人问他：“你吃了什么长寿秘方？”他随口喊出朋友的名字：“何首乌！”于是，众人遂将此事广加传播，结果将人名叫成了药名，一直流传至今，“何首乌”就特指中药材的药名了。

当归：当归不归，娇妻改嫁

当归入药由来已久，早在《神家本草经》中就将它列为可补可攻的中品药，既可扶正补养，又可攻邪治病。为何取名叫当归呢？

相传有个青年新婚不久就外出采药，同妻子约定三年之内回来，媳妇信以为真。谁知道这个青年离开以后，一年无信，两年无音，三年仍不见身影。他的媳妇忧郁悲伤，得了一种妇科病，月经紊乱，头晕心慌，生活十分凄凉，被逼改嫁他人。没想到媳妇改嫁不久，男青年就返回了家乡。他质问媳妇为何不等自己。媳妇哭诉：“三年当归你不归，片纸只字也不回。如今我已错嫁人，心如刀割真悔恨。”男青年听后也懊悔不已，把采集到的草药根送给媳妇，居然治好了她的妇科病。这事在乡里传开以后，一些得了妇科病的妇女也找来这种药服用，居然都痊愈了。从此，人们知道这是一种妇科良药，给它取了一个意味深长的名字叫当归，告诫后人要汲取“当归不归，娇妻改嫁”的惨痛教训。

枸杞子：狗子之妻杞氏

枸杞子在中国已有2000多年的历史，古称“天精籽”，又有“长生籽”之名，是传统珍贵中药材，素有“却老子”“明目子”之称，以“轻身不老、明目健脑”的卓越保健效果，自古为中医推崇。

相传战国时，在秦国境内黄河南岸的平原上，有一青年农夫，乳名狗子，以农耕为业。娶妻杞氏，杞氏勤而贤惠。夫妻日出而作，日落而息，奉养老母，倒也勉强度日。时秦吞并六国，倾国之男丁，拓疆征战，狗子被召戍边。

将军百战死，壮士十年归，狗子戍边归来，已是满脸须发。路见家乡正闹饥荒，田园荒芜，路人讨吃，饿殍遍地，众乡邻面带菜色，孩子嗷嗷待哺。狗子甚为惶恐，不知老母与妻子现状如何，到家以后，发现老母发丝如银，神采奕奕，妻子面色红润，不像路人饥饿之状，感到非常惊讶，问妻子是怎么回事。妻子回答说，自己采摘山间红果和老母充饥，才免于挨饿。老母也说，如果不是儿媳采红果，自己就见不到儿子了。狗子喜极而泣，对妻子更加敬重。邻居听说后，都争相采食红果，并称之为“枸杞食”。

后人发觉狗妻杞氏所采山间红果有滋阴补血养肺健胃之功效，民间医生采之入药，改其名称枸杞子。

青霉素：葡萄球菌的克星

弗莱明在第一次世界大战中在英国皇家军事医院服役。他的经历对他寻找治疗伤口感染的方法产生了很大的影响，并促使他发现了第一种抗生素——青霉素。

青霉素是一种抗菌素，是从青霉菌培养液中提制的药物，是一种能够治疗人类疾病的抗生素。

青霉素是由英国细菌学家弗莱明发现的。1928年的一天，弗莱明在他简陋的实验室里研究导致人体发热的葡萄球菌。由于器皿的盖子没有盖好，他发觉培养细菌用的琼脂上附了一层青霉菌。这是从楼上的一位研究青霉菌的学者的窗口飘落进来的。但使弗莱明感到惊讶的是，位于青霉菌旁边的葡萄球菌忽然不见了。这个偶然的发现引起了他的兴趣，他设法培养这种青霉菌进行多次试验，证明青霉素可以在几小时内将葡萄球菌全部杀死。弗莱明由此发现了葡萄球菌的克星——青霉素。

维生素：维持生命的元素

维生素的英文名字叫vitamin，音译即是维他命。人们参考英文译音，巧妙地命名其为维生素，顾名思义为维持生命的元素。确实，维生素是维持身体生长与正常生命活动所必需的一种有机化合物。它虽不能供给机体能量，但是机体的能量转换和代谢调节又离不开它。

对于维生素的功能，人们有一个发现和认识的过程。中国在6世纪就已发现人的食物中缺乏这种物质会患某种疾病。7世纪时，唐代名医孙思邈发现食米地区的人有一种病，采用中药治疗可以治愈。当时发现的就是脚气病，所用中药为车前子、防风、杏仁等，据现代科学分析，这些中药都含有维生素B1。当时的人们在实践中还发现用谷白皮熬粥可预防脚气病。到1897年，荷兰人在一些囚犯中也发现脚气病，并发现本病与单纯吃米有关系，用米糠可治疗此病，其原因也是因米糠中含有丰富的维生素B1。在1911年，波兰人才在米糠中提取出抗脚气病的物质，当时称为“维生胺”。

后来，经许多化学家分析研究，发现食物中有20多种物质为人体所必需，但多数化学结构与胺不同，故改名为维他命，也就是后来常说的维生素。

激素："奋起活动"

激素亦称荷尔蒙，希腊文原意为“奋起活动”，是内分泌腺分泌的物质。激素随血液运行到全身，对肌体的代谢、生长、发育和繁殖等起着重要的调节作用。

激素是英国人首先发现的。20世纪初，英国生理学家斯塔林和贝利斯在长期的观察和实验中发现，狗进食后在胃里把食物磨碎，当食物进入小肠时，胃后边的胰腺马上会分泌出胰液并立刻送到小肠，和磨碎的食物混合起来，进行消化活动。那么，食物达到小肠的消息，胰腺是怎样得到的呢？起初他们以为这个信息是通过神经系统来传递的，但实验结果却否定了这一猜想。

在实验时，尽管切除了动物体内一切通向胰腺的神经，胰腺仍能按时把胰液送到小肠。经过两年的仔细观察和研究，他们终于发现了谜底。原来，在正常情况下，当食物进入小肠时，由于食物与肠壁摩擦，小肠黏膜就分泌出一种数量极少的物质进入血液，流送到胰腺，并把有食物进入小肠的消息传递到胰腺，胰腺接到消息后，就立刻分泌出胰液来。接着，他们把这种物质提取出来，并注入哺乳动物的血液中，结果发现即使这一动物不吃东西，胰腺也会立刻分泌出胰液来。于是，他们便把这种物质称为“促胰液素”。后来他们又给这一类数量极少但有特殊生理作用、可激起动物体内器官巨大反应的物质起了一个形象生动的名字——激素。

胰岛素：狗的贡献

19世纪末，有两位生理学家发现，切掉狗的胰腺可以使狗得糖尿病，由此证明胰腺里含有一种能够维持血糖浓度正常的物质。以后，许多科学家都想把这种物质从胰腺里提出来，即把胰腺捣碎，然后进行抽提，但是一切尝试都以失败告终。

1920年，来自加拿大的外科医生班廷偶然在一本外科杂志上看到一篇文章，报道结扎胰导管可以使分泌胰酶的细胞萎缩，而胰岛细胞却不受影响。这篇文章给了班廷很大启发，他在笔记本上写道：“结扎狗的胰导管，等候 6 ～ 8 个星期使胰腺萎缩，然后切下胰腺进行抽提。” 他决心大胆尝试。当时加拿大只有多伦多大学的生理系具备做这种实验的条件。经过他再三请求，一位教授才勉强同意给他几只狗，允许他在暑假期间借用一间简陋的实验室工作 8 个星期。由于班廷本人缺乏化学方面的训练，这位教授便让即将毕业的医学院学生斯特做他的助手。

1921 年 5 月 17 日，29 岁的班廷和 22 岁的斯特开始工作。他们一直奋战了两个多月，7 月 30 日午夜，他们给一只患糖尿病的狗注射了 5 毫升从狗的胰腺里提取出来的宝贵胰腺抽提液，狗的血糖浓度迅速下降，一项伟大的工作完成了。班廷由于这一贡献获得了一半诺贝尔奖金，另一半由那位教授获得。

1922 年，胰岛素已经在临床上应用。1926 年，纯化的胰岛素已经能做成结晶。从 1945 年到 1955 年，英国的桑格又经过 10 年不懈的努力，终于搞清楚了胰岛素的全部化学结构，这就为胰岛素的人工合成以及胰岛素分子结构与功能关系的研究奠定了基础。桑格也由于他的这项贡献获得了诺贝尔奖金。

胰岛素的发现，是 20 世纪生物医学界的一项重大发现，它对挽救千百万糖尿病人具有深刻的意义。

抗生素：抑制微生物生长繁殖

动物的食物和抗生素

抗生素经常被放到动物的食物里，这样动物就会长得更快并且少受疾病的袭击。然而，这一实践被证明是医学的灾难，因为它鼓励了细菌产生对抗生素的抗体，结果，一些抗生素在今天看来几乎毫无效用了。

很早以前，人们就发现某些微生物对另外一些微生物的生长繁殖有抑制作用，把这种现象称为抗生。随着科学的发展，人们终于揭示出抗生现象的本质，从某些微生物体内找到了具有抗生作用的物质，并把这种物质称为抗生素。

由于最初发现的一些抗生素主要对细菌有杀灭作用，所以一度将抗生素称为抗菌素。但是随着抗生素的不断发展，陆续出现了抗病毒、抗衣原体、抗支原体，甚至抗肿瘤的抗生素，显然称为抗菌素就不妥，还是称为抗生素更符合实际。

海洛因：原为救人谁想害人

海洛因因其毒害人类身体健康而为世界各国所禁止，但是海洛因原是作为药品而发明的。

1897 年 8 月 21 日，德国拜耳公司的化学家费利克斯·霍夫曼在实验室中成功合成了一种叫做二乙酰吗啡的物质，这就是海洛因。对此，他的老板喜出望外，认为这种东西可以替代能让人上瘾的止痛药吗啡，从而将带来巨额财富。

当证实一些用于实验的鱼、海马和猫在吞下这种药物后依然能够活命之后，公司的家属包括孩子们也开始试着服用。此药问世不到一年的时间，在没有进行彻底的临床试验的情况下，公司便将其上市销售。仅一年拜尔公司便将海洛因销往 20 多个国家，海洛因成为医生们首选的止痛药。

海洛因德文意为“英雄”，命名者认为它可以止痛，从而能让人战胜疼痛，在手术过程中有好的表现。但很快，人们便尝到了海洛因带来的痛苦，特别是当有人用针管注射时，海洛因就成了白色的恶魔。

尼古丁：纪念尼古丁

在香烟烟盒上都注明烟碱的含量，即尼古丁的含量。尼古丁是一种有毒物质，原称烟碱。

尼古丁是一种难闻、味苦、无色透明的油质液体，挥发性强，在空气中极易氧化成暗灰色，能迅速溶于水及酒精中，通过口鼻支气管黏膜很容易被机体吸收。当尼古丁进入人体后，会产生许多作用：血管收缩、心跳加快、血压上升、呼吸变快、精神状况改变（如变得情绪稳定或精神兴奋），并促进血小板凝集，是造成心脏血管阻塞、高血压、中风等心脏血管性疾病的主要帮凶。一支香烟所含的尼古丁可毒死一只小白鼠，20 支香烟中的尼古丁可毒死一头牛。

尼古丁本来是一个法国人的名字。这个人在葡萄牙当大使时，对当地人吸食一种植物而生病甚至死亡感到非常奇怪，于是便把这种植物带回法国研究。研究发现，这种植物的烟碱含量很高，是诱发癌症和导致气管炎、哮喘、心脏病等多种疾病的有害物质。他的发现，对维护人类健康做出了很大贡献，人们为纪念他的功绩，便把烟碱改称尼古丁。

听诊器：跷跷板的启示

据说 200 多年前，奥地利有位医生可以根据声音判断胸腔内器官的健康状况。当时，很多医生都不相信这一说法，只有法国医生雷奈克将其记在心里。

运用听诊器

1819 年由雷奈克发明的听诊器用起来很笨拙，因为它很不灵敏。与现代装有可弯曲的橡皮管子的听诊器不同，最初的听诊器探听声音的能力很弱，移动起来很不方便。

1816 年的一天，雷奈克带小女儿去公园玩跷跷板。孩子玩够了就将自己的耳朵贴在跷跷板的一头，叫爸爸用手指在另一头敲鼓点给她听。雷奈克的鼓点节奏越敲越轻，甚至连自己都无法听清了，可小女儿却越听越入神，还说敲得很好听。雷奈克觉得很奇怪，就叫女儿敲自己听，声音果然清晰。他高兴地大声嚷起来：“有了，有办法了！”

回到家，雷奈克选了一块很轻的木料，把它做成长喇叭形，小的一头可以塞在自己的耳朵里，大的一头贴在人的胸部，用这种办法听诊，既方便又省力，效果又好。世界上最早的听诊器由此诞生了。

注射器：竹管灌肠器

据医学史书记载，灌肠器是注射器的雏形。中国汉代医学家张仲景在他的《伤寒杂病论》的“猪胆汁方”一文中明确指出：“大猪胆一枚，泻汁和陈醋少许，以灌谷道（肛门）内，如一食顷，当大便，出宿食恶物甚效。”如何“灌谷道”呢？他写道：“以小竹管……内入谷道中。”这种小竹管就是灌肠器——注射器的最初形态。

15 世纪，随着医学技术的发展，医学家们为了深入研究人体组织，开始对尸体进行解剖。为解决尸体防腐问题，意大利著名解剖学家欧斯达狄士等先后将防腐剂通过注射器注入尸体的血管里。至 1851 年，法国医生普拉威茨制成一个金属注射器。在同一时代里，爱尔兰医生德林也用自己制造的金属注射器给病人注射镇痛剂。1896 年，德国科学家路尔制成了第一个玻璃注射器，后来便广泛地应用到临床上了。

血压计：测得动脉搏动

测量血压是了解人体健康状况的重要途径。1819 年，法国医生、物理学家普瓦瑟伊尔发明了一种用水银压力计测血压的方法。此后，各种各样的血压计被陆续发明出来。1881 年，奥地利人冯·巴施发明了一种装置，它可以灵敏地测得动脉搏动的情况。1889 年，法国人普当发明了传感式血压描记器。1896 年，意大利人瑞瓦·罗西发明了裹臂式血压计，可以均匀地紧压在人的胳臂上，准确地测量人的血压情况，从而取代了普当的血压描记器。1905 年，俄国人利罗特科夫进一步改进了这种裹臂式血压计，以期不用听诊，只用触诊法即可准确测定人的血压。

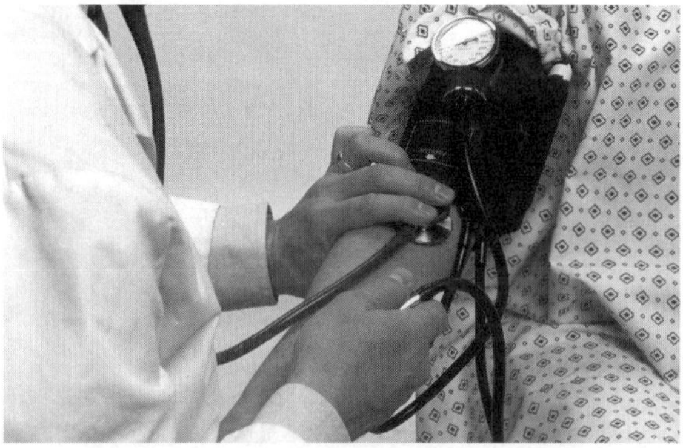

将橡皮箍袖带裹在上臂上，稍加充气后就可以测量出血压。血压值会出现在与橡皮箍袖带相连的量表上。

以往根据一次或几次测量就确定血压的办法并不十分准确，因为人的血压经常波动，情绪、运动、进食和其他许多情况都会影响到血压。为了解一天内血压的动态变化，人们制造了各类动态血压记录仪。

X 光机：纪念伦琴

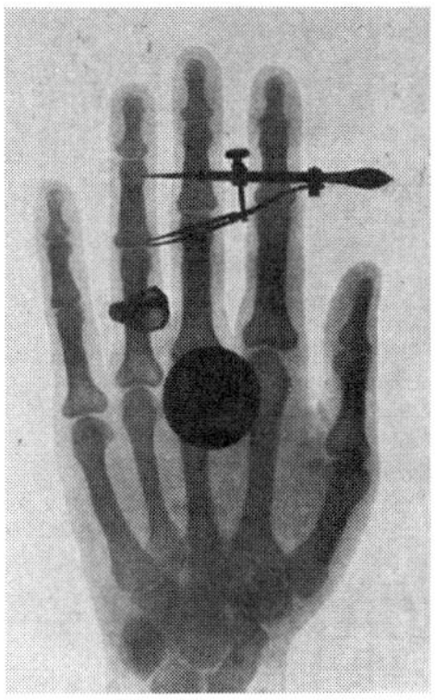

早期的 X 射线影像图

1895年9月8日这一天，德国的物理学家伦琴在一次试验中，偶然发现了一种神秘的射线，将它命名为X射线。后来，他又经过6个星期的反复试验和研究，发现X射线能透过玻璃、橡胶、木块和铝等许多物质。他还在妻子的帮助下，用X射线照射自己的手，并清晰地看到了手的骨骼和肌肉的影像，从而发现X射线对肌肉的穿透性较强，对密度较大的骨骼穿透性则较弱。

为了纪念伦琴，人们又将X射线称为“伦琴射线”。1896年，人们造出了世界上第一台X光机。在X光机的作用下，可以发现病人的病因从而做出有效治疗，故X光机的发明对医学界具有重大意义。

CT：功能齐全的病情探测仪器

现在CT机的使用已经是很普遍的事了。它可从好几百个不同角度发出X射线来，这些X射线穿过人体后，被检测仪器接收，经电子计算机高速运算与处理，便能构成身体一部分的横断照片，这种横断照片既可显现在屏幕上，也可以录像或拍成照片。利用CT机检查疾病，不仅有清晰的图像、很高的密度分辨率，而且方便、迅速、安全。又由于它能获得一连串相邻截面的照片，相当于将病变部位切成一片片逐一检查，故能对病变的主体位置和大小进行准确测定，真是奇妙极了。

CT机是20世纪中期物理学家科马克和电器工程师豪斯菲尔德二人在同一时期内分别完成的。

豪斯菲尔德从小就对电子充满了兴趣。“二战”期间，他曾经是一位英军雷达教官。“二战”之后，他又重新学习电器工程。他本想设计能识别印刷字体的计算机，在研究过程中，通过人体的X射线激发了他的灵感。他想，可以从许多不同角度将人体对X射线的吸收系数测出来，然后利用计算机综合测量结果重新构成一张照片，这样就能在照片上清晰地区分人体各种组织器官。1972年，他研制出第一代可供使用的CT机。

科马克的想法与豪斯菲尔德的想法基本一致。1956年上半年，科马克在开普敦的一家医院负责监督医院进行的放射性治疗。按照当时的南非法律，医院在进行放射治疗时，必须有物理学家负责监督。而科马克在监督时发现，医生在对放射剂量作计算时，是把人体各组织按均质对待的，也就是说不分差异地对待任何部位的器官。人体各个部位和器官都不相同，而这一点却被大家忽视了。他认为要改正这种做法，只有先弄清X射线通过人体时各个部位的器官吸收的系数，把这些不同的系数加以处理，一幅或一组人体的断层图像就可能被勾画出来，用来诊断疾病。于是，在本职工作之余，科马克用了6年的时间对这个问题进行研究，1963年在回到美国之后制作出第一台 CT 原型。后来科马克又发表一篇有关人体不同组织对 X 射线吸收量的数学公式论文。遗憾的是，科马克的研究成果并没有引起当时人们应有的重视。

为了奖励 CT 机发明者在诊断技术上的巨大贡献，1979 年，科马克和豪斯菲尔德双双获得诺贝尔医学奖。

助听器：顺风耳

20 世纪以前，听觉困难的人不得不依靠机械的助听器。最初的这种助听器看上去很像金属喇叭。使用者把狭小的一端放到耳朵里，说话人则对着宽大的一端大声地叫喊。耳喇叭（号角状助听器）有点效果，但这要看听觉困难者的听觉差到什么程度。它们既大又不易使用，有待改进。

苏格兰发明家亚历山大·格雷厄姆·贝尔想制作一种较好的助听器。贝尔研究了一些把声音转换成可增加的电信号的原理，但他的研究引导他做出的发明不是助听器而是电话。

这项工作留给了另一个人——米勒·里斯·赫切恩森，由他去发明一种便于使用的电助听器。他 19 世纪末所做的工作在 1901 年结出了果实,制成了第一个助听器。英国女王亚历山德拉在佩带它之后，授予发明者一枚奖章。

20 世纪 20 年代，轻便的助听器诞生，虽然它们的重量也在 1 千克以上。直到 20 世纪 40 年代晶体管发明出来以后，才有了小型助听器；70 年代微处理器出现后，才出现了那种可塞进耳内、几乎看不见的助听器。

宇宙天文：于风云变幻中，察日月运行

宇宙：宇宙之卵的进化

“宇宙”一词，最早大概出自中国古代著名哲学家墨子。他用“宇”来指东、西、南、北四面八方的空间，用“宙”来指古往今来的时间，合在一起便是指天地万物，包括时间和空间。那么宇宙是怎么来的呢？

宇宙中的星云是无数恒星和行星的发源地。

宇宙是指整个物质世界，它处于不断的运动和发展中，即宇宙是广漠空间和其中存在的各种天体以及弥漫物质的总称。科学家们研究发现，宇宙是由大约 150 亿年前发生的一次大爆炸形成的。

在爆炸发生之前，宇宙内所存物质和能量都聚集到了一起，并且宇宙空间到处充满着杂音电波。迅猛的大爆炸使物质四散出来，宇宙空间不断膨胀，辐射温度不断降低，后来相继出现的宇宙中的所有星系乃至生命，都是在这种不断膨胀冷却的过程中逐渐形成的。

宇宙大爆炸理论认为，宇宙是从既无空间到也无时间的“虚无”之中以惊人的速度瞬间诞生的。并且，宇宙总是周而复始地从诞生到消亡、再诞生、再消亡。

目前宇宙正在以 30 千米 / 秒左右的速度不断地膨胀着，它是否会继续膨胀下去将取决于宇宙的平均密度。若宇宙物质的平均密度大于临界密度值，则宇宙物质之间的引力将阻止宇宙的进一步膨胀，并将迫使星系逐渐彼此靠拢，即变膨胀为收缩。反之，则将继续膨胀下去。

地球：人类祖祖辈辈的家园

地球是人类诞生、劳动、生息、繁衍的地方，它是我们共有的家园，那么地球是如何形成的呢？

随着科学技术的发展，人类对太阳系的认识也逐渐深刻。18 世纪以来，相继出现了很多假说。近数十年来，天体物理学等近代科学的发展、天文学的进步、宇航事业的兴起等为地球演化的研究提供了更多的帮助，下面介绍几种假说供参考。

星云说：星云说是由法国数学家、天文学家拉普拉斯于1796年发表的《天体力学》及后来的《宇宙的叙述》中提出太阳系成因的。他认为太阳是太阳系中最早存在的星体，最初的太阳是由一团灼热的稀薄物质组成，内部较致密，周围是较稀薄的气体圈，形状是一个中心厚而边缘薄的饼状体，始终不停地缓慢旋转。经过长时间的不断冷却和本身的引力作用，星云愈加致密，体积逐渐缩小，旋转速度加快，故愈来愈扁。因此位于它边缘的物质，特别是赤道部分，当离心加速度超过中心引力加速度时，便离开原始太阳，形成无数同心圆状轮环（如同现在土星周围的环带），相当于现在各行星的运行轨道位置。由于环带性质不均一，并且带有一些聚集凝结的团块，在引力作用下，环带中残余物质都被凝固吸引，形成大小不一的行星，地球就是其中之一。各轮环中心最大的凝团便是太阳，其余围绕太阳旋转。由于行星自转，因此也可以产生卫星，例如地球的卫星——月亮，这样地球便随太阳系的产生而产生了。

灾难学派的假说：英国物理学家金斯在1930年提出气体潮生说，他推测原始太阳为一灼热球状体，由非常稀薄的气体物质组成。一颗质量比它大得多的星体，从距离不远处快速掠过，在引力的作用下，原始太阳出现了凸出部分，凸出部分在引力的继续作用下被拉成如同雪茄烟一般的长条。较大星体一去不复返，渐渐地，太阳获得新的平衡，一些长条状稀薄气流从太阳中分离出来，并逐渐冷却凝固而分成许多部分，每一部分再聚集成一个行星。被拉出的气流，中间厚，密度最大，形成较大的木星和土星；两端薄，形成较小的行星，如水星、地球等。

陨石论：也称施密特假说。苏联学者施密特根据银河系的自转和陨石星体的轨道是椭圆的理论，认为太阳系星体轨道是一致的，所以陨星体也应是太阳系成员。因此他于1944年提出了新假说：在遥远的古代，原始太阳作为一颗孤寂的恒星存在于太阳系中，在银河系广阔的天际沿自己的轨道运行。约在60～70亿年前，当它穿过巨大的黑暗星云时，与密集的陨石颗粒、尘埃质点相遇，它便开始用引力把大部分物质捕获过来，其中一部分与它结合；而另一些按力学的规律，聚集起来围绕着它运转，直至走出黑暗星云，这时这个旅行者不再是一颗孤星了。它在运行中不断吸收宇宙中的陨体和尘埃团，由于数不清的尘埃和陨石质点相互碰撞，于是便使尘埃和陨石质点相互焊接起来，大的吸小的，体积逐渐增大，最后形成几颗庞大行星。行星在发展中又以同样方式捕获物质，形成卫星。

综上所述，一般认为施密特假说，即陨石论是较为科学和进步的。根据这一学说，地球在天文期大约有两个阶段。行星萌芽阶段：即星际物质（尘埃、陨体）围绕太阳相互碰撞，开始形成地球的时期。行星逐渐形成阶段：在这一阶段中，地球形体基本形成，重力作用相当显著，地壳外部空间保持着原始大气。由于放射性蜕变释热，内部温度产生分异，重的物质向地心集中，又因为地球物质不均匀分布，引起地球外部轮廓及结构发生变化，亦即地壳运动形成，伴随灼热熔浆溢出，形成熔岩侵入活动和火山喷发活动。

月球：人类迈向宇宙的第一步

关于月球的起源，目前主要有以下几种说法：

第一，分裂说。这种假说认为月球起初只是地球赤道的隆起部分，在太阳的引力和地球的快速自转作用下，月球“飞”了出去，分裂为卫星。但是地球的惯性离心力要达到把月球抛出去的程度是不可能的，而且两者的化学构成也有很大差别。

第二，俘获说。这种假说认为月球原先是太阳系里的一颗普通的小行星，在一次偶然的机会中它行近地球时被俘获，而成为地球的卫星。但是轨道问题却无法解释。如果小行星从地球旁经过，它只能略微改变一下其轨道，是不可能被地球俘获过来的。

第三，碰撞论。该假说认为地球是先存在的一个星球，后来一个小星球以每秒 11 千米的速度成斜角碰撞了地球，从而抛出许多雾化岩石物质绕地球旋转，这些雾化物逐渐凝聚成了月球。

现代的许多研究表明，月球的形成比较大的可能性是倾向于共同形成说。共同形成说认为地球和月球是源于同一块原始星云尘埃的，只是月球形成的时间晚于地球。地球形成时已把含铁等金属元素较多的粒子聚集成“地球胎”，所以月球是由残余在地球周围的非金属物质聚集而成的。

日食：天狗吃太阳

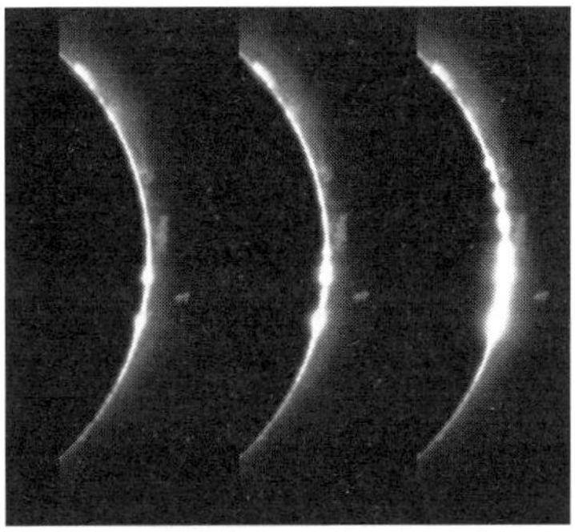

在整个日食过程中，日食开始以及结束时所见的“贝利珠”现象。

农历初一时，月球绕地球转到太阳和地球中间，即日食。若太阳、月球、地球三者正好排成或接近一条直线，月球挡住了射向地球的太阳光，月球身后的黑影正好落到地球上，这时就会发生日食现象。在地球上，月影里的人们开始看到阳光逐渐减弱，圆圆的黑影将太阳面遮住，天色转暗。当太阳面被黑影全部遮住时，天空中最亮的恒星和行星便清晰可见，几分钟后，从月球黑影边缘逐渐露出阳光，开始生光、复圆。因为月球比地球小，所以只有在月影中的人们才能看到日食。月球把太阳全部挡住时发生日全食，遮住一部分时发生日偏食，遮住太阳中央部分发生日环食。发生日全食的延续时间不超过 7 分 58 秒。

仔细观察，在全食即将开始或结束时，太阳圆面被月球的黑影遮住，只剩下一个细细的圆环时，往往会出现一串发光的亮点，像是一串晶莹剔透的珍珠。这是由于月球表面高低不平的山峰像锯齿一样把太阳发出的光线切断造成的。英国天文学家贝利于 1838 年和 1842 年首先描述并研究了这种现象，所以这种现象被称为“贝利珠”。

由于古代存在图腾崇拜，人们奉日月星辰等自然现象为神。日食现象致使太阳受损，自然会引起恐惧，再加之统治阶级或宗教的引导，以致人们误以为是日食预示着“凶兆”。

佛教传说中，释迦牟尼十位弟子中有一位名叫目连的十分孝顺母亲。但是，目连之母却生性暴戾。天上玉帝知道后，将目连之母打下十八层地狱，变成一只恶狗，永世不得超生。目连日夜修炼，成了地藏菩萨。为救母亲，他用锡杖打开地狱门，目连之母和全部恶鬼都逃出地狱。目连之母变成的恶狗逃出地狱后，蹿到天庭去找玉帝算账。她在天上找不到玉帝，就去追赶太阳和月亮，想将它们吞吃了，让天上人间变成一片黑暗世界。民间就叫“天狗吃太阳”“天狗吃月亮”。

月食：太阳、地球、月球在同一直线

月食是自然界的一种现象，当太阳、地球、月球三者恰好或近乎在同一条直线上时（地球在太阳和月球之间），太阳到月球的光线便会部分或完全被地球掩盖，产生月食现象。

月食发生时间不定，一般在农历十五前后，即“望”，这是因为月食的时候，对地球来说，太阳和月球的方向相差 180° 。要注意的是，黄道（太阳在天空的轨道）与白道（月球在天空的轨道）并不在同一个平面上，而是约有 5° 的交角，故只有太阳和月球分别位于黄道和白道的两个交点附近，才有机会形成一条直线，产生月食。

月食可分为月偏食、月全食及半影月食三种。当月球只有部分进入地球的本影时，就会出现月偏食。当整个月球进入地球的本影时，就会出现月全食。至于半影月食，是指月球只是掠过地球的半影区，造成月面亮度极轻微的减弱，肉眼很难看出差别，所以人们很少注意。

黑洞：有进无出

黑洞是一个时空的黑暗区，由一些质量颇大的星体经重力塌缩后，所剩余的东西就成了黑洞。它的基本特征是有一个封闭的视界，这视界就是黑洞的边界，一切外来的物质和辐射可以进入这视界以内，但视界内任何物质都不能从里面跑出来。

“有进无出”的黑洞是如何产生的呢?

原来，当一颗质量相当大的星体之核能耗尽后，即超新星爆发时，残骸质量比太阳质量高 3 倍的恒星核心会演化成黑洞。在黑洞中，没有任何向外力能维持与重力的平衡，故核心会一直塌缩下去，于是形成黑洞。

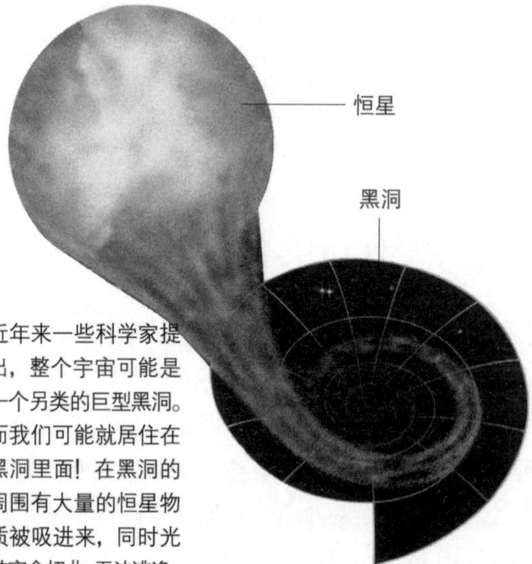

近年来一些科学家提出，整个宇宙可能是一个另类的巨型黑洞。而我们可能就居住在黑洞里面！在黑洞的周围有大量的恒星物质被吸进来，同时光被完全扭曲，无法逃逸。

天文学家们成功地观测到了两个密度极大的质子星相撞后诞生了一个密度相对小的黑洞。星体相撞的地点距离地球220万光年，所以实际上相撞事件发生在220万年前，而撞击产生的伽马射线直到2005年5月9日才到达地球，这些伽马射线的余晖是在9日夜里被美国航空航天局X射线观测卫星“褐雨燕”发现的。

哈雷彗星：哈雷的大胆预言

1682年8月,天空中出现了一颗肉眼可见的亮彗星,它的后面拖着一条清晰可见、弯弯的尾巴，故该彗星又称“扫帚星”。这颗彗星的出现引起了多数天文学家的关注。当时，年仅26岁的英国天文学家哈雷对这颗彗星尤为感兴趣。他仔细观测、记录了彗星的位置和它在星空中的逐日变化。经过一段时期的观察，他惊讶地发现，这颗彗星好像不是初次光临地球的新客，而是似曾相识的老朋友。

在哈雷生活的那个时代，还没有人意识到彗星会定期回到太阳附近。自从哈雷产生了这个大胆的念头后，便怀着极大的兴趣，全身心地投入对彗星的观测和研究中去了。经过大量的观测、研究和计算后，他大胆地预言，1682年出现的那颗彗星，将于1758年底或1759年初再次回归。

在哈雷去世10多年后，1758年底，这颗第一个被预报回归的彗星被一位业余天文学家观测到了，它准时回到了太阳附近。哈雷的预言经过半个多世纪的时间，终于得到了证实。后人为了纪念他，就把这颗彗星命名为“哈雷彗星”。

水星命名：双蛇缠绕的手杖

从地球上看，水星总是在太阳附近出没，它与太阳的角距不超过1辰（古代把一周天分为12辰），因此，中国古代又叫它“辰星”。在不同的时候，它分别在黎明和黄昏时出现，以至于古代人以为它们是两颗不同的星。

早期的罗马人称其为墨丘利，古印度人则称它为罗利纳亚和佛陀，埃及人又称其为何鲁斯的塞特。现在，水星的其他名字多已废弃，大家都称它为墨丘利了。墨丘利是罗马神话中为众神传递消息和信件的使者，脚上长着一对翅膀，这与水星行动之敏捷很是相称。它的两蛇缠绕的手杖，成为天文学家们用以代表水星的符号。

金星命名：启明长庚

金星，中国古称“太白金星”，如果出现在早晨，称之“启明星”;若出现于黄昏，则称之“长庚星”。金星是天空中除太阳与月亮之外最亮的一颗星，如同一颗耀眼的钻石，因此古希腊人称它为阿佛洛狄忒（Aphrodite）——爱与美的女神，而罗马人则将它称为维纳斯（Venus）——美神。它象征着爱情与美丽。

火星命名：战神玛尔斯

火星在太阳系的行星中，按照离太阳由近及远的次序为第四颗。火星的表面布满了氧化物，所以呈现出铁锈红色，这种颜色使人想起象征战争的铁与血，因此西方赋予它罗马神话中战神玛尔斯（Mars）的名字。天文学中，火星的代表符号是一支古老的战争武器——矛。中国古代将它称为“荧惑”，这是因为它色红而荧荧似火，亮度常变，行踪不定，故而令人迷惑。从 20 世纪 60 年代初至今，人类已经向火星发射了 20 多个探测器，实现了可移动性的探测考察，为宇航员登上火星开辟了道路。

木星命名：宙斯的化身

木星在西方国家乃是众星之王，被认为是主神朱庇特（Jupiter）的化身，也就是希腊神话中的主神宙斯（Zeus）。因此，天文学家用 Zeus 的第一个字母 Z 的花体写法作为其代表符号。木星是太阳系中最大的行星，它的体积是地球的 1300 多倍，质量则是地球的 318 倍。与其他巨行星一样，木星没有固态的表面，而是覆盖着 966 千米厚的云层。它围绕太阳运转，约 12 年运行一周。中国古代叫它“岁星”，是因为人们正好用它来定岁纪年，一周 12 年正好与干支纪年法吻合。

土星命名：时间和命运之神的象征

土星是离太阳第六远的一颗美丽的行星，凡是用望远镜看过土星的人，无不惊叹不已。土星公转轨道半径为 14 亿千米，冲日时最大亮度为 0.4 等。土星那橘色的表面漂浮着明暗相间的彩云，配以赤道面上发出柔和光辉的光环，远远望去像个戴着大檐遮阳帽的女郎。

土星公转周期为 29.5 年，约合二十八宿之数，每年镇一宿，故古时中国又称其为“镇星”。土星曾长期被当作太阳系的边界，一直到 1781 年发现天王星。土星运动迟缓，人们便将它看作时间和命运之神的象征。罗马神话中称其为萨图努斯神，即希腊神话中的克洛诺斯，他是神王宙斯之父，是在推翻父亲之后登上天神宝座的。无论东方还是西方，都把土星与农业联系在一起。土星在天文学中的符号就像是一把主宰农业的大镰刀。

天王星命名：天神乌拉诺斯

天王星是太阳的第七颗行星，体积约为地球的 65 倍。天王星赤道直径 51800 千米，公转周期为 84.01 个地球年，它与太阳的平均距离是 2.87 亿千米。

在古老的希腊神话中，天王星被看作是第一位统治整个宇宙的天神乌拉诺斯（Uranus）。他与地母该亚结合，生下了后来的天神。天王星的符号含义平凡而朴实：

一颗星上面写着一个“H”，这正是发现者英国人威廉·赫歇耳名字的首字母。

海王星命名：海神涅普顿

按距太阳的平均距离由近及远排列，海王星排行第八。它的亮度为7.85等，只有在望远镜里才能看到。由于它是一颗淡蓝色的行星，根据传统的行星命名法，它被命名为涅普顿(Neptune)。涅普顿是罗马神话中统治大海的海神，掌管着1/3的宇宙，颇有神通，海王星的天文符号象征涅普顿手中金光闪闪的神叉。

海王星并不是天文学家们通过望远镜发现的，而是通过数学和物理定律。天王星被发现后，人们注意到它的轨道与根据牛顿理论所推知的并不一致。因此科学家们预测存在着另一颗遥远的行星从而影响了天王星的轨道。1845年，天文学家约翰·可夫·亚当斯和埃班·勒维叶推算了在天王星外的一个未知行星可能的位置。1846年9月23日，柏林天文台台长约翰·格弗里恩·盖尔真的在这个位置发现了这颗新的行星——海王星。

太阳风暴：太阳打“喷嚏”

太阳风暴是太阳因能量增加向空间释放出的大量带电粒子流形成的高速粒子流。由于太阳风暴中的气团主要内容是带电等离子体，并以每小时150万～300万千米的速度闯入太空，因此，它会对地球的空间环境产生巨大的冲击。太阳风暴爆发时，将影响通讯、威胁卫星、破坏臭氧层。

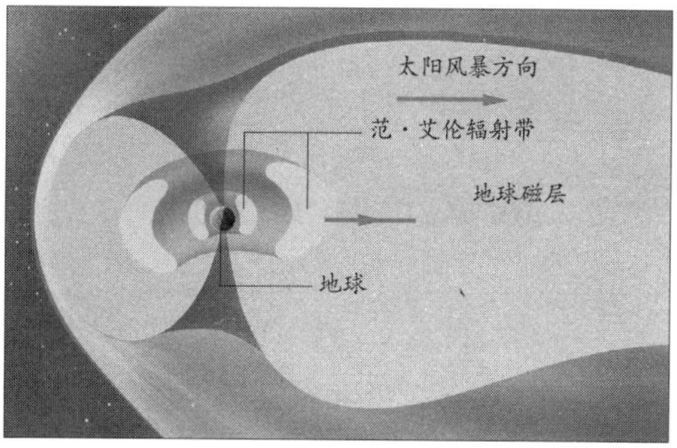

1957年美国物理学家尤金·帕克发现的太阳风暴实质上是从太阳日冕向行星际空间释放出的连续不断的高能带电粒子流。当它们到达地球时，粒子流传播的速度达200～260千米/小时。这样将导致地球磁层扭曲成泪珠的形状，并指向背离太阳的方向。

太阳会在太阳黑子活动的高峰时产生太阳风暴，是由美国“水手2号”探测器于1962年发现的，科学家把这一现象比喻为太阳打“喷嚏”。太阳的活动对地球至关重要，因而太阳一打“喷嚏”，地球往往会发“高烧”。

光年：光1年所走的路程

人们常用“天文数字”来形容特别大的数量，这是因为在量度天文距离时，数字常常很大，若用米作单位，要写上满满一张纸。在这种情况下，光能帮我们的忙。

光的传播速度极快，大约为每秒钟30万千米，只要花2.6秒就能在地球和月球之间走一个来回。利用光的这个特点，天文学家确定了“光年”这个天文学的长度计量单位。

1 光年表示光在 1 年时间中所走的路程，大约等于 9.46 万亿千米。有了“光年”这个大单位，研究天文现象就方便多了。

人造卫星：首次在近地轨道运行 92 个昼夜

人造卫星的概念始于 1870 年，是指发射到绕地球或其他行星轨道上作短期或长期运行的人造航天器。科学家用火箭把它发射到预定的轨道，使它环绕着地球或其他行星运转，以便进行探测或科学研究。

1957 年 10 月 4 日，苏联发射了世界第一颗人造卫星，标志着人类的航天技术已进入一个崭新的时期。

这颗人造卫星的主要仪器设备是化学能电池无线电发报机。人造卫星是靠具有巨大推进力的巨型多极火箭送上太空的。多级火箭的工作原理并不复杂，就是把几支单线火箭串联或并联在一起，首先是第一级火箭点火，此时整个火箭便腾空而起，当第一级的推进耗尽时，它笨重的壳体就立即被扔掉，接着第二级开始工作，再接着第二级的壳体被抛掉，第三级点火……这样越跑越轻，越跑越快。直到最后一级火箭工作结束时，使装在末级火箭前端的卫星进入地球轨道。

阿姆斯特朗的登月伙伴奥尔德林站在太空船的旁边。

这颗人造卫星的多级火箭先到达 900 多千米的高度，然后以每小时约 28800 千米的速度与地球平行飞行，在距地球约 880 千米的上空建立自己的运行轨道，人造卫星每 9.62 分钟绕地球一圈。由于地球的自转，人造卫星能飞越各大洲以及所有有人居住的地区。第一颗人造卫星在近地轨道上运行了 92 个昼夜，绕地球飞行 1400 圈，总航程 6000 万千米。

探测观察：人体机能的延伸

天气预报：海战的教训

17 世纪以前，人们通过“看云识天气”的常识来观测天气。后来，随着温度计和气压计等气象观测仪器的问世，人们逐渐建立了地面气象站，这时主要根据气压、气温、风、云等要素的变化来预报天气。直到 1820 年，人们才开始用天气图来预报天气，天气图的诞生为切实可行的天气预报创造了条件。1853 ~ 1856 年，沙皇俄国同英法两国爆发了克里米亚战争，结果沙俄战败。正是这次战争，促进了天气预报的出现。

这是一场规模巨大的海战。1854 年 11 月 14 日，当双方在黑海展开激战时，风暴突然降临，海上掀起了万丈狂澜，使英法舰队险些全军覆没。事后，英法联军仍然心有余悸，法军作战部要求法国巴黎天文台台长勒佛里埃仔细研究这次风暴的来龙去脉。勒佛里埃陷入了沉思：“这次风暴从表面上看来得突然，实际上它有一个发展移动的过程。电报已经发明了，如果当时欧洲大西洋沿岸一带设有气象站，及时把风暴的情况电告英法舰队，不就可以避免惨重的损失了吗？”

于是，1855 年 3 月 19 日，勒佛里埃在法国科学院作报告说，假如组织气象站网，用电报迅速把观测资料集中到一个地方，分析绘制成天气图，就有可能推断出未来风暴的运行路径。勒佛里埃的独特设想，在法国乃至世界各地引起了强烈反响。人们深刻认识到，准确预测天气，不仅有利于行军作战，而且对工农业生产和日常生活都有极大的好处。由于社会上各方面的需要，在勒佛里埃的积极推动下，1856 年，法国成立了世界上第一个正规的天气预报服务系统。

地动仪：张衡的发明

从古代文献中，人们得知最早的地震发生于舜帝之时，但一直到西汉，还没有关于研究地震的记录。只是到了东汉，张衡发明了地动仪，这才开始了人类对地震研究的探索。

在张衡生活的时代，地震频繁发生，灾害造成了巨大的损失。于是，他下决心认真研究地震，试图设计一种能够监测地震的仪器。

基于对地震方向性的认识，又从建筑中的“都柱”（宫室中间设柱）获得启示，公元132年，张衡创制了世界上第一架地震监测器——地动仪。地动仪制成后，人们将信将疑。公元139年，仪器西边方向龙嘴里的铜球掉了下来，说明京城西方发生了地震。几天后，陇西果然有人到洛阳报信，说那里发生了强烈地震。这件事证明了地动仪的准确性和可靠性。随后，人们对张衡的猜疑和责难平息了，地动仪的神妙迅速传播开来。

张衡的地动仪是古代地震学的最高成就，欧洲的同类仪器是在他之后1700多年才出现的。

指南针：为了看风水

作为古代定向仪器的指南针，是中国古代四大发明之一。

在春秋之际，人们对磁现象有了深刻的认识。古人认为：磁石吸铁，有如慈母怀子。所以，在先秦的文献中，“磁石”一般多写为“慈石”。在战国哲学家韩非的著作中，不但有关于磁现象的记载，还有把磁性用于辨别方位的记载。

东汉哲学家王充在《论衡》中说，司南用天然磁石琢成，勺柄指向南极，勺头指向北极。因司南需放在平整、光滑的地盘上，所以又把它叫做“指南针”“罗盘针”。不过，指南针早先大多是用于看风水这类活动。

望远镜：孩子的两只镜片

图为牛顿式反射望远镜。1663年，苏格兰数学家詹姆斯·格里高利设计首架反射式天文望远镜。1668年，牛顿根据自己的设计，建造了区别于格里高利的反射式天文望远镜，该望远镜具有目镜结构，内含一块直径3.3厘米的反射镜，能够将物体放大40倍。

说起望远镜的起源，其中有很大的偶然性。

在荷兰的密特尔堡小镇上，有一个叫利珀希的眼镜制造匠人。1607年的一天，他的一个孩子站在窗台上，两只手一前一后，把两只镜片重叠起来，然后闭上一只眼睛，好奇地通过镜片望着远方。猛然间，他发现远处的景物被拉到了眼前，看得十分清楚。这使他十分兴奋，赶忙去告诉爸爸。利珀希听了之后，学着孩子的样子，果然也看清了远处的景物。这引起了利珀希的极大兴趣。他反复查看这两只镜片，它们一只是老花镜片，另一只是近视镜片。他发现，老花镜片在前，近视镜片在后，只要适当调整两只镜片之间的远近，就可以看清不同距离的东西。

利珀希经过一番研究,制成了一架简单的望远镜。它只有一个30厘米长的筒,里边装着一只老花镜片和一只近视镜片，但它却是世界上第一架望远镜。

显微镜：一个店员的发明

最初的显微镜是由一个凹镜和一个凸镜构成的，这种构造简单的显微镜是由一个叫詹森的眼镜制造匠人于1590年左右发明的。虽说他是发明显微镜的第一人，但他本人并没有认识到显微镜的真正价值。

后来，一个叫列文·虎克的荷兰人又研制出一架显微镜，还用它进行科学研究试验，成了现代显微技术的先驱。

列文·虎克于1632年出生在荷兰的德尔夫特市。虽然他只是一名读书甚少、没受过科学训练的普通店员，但他是一个好奇心极强的人。一次，他从朋友那里听说有眼镜店磨制的放大镜可以把肉眼看不清的东西放大变清楚，于是对这个神奇的放大镜产生了兴趣，但因为价格太高买不起。于是，他经常出入这家眼镜店，认真观察磨制镜片的工作，暗自学习磨制镜片的技术。

俗话说:天下无难事,只怕有心人。1665年,列文·虎克制作出一块直径只有0.3厘米的小透镜，还给它做了一个架子，把这块小透镜镶在架子上，又在透镜下边装了一块铜板，上面钻了一个小孔，使光线从这里射进来而反射出所观察的东西。列文·虎克的第一台显微镜由此诞生。

经纬仪：安有罗盘的刻度盘

经纬仪是用来测量远处物体的方位和仰角的一种仪器，它把中世纪占星家的几何象限，与建筑家们为制图而采用的水平刻度盘结合了起来。这种安有罗盘的刻度盘，在1510年前后用来测绘罗马的地图。它被称为polimetrum，是现在能见到的最早的经纬仪。

“经纬仪”这个名称最早见于《仪器》一书，此书是由德国的迪格斯于1571年出版的。不过，书中只把水平刻度盘称为经纬仪，因而与polimetrum这种经纬仪不同。

1730年前后，一个叫西桑的人制作出最早的有望远镜的经纬仪。他还用水平仪取代了铅垂线，制造了有齿边的垂直度盘，

17世纪，在经纬仪发明之前，海员测量纬度的方法包括直接观测太阳或某颗恒星等。但是在甲板上使用这一方法测量纬度却远非想象的那么简单。

使它能用一个齿轮来转动。消色差透镜的发明，使望远镜的长度大大缩短，很容易安装在便携式的仪器上。1787 年，拉姆斯登为英国军械署制作了大型经纬仪，增添了显微镜和测微计，从而使近现代经纬仪大体定型。

气压计：托里拆利真空

1643 年，伽利略的学生托里拆利和他的同事维亚尼，将一些水银灌入一根长约 0.9 米的一端封闭的管子里，用大拇指按住顶端；然后将它倒置，把管口浸入一个装有水银的盘子里。当他松开大拇指时出现了一个有趣的现象:管子里的水银逐渐下降，在水银的顶端形成了一段长 15 厘米的真空，为什么会产生这种现象呢?

托里拆利解释说，空气的压力向下压盘中的水银，把管内水银托住，直到使水银柱的重量恰好与大气压产生的上托力平衡为止，由水银柱的高度计算出大气压力的大小。这一现象被后人称为“托里拆利真空”。据此，他制成了第一个气压计。

后来,帕斯卡在实践中证实了托里拆利的结论。他带着托里拆利的气压计去爬山，随着高度的上升，水银柱逐渐下降，越向上爬，空气就越稀薄，气压计受到的大气压力就越小。

托里拆利和维亚尼还注意到水银柱的高度每天略有变化。如果在暴风雨来临之前或者天气阴晴不定时，气压就较低。在 1649 年，气压计为某些国家做系统的气象观察时提供了很多有用资料，并成为不可缺少的重要工具。

邮政通讯：天涯海角若比邻

邮政：信差成为一种职业

古代波斯和罗马政府设有专门传送官方文件的送信机构。中古时期，有些商业机构、社会团体和大学设有传送人员，传送他们自己的信件。

16 世纪，开始有政府设立的邮务机构。政府设立邮务机构，其目的有三：一是便于检查可疑的信件；二是增加国库的收入；三是便利大众。

亨利三世在英国设立邮务社，其规模不大，后来的几位国王不断地加以发展。1609 年，英国政府发布一道命令，除政府授权的信差以外，不准任何人传递信件。

1680 年，英国政府授权一个商人承办邮政业务，但不成功，1801 年又由政府收回公营。1840 年，英国对邮政系统做了一番改革，同时发行邮票，从而使邮政业务得到普及。

邮箱：好望角的巨石

在苏伊士运河开凿之前，从英国到印度的航船必须绕过好望角，航程风急浪险，耗时 6 个月左右。由于航行的时间比较长，海员们都希望给亲人捎回平安家信，但是难得碰到返回英国的船舶。于是，他们约定在好望角的一块巨石上刻着："请在下面找信件！"这样，所有前往印度方向去的船都在这里停靠，海员们把家信放在石头下面，而所有驶回英国方向去的船也派人在这里上岸，把石头下面的信件取走捎回英国。

后来，人们就把这块巨石命名为世界上最早的"邮箱"。这块巨石现存放在开普敦博物馆里，作为历史纪念物。

邮政编码：投递邮局的专用代号

邮政编码是邮电部门为实现邮政现代化而采取的一项措施，源于英国。

20 世纪 50 年代初，英国就开始研究邮政编码，并于 1959 年在诺威治邮区试行，从而引起许多国家的注意和效仿。西德于 1961 正式公布 4 位数的邮政编码，成为世界上第一个在全国范围内推行邮政编码的国家。紧接着，美、英、法、澳、瑞士等国陆续在全国推行。1965年后，随着机械设备的广泛应用，邮政编码的优越性更加明显地表现出来，故日、意、加、荷和瑞典等国也相继实行了邮政编码。至1988年初，世界上已有50多个国家和地区实行了邮政编码制度。邮政编码是用阿拉伯数字组成，代表投递邮件的邮局的一种专用代号，也是这个邮局投递范围内的居民和单位通信的代号。中国于1974年开始研制邮政编码，1980年在全国范围内宣传推行。

鸿雁传书：苏武归汉

古人经常以鸿雁代指书信，有时也代指邮递员。这是为什么呢?

汉代时，苏武出使匈奴，被单于流放北海去放羊。十几年后，汉朝与匈奴和亲，但单于仍不肯放苏武回汉。当时，与苏武一起出使匈奴的常惠把苏武的情况密告汉使，并使用了一个小计谋让汉使告诉单于：某日汉朝皇帝打猎射得一雁，雁足上绑有书信，说苏武在某个沼泽地带牧羊。单于听后无奈，只好让苏武回汉。此后，人们就用鸿雁喻指书信和传递书信的人。

鸡毛信：十万火急

在中国古代，遇有特别紧急的信息需要传递，常常是在信件上黏附鸡毛，以表明事情紧急，必须火速处理，这种信件叫做“鸡毛信”，“鸡毛信”犹如“羽檄”“羽书”。后来通常在信封上注以表示紧急的特殊记号，这种信件也叫“鸡毛信”。

“鸡毛信”是中国独有的一种急递信件方式，它的传递犹如当今的“特快专递”。受理“鸡毛信”的人，在接到这种信件以后，不管是白天或黑夜，也不管是否是风雨冰雪天气，均必须分秒不停地急驰传递，直到信件到达目的地。

在纸张未出现前，它用木简做成，大约长40厘米，上面写明军情紧急的情况和征调军队等内容。

信鸽：宰相的“飞奴”

经过驯养的鸽子可以在几百里、甚至千里内来往不误。有时，商旅在途中遇难，船舶沉没，而鸽子却能在千里之外飞回乡里，传书送信。

利用鸽子传书的方法始于中国唐朝。

唐开元时的宰相张九龄，他少年时就曾驯养过家鸽，传送信件。张九龄每当要与亲友通信时，就把写好的信系于鸽子足上放飞，风雨不误，传送迅疾。张九龄很喜欢这种信鸽，称之为“飞奴”。

中国以鸽传书的事，很早就引起外国人注意。在唐宋时代，朝鲜和日本就有人买鸽饲养，用以传书。如在《萍洲可谈》一书中，即记载着高丽人（今朝鲜人）在江南常州买鸽饲养的故事。

航空邮件：传达市长的敬意

邮件分为平信和快件，其中航空邮件就属于后者，它能在最短的时间内把邮件交付给远方的收信人。

世界上运送第一封航空信是源自美国的一次飞行大赛。

在众多的参赛者中，有一名叫汉弥登的年轻飞行员，驾驶着一架螺旋桨推进式双翼机，准备从纽约港内的总督岛起飞。重要的是，他带着一封纽约市市长寄送给宾夕法尼亚州州长的表示敬意的信，而这就是历史上第一封航空信。汉弥登也因此被记入了邮政事业发展的史册。

邮票：付不起邮资的退信

我们知道，贴上邮票的信件就像拥有了一张通行证，可以畅通无阻地传递到世界各地。关于邮票的起源，有一段小故事：

1840 年的一天，罗兰·希尔爵士在乡间散步，看到邮递员正在把一封信交给一个年轻的姑娘，那姑娘接过信只看了一下信封就又塞回给邮递员，执意不肯收下。希尔十分好奇，于是走过去问其究竟。姑娘尴尬地告诉他，这是她远方的未婚夫的来信，因她付不起昂贵的邮资，只好将信退回。

这一偶然的事件，令希尔意识到邮政制度需要改革，于是他向英国政府建议："今后凡寄信，须由寄信人购买邮票，贴在信封上，作为邮资已付的凭证。"

"黑便士"邮票

英国政府决定采纳希尔的建议，并于 1840 年 1 月 10 日实施新邮政法。

1840 年 5 月 6 日，在罗兰·希尔的提议和促进下，世界上第一枚邮票正式发行，5 月 6 日开始使用。

中国的第一套邮票产生于 1878 年。当时，清朝政府在北京、天津、上海、烟台和牛庄（营口）五处设立邮政机构，附属于海关内。上海海关造册处当年即印制以龙为图案的一套 3 枚邮票发行，邮票图案正中绘一条五爪金龙，衬以云彩水浪。邮票的颜色和面值不同，面值用银两计算："一分银（绿色，寄印刷品邮资），三分银（红色，寄普通信函邮资），五分银（橘黄色，寄挂号邮资）。"这是中国首次发行的邮票，集邮界习惯称之为"海关大龙"，又称"大龙邮票"。

书信：比文字还早

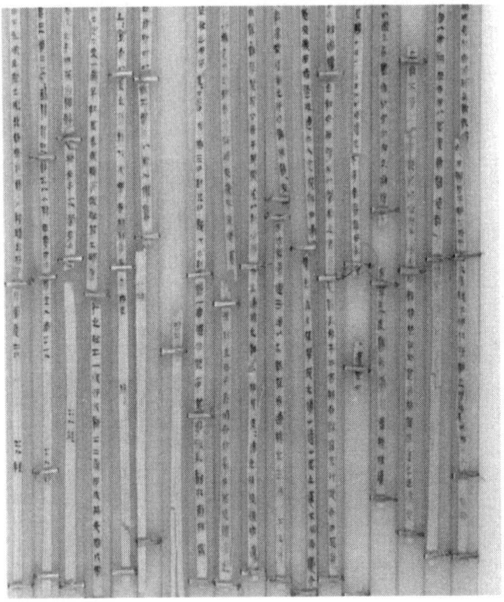

这是在湖北云梦县睡虎地的一座秦墓中发掘出的，其中一片完好无损，长 23.1 厘米，正合秦制一尺。木牍正反两面均有毛笔墨书文字，字迹大多清晰可识。

早在文字产生以前，人们就有“书信”来往，是采取结绳、刻符等方式。据考古发现，西安半坡遗址出土的彩陶器上已有刻画符号。

到先秦及秦汉，出现了手书、家书、尺牍（书信在一尺长的木牍上书写，故曰“尺牍”）、手札、信函。但是这种手书、家书，一开始多半是用生绢书写，故称为“素书”。“长跪读素书，书中竟何如”即指此。后来随着纸的发明，写信逐渐用纸代替生绢了。

今天的信，在古代也称为书。唐杜甫《春望》中写道“烽火连三月，家书抵万金”，其中“家书”就是家信。直到明清时代，“书”才正式叫“信”了。清代蒋士铨《岁暮到家》中写道：“寒衣针线密，家信墨痕新。”

纸信封：女士书信的隐私

信封起着保守秘密的作用，它的产生最早可以追溯到公元前 10 世纪。当时的亚述人开始用黏土烧制陶器当信封，信纸也是黏土，将文字刻在黏土板上，封在陶器里，收信人只需打开陶罐，就能读到信了。

世界上最早的纸信封是英国发明的。1820 年，英国商人布鲁尔在海滨度假时，发现很多女士喜欢写信，但又怕信中内容被别人偷看。他灵机一动，便趁机设计了一些纸袋，用来将信件装起来，而不被别人看到。

在这之后，信封竟然被英国政府所承认，这批信封就成了世界上第一批纸质信封。1844 年，伦敦出现了制造信封的机器，从此纸质信封作为一种新的邮政产品为全球采纳。

信封上的“缄”：原来是捆箱子的绳子

在往来信件中，不少人都习惯在信封的落款处写上“×× 缄”，这是沿袭了中国古代的用法。

“缄”，原来是捆箱子的绳子。缄由“捆”引申为“封”，这和古代的公文书信有关。

东汉以前公文书信多写在木板或竹筒上，并用绳子捆上，叫“札”。用绳子捆叫“缄”，解开绳子叫“开缄”,“缄”的目的是为了保守“札”中的秘密。现代人们借用“缄”字，就代表某人封的意思。

邮戳：在封泥上压印而成

人们收到信时，信封上总有邮局盖的邮戳。邮戳和邮票一样是寄信的两样必备条件，那么邮戳是因何而来的呢？

现存世界最早的无日期邮戳是威尼斯共和国的邮戳，使用时间约在 1435 年。这种邮戳不是用印油盖在封上，而是在封泥上压印出来的。

世界上第一枚有日期的邮戳是 1661 年由英国亨利·比绍普创制的，他曾任邮政总局局长。由于当时英国邮政管理混乱，积压和延误邮件的情况时有发生，为了维护邮政信誉，查处积压邮件的渎职行为和考核邮差投递邮件的时限，比绍普设计了一个有日期的邮戳。

首日封：新邮票与当日邮票的完美结合

所谓首日封，是指新邮票发行的当天，贴用新发行的邮票，并用当天的日戳或特制的纪念邮戳盖销邮票的信封。

早在 1840 年世界上第一枚邮票发行时，就有了首日封。但直到 20 世纪 20 年代时，国外才开始专门印刷和收藏精美的首日封。1933 年 9 月，美国发行总统沃伦·哈丁的纪念邮票时，商人乔治·林设计制作了专门的信封，并在左下角印上文字，售出后得到了集邮爱好者的欢迎。

1957 年 11 月 7 日，中国发行了第一套首日封，名称为《伟大的十月社会主义革命四十周年》。

圣诞卡：天南地北的问候

圣诞节是西方人的盛大节日，在这一天，送家人朋友一张贺卡，给人以关怀和问候，已成为节日的一种礼节。那么圣诞卡是如何得来的呢？

世界上第一张圣诞卡出现在 1852 年前的英国。当时英国的维多利亚和艾伯特博物馆馆长亨利·科尔在圣诞节前夕，突然想起老家的习俗：在圣诞节前都要走亲访友，以示问候。可是，时间很短，怎么办？

“有了！”他忽然灵机一动，“为什么不用一张卡片，画上一幅全家团聚、共享欢乐的画，寄到亲朋家中以表示自己的心意呢？”于是，世界上第一张圣诞卡便这样产生了。

当时，亨利正好有推动艺术普及的想法，于是便与朋友合作，迅速印制出1000张圣诞卡。他逐张精心彩绘，然后出售，每张售价1先令。

世界上第一批圣诞卡的画面是一家人欢快举杯向收卡人祝贺节日，下方印有“祝您圣诞快乐，新年愉快”的贺词。

到了19世纪80年代，在圣诞节和新年前夕，互赠圣诞卡和贺年片在欧洲特别流行。

明信片：画家的结婚贺礼

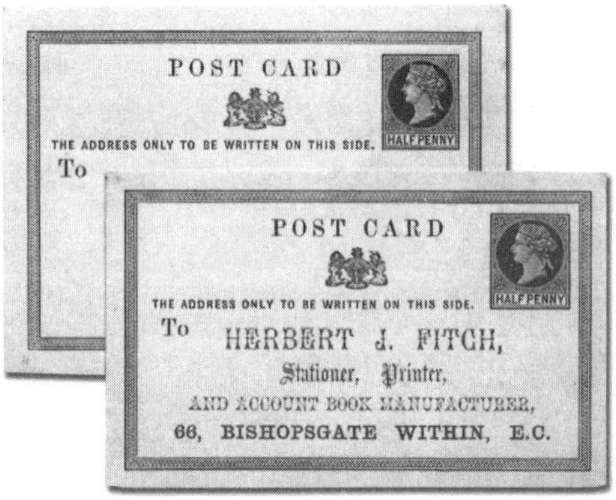

英国于1870年发行的明信片

当预付邮资的明信片第一次在英国上市时，它非常受欢迎，不得不叫警察来维持秩序，让人们排队购买。

明信片的问世，距今已有100多年的历史。

据史籍记载，1865年10月的一天，有位德国画家在硬卡纸上画了一幅极为精美的画，准备寄给他的朋友作为结婚纪念品。但是他到邮局邮寄时，邮局出售的信封没有一个能将画片装下。

画家正为难时，一位邮局职员建议画家将收件人地址、姓名等一起写在画片背面寄出。果然，这张没有信封的“画片”如同信函一样寄到了朋友手里，世界上第一张自制“明信片”就这样诞生了。

1869年，奥地利一位博士发表文章建议，应该开发明信片，并将其列为印刷品邮件，以降低邮费价格。奥地利邮政部采纳了他的建议，同年10月1日，明信片在维也纳邮局正式发行。因此奥地利成为世界上发行明信片最早的国家。

电报：绘画爱好者的发明

电报是一项对世界具有重大影响的发明，它是由美国发明家莫尔斯发明的。

莫尔斯原本是学绘画的，但他对电学也很感兴趣。他偶然观看了一次电磁实验，当电流流过电磁线圈时，电磁铁产生的磁力将旁边放置的弹簧片吸了过来。电流被切断后，磁力就消失了，弹簧片又回到原来的位置。莫尔斯由此联想到，如果使用一个电键，断断续续地接通或切断电源，弹簧片就会时吸时放。他考虑，若以弹簧片被吸的次数来表示信号，就可以制出精确的电报机。莫尔斯从此投身于电报机的研制。1835年，莫尔斯的有线电报机在实验室架设成功。为了解决远距离通信时信号衰减的问题，莫尔斯又发明了继电器。1838年，莫尔斯终于制成了实用型的单线电磁式电报机，并向美国专利局申请了专利。

电话：电报机试验中发现

电话诞生于电报机试验中的一个小插曲。

1873 年 6 月 2 日下午，贝尔和他的助手托马斯·华生两人分别在两个房间里联合试验他们的电报机。华生房间里电报机上的一个簧片被吸在磁铁上了，当华生拉开这块簧片时，贝尔发现他这边房间里电报机上的簧片自己颤了起来，并发出了声音。这一发现使这位善于思索的学者产生了兴趣，并有了新的构想。他想，人说话的声音是一种空气振动，如果对着一块薄铁膜片说话，会使膜片颤动，如果在膜片的后面放一块电磁铁，膜片振动会改变与电磁铁的距离，使电磁铁的磁力线发生变化，电磁铁线圈中就会感应出相应的变化电流。变化电流顺着电线传送到对方同样装置的电磁铁线圈中，就会使电磁铁的磁力线发生变化，吸动它前面的膜片，从而发出声音。他把这个想法告诉了华生。华生很同意贝尔的看法，于是开始研制。

1875 年 6 月 3 日终于制成了“电话机”，这种电话只能传递单音，还不能传送人的完整的话，但他们已经对获得的初步成果感到十分高兴。之后，他们又经过反复试验和改进，终于取得突破性进展，遂于 1876 年 2 月 14 日向美国专利局提出专利申请。1876 年 3 月 7 日，专利局批准了贝尔的专利权，确定了他们的发明。

电话簿——“黄页”：白纸缺货

你知道电话簿的起源吗？为何电话簿又被称为“黄页”呢？

1876 年世界上首部电话问世后，电话的使用迅速增加，但公众手中却没有完全的电话号码资源，电话的使用受到很大限制。1880 年，美国政府强制电话公司编写电话号码簿（现俗称白页），以便公众使用电话系统。最早电话簿是用白纸印刷，但是刚好那年印刷厂白纸缺货，情急之下只好把工商版以黄纸暂代，没想到却因此造成轰动，深受好评，甚至登上报纸的头条新闻，开启未来黄纸印刷的风气。

电话号码簿上最初没有广告，1886 年，美国芝加哥的 RH 当纳利公司受火车时刻表上刊登广告的启发，开始吸引广告商在号簿上刊登广告，从而印制出版了世界上第一本含有广告的电话簿。今天俗称的黄页就这样在美国诞生了。

传真机：游戏中的灵感

1883 年，在英国一所大学读书的保尔·尼勃科夫产生了一个强烈的愿望：电报能传送人的意图，电话可传送人的声音，能不能发明一种传送图像，并在远方能够留下这种图像的装置呢？

一天，尼勃科夫看见两位同学正在做一场游戏：他们各自在桌上放一张大小相同的纸，纸上写一个字，然后按一定的顺序告诉对方哪一个小格是黑的、哪一个小格是白的；对方将全部小方格按指令处理后，纸上便出现了与另一位同学所写的相同的字。

一直在琢磨设计一种传真装置的尼勃科夫看着看着，不禁脱口而出："太妙了！"

"任何图像都是由许多黑点子组成的，如果把要传送的图像分解成许多细小的点子，借助科学手段把这些点子变成电信号，并传送出去，而接收的地方只要把电信号再转化为点子，并把点子留在纸上，不就实现了图像的传真吗？"尼勃科夫决定实施这一方案。

经过长期的研制，尼勃科夫做成了一台圆盘式的传输装置，并申请了专利。此后，美国的格雷、英国的考珀也在传真装置的研制方面做出了卓越的贡献。在吸取众多科学家研制经验的基础上，美国无线电公司于1925年研制出了世界上第一部实用的传真机。

电子邮件@符号："在"的代名词

随着电子邮件的使用，"@"这一符号越来越普及了。"@"作为收、发E-mail地址的符号，通常是作为"at"（在）的标记，它将上网用户的姓名与邮件的服务器地址分开。那么@是怎么来的呢？

@符号在英文中含有在、单价两种意思。它的前一种意思是因其发音类似于英文at，所以常被作为"在"的代名词来使用，因此"今天晚上在家里等你"英文便条就成了"wait for you @ home this evening"。另外，它还有each的含义，故@也经常用来表示商品的单价。

真正确立@在电子邮件中地位的是美国一位计算机工程师汤林森，他赋予符号"@"新的意义。为了方便用户在网络上自由收发电邮，1971年就职于美国国防部发展军用网络阿帕网的BBN计算机公司的汤林森，根据上级的命令寻找一种电子信箱地址的表现格式。他选中了这个在人名中根本不会出现的符号"@"并取其前一种含义，可以简明地传达某人在某地的信息，于是@就这样进入了计算机网络。

汤林森设计的电子邮件的表现格式为"人名代码+计算机主机或公司代码+计算机主机所属机构的性质代码+两个字母表示的国际代码"，这就是我们现在所用电子邮件地址的格式，其中用@符号把用户名和计算机地址分开，使电子邮件能通过网络准确传送到收信人那里。

交通运输：坐地日行八万里有了可能

汽车：牵引大炮的三轮车

世界上第一辆机动车诞生于1769年，它的发明者是法国路易十四时的炮兵大尉约瑟夫·库诺。他将小型蒸汽机装在一辆木制的三轮车上，用它来牵引大炮。虽然没有拖动大炮，但可以载4个人，每小时行驶4千米。1784～1791年间，俄国发明家古利宾对约瑟夫·库诺制造的汽车进行了改进，给汽车增设仿金属飞轮、齿轮、变速箱和滚动轴承等，以增大车速。

1806年，荷兰物理学家海金斯等人在研究瓦特蒸汽机和中国火炮的特点之后，提出了利用爆炸原理推动活塞产生动能的设想。1826年，海金斯他们在英国首先制成了世界上第一辆真正的内燃引擎汽车。1886年，德国的卡尔·本茨获得了世界上第一辆汽车的专利，汽车工业获得了长足发展。

德国发明家卡尔·本茨和他的助手约瑟夫·布莱西特坐在1885年生产的“奔驰1号”汽车上。该汽车产于德国曼海姆，是第一批向大众销售的机动车辆。

出租车：富家子弟的报复

形形色色的出租车在如今的马路大军中占有举足轻重的地位，“出租车”是怎么来的呢？这里还有一段有趣的故事。

1907年初春的一个夜晚，富家子弟亚伦同他的女友去纽约百老汇看歌剧。散场时，他去叫马车，问车夫要多少钱，岂料那车夫竟开出一个很无理的价钱。亚伦觉得太离谱，就与车夫争执起来，结果被车夫打伤了。

亚伦伤好后，为报复马车夫，就想利用汽车来挤垮马车。后来他请了一个修理钟表的朋友设计了一个计程仪表，并且给出租车起名“taxi car”，这就是现在全世界通用的“taxi”——出租车的来历。1907年10月1日，出租车首次出现在纽约的街头。

汽车牌照："她是我唯一的心上人"

最初的汽车是没有牌照的。直到 1901 年，在柏林才出现了第一辆有牌照的汽车。发明牌照的是当时的大商业家鲁道夫·赫兹格，牌照上有“IA1”字样。当记者采访鲁道夫牌照上的符号是什么意思时，他说：“‘IA’是我未婚妻姓名前面的字母，现在她已是我的夫人了。至于用‘1’这个数字，是表示我对她的一片忠诚，也就是说，她是我第一个，也是唯一的心上人。”没想到汽车牌照的由来还有这样一段忠贞不渝的爱情故事。

火车：能行走的蒸汽机

火车（指最早出现的火车——蒸汽火车）通常被认为是英国人乔治·史蒂芬逊发明的。1809 年的一天，煤矿的一辆运煤车坏了，许多机械师修不好，他却修好了，于是被任命为工程师。就在这时，斯蒂芬逊听说有人想把蒸汽机用作陆路交通的动力，制造“能行走的蒸汽机”，他对这一设想产生了极大的兴趣。经过几年的努力奋斗，1814 年，他终于发明了一台机车。这台蒸汽机由于在前进时不断从烟囱里冒出火来，所以人们称它为“火车”。但是，斯蒂芬逊并不甘心，继续研究，于 1825 年试制成功世界上第一台客货运蒸汽机车。1829 年，斯蒂芬逊建造了更加完善的火车。至此，火车终于得到了全世界的公认。

蒸汽时代：瓦特的突出贡献

蒸汽机的发明改变了人类以人力、畜力、水力作为主要动力的历史，使各种机器有了新的强大的动力，引发了人类历史上的第一次技术革命，标志着人类进入一个新的时代——蒸汽时代。

蒸汽机的发明、发展经历了漫长过程，许多科学家、发明家对此都作出了贡献，而其中对蒸汽机的发展和改进作出重大的突破性贡献的是瓦特，所以人们习惯称蒸汽机是英国人瓦特发明的。

早在 1689 年，英国技师塞维莱发明了实用的蒸汽机，经铁匠纽可门改进后，许多企业采用了。但这种蒸汽机耗煤多，热效率低；且只能作往复直线运动，不能作旋转运动。瓦特在修理蒸汽机时，精心地研究了它的工作原理和耗煤量大、效率低的症结。他发现效率低的主要原因是绝大部分蒸汽没有被利用，为此他发明了和汽缸分离的冷凝器，将高温蒸汽从汽缸中导出并冷却，从而大大提高了效率。接着他先后完成了蒸汽机结构配套的一系列重大发明，发明了行星式齿轮、活塞沿两个方向的运动都产生动力的“双动作蒸汽机”、平行运动连杆机械、离心式调速器、节气阀等。1790 年，他发明了蒸汽机配套用的压力计。到此为止，瓦特完成了对蒸汽机的整个发明过程。瓦特也由此博得了第一部现代蒸汽机——高效率、连续转动的、双动作蒸汽机——瓦特蒸汽机的发明者称号。从此，蒸汽机在全世界广泛应用，人类由此进入了蒸汽时代。

飞机：遨游太空理想的实现

威尔伯·莱特驾驶着滑翔机进行飞行试验

有史以来，人类为实现遨游太空的理想，进行了无数次冒险的尝试。

1896年8月12日，德国滑翔机专家奥托·利勃海尔在经过2000多次滑翔之后，因飞机失事而丧失性命。这个消息传到美国俄亥俄州的代顿城，引起了自行车修理工莱特兄弟（威尔伯·莱特和奥维尔·莱特）的极大关注。他们刻苦自学、潜心钻研，最终在1903年秋制造了世界上第一架动力飞机“飞行者号”。这是一架用轻质木料做骨架，蒙上帆布的较简陋的双翼飞机，它靠一台12马力的汽油内燃机来推动螺旋桨，由活动的方向舵操纵升降和左右盘旋，驾驶者能俯卧在下层主翼的正中进行操作。1903年12月17日上午10时35分，奥维尔·莱特驾驶着“飞行者号”，在一个沙丘上做了首次飞行，尽管只飞了35米远（时间12秒），但这是人类历史上第一次成功的动力载人飞行。后来，经过科学家们无数次的试验和改进，终于制造出了现代的飞机。

直升机：俄国西科斯基研制

西科斯基是在俄国出生的美国飞机设计的先行者。在基辅学习工程学后，他创建了自己的公司，研制直升机。1910年，他试图制造模型失败后，转而研究固定翼飞机，并在1913年完成了第一架四引擎的飞机，还创造性地附加了一个机舱。西科斯基在1919年移民美国，1930年造出了双引擎的水陆两用飞机，这也是泛美世界航空公司快速飞机的原型。1939年，西科斯基最终制成了一个可行的直升机模型。他从1929 ~ 1957年一直指挥着他的公司（联合航空集团子公司）的运作。

黑匣子：破解飞行事故的秘密

许多国家和地区都发生过飞机失事的悲剧。人们在关注营救生还者和打捞遇难者尸体的同时，还关注着一种仪器——黑匣子，因为黑匣子能告诉人们飞机为什么失事。

“黑匣子”的学名叫飞行参数记录器，主要由飞行参数采集装置、信号储存与读出装置和辅助装置三部分组成。它的主要功能是将飞行中的状态参数，诸如高度、速度、航向、倾斜等工作情况记录并转换成数字或电信号保存下来，供分析、判断飞行事故，评定飞机设备的技术状态使用。一般黑匣子可以储存各种数据多达 300 条。

被当作飞机飞行状况“见证人”的黑匣子并不“黑”，而是呈橙红色。因为它能帮助破解飞行事故的秘密，尤其是记录了飞机在失事瞬间和失事前一段时间的飞行状况，所以叫“黑匣子”。

交通信号灯：女性红绿装的启发

19 世纪初，在英国中部的约克城，红、绿装分别代表女性的不同身份。其中，着红装的女人表示“我已结婚”，而着绿装的女人则是未婚者。后来，英国伦敦议会大厦前经常发生马车轧人的事故，于是人们受到红绿装启发，1868 年 12 月 10 日，信号灯家族的第一个成员就在伦敦议会大厦的广场上诞生了。由当时英国机械师德·哈特设计、制造的灯柱高 7 米，身上挂着一盏红、绿两色的提灯——煤气交通信号灯，这是城市街道的第一盏信号灯。在灯的脚下，一名手持长杆的警察随心所欲地牵动皮带转换提灯的颜色。后来在信号灯的中心装上煤气灯罩，它的前面有两块红、绿玻璃交替遮挡。不幸的是，面世仅 23 天的煤气灯突然爆炸自灭，一位正在值勤的警察也因此断送了性命。从此，城市的交通信号灯被取缔。直到 1914 年，在美国的克利夫兰市又恢复了红、绿灯，不过，这时已是电气信号灯。稍后在纽约和芝加哥等城市，相继出现了交通信号灯。

斑马线：古罗马时代的跳石

城市街道人行横道上的一条白线，又叫斑马线、人行道、行人道。

斑马线源于古罗马时代的跳石。早在古罗马时期庞贝城的一些街道上，车马与行人交叉行驶，经常使市内交通堵塞，还不断发生事故。为此，人们便将人行道与马车道分开，并把人行道加高，还在靠近马路口的地方砌起一块块凸出路面的石头——跳石，作为指示行人过街的标志。后来，许多城市都使用这种方法。

19 世纪末期，随着汽车的发明，从前的那种跳石已无法避免交通事故的频频发生。20 世纪 50 年代初期，英国人在街道上设计出了一种横格状的人行横道线，规定行人走过街道时，只能走人行横道。于是伦敦街头出现了一道道赫然醒目的横线，看上去这些横线像斑马身上的白斑纹，因而人们称它为斑马线。

立交桥：安全通过交叉路口

为了使车流畅通，并安全地通过交叉路口，1928 年，美国首先在新泽西州的两条道路交叉处修建了一条苜蓿叶形公路交叉。1930 年，芝加哥建起了一座立交桥。1931 ~ 1935 年，瑞典陆续在一些城市修建起立交桥。从此，城市交通开始从平地走向立体。

运河：为了输送清水

最古老的运河之一是公元前 7 世纪为尼尼微输送清水而修建，长达 80 千米。还有一条建于公元前 510 年的早期苏伊士运河以连通红海和尼罗河。大流士敕令，该运河沿着现在的运河河道，从红海流入大苦湖，然后再入提穆萨湖，由此向西分叉，沿一条自然河道入尼罗河。很显然，这条运河只不过是公元前 1470 年埃及人修建的运河的重建罢了。埃及人所修的运河比现在的苏伊士运河早了 3000 多年。

这些早期运河都是在较为低平的地区修建的，深度仅容小舟航行其中，而且目的往往是连通两个水道，运河的水也是来自所连通的水道。荷兰人发明的运河河闸使运河可以在关隘和崇山峻岭之间穿行。

铁路：原始的木材轨道

铁路的出现已有近 200 年的历史了。16 世纪，世界上原始的轨道是木材轨道。到了 17 世纪，英国才开始将木轨换成铁轨。最初的铁轨是一种角铁形的板轨，角铁的一边用作导向。经过一段时期的运行，英国人又将铁质板轨上的导缘去掉，而在车轮上加轮缘。后来，又改为鱼腹形的铁轨。经过不断改进，逐步发展成为现代的钢质轨道。因为现在的钢轨是从铁轨改进而来的，所以，世界各地至今仍称它为“铁路”。

地铁：老鼠洞的启发

19 世纪中叶，英国伦敦的城市交通变得非常拥挤，严重妨碍着市民的工作和生活。政府主管部门虽然对这种状况极为担心，但一时却拿不出更好的解决办法，于是决定广泛征求改善交通运输状况的良策。

一个叫查理斯的法官产生了修筑地铁的想法。说起来非常有趣，查理斯的这个想法最先来自于发现老鼠洞。

一天，查理斯在家打扫卫生时，发现墙角边有一个老鼠洞，一直通到墙外，他突然想到：“老鼠无法在街面上招摇过市，就转入到地下活动。那么，为了提高城市街道上的人流速度，而又不能把载客量较大的火车修在市内，何不在地下修建一条铁路供火车运行呢？”经过充分考虑和反复论证，查理斯于 1843 年向政府提出了修建地铁的建议。然而，事隔 10 年后，议会才批准在帕丁顿的法林顿街和主教路之间修一条长约 6000 米的地铁。1863 年 1 月，大都会地区铁路开通营业，世界上出现了第一条浅层地铁。虽然地铁使用的烧焦碳的蒸汽机车严重污染了环境，但在运行的第一年中却运送了 950 万人次的旅客。

目前，地铁几乎遍及全世界。

海底隧道：横跨海峡的交通运输

海底隧道是在海底建造的连接海峡两岸的通道，是陆地交通的组成部分。那么海底隧道是如何诞生的呢？

由于海上交通受天气条件的影响很大，一旦有大风或大雾，轮渡就要被迫中止。海峡是海陆交通的要冲，为了解决这种横跨海峡、海湾的交通运输问题，同时又能使海峡、海湾中的船只正常航行，各国开始建造海底隧道。日本是世界上最早建设海底隧道的国家。日本的青函海底隧道全长 53.85 千米，位于海底的部分有 23.3 千米，主隧道直径 11 米，铺设两条铁路。从开工到 1987 年通车，历时 23 年，耗资 37 亿美元。

英吉利海峡隧道是世界上造价最高的海底隧道工程，它连接英法两国，全长 53 千米，海底部分有 38 千米，投资 170 亿美元。

轮船：桨轮船

中国在唐代就出现了"初级"轮船——桨轮船。桨轮船是唐代李皋发明的。李皋对当时的船的动力进行了改革，他在船的舷侧和尾部装上大型的带叶的桨轮，桨轮外装有呈放射状的拨水板，依靠人力踩动桨轮轴，带动轮轴上的桨叶拨水推动船身前进。这种经过改造的新型船只的桨轮的下半部浸没在水中，上半部露出水面，所以它又被称作"明轮船"或"轮船"。

GPS：全球卫星定位系统

现在大城市里有一种出租车呼叫业务，当你想预定一辆出租车时，只要打电话给出租车公司，讲明你的位置、需要车的时间等，在你预定的时间内，一辆出租车就会准时出现在你的面前。这要得益于 GPS。

GPS 是怎么来的呢？ GPS 是一项高新技术，它的全称是全球卫星定位系统。为了克服子午仪系统的缺陷，实现全天候、全球性和高精度的连续导航与定位，1973 年美国国防部批准其陆海空三军联合研制第二代卫星导航定位系统——授时与测距导航系统 / 全球定位系统，简称全球定位系统（GPS）。

GPS 的空间部分由 24 颗卫星组成，它们分布在离地面 2 万多千米的 6 个轨道面上。任何时候，在地面的任何位置，都可以收到 4 ~ 6 颗卫星发来的信号。这些信号由 GPS 的卫星接收机接收下来，经过电脑的处理和计算，即可显示出该地面目标的准确位置以及它不断变化的位置等信息。

名胜古迹：每个人都最神往的游憩地

紫禁城：最高级别的禁区

故宫为何称为“紫禁城”呢？这与中国古代天文地理以及帝王的封建迷信密切相关。

紫禁城的“紫”指紫微垣。中国古代天文学家将天上的恒星分为三垣、二十八宿和其他星座。三垣指太微垣、紫微垣、天市垣。紫微垣在三垣之中央，因此代称皇帝。又因皇帝宫殿是封建社会中最高级别的“禁区”，紫禁城的“禁”字正是强调了皇宫的这种无比尊严。古时认为“玉皇”是居住在天宫之内的，天宫谓之紫宫；而封建皇帝自诩是“天子”，其住所即相当于天上的“紫宫”（亦称紫微宫）。封建社会时，皇帝居住的宫殿戒备森严，严禁庶民百姓靠近，故称之为“禁城”。

另外，紫禁城之称古已有之，唐代开元年间，右丞王维在《敕赐百官樱桃》诗中曾说：“芙蓉阙下会千官，紫禁朱樱出上阑。”可见唐代已把皇宫称为“紫禁”了。

天安门：受命于天，安邦治民

天安门，位于北京的市中心，南有天安门广场，北有明清两代的紫禁城，是中华人民共和国的象征。

天安门是明清两代皇城的正门，建于明永乐十五年（1417 年），原为三层楼式木牌坊，叫承天门，取“承天启运，受命于天”之意，明末被焚。清顺治八年（1651 年）重修改称天安门，取“受命于天”和“安邦治民”的含义。

故宫俯瞰

天安门造型威严庄重，气势宏大，是中国古代城门中最杰出的代表作。城楼通高 37.4 米，殿内面积 1710 平方米，殿宽九楹（62.77 米）、进深五楹（27.25 米），寓意皇帝的“九五至尊”。殿为木结构，双檐歇山式屋顶，上覆盖黄琉璃瓦，殿内外有直径 2 米的巨柱 60 根，内嵌绘满象征皇权的各种彩绘。整个城楼建于巨大条石砌成的须弥座式城台上，红墙、黄瓦、五个拱形券门，金碧辉煌，蔚为壮观。城楼前后各有一对用汉白玉雕成的蟠龙八角柱华表，龙盘柱上如环绕于云海之中。门前护城河称金水河，河上建有汉白玉金水桥七座，中间五座正对五个券门，中间一座最大名御路桥，只有皇帝可以通行；左右四座叫“王公桥”，是王公大臣走的；最外侧两座最小叫“品级桥”，是三品以上官员的通道。天安门前金水桥南北各设汉白玉石狮一对，其雕刻精美，造型生动，威武异常。

人民大会堂：人民自己的大礼堂

人民大会堂建于 1958 年 10 月至 1959 年 8 月，完全由中国人自行设计兴建，仅用 10 个月竣工，为中国建筑史上的一大创举。

人民大会堂门额高悬中华人民共和国国徽，金光闪烁，十分引人注目。整座大厦屋檐均用黄绿色琉璃制品镶嵌，尽显庄严宏伟、朴素典雅的民族风格和现代化建筑的非凡气派。

大会堂主要由中部的万人大礼堂、北部的宴会大厅和南部的人大常委会办公楼三大部分组成。此外，还有各种会议厅、休息厅、办公室等 300 多个。其中有 33 个会议厅是以全国各省、自治区、直辖市和香港、澳门特别行政区命名的。各厅布置均是根据当地的风光特色、民族习俗及特种工艺品等进行精心装修与布置的。

万人大礼堂是大会堂的主体建筑，位于中心区域，其穹隆顶、大跨度、无立柱结构。三层坐椅，层层梯升。声、电、光及空调等设施先进，装修考究，十分宏伟壮丽，为新中国的现代建筑奇观之一。该礼堂总计可容纳 1 万人。

宴会大厅位于二楼的北端，是党和国家领导人举行盛大国宴和招待会的地方。面积巨大的宴会厅顶棚呈平面型，且无立柱支撑，这一精巧的科学建筑杰作，无不令中外人士叫绝。

中国六大古都：历史的积淀

中国有六大古都，这六大古都是哪些呢？

北京：历史上曾为燕、金、元、明、清的首都。

西安：最早在此建都的是周朝，武王灭商后，定都镐京。公元前 202 年，刘邦统一全国，建立西汉，定都长安。以后，前赵、前秦、后秦、西魏、北周和隋、唐各代，也均在此建都。

洛阳：自东周之后，先后有 9 个朝代在此建都，故有“九朝古都”之称。洛阳的古城有三座。一座是周代的土座，也叫“洛邑”或“东都”，位置在今洛阳之西，是周成王所建。第二座是汉魏古城，也就是东汉、曹魏、西晋、北魏各代的首都，位置在今洛阳以东白马寺。第三座是隋、唐洛阳城。隋、唐的都城是长安，但一些皇帝如隋炀帝、唐太宗、唐高宗、武则天等却经常居住在洛阳，当时也称洛阳为“东京”。五代十国的后梁、后唐，也在洛阳建过都。

开封：战国时期曾为魏国都城，当时叫“大梁”（战国时，魏都初为安邑，魏惠王时迁都大梁）。开封在隋、唐称汴州，唐末朱温废唐，建后梁，定都汴州，改为开封府。五代时期的后晋、后汉、后周也都在此建都，称为东京。960年，赵匡胤“陈桥兵变”建北宋，仍以开封为国都。

南京：中国最大的古都之一，三国时的东吴和以后的东晋、宋、齐、梁、陈共6个朝代，皆以南京为都城，所以南京又称“六朝古都”。后来南唐也以它为国都，改称为江宁府。明初，朱元璋定都南京。太平天国革命军攻下南京后，定都于此，改为“天京”。

杭州：这里曾是五代十国吴越都城。南宋以杭州为首都，称临安府。

云冈石窟：悬崖上的艺术宝库

云冈石窟在我国山西省大同市城西16千米的武州山南麓，是北魏时期开凿的。石窟依山而建，东南绵延约1千米，现在主要洞窟53个，小神龛1100多个，造像5.1万余具，分作东、西、中三大区。石窟的建造贯穿整个北魏时期。

云冈石窟的艺术成就很高，它与敦煌石窟、龙门石窟一并成为中国石窟艺术的代表。

图中是中国云冈石窟的大型菩提石雕像，由当时的僧侣于约489年雕刻而成，高达50米。

云冈石窟所雕凿的成千上万尊佛像变化万千，神态各异，有的高大魁伟，有的相貌庄严，有的体态安详。在第19窟里，有一尊佛像高达16.8米，其左右二佛分处二耳洞；第20窟里的一尊大佛高达13.7米，面部丰满，两肩宽厚，造型雄伟，是云冈石窟的代表作品。

石窟周围的壁上还刻画了浮雕，顶部有姿态优美的天女，凌空飞舞。许多中外游客都在这些精美的艺术品前驻足流连，为这些宏伟精美的石雕而倾倒，赞叹不已。

莫高窟：世界最大的佛教艺术宝库

莫高窟俗称千佛洞，位于甘肃敦煌市东南25千米的鸣沙山东麓崖壁上，上下五层，南北长约1600米。始凿于366年，后经十六国至元十几个朝代的开凿，形成一座内容丰富、规模宏大的石窟群。它是世界上现存规模最宏大、保存最完好的佛教艺术宝库，被誉为“东方艺术明珠”。

敦煌石窟包括莫高窟、西千佛洞和榆林窟，其中的莫高窟是敦煌石窟的代表。

它始建于前秦建元二年（366 年），现存十六国、北魏、西魏、北周、隋、唐、五代、宋、西夏、元等 16 个朝代的洞窟 492 个。拥有壁画 45000 多平方米，彩塑 2415 余身，唐代木构建筑 5 座，文画、文物 5 万余件。

之所以能成就这个伟大的艺术，应该归根于“丝绸之路”的开辟。之后，千百年来碧天黄沙的丝路贯通着中西文化交流和友好往来。而敦煌，地处丝路南北三路的分合点，当年曾是一座繁华的都会，贸易兴盛，寺院遍布。以艺术形象宣传思想的佛教，从印度传入中国后，与中华传统文化融合，沿路留下了大量的石窟文化遗产，其中以莫高窟为主体的敦煌石窟规模最大，延续时间最长，内容最丰富，保存最完好。

莫高窟在明代一度荒废，至清康熙五十四年（1715 年）以后，又受到人们的注意。

光绪二十六年（1900 年），道士王圆箓发现“藏经洞”，洞内藏有写经、文书和文物 4 万多件。此后莫高窟更为引人注目。1907、1914 年，英国的斯坦因两次掠走遗书、文物 1 万多件。1908 年，法国人伯希和从藏经洞中拣选文书中的精品，掠走约 5000 件。1910 年，藏经洞中的劫余写经大部分运至北京，交京师图书馆收藏。1911 年，日本人橘瑞超和吉川小一郎从王道士处弄走约 600 件经卷。1914 年，俄国人奥尔登堡又从敦煌掠走一批经卷写本，并进行洞窟测绘，还盗走了第 263 窟的壁画。1924 年，美国人华尔纳用特制的化学胶液，粘揭盗走莫高窟壁画 26 块。这些盗窃和破坏，使敦煌文物受到很大损失。

中国从 20 世纪 40 年代起成立了莫高窟的学术研究和保护机构；60 年代对石窟进行了全面的加固；80 年代开始，莫高窟进入了现代科学保护时期。

龙门石窟：中国石窟艺术变革的里程碑

龙门石窟位于河南洛阳市区南面 12 千米处，是与大同云冈石窟、敦煌石窟齐名的我国三大石窟之一。

龙门石窟始开凿于北魏孝文帝迁都洛阳（494 年）前后，迄今已有 1500 多年的历史。后来，历经东西魏、北齐、北周，到隋唐至宋等朝代又连续大规模营造达 400 余年之久。密布于伊水东西两山的峭壁上，南北长 1000 多米，现存石窟 1300 多个，佛洞、佛龛 2345 个，佛塔 50 多座，佛像 10 万多尊。其中最大的佛像高达 17.14 米，最小的仅有 2 厘米。另有历代造像题记和碑刻 3600 多品。

龙门石窟规模宏大，气势磅礴，窟内造像雕刻精湛，内容题材丰富，被誉为世界最伟大的古典艺术宝库之一。它以自身系统、独到的雕塑艺术语言，揭示了雕塑艺术创作的各种规律和法则。在它之前的石窟艺术均较多地保留了犍陀罗和秣菟罗艺术的成分，而龙门石窟则远承印度石窟艺术，近继云冈石窟风范，与魏晋和南朝先进深厚的汉族历史文化相融合开凿而成。所以龙门石窟的造像艺术一开始就融入了对本民族审美意识和形式的悟性与强烈追求，使石窟艺术呈现出了中国化、世俗化的趋势，堪称展现中国石窟艺术变革的里程碑。

龙门石窟是北魏、唐代皇室贵族发愿造像最集中的地方。皇室贵族拥有雄厚的人力、物力条件，他们所主持开凿的石窟必然规模庞大、富丽堂皇，汇集当时石窟艺术的精华，因而龙门石窟是十分具有代表性的。这些洞窟的开凿是皇家意志和行为的体现，具有浓厚的国家宗教色彩，所以龙门石窟的兴衰，不仅反映了中国5～10世纪皇室崇佛信教的盛衰变化，同时从某些侧面也反映出中国历史上一些政治风云的动向和社会经济态势的发展，它的意义是其他石窟所无法比拟的。

曲阜：东方圣城

“千年礼乐归东鲁，万古衣冠拜素王。”位于山东西南的曲阜之所以享誉全球，是与孔子紧密相连的。儒家文化不仅是中国的正统文化，也影响到东亚和东南亚各国，成为整个东方文化的基石。曲阜的孔府、孔庙、孔林统称“三孔”，是中国历代纪念孔子、推崇儒学的表征。孔府是孔子世袭“衍圣公”的世代嫡裔子孙居住之所，是中国仅次于明、清宫室的最大府第。

孔子死后第二年（公元前478年），鲁哀公将其故宅改建为庙，即孔庙。这里保存的汉碑在全国是数量最多的，其碑刻之多仅次于西安碑林，有中国第二碑林之称。孔庙的正殿是大成殿，唐代时称文宣王殿，宋崇宁三年（1104年），徽宗赵佶取《孟子》“孔子之谓集大成”语义，下诏更名为“大成殿”。清雍正二年（1724年）重建，殿高24.8米，长45.69米，宽24.85米，坐落在2.1米高的殿基上，为全庙最高建筑，也是中国三大古殿之一。

孔林是孔子及其家族的专用墓地，也是目前世界上延时最久、面积最大的氏族墓地。孔子于公元前479年卒后，葬鲁城北泗上，其后代从冢而葬，形成今天的孔林。自子贡为孔子庐墓植树起，孔林内古树已达万余株。郭沫若曾说：“这是一个很好的自然博物馆，也是孔氏家族的一部编年史。”

周口店北京人遗址：“北京人”之家

周口店北京猿人遗址位于房山区城西周口店龙骨山，距北京城50千米。1929年12月2日，中国科学家裴文中在此山北坡一个大洞穴中，发现了完整的北京猿人头盖骨，定名为北京猿人，并找到了“北京人”生活、狩猎及使用火的遗迹，证实50万年以前北京地区已有人类活动。周口店遗址是世界上迄今为止人类化石材料最丰富、最生动，植物化石门类最齐全、研究最深入的古人类遗址，在全世界古人类学研究中具有特殊的不可替代的地位。

周口店全景

目前，北京猿人化石共出土头盖骨6件、头骨碎片12件、下颌骨15件、牙齿157枚及断裂的股骨、胫骨等，分属40多个男女老幼个体，发现了10万件石器材料及用火的灰烬遗址等。

除北京猿人遗址外，1930年在龙骨山顶部又发掘出生活于2万年前后的古人类化石，1973年又发现介于两者年代之间的“新洞人”，构成了一个天然的人类史“博物馆”。

平遥古城：中国古建筑的荟萃和宝库

位于山西的平遥古城，是一座具有2700多年历史的文化名城，是中国目前保存最为完整的四座古城之一。平遥古城是周宣王时期西周大将尹吉甫所建。自公元前221年，秦朝政府实行郡县制以来，平遥城一直是县治所在地，延续至今。

平遥古城文物古迹保存之多、品位之高为国内所罕见。其中有始建于西周，扩建于明洪武三年（1370年），规模宏大、气势雄伟的国内保存最完整的古城墙；有始建于北汉天会七年（963年）、中国现存最珍贵的木结构建筑的镇国寺万佛殿；有始建于北齐武平二年（571年），被誉为“中国古代彩塑艺术宝库”，现存宋元明清彩塑2052尊的双林寺；有中国金融上的渊薮，被誉为“天下第一号”“汇通天下”的“日升昌”票号；有始建于唐显庆二年（657年），国内古建筑中罕见的“悬梁吊柱”奇特结构的清虚观，观内20余尊木雕神像是研究中国古代木雕造像艺术和道教发展的稀有之物。

平遥古城完整地体现了建筑艺术的历史面貌，堪称中国建筑艺术的历史博物馆。

避暑山庄：清代皇帝夏日避暑场所

避暑山庄又叫承德离宫，或称热河行宫，在河北承德市区北部。山庄四周群山环抱，地势高峻，气候宜人，是清代皇帝夏日避暑和处理政务的场所，故名“避暑山庄”。始建于清康熙四十二年（1703年），乾隆五十五年（1790年）竣工，建筑物达110余处，总面积564万平方米，为北京颐和园的两倍，是中国现存占地最大的古代帝王宫苑。

它背山面湖，山峦起伏，草木蓊郁，宫殿亭榭掩映，湖沼洲岛错落，风光旖旎，景色秀丽。它集中了中国南北方建筑布局的特点，综合了中国各地建筑艺术的风格。山庄建筑分宫殿区和苑景区两大部分，苑景区又分湖区、平原、山峦三个景区。康熙以四字题名的36景和乾隆以三字题名的36景散布其中，各景随四时变化，取山、水、林、泉等自然景观命名。山峦区的雄浑山川，优美俏秀的寺、庙、斋、轩，别具一格，使山庄成为中国各地胜迹的缩影，与山庄外围巍峨雄伟、具有民族特色的外八庙构成辽阔的文物风景区。

圆明园：被焚毁的万园之园

圆明园是中国明清两代的皇家园林，它不仅是中华的千古名园，还是人类的艺术瑰宝。但是，随着1860年英法联军大举侵华，它在入侵者所放的大火中，整整烧了三天三夜以至化为灰烬。圆明园由圆明、万春、长春三园组成。三园中以圆明园为最大，又以水景为主，水面曲折萦绕与陆地勾连交错，婉转曲折之间布满亭台楼阁。

这三园之中又各有景点。如圆明园内有勤政殿、上下天光、月地云居、方壶胜境等48处景；长春园也有西洋楼、万花库、方外观、海晏堂等30处景。

圆明园的建筑融合古今中外的建筑风格，使其每一处建筑都纤美精致。园中既有中国的传统建筑，也有糅合西方建筑风格的建筑，如中西结合式建筑群西洋楼，上为中国琉璃瓦屋顶，中有西洋巴洛克式骨架，下有罗马式汉白玉雕刻，在中外建筑史上别具一格。

圆明园里还珍藏着许多奇珍异宝、金银玉器、名人字画、孤本秘籍。据当年英国的一名随军记者撰写的通讯记载：英法联军闯入圆明园后，被这富丽堂皇、充满奇珍异宝的皇家园林惊呆了。谁也不知道该拿什么东西：为了拿金子，而把银子丢了；为了拿镶有珠玉的钟表和宝石，又把金子丢了；无价的瓷器和珐琅器，因为太大不能运走，竟被打碎。一个名叫赫里斯的英国军官，抢到一个镂金花盆，盆里栽着一棵黄金树，树上挂着以红玉为核的蓝宝石果子。他将这个金花盆和其他宝物装了7大筐，据为己有。回到英国以后，这个强盗凭着夺来的宝物成为一个大富豪。

万里长城：东方古龙

春秋战国时期战争频繁，各诸侯国为了各自防御的需要，选择山河接壤处的有利地势普遍修筑了长城。最早修筑长城的是春秋时期的齐、楚两国。战国时的秦、赵、燕三国，为了防御北方的少数民族匈奴，把长城一直修到阴山和燕山的北麓。

八达岭长城　明

位于北京市延庆区。

秦始皇依靠武力统一了六国，使中国成为第一个统一的多民族封建制国家。秦始皇为了巩固他的中央集权，就采取了许多稳定边疆和巩固边疆的措施。当时，北方的游牧民族匈奴不断到秦朝的边境来骚扰捣乱，他们抢劫秦人的牲畜和财物，甚至杀人放火，无恶不作。秦朝的疆域比较大，边疆离国都咸阳很遥远，因此有时候匈奴人的一些骚乱，让秦始皇觉得鞭长莫及。在这种情况下，秦始皇便萌发了把原来六国的长城连接起来的想法，试图绕着秦朝的北方边境修筑一条大长城，把匈奴人挡在外面，确保边疆平安无事。

但是要把原来六国修筑的长城连接起来却是一项浩大而繁重的工程，它需要连接的地方都是崇山峻岭、陡坡峡谷，施工难度非常大。但经过无数人的流血流汗和付出性命，一条西起临洮、东到辽东，长达 1 万余里的万里长城终于修建成功。

秦灭亡后，许多朝代也都修建过长城，其中以汉代和明代的长城最为宏伟。汉长城超过了 2 万里，明长城东部重要地段用条石和巨砖砌成，坚固无比。现存长城主要为明代所建。明长城以古长城为基础，东起辽宁虎山，西到甘肃嘉峪关，蜿蜒 4000 多千米，气势雄伟无比，是世界奇迹之一。

万里长城是中国古代劳动人民杰出的智慧和卓越的创造能力的反映，是中华民族的象征，也是举世闻名的历史遗迹。

都江堰：独奇千古的“镇川之宝”

著名的古代水利工程都江堰，位于四川都江堰市城西，古时属都安县境而名为都安堰，宋代始称为都江堰，是独奇千古的“镇川之宝”。2200 多年来，都江堰至今仍在发挥巨大作用，是“天府”富庶之源，是全世界迄今为止年代最久、唯一留存、以无坝引水为特征的宏大水利工程。

秦昭襄王五十一年（公元前 256 年），秦国蜀郡太守李冰和他的儿子主持修建都江堰。他们将岷江水流分成两条，其中一支引入成都平原，既分洪减灾，又引水灌田、变害为利。主体工程包括鱼嘴分水堤、飞沙堰溢洪道和宝瓶口进水口。

李冰根据水流及地形特点，在坡度较缓处凿开一道底宽 17 米的楔形口子。峡口枯水季节宽 19 米，洪水季节宽 23 米。据《永康郡志》载：“春耕之际，需之如金，号曰‘金灌口’。”宝瓶口是内江进水咽喉，是内江能够“水旱从人”的关键水利设施。宝瓶口具有引水和控制进水的作用。飞沙堰是中段的泄洪道，有排泄洪水和沙石的功能。因而，都江堰水利工程科学地解决了江水的自动分流、自动排沙、自动排水和引水的难题，收到了“行水灌田，防洪抗灾”的功效，是世界水利工程史上的一大奇观。

内外三关：南北六关卡

“内外三关”指的是万里长城的“内三关”和“外三关”。

1. 内三关

（1）居庸关，又名军都关，位于今北京市北面的军都山峡谷——关沟中部，古属居庸地。《吕氏春秋》称它为天下九塞之一。汉代开始在此设居庸县并置关，即称居庸关。

（2）紫荆关，位于河北易县城西 45 千米的太行山脉紫荆岭上，以山上多紫荆树而得名。它是我国九大名关之一，有九关九门之称。

（3）倒马关，位于今河北省唐河县西北，太行山东侧的唐河谷地内，关城筑于谷地山坡上。因山路险峻，马为之倒而得名。战国时称鸿之塞，汉代称常山关，北魏叫铁关，亦名鸿山关。明代后通称倒马关，在“内三关”中位置居于最南面。

2. 外三关

（1）雁门关，又名西径关，位于山西省代县城西北 20 千米雁门山腰，享有“三关冲要无双地，九塞尊崇第一关”之称，为历代戍守要地。现关城为明洪武七年（1374 年）所建，万历年间复筑门楼，今存关门 3 座。自古以来，雁门关为兵家必争之地，许多征边大将战于此。李牧、李广、卫青、霍去病、杨业等名将在这里出生入死，写下光辉的篇章。

（2）偏头关，又名偏关，位于山西省偏关县城黄河东岸，外长城以南。偏头关东衔管涔山、西濒偏关河，因东仰西伏，故名偏头关。现关城为明洪武二十三年（1390 年）改建，明代文人诗曰：“黄河曲曲涛而下，紫塞隆隆障北环。”该关也为古今防守要地。

（3）宁武关，位于山西省宁武县城，明末农民起义领袖李自成当年曾破此关，直捣京师（北京），该关同为长城要口之一。

岳阳楼：鲁班的点拨

岳阳楼耸立于湖南岳阳西门城头，东倚巴陵山，西临洞庭湖，气势雄伟，是中国古代四大名楼之一。北宋范仲淹“先天下之忧而忧，后天下之乐而乐”的千古名句更让人留恋。岳阳楼历史悠久，远在东汉末期，东吴大将鲁肃即在此建阅军楼；唐开元四年（716 年），扩建为楼阁；宋庆历五年（1045 年），重修岳阳楼，成为现在的规模。

关于岳阳楼还有个传说。

唐朝开元四年，岳州有个姓张的太守在巡视时，来到三国时吴国大将鲁肃在洞庭湖练水兵时修建的阅军楼。遥望无边无际的洞庭湖，真是湖光山色，美不胜收。于是就发榜招聘工匠，修一座高楼。一天，一个叫李鲁班的青年木工，自称无论什么亭阁楼台，都能设计得尽善尽美。太守命他当工程总管，限他一个月画出一座三层、四角、五梯、六门、飞檐、斗拱、盔顶的楼阁。

然而两个月过去了，李鲁班什么也画不出来。太守大怒，让他三天内必须交出图纸，否则就要处置他。李鲁班吓得一个人坐在洞庭湖边哭起来了。这时有个白发工匠给了他一些木方，这些木方形状各异，大小不一，上面还各有编号，装满一大袋。

当李鲁班按照序号摆好后，竟然是一座美轮美奂、符合太守要求的楼阁模型。太守看到模型非常高兴，问李鲁班是怎么想到的，李鲁班说出了经过。

这时有人上报，说有一白发老人在湖边用石头砌成拱洞，又在上面砌房子。张太守听了，连忙领着手下赶去，可是老人又不见了，只见石头砌成的拱洞上，立着一座壮观的楼阁。“此真神人也，看来用拱门做楼基真是气势非凡。”地上留下一把尺，上面刻字——鲁班尺。

后来工匠们按照白发老人的设计盖成楼阁，以西城门拱洞做楼基，因为位于天岳山之阳，故称“岳阳楼”，而三层飞檐拱则命名“鲁班门”。

滕王阁：“江南三大名楼”之首

滕王阁坐落在江西南昌赣江之畔，因初唐才子王勃作《滕王阁序》而天下扬名，故又被誉为“江南三大名楼”之首。

滕王阁始建于唐永徽四年（653 年），为唐高祖李渊之子李元婴任洪州都督时所创建。李元婴出生于帝王之家，受到宫廷生活熏陶，“工书画，妙音律，喜蝴蝶，选芳渚游，乘青雀舸，极亭榭歌舞之盛”。据史书记载，永徽三年（652 年），李元婴迁苏州刺史、调任洪州都督时，从苏州带来一班歌舞乐伎，终日在都督府里盛宴歌舞。后来又临江建此楼阁为别居，实乃歌舞之地。因李元婴在贞观年间曾被封为滕王，所以命名。

滕王阁历时 1300 多年，屡毁屡建，最后一次毁于 1926 年。现在的滕王阁是 1988 ~ 1989 年间重建的。

黄鹤楼：天高不算高，人心比天高

“昔人已乘黄鹤去，此地空余黄鹤楼。黄鹤一去不复返，白云千载空悠悠。”几句唐诗让人对黄鹤楼遐想翩翩。黄鹤楼始建于公元 223 年，是中国历史上有名的古建筑，素有“天下绝景”的美称。

传说在长江边上的龟山半山上住着一位卖茶的，他虽然清贫，但是人却很好。有一天来了一个老叫花子。这时过了吃饭时间，只有剩菜剩饭了。主人很不想给他这些，跟他说下次早点来吧。第二天老人又来了，然而这次来早了，饭菜还没好，主人让老人等等，等好了给老人满满盛了一碗。第三天老人又来了，主人还是很热情地好好接待了。老人走到茶社前面的空白屏风前举起拐杖画了一只黄鹤，黄鹤活了，在墙上翩翩起舞，并昂首唳鸣。从此茶社生意兴旺。主人逐渐有了些积蓄，便将茶社改成了酒楼。

月色下的黄鹤楼

一日老人又来了，问主人还有什么不足的地方。主人说酒太少。老人说你就卖井水吧，主人一尝果然是好酒。于是酒楼的生意日益红火，主人变成了富甲一方的大富豪。老人又问主人还有何不足，主人说糟糠太少。老人听了一言不发，驾鹤而去，只在墙上留下了四句话：天高不算高，人心比天高；白水当酒卖，还说猪无糟。此时主人方悟，变卖了家产在长江边造了一座高塔，取名迎鹤楼，表明自己的悔悟。后来这个楼就更名成了黄鹤楼。

蓬莱阁："八仙过海"之处

蓬莱阁，又称蓬莱仙阁，位于山东蓬莱市区北丹崖山巅。殿阁凌空，下临大海，烟云缭绕，传说是"八仙过海"的地方。

据史料记载，早在春秋时代，蓬莱是莱子国的属地，但当时并不叫蓬莱。是因为汉武帝，唐人杜佑在《通典》上说："汉武帝于此望海中蓬莱，因筑城以为名。"得名蓬莱。

又有传说是得名秦始皇。相传，很早以前，渤海中有三座神山，其上物色皆白，黄金白银为宫阙，珠干之树皆丛生，华实皆有滋味，吃了能长生不老。秦始皇统一六国后，为求大秦江山永固、个人长生不老，便慕名来到这里寻找神山，求长生不死药。他站在海边，眺望大海，只见海天尽头有一片红光浮动，便问方士那是什么，方士回答："那就是仙岛。"秦始皇大喜，又问仙岛叫什么名。方士一时无法应答，忽见海中有水草漂浮，灵机一动，便以草名"蓬莱"做了回答。"蓬莱"者，"蓬草蒿莱"也，蓬莱之名因此而来。

无论得名于谁，都与求仙有关。

蓬莱阁始建于宋嘉祐六年（1061 年）。明朝万历十七年（1589 年），巡抚李戴又增修了一批建筑物，统称"蓬莱阁"。清嘉庆二十四年（1819 年），又增修扩建。蓬莱阁高 15 米，双层歇山，绕以回廊，重檐八角，坐北朝南。阁南有三清殿、吕祖殿、天后宫、龙王宫等，与蓬莱阁浑然一体。

醉翁亭：为政风流，公事了亭中

醉翁亭在安徽滁州市琅琊山中。北宋庆历五年（1045 年），欧阳修被贬到滁州任太守时，认识了琅琊寺住持僧智仙和尚，并很快结为知音。为了便于欧阳修游玩，智仙特在山麓建造了一座小亭，欧阳修亲为作记，这就是有名的《醉翁亭记》。从而他常与宾客饮酒亭中，"太守与客来饮于此，饮少辄醉，而年又最高，故自号曰醉翁也"。"醉翁亭"因此得名。欧阳修不仅在此饮酒，也常在此办公，有诗赞曰："为政风流乐岁丰，每将公事了亭中。"

灵隐寺："仙灵所隐"

灵隐寺又叫云林禅寺，坐落在杭州西湖北部的灵隐山麓。前临冷泉，面对飞来峰，是中国佛教禅宗十刹之一。

据说，东晋咸和初年，有一个叫慧理的印度僧人到中国云游。他见这里景色奇幽，以为是"仙灵所隐"，于是在这里建寺并取名为"灵隐寺"。

五代吴越国时，灵隐寺曾两次扩建，大兴土木，被扩建成为九楼、十八阁、七十二殿堂的大寺，房屋达 1300 余间，僧众达 3000 人。当然，灵隐寺也历经兴衰，现在的寺宇是后来重建的。

日月潭：如日如月

日月潭是台湾风景名胜之一。为什么叫日月潭呢？

在台湾中部南投县境内，有一个水域面积为 900 多公顷的天然湖，是玉山和阿里山涧的断层盆地积水而成。湖中有一个高 10 米的小岛，在潭心像一颗宝珠盛在玉盘中，原来叫浮珠岛，也叫珠子屿。这个岛屿将湖面隔成两部分，北半部形如日轮，南半部细长似上弦之月，故得名日月潭。

喜马拉雅山："雪的家乡"

"喜马拉雅山"意为"雪的家乡"，系位于中国及尼泊尔、印度等国的一条大山脉。关于它的来源有几种说法。一是由梵语的 hima"雪"，加上 alaya"家，家乡"组成的合成地名，即"雪之家、雪的家乡"之意。二是由当地的神名而来，shimalia 是"雪山女神"之意。三是由印度的德拉维亚语的 malai"山"加上梵语的 hima 而成的，即"雪山"之意。

珠穆朗玛峰："圣母"之山

喜马拉雅山脉东西长约 2500 千米，平均海拔 6000 米，有不少高达 8000 米以上的高峰，其中中国与尼泊尔两国边界上的珠穆朗玛峰（8848.43 米）为世界第一高峰。

1717 年绘制地图时，清廷就采用了珠穆朗玛峰这个名称。

1852 年，英国人偷偷地测量了这座高峰，并且盗改了它的名称，叫做"额菲尔士峰"（额菲尔士是英国人，他曾于 1830 ~ 1843 年任印度的测量局长），清王朝、北洋军阀政府和国民党政府一直错误地沿用这个名字。1952 年，中央人民政府发出通报，正式命名这座高峰为珠穆朗玛峰。"珠穆朗玛"是藏语"圣母"的意思。

黄山：天下第一奇山

黄山是中国著名的风景区，被誉为"天下第一奇山"。关于其名称的由来，源说不一。因黄帝炼丹而名黄山一说，流传广泛，影响深远。

黄帝又称轩辕氏，是部落联盟的首领。为了长生不老，黄帝便派浮丘公为他寻找炼丹的地方。浮丘公走了 3 年才回来，告诉黄帝："江南有一群高山，只因山上多是黑石，叫黟山，那里可以炼丹。"

于是，黄帝带领浮丘公、容成子和一些臣仆来到黟山，垒石造屋，又砌炼丹炉，然后去采集炼丹所需的草药。

黟山有 72 座陡峭的山峰，有的地方连猴子也难上去，可黄帝却踏遍了每一寸山崖。

黄山图

到后来，所备的粮食吃完了，只能靠摘野果充饥，很多人忍受不了那份苦，偷偷跑走了，最后只剩下黄帝和浮丘公、容成子三人。

他们经过九年千辛万苦的寻找，才采集齐炼丹所需的草药，开始炼丹。三年过去了，原来准备好的柴快要烧完了，仙丹还没炼成，炼丹台附近的树已被砍光，浮丘公和容成子只得到远处去砍柴，黄帝一人看守炉火。黄帝把最后一块松柴填进了炉膛，浮丘公和容成子还没回来，眼看火势越来越小，一旦熄灭，将前功尽弃。黄帝便把自己的一条腿伸进炉里当柴烧，终于炼成了仙丹。这时浮丘公和容成子也赶了回来，把黄帝的腿从火里救了出来。三个人吃了仙丹，果然脱胎换骨，飘然成仙了。

现在黄山 72 峰中就有以三位仙人命名的轩辕峰、浮丘峰、容成峰。

还有一种说法，黄山古名黟山，因峰岩青黑，遥望苍黛而名，后改名黄山。北宋的《黄山图经》解释说：江南黟山，据得其中，云凝碧汉，气冠群山，有古木灵药，名花异果，瀑水飞泻，汤泉香温，是轩辕黄帝“栖真之地”。唐玄宗崇尚道教，特于“天宝六载（747 年）六月十七日敕改为黄山”。

另一种说法，元人赵访用阴阳五行学说，结合黄山盘踞于崇山之中，中央正色是黄色，而起名黄山。

此外，明、清时，又有黄山即黄檗山一说。康熙八年（1669 年）《黄山志》附录《黄山辨》一文称：“今乡俗称为黄檗山，山川出黄檗也。曰黄山，省辞也。”提出黄山因出产黄檗而得名。

华山：华山自古一条路

华山在五岳之中被称作西岳，在陕西省华阴市南，海拔 2160 米，北瞰黄河，南连秦岭。《水经注》说它“远而望之若花状”，因名“花山”，古代“花”“华”通用，又称华山；又因其西邻有少华山，又称太华山。

华山以“奇拔峻秀”冠天下。其主峰为落雁（南峰）、朝阳（东峰）、莲花（西峰），还有玉女（中峰）、云台（北峰），为华山五峰。华山名胜很多，天然奇景处处可见。如凌云架设的长空栈道、三面临空上凸下凹的“鹞子翻身”以及在峭壁悬崖上开凿出的通道千尺幢、百尺峡、老君犁沟、苍龙岭等。“华山自古一条路”，现在亦然。

峨眉山：如螓首蛾眉，细而长，美而艳

峨眉山在四川省眉山市西南，雄踞四川盆地西南缘，佛教四大名山之一。因山势逶迤“如螓首蛾眉，细而长，美而艳”，故称峨眉山。山上寺庙创建于东汉，后历代都有增修。初流行道教，唐、宋以后佛教日趋兴盛，故佛道两教对其各有称谓：佛众称其为“光明山”，道教称为“虚灵洞天”“灵陵太妙天”。

庐山：匡庐奇秀甲天下

庐山又叫匡山或匡庐，在江西省九江市南，紧傍鄱阳湖。相传殷、周间有匡氏兄弟上山修道，草庐为舍，故名庐山，有“匡庐奇秀甲天下”之誉。

庐山为变质岩断块山，多险绝胜景，匡庐瀑布更是名扬天下。据传夏禹王疏九江，秦始皇南巡，都登过庐山。东汉明帝时，庐山成为中国佛教中心之一，有三大名寺——西林、东林、大林，五大丛林——海会、秀峰、万杉、栖贤、归宗。

巫山十二峰：善良的十二仙女

巫山十二峰在长江三峡的巫峡中，从登龙峰到聚鹤峰东西绵延 25 千米。“放舟下巫峡，心在十二峰。”清代诗人许汝龙在《巫峡》诗中，点出了巫山十二峰是人们过巫峡时心向往之的佳景，观赏十二峰是一大乐趣。巫山十二峰是怎样形成的?

关于巫山十二峰，还有一段神话传说：大禹在巫山治水时，西王母的女儿瑶姬遨游东海归来，驾着彩云，来到授书台上，把 3 卷天书授给大禹。大禹用 3 卷天书降伏了妖魔，疏通了洪水，消除了水患。瑶姬见巫峡水险滩恶，就邀约 11 个仙女，一起留在巫山，为行船保安全，为农民保丰收，为樵夫驱虎豹，为病人种灵芝。她们屹立在巫山的十二个山头上，经受风吹、雨打、日晒，天长日久，渐渐化成了 12 座山峰，每座山峰都保持了仙女的美丽姿容。

巫峡秀色

南宋大诗人陆游在描述神女峰时写道：“天宇晴霁，四顾无纤翳，唯神女峰上有白云数片，如鸾鹤徘徊，久之不散。”南宋人祝穆《方舆胜览》上，巫山十二峰的名字是：集仙、聚鹤、松峦、望霞、翠屏、飞凤、朝云、起云、净坛、上升、圣泉、登龙，这与人们现在称呼的名字完全符合。

五台山：华北屋脊

五台山位于山西省五台县东北隅，距太原市 230 千米，由五座顶如平台、屹立环抱的山峰组成，环基 250 千米。五座山峰以台定名：东台望海峰，西台挂月峰，南台锦绣峰，北台叶斗峰，中台翠岩峰。五台之中北台最高，海拔 3058 米，素称“华北屋脊”。五峰之外称台外，五峰之内称台内，台内以台怀镇为中心。《清凉山志》载：“五峰耸，出顶无林木，有如垒土之台，故曰五台。”《五台新志》载：“五台之名，北齐始见于史，北齐以前则称清凉山。”根据两书记载，五台山之称始于北齐，以前称清凉山。

凡尔赛宫：举世无双的宫殿

凡尔赛宫是法国封建时代帝王的行宫，极为华丽典雅，被称为“举世无双的宫殿”，位于巴黎市西南凡尔赛城。凡尔赛宫源于 17 世纪 60 年代。路易十四上台后，好大喜功，崇尚奢华。1661 年 7 月，他得知财政总监富凯新建了一所漂亮官邸时，便前往参观。富凯认为这是一个讨好皇帝的好机会，于是他陈列了数不尽的金银珠宝，准备了豪华的晚会。可是路易十四不能容忍富凯的府邸其豪华富丽超过王宫，何况这府邸又是在国家财政紧张的时候建成的。路易十四以“贪赃枉法、营私舞弊”的罪名下令逮捕富凯，查抄了他的全部家当（后富凯死于狱中）。接着，路易十四派人抄去了全部图纸，调走了勒伏、勒亨、勒诺特尔等为富凯府邸搞设计的大师，于 1661 ~ 1681 年，在原来路易十四打猎之地，模仿富凯官邸的格式，建造了规模更大、更豪华的凡尔赛宫。1682 年 5 月 6 日，凡尔赛宫正式宣布为王室住宅和政府所在地。

巴黎圣母院：著名的天主教堂

巴黎圣母院坐落于巴黎市中心塞纳河中的西岱岛上，始建于 1163 年，是巴黎大主教莫里斯·德·苏利决定兴建的。整座教堂在 1345 年才全部建成，历时 180 多年。

巴黎圣母院是一座石头建筑，在世界建筑史上被誉为一部由巨大的石头组成的交响乐。它同时也是一座典型的哥特式教堂，是欧洲建筑史上一个划时代的标志。圣母院风格独特、结构严谨，看上去十分雄伟庄严。它被壁柱纵向分隔为三大块；三条装饰带又将它横向划分为三部分，其中，最下面有三个内凹的门洞。门洞上方是所谓的“国王廊”，上有分别代表以色列和犹太国历代国王的二十八尊雕塑。“长廊”上面为中央部分，两侧为两个巨大的石质中棂窗子，中间一个玫瑰花形的大圆窗，其直径约 10 米，建于 1220 ~ 1225 年。中央供奉着圣母圣婴，两边立着天使的塑像，两侧立的是亚当和夏娃的塑像。教堂内部极为朴素，几乎没有什么装饰。大厅可容纳 9000 人，其中 1500 人可坐在讲台上。厅内的大管风琴也很有名，共有 6000 根音管，音色浑厚响亮，特别适合奏圣歌和悲壮的乐曲。曾经有许多重大的典礼在这里举行，例如宣读 1945 年第二次世界大战胜利的赞美诗，又如 1970

年法国总统戴高乐将军的葬礼等。

巴黎圣母院不仅因其建筑有名，而且也因雨果的小说而闻名中外。几个世纪以来，巴黎圣母院一直是法国宗教、政治和民众生活中重大事件和举行典礼仪式的重要场所。在法国人心目中，巴黎圣母院十分亲切。每逢星期日，成千上万的人来到这里做弥撒、听音乐。教堂里演奏的著名作曲家的作品和庄重的宗教音乐，不知吸引了多少游人和宗教信徒。

埃菲尔铁塔："云中牧女"

埃菲尔铁塔占地 1 万平方米，耸立在巴黎市区塞纳河畔的战神广场上。除了四个脚是用钢筋水泥筑成之外，全身都用钢铁构成。埃菲尔铁塔是巴黎的象征，被称为“云中牧女”，每年吸引着全世界几百万游客。

埃菲尔铁塔的建造源于对法国大革命 100 周年的纪念，设计者埃菲尔是一名铁路桥梁的万能工程师。铁塔刚刚出现在图纸上的时候，曾被视为洪水猛兽，认为建塔伤害了法国“历史与艺术”。然而，埃菲尔在各种压力面前毫不动摇。1887 年严冬，铁塔开始破土动工，1889 年 3 月 30 日，赶在大革命 100 周年举行的万国博览会开幕之前竣工。1889 年 5 月 6 日博览会开幕，埃菲尔铁塔成为众人瞩目的焦点。

比萨斜塔：倾斜之塔

意大利比萨的大理石塔，是向一边倾斜的奇特的塔。伽利略曾在此塔做实验发现了自由落体定律，使此塔闻名世界。比萨斜塔于 1174 年 8 月 9 日开始兴建，开始建造时本是笔直向上的，但造到第三层时，结构发生倾斜。主要原因是建筑师对地质结构不太了解，土层强度很差，而用大理石砌筑的塔身又重又高，加上基础仅 3 米深，故造成了塔的不均衡下沉，工程因此而被停止。

直到 170 年后，工程才继续进行。为防止倾斜，尽量设法将塔的重心转移。但由于塔身底部三层倾斜已成事实，故全塔建成后，塔顶中心还是偏离了垂直中心线 2.1 米。而且随着时间的推移，该塔的倾斜程度不断增大，到 1990 年倾斜度达 4.8 米，而且倾斜度还以每年 0.125 厘米的速度继续增加。

自由女神像：法国人的礼物

著名的自由女神像作为美国的象征，巍然屹立于纽约港，其全称是“自由女神铜像国家纪念碑”。而这尊雕像的塑造者却是法国人弗雷德里克·奥克斯特·巴托尔蒂，并且是此人捐献给美国的。

自由女神像的创意来源于巴托尔蒂亲眼目睹的激动人心的一幕。拿破仑 · 波拿巴发动政变，推翻第二共和国的那一天，一位少女手擎火炬，高喊着“前进”，越过路障反对拿破仑政变，不幸中弹身亡。从此，那位高擎火炬、不知名的少女就成为他心目中争取和平自由的象征。

自由女神像

1865 年，美国政府宣布，要在 1876 年美国国庆日期间举行盛大的活动，庆祝建国 100 周年。巴托尔蒂崇尚共和制，对美国人民怀有美好的感情，他听到这个消息后，决定为美国人民雕塑一尊自由女神像。他选择了一位名叫珍妮的美貌少女作为“自由女神”的模特，面容则取自他母亲。1875 年，雕像初具雏形，自由女神右手高擎火炬，左手执一本《独立宣言》，象征自由和民主。

在自由女神像基座雕刻着这样的诗句：

给我你那疲乏，贫困，
你那急切地渴望能自由呼吸的人，
你那富饶的岸边遭到不幸遗弃的人。
送这些无家可归的，在风雨中漂泊的人，给我：
我高擎着灯站在这金门口！

1885 年 6 月 17 日，“自由女神”抵达纽约港，成千上万的市民前来欢迎。1886 年 10 月 28 日，美国政府在纽约港口举行了塑像揭幕式。美国总统克里夫兰致辞后，在雷鸣般的掌声中，巴托尔蒂揭开巨大的法国国旗，“自由女神”向人们展露了庄严肃穆的真容。

狮身人面像：战神的化身

狮身人面像是埃及最有代表性的古代遗迹之一。将法老哈夫拉的身体雕刻成狮子，用人和兽的混合体代表最高统治者的权威，这是埃及人的创造。在古代埃及，狮子是战神的化身，也是力量的象征。法老把自己的形象与狮的形象混合起来，是为了夸耀神秘的威力，使自己成为万民崇拜的偶像。陵墓旁建立这样巨大的雕像则象征法老的灵魂不灭，永远保持着对人世间的权威统治。它是古代埃及艺术家们的伟大创造，也成为无数后人崇拜和朝圣的偶像。

金字塔：法老永久的住所

在埃及，最早的墓葬形式是在地上挖一个坑，再堆成一个沙堆。以后墓穴越挖越深，成为地下室，在地面沙堆周围砌成梯形六面体的石墙。这种坟墓叫“马斯塔巴”（意为石凳）。到了公元前 27 世纪的埃及第三王朝，法老杰赛尔认为这种“石凳”

不能作为法老的永久住所，于是，他就找建筑师修建了一座巨大的石砌的“马斯塔巴”。但法老嫌它还不够雄伟，又在上面加了 5 个一层比一层小的“马斯塔巴”，使它高 61 米。它的下面有一个很深的竖坑，可以通往地下的走廊和房间；周围还模仿王城，筑起一道围墙，墙内建筑祭祀用的殿堂。这就是埃及的第一座梯形陵墓。由于金字塔是一种方锥形的建筑物，它的外形很像汉字的“金”字，所以中国人称之为“金字塔”。

巨石阵：史前石桌

巨石阵又称索尔兹伯里石环、环状列石、太阳神庙、史前石桌、斯通亨治石栏等名，是欧洲著名的史前时代文化神庙遗址，位于英格兰威尔特郡索尔兹伯里平原，约建于公元前 4000 ~ 前 2000 年，属新石器时代末期至青铜时代。

这个巨大的石建筑群位于一个空旷的原野上，占地大约 11 万平方米，主要是由许多整块的蓝砂岩组成，每块约重 50 吨。巨石阵的主轴线、通往石柱的古道和夏至日早晨初升的太阳，在同一条线上；另外，其中还有两块石头的连线指向冬至日落的方向。

巨石阵的主体由几十块巨大的石柱组成，这些石柱排成几个完整的同心圆。巨石阵的外围是直径约 90 米的环形土沟与土岗，内侧紧挨着的是 56 个圆形坑，由于这一些坑是由英国考古学家约翰·奥布里发现的，因此又叫“奥布里坑”。巨石阵最不可思议的是石阵中心的巨石，这些巨石最高的有 8 米，平均重量近 30 吨，而且有不少重达 7 吨的巨石是横架在两根竖着的石柱上的。

早在 20 世纪 50 年代，考古工作者就推断，巨石阵至少已有几千年的历史。几个世纪以来，没有人知道巨石阵的真正用途，也没有人知道是谁建造了巨石阵，而古老的传说和人们的种种推测，让巨石阵更增加了神秘的氛围。

复活节岛石像：地球的肚脐

复活节岛是南太平洋上一个面积仅 117 平方千米的三角形小岛。岛上的土著居民波利亚向人称它为“拉帕伊岛”或“提毕托奥提赫纽”，意思是石像的故乡，也有解释为“地球的肚脐”或“地球中心”。

在复活节岛的四周海岸边，屹立着 600 多尊巨人石像。这些石像一般高 7 ~ 10 米，重 50 ~ 60 吨左右，有的重达 90 吨。石像竖立在 100 多座石台上，石台由巨大的石块砌成，最大的高 4 米左右，长 90 米，每座石台一般都安放 4 ~ 6 尊石像，最多的放了 15 尊。石像的头部都有用红色岩石雕刻的重达几吨的圆柱形帽子，可以戴上去，也可以卸下来。

另外，在小岛东南部的山里，还横七竖八地躺着 300 多个未完工的石像，其中最高大的达 22 米，重 400 多吨，看上去整个工作像是在匆忙中突然停顿下来。从山里通向海边的路上，还零零散散地乱放着几十个已完工的石像，不知是什么原因，这些成品没有运到目的地，就被抛弃在途中。

石像虽然不太合乎比例，但有一种粗犷质朴的美。经过长年的风雨侵蚀，石雕的脸形有些模糊，但仍不失其诱人的魅力：长脸、高鼻、长耳垂肩，嘴唇紧闭，下巴有点突出，双臂平放在腹部。每尊石像都以独特的方式表达着各种情感：高傲、愤怒、快乐、忧伤、自在。这些神秘的石雕像是什么人创作的？为什么目的而作？石像又代表什么？对于这些疑问可谓众说纷纭，但谁也没有说出有确凿证据的答案。

复活节岛国家公园石雕人

古罗马角斗场：古罗马帝国的象征

古罗马角斗场位于意大利首都罗马的威尼斯广场南面，是古罗马建筑的典型代表，也是古罗马帝国的象征。

角斗场又名斗兽场、露天竞技场。因它建于弗拉维王朝（69 ~ 96 年）时期，故又称弗拉维露天剧场。但其真正的名字是科洛塞奥，意为“高大”，因广场上原有尼禄皇帝的一个高大铜像而得名。

这座椭圆形的建筑物是由维斯帕西安皇帝于公元 72 年开始修建，其子提图斯皇帝于公元 82 年隆重揭幕。3 世纪和 5 世纪时将其重加修葺。

角斗场是斗兽、赛马、竞技、阅兵、歌舞等活动的场所，用淡黄色巨石垒砌，外观为椭圆形，占地 2 万平方米，外部高 48.5 米，周长 527 米，椭圆长径 188 米，短径 155 米，四周可容观众 5 万人。分为四层，一、二、三层有半露圆柱装饰，每两根半露圆柱之间即为一座拱门，第四层由长方形窗户和长方形半露方柱构成。场中心的竞技和斗兽处也呈椭圆形，长、宽分别为 86 米和 57 米。当初为观赏水中斗兽情景，还采用了引湖淹灌的办法。后来在台下改建成许多地窖，供角斗士化装准备搏斗和关闭猛兽之用。据记载，角斗场竣工后，各种表演持续了 100 天，动用了 5000 头狮子、老虎和其他猛兽，还有 3000 名由奴隶、俘虏、罪犯和基督徒组成的角斗士，他们大部分都惨死在角斗场上。

经历了 2000 年风雨侵袭的圆形角斗场，其围墙已有半壁倒塌。角斗士和猛兽生死搏斗的场地，也已破败不堪，当年建成的地窖也露出地面。然而其四周的看台还保存得相当完整，入口处有一座称为凯旋门的牌坊，同时还有为游客准备的中世纪轿式马车。

动物植物：一草一木一禽一兽皆生命

动物的驯养：与动物的亲密接触

人类在发展的过程中，不断驯化其他动物为自身服务，从而促进自身更快的发展。

一般认为人类最早驯服的动物是狗。狗很可能早在1.2万年前就开始被驯养，在英国、丹麦和中东，狗的驯养最早可追溯到8500年前左右，而大约6500年以前的埃及古画中就有一种灰色猎犬。有人认为，在某种意义上说，狗可能是利用人类而得到了食物和庇护，因此也可以说是狗驯化了人类。

猎获后被驯养的其他动物还有羊、牛。1.1万年前的绵羊遗骨表明，在伊朗和伊拉克种植粮食作物的时候，就有了家养的绵羊。很显然，这表明新石器时期，各种野生绵羊和山羊猎获后就被驯养起来。绵羊、山羊在本性上不像驯鹿那样善于迁徙，早期的牧民为了增加他们的牧群数量，就赶着牧群从一处迁移到另一处，从而把这些动物驯化，养成了一种游牧生活方式。

在世界的各个地区，人们把各种动物驯化成驮牲口，牛可能是在公元前4000年前开始被驯养的，牛的驯养以及阉公牛的使用推动了车轮的发展。公元前大约3000年，生活在埃及以南的沙漠中的一种野驴也开始被驯养，中亚地区的大夏双峰骆驼、阿拉伯和北非的单峰骆驼、北欧的驯鹿、南亚的大象和水牛等也都被人类驯养起来。

猫：古埃及“神圣女神”的化身

人类养猫的历史，在中国可以追溯到6000年以前。传说，当时的女人是种庄稼的好手，打下了不少粮食，结果引来了许多老鼠，老鼠又引来了野猫。后来小野猫被她们捉住了，经过几代驯养，野猫终于驯成了家猫。

猫在古埃及人心目中是神圣之物。3000年前，一大批老鼠像潮水一样涌进这个文明古国，给埃及人民的生产、生活带来了极大的干扰和破坏。正当人们不知所措的时候，猫日夜捕鼠，很快平息了这次“鼠乱”。从此，猫在埃及赢得了很高的荣誉和地位，被人们尊为“神圣女神”的化身。据有关资料记载，古埃及由奴隶制向封建制过渡时，政府仍规定打死猫要判以极刑。

欧洲养猫始于 1 世纪。12 世纪时，由于鼠疫的流行，养猫已遍布欧洲各国。可能是受中国养猫习惯的影响，亚洲其他国家在 1000 多年前也普遍养猫。

大熊猫：原来是“猫熊”

大熊猫属于熊科，而不是猫科，栖息在人迹罕见的高山密林，鲜为人知。大熊猫仅产于中国的四川西部和北部、甘肃南部、西藏东部及陕西西南部。它身体肥胖，高约 1.5 米，四肢粗壮，头大颈粗，眼小尾短，眼周、耳、前后肢和肩部是黑色，其他部分为白色。性孤独，常生活在高山峻岭，喜食箭竹等竹类植物。春交配，秋产仔，每产 1 ～ 2 仔。

1896 年，一位来华传教的法国神父在四川省宝兴县获得熊猫的毛皮，喜出望外，寄到巴黎自然历史博物馆，被鉴定为新物种。当时用通行的拉丁文为其定了学名，意思是似猫足兽的熊，中文就译名为“猫熊”。

20 世纪 40 年代在重庆北碚首次展出熊猫标本时，说明牌上写拉丁文学名，为了和外文书写方式保持一致，就从左到右注上“猫熊”。当时中文均是直书，从右至左认读，于是观众就误读为熊猫，以讹传讹，流传至今。

警犬：警戒巡逻的战犬

顾名思义，警犬即用来警戒的狗。这种称谓最早见于唐代杜佑的《通典》：“恐敌人夜间乘城而上，城中城外每 30 步悬大灯于城半腹，置警犬于城上，吠之处需加备脂油火炬。”

在中国，狗的驯养很早就有了。开始主要用于守牧、狩猎、看家和食用。到了战国时代，人们才把狗用于战争。

警犬之名虽出自唐代，但早在战国时就有警犬了。战国时著名防御战专家墨子在《墨子 · 备穴》里说：如果敌军开凿地道，以穴攻穴，把敌军消灭在地下。墨子主张在各地道穴中放置一只狗，用来报警，“穴垒中各一狗，狗吠即有人也”。这种狗就是警犬。

宋代以后，警犬有名有实，成了必不可少的战具之一。《资治通鉴》载：“凡行军下营，四面设大铺，以犬守之。敌来则群吠，使营中有所警备。”明代《武备志》记有当时军中设置军犬警戒哨的情形，说驻军之地要“置一家，家养数犬，剔犬突窟于城壕之下，其犬盖以窟养犬，以壕为院落，一有风息，则犬以警人，人以叩堡”。由此可知，古代的警犬是战争中担负警戒、巡逻任务的战犬，相当于现代的军犬。警犬一般使用狼狗，由于其嗅觉灵敏，对敌凶狠，因而成为警务、边防人员的得力帮手。

藏獒：东方神犬

藏獒是世界著名的大型猛犬，原产于我国青藏高原，其性格刚毅、力大凶猛，是世界上唯一敢与野兽搏斗的犬，因此被赋予“东方神犬”的美誉。

藏獒是由 1000 多万年前的喜马拉雅巨型古鬃犬演变而来的高原犬种，是犬类世界唯一没有被时间和环境所改变的古老的活化石。它曾是青藏高原横行四方的野兽，6000 年前才被人类驯化。藏獒一生都是在为别人而战，以道为天，它们的战斗是为忠诚、为道义、为职责。一只具有纯正血统的藏獒根本就不把豹之类的凶猛野兽放在眼里，草原狼包括雪狼、藏马熊在内的野兽都知道藏獒的嗅觉是最可怕的杀敌技能。

恐龙：恐怖的蜥蜴

恐龙（dinosaur）一词来自希腊语，意思是“恐怖的蜥蜴”。创立“恐龙”这一名词的是英国古生物学家理查德·欧文。

第一个发现恐龙化石的人是英国的曼特尔夫妇。1822 年 3 月，他们在野外发现了一颗硕大而造型奇特的动物牙齿化石，这就是在科学史上最早记载的、被称为“禽龙”的牙齿化石。

其实，人类发现恐龙化石的历史肯定是由来已久。早在曼特尔夫妇发现禽龙之前，欧洲人早就知道地下埋藏有许多奇形怪状的巨大骨骼化石。但是，当时人们并不知道它们的确切归属，因此一直误认为是巨人的遗骸。

1841 年，欧文对英国的古爬行动物化石做了总结性的研究。他发现其中的禽龙、巨齿龙和林龙不仅体形巨大，而且腿呈柱状，由躯干两侧直接向下方伸出。而其他爬行动物的四肢是先向躯干两侧延伸一段距离后再向下，运行时腹部贴着地面。禽龙等动物的柱状肢体因位于躯干之下，便支撑躯体离开了地面，能自如地在陆地上行走、奔跑，甚至跳跃。因此，欧文感到很有必要给这类古生物类型取一个名字，以便与其他类似动物相区别。他把希腊字 Dinos 和 Sauros 组合起来，于是“恐怖的蜥蜴”一词便随之诞生了，中国科学家则把它简捷地翻译为“恐龙”。

韭菜：寅时割了卯时来

韭菜属百合科草本植物，因它含有一种葱化硫的元素，吃来略有辣味，更有特殊芳香，可刺激食欲。保加利亚有些民间妇女，当丈夫过生日时，特意用韭菜、牛肉制作煎饼，为他们祝寿。据《本草拾遗》记述，“韭能温中下气补虚”，有滋阴补肾、壮阳固精、散瘀消肿等功效。

韭菜原产于中国，约有 3000 多年的栽培历史，南北各地都可种植。每年收割七八茬，故有“剃韭菜，寅时割了卯时来”的民谚。

茄子：昆仑瓜

茄子是一年生草本植物，热带为多年生灌木，古称酪酥、昆仑瓜，以幼嫩果实供食用。据考察，在中国西南山区，包括金沙江河谷如甘孜、川滇交界的渡口一带，野生茄分布很广。早在晋代，嵇含的《南方草木状》对茄树已有记载："种茄宿根有三五年者，渐长，树干乃成大树，夏秋成熟，则梯树采之。"它们分布在岭南热带地区。野生茄属植物，尚有紫花茄、水茄、蔓生的藤茄等。

中国栽培茄子的历史非常悠久，并形成许多品种，其中有的从邻国引入，如印度茄种，就是在 5 世纪前经西域传入中国内地的。宋《本草衍义》还记载："新罗国（今朝鲜）出一种茄，形如鸡，淡光微紫色，蒂长味甘，今中国已遍有之。"

香菇：吴三公的发现

在食用菌类中，香菇的味道可谓上乘，它皮滑肉嫩、味道鲜美，颇得食客喜爱。香菇的栽培要有特定环境，中国浙江为产菇第一大省，却主要限于该省的龙泉、庆元、景宁（现属云和县）一带种植。

传说，香菇的栽培始于距今 1500 年的当地一个农民吴三公。吴三公世居深山密林，常以野味和野生菌草为食，这些东西不但味道鲜美，而且还能健体。后来他发现这种菌蕈在砍断去掉树皮的阔叶树中长得特别旺盛，便萌生用人工栽培方法生产菌蕈的想法。经过长期实践，他终于掌握了菌蕈的栽培技术。这种菌蕈就是现在的香菇。吴三公被当地人奉为菇神，为他建殿，祭祀不断。龙泉一带至今尚有吴三公殿的遗迹。

其实，香菇的渊源还可追溯得更远。早在公元前 239 年，《吕氏春秋》中就有这样的记载，"味知美者，越骆之菌"，菌即菌草，即现在的香菇。

红薯：原产于拉丁美洲

红薯有甘薯、地瓜、白薯、番薯、红苕等多个名字，原产于拉丁美洲，哥伦布发现新大陆后，传至吕宋（今菲律宾）。

红薯已传入中国 400 多年。明代万历年间，我国福建长乐人陈振龙到吕宋经商，发现红薯不仅产量高，而且美味可口，便想将其移植到祖国。但当地的西班牙殖民者有条令，外传红薯者一律杀头。陈振龙便和儿子陈经纶向当地百姓学习栽种方法，在 1593 年偷偷将薯芽绞于缆绳之内秘密带回国内。适逢当地冬麦歉收，春天大旱，于是就夏日播种，秋获丰收，仰仗红薯活下来的百姓不计其数。随后，红薯广泛种植，遍及全国。

黄瓜：原名胡瓜

黄瓜是汉朝张骞出使西域时带到中原的，然而“黄瓜”这一名称却是始于后赵。

后赵王朝的建立者石勒本是入塞的羯族人，他在襄国（今河北邢台）登基做皇帝后，对羯族人被称为胡人大为恼火。石勒制定了一条法令：无论说话写文章，一律严禁出现“胡”字，违者问斩不赦。

有一天，石勒在单于庭召见地方官员，当他看到襄国郡守樊坦穿着打了补丁的破衣服来见他时，很不满意。他劈头就问：“樊坦，你为何衣冠不整就来朝见？”樊坦慌乱之中不知如何回答是好，随口答道：“这都怪胡人没道义，把衣物都抢掠去了，害得我只好褴褛来朝。”他刚说完，就意识到自己犯了禁，急忙叩头请罪。石勒见他知罪，也就不再指责。等到召见后例行御赐午膳时，石勒又指着一盘胡瓜问樊坦：“卿知此物何名？”樊坦看出这是石勒故意在考他，便恭恭敬敬地回答道：“紫案佳肴，银杯绿茶，金樽甘露，玉盘黄瓜。”石勒听后，满意地笑了。

自此以后，胡瓜就被称作黄瓜，在朝野之中传开了。到了唐朝时，黄瓜已成为南北常见的蔬菜。

香蕉：智慧之果

香蕉香味清幽，肉质软糯，甜蜜爽口，是人们喜爱的佳果之一。神话说佛教始祖释迦牟尼吃下香蕉后获得智慧，因此把它尊为“智慧之果”。

香蕉原产于印度和马来西亚等国中国，在汉武帝时就已栽培。汉代《三辅黄图》中说武帝元鼎六年（公元前 111 年），建扶荔宫，“以植所得奇草异木，有芭蕉二本”。可知在公元前 100 多年，广东已有香蕉栽培。署名晋嵇含著（一般认为是宋代人采录撰辑）的《南方草本状》中载芭蕉有三种，最好是羊角蕉，果最小；次为牛乳蕉；最大最劣为正方形蕉。由此可见，当时已对品种有所划分。

哈密瓜：吐鲁番的葡萄，鄯善的哈密瓜

哈密瓜是新疆的特产，很多人都认为它最早产于哈密。其实，哈密瓜的故乡并非在哈密，而是地处火焰山一带的鄯善。那么为什么会被称为“哈密瓜”呢？相传 1605 年，默合默提夏赫加在哈密称王。至第四世玉素甫时，清朝皇帝为了维护其统治，便正式封玉素甫为哈密王。玉素甫受宠若惊，对皇帝感激涕零，于是就亲自组织了一个庞大的骆驼队，从鄯善运了一大批甜瓜，送到北京向皇帝进贡。皇帝吃了这种甜瓜，感到味道极佳，便问左右大臣：“这瓜享何贵名，产于何地？”大臣一不知瓜名，二不晓产地，只知是哈密王奉献的，便信口答道：“这瓜嘛……出自哈密，自是因地而名之。”

鄯善甜瓜由此被张冠李戴，称为“哈密瓜”了。

葡萄："植物之神"赐给人类的礼物

据记载，葡萄原产于加斯比海域、小亚细亚，至今这些地方仍有野生葡萄。7000年前才开始在高加索、中亚细亚、伊拉克等地栽培，以后传入埃及、希腊。在古希腊，人们说葡萄是"植物之神"狄奥萨斯赐给人类的礼物。

中国汉代称葡萄为蒲萄，《史记》中说："大宛以蒲萄为酒，富人藏酒至万余石。"据《酉阳杂俎》记载，葡萄由张骞从大宛移植到中原，大宛就是伊朗一带，张骞从西域回国是公元前128年，可见中国栽培葡萄已有2000多年的历史。葡萄先在陕西一带种植之后即向各地广泛传播，深受人们喜爱。曹丕曾盛赞葡萄："中国珍果甚多，且复为说葡萄，其甘而不过，脆而不酸，冷而不寒，叶长汁多……"把葡萄的优点写得淋漓尽致。

新疆葡萄最为著名，相传2000多年前吐鲁番的底开伊努斯王国的国王从贡品中尝到葡萄，欣喜万分，当即派使臣去阿拉伯引进种子，这就是吐鲁番无核葡萄的由来。目前，中国所产葡萄以新疆的为上品。

菠萝：原产巴西

菠萝原名凤梨，原产巴西，南洋称凤梨，是热带和亚热带地区的著名水果，在中国主要栽培地区有广东、海南、广西、台湾、福建、云南等省区。

菠萝果顶有冠芽，性喜温暖。台湾菠萝表皮没有大陆产的菠萝那么粗糙，有的略呈倒圆锥形，肉质比普通菠萝细腻得多，基本没涩味，水分充足。菠萝果形美观，汁多味甜，有特殊香味，是深受人们喜爱的水果。

1492年，哥伦布和水手们登上西印度群岛的一个岛屿时，就已看到岛上村庄辟有大片菠萝园。这里的印第安人正是栽培菠萝的开拓者。后来，菠萝逐步传播到印度、菲律宾、马来西亚、澳大利亚等60多个国家。到16世纪中期，菠萝传入中国，是由葡萄牙传教士带到澳门，然后引种到华南和台湾等地的。

牡丹：雍容华贵，艳压群芳

牡丹因其雍容华贵、艳压群芳而被尊为中国的国花。牡丹花在很多地方都有种植，尤以河南洛阳、山东菏泽最为著名。

牡丹宜寒畏热，喜燥恶湿，原产中国西北部。后久经栽培，其产地已遍及中国大部分地区，其中洛阳牡丹备受人们推崇，自古被誉为"天下第一"。

据小说《镜花缘》描述，洛阳牡丹是从长安被贬而来。武则天赏雪酒醉，要强令百花一夜之间全部开放："花须连夜发，莫待晓风吹。"次日，万紫千红开遍，唯独牡丹不买账。女皇大怒，贬牡丹于洛阳。后来她移驾东都，见北邙牡丹盛开，一时大怒，下令烧山，致使花卉俱焚。但牡丹的根是烧不死的，到来年花照样开放。

由此可见，牡丹被尊为“花王”，不仅仅是因为它的国色天香、浓姿贵彩、艳冠群芳，更重要的是，它那种不肯阿谀权贵、逢迎邀宠的品格，为百花所不能及，实在难能可贵。

茉莉：人间第一香

茉莉花又名抹丽，是木樨科常绿木本花卉。其花虽无惊人艳态，然清香纯洁，从夏到秋开花不绝，故古人称茉莉花为人间第一香。

茉莉花原产印度，在汉代由西亚传入中国，初时作为药用和观赏植物栽培。茉莉花又经常被穿成花串作为头饰，幽香清雅，别有风韵。宋代诗人苏轼就有“暗香着人簪茉莉，红潮登颊醉槟榔”的诗句。茉莉花在宋代已广为栽培。

据宋代《闽广茉莉说》中记载：“闽广多异花，悉清芬郁烈，而茉莉为众花之冠。岭外人或云抹丽，谓能掩众花也，至暮则尤香。”而后的《本草纲目》和《群芳谱》对茉莉花的药用价值及其栽培管理和繁殖方法都作了比较详细的记载。

四大古梅：暗香浮动

晋梅：在今湖北黄梅江心寺内。据湖北《黄梅县志》记载，这株晋梅乃是晋朝和尚支遁亲手所栽。他当年从九华山带来珍贵白梅一株，来到黄梅县蔡山，植下此树。

隋梅：浙江天台国清寺的一株隋梅，距今已有 1300 多年历史，隋梅相传是佛教天台寺创始人智者大师亲手栽植。

唐梅：种植于浙江杭州超山大明堂院内的一株唐梅，被誉为“超山之宝”。据说，此梅因种植在杭州吴家桥庞姓园中，一直保留下来。在云南昆明黑龙潭公园也有一株唐梅，植于唐朝开元年间。

宋梅：杭州超山的另一宝就是宋梅，这株宋梅植于超山之麓的报慈寺前，是六瓣名种（一般梅花是五瓣），距今已 800 多年了。

菩提树：菩提本无树，名镜亦非台

《酉阳杂俎》中说：“菩提树出摩迦陀国（今印度），在摩诃菩提寺，盖释迦如来成道叶树，一名思维树。”菩提树原产印度尼西亚，所谓“菩提”系梵语译音，有正宗之意，因相传释迦牟尼在这树下成佛而得名。

佛教认为菩提树下修炼可以成仙。禅宗六祖慧能曾写过一首诗：“菩提本无树，名镜亦非台。本来无一物，何处惹尘埃。”表示出佛教虚无的境界。

枫叶变红：微妙的花青素

枫叶原来是碧绿的，到了一定的时候就渐渐变红了，这是因为枫叶内有花青素的缘故。花青素本身是无色的，但遇酸呈红色，遇碱呈蓝色。枫叶是酸性的，所以到了深秋就变成红色。那么，花青素又从何而来呢？由于光合作用，树叶合成淀粉，淀粉又变成葡萄糖，分别输入树木植株的各个部位去做养料。随着气候转凉，叶子输送养料的能力逐渐减弱，树叶中所含的水分也在逐渐减少，唯独葡萄糖滞留在叶片里。糖分积累多了，便形成了花青素。花青素含量增高的枫叶，叶绿素在气温低的条件下不断分解，于是叶子就变红了。

烟草："还魂草"

烟草属茄科，有"还魂草"的美名，也有"妖草"的恶名。朝鲜人称之为"南蛮草"，又名"南草"，我国也有称"南灵草"的。这些称呼皆认为烟草的种子来自"南蛮国"，因此而得名。

据考证，最早使用烟草的其实是古代美洲的印第安人。在亚洲，日本最早称呼其为"Tabaco"，同时，日本人又称之为"烟"。"烟"这个文字概念最终传入我国。黎士宏在《仁恕堂笔记》中写道："烟之名始于日本，传于漳州之石马。"

《说文》记载："烟，火气也。"也就是说"烟"的本义就是物品燃烧时产生的气体。烟草传入中国后，国人逐渐将其称之为"烟"。古文献中最早使用"烟草"表示的，是在明代方以智的《物理小识》一书中。书中说道："淡巴姑，烟草，万历末有携到漳、泉者，马氏适之'淡肉果'……其本似春不老而叶大于菜，爆干以火酒炒之曰'金丝烟'，北人呼为'淡巴姑'或'呼担不归'。"

烟草传入我国是在16世纪中叶，但传入的途径却说法不一。较普遍的说法是由航海水手从菲律宾的吕宋岛带到台湾，从台湾传至福建，继而传到其他地区。尽管烟草的传播曾受到过包括皇帝在内的反吸烟者的抵制，但其传播速度还是十分惊人，吸烟之风遍及全国。

烟草初传入时，明朝皇帝明令禁烟。明崇祯皇帝坚决禁烟："犯者论死。"清朝前、中期历代皇帝对烟草均持否定态度。然而当时的禁烟政策往往禁下不禁上，王公贵族吸烟者照旧吸烟。农民种烟可获较高的利润（1亩烟草等于40亩庄稼）。烟草禁而不止，最后不得不开禁。晚清时，慈禧、光绪均已嗜烟如命。中国皇帝对烟草的先禁后开禁，及至嗜好吸烟，客观上抬高了烟草的身价，促进了烟草的传播。

19世纪初期，英美等国家开始大规模采用机器卷烟。为了使中国人放弃水烟、黄烟而改吸卷烟，英美等外国洋行发动了强大的推销攻势。他们从我国沿海至内地，从城镇到穷乡僻壤，采用廉价营销，甚至在城门口拉人奉送用白吸的方式，迅速占领中国的烟草市场。直至中华人民共和国成立前，英美烟草公司一直垄断了我国的卷烟市场。